TRATADO DE
Direito Civil
Português

II
DIREITO DAS OBRIGAÇÕES

TOMO IV

ANTÓNIO MENEZES CORDEIRO
CATEDRÁTICO DA CLÁSSICA DE LISBOA

TRATADO DE
DIREITO CIVIL PORTUGUÊS

II
DIREITO DAS OBRIGAÇÕES

TOMO IV

CUMPRIMENTO E NÃO CUMPRIMENTO
TRANSMISSÃO
MODIFICAÇÃO E EXTINÇÃO
GARANTIAS

ALMEDINA
2010

TRATADO DE DIREITO CIVIL PORTUGUÊS

AUTOR
ANTÓNIO MENEZES CORDEIRO

EDITOR
EDIÇÕES ALMEDINA, SA
Av. Fernão Magalhães, n.º 584, 5.º Andar
3000-174 Coimbra
Tel.: 239 851 904
Fax: 239 851 901
www.almedina.net
editora@almedina.net

PRÉ-IMPRESSÃO | IMPRESSÃO | ACABAMENTO
G.C. – GRÁFICA DE COIMBRA, LDA.
Palheira – Assafarge
3001-453 Coimbra
producao@graficadecoimbra.pt

Maio, 2010

DEPÓSITO LEGAL
311542/10

Os dados e as opiniões inseridos na presente publicação
são da exclusiva responsabilidade do(s) seu(s) autor(es).

Toda a reprodução desta obra, por fotocópia ou outro qualquer
processo, sem prévia autorização escrita do Editor, é ilícita
e passível de procedimento judicial contra o infractor.

Biblioteca Nacional de Portugal – Catalogação na Publicação

CORDEIRO, António Meneses, 1953-

Tratado de direito civil português
2º v. : Direito das obrigações, 4º t. : cumprimento
e não cumprimento, transmissão, modificação e
extinção, garantias. - ISBN 978-972-40-4252-7

CDU 347

ADVERTÊNCIA

O presente tomo IV do livro II – *Direito das obrigações* do *Tratado de Direito civil* está actualizado com referência a elementos publicados até Abril de 2010.

Lisboa, Maio de 2010.

ÍNDICE DO SEGUNDO VOLUME

TOMO IV

Advertências	5
Índice geral	7

PARTE V – CUMPRIMENTO E NÃO CUMPRIMENTO DAS OBRIGAÇÕES

CAPÍTULO XV – O CUMPRIMENTO DAS OBRIGAÇÕES

§ 1.º Enquadramento e papel do cumprimento

1. Enquadramento histórico-sistemático e terminologia	21
2. Dimensões funcionais	24
3. Natureza	25
4. O Código Vaz Serra	29

§ 2.º Os princípios do cumprimento

5. Utilidade e enunciado; boa fé e tutela da propriedade	31
6. A correspondência, a integralidade e a concretização	32

§ 3.º O prazo da prestação

7. A fixação	35
8. A interpelação; exigibilidades fraca e forte	37
9. Moratórias e antecipações	38
10. O *interusurium*	40

§ 4.º O lugar da prestação

11. As regras supletivas 41
12. Alterações 42

§ 5.º A legitimidade e o cumprimento

13. Generalidades 45
14. A legitimidade activa; o cumprimento por terceiro 46
15. Legitimidade passiva 49

§ 6.º A imputação do cumprimento

16. Noção geral 53
17. Regras supletivas 54

§ 7.º A prova do cumprimento

18. Regras gerais; a quitação 57

§ 8.º Os efeitos do cumprimento

19. A liberação do devedor; outros efeitos 59
20. Obrigações duradouras e deveres acessórios 60

§ 9.º *Culpa post pactum finitum*

21. Três casos-base 61
22. A doutrina e a sua evolução 62
23. Fundamentação; o recurso à lei e à analogia; crítica 69
24. A natureza intrínseca de certas relações jurídicas; o problema específico
da relação laboral; crítica 72
25. A boa fé e as suas concretizações; apreciação 77
26. Teses negativistas 80
27. A pós-eficácia das obrigações; pós-eficácia aparente e virtual; eficácia
continuada; pós-eficácia estrita 84
28. Regime das modalidades de pós-eficácia; pretensa pós-eficácia do dever
de prestar principal 91
29. O problema do "dever de protecção unitário"; superação 95
30. Síntese 100

CAPÍTULO XVI – O NÃO CUMPRIMENTO DAS OBRIGAÇÕES

SECÇÃO I – GENERALIDADES

§ 10.º Enquadramento e modalidades

31. Noção geral; o sistema da lei	103
32. Delimitações conceituais	105
33. Modalidades de incumprimento	107

§ 11.º O Direito da perturbação das prestações

34. A ideia de "perturbação das prestações" e a reforma de 2001/2002	111
35. Base analítica: a violação do dever	114
36. Base significativo-ideológica e ética: a culpa	115
37. A violação positiva do contrato	116

SECÇÃO II – O NÃO CUMPRIMENTO STRICTO SENSU

§ 12.º A mora do devedor

38. Cumprimento retardado	119
39. Requisitos do atraso; a mora	120
40. A mora do devedor: ex persona e ex re; a ilicitude	122
41. A responsabilidade obrigacional	123
42. A perpetuatio obligationis	125
43. Purgatio morae e incumprimento definitivo	126

§ 13.º A mora do credor e o atraso imputável a terceiros

44. Requisitos	127
45. Efeitos	129
46. Natureza	130
47. Atraso imputável a terceiros	133

§ 14.º O não cumprimento definitivo

48. Requisitos; o iter da definitividade	135
49. A resolução por incumprimento	137
50. A excepção do contrato não cumprido	140

§ 15.° A declaração de não cumprimento

51. O problema	143
52. A evolução do tema	144
53. Divergências na doutrina	146
54. Os requisitos da declaração de não cumprimento	148
55. A reforma alemã de 2001/2002	149
56. O Direito português	151
57. Requisitos	153

§ 16.° Interesse negativo e interesse positivo (excurso)

58. Na origem: a *culpa in contrahendo*	155
59. Crítica e superação	156
60. A transposição para a resolução do contrato	158
61. A integralidade das indemnizações	162

§ 17.° A realização coactiva da prestação

62. Generalidades; a acção de cumprimento	165
63. A realização coactiva da prestação	166

SECÇÃO III – A IMPOSSIBILIDADE DO CUMPRIMENTO

§ 18.° A impossibilidade e a sua evolução

64. Nota histórica	169
65. A nova concepção da impossibilidade na reforma alemã de 2001/2002	170
66. O alargamento da impossibilidade	174

§ 19.° O regime da impossibilidade

67. Sede legal; modalidades	179
68. A impossibilidade não imputável ao devedor	182
69. Outros efeitos; alteração da prestação; contratos bilaterais; *commodum repraesentationis*	184
79. A impossibilidade imputável ao devedor	185
71. O risco nas obrigações	186

SECÇÃO IV – A VIOLAÇÃO POSITIVA DO CONTRATO

§ 20.º Evolução histórico-dogmática da violação positiva do contrato

72. A descoberta de Hermann Staub 189
73. Apreciações críticas 191
74. Balanço 194

§ 21.º O cumprimento imperfeito

75. Aspectos gerais; os deveres acessórios 199
76. O cumprimento inexacto da prestação principal 200
77. Natureza 202

PARTE VI – TRANSMISSÃO DAS OBRIGAÇÕES

CAPÍTULO XVII – A TRANSMISSÃO DAS OBRIGAÇÕES

§ 22.º A transmissibilidade das obrigações

78. Generalidades 207
79. A transmissibilidade geral das obrigações; evolução histórica.................. 208
80. Fundamentação da transmissibilidade das obrigações 212
81. Formas de transmissão e fontes de transmissão 214

§ 23.º Cessão de créditos

82. Generalidades; requisitos; âmbito 217
83. O regime; necessidade de fonte idónea (causalidade) 219
84. Intransmissibilidades 220
85. Efeitos; a posição do devedor.. 220

§ 24.º A sub-rogação

86. Noção; generalidades; figuras semelhantes................................. 225
87. Modalidades; requisitos.. 227
88. Efeitos 229
89. Natureza.. 231

§ 25.º Assunção de dívidas

90. Noção; aspectos evolutivos	235
91. Modalidades; requisitos	237
92. A abstracção	239
93. Efeitos; a "assunção" cumulativa	240
94. Natureza	242

§ 26.º Cessão da posição contratual

95. Noção; generalidades	245
96. Requisitos; âmbitos; figuras semelhantes	247
97. Regime; efeitos; relevância das invalidades ocorridas no contrato de cessão	250
98. Natureza	253

§ 27.º Transmissões de títulos de crédito

99. Generalidades; remissão	255

PARTE VII – MODIFICAÇÃO E EXTINÇÃO DAS OBRIGAÇÕES

CAPÍTULO XVIII – ALTERAÇÃO DAS CIRCUNSTÂNCIAS

§ 28.º Modificações em geral

100. Enquadramento; noção de modificação	259
101. Classificações de modificações; factos modificativos	260
102. Relevância da matéria; sequência	261

§ 29.º Aspectos gerais e evolução histórica

103. Aspectos gerais; dimensão jurídico-científica	263
104. Breves referências históricas e comparativas	267
105. A evolução em Portugal	276

§ 30.º As tendências actuais

106. A base do negócio como fórmula vazia	281

Índice do segundo volume/Tomo IV

107. As novas tentativas de explicação da alteração das circunstâncias 284
108. Das tentativas de solução global aos factores de delimitação 287

§ 31.º A delimitação da alteração das circunstâncias

109. O erro 291
110. O risco e a impossibilidade 293
111. A vontade das partes e a interpretação contratual 299
112. A tutela da confiança 303
113. O núcleo essencial da alteração das circunstâncias 312

§ 32.º A codificação alemã de 2001 e o Direito europeu

114. A reforma alemã de 2001/2002 315
115. O Direito europeu 318

§ 33.º As grandes alterações de circunstâncias e o Direito vigente

116. A interpretação do artigo 437.º/1 do Código Civil 321
117. As grandes alterações de circunstâncias 326

§ 34.º Os modelos de decisão segundo o artigo 437.º

118. Os factores de decisão 331
119. Nas fronteiras da Ciência do Direito: alterações radicais e modelos em
branco 333

CAPÍTULO XIX – A EXTINÇÃO DAS OBRIGAÇÕES

§ 35.º Generalidades; a supressão da fonte

120. Generalidades 337
121. A revogação 338
122. A resolução 340
123. A denúncia; caducidade 341
124. A caducidade 342
125. A supressão de fontes não contratuais 343

§ 36.° A dação em cumprimento

126. Noção; requisitos; regime 345
127. Dação "pro solvendo" 347
128. Natureza 348

§ 37.° A consignação em depósito

129. Noção; papel 351
130. A experiência portuguesa 352
131. Requisitos; regime 354
132. Efeitos; a eficácia dupla 356

§ 38.° A compensação

133. Noção; papel; modalidades 359
134. Requisitos 361
135. Regime 364

§ 39.° A novação

136. Generalidades 367
137. Requisitos; regime; efeitos 370

§ 40.° Remissão

138. Generalidades 373
139. Regime; efeitos 374

§ 41.° A confusão

140. Generalidades; requisitos 377
141. Regime; efeitos 378

§ 42.° Extinção coactiva

142. Generalidades; a novação coactiva 381

CAPÍTULO XX – A COMPENSAÇÃO (EXCURSO)

§ 43.º Introdução

143. A compensação	383
144. Vantagens e papel	385

§ 44.º Evolução histórica

145. Generalidades	389
146. A compensação nos *bonae fidei iudicia*	391
147. A compensação do banqueiro (*argentarius*)	392
148. A compensação do adquirente da massa falida (*bonorum emptor*)	394
149. O rescrito de Marco Aurélio	397
150. *Ipso iure compensari* (533 d. C.)	399
151. Período intermédio e pré-codificação	402

§ 45.º O sistema napoleónico

152. O Código Napoleão	405
153. A natureza automática; apreciação	408
154. A experiência italiana	410

§ 46.º O sistema alemão

155. A elaboração pandectística	415
156. O Código Civil alemão	417
157. A eficácia retroactiva	420

§ 47.º O *common law*

158. O *set off*	423
159. Requisitos	424
160. Aspectos gerais; natureza processual?	425

§ 48.º O Código Civil de Seabra

161. O texto de 1867	427
162. A transposição de Guilherme Moreira	429
163. Aspectos do seu funcionamento	432

§ 49.º A preparação do Código Civil vigente

164. Os estudos de Vaz Serra 435
165. As revisões ministeriais 436
166. Balanço geral 440

§ 50.º Os requisitos no Código Vaz Serra

167. Generalidades 443
168. Enunciado legal dos requisitos 445
169. A reciprocidade e os desvios 447
170. Exigibilidade; excepções materiais 450
171. A homogeneidade 454
172. (I)liquidez 455

§ 51.º Âmbito

173. Generalidades 459
174. Créditos prescritos 460
175. Complexidade subjectiva; em especial: solidariedade 461
176. Dívidas acessórias; fiador e outros garantes 463

§ 52.º A efectivação da compensação

177. A declaração de compensar; o problema da reconvenção 437
178. A retroactividade 471
179. Pluralidade de créditos 472
180. Diversidade de lugares de cumprimento 473
181. A invalidade da compensação 474

§ 53.º Exclusão da compensação

182. Factos ilícitos dolosos 477
183. Créditos impenhoráveis 478
184. Créditos do Estado ou outras pessoas colectivas públicas 480
185. Prejuízo de direitos de terceiro 483
186. A renúncia à compensação 484
187. Créditos não-compensáveis, por disposição especial 484
188. A natureza da compensação; aspectos de eficácia 486

§ 54.º A compensação convencional

189.	Aspectos gerais e relevo	489
190.	Cláusulas contratuais gerais	491

§ 55.º Compensações anómalas e impróprias

191.	Generalidades	493
192.	Compensações anómalas: a conta-corrente	493
193.	Compensações impróprias: a dedução de valores	495

PARTE VIII – GARANTIAS

CAPÍTULO XXI – DAS GARANTIAS EM GERAL

§ 56.º As garantias das obrigações

194.	Generalidades	499
195.	Garantia obrigacional; modalidades	502
196.	Natureza das garantias; a funcionalidade	504

SECÇÃO I – DA GARANTIA GERAL

§ 57.º O conteúdo da garantia geral

197.	Garantia geral e responsabilidade patrimonial	505
198.	Natureza	506

§ 58.º Os meios de conservação; a acção de nulidade

199.	Generalidades	509
200.	A acção de nulidade	512

§ 59.º A acção sub-rogatória

201.	Generalidades; acção oblíqua e acção directa	515
202.	Os pressupostos	517
203.	Processamento	521

Tratado de Direito civil português

§ 60.º A acção pauliana

204.	Generalidades; pressupostos	523
205.	Processamento	526
206.	Natureza	528

§ 61.º O arresto

207.	Aspectos gerais	531

CAPÍTULO XXII – DAS GARANTIAS ESPECIAIS

§ 62.º Generalidades; esquemas de garantia

208.	Conceito; modalidades	533
209.	Privilégios gerais	535
210.	Separação de patrimónios	536
211.	Caução	537
212.	Cessão de bens aos credores	538

§ 63.º Garantias reais

213.	Remissão	543

§ 64.º Garantias pessoais

214.	Generalidades; a fiança	545
215.	Regime; o benefício da excussão	547

Índice de jurisprudência	549
Índice onomástico	557
Índice bibliográfico	567
Índice ideográfico	591

Fim do 4.º tomo

PARTE V

CUMPRIMENTO E NÃO CUMPRIMENTO DAS OBRIGAÇÕES

CAPÍTULO XV

O CUMPRIMENTO DAS OBRIGAÇÕES

§ 1.º ENQUADRAMENTO E PAPEL DO CUMPRIMENTO

1. Enquadramento histórico-sistemático e terminologia

I. O cumprimento de uma obrigação é a realização das actuações nela previstas. Nos casos-base, ele implica a satisfação do interesse do credor, através da prestação do devedor, de modo a obter a realização do seu escopo[1]. Em geral, ele postula a efectivação de todos os deveres, a cargo do devedor ou do credor e que possam ser conexionados com determinada obrigação[2].

II. No Direito romano antigo, a *obligatio* era um *vinculum* de sujeição que se mantinha até que ocorresse a *solutio* (liberação). Esta implicava um acto solene, entre o credor e o devedor e que, normalmente, sobrevinha à execução, pelo segundo, da actuação prevista no programa obrigacional[3].

---

[1] KARL LARENZ, *Lehrbuch des Schuldrechts I – Allgemeiner Teil*, 14.ª ed. (1987), § 18, I (235). Na obrigacionística portuguesa, além de *Direito das obrigações*, 2, 183 ss.: FERNANDO PESSOA JORGE, *Lições de Direito das obrigações*, 1 (1966/67), 259 ss.; JOÃO ANTUNES VARELA, *Das obrigações em geral* 2, 7.ª ed. (1997, reimp., 2004), 7 ss., MÁRIO JÚLIO DE ALMEIDA COSTA, *Direito das obrigações*, 12.ª ed. (2009), 991 ss.; JORGE RIBEIRO DE FARIA, *Direito das Obrigações*, 2 (1988), 247 ss.; LUÍS MENEZES LEITÃO, *Direito das obrigações*, 2, 7.ª ed. (2010), 145 ss.. No plano monográfico: JOÃO CALVÃO DA SILVA, *Cumprimento e sanção pecuniária compulsória* (1987), 550 pp..

[2] *Vide*: HANS JACKISCH, *Der Begriff der "Erfüllung" im heutigen Rechte, insbesondere: die mangelhafte Erfüllung*, JhJb 68 (1918), 287-308, contrapondo cumprimento formal a cumprimento material; PAUL KRETSCHMAR, *Beiträge zur Erfüllungslehre*, JhJb 85 (1935), 184-261 e 86 (1936/1937), 145-204.

[3] GIUSEPPE BRANCA, *Adempimento (diritto romano e intermedio)*, ED 1 (1958), 548-553 (549/I).

Mais tarde, a *solutio* foi associada logo ao próprio cumprimento em si: este veio a assumir o sentido da liberação *ipso iure* do devedor[4].

No período intermédio, assistiu-se, num primeiro momento, a uma reformalização do cumprimento; regressar-se-ia, depois, ao Direito justinianeu, enformado por um princípio de *favor* pelo devedor[5]. A matéria foi especialmente estudada por Pothier, no âmbito da denominada pré-codificação francesa. Afinaram-se aspectos circundantes, como o do cumprimento por incapaz e procedeu-se a uma aproximação relativamente ao contrato[6].

III. O Código Napoleão refere o cumprimento a propósito dos efeitos das obrigações (1134.° e seguintes) e insere-o, como "pagamento"[7], logo na abertura do capítulo atinente à extinção das obrigações (1235.° e seguintes). Um tanto na mesma linha, o BGB alemão considera o tema em causa (*Erfüllung*) a propósito da vinculação à prestação (§§ 241 e seguintes)[8] e da extinção das obrigações (§§ 362 e seguintes)[9].

Estas flutuações têm explicação. O cumprimento, quando tomado numa acepção ampla, sintetiza, em si, todo o regime do Direito das obrigações. Não há normas inúteis: todas elas visam a configuração dos direitos das partes, desembocando no largo oceano da execução dos vínculos obrigacionais. A delimitação sistemática do cumprimento requeria pragmatismo. Disso deram provas o Código Napoleão e o BGB, ao inserirem-no nas áreas onde mais directamente ele fosse útil.

---

[4] MAX KASER/ROLF KNÜTEL, *Römisches Privatrecht / Ein Studienbuch*, 19.ª ed. (2008), § 53, I, Nr. 1 (284). Sobre a matéria, a obra de referência mantém-se o clássico de SEBASTIÃO CRUZ, *Da "solutio" / terminologia, conceito e características, e análise de vários institutos afins*, I – *Épocas arcaica e clássica* (1962) e II – *Época post-clássica ocidental; "solutio" e "Vulgarrecht"* (1974).

[5] GIUSEPPE BRANCA, *Adempimento (diritto romano e intermedio)* cit., 552/I.

[6] *Idem*, 552/II e 553/I.

[7] Em francês jurídico dá-se, a *payement*, um sentido mais lato do que o corrente: ele equivale à execução da obrigação: BERTRAND FAGES, *Droit des obligations* (2007), n.° 622 (450). Como veremos, também o português "pagamento" tem um sentido jurídico mais amplo do que o coloquial comum.

[8] Como referência: DIRK OLZEN, no Staudinger II, *Einleitung zum Schuldrecht*, §§ 241-243, *Treu und Glauben* (2009), § 241 (125 ss.).

[9] DIRK OLZEN, no Staudinger II, §§ 362-398 (1995), § 362 (49 ss.).

§ 1.º *Enquadramento e papel do cumprimento*

IV. O cinzelamento vintista (relativo ao século XX) do incumprimento veio-lhe a grangear uma autonomia conceitual e significativo-ideológica. Este movimento foi coroado pelo Código Civil italiano de 1942, que consignou o cumprimento (*adempimento*) num capítulo autónomo, logo após as disposições preliminares das obrigações (artigos 1176.º a 1217.º)[10].

Toda esta evolução sistemática tem projecções dogmáticas, reflectindo-se no actual Direito lusófono.

V. No domínio do cumprimento, importa fixar a terminologia[11]. A própria expressão "cumprimento" advém de cumprir, latim *complere* (encher, completar). Traduz, por excelência, a realização do fim da obrigação.

Adimplemento provém de adimplir, latim *adimplere* (encher, preencher): é sinónimo de cumprimento.

Pagamento, de pagar, latim *pacare* (pacificar, de *pax*, paz[12]), exprime, igualmente, a efectivação da prestação. No Direito, tem um sentido mais amplo do que o comum, onde equivale a um cumprimento pecuniário. Todavia, sublinha-se que o cumprimento é expontâneo e livre, enquanto o pagamento pode ser forçado.

Liquidação, de líquido, latim *liquidus* (líquido, fluído), é usada, na linguagem comercial, em sinonímia com o cumprimento. Em sentido técnico traduz, no Direito civil, o conjunto de operações necessárias para determinar o montante de uma prestação. No Direito das sociedades e no da insolvência, liquidação abrange a actividade destinada à realização do activo de um património, para satisfazer o seu passivo.

Cobrança, de recobrar, latim *recuperare* (*re* + *capere*, retomar, recuperar a posse de algo), equivale ao cumprimento, mas pelo prisma do credor ou daquele que recebe a prestação (o *accipiens*); põe, em geral, a tónica em débitos pecuniários.

---

10 ROSARIO NICOLÒ, *Adempimento (diritto civile)*, ED I (1958), 554-566; MICHELE GIORGIANNI, *Pagamento (diritto civile)*, NssDI XII (1965), 321-332; MARIA BRUNA CHITO, em PIETRO RESCIGNO, *Codice civile* I, 7.ª ed. (2008), 1176.º a 1187.º (2053-2081) e GIAMPIERO BORRACCIA, *idem*, 1188.º a 1217.º (2081-2138).

11 Em geral, FERNANDO PESSOA JORGE, *Lições de Direito das obrigações* 1, cit., 260 ss.; há que acrescentar a dimensão etimológica.

12 GIOVANNI ELIO LONGO, *Pagamento (diritto romano)*, NssDI XII (1965), 316-321 (317/I).

Amortização, de morte[13], enfoca o cumprimento do capital em dívidas que vençam juros periódicos.

Ocorrem, ainda, expressões como execução, liberação e satisfação que, consoante o contexto, podem exprimir o cumprimento ou alguma das realidades que, com ele, estão aparentadas. A execução liga-se à prestação; a liberação, ao devedor; e a satisfação, ao credor.

2. Dimensões funcionais

I. A obrigação moderna reduz-se a um vínculo abstracto, que une o devedor ao credor. O Direito atribui, a este, um valor representado por uma conduta futura do primeiro. A expectativa de que tal conduta tenha lugar representa, só por si, um valor real, que circula na sociedade, traduzindo um vector de riqueza. Nessa medida, o vínculo perde em abstracção e ganha substância. Não obstante, tudo opera com vista a uma materialização que surgirá, apenas, no momento do cumprimento.

Nas disciplinas que, como a dos direitos reais e a dos direitos de personalidade, atribuem ao sujeito o imediato aproveitamento de um bem, há uma certa auto-suficiência. Nas obrigações, surge uma diferença de raiz: o credor vive, nessa qualidade, em função de algo que só no futuro irá receber: a prestação.

II. Aquando das codificações, a omnipresença do cumprimento levou, para efeitos de manuseabilidade prática, ao seu acantonar na área da extinção das obrigações. Ainda hoje esta orientação transparece na melhor doutrina[14]. Trata-se de uma sistematização não inteiramente rigorosa. O cumprimento é, paradoxalmente, menos e mais do que um modo de extinção de obrigações.

O cumprimento é, em termos analíticos, apenas a realização da prestação principal. A obrigação pode subsistir, amparada nos deveres acessó-

---

[13] No Direito antigo, denominavam-se bens "de mão-morta" aqueles que, pertencendo ao clero, não pagavam impostos. Desde os primeiros Reis, foram estabelecidas regras que visavam limitar a aquisição de bens pelos conventos e por outras instituições eclesiásticas, promovendo a sua "amortização". Esta matéria pode ser confrontada em *Tratado* I/3, 2.ª ed., 644 ss..

[14] Entre nós, ADRIANO VAZ SERRA, *Do cumprimento como modo de extinção das obrigações*, BMJ 34 (1953), 5-212 (5 ss.) e LUÍS MENEZES LEITÃO, *Direito das obrigações*, 2, 7.ª ed. cit., 145 ss..

§ 1.º Enquadramento e papel do cumprimento

rios: temos a *culpa post pactum finitum*. Não há, rigorosamente, extinção da obrigação. Além disso, cabe ter presente a importante categoria das obrigações duradouras. Aí, o cumprimento não só não implica a extinção da obrigação como, pelo contrário, a reforça.

O cumprimento surge, no fundamental, como o escopo final da obrigação[15]. Ele afeiçoa, à prefiguração do momento em que se vai concretizar, toda uma teia de prestações secundárias e de deveres acessórios que – sabemos hoje – e conferem o essencial da consistência às obrigações.

O cumprimento dá corpo ao programa de realização do interesse do credor. Não é um evento pontual, que ponha termo a uma obrigação: antes um roteiro complexo que, desde o início, interfere na configuração do vínculo.

III. A ordenação funcional do cumprimento deve ser balanceada entre os dois extremos. Nas obrigações mais simples, ele é vivido como o termo do processo obrigacional. Noutros casos, ele projecta uma geografia complexa tendente à realização do fim da obrigação. Noutros, finalmente, ele dá corpo à própria obrigação, verificando-se em contínuo (obrigações duradouras).

Verdadeiramente: a precisa função do cumprimento varia consoante o concreto tipo de obrigação em jogo. Apenas num plano de abstracção elevado poderemos lidar com o fenómeno, no seu conjunto.

Tudo visto: consideramo-lo, hoje, como um espaço problemático autónomo ou, se se quiser, como um instituto capaz de sofrer concretizações distintas.

3. Natureza

I. Vamos antecipar o tema da natureza do cumprimento: ajuda a seguir os desenvolvimentos subsequentes[16]. Temos, sucessivamente, as teorias seguintes[17]:

---

15 WALTER ZEISS, *Leistung, Zuwendungszweck und Erfüllung*, JZ 1963, 7-10; HORST EHRMANN, *Die Funktion der Zweckvereinbarung bei der Erfüllung / Ein Beitrag zur causa solvendi*, JZ 1968, 540-556; VOLKER BEUTHIEN, *Zweckerreichung und Zweckstörung im Schuldverhältnis* (1969), XXIV + 331 pp. (281 ss.). Por isso, a realização da prestação fora da perspectiva do cumprimento pode originar enriquecimento sem causa.

16 KARL LARENZ, *Lehrbuch des Schuldrechts* cit., I, 14.ª ed., § 18, I (237-242); DIRK

26 *O cumprimento das obrigações*

– teoria do contrato: o cumprimento pressuporia um contrato entre o credor e o devedor, a somar à efectiva realização da prestação[18]; a ideia tem algum cabimento, já que, em regra, é necessária a colaboração (e, logo, o acordo) do credor para haver cumprimento; mas ela foi demolida pelos estudos de Heinrich Lehmann, sobre a omissão[19]; de facto, nas obrigações que postulem uma simples omissão, não é possível construir qualquer contrato entre o *solvens* (o que cumpre) e o *accipiens* (o que recebe o cumprimento);

– teoria do contrato limitado: no Direito alemão, os contratos translativos de domínio são cumpridos através do acordo de transferência (tradição ou transmissão pelo registo)[20]; efectivamente, em certos casos, como, entre nós, o do contrato-promessa, o cumprimento exige um contrato; mas, em regra, tal não sucede;

– teoria do acordo do escopo: o cumprimento, ainda que não requerendo propriamente um contrato, exigiria um elemento objectivo (a efectivação material do dever) e um elemento subjectivo (o acordo das partes quanto à afectação da conduta ao escopo do cumprimento)[21];

OLZEN, no Staudinger II, §§ 362-396, *Erfüllung, Hinterlegung, Aufrechnung* (2006), prenot. §§ 362 ss., Nr. 9-14 (33-35). Como escrito recente de referência: SASCHA BECK, *Die Zuordnungsbestimmung im Rahmen der Leistung* (2008), 134 ss..

[17] Trata-se de um tema muito discutido após a promulgação do BGB; assim: FRITZ ALEXANDER, *Die rechtliche Natur der Erfüllung* (1902), 70 pp.; ERNST IHRCKE, *Ist die Erfüllung Rechtsgeschäft? / Nach gemeinem Recht und Bürgerlichem Gesetzbuch* (1903); HERMANN BAUER, *Die rechtliche Natur der Erfüllung* (1903), 91 pp.; PETER KLEIN, *Die Natur der causa solvendi / ein Beitrag zur Causa- und Kondiktionen-Lehre* (1903), VII + 67 pp.; PAUL KRETSCHMAR, *Die Erfüllung* (1906), 168 pp.; GUSTAV BOEHMER, *Der Erfüllungswille* (1910), 98 pp.; ERICH FROMM, *Die Frage nach der Vertragsnatur der Erfüllung* (1912), VII + 36 pp..

[18] Trata-se da posição tradicional, ainda patente em autores como PETER KLEIN, *Natur der causa solvendi* (1903), *passim* e ANDREAS VON TUHR, *Der Allgemeine Teil des Deutschen Bürgerlichen Rechts* II/2 (1918), 83.

[19] HEINRICH LEHMANN, *Die Unterlassungspflicht im Bürgerlichen Recht* (1906), 204 ss..

[20] LUDWIG ENNECCERUS/HEINRICH LEHMANN, *Recht der Schuldverhältnisse / Ein Lehrbuch*, 15.ª ed. (1958), § 60 II 2 e 3.

[21] WERNER ROTHER, *Die Erfüllung durch abstraktes Rechtsgeschäft*, AcP 169 (1969), 1-33 (32-33); também HORST EHMANN, *Die Funktion der Zweckvereinbarung bei der Erfüllung* cit., 549 e *Ist die Erfüllung Realvertrag?*, NJW 1969, 1833-1837.

§ *1.º Enquadramento e papel do cumprimento* 27

– teoria da realização finalística da prestação: uma simples conduta não é cumprimento; sê-lo-á quando o prestador afecte essa conduta à realização final da prestação; não se exige nem um contrato, nem um acordo entre as partes: antes um acto negocial[22] ou semelhante a negocial[23], levado a cabo pelo *solvens*; a ideia é importante, sobretudo quando se pretenda distinguir a prestação/cumprimento da prestação que origine um enriquecimento; mas há dificuldades em reconduzir um acto predeterminado e devido a um negócio jurídico ou a algo que, estruturalmente, se lhe assemelhe;

– teoria da realização real da prestação: no cumprimento assiste-se ao consubstanciar da conduta prevista na obrigação; o apelo a acordos ou a negócios seria ficcioso: bastaria a realização material da prestação devida para que o cumprimento ficasse preenchido[24].

II. Nas literaturas latinas, a discussão em torno da natureza do cumprimento seguiu vias paralelas, ainda que menos analíticas[25].

Uma primeira tendência, considerada tradicional[26], entendia o cumprimento como um negócio de tipo contratual. Para tanto, fazia-se resultar o cumprimento de uma actuação do *solvens*, recebida pelo *accipiens*: desenhar-se-ia, claramente, o nexo contratual. Tal orientação não vingaria: o cumprimento entendido como negócio contratual não abarcava as hipóteses de adimplemento que se traduzissem em meras actuações materiais, nem os tipos de cumprimento que não requeressem qualquer actuação do credor[27].

---

[22] JOACHIM GERNHUBER, *Die Erfüllung und ihre Surrogate sowie das Erlöschen der Schuldverhältnisse aus anderen Gründen* (1983), XXIV + 513 pp.; *vide*, aí, 108 ss.; ULRICH SEIBERT, *Erfüllung und Konvaleszenz der Erfüllung und ihrer Surrogate*, JuS 1991, 529-536 (531/I).

[23] HANS BERG, anotação a BGH 31-Out.-1963, NJW 1964, 399-401, *idem*, 720-721 (721/I); VOLKER BEUTHIEN, *Zuwendender und Leistender*, JZ 1968, 323-327 (323/I).

[24] Trata-se da posição dominante na doutrina alemã; *vide* KARL LARENZ, *Lehrbuch des Schuldrechts* cit., 1, 14.ª ed., 238-239; por último, com indicações, CHRISTIAN GRÜNEBERG, no Palandt, 69.ª ed. (2010), § 362, Nr. 1 (578).

[25] ADRIANO VAZ SERRA, *Do cumprimento como modo de extinção das obrigações* cit., 10 ss., com largas transcrições de Enneccerus/Lehmann e de Heck. *Vide* CARMELO SCUTO, *Sulla natura giuridica del pagamento*, RDComm XIII (1915) 1, 353-373 (355 ss.).

[26] MICHELE GIORGIANNI, *Pagamento* cit., 329; NICOLÒ, *L'adempimento* cit., 556; LUDOVICO BARASSI, *La teoria generale delle obbligazioni*, III (1964), 35.

[27] Pense-se nas obrigações de *non facere*.

O cumprimento viu, assim, negada a sua natureza contratual, sendo apresentado como um negócio unilateral e, depois, como um acto unilateral. Esta última opinião tem recebido, por exemplo, os sufrágios de Nicolò[28] e de Giorgianni[29]; de um modo geral, a doutrina é sensível ao argumento de que o acto-cumprimento careceria de liberdade normativa.

Não têm, contudo, faltado orientações que defendem o cumprimento como simples facto jurídico e doutrinas ecléticas.

III. A tomada definitiva de posição quanto à natureza do cumprimento depende, fundamentalmente, das concepções perfilhadas quanto ao nível formal da autonomia privada.

Utilizando a metodologia oportunamente estabelecida[30], podemos proclamar que o cumprimento feito pelo devedor ou por terceiro adstrito não pode ser nem negócio nem acto jurídico *stricto sensu*. O cumprimento não é um acto jurídico voluntário; é um acto devido. Nele não se observa nem liberdade de celebração nem, por maioria de razão, liberdade de estipulação: o sujeito não é normativamente livre; não pode, juridicamente, utilizar a sua autonomia privada.

O cumprimento é uma actividade humana que o Direito não considera voluntária. Mas como produz efeitos jurídicos, resta considerá-lo um facto jurídico *stricto sensu*. Caso se introduzissem distinções no seio destas realidades, o cumprimento deveria ser tratado como um acto devido.

O cumprimento feito por terceiro não vinculado tem, ao que pensamos, natureza diferente. Efectivamente, em tal eventualidade, o cumprimento já não integra um acto devido. Pode, no entanto, ser reconduzido a várias figuras, consoante o papel que, concretamente, seja chamado a desempenhar.

Por exclusão de partes, verificamos, no entanto, que o cumprimento feito por terceiro nunca é um negócio jurídico; o terceiro ou cumpre, ou não, mas nada pode estipular. Como, porém, integra um acto voluntário, do ponto de vista normativo, não temos dúvidas em considerá-lo como um acto jurídico *stricto sensu*, sempre que seja motor de uma sub-rogação. Lembra-

---

[28] ROSARIO NICOLÒ, *Adempimento* cit., 558.

[29] MICHELE GIORGIANNI, *Pagamento* cit., 330; ALBERTO MUSSATTI, *Note sul concetto di adempimento*, RDComm XIII (1915) 1, 677-680 (679), para quem o cumprimento só secundariamente seria um contrato.

[30] *Tratado* I/1, 3.ª ed., 447.

§ 1.º Enquadramento e papel do cumprimento

mos, contudo, que, quando desencadeie os pressupostos da repetição do indevido ou do enriquecimento sem causa, não é considerado como acto voluntário pelo Direito, mas como facto jurídico (a deslocação patrimonial).

IV. O cumprimento surge, primordialmente, como acto devido, objecto do direito do credor. E pelo prisma do devedor? A doutrina discute se este tem, ou não, um direito a cumprir. Porém, como a abordagem dessa questão implica o domínio da matéria do incumprimento, teremos de tratá-la, apenas, nessa ocasião. Adiantamos, contudo, desde já, que o devedor não tem um direito subjectivo ao cumprimento. Apesar do credor estar adstrito a certos deveres e de o devedor ter algumas permissões, falta a permissão normativa de aproveitamento de um bem, dirigida ao devedor. Este está, fundamentalmente, ligado a normas preceptivas e não permissivas; tão-pouco aproveita qualquer bem.

4. O Código Vaz Serra

I. No Código de Seabra, o tema do incumprimento surgia num capítulo intitulado *Dos efeitos e cumprimentos dos contratos* (702.º a 817.º). A matéria era bastante desenvolvida, abarcando treze secções:

I – Disposições gerais (702.º a 710.º);
II – Da prestação de factos (711.º a 713.º);
III – Da prestação de coisas (714.º a 732.º);
IV – Da prestação com alternativa (733.º a 738.º);
V – Do lugar e do tempo da prestação (739.º a 746.º);
VI – Das pessoas que podem fazer a prestação, e das pessoas a quem deve ser feita (747.º a 758.º);
VII – Da proposta de pagamento e da consignação em depósito (759.º a 764.º);
VIII – Da compensação (765.º a 777.º);
IX – Da sub-rogação (778.º a 784.º);
X – Da cessão (785.º a 795.º);
XI – Da confusão de direitos e obrigações (796.º a 801.º);
XII – Da novação (802.º a 814.º);
XIII – Do perdão e da renúncia (815.º a 817.º).

Como se vê, ficavam abrangidos, além do cumprimento propriamente dito, os seus sucedâneos.

30   *O cumprimento das obrigações*

II. No âmbito da preparação do actual Código Civil, Vaz Serra procedeu a um extenso estudo, com especial atenção a autores como Enneccerus/Lehmann e von Tuhr[31]. Não houve propriamente inovações doutrinárias. Assistiu-se, sim, a uma grande pormenorização da matéria e ao isolar do cumprimento relativamente às (outras) diversas formas de extinguir as obrigações[32].

III. Em termos sistemáticos e um tanto à imagem do sucedido com o Código italiano, o cumprimento foi objecto de um tratamento autónomo, evitando-se a sua recondução quer aos contratos, quer às (meras) formas de extinção das obrigações. Ele surge como secção I – Cumprimento, dentro de um Capítulo VII – Cumprimento e não cumprimento das obrigações. Cabe dar nota da arrumação da matéria, feita em sete subsecções:

    I – Disposições gerais (762.º a 766.º);
    II – Quem pode fazer e a quem pode ser feita a prestação (767.º a 771.º);
    III – Lugar da prestação (772.º a 776.º);
    IV – Prazo da prestação (777.º a 782.º);
    V – Imputação do cumprimento (783.º a 785.º);
    VI – Prova do cumprimento (786.º e 787.º);
    VII – Direito à restituição do título ou à menção do cumprimento (788.º e 789.º).

Relativamente ao anteprojecto inicial, verifica-se uma condensação dos preceitos. Muito importante foi a introdução, nas revisões ministeriais, do princípio da boa fé: artigo 762.º/2[33].

---

[31] ADRIANO VAZ SERRA, *Do cumprimento como modo de extinção das obrigações*, já citado, com 207 páginas.

[32] *Idem*, 193-212, quanto ao articulado; os preceitos foram sendo justificados ao longo do texto.

[33] *Tratado* II/1, 475.

§ 2.° OS PRINCÍPIOS DO CUMPRIMENTO

5. Utilidade e enunciado; boa fé e tutela da propriedade

I. O cumprimento das obrigações depende, pela natureza das coisas, do concreto vínculo que esteja em causa. Perante a lógica do Código Civil, os diversos contratos têm regras próprias de execução: compra e venda, doação, locação e assim por diante, até à transacção. Essas regras, no que não tenham de específico, deixam margem à aplicação dos preceitos das obrigações em geral: artigos 762.° a 789.°.

Ainda no plano geral, verifica-se que os diversos preceitos podem ser usados para construir os princípios gerais do cumprimento. A sua utilidade é dupla: facultam a ordenação jurídico-científica da matéria e constituem úteis auxiliares na realização do Direito (interpretação e aplicação)[34].

II. No domínio do cumprimento, podemos enunciar os princípios seguintes:

– o princípio da boa fé;
– o princípio da tutela da propriedade;
– o princípio da correspondência;
– o princípio da integralidade;
– o princípio da concretização.

III. Mau grado esta enumeração, cabe reter que o cumprimento é um fenómeno tipicamente obrigacional. Daí que lhe sejam aplicáveis, com generalidade, os princípios gerais do Direito civil. Mas dentro deles, importa fazer rápida selecção: o cumprimento, como efectivação de uma

---

[34] *Direito das obrigações* 2, 185 ss.; Luís MENEZES LEITÃO, *Direito das obrigações* cit., 2, 7.ª ed., 145 ss..

32   *O cumprimento das obrigações*

conduta devida, escapa, naturalmente, à autonomia privada. Esta não deixa de estar presente: simplesmente, se as partes fizerem uso da sua autonomia, saímos do campo do cumprimento para entrar no das vicissitudes das obrigações, diferentes dele, que, por definição, é devido. Por outro lado, o cumprimento, como tal, é alheio à tutela da personalidade e à responsabilidade civil: não pressupõe violações que impliquem a aplicação de normas sancionatórias.

Ficam-nos, assim, a boa fé e a propriedade privada, que, no cumprimento revestem-se de importância primordial. O cumprimento é fundamentalmente, concretização da ideia de Direito: por isso comina, a lei, a ambas as partes, o dever genérico de actuar de boa fé: artigo 762.°/2, do Código Civil.

É à luz da boa fé que o comportamento devido deve ser delimitado[35]; nessa base, sabemos que o cumprimento compreende não só a própria actividade retratada na prestação, mas ainda todos os comportamentos acessórios necessários à efectiva prossecução dos interesses do credor[36]. A partir da boa fé podemos, também, conhecer a medida de esforço que, ao devedor, pode ser exigida no desempenho do seu papel[37].

IV. O princípio da propriedade privada (62.°/1, da Constituição) é convocado pelo seguinte: a não haver cumprimento, são atingidos os direitos do credor. Estes têm tutela constitucional. Lidamos, por isso, com regras efectivas. O cumprimento é protegido pela Lei fundamental.

6. A correspondência, a integralidade e a concretização

I. Chamamos princípio da correspondência à proposição segundo a qual o cumprimento deve reproduzir, qualitativamente, o figurino abstracto de comportamento humano dado pelo binómio direito à presta-

---

[35] *Vide* ROSARIO NICOLÒ, *Adempimento* cit., 558 e JOÃO ANTUNES VARELA, *Das obrigações em geral* cit., 2, 7.ª ed., 10 ss.. Relacionada com esta temática, cf. a utilização que, da boa fé, faz MARIO BESSONE, *Adempimento e rischio contrattuale* (1975, reimp.), *maxime* 325 ss..

[36] *Tratado* II/1, 465 ss..

[37] *Tratado* II/1, 447 ss.. Quanto a esse relevante tema: JULIA SÜSS, *Die Spannung der Schuld / welches Mass an geistiger, körperliche und wirtschaftlicher Kraft hat der Schuldner zur Erfüllung der Schuld nach geltendem Recht einzusetzen?* (2002), 146 pp..

§ 2.º Os princípios do cumprimento 33

ção/dever de prestar. Quando tal não suceda, há incumprimento ou, pelo menos, cumprimento defeituoso, desencadeando-se normas de sanção.

II. O princípio da integralidade diz-nos que a prestação não deve ser efectuada por partes (artigo 763.º/1), excepto se outra coisa for devida por convenção, lei ou usos. Ou, por outras palavras, a actuação concreta em que redunda o cumprimento deve reproduzir, também quantitativamente, o esquema teórico indicado pela obrigação.

Admite-se, porém, que o credor possa exigir apenas parte da sua prestação (artigo 763.º/2), o que se compreende: quem pode o mais, pode o menos, havendo, apenas, uma renúncia temporária a uma parcela do seu direito. O devedor pode, contudo, oferecer a prestação por inteiro (artigo 763.º/2, *in fine*).

III. Finalmente, o princípio da concretização reúne o conjunto dos parâmetros necessários para transmutar o teórico comportamento devido, previsto na obrigação, numa atitude concreta, real e efectiva. Entre esses parâmetros, sobressaem, naturalmente, pela ordem em que vêm tratados no Código Civil:

– quem pode fazer a prestação (legitimidade activa);
– a quem pode a prestação ser feita (legitimidade passiva);
– lugar da prestação;
– prazo da prestação;
– imputação do cumprimento.

Os parâmetros integradores da concretização revestem um máximo de interesse, uma vez que os restantes princípios já foram tratados, seja no campo das generalidades, seja no tocante à problemática do conteúdo das obrigações. Vamos passar ao seu estudo; alteramos, no entanto, a ordem legal por que surgem esses elementos, uma vez que, na sequência destinada ao cumprimento, há que determinar, primeiro, o tempo em que a prestação deve ser efectuada e depois, sucessivamente o local, quem a pode realizar e quem a pode receber e, finalmente, a imputação do cumprimento.

§ 3.º **O PRAZO DA PRESTAÇÃO**

7. A fixação

I. Diz-se prazo de prestação[38] o momento em que esta deve ser cumprida; quando esse momento chega, ocorre o vencimento da obrigação[39]. O vencimento da obrigação torna esta imediatamente exigível.

> Por exemplo:
> António deve 100 a Bento; caso a prestação deva ser efectuada em 1 de Julho, temos que essa data marca o prazo da prestação; alcançado esse momento, a obrigação diz-se vencida, podendo, consequentemente, Bento exigi-la de António.

Por aqui se vê a importância que tem a fixação do prazo da prestação: do ponto de vista do devedor, ele marca o momento em que deve prestar; do ponto de vista do credor, determina quando pode exigir o cumprimento; do ponto de vista do Direito, esclarece a altura em que, quando seja o caso, devam entrar em acção normas sancionatórias para obviar ao incumprimento.

II. Em primeiro lugar, o prazo da prestação pode estar predeterminado:

– por disposição legal;
– por estipulação das partes;
– pela natureza das coisas.

---

[38] ADRIANO VAZ SERRA, *Tempo da prestação – Denúncia*, BMJ 50 (1955), 5-48.

[39] CLAUDIA BITTNER, no Staudinger, §§ 255-304, *Leistungsstörungsrecht* 1 (2009), § 271 (187 ss.); WERNER ROTHER, *Die Bedeutung der Rechnung für das Schuldverhältnis*, AcP 164 (1964), 97-121; CHRISTIAN FAHL, *Zur Zulässigkeit der einseitigen kalendermässigen Bestimmung des Verzugszeitpunktes*, JZ 1995, 341-345.

Em certas ocasiões, o Direito determina o momento do vencimento das obrigações (por exemplo: no primeiro dia útil de cada mês), havendo, ainda, que distinguir prazos injuntivos de prazos supletivos. Às partes, quando queiram e lhes seja permitido, compete, na constituição da obrigação ou posteriormente, acordar o prazo em que a prestação deva ser efectuada. Finalmente, da natureza das coisas resulta, por vezes impreterivelmente, a altura do cumprimento (por exemplo: na próxima maré alta ou no período da colheita).

Em qualquer destes casos, o prazo pode ser fixado num momento mais ou menos preciso (por exemplo: dia tal às tantas horas) ou numa certa margem temporariamente definida (por exemplo: de dia 10 a dia 20).

Por disposição da lei, por vontade das partes ou, até, pela natureza das coisas, o prazo pode ser certo quanto ao momento da verificação e à própria verificação em si (por exemplo: no dia tal), incerto quanto ao momento mas certo quanto à verificação (por exemplo: nas próximas eleições) ou incerto quanto a ambos esses elementos (por exemplo: quando a equipa tal ganhar o campeonato).

III. Subindo na escala da abstracção, pode ocorrer que o prazo não esteja determinado ou não seja determinável, no momento da constituição, pelas partes. Nessa altura, o momento do vencimento poderá advir de decisão:

– do tribunal;
– de terceiro;
– do credor e do devedor, por acordo;
– do credor;
– do devedor.

O tribunal fixa um prazo em duas situações primordiais:

– quando o prazo seja necessário pela natureza das coisas, pelo condicionalismo que ditou a prestação ou pelos usos e as partes não acordarem na sua determinação (artigo 777.º/2[40]);
– quando caiba ao credor fixar o prazo, este não o faça e o devedor o requeira (artigo 777.º/3; cf., aliás, o artigo 411.º).

---

[40] STJ 29-Fev.-2000 (FRANCISCO LOURENÇO), CJ/Supremo VIII (2000) 1, 119-122 (quanto a suprimentos); RLx 23-Mar.-2000 (MARCOS DOS SANTOS RITA), BMJ 495 (2000), 353-354 (reintegração de trabalhador).

§ 3.º *O prazo da prestação* 37

O prazo pode advir de decisão de terceiro[41] sempre que, não havendo qualquer prazo nem forma de o determinar, o terceiro em causa se apresenta a cumprir, nos termos do artigo 767.º/1.

Naturalmente, o prazo pode ser determinado por acordo das partes sempre que a tal não se oponha uma disposição injuntiva, em qualquer momento: é a lei da autonomia privada.

8. A interpelação; exigibilidades fraca e forte

I. Quando o momento da determinação do prazo caiba ao credor, por convenção, por disposição legal ou pela natureza das coisas, pode o mesmo provocar o vencimento da obrigação por meio da interpelação[42], isto é, por meio de declaração, judicial ou extra-judicial, feita ao devedor, de que este deve cumprir.

II. A interpelação produz efeitos nos termos gerais aplicáveis às declarações que tenham um destinatário (224.º/1). Pode suceder que a interpelação do devedor pelo credor só seja possível a partir de determinado momento, com a adveniência do qual a prestação também se diz exigível. Podemos, com Pessoa Jorge[43], chamar a este tipo de exigibilidade – a possibilidade de interpelar – exigibilidade fraca, distinguindo-a da exigibilidade forte que ocorre depois do vencimento. Já vimos que, se o credor não usar desta faculdade, o devedor pode recorrer ao tribunal (777.º/3).

III. O prazo pode estar dependente do devedor, quer por se ter estipulado que o mesmo cumprirá quando puder – obrigações *cum potuerit* – quer por se ter estabelecido que tal sucederá quando ele quiser – *cum voluerit*. O devedor pode, então, apresentar-se, em determinada altura, a cumprir ou declarar que está disposto a fazê-lo, consoante os casos. E se nunca o fizer?

> – sendo a obrigação *cum potuerit*, a prestação é exigível quando o devedor tenha, de facto, possibilidade de o fazer ou, sempre, aos seus herdeiros (778.º/1)[44];

---

[41] Para além das hipóteses de assim resultar da lei, de convenção ou da natureza das coisas, altura em que, em rigor, o prazo é, *ab initio*, determinável, pelo prisma das partes.

[42] Cf. o artigo 805.º/1 e 2, do Código Civil.

[43] FERNANDO PESSOA JORGE, *Lições de Direito das obrigações* cit., 1, 284.

[44] *Vide* STJ 25-Mar.-2003 (SILVA SALAZAR), CJ/Supremo XI (2003) 1, 137-138.

38   *O cumprimento das obrigações*

– sendo a obrigação *cum voluerit*, a prestação só pode ser exigida aos herdeiros do devedor (778.º/2)[45].

IV. Finalmente, pode suceder que nada esteja estabelecido nem quanto ao prazo, nem quanto a quem o deva determinar. Nessa altura, o credor pode, em qualquer momento[46], interpelar o devedor, assim como este pode, em qualquer altura, oferecer o cumprimento (777.º/1), isto é: qualquer das partes é competente para determinar o prazo da obrigação.

9. Moratórias e antecipações

I. Dada a natureza essencialmente dinâmica de que se reveste a fenomenologia obrigacional, qualquer prazo, uma vez estabelecido por algum dos processos atrás referenciados, pode ser alterado. Interessa focar as duas hipóteses lineares mais características:

– o prolongamento do prazo;
– a antecipação do prazo.

O prolongamento do prazo redunda numa moratória[47]; podemos distinguir moratórias contratuais, legais e judiciais, consoante advenham da vontade das partes, da lei ou de decisão do tribunal. Chamamos a atenção para o facto de as moratórias legais serem, normalmente, decididas pelo legislador, para certas categorias de devedores, atingidos por ocorrências especialmente desfavoráveis. As moratórias judiciais são viáveis no âmbito das modificações de obrigações por alteração das circunstâncias (437.º).

II. Para averiguar das possibilidades de antecipação do prazo, para além da hipótese, sempre possível, de tal se verificar por expressa injunção legal, há que atender a favor de quem é o prazo estabelecido, isto é, quem tem o benefício do prazo.

---

[45] *Vide* RLx 21-Fev.-1991 (MESQUITA E MOTA), CJ XVI (1991) 1, 158-159.

[46] Donde o brocardo *quod sine die debetur statim debetur. Vide* MICHELE GIORGIANNI, *Pagamento* cit., 326. As obrigações em causa dizem-se puras.

[47] FERNANDO PESSOA JORGE, *Lições de Direito das obrigações*, cit., 1, 304 ss..

§ 3.° O prazo da prestação

Nos termos do artigo 779.° do Código Civil, o prazo pode ser estabelecido[48]:

– em benefício do devedor;
– em benefício do credor;
– em benefício de ambos.

O mesmo preceito determina que, quando outra coisa não se mostre, o prazo tem-se por estabelecido a favor do devedor.

Quando o prazo seja estabelecido a favor do devedor, o credor não pode antecipar o prazo; o devedor pode, porém fazê-lo, sendo a prestação havida como cumprimento efectivo (440.° e 476.°/3, implicitamente). Nos termos deste último artigo verifica-se que o cumprimento antecipado pelo devedor, mesmo que feito por erro desculpável, não pode ser desfeito; apenas permite a este a repetição daquilo com que o credor se tenha enriquecido, por força da antecipação.

III. O devedor pode, no entanto, perder o benefício do prazo, com o efeito automático de a obrigação se tornar imediatamente exigível (em sentido fraco)[49] quando, nos termos do artigo 780.°/1, fique insolvente ou, por culpa sua, diminuam as garantias do crédito ou não sejam prestadas as garantias prometidas; nesta última hipótese ao credor cabe, em alternativa, exigir o esforço ou a substituição das garantias (780.°/2)[50].

Numa obrigação cuja prestação possa ser fraccionada no tempo, a falta de cumprimento de uma das sub-prestações implica a perda do benefício do prazo em relação às restantes (781.°).

IV. Sendo o prazo estabelecido a favor do credor, este pode provocar o vencimento antecipado da obrigação, ao contrário do devedor; se o for a benefício de ambos, a antecipação só é viável por acordo, salvo excepção legal (por exemplo, artigo 1147.°).

---

[48] A determinação de quem seja o beneficiário do prazo é questão-de-direito, assente, contudo, nos factos que as partes levem ao juiz. Cf., em termos não totalmente exactos (a nosso ver), STJ 19-Out.-1978 (ALBERTO ALVES PINTO), BMJ 280 (1978), 290-298.

[49] Sendo, consequentemente, necessária a interpelação para que se dê o vencimento, nos termos gerais que se inferem do artigo 805.°/1.

[50] PIRES DE LIMA/ANTUNES VARELA, *Código Civil Anotado*, II, 4.ª ed. (1997), 30-31.

10. O *interusurium*

I. Quando haja antecipação do cumprimento, suscita-se o problema da atribuição do *interusurium*, isto é, da atribuição dos frutos naturais ou civis correspondentes ao período da antecipação.

> Por exemplo:
>
> António deve entregar a Bento um prédio rústico em 2011. Antecipa, porém, o cumprimento para 2010. Pode descontar no preço a importância correspondente aos frutos produzidos nesse ano?

II. Pessoa Jorge defende que o devedor não tem, em princípio, direito ao *interusurium*, sempre que a antecipação seja provocada por ele[51]. Efectivamente, nessa eventualidade, o devedor renuncia, naturalmente, às vantagens que lhe acarretaria o cumprimento feito no momento estabelecido. Além desse motivo de ordem geral, podem ser apontados o artigo 1147.º, que expressamente determina essa solução em relação ao mútuo oneroso e o artigo 476.º/3, do qual se infere que, quando haja pagamento antecipado sem ser por erro desculpável – isto é, por "erro" propositado ou por erro grosseiro – não tem, o devedor, direito a qualquer restituição.

III. Quando o credor possa antecipar o cumprimento, nos casos em que a lei lho permita, o *interusurium* compete, logicamente, ao devedor.

Em conclusão: defendemos que o *interusurium* não cabe, em princípio, nunca a quem tenha provocado o vencimento antecipado.

---

[51] FERNANDO PESSOA JORGE, *Lições de Direito das obrigações* cit., 1, 319 ss.; *vide* VAZ SERRA, *Tempo da prestação* cit., 155 ss..

§ 4.º O LUGAR DA PRESTAÇÃO

11. As regras supletivas

I. O cumprimento de uma obrigação exige, naturalmente, uma actividade comum do *solvens* e do *accipiens*[52]. Para tanto, é necessário que as operações do cumprimento se verifiquem num local que, das partes, seja conhecido com antecedência. Existem, assim, regras para determinar o local apropriado do cumprimento ou, na expressão do Código Civil, o lugar da prestação[53].

II. O lugar do cumprimento advém de norma jurídica ou da vontade das partes. Este último aspecto não levanta dificuldades de maior: sempre que as disposições legais aplicáveis sejam supletivas – e sabemos ser essa a regra em Direito das obrigações – as partes podem estipular sobre o local do cumprimento (772.º/1)[54]. O lugar do cumprimento pode advir, ainda, da natureza das coisas (por exemplo, a obrigação de construir ou de reparar um imóvel)[55].

III. A questão torna-se mais complexa no tocante às normas jurídicas aplicáveis à questão em análise. Estas, naturalmente, são:

– injuntivas;
– supletivas,

---

[52] O lugar da prestação tem muita importância no tocante à execução do contato de trabalho; por isso, existem, aí, regras específicas; cf. STJ 3-Mar.-2010 (BRAVO SERRA), Proc. 933/07.

[53] Em geral, ADRIANO VAZ SERRA, *Lugar da prestação*, BMJ 50 (1955), 5-48.

[54] RLx 17-Mai.-2001 (SILVA PEREIRA), CJ XXVI (2001), 92-94 (94/I).

[55] REv 15-Jan.-1981 (AUGUSTO PEREIRA DE GOUVEIA), BMJ 305 (1981), 348.

consoante possam ou não ser afastadas pela vontade das partes. De acordo com o seu âmbito de aplicação, as normas jurídicas dirigidas ao lugar da prestação podem, ainda, ser:

– genéricas;
– específicas,

conforme se reportem à generalidade das obrigações ou, apenas, a obrigações específicas.

Norma genérica supletiva dirigida ao local da prestação é a constante do artigo 772.°/1: a prestação deve ser efectuada no lugar do domicílio do devedor – cf. artigos 82.° ss.. Caso este mude, entretanto, de domicílio, deve a prestação ser efectuada no local do novo domicílio, salvo quando a alteração acarrete prejuízo ao credor, altura em que o cumprimento terá lugar no antigo (772.°/2).

IV. O Código contém normas específicas supletivas em relação a obrigações de entrega de coisa móvel e pecuniárias.

A obrigação de entrega de coisa móvel deve ser cumprida no lugar onde a coisa se encontrava no momento da conclusão do negócio (773.°/1)[56]. O mesmo princípio tem aplicação quando se trate de coisa genérica a ser escolhida de um conjunto determinado ou de coisa que deva ser produzida em certo lugar (773.°/2); o cumprimento deve verificar-se no local onde se encontra o conjunto ou onde a coisa for produzida[57].

12. Alterações

I. As obrigações pecuniárias devem ser efectuadas no lugar do domicílio do credor ao tempo do cumprimento (774.°). Porém, se as partes tiverem estipulado que o cumprimento se efectue no domicílio do credor, entende-se que tiveram em conta o domicílio que ele tinha no momento da constituição da obrigação e não no do cumprimento. Assim, se o credor mudar de domicílio, deve a obrigação ser satisfeita no local do domicílio

---

[56] RLx 20-Fev.-1990 (Calixto Pires), CJ XV (1990) 1, 176-177 (177/I).

[57] Tratando-se de obrigação de entrega de coisa a expedir, o local do cumprimento é, supletivamente, o da expedição (797.°).

§ 4.° *O lugar da prestação*

do devedor, ou, em alternativa, no novo domicílio do credor, pagando este os prejuízos que, da alteração, emerjam (775.°).

Note-se que as normas específicas aqui referidas podem ser derrogadas por normas de especificidade ainda maior. Assim, quando a obrigação pecuniária seja uma renda, o local supletivo é não o do domicílio do credor (774.°) mas o do devedor (1039.°/1).

II. Suscita-se o problema geral da alteração superveniente do lugar da prestação. Esta pode emergir de dois factores:

– de acordo entre as partes;
– de evento que torne impossível o cumprimento no lugar fixado.

Neste último caso, manda o artigo 776.° que se apliquem, aos cumprimentos em causa, as normas supletivas dos artigos 772.° a 774.°.

Ficou, porém por decidir qual a solução aplicável quando o lugar do cumprimento que resulte, precisamente, da aplicação das referidas normas supletivas compreendidas nos artigos 772.° a 774.°, se inviabilize.

Em tal hipótese, entendemos que, se as partes não acordarem num local, há que recorrer ao tribunal, por aplicação analógica do artigo 777.°/2.

§ 5.º A LEGITIMIDADE E O CUMPRIMENTO

13. Generalidades

I. A legitimidade é a qualidade de um sujeito que o habilite a agir no âmbito de uma situação jurídica considerada.

As pessoas dispõem de liberdades gerais de agir. Além disso, elas podem beneficiar de certas situações jurídicas, *maxime* de direitos subjectivos. Enquanto, em abstracto, as liberdades podem ser exercidas por todos, as situações jurídicas só são, em princípio, actuáveis pelos sujeitos a que respeitem ou que, para tanto, disponham de especial habilitação jurídica: apenas esses sujeitos detêm a necessária legitimidade[58].

II. A legitimidade, enquanto qualidade do sujeito reportada a determinada situação jurídica, deriva de uma ou mais ocorrências ou conjunções: os factos legitimadores.

Em abstracto, podemos operar uma distinção entre factos positivos e factos negativos ou, se se quiser: factos atributivos de legitimidade e factos privativos da mesma legitimidade. Os factos positivos conferem legitimidade a certos beneficiários (p. ex., a titularidade); os negativos retiram a legitimidade a quem, de outro modo, a teria (p. ex., uma sentença de interdição).

III. O facto legitimador por excelência é a titularidade, nas situações activas. O titular de uma posição – particularmente: de um direito subjectivo – tem legitimidade para desencadear os diversos exercícios que ela faculte. De todo o modo, teremos de, caso a caso, verificar, de entre os poderes e faculdades inscritos no conteúdo do direito subjectivo conside-

---

[58] Para mais elementos: *Tratado* I/4, 15 ss..

rado, quais os susceptíveis de actuação, pelo titular. Por exemplo: em regra, o proprietário só pode construir no seu terreno depois de obtida a necessária autorização camarária: ele tem legitimidade para diversas actuações, mas não para todas.

IV. A legitimidade complementa, no plano do exercício, as esferas de liberdade representadas pelas situações jurídicas e, em especial, pelo direito subjectivo. No fundo, ela exprime a delimitação de âmbitos de autodeterminação privada[59] permitindo, em cada caso concreto, apurar a idoneidade dos desempenhos normativos. A legitimidade prolonga a ideia de permissão específica, contribuindo para a jurídico-subjectivação do espaço do Direito, mesmo nas áreas de adstrição. Afirmar, por exemplo, a legitimidade do devedor para o cumprimento equivale a atribuir-lhe o desempenho obrigacional como uma prerrogativa que ele poderá – ou não – usar. Fica reservado um campo para a actuação do agente.

A base da legitimidade residirá na autonomização das esferas jurídicas. Os vínculos de legitimidade dão consistência, para além das diversas situações jurídicas estáticas, à dinâmica da actuação das pessoas. Temos mais uma concretização, no terreno, do espírito próprio do Direito civil.

V. No domínio do cumprimento, distinguimos a legitimidade activa e a legitimidade passiva. Nos termos seguintes:

– legitimidade activa: quem pode efectuar a prestação devida;
– legitimidade passiva: a quem pode ser efectuada essa mesma prestação, para haver efectivo cumprimento.

14. A legitimidade activa; o cumprimento por terceiro

I. No domínio do cumprimento, tem legitimidade activa aquele que possa efectuar a prestação devida[60].

A esse respeito, o artigo 767.º/1, do Código Civil, dispõe que a prestação possa ser feita tanto pelo devedor como por terceiro, interessado ou

---

[59] Em especial: WOLFGANG THIELE, *Die Zustimmung in der Lehre vom Rechtsgeschäft* (1966), 15 e 17.

[60] ADRIANO VAZ SERRA, *Do cumprimento* cit., 44 ss..

§ 5.º *A legitimidade e o cumprimento* 47

não no cumprimento da obrigação[61]; face às excepções depois introduzidas pelo n.º 2 desse mesmo preceito, podemos proclamar que a prestação pode ser efectuada por qualquer pessoa[62], excepto:

– quando tenha sido expressamente acordado que só o devedor possa cumprir;
– quando a substituição prejudique o credor, isto é, quando a prestação seja não fungível ou quando, por qualquer outra razão, não revista, quando feita por terceiro, da mesma qualidade que teria se fosse efectuada pelo devedor.

II. Verifica-se, desta forma, uma concessão generalizada de legitimidade para efectuar as mais diversas prestações[63]. O Código Civil reforça esta injunção ao determinar que o credor incorra em mora perante o devedor, quando recuse a prestação efectuada por terceiro (768.º/1).

A única excepção que a este regime, verificado o condicionalismo atrás apontado, se nos depara, emerge do artigo 768.º/2, segundo o qual o credor pode recusar a prestação quando, cumulativamente[64]:

– o devedor se oponha ao cumprimento por terceiro;
– o terceiro não possa ficar sub-rogado no crédito, nos termos do artigo 592.º (sub-rogação legal).

---

[61] Paralelamente, dispõem os § 267 e artigo 1180.º, do *BGB* e do *Codice*, respectivamente:

> Não tendo o devedor de prestar em pessoa, então pode um terceiro efectuar a prestação

e

> A obrigação pode ser cumprida por um terceiro, mesmo contra a vontade do credor, se este não tiver interesse em que o devedor execute pessoalmente a prestação.

[62] Respeitando, naturalmente, as regras referidas ao tempo e lugar da prestação.

[63] FERNANDO PESSOA JORGE, *Lições de Direito das obrigações* cit., I, 347, fala em *dispensa de legitimidade geral*. A questão será meramente terminológica; parece-nos, contudo, que a terminologia que figura no texto é mais clara, até por uma questão de simetria com a legitimidade passiva.

[64] A excepção é mais estreita do que a constante das disposições correspondentes nos Códigos alemão e italiano (§ 267, II e artigo 1180.º, II), que permitem ao credor recusar o cumprimento por terceiro, quando a isso se oponha o devedor.

Entende, pois, a lei que, sendo a prestação fungível – com a consequência de ser indiferente, para o credor, a realização da prestação pelo devedor ou por terceiro – nenhuma razão existe para impedir o cumprimento realizado por terceiro, tolhendo, assim, os mecanismos que vamos analisar de seguida.

III. Quando a obrigação seja cumprida por terceiro[65], *quid iuris?* Temos várias hipóteses:

1.ª O terceiro pode ter cumprido nos termos de um contrato celebrado entre ele e o devedor (por exemplo, um mandato); nessa altura, aplicam-se à situação subsequente as regras próprias do contrato celebrado;

2.ª O terceiro pode ter agido como gestor de negócios; a situação regula-se, então, pelas regras respectivas, havendo, nomeadamente, que atender à existência, ou não, de aprovação da gestão pelo *dominus* e ao respeito, por parte do terceiro-gestor, pelos interesses objectivo e subjectivo do devedor;

3.ª Podem ter aplicação as regras do enriquecimento sem causa, quando o terceiro tenha cumprido na convicção errada de estar obrigado, face ao devedor, a cumprir e o credor não tenha conhecimento do erro; o enriquecimento corre contra o devedor (478.º);

4.ª Pode verificar-se a hipótese da repetição do indevido, quando o terceiro tenha cumprido na convicção de que ele era o obrigado (477.º/1) e não se verifique nenhuma das ocorrências previstas na segunda parte desse preceito, e ainda quando o cumprimento se tenha verificado por o terceiro pensar que estava obrigado ao cumprimento, face ao devedor, e tendo o credor conhecimento do erro (478.º, *in fine*);

5.ª Pode ser caso de sub-rogação, isto é: o cumprimento por terceiro pode mais não ser do que uma forma de, para este, transmitir o crédito, bastando para tanto que o terceiro em causa tenha qualquer interesse directo na realização da prestação – sub-rogação legal, artigo 592.º/2 – ou tenha sido expressamente sub-rogado, pelo credor ou pelo devedor – artigos 589.º e 590.º;

6.ª Pode, finalmente, haver uma doação do terceiro ao devedor, quando ele tenha actuado com *animus donandi* e haja aceitação do beneficiado.

---

[65] A obrigação não é cumprida por terceiro se este agir em representação do devedor.

§ 5.º *A legitimidade e o cumprimento*   49

IV. Pode dar-se a hipótese rara de se verificar um cumprimento por terceiro sem que se possa aplicar nenhum dos seis esquemas acima autonomizados. Repare-se que, para tanto, seria nomeadamente necessário que não houvesse qualquer acordo prévio entre o devedor e o terceiro, não houvesse qualquer erro, que o terceiro não prosseguisse o interesse do devedor[66], nem o próprio, directamente e que não existisse doação. Ainda assim seria necessário que nem o credor, nem o devedor viessem sub-rogar o terceiro, supervenientemente.

Pessoa Jorge parece, em tal eventualidade, pronunciar-se pela inexistência de qualquer acção quer contra o devedor, quer contra o credor, excepto se o devedor recorresse à consignação em depósito, ou cumprisse, também, altura em que haveria acção contra o credor[67].

A situação de ausência de qualquer acção repugna. Por isso, havendo um cumprimento por terceiro e sendo impossível reconduzi-lo a algum dos esquemas atrás autonomizados há, seguramente, uma deslocação patrimonial: o terceiro poderá agir nos termos da acção de enriquecimento sem causa, contra o credor ou contra o devedor, consoante aquele que tiver enriquecido com a operação[68].

A única hipótese de ausência de acção seria a de o terceiro ter cumprido uma obrigação natural do devedor; nessa altura, resolveríamos a questão aplicando as regras da gestão de negócios, considerando, no entanto, como naturais as obrigações que daí adviessem entre o terceiro e o devedor.

15. Legitimidade passiva

I. Tem legitimidade passiva, para efeitos do cumprimento, aquele que possa receber a prestação[69].

---

[66] Para afastar a aplicação da gestão. A hipótese é de difícil verificação prática, uma vez que é sempre do interesse do devedor ver solvidas as suas dívidas. Vejam-se os exemplos de PESSOA JORGE, *Lições de Direito das obrigações* cit., 1, 353.

[67] *Idem*, loc. cit..

[68] Assim, e nomeadamente, contra o credor quando a obrigação não existisse ou quando este recebesse nova prestação do devedor; contra o devedor quando a obrigação existisse e ele não a cumprisse.

[69] ROSARIO NICOLÒ, *Adempimento* cit., 560 ss..

O Código Vaz Serra desviou-se da regra estabelecida para a legitimidade passiva ao proclamar, no artigo 769.º, que a prestação deve ser feita ao credor ou ao seu representante. Neste último caso, assim como na hipótese de o credor ter autorizado um terceiro a receber a prestação, o devedor só está obrigado a aceitar a indicação do credor se assim se tiver convencionado (771.º).

Estabelecida esta regra geral, há que tomar nota das excepções depois admitidas pelo Código.

II. A prestação pode ser feita a terceiro, quando, nos termos do artigo 770.º do Código Civil:

- assim se tenha estipulado; por exemplo, pagamento feito a um depositário – alínea *a*);
- o credor o tenha consentido ou tenha ratificado tal cumprimento – alíneas *a*) e *b*)[70];
- tenha havido posteriormente uma transmissão do crédito a favor do terceiro *accipiens* – alínea *c*);
- o credor se venha a aproveitar do cumprimento e tenha interesse fundado em não o considerar como feito a ele próprio – alínea *d*);
- o credor seja herdeiro de quem recebeu e deva responder pelos débitos deste – alínea *e*);
- a lei o determine – alínea *f*)[71].

III. Fora dos casos previstos no referido artigo 770.º do Código Civil, a prestação feita a terceiro não extingue a obrigação – artigo citado – e pode ser repetida pelo devedor (476.º/2). Consequentemente, não consubstancia qualquer cumprimento.

IV. O artigo 771.º, epigrafado "oposição à indicação feita pelo credor", dispõe:

O devedor não é obrigado a satisfazer a prestação ao representante voluntário do credor nem à pessoa por este autorizada a recebê-la, se não houver convenção nesse sentido.

---

[70] STJ 20-Mai.-1998 (SOUSA LAMAS), CJ/Supremo VI (1998) 2, 282-283 (283/I).

[71] Nesta hipótese, vejam-se os exemplos dados por PESSOA JORGE nas *Lições de Direito das obrigações* cit., I, 357.

§ 5.º A legitimidade e o cumprimento 51

Esta regra tem suscitado críticas[72] e interpretações restritivas[73]. Todavia, ainda que temperada pelo abuso do direito, ela contempla valores jurídico-privados consistentes. Assim:

– os negócios (incluindo a procuração) celebrados pelo credor com terceiros ou visando terceiros são inoponíveis *inter partes*; por maioria de razão, sê-lo-ão, também, contratos como o mandato ou a prestação de serviço de cobrança;
– o Direito português não admite, em geral, a procuração aparente; ora não se pode fazer correr, pelo devedor, o risco de invalidades da procuração ou de falsificações do documento em que ela esteja exarada;
– o pagamento a um representante, susceptível de ter sido selectivamente escolhido para incomodar o devedor, pode traduzir danos morais e, até, patrimoniais.

Nesta como noutras latitudes, mantém-se a relatividade como característica tendencial das obrigações.

---

[72] LUÍS MENEZES LEITÃO, *O enriquecimento sem causa no Direito civil* (2005), 479 e nota 1397 e *Direito das obrigações* cit., 2, 7.ª ed., 156-157.

[73] PIRES DE LIMA/ANTUNES VARELA, *Código Civil Anotado*, 2, 4.ª ed. (1997), 18 e JORGE RIBEIRO DE FARIA, *Direito das obrigações*, 2 (1981), 282-283, excluindo a hipótese de o devedor se poder recusar a cumprir perante um simples núncio ou encarregado de cobrança.

§ 6.º A IMPUTAÇÃO DO CUMPRIMENTO

16. Noção geral

I. Diz-se imputação do cumprimento a identificação de determinado comportamento como devido, nos termos de certa obrigação.

Normalmente, a imputação do cumprimento não oferece quaisquer dúvidas: se A deve € 100 a B e efectua um cumprimento de € 100, é evidente que esse cumprimento se reporta à dívida entre ambos existente. Pode, porém, não ser assim[74]; efectivamente quando um devedor:

– adstrito a várias dívidas do mesmo género,
– em face do mesmo credor,
– efectue um cumprimento insuficiente para extinguir todas as dívidas,

é necessário determinar, com precisão, por conta de que dívida é feito o cumprimento.

> Por exemplo:
> C está adstrito para com D a dois débitos de € 100 cada. Entrega a D € 100; por conta de que dívida deve tal prestação ser imputada?

II. A regra geral é a de que a imputação seja feita pelo devedor (783.º/1)[75]. Simplesmente, como através da imputação do cumprimento o devedor não pode, naturalmente, contornar as regras próprias deste último, o artigo 783.º/2, exige o acordo do credor para que:

– o devedor designe uma dívida não vencida, se o prazo tiver sido estabelecido a favor do credor; tal regime deve ser estendido à hipótese de prazo estabelecido a favor de ambos;

---

[74] ROSARIO NICOLÒ, *Adempimento* cit., 563.

[75] *Vide* as soluções de VAZ SERRA, *Do incumprimento como modo de extinção das obrigações* cit., n.º 34 (99 ss.).

54   *O cumprimento das obrigações*

- o devedor designe uma dívida de montante superior ao do cumprimento efectuado, quando o credor possa recusar a prestação parcial – cf. artigo 763.º/1.

17. Regras supletivas

I. Quando o devedor não use a faculdade que lhe é conferida de fazer a imputação, funcionam as regras supletivas do artigo 784.º:

- o cumprimento deve imputar-se na dívida vencida;
- sendo várias as dívidas vencidas, na que oferecer menor garantia para o credor;
- havendo várias dívidas igualmente garantidas, na mais onerosa para o devedor;
- entre várias dívidas igualmente onerosas, na que primeiro se tenha vencido;
- vencidas as dívidas ao mesmo tempo, na mais antiga na data da constituição.

II. Se nenhuma dessas regras puder decidir a questão, o cumprimento presume-se feito por conta de todas, rateadamente, com prejuízo do artigo 763.º, que permite ao credor recusar, salvo excepções, cumprimentos parciais (784.º/2). A lei fala em presunção; parece, assim, que é possível afastar tal solução, demonstrando que outra seria a vontade do devedor.

III. O artigo 785.º estabelece regras específicas de imputação de cumprimento, ao determinar que, estando o devedor adstrito a pagar, além do débito, despesas ou juros ou indemnizações por mora – atraso no cumprimento – se presuma o cumprimento feito, sucessivamente, por conta das despesas, da indemnização, dos juros e do capital (785.º/1). Tal presunção pode ser afastada no tocante aos diversos elementos referidos, excepto quanto ao capital: salvo acordo do credor, a imputação neste deve ser feita em último lugar (785.º/2).

IV – O Código Civil não abordou expressamente a questão que se pode levantar quando a necessidade de encontrar regras de imputação de cumprimento derive do facto de o devedor ser, simultaneamente, repre-

§ 6.º *A imputação do cumprimento* 55

sentante de outro devedor, e de a prestação insuficiente ser feita face a credor comum, ou de o devedor se encontrar adstrito em face do credor e em face de outra pessoa, de que o credor seja representante.

Em tal eventualidade, entende Pessoa Jorge que devem ser analogicamente aplicadas as regras atrás autonomizadas[76]. Assim é.

---

[76] FERNANDO PESSOA JORGE, *Lições de Direito das obrigações* cit., I, 340.

§ 7.º A PROVA DO CUMPRIMENTO

18. Regras gerais; a quitação

I. Efectuado o cumprimento de uma obrigação, tem o seu autor – normalmente o devedor – o máximo interesse em poder provar a ocorrência, isto é, em demonstrar, efectivamente, a sua realização.

No tocante às obrigações, o ónus da prova funciona da forma seguinte: ao credor compete demonstrar o seu direito, provando o seu facto constitutivo (342.º/1). Mas feita tal demonstração, caso tenha havido cumprimento, ao devedor cabe demonstrá-lo, dada a sua eficácia extintiva (342.º/2). Quando, por qualquer razão, não possa produzir tal demonstração, ver-se-á na contingência de ter de cumprir novamente.

II. Dada esta conjuntura, o Direito confere ao devedor a faculdade de recusar o cumprimento enquanto não lhe for dada a quitação ou seja, enquanto não lhe for passada declaração, normalmente constante de documento específico – o recibo – de como o cumprimento foi realizado (787.º/2). Em qualquer caso, o autor do cumprimento pode sempre exigir a quitação de quem quer que tenha recebido a prestação, antes ou depois do adimplemento (787.º/1). Independentemente da quitação – que pode constar de documento autêntico ou autenticado ou ser provida de reconhecimento notarial, se nisso houver interesse legítimo, nos termos da disposição citada – o autor do cumprimento pode utilizar qualquer meio de prova admitidos em Direito, nos moldes gerais[77].

III. Nos termos do artigo 788.º/1, extinta, pelo cumprimento, a dívida, tem o devedor o direito de exigir a restituição do título da obriga-

---

[77] STJ 29-Mai.-2007 (JOÃO CAMILO), Proc. 07A1291; não é proibida a prova testemunhal.

ção; caso o credor tenha interesse na conservação do título, o devedor pode exigir que o credor mencione no título o cumprimento efectuado. Em qualquer caso, é possível recusar a concretização da prestação enquanto não for devolvido o título ou efectuada a menção referida (788.º/2). Quando, por qualquer razão, o credor não possa restituir o título ou nele mencionar o cumprimento, cabe ao devedor, querendo, exigir quitação passada em documento autêntico ou autenticado ou com reconhecimento notarial, nos termos do artigo 789.º, correndo o encargo pelo credor.

IV. Facilitando o sistema de provas em sede de cumprimento, estabelece o Código Vaz Serra várias presunções, no seu artigo 786.º; assim:

– a quitação, sem reserva, do capital leva a presumir o cumprimento dos juros ou das prestações acessórias – n.º 1;
– a quitação de juros ou de outras prestações periódicas leva a presumir o cumprimento dos juros e prestações anteriores – n.º 2;
– a entrega voluntária do título dos créditos, feita pelo credor ao devedor faz presumir a liberação do devedor, dos con-devedores e dos devedores acessórios – n.º 3.

Todas estas presunções podem, nos termos gerais (350.º/2), ser ilididas por prova em contrário, cabendo ao credor a sua produção.

§ 8.º OS EFEITOS DO CUMPRIMENTO

19. A liberação do devedor; outros efeitos

I. Normalmente, o cumprimento é realizado pelo devedor, perante o credor. O seu efeito primordial típico é, nessa eventualidade, a extinção da obrigação[78] a qual implica, por seu turno, outros efeitos:

– a extinção do direito do credor;
– a liberação do devedor.

Do cumprimento nem sempre resulta a extinção das obrigações; é o que sucede quando seja, nomeadamente, realizado por terceiro. Sem querermos suscitar, agora, a questão de saber se o cumprimento realizado pelo não devedor é autêntico cumprimento, resta-nos reconhecer que, para além do seu efeito típico, o cumprimento pode ter outros efeitos, como sejam, nomeadamente, a transmissão do crédito, pela sub-rogação. Esse factor não impede de considerar o cumprimento como um fenómeno fundamentalmente extintivo das obrigações. A natureza dinâmica e maleável das realidades obrigacionais leva, muitas vezes, a um preterir de construções rígidas a favor de esquemas tendenciais. Assim, por exemplo, como a alteração das circunstâncias é, em princípio, um facto modificativo das obri-

---

[78] Contra, FERNANDO PESSOA JORGE, *Lições de Direito das obrigações* cit., I, 380, que afirma não ser a extinção da obrigação um efeito típico ou formal do cumprimento. Isto por a extinção poder resultar de outros factos e por o cumprimento não acarretar sempre a extinção (v.g. quando realizado por terceiro). Permitimo-nos discordar: pelo facto de existirem vários factos extintivos, não quer dizer que o cumprimento não possa ser um deles; por outro lado, se do cumprimento nem sempre resulta a extinção das obrigações, nem por isso deixa de ser, a extinção em causa, o efeito fundamental no cumprimento realizado pelo devedor face ao credor. *Vide*, ainda, FERNANDO CUNHA DE SÁ, *Direito ao cumprimento e direito a cumprir*, separata da RDS, 1973, 150.

gações, que pode, também, surgir como facto extintivo, assim o cumprimento se reveste, normalmente, de eficácia extintiva, podendo, no entanto, funcionar com eficácia transmissiva, entre outras.

II. Para além do efeito primordial atrás apontado, o cumprimento produz efeitos acessórios. Assim:

- opera como facto constitutivo do dever, por parte do credor, de passar quitação ou de restituir o título de crédito;
- acarreta a extinção das garantias reais ou pessoais conexionadas com o crédito;
- obriga a contraparte em contrato com prestações recíprocas a efectuar, ela própria, a prestação devida, não mais se podendo opor em nome da excepção do contrato não cumprido.

20. Obrigações duradouras e deveres acessórios

I. A afirmação paradigmática da natureza extintiva do cumprimento cede em duas situações de relevo:

- as obrigações duradouras;
- os deveres acessórios.

Quanto às obrigações duradouras, é pacífico que o cumprimento não conduz à sua extinção. Pelo contrário: antes as reforça. Este aspecto esteve, de resto, na origem da autonomização dogmática das obrigações duradouras[79].

II. Os deveres acessórios podem subsistir ao cumprimento. *Summo rigore*, o efeito extintivo manifesta-se, apenas, relativamente à prestação principal e às prestações secundárias que venham a ser executadas. Este fenómeno está no coração da *culpa post pactum finitum*, que iremos considerar na rubrica subsequente.

---

[79] *Tratado* II/1, 523 ss..

§ 9.º *CULPA POST PACTUM FINITUM*

21. Três casos-base

I. De acordo com a conhecida descoberta de Jhering, antes de concluído um contrato, poderia haver, já, deveres a observar pelas partes, sob pena de responsabilidade: temos a *culpa in contrahendo*. Desta feita, verificar-se-ia uma sua projecção simétrica: depois de extinta a relação obrigacional e tendo, nesse sentido nuclear, cessado o contrato, ainda se manteriam determinados deveres, para as partes. São os deveres pós-eficazes, podendo o inerente instituto ser globalmente denominado *culpa post factum finitum*[80].

II. À semelhança do que sucedeu com as manifestações de paracontratualidade já estudadas[81], a pós-eficácia ou *culpa post factum finitum* não deriva de uma criação racional e voluntarística do Direito. Antes se verificou que determinados problemas práticos, após algumas hesitações, obtinham saídas equilibradas à luz do que depois se convencionou ser um instituto autónomo. Recordemos algumas decisões emblemáticas.

> *RG 5-Out.-1939*: a autora comprara ao réu um terreno para construção; nos preliminares, fora assegurado que não haveria novas construções na vizinhança, designadamente para não estragar uma bela vista sobre um monte; nessa base, a autora constrói uma moradia dispendiosa, no local adquirido; todavia, uma vez consumada a situação, o réu adquire o espaço mediante, obtém a alteração do plano de urbanização e procede a edificações que prejudicam as vistas da autora sobre o apetecí-

---

[80] Sobre o tema *vide* os nossos *A pós-eficácia das obrigações* (1981, publ. 1984) = *Estudos de Direito civil* 1 (1994, 2.ª reimp.), 143-197 e *Da boa fé*, 625-631. A *culpa post pactum finitum* é, muitas vezes, referida pelas suas iniciais: c.p.p.f..

[81] *Tratado* II/2, 645 ss..

vel monte; o contrato de compra e venda era omisso quanto a quaisquer deveres de preservar as vistas; a autora, sentindo-se prejudicada, demanda o réu em indemnização condigna; o *Reichsgericht*, decidindo contra as instâncias, dá-lhe razão[82].

BGH 14-Dez.-1954: a autora dedica-se ao comércio, por grosso, de casacos de pele, de modelo expressamente concebido pelos réus, na base de um desenho encomendado; os réus cumprem; do contrato concluído, não resultava nenhuma cláusula de exclusivo ou de não-concorrência; posteriormente, os réus propõem e fornecem, sem o consentimento da autora, a uma entidade concorrente, o mesmo modelo de casaco; a autora demanda os réus, alegando prejuízos sofridos com a concorrência: ganha na 1.ª instância, perde na apelação e ganha na revista[83].

BGH 14-Out.-1958: o réu tem a seu cargo a exploração de um hotel; para colocar nas respectivas salas adquire, à autora, alcatifa; esta é colocada por uma entidade terceira; passados dias, surgem manchas, por falhas técnicas na operação de colagem; o réu retém o preço; demandado pela autora, obtém ganho de causa no tribunal de revista, isto é no *Bundesgerichtshof*[84].

Estas situações podem ser correctamente resolvidas com base em diversos institutos. Para o caso, retemos o entendimento básico: apesar de os respectivos contratos terem cessado e de, pelo cumprimento, terem desaparecido as prestações principais, ocorrem certos deveres, de tipo obrigacional, que se mantiveram e que devem ser cumpridos.

22. A doutrina e a sua evolução

I. Feita a apresentação da *culpa post pactum finitum*, cabe estudar a doutrina surgida em torno das suas manifestações.

Na origem, encontramos decisões dos anos 20 do século passado. Anteriormente, os tribunais já haviam sido confrontados, com a eventual existência desse fenómeno. Rejeitaram-na, porém. Em 1910 decidiu-se que, findo um contrato de locação, o antigo locador não está obrigado a

---

[82] RG 5-Out.-1939, RGZ 161 (1939), 330-341 = DR 1940, 246-248, anot. Karl Larenz, *idem*, 249 (curiosamente) desfavorável.

[83] BGH 14-Dez.-1954, BGHZ 16 (1955), 4-12 (4-5).

[84] BGH 14-Out.-1958, DB 1958, 1324.

§ 9.° Culpa post pactum finitum   63

tolerar a presença de um letreiro indicativo do novo consultório do inquilino, na ocorrência um médico[85]. Em 1912 decidiu-se que, terminado um contrato de prestação de serviço, o empregador não fica contratualmente obrigado a fornecer indicações sobre o antigo empregado; tão-pouco se admitiu a existência, nesse sentido, de um uso[86]. Mas, em 26-Set.-1925, ao decidir que, depois de consumada uma cessão de créditos, o cedente continua obrigado a não tolher a posição do cessionário, o *Reichsgericht* dá base à nova doutrina[87], reforçando-a, a 3-Fev.-1926, com outra decisão

---

[85] *Kammergericht* 11-Jan.-1910, DJZ 1910, 1412. A fundamentação aí mencionada refere apenas que, depois de consultadas as autoridades competentes, se apurou a inexistência de um uso, em Berlim, nesse sentido. Porém, a decisão no caso das vistas cita o dever de tolerar o letreiro indicativo da mudança de residência do antigo inquilino como exemplo de pós-eficácia (RGZ 161, 338): isso transformou o caso num exemplo de escola, em numerosos comentários e manuais. No LG Altona 10-Mar.-1933, LZ 1933, 873, admite-se a existência do dever em causa, com base nos usos do tráfego. Sobre a evolução jurisprudencial na matéria: KARL-WILHELM CHRISTENSEN, *Verschulden nach Vertragsende (Culpa post pactum finitum)* (1958), 51-53.

[86] RG 18-Nov. 1912, JW 1913, 195. Segundo CHRISTENSEN, ob. cit., 43, foi esta a primeira vez que o RG foi confrontado com a c.p.p.f.. A decisão negativa aí encontrada foi criticada por Titze, em KARL-WILHELM CHRISTENSEN, cit., 8. A orientação então definida pelo RG seria mantida pelo depois criado *Reichsarbeitsgericht* (RAG) ou Tribunal (Supremo) do Trabalho do *Reich*: em RAG 13-Jun.-1928, ARS (1928), 61-65, decidiu-se, também, pela inexistência do dever em causa (62), numa posição corroborada por RAG 21-Mar.-1936, ARS (1936), 256-259, onde se diz, nomeadamente: "Tais pós-efeitos do contrato que, sem referência a um acordo especial, nasceriam com a conclusão do contrato não podem ser reconhecidos" (258). Esta sentença mereceu uma anotação crítica de HUECK – ARS (1936), 262-265 – segundo a qual a existência de pós-efeitos seria "inteiramente possível" (262). A jurisprudência do RAG só foi revista em RAG 13-Mai.-1940, ARS (1941), 145-151, mas em termos curiosos; resolveu-se aí que, no Direito anterior a 1934, não haveria pós-eficácia: a essa luz decidiu o litígio aí em causa; pelo contrário, para o período posterior a 1934, a sentença do RAG deixa em aberto a possibilidade da c.p.p.f. (149). Em anotação de HUECK – ARS (1941), 151-152 – aplaude-se essa alteração, embora se defenda que já antes de 1934 a pós-eficácia devia ser reconhecida. O dever de informação debatido em toda esta jurisprudência não deve confundir-se com a obrigação, a cargo do empregador, de passar certificado, finda a relação de serviço, e que expressamente vem consagrada no § 630 BGB.

[87] RG 26-Set.-1925, RGZ 111 (1926), 298-305 = JW 1926, 981-983. Disse então o RG: "Da particularidade de um contrato (negócio causal) dirigido à venda de um crédito (ou de outro direito) deriva uma obrigação do vendedor pela qual, para além do cumprimento imediato – através da execução da cessão efectuada – ele ainda também permanece contratualmente responsável, no âmbito do prosseguimento de uma pretensão de cedência" (RGZ 111, 302). Em anotação, PAUL OERTMANN, JW 1926, 982, n.° 1, pronuncia-se, neste

64   *O cumprimento das obrigações*

pela qual, expirado um contrato de edição, o titular do direito de publicação fica obrigado a não fazer concorrência ao editor, procedendo à feitura de novas edições, antes de esgotadas as anteriores[88].

II. Apesar destes êxitos iniciais, não pode falar-se, com justeza, numa consagração jurisprudencial firme da c.p.p.f.. Por um lado, sempre lhe faltou um apoio doutrinário sério, minimamente semelhante ao concedido a outras criações jurisprudenciais da época como, por exemplo, o de Jhering e o de Leonhart, à *culpa in contrahendo*, o de Nipperdey e o de Oertmann, à alteração das circunstâncias ou o de Staub e o de Stoll, à violação positiva do contrato. Por outro, os tribunais foram relativamente pouco solicitados sobre esse problema[89]. Manteve-se, aliás, uma certa contradição de julgados: em 1931, o RG pronunciava-se contra a admissão de pós-efeitos do contrato de compra e venda[90], numa posição só revista dois anos depois[91]. Outro sintoma de fraqueza menos relevante, na prática, mas não menos significativo, numa perspectiva científica, está na não utilização, por parte das

---

ponto, favoravelmente, embora sem isolar o fenómeno da pós-eficácia: para Oertmann não teria havido um cumprimento integral, subsistindo, ainda, deveres acessórios contratuais por cumprir. RG 26-Jan.-1926, RGZ 112 (1926), 373-378, um tanto na linha da acima referida, considera, também numa cessão de créditos, que os deveres contratuais do cedente não podem, de antemão, ser limitados a mera transferência do direito. Não se menciona, aí, expressamente, a c.p.p.f.. A eventualidade de pós-eficácia na cessão é discutida ainda hoje.

[88] RG 3-Fev.-1926, RGZ 113 (1926), 70-78. O litígio aí decidido opôs os herdeiros de Flaubert a uma editora, tendo por causa a publicação das obras do poeta e escritor francês, em língua alemã. Decidiu-se, nomeadamente "Este contrato foi cumprido de ambos os lados (…). Só que também depois do cumprimento, segundo o dever de lealdade derivado dos usos do tráfico dominado pela boa fé e da própria essência do contrato de prestação de serviços podem continuar a existir vinculações. A elas pertence (...) no contrato de publicação, a vinculação do titular do direito de não fazer concorrência ao editor". (RGZ 113, 72). Nesta decisão parecem citar-se, em apoio, autores anteriores: Dernburg e von Gierke. Mas não: DERNBURG, *Die Schuldverhältnisse nach dem Rechte des Deutschen Reichs und Preussens*, 2, 4.ª ed. (1915), § 306, II (480-481), explica apenas que da relação de serviço ou de trabalho emerge um dever de lealdade e VON GIERKE, *Deutsches Privatrecht, Schuldrecht* (1917), § 199, IV, 3 (610), faz outro tanto.

[89] Haverá, a nível de RG e BGH, pouco mais de duas dezenas de decisões que envolvam, ainda que implicitamente, a c.p.p.f., em mais de setenta anos de existência prática da doutrina, o que é considerado insignificante, no panorama da jurisprudência alemã.

[90] RG 16-Mai.-1931, JW 1931, 2904-2906; *vide infra*, nota 97.

[91] RG 5-Jan.-1933, Seufferts Archiv 87 (1933), Nr. 127, 239-243. Decidiu-se aí: "(...) é de considerar que também os deveres contratuais do vendedor de um prédio não se esgotam na tradição e na transmissão da propriedade. O vendedor tem igualmente uma vinculação acessória baseada nos §§ 157 e 242 BGB de deixar uma posse não perturbada" (241).

§ 9.º Culpa post pactum finitum   65

decisões que admitem fenómenos de pós-eficácia, de uma linguagem claramente remissiva para a c.p.p.f., como doutrina ou como princípio. Sirvam de
exemplo os três casos escolhidos para a apresentação: apenas no mais antigo
– o das vistas – se refere, expressamente, a ocorrência de pós-eficácia; nos
outros dois, sem prejuízo da solução de fundo, recorre-se a outros lugares de
argumentação[92]. Esta ausência de uma fundamentação nítida é uma constante de quase todas as decisões citadas na doutrina em abono da c.p.p.f., até
hoje[93].

III. As dificuldades congénitas da c.p.p.f. confirmam-se a nível da
doutrina. Os escritos debruçaram-se sobre ela, inicialmente, a propósito de
decisões judiciais[94]. Titze critica a decisão de 18-Nov.-1912, que negou o
dever contratual do empregador dar informações genuínas sobre o antigo
servidor, depois de terminado o contrato de serviços[95]; Oertmann aplaude a

---

[92] Diz MOHNEN, *Nachwirkungen des Arbeitsverhältnisses*, RdA 1957, 367, a propósito da eficácia continuada do dever de assistência no Direito do trabalho – um dos mais
fortes bastiões da c.p.p.f. – "a jurisprudência não se tem esforçado por encontrar uma
bitola, apenas esclarecendo *ex cathedra* que determinado dever singular é uma manifestação de pós-eficácia". Resta acrescentar que, na jurisprudência civil, normalmente, as sentenças limitam-se a admitir um certo efeito que os comentadores, em face das circunstâncias do caso, constatam ser de pós-eficácia.

[93] P. ex., para além da jurisprudência já referida: BGH 11-Fev.-1960, NJW 1960,
718-720 = MDR 1960, 377 (mais resumida) = BB 1960, 305 (só um tópico) (proibição pós-
-eficaz de concorrência); BGH 6-Nov.-1963, NJW 1964, 351-352 = MDR 1964, 115 = BB
1964, 15-16 (proibição, também, de concorrência pós-eficaz); AG München 6-Mai.-1970,
NJW 1970, 1852-1853 = BB 1971, 62 (obrigação pós-eficaz de fornecimento de peças
sobressalentes); LG Lindburg 17-Jan.-1979, NJW 1979, 607-608 (dever pós-eficaz do
médico em fornecer certa documentação); noutros casos, as decisões judiciais referem
expressamente o fenómeno como sendo de pós-eficácia, não o reconduzindo, contudo, a
qualquer princípio geral de c.p.p.f.; assim: BGH 13-Jun.-1956, BB 1956, 853 (apenas o
sumário) (dever pós-eficaz de reintegração de trabalhador despedido por suspeita grave,
depois afastada); BGH 27-Fev.-1975, VersR 1975, 612-614 (pós-eficácia da relação de serviço); BGH 20-Mai.-1975, NJW 1975, 1655-1657 (dever pós-eficaz do advogado de dar
certas indicações ao ex-constituinte).

[94] Foi, porém, possível localizar no pequeno escrito de PAUL KRÜCKMANN, *Etwas
aus der Praxis und für die Praxis*, JW 1917, 576-577, uma referência anterior. Krückmann
defende aí a existência de um dever geral de informação, a cargo de cada uma das partes
no contrato, respeitante a tudo o que, sendo significativo, a outra parte não soubesse.
Afirma, de seguida, a pós-eficácia desse dever, apoiando-se nas regras legalmente prescri-
tas para o mandato e para a procuração (577/II).

[95] JW 1913, 195. *Vide supra* nota 86. A crítica de Titze, já referida, é citada por
Christensen.

pós-eficácia judicialmente reconhecida em relação à cessação de créditos[96]. Matthiessen critica o não reconhecimento da pós-eficácia na relação de compra e venda[97]. Os anotadores estão de acordo quanto à conclusão final defendida: reconhecem a necessidade jurídica de aceitação de uma qualquer c.p.p.f.. Mas falta, patentemente, uma fundamentação teórica coerente e unitária. Sob o signo da dispersão, as referências a casos de pós-eficácia iriam surgindo em comentários e obras gerais, a propósito de disposições legais que, de alguma forma, a pressupõem. Muitas vezes não há, porém, qualquer referência expressa[98].

IV. A doutrina veio a transcender, no tocante à c.p.p.f., o mero comentário jurisprudencial, na década de trinta. Em 1935, Herschel refere, com generalidade, a pós-eficácia e procura fundamentá-la no que chama de "vitória do pensamento comunitário no Direito"[99]. No ano seguinte, Elger procede ao primeiro levantamento geral das disposições legais que, no Código Civil alemão, consagrariam referências à c.p.p.f.[100]. Seguir-se- -lhe-ia, pela pena de Heil, uma ponderação global do fenómeno, no Direito do trabalho[101]. No período da guerra, e ainda pelo prisma laboral, o assunto

---

[96] JW 1926, 982: anotação a RG 26-Set.-1925; *vide supra* nota 87.

[97] JW 1931, 2905: anotação a RG 16-Mai.-1931, citado *supra* nota 90, segundo a qual "o vendedor que cumpriu a vinculação, fundada no contrato, de proporcionar ao comprador a posse e a propriedade, através da entrega de conhecimentos a ele endossados, não tem mais nenhum dever contratual a cumprir". Diz Matthiessen, depois de citar RGZ 111, 303: "O vendedor não devia, por seu turno, apesar de ter entregue os conhecimentos, impedir o fornecimento definitivo da mercadoria. Isso vai de encontro ao sentido e escopo do contrato e surge como violação positiva do contrato".

[98] Faltam, por exemplo, referências expressas à c.p.p.f. em: KRESS, *Schuldrecht* (1929); LEONHARD, *Schuldrecht* (1929); HECK, *Schuldrecht* (1929); FÜLSTER, *Schuldrecht*, 1, 3.ª ed. (1930); TITZE, *Schuldrecht*, 4.ª ed. (1932); SIBER, *Schuldrecht*, (1931); HÖHN, *Schuldrecht* (1934). Mesmo posteriormente, faltam referências em HEDEMANN, *Schuldrecht*, 3.ª ed. (1949), SCHMIDT, *Schuldrecht-Grundzüge*, 2.ª ed. (1953) e MOLITOR, *Schuldrecht*, 8.ª ed. (1965), ao passo que em ENNECCERUS/LEHMANN, *Recht der Schuldverhältnisse*, 15.ª ed. cit., § 55, I, 1 (234), surge uma brevíssima e incidental referência, a propósito da violação positiva do contrato.

[99] WILHELM HERSCHEL, *Verschulden nach Vertragslösung / Zugleich ein Beitrag zur Frage des für die Kündigungsbeurteilung messgeblichen Zeitpunktes*, ArbeitsR und Volkstum 17 (1935), col. 1-9.

[100] HERMAN ELGER, *Nachwirkungen nach Ende des Rechtsverhältnisses im BGB* (1936), 29 pp..

[101] WILLI HEIL, *Die Nachwirkungen der Treupflicht der Arbeitsverhältnis* (1937), 55 pp., com a bibliografia.

§ 9.° Culpa post pactum finitum   67

foi retomado por Kalberlah[102]. Estes estudos não podem, contudo, ser interpretados como uma consagração doutrinária do instituto: Herschel, Heil e Kalberlah situam-se, praticamente, no âmbito do Direito do trabalho e estão presos a uma concepção do Direito bastante limitativa[103]. Elger, por seu turno, chega a resultados muito modestos: para além de alinhar disposições legais, este autor não tenta, sequer, um reagrupamento ou classificação das situações encontradas; tão-pouco ensaia a descoberta de princípios ou regras comuns que, em conjunto, dariam corpo a uma doutrina da c.p.p.f.. E quando surgiu RG 5-Out.-1939 – o caso das vistas – que, ainda hoje, é o marco judicial mais claro da pós-eficácia, incorreu logo em anotação desfavorável de Larenz, precisamente no aspecto atinente à c.p.p.f., como justificação[104].

V. A década de cinquenta do século XX seria, nas devidas proporções, o período áureo da c.p.p.f.. Surgem então as teses de Kull[105], Knorr[106], Christensen[107], Kreyenberg[108] e Käuffer[109] e os artigos de Greulich[110], Mohnen[111] e Mavridis[112] a que se deve acrescentar, mais tardiamente, a tese de Ernst[113] e os artigos de Moos[114] e Monjau[115]. Estes estudos tiveram,

---

[102] KURT KALBERLAH, *Das Fortwirken der Fürsorgepflicht des Unternehmers über das Ende des Beschäftigungsverhältnisses hinaus*, DAR 1941, 59-61 e *Das Fortwirken der Treuepflicht des Gefolgsmannes über das Ende der Beschäftigungsverhältnis hinaus*, DAR 1942, 112-113.

[103] A concepção comunitário-pessoal, abaixo referida.

[104] DR 1940, 249.

[105] BRUNO KULL, *Die Grundlagen, Grenzen und Nachwirkungen der arbeitsrechtlichen Treu- und Fürsorgepflicht*, s/d, 105 pp., com bibliografia. A análise da doutrina e da jurisprudência aí citadas permitem fixar a data de 1953 como provável.

[106] JOHANNES KNORR, *Die Nachwirkungen der Fürsorgepflicht des Arbeitgebers* (1953).

[107] KARL-WILHELM CHRISTENSEN, *Verschulden nach Vertragsende* cit..

[108] JOACHIM PETER KREYENBERG, *Nachwirkungen von Verträgen* (1958), 135 pp..

[109] JOSEF KÄUFFER, *Die Vor- und Nachwirkungen des Arbeitsverhältnisses* (1959), 107 pp..

[110] H. GREULICH, *Nachwirkungen bei Lieferverträgen*, BB 1955, 208-211.

[111] HEINZ MOHNEN, *Nachwirkungen des Arbeitsverhältnisses*, RdA 1957, 361-368 e 405-411.

[112] VASSILI MAVRIDIS, *Vor- und Nachwirkungen der Fürsorgepflicht im Arbeitsrecht*, AuR 1957, 225-230.

[113] BERND ERNST, *Der Schutz des Betriebsgeheimnisses nach Vetragsende* (1961), 98 pp..

[114] PETER MOOS, *Nachwirkende Vertragspflichten der Arbeitsverhältnissen*, RdA 1962, 301-307.

[115] H. MONJAU, *Nachwirkende Treuepflichten*, BB 1962, 1439-1442.

porém, repercussão escassa e são pouco citados, mesmo no seu país de origem. Acresce ainda que Kull, Knorr, Käuffer, Mohnen, Mavridis, Ernst, Moos e Monjau tocam a questão, primordialmente apenas, no âmbito do Direito do trabalho[116].

Posteriormente, há a registar as teses de Ramm[117] Schwarze[118] e Emmermann[119] e os artigos de Molitor/Söllner/Meyer[120], Zöllner[121], Strätz[122] e von Bar[123]. Destes autores, os três que não se cingem ao Direito do trabalho – Ramm, Stritz e von Bar – tomam significativamente, embora em medida diferente, posições críticas face a eventuais fenómenos de pós-eficácia. A c.p.p.f. vive hoje acantonada em breves referências feitas em obras gerais de Direito das obrigações e de Direito do trabalho É, também, lugar comum quase obrigatório nos comentários legislativos[124].

VI. A dispersão dos estudos voltados para a c.p.p.f. e das decisões judiciais que a consagram não permite uma periodização do seu desenvolvimento. Fica apenas uma linha geral: fundada pela jurisprudência, a doutrina da pós-eficácia concitou um certo número de estudos monográficos pouco divulgados; logrou, contudo, um lugar modesto em comentários legislativos e nalgumas obras gerais de Direito das obrigações e de Direito do trabalho. Outro sintoma de fraqueza está em que a c.p.p.f. mal conseguiu

---

[116] É de notar que as teses de Kull e de Kreyenberg não foram publicadas mas, apenas, dactilografadas, sendo de consulta difícil; a de Christensen existe somente em exemplares stencilados, também de difícil localização. Ainda hoje, contudo, estas três obras são, reconhecidamente, o que de mais completo existe sobre a c.p.p.f..

[117] PETER RAMM, *Fortwirkung von Verträgen insbesondere von Lieferverträgen* (1965), 117 pp..

[118] KLAUS SCHWARZE, *Inwieweit sind Nachwirkungen eines privaten Arbeitsverhältnisses anzuerkennen?* (1966), 105 pp..

[119] AXEL EMMERMANN, *Die Nachwirkungen des Arbeitverhältnisses* (1973), 135 pp..

[120] ERICH MOLITOR/ALFRED SÖLLNER/JÜRGEN A. E. MEYER, *Nachwirkung des Arbeitsvertrages*, ArbRB 1, D. Arbeitsvertrag-Arbeitsverhältnis X (1969).

[121] WOLFGANG ZÖLLNER, *Die vorvertragliche und die nachwirkende Treue- und Fürsorgepflicht im Arbeitsverhältnis*, em THEODOR TOMANDL (pub.), *Treue- und Fürsorgepflicht im Arbeitsrecht* (1975), 91-106.

[122] HANS-WOLFGANG STRÄTZ, *Über sog. Nachwirkungen des Schuldverhältnisses*, FS Friedrich Bosch (1976), 999-1013.

[123] CHRISTIAN VON BAR, *"Nachwirkende" Vertragspflichten*, AcP 179 (1979), 452-474.

[124] Por último, como exemplo: DIRK OLSEN, no Staudinger II (2009), cit., § 241, Nr. 47 (144) e HANS JÖRG OTTO, no Staudinger II (2009) cit., § 280, Nr. 15 (448).

§ 9.º Culpa post pactum finitum   69

passar as fronteiras da Alemanha[125]. Deve-se este estado de coisas ao infundado de tal doutrina, à insuficiência do desenvolvimento por ela alcançado ou à sua desnecessidade, por ser, com vantagem, substituível por outros institutos? Vamos ver.

23. Fundamentação; o recurso à lei e à analogia; crítica

1. O panorama geral da evolução da c.p.p.f. deixa adivinhar dificuldades na ordenação, em tendências, das fundamentações esparsas que a doutrina e a jurisprudência lhe vêm apontando. Com essa prevenção, tem-se procurado basear a pós-eficácia:

– na consagração legal e na analogia;
– na natureza específica de certas relações jurídicas;
– na boa fé e nas suas concretizações.

Estas fundamentações não são, rigorosamente, incompatíveis entre si. Surgem, ainda, quer insuficientemente caracterizadas, quer mescladas em formulações que dificultam um diagnóstico claro. Por isso, torna-se com frequência necessário dar, delas próprias, uma noção mais clara, antes de as submeter às luzes da Ciência do Direito actual.

II. A via mais simples para a fundamentação da c.p.p.f. é a defesa da sua consagração legal[126]. Assim sucede na procuração. A procuração extingue-se por renúncia do procurador, por extinção da relação de base ou por revogação – artigos 265.º/1 e 2; neste último caso, porém, a extinção não pode ser oposta a terceiro quando não se prove que este dela tinha conhecimento aquando da celebração do negócio – artigo 266.º/1 – e, nos dois primeiros, a terceiro que, sem culpa, a ignore – artigo 266.º/2. Não estando em dúvida a efectiva eficácia extintiva dos factos seriados no

---

[125] CARLOS MOTA PINTO, *Cessão da posição contratual* (1970), 354-355 e notas, que dá conta do escasso desenvolvimento alcançado pela c.p.p.f. em Itália e em França.

[126] Os argumentos a seguir ponderados fundamentavam-se, originalmente, nos correspondentes §§ do Código alemão. A sua convolação para a lei portuguesa não oferece, em regra, dificuldades: recorde-se que o Direito das obrigações é, por excelência, o domínio do raciocínio jurídico, surgindo, nessa medida, como particularmente uniformizado, no âmbito das diversas ordens jurídicas de inspiração romano-germânica.

artigo 265.º/1 e 2, resta concluir que, por lei, há pós-eficácia da procuração. Outro exemplo é o da obrigação, a cargo do cedente, de entrega de documentos ao cessionário – artigo 586.º: caso este dever não tenha sido acatado no momento da execução do contrato-base da cessão, sobrevive-lhe, naturalmente, até que venha a ser cumprido ou se venha a extinguir por qualquer outra causa. A compra e venda é chamada, também, à colação: o vendedor está obrigado a avisar o comprador dos vícios que existam na coisa vendida e de que tenha conhecimento, depois de consumada e cumprida a compra e venda. Tal dever resulta dos artigos 913.º e seguintes. Caducando o mandato por morte, interdição ou incapacidade natural do mandatário, podem ainda resultar dele, para os herdeiros ou, no caso da incapacidade, também para as pessoas que com o mandatário convivam, obrigações de avisar o mandante e de tomar providências adequadas, até que este possa actuar – artigo 1176.º. Não sendo questionável a efectiva extinção do mandato por caducidade há, aqui, pós-eficácia legalmente consagrada[127]. Muito focada é a situação emergente do contrato de casamento: extinto, por divórcio, o casamento, pode subsistir ainda, para os ex-cônjuges, uma série de efeitos, que vão desde o direito ao uso do nome da outra parte até aos alimentos. Perante a eficácia extintiva segura do divórcio (artigo 1788.º) resta concluir pela pós-eficácia do casamento. Outra fonte de pós-eficácia muito referida reside no contrato de trabalho[128].

Cada um destes exemplos – e outros que poderiam ser aqui trazidos – coloca questões próprias e, por vezes, muito distantes. A procuração pós-eficaz é um caso clássico de tutela da confiança, com base na aparência[129]; o dever do vendedor avisar o comprador da existência de vícios na coisa vendida, a existir, tem de ser derivado de regras gerais, através de processo idóneo de concretização, uma vez que não consta, expressamente, da lei; o dever do cedente entregar certos documentos ao cessionário releva da própria cessão, como efeito normal; a pós-eficácia do mandato é o produto de norma específica destinada a regular uma situação

---

[127] O quadro legal do BGB é diferente, permitindo, no campo do mandato, mais exemplos de pós-éficácia. O Código português é, no entanto, suficientemente ilustrativo.

[128] As diversas leis de trabalho consagram, depois da cessação do vínculo laboral, deveres específicos a cargo das antigas partes.

[129] CLAUS-VILHELM CANARIS, *Die Vertrauenshaftung im deutschen Privatrecht* (1971), § 5, 1 (32 ss.). Outras tentativas que não têm nada, também, a ver com a pós-eficácia, podem ser compulsadas em FRANK PETERS, *Zur Geltungsgrundlage der Anscheinsvollmacht*, AcP 179 (1979), 214-244.

particular; o casamento é um contrato institucional com regras próprias; o contrato de trabalho dispõe de regulação especial destinada a enfrentar uma situação sem paralelo total no Direito das obrigações. Nuns casos, portanto, ocorre um afloramento de princípios gerais, como a tutela da confiança, ao passo que noutros surgem normas claramente excepcionais – o mandato; tudo isto se desenrola longe do cenário próprio do Direito da família ou do trabalho. Tanto basta para considerar que as chamadas manifestações legais da c.p.p.f. não são susceptíveis de reunificação por via da constatação puramente empírica da pós-eficácia, antes devendo ser repartidas e reagrupadas em torno de princípios distintos e, por vezes, bem distantes.

A via do recurso a disposições legais específicas apenas franqueia a porta à indagação singular de casos específicos de pós-eficácia. E ainda aí com dificuldades: havendo disposição legal, expressa e específica, a cominar certos deveres subsequentes à extinção de contrato ou situação similar, a pós-eficácia de situação passada é eficácia (actual) da nova situação presente. Teria, pois de, da c.p.p.f., defender-se um sentido meramente descritivo da conexão existente entre a situação posterior à extinção e os seus antecedentes. O interesse doutrinal de tal metodologia é escasso, uma vez que o regime da conexão, irredutível a denominadores comuns, é o emergente, caso a caso, da disposição legal, expressa e específica, que esteja em causa.

III. A consagração jurídica da c.p.pf. através da analogia pode ser tentada por duas vias. Numa delas, parte-se das chamadas consagrações legais específicas da pós-eficácia e ensaia-se a elaboração de um princípio geral: com base nesse princípio, a solução pós-contratual seria aplicável a casos análogos[130]. Na outra, passa-se, directamente, da *culpa in contrahendo* (c.i.c.) para a c.p.p.f.: tal como existem deveres pré-contratuais, também os haveria depois de extinto o contrato[131]. Estas justificações são pouco convincentes. De facto, a consagração legal da pós-eficácia é esparsa e não redutível a um único principio geral, condição necessária

---

130 CHRISTIAN VON BAR, *"Nachwirkende" Vertragspflichten* cit., 456.

131 Já em 1936, Hueck, criticando RAG 21-Mar.-1936 que negara a pós-eficácia do dever de informação do empregador, salientou o paralelo com a c.i.c., em abono da sua discordância; cf. ARS, 1936, 262. Trata-se de uma ocorrência comum, quando se refere o tema.

para a *analogia iuris* que daria à c.p.p.f. um sentido generalizador. Por seu turno, a analogia directa a partir da c.i.c. – uma enorme passagem de princípio a princípio – tem apenas peso retórico a nível de linguagem: não há analogia, há simetria. As dificuldades técnicas de semelhante passagem, sem mediações complexas, são intransponíveis: é diferente, por essência, a situação de pessoas que se encontram para contratar – e que, nessa medida, têm todas as possibilidades de se prejudicarem e, logo, o dever de não o fazer – da de pessoas que, tendo executado e extinguido contratos antes celebrados, seguem os seus rumos no espaço jurídico[132].

IV. Está vedado o caminho fácil de fundar na lei ou em princípios já reconhecidos, directamente ou por analogia, toda a doutrina da c.p.p.f.. Esta, a confirmar-se, terá de ser procurada, constitutivamente, noutras latitudes[133].

24. A natureza intrínseca de certas relações jurídicas; o problema específico da relação laboral; crítica

I. Desenvolveu-se com especial vigor, a partir da década de trinta do século XX, uma orientação tendente a justificar a c.p.p.f. com base na natureza intrínseca de certas relações jurídicas: existiriam relações jurídicas que, por natureza, produziriam efeitos depois da sua extinção. Por paradigmático, merece menção especial o desenvolvimento de Heil ocorrido no Direito do trabalho. Havendo relação de trabalho não caberia, como pretendiam os liberais, uma mera permuta entre o trabalho e o salário; pelo contrário, na situação laboral, nasceria uma comunidade empregador- -trabalhador que daria corpo a uma relação de tipo pessoal entre ambos, por oposição a uma relação meramente obrigacional (económica)[134]. Ora

---

[132] A diversidade de situações entre a c.i.c. e a c.p.p.f. não deixa de ser acentuada pela doutrina mais atenta; CHRISTIAN VON BAR, *"Nachwirkende" Vertragspflichten* cit., 453-454. Pode, contudo, ser feita uma aproximação entre a c.p.p.f. e a c.i.c., em termos substancialmente diferentes, com recurso ao chamado "dever unitário de protecção".

[133] Sem prejuízo de algumas figuras, susceptíveis de inclusão na c.p.p.f. em sentido amplo, colherem apoio directamente em previsões legais – *vide infra* n.º 27. Fora isso, a c.p.p.f. ganha uma dimensão normativa, no sentido de possibilitar soluções novas, não se limitando a uma tarefa de requalificação de fenómenos já conhecidos.

[134] MENEZES CORDEIRO, *Da situação jurídica laboral; perspectivas dogmáticas do Direito do Trabalho*, ROA 1982, 97 ss. = separata, 13 ss., com indicações.

essa situação de comunidade envolve, por natureza, uma situação mútua de lealdade, com deveres conexos. Os deveres de lealdade não podem, por essência, extinguir-se com a relação de trabalho, antes continuando para além dela. Fundados no que se apresenta como uma realidade mais profunda do que a emergente de mero contrato – a tal comunidade laboral – os deveres de lealdade não estão dependentes do acto formal de extinção do contrato de trabalho, nem da eventual constituição de vínculo concorrente, através da celebração de novo contrato entre o trabalhador e uma entidade empregadora diferente.

Apesar do influxo especial no Direito do trabalho, este pensamento não deixou de ser generalizado. Explica Herschel[135] que a "vitória da renovação do Direito alemão" se operara sob o signo do pensamento comunitário, indutor de menor rigidez no pensamento jurídico. O próprio contrato promoveria o aparecimento de uma comunidade entre as partes, que o Direito não poderia ignorar. Essa dinâmica já teria conduzido à consagração da c.i.c.: "ela é uma vitória do pensamento comunitário orgânico positivo no Direito, uma vitória sobre o logicismo formalizador, atomizador e padronizador"[136]. A comunidade contratual não pode acabar abruptamente: ela mantém-se depois do encerramento do contrato. A Ordem Jurídica deve ter isso em conta: é a pós-eficácia[137]. Com menos desenvolvimento, não é outro, também, o pensamento de Kalberlah[138].

II. Esta construção radica, claramente, numa orientação jurídica mais vasta. A ideia da existência de relações jurídicas comunitárias e pessoais, intrinsecamente imersas em lealdade mútua, foi desenvolvida por autores germanistas, procurando fundamentá-la no Direito germânico medieval[139]. Durante a década de 20 do século XX, ela filtrar-se-ia no Direito do trabalho, tendo sido aí acolhida como meio idóneo para facultar, a nível de situação jurídica singular, uma clara diversificação perante o Direito das obrigações. Mas outras áreas foram atingidas: o Direito da família é apon-

---

[135] HERSCHEL, *Verschulden nach Vertragslösung* cit., 1.

[136] *Idem*, 1-2.

[137] *Idem*, 2.

[138] KURT KALBERLAH, *Das Fortwirken der Fürsorgepflicht des Unternehmers über das Ende des Beschäftigungsverhältnisses hinaus* cit., 59.

[139] É clássico o estudo de OTTO VON GIERKE, *Die Wurzeln des Dienstvertrages*, FS Brunner (1914), 37-68.

tado como comunitário-pessoal por excelência e, no seio das próprias relações pacificamente obrigacionais, todo o sector das situações "duradouras" gozaria, em menor ou maior grau, da faculdade de ultrapassar o seu próprio fim. Em construções extremas, como a de Herschel, acima sumariada, todo o fenómeno contratual é implicado.

O regime nacional-socialista aproveitou esta concepção. O *Arbeitsordnungsgesetz* (Lei do Regime do Trabalho) de 20-Jan.-1934 ergueu o dever de lealdade à categoria de peça fundamental da relação de trabalho[140]. Apesar da preversão praticada, deve reconhecer-se que o princípio das relações comunitário-pessoais e da lealdade delas proveniente tinha, à partida, características que facilitaram essa utilização: seria genuinamente alemã, permitiria o repúdio da concepção "logicista" liberal anterior, segundo a qual, na situação laboral, haveria mera permuta de trabalho pelo salário, abriria as portas, pela introdução de elementos fortemente afectivos no raciocínio jurídico, a soluções consideradas elásticas pelo então poder político e facilitaria, também a este nível, uma "pacificação" no quadro da empresa.

A queda do nacional-socialismo não comprometeu esta orientação, embora coarctasse os seus excessos de linguagem. Pode apontar-se uma conferência proferida em 6-Nov.-1946, por Hueck, em Munique, como a consagração democrática do dever de lealdade[141] que, como consequência de uma relação comunitário-pessoal, seria de manter[142]. E manter-se-ia: é

---

[140] Por exemplo, diz WOLFGANG SIEBERT, *Das Arbeitsverhältnis in der Ordnung der nationalen Arbeit* (1935), 100: "Da essência da relação de trabalho como uma relação de participação pessoal dentro da comunidade da empresa resulta que os efeitos da relação de trabalho baseiam-se na relação de lealdade entre as partes. Os efeitos da relação de trabalho consistem, por isso, assim "apenas" num dever de lealdade mútuo". O autor deriva o direito ao salário desse dever de lealdade (101). Da mesma forma, exprime-se ROLF DIETZ, *Die Pflicht der ehemaligen Beschäftigten zur Verschwiegenheit über Betriebsgeheimnisse*, FS Hedemann (1938), 330-350 (330-331): "A relação de trabalho é uma relação de comunidade entre empresário e empregados. É exclusivamente determinada através da lealdade mútua. O dever de lealdade é, verdadeiramente, o dever primário. Todos os outros deveres derivam dele, contêm-se já, verdadeiramente, nele e são formas de manifestação do dever de lealdade". Na nota (6), Dietz esclarece que quer o dever de pagamento do salário, quer o de prestação de trabalho surgem como concretizações, embora específicas, do dever de lealdade, no quadro da relação de trabalho. Em geral, *vide* o nosso *Da situação jurídica laboral*, 100 ss..

[141] ALFRED HUECK, *Der Treuegedanke im modernen Privatrecht* (1947). Muito influenciado por este escrito, no âmbito da pós-eficácia, seria Kull, ob. cit., 43 ss..

[142] Ob. cit., 13.

§ 9.º Culpa post pactum finitum   75

lugar comum em quase todas as obras gerais de Direito do trabalho, ao longo do século XX, a afirmação da natureza comunitário-pessoal[143] do vínculo laboral, fonte de alegados deveres de lealdade e assistência[144] os quais, por natureza, seriam pós-eficazes[145].

III. A elucidação do que possa ser a alegada relação "comunitário--pessoal", mormente na situação jurídica do trabalho, e a ponderação das tentativas feitas para a superar, exigem um desenvolvimento que transcende o tema da c.p.p.f.. Fique aqui apenas registado que a doutrina laboral numa aproximação ao Direito das obrigações, veio, a partir da década de setenta do século XX, combater, por vários ângulos, o que surgia como dado definitivamente assente na dogmática do Direito do trabalho[146]. A solução desta problemática laboral, seja ela qual for, não é decisiva para a questão posta pela eventual existência da pós-eficácia: por um lado, poder-se-ia, com maior verosimilhança, apontar a presença de relações "comunitário-pessoais", noutras áreas jurídicas – como na do Direito da família – e, assim, derivar aí fenómenos de pós-eficácia[147]; por outro, a defesa da capacidade intrinsecamente geradora de pós-eficácia de certas relações jurídicas tem sido feita a partir de qualidades diferentes das exclusivamente assacadas à situação laboral. Nesta última afirmação, é de englobar o lugar comum da associação de c.p.p.f. à existência de relações duradouras.

A questão deve ser colocada noutros termos. As proposições correntes de que uma relação "comunitário-pessoal", promotora de "íntima ligação" para as partes, e de que a relação duradoura, base de "associação permanente" entre os contraentes, não pode desaparecer abruptamente, antes produzindo efeitos depois da extinção, a apresentar-se – como se apresenta – desta forma, retira, de mera conjunção afectiva, o seu poder convincente.

---

[143] *Manual de Direito do trabalho*, 93, com indicações.

[144] O "dever de assistência" é a formulação assumida pelo dever de lealdade, a cargo do empregador. Quer o dever de lealdade, quer o de assistência têm, também, sido derivados, directa ou indirectamente, da boa fé.

[145] Para além das ob. cit., de Herschel, de Heil e de Kalberlah, cf. KÄUFFER, ob. cit., 34 e SCHWARZE, ob. cit., 18.

[146] P. ex., com numerosos antecedentes, *vide* GILBERT KEMPF, *"Treuepflicht" und Kündigungsschutz*, DB 1979, 780 ss., *maxime* 793. Com outras indicações, o nosso *Da situação jurídica laboral* cit., 111 ss..

[147] A aproximação, por este prisma, entre a relação de trabalho e o casamento não deixa, aliás, de ser expressamente tentada; assim HEIL, ob. cit., 23.

A explicação de tal fenomenologia tem de ser mais rigorosa. Perante ela, o observador fica obrigado a, antes de proclamar a descoberta de c.p.p.f., interrogar-se sobre a efectiva projecção das qualidades específicas apontadas nas situações jurídicas em estudo. À partida, só é lícito afirmar que a natureza comunitário-pessoal ou similar de certas relações pode constituir um móbil de política-legislativa susceptível de concitar o Direito a soluções particulares. Como possíveis projecções jurídicas de relações "comunitário-pessoais" entre sujeitos, no que toca à sua eventual pós-eficácia, há a considerar quatro modalidades:

- a constituição de um *status* jurídico permanente não afectado, no seu todo, pela extinção;
- a formação de relações de conteúdo complexo, o qual seria, apenas em parte, atingido pelo fenómeno extintivo;
- a existência de previsões normativas específicas que associem, ao cumprimento da relação anterior, novos efeitos;
- o accionar, pela relação, do princípio da boa fé, em termos bastantes para provocar a apregoada pós-eficácia.

A primeira modalidade é clara no Direito da família. Extinto o casamento pelo divórcio – artigo 1788.º – manifestam-se ainda efeitos, nomeadamente, o tocante ao direito ao nome do ex-cônjuge – artigo 1677.º-B/1 – ou à prestação de alimentos – artigo 2016.º. A avaliação conjunta do dispositivo implicado no casamento, pelas suas consequências, permite afirmar a existência de um *status* jurídico de casado. Esse *status* não é totalmente desfeito pelo divórcio; sem prejuízo da efectiva eficácia extintiva do divórcio, o *status* divorciado é diferente do de solteiro. Os pós-efeitos do casamento são efeitos (actuais) do divórcio. E dão-se porque, em abstracto, o Direito conferiu determinado perfil à dissolução de casamento, com independência de cada vínculo conjugal concreto ter, efectivamente, assumido a particular característica "comunitário-pessoal".

A segunda modalidade é clássica nas relações duradouras. Existindo nestas, a nível de conteúdo, vários deveres para as partes, bem pode acontecer que as suas potencialidades pós-eficazes derivem da ilusão óptica de uma extinção global, quando apenas o dever principal foi cumprido, subsistindo os demais até à sua realização.

As terceira e quarta modalidades põem questões conexas com fundamentações já ponderadas ou a ponderar: a pós-eficácia cominada por dis-

§ 9.º Culpa post pactum finitum

posição legal expressa – p. ex. o direito de reocupação, atribuído ao ex-inquilino nas condições do artigo 1103.º/6, *in fine* – e a c.p.p.f. adveniente da boa fé e suas concretizações.

IV. A manutenção de *status*[148] jurídicos actuais produtores de efeitos, depois da extinção do facto constitutivo e a detecção de cumprimentos parciais não permitem, sem mais, infirmar, aí, a pós-eficácia: é patente que os efeitos do divórcio e os deveres que sobrevivam ao termo da prestação principal são, de alguma forma, o produto de algo que se extinguiu. E não apenas descritivamente; eles ficam, em permanência, configurados pelo perfil dos factos seus antecessores. Nesta ligação, ainda que ténue, bem poderá estar a essência do que se tem chamado de c.p.p.f..

Também a pós-eficácia expressamente associada por lei a determinada extinção e aquela que se pretende derivar da boa fé e suas concretizações não foram, ainda, em definitivo, decididas.

Certas conclusões são porém imediatas: a existência de *status* cominada por lei não tem a ver, forçosamente, com prévias relações "comunitário-pessoais" (p. ex. o *status* militar); o âmbito do cumprimento em relações complexas mal se liga a situações duradouras; a ocorrência de efeitos associados a situações anteriores pode ser apontada nas mais diversas áreas; a boa fé é um princípio geral de todo o Direito civil. Em nenhum destes casos se consegue uma projecção jurídica satisfatória da natureza íntima de certas relações, a nível de pós-eficácia. Em todos eles acaba por se encontrar uma problemática própria das obrigações, independentemente da sua natureza.

O desfecho do problema não é incutido pela natureza íntima das relações jurídicas.

25. A boa fé e as suas concretizações; apreciação

I. A utilização da boa fé como forma de justificar a c.p.p.f., isoladamente ou em conjunto com outros fundamentos, é lugar comum na maioria das decisões judiciais[149], dos comentários e das obras gerais. Também as monografias lhe são sensíveis.

---

[148] *Status* pertence à quarta declinação: faz o plural em *status*.

[149] P. ex., as decisões já referidas do RG: 25-Set.-1925, RGZ 111 (1926), 298–305 (303) = JW 1926, 981-983 (982); 3-Fev.-1926, RGZ 113 (1926) 70-78 (72); 5-Jan.-1933,

II. Esta uniformidade exterior esconde, por vezes, variações consideráveis no método e, também, na própria fundamentação subjacente ao recurso formal à boa fé. Deve evitar-se, primeiramente, em nome do rigor jurídico, a menção puramente retórica, a nível de linguagem, da boa fé: no discurso tendente à justificação da c.p.p.f., a boa fé não deve, como sucede correntemente, ser citada apenas como mero arrimo verbal dos passos efectuados ou como simples meio de justificar, a nível de plausibilidade, uma solução baseada noutras latitudes.

A nível dos próprios conceitos, há a considerar:

– a boa fé como fonte directa de c.p.p.f.;
– a boa fé como base de elemento mediador donde deriva a pós-eficácia.

No primeiro entendimento, o âmbito da cláusula geral das obrigações, consagrado, por exemplo, no artigo 762.°/2, permitiria considerar que as partes, também depois da extinção dos contratos, continuariam obrigadas a, por acção ou omissão, velar pela não frustração do escopo prosseguido pelo contrato, com a concomitante não provocação de danos na esfera do outro ex-contraente. Caso contrário, estariam a atentar contra a boa fé e logo contra as disposições legais que a consagram. No entanto, a querer recorrer-se à boa fé como elemento jurídico material e não apenas como apoio linguístico, deve reconhecer-se que ela carece, para ser aplicada, de concretização.

Seufferts Archiv 1933, 239-244 (241); 5-Out.-1939, RGZ 161, 330-341 (338) = DR 1940, 246-248 (248); e do BGH: 13-Jun.-1956, BB 1956, 853; 14-Out.-1958, DB 1958, 1324; 11-Fev.-1960, NJW 1960, 718-720 (718) = MDR 1960, 377 = BB 1960, 305; e ainda 28-Mai.-1952, NJW 1952, 867 (só o sumário) = JZ 1952, 664 (esta sentença tem a particularidade interessante de afirmar expressamente que o BGH adere à jurisprudência do antigo RG, no tocante à pós-eficácia) e 25-Jun.-1973, BGHZ 61 (1974) 176-180 (179) = JZ 1973, 698-699 (698) = MDR 1973, 1000-1001 (1001) = NJW 1973, 1923-1924 (1924) (esta sentença afirmou o dever pós-eficaz de um banco fornecer informações ao beneficiário de um cheque. Cf., também as decisões do OLG Hamburg 29-Mar.-1940, DR 1940, 1628-1629 (1628) (pós-eficácia da prestação de serviços, em termos de prestação de informações pelo empregador) e do AG München 6-Mai.-1970, NJW 1970, 1852-1853 (1852), já referida.

§ 9.º Culpa post pactum finitum

III. Na busca de fórmulas concretizadoras está a outra via de fundamentação da c.p.p.f., através da boa fé. Como elementos mediadores, têm sido apontados:

– o princípio da confiança;
– o princípio da lealdade;
– o princípio da protecção.

Por força do contrato estabelece-se, entre as partes, uma relação de confiança. Essa relação de confiança, derivada da boa fé, constituiria as partes em deveres mútuos, nomeadamente tendentes a não permitir defraudar a crença pacífica do parceiro contratual num decurso, sem incidentes, da relação negocial. Findo o contrato, a relação de confiança poderia subsistir, arrastando a manutenção de determinados deveres[150].

Paralelamente à confiança, é frequente a referência ao princípio da lealdade. Da boa fé resulta deverem as partes lealdade à convenção livremente celebrada; isso ocorreria com tanto mais força quanto maior fosse a vigência do contrato e quanto mais estreitas as relações entre as partes. A lealdade em causa traduzir-se-ia, nomeadamente, na necessidade jurídica de, para além da realização formal da prestação, providenciar a efectiva obtenção e manutenção do escopo contratual. Essa ideia de salvaguarda do escopo contratual mantém-se, naturalmente, para além da extinção do contrato em si. Há pós-eficácia.

Finalmente, e no que se poderá entender também como evolução concretizadora da própria ideia de confiança, defende-se, na base da c.p.p.f., o princípio da protecção: entre pessoas que se encontrem no espaço jurídico, não na qualidade de meros estranhos, existem, para além do dever genérico de respeito, obrigações específicas de não atentar contra os bens jurídicos umas das outras. Findo o contrato, as antigas partes não ficam logo, entre si, na situação de meros estranhos. Caem, assim, na alçada do princípio, com a consequente formação de deveres de protecção; esses deveres são pós-eficazes em função do contrato.

IV. A boa fé, através das suas fórmulas de concretização, tem potencialidades suficientes para se tornar convincente o que se tem chamado c.p.p.f..

---

[150] Quanto à jurisprudência, refiram-se as já sumariadas decisões do BGH 20-Mai.-1975, NJW 1975, 1655 e do LG Lindburg 17-Jan.-1979, NJW 1979, 607.

A medida em que isso é possível, o saber se todas as manifestações apontadas como de pós-eficácia têm essa mesma cobertura e o apurar se este procedimento, que se adivinha complicado, tem efectiva utilidade, requerem uma análise mais cabal do problema. A que se vai proceder.

26. Teses negativistas

I. A falta de reconhecimento, por omissão, da c.p.p.f. não é, em rigor, negativismo; este requer antes a negação expressa do fenómeno. De negativismo vai assim falar-se, apenas, para traduzir orientações que, depois do surgir da doutrina da pós-eficácia, a combateram.

As primeiras decisões judiciais a consagrar na prática a c.p.p.f. mereceram o apoio doutrinário, não como manifestações expressas de pós-eficácia, mas antes como composições equilibradas, conformes à instrumentação jurídica então em voga. Porém, em RGZ 161, 330 – o caso das vistas – veio, expressamente, mencionar-se a existência de pós-efeitos da relação contratual. Tanto bastou para haver discordância: em anotação, Larenz, sem deixar de aplaudir a solução de fundo encontrada para o litígio, considera que o dever de protecção assumido pela parte garante da manutenção das vistas continua, para além da conclusão das prestações contratuais propriamente ditas. Não haveria – sempre segundo Larenz – que falar em "pós-eficácia" mas tão-só na continuação de uma relação contratual baseada no negócio[151].

II. Vinte e cinco anos volvidos, a ideia de Larenz foi retomada e desenvolvida, sistematicamente, por Peter Ramm[152]. Ramm propôs-se demonstrar três pontos, todos contrários à doutrina comum:

- os chamados efeitos posteriores ao contrato derivam não da boa fé e do § 242 BGB, mas do próprio contrato;
- a existência de tais deveres é independente do tipo contratual que esteja em causa, podendo, concretamente, ser mais forte em contratos de fornecimento de mercadorias do que no contrato de trabalho;
- os chamados deveres pós-eficazes seriam deveres continuados.

---

[151] DR 1940, 249.
[152] PETER RAMM, *Fortwirkung von Verträgen* cit., *passim*.

§ 9.º Culpa post pactum finitum

Deixando de parte a segunda tese, considerada correcta, apreciem-se, com brevidade, os passos dados por Ramm. Partindo das primeiras manifestações jurisprudenciais da c.p.p.f., Ramm estranha que, para explicar o dever do cedente de omitir tudo quanto, *a posteriori*, possa deteriorar ou destruir a posição do cessionário, seja necessário ir buscar o princípio da boa fé. Afinal, se foi celebrado um contrato de cessão, o cedente fica, *ex contractu*, obrigado à prossecução do escopo contratual. Essa obrigação mantém-se, uma vez que não interessa o cumprimento como cumprimento, mas antes o cumprimento como forma de prossecução de certo objectivo[153]. Esta ilação, evidente perante deveres de omissão necessários à subsistência do escopo principal do contrato, aplica-se, também, em relação aos escopos acessórios: assim no caso das vistas, se o escopo principal foi, naturalmente, a transferência onerosa do domínio, visou-se também com o contrato a obtenção de um escopo acessório: a casa de morada *com vistas*. O vendedor fica obrigado, pelo contrato, a omitir tudo quanto possa pôr tal escopo em perigo[154]. Para além destes deveres continuados de omissão, principais e secundários, Ramm descobre ainda deveres de actuação. Estes, porém, são sempre secundários, uma vez que sem a extinção, normalmente pelo cumprimento, do dever de actuação principal, não se põe sequer uma problemática de deveres continuados. Tais deveres secundários, podem não ter um cumprimento simultâneo ao do principal: quando isso suceda, subsistem, de modo natural, para além dele. A sua fundamentação está no contrato e não na boa fé ou na confiança. São deveres continuados e não pós-eficazes[155]. Nesta categoria estão, por exemplo, os pretensos deveres pós-eficazes da relação laboral. O dever, a cargo do empregador, de recomendar o trabalhador, depois de finda a relação de trabalho, é um dever que se inscreve no conteúdo do contrato; por definição, porém, só pode ser cumprido depois da extinção da relação principal.

III. A referência a uma eficácia continuada não é novidade. Desde os anos 30 do século XX assiste-se a uma flutuação terminológica entre "pós-eficácia" e "eficácia continuada"[156]. De uma fase de confusão, passar-se-ia a utilizar essas expressões com sentidos mais precisos e diferentes; no período de maior consagração da c.p.p.f., a contraposição entre deveres pós-eficazes e continuados atingiu um afinamento técnico notável. Os pri-

---

[153] *Idem*, 4-5.
[154] *Idem*, 9.
[155] *Idem*, 15-16 e 22-23.
[156] *Nachwirkung* e *Fortwirkung*.

meiros surgiriam quando, com base embora na manutenção de um dever genérico continuado – na falta do qual seria impossível identificar certo dever como pós-eficaz em relação a contrato determinado – derivassem de previsão posterior ao contrato; pelo contrário, quando os deveres em causa se fundassem no próprio contrato, surgiriam deveres continuados. A distinção teria a maior relevância prática: os deveres continuados não suscitam problemas específicos, havendo apenas que averiguá-los através da interpretação contratual; pelo contrário, os deveres pós-eficazes, por terem apenas uma ténue ligação ao vínculo pactício, suscitam questões delicadas que, essas sim, requerem instrumentação própria. Na formulação de Käuffer, haveria uma eficácia continuada baseada na boa fé, com manifestações de dois tipos: no primeiro, estão sediados os deveres emergentes da proibição de *venire contra factum proprium* e, ainda, os que visam a protecção do escopo do contrato; no segundo, os deveres próprios do princípio da protecção da vida, saúde e património da outra parte. E ambos os grupos seriam de eficácia continuada por compreenderem deveres já existentes na vigência do contrato. Pelo contrário, a ocorrência de efeitos novos, depois da extinção do vínculo contratual, seria manifestação de pós-eficácia, típica, sobretudo, nas relações duradouras.

A novidade de Ramm, com os antecedentes apontados, está na tentativa de estender a eficácia continuada a todo o âmbito da c.p.p.f., acabando, assim, por negá-la.

IV. Hans-Wolfgang Strätz, no que interessa, estabelece também uma repartição dos chamados deveres pós-eficazes. Descobre três grupos[157]:

- o dos deveres de prestação acessória pós-eficazes: seriam deveres fundados no próprio contrato e que, por não terem sido cumpridos no momento da execução da prestação principal, sobrevivem a esta;
- outros deveres de comportamento independentes do dever de prestação contratual – os chamados deveres de protecção;
- outros deveres de comportamento relacionados com o dever de prestação.

---

[157] HANS-WOLFGANG STRÄTZ, *Über sog. Nachwirkungen* cit., 1005 ss..

§ 9.° Culpa post pactum finitum

Os primeiros só por equívoco poderiam ser considerados como manifestações de c.p.p.f.; seriam, na realidade, deveres continuados[158]; os segundos e os terceiros[159], de natureza, na realidade, legal, poderiam ser aproximados da teoria unitária dos deveres acessórios assinada, em 1965, por Canaris[160].

Declaradamente negativista quanto ao primeiro grupo de deveres, Strätz é-o também perante os restantes: desde o momento em que os chamados deveres pós-eficazes possam ser reconduzidos a uma categoria unitária e preexistente de "outros deveres de comportamento", perdem qualquer identidade conceptual[161].

Esta orientação pode ser considerada como representativa do pensamento jurídico que, na actualidade, procurando transcender meras referências documentais à pós-eficácia, investiga o problema com um mínimo de profundidade[162]. Comprova-o o facto de ela ser hoje defendida por Larenz[163] e, com grande nitidez, por von Bar[164].

V. Estas asserções são interessantes, representam progressos nítidos, mas não são satisfatórias nem definitivas. Ramm procede a uma unificação indevida ao considerar que todos os deveres fundados no contrato são continuados. A noção de continuidade, pelo menos na sua acepção normal, deve excluir os deveres que, embora derivados do contrato, só se manifestem depois da sua extinção. Ramm não teve, também, em conta que, pelo menos na opinião dominante, que não rebate, estão em causa, para além de deveres contratuais, deveres legais. Não obstante as duas críticas formuladas, Ramm teve o mérito de sublinhar a categoria da eficácia continuada, que não pode ser esquecida.

---

[158] *Idem*, 1006.

[159] *Idem*, 1008-1009, 1111 e 1112.

[160] *Tratado* II/2, 668 ss..

[161] Em rigor, seriam deveres continuados, embora Strätz não chegue a fazer essa aproximação.

[162] Há que exceptuar, a nível de literatura ulterior, Emmermann. Este autor, apesar de escrever em 1973, não teve em conta a evolução então já registada no Direito das obrigações, nem no tocante às fórmulas de concretização da boa fé, nem no que respeita à doutrina dos deveres acessórios. O que aproxima o seu trabalho das investigações efectuadas na década de cinquenta do século XX.

[163] KARL LARENZ, *Lehrbuch des Schuldrechts* cit., 1, 14.ª ed., 141-142.

[164] CHRISTIAN VON BAR, *"Nachwirkende" Vertragspflichten* cit., 464 ss. (deveres acessórios de prestação contratuais), 467 ss., (deveres acessórios) e 474 (conclusão).

84   *O cumprimento das obrigações*

Strätz e von Bar anunciam, finalmente, o tratamento científico da c.p.p.f.. Mas a pura e simples negação de pós-eficácia no campo dos deveres de prestação acessórios, aliás secundários, unifica, simplisticamente, situações diferentes, enquanto que a recondução dos "outros deveres de comportamento" (Strätz) ou dos "deveres acessórios" (von Bar) à relação unitária, firmada por Canaris, é discutível e exige a valoração prévia desta. A que se irá proceder.

27. A pós-eficácia das obrigações; pós-eficácia aparente e virtual; eficácia continuada; pós-eficácia estrita

I. Conhecida a evolução geral da c.p.p.f. e referenciadas as teses que, em sua fundamentação, têm surgido, cabe indagar a existência, o âmbito e a base jurídica da figura. Torna-se, também, necessário quer transcender a casuística porque, inevitavelmente, a c.p.p.f., como criação jurisprudencial, se manifesta, quer ultrapassar generalizações apressadamente elaboradas pela doutrina, através da determinação dos grandes grupos integrantes da pós-eficácia.

A afirmação de pós-eficácia num fenómeno, a ter um mínimo de cabimento, exige seguramente, pelo menos, que ele ocorra ou se manifeste em conexão com algo que, a qualquer título, se considere extinto. Com este sentido pode falar-se em c.p.p.f. ou pós-eficácia em sentido amplo. A esta noção, puramente descritiva, obrigam-se realidades diversas que, a não serem deslindadas, retiram interesse e utilidade à doutrina da c.p.p.f..

O âmbito da problemática prende-se com a questão terminológica da sua designação. O recurso à fórmula *culpa post pactum finitum* que, pelo seu paralelo com a *culpa in contrahendo*, permite uma designação sugestiva não é, rigorosamente, correcta. Falta uma razão convincente para limitar a contratos ou a obrigações de origem contratual a eventual existência de fenomenologia pós-eficaz. A questão deve ser generalizada a todas as obrigações[165], independentemente das fontes respectivas. E a comprová-lo, bastam os reparos seguintes. Como se viu, há quem procure fundamentar na lei a c.p.p.f.: um dos exemplos mais claros apontados nessa via

---

[165] Pode-se ir ainda mais longe e estender a problemática a todas as situações jurídicas. Mas aqui vai tratar-se, apenas, das obrigações.

§ 9.º Culpa post pactum finitum 85

– a pós-eficácia da procuração – refere, precisamente uma obrigação fundada em acto unilateral e não em contrato[166]. Tenta-se, também, a via da analogia: a *ratio decidenti* de muitos casos tem a ver, não com a sua génese, mas com a situação objectiva criada pelas partes depois do cumprimento. Recorre-se, com frequência, à boa fé e suas concretizações: a boa fé é, hoje em dia – e o Código Civil é claro no artigo 762.º/2 – uma cláusula geral de, pelo menos, todas as obrigações e não apenas dos contratos. Defende-se, finalmente, a existência de obrigações capazes de, por natureza, gerar situações pós-eficazes: entre elas inclui-se, expressamente, a relação laboral de facto que, por definição, deriva de mero facto jurídico. Isto é: admitindo-se a existência de c.p.p.f., seja qual for a fundamentação eleita, aceita-se, automaticamente, a inclusão de manifestações do fenómeno em áreas extracontratuais. Ficaria apenas em situação peculiar a hipótese de uma "analogia" directa entre a c.i.c. e a c.p.p.f.; mas aí, das duas uma: ou se encara a clivagem existente entre as duas figuras como bastante para justificar âmbitos diversos – na c.i.c., por definição, há preliminares contratuais o que não tem de suceder na c.p.p.f. – ou se constata que, afinal, não há, na c.i.c., ainda, qualquer contrato presente, podendo este faltar mesmo de todo, no futuro. Por outro lado, a referência à *culpa*, põe a tónica do fenómeno no momento patológico da sua violação. Se há *culpa* houve, seguramente, um dever prévio que não foi acatado. Trata-se de indagar esse dever.

A c.p.p.f. estende-se a todas as obrigações e não deve ser tratada, apenas, como violação. A designação cientificamente correcta desse fenómeno é pós-eficácia das obrigações. Mantemos culpa *post pactum finitum*, como fórmula sugestiva e tradicional.

II. Como foi frisado, a base mínima da pós-eficácia, em sentido amplo, implica a associação de efeitos a algo já desaparecido; no caso das obrigações, requer-se, previamente, a extinção destas, seguida da sobrevivência de deveres que, a qualquer título, ainda se lhes possam ligar. Esta afirmação, entendida linearmente, é paradoxal: se houve extinção, não há efeitos; se há efeitos, não houve extinção.

---

[166] A natureza unilateral da procuração não oferece dúvidas. Como se infere do artigo 262.º do Código Civil e é do conhecimento geral, a procuração não carece de qualquer aceitação para produzir efeitos.

Tal quadro indica plurivalência em torno das fórmulas "obrigação", "extinção" e "conexão de efeitos"; a clarificação requer a consideração analítica dos conceitos em jogo.

Há que partir do conteúdo da obrigação. O vínculo creditício compreende – ou pode compreender – a prestação principal, prestações secundárias e deveres acessórios: a primeira relaciona-se com a actividade dominante exigida ao devedor; as segundas redundam em actuações, legais ou convencionais, que, funcionalmente, servem a prestação principal e que, noutras circunstâncias, poderiam integrar prestações autónomas; os terceiros derivam, directa ou indirectamente, da boa fé e integram as adstrições necessárias à boa realização da prestação e à protecção das partes.

Tendo estes dados por pano de fundo, pode-se proceder à distinção de realidades diversas, dentro da pós-eficácia ampla.

III. O reduto mais seguro da pós-eficácia deveria provir de disposições legais expressas e específicas que associem efeitos à extinção de obrigações. Como foi referido[167], o Direito pode ligar ao desaparecimento de certas obrigações a constituição de deveres a cargo de qualquer das partes. Além das hipóteses referidas, recorde-se o dever de dar quitação, de restituir documentos, deveres tributários ... O fenómeno amplia-se em áreas que, por socialmente sensíveis, são objecto de forte intervenção legislativa: a caducidade do arrendamento, o divórcio, o despedimento ... A pura e simples extinção da prestação principal, por impossibilidade superveniente imputável ao devedor, dá lugar ao dever de indemnizar. Em todos estes casos, a extinção da obrigação é total, atingindo os diversos elementos do seu conteúdo. Os efeitos que se manifestam são cominados, expressa e especificamente, por norma jurídica que tem o facto extintivo por previsão. A conexão existente entre eles e a obrigação extinta é a conexão comum postulada por qualquer estatutição jurídica face à previsão normativa respectiva. Não há, rigorosarnente, pós-eficácia mas, tão só, eficácia (actual) do próprio facto extintivo que, afinal, se vem a afirmar como constitutivo de situações novas. Nada disto tira, porém, evidência ao facto de os deveres "pós-eficazes", expressa e especificamente determinados por lei, se produzirem *depois* da extinção de uma obrigação e, de alguma forma, permanecerem *ligados* a ela: uma quitação reporta-se à obrigação

---

[167] *Supra*, 69 ss..

§ 9.º Culpa post pactum finitum

cumprida; as consequências de um divórcio relacionam-se com o anterior contrato de casamento ...

Ponderadas estas razões, à eficácia que a lei, expressa e especificamente, associe à extinção de certas obrigações passa a chamar-se pós-eficácia aparente, numa expressão que indica já a irrelevância relativa do seu regime para a doutrina da c.p.p.f..

IV. Situação diversa é a de obrigações complexas em cujo conteúdo se inscreva, desde o início, a existência de determinados deveres que, por natureza, só possam ser executados no momento imediatamente posterior ao da extinção. O locatário, o parceiro pensador, o comodatário e o depositário devem, por exemplo, restituir a coisa, no termo dos respectivos contratos. A ocorrência é diferente da pós-eficácia aparente: os deveres aqui em causa não têm, como facto constitutivo, a extinção de obrigação anterior, mas antes a própria fonte da obrigação complexa, em cujo conteúdo se integram como prestações secundárias. A sua eficácia, porém, está interrompida pela vigência da obrigação surgindo, por natureza, na extinção desta. A extinção em causa não é, aliás, a extinção integral da obrigação mas, apenas, a da prestação principal.

Estas asserções podem ser confirmadas, por exemplo, através do contrato de locação. Nos termos do artigo 1038.º, *i*), do Código Civil, a posição do locatário implica, à partida, o dever de restituição. A fonte deste é, indiscutivelmente, o contrato de arrendamento o qual pode, inclusive, ser utilizado como causa de pedir, em caso de actuação judicial. Mas – logicamente – tal dever só obriga no fim do contrato.

Por tudo isto, à eficácia de certa fonte que, pelo seu escopo, se manifeste apenas na extinção da obrigação principal, passa a chamar-se pós-eficácia virtual.

V. Diferente, quer da pós-eficácia aparente, quer da pós-eficácia virtual, é a eficácia continuada. Desta feita, não ocorre a constituição, por disposição legal expressa e específica, de novos deveres associados ao desaparecimento de uma obrigação, nem uma manifestação, também nova, de deveres até então interrompidos. Acontece apenas que, numa obrigação de conteúdo complexo, se extingue o dever de prestar principal, continuando todos os demais elementos, que já se manifestavam, até ao seu cumprimento integral. O fenómeno ocorre mais facilmente nas obrigações duradouras.

A colocação, nestes termos, da eficácia continuada põe o problema do âmbito exacto da regra da extinção das obrigações pelo cumprimento. O reconhecimento do conteúdo muitas vezes complexo da obrigação não invalida a regra; apenas conduz a uma aplicação analítica. Logo na sequência da entrada em vigor do BGB, a doutrina foi levada a distinguir a "relação obrigacional em sentido amplo" da "obrigação restrita": a primeira traduz a obrigação propriamente dita, em toda a plenitude do seu conteúdo; a segunda implica apenas o dever de prestar singularmente considerado. A regra do § 362 BGB – ou a norma similar que, tacitamente, o Código Civil português também compreende – aplica-se, apenas, à obrigação em sentido restrito: cada dever de prestar extingue-se à medida que a prestação respectiva seja realizada. Outra forma de equacionar o problema é considerar que, em rigor, a obrigação extingue-se, apenas, pela obtenção do seu fim: a realização do interesse do credor. A integração desse fim só se concretiza com a execução de todos os deveres postulados pela obrigação.

Nenhuma destas duas explicações é plenamente satisfatória. A distinção de obrigações "amplas" e "restritas" anda paredes meias com a tentativa de transformar a temática do conteúdo das obrigações numa questão de conceito: a obrigação (ampla) seria um conjunto de vários vínculos (restritos). O Direito trata a obrigação como um todo e, na busca dos deveres que a integrem, há que partir do conjunto para as partes. Não o contrário. Acresce que a consagração da tese das "obrigações estritas" obrigaria a admitir tantos cumprimentos quantos os vínculos. De cumprimento há que ter uma noção unitária. Tão-pouco se deve aplaudir a introdução do interesse do credor – ou do escopo da obrigação – neste debate. É uma complicação inútil, não postulada pelo Direito[168].

Mas são explicações sugestivas. Fique a ideia de que a eficácia continuada não é contraditada pela regra da extinção das obrigações pelo cumprimento, nem, tão-pouco, invalida esta última: o cumprimento integral extingue a obrigação; até lá, a ocorrência de actos de cumprimento referentes aos aspectos mais sugestivos da obrigação – à prestação principal – fazem surgir, à saciedade, em relação aos demais elementos que perduram, a ideia de eficácia continuada.

---

[168] Esta questão prende-se com o alegado conceito de "causa" dos contratos: *Tratado* II/2, 610 ss..

É correcto integrar a eficácia continuada na pós-eficácia em sentido amplo: executada a prestação principal – e sem prejuízo da unidade da obrigação – algo muda[169]. E os elementos que continuam são, de alguma forma, posteriores à parte já realizada. Fora isso, a eficácia continuada não é pós-eficácia em sentido próprio.

VI. Pela negativa, começa a desenhar-se o contorno da pós-eficácia em sentido estrito.

Positivamente, o seu cerne é constituído pelos deveres acessórios. Recorde-se que estes são associados pela Ordem Jurídica – nomeadamente pela boa fé ou suas concretizações – à existência de qualquer prestação. Caso tais deveres se mantenham depois de extintas as prestações, principal e secundárias – fica excluída a hipótese de pós-eficácia aparente e a de pós-eficácia virtual: se fossem prescritos por disposição legal expressa e específica, não eram, seguramente, deveres acessórios, reconduzindo-se, por outro lado, a prestações secundárias, se constassem directamente da fonte da obrigação-mãe, para vigorarem depois da extinção da prestação principal. Ficam dois problemas em aberto: o de saber se os deveres acessórios podem sobreviver ao dever de prestar e o de indagar se não haveria, então, apenas mais uma manifestação de eficácia continuada.

VII. Existe uma obrigação; por força do artigo 762.°/2, o devedor fica investido em deveres de protecção, de informação e de lealdade, por forma a evitar danos ao credor e a garantir a salvaguarda da vantagem representada pelo crédito. Deveres semelhantes assistem, também, ao credor com a adaptação natural de, em vez de garantirem o crédito, não lhe permitirem agravar indevidamente a posição do devedor. Estes deveres – há que frisar – não estão na disponibilidade das partes nem são expressamente cominados por qualquer fonte. São deveres de base legal, que acompanham os deveres de prestar propriamente ditos. Por isso se dizem acessórios. Extinta a obrigação, estes deveres desaparecem? A Ordem Jurídica prescreve-os para obviar a que, sob um formalismo aparentemente conforme com o Direito, o sentido das obrigações seja desvirtuado por cumprimentos vazios ou outras fórmulas chicaneiras ou a que, a coberto da obrigação,

---

[169] Por exemplo, realizada a prestação principal genérica, opera logo a concentração, com a inversão de risco conexa: sem prejuízo, porém, da eventual continuação de deveres secundários.

sejam inflingidos danos às partes. Se, depois da extinção das obrigações, mas mercê das circunstâncias por elas criadas, se mantiverem ou surgirem condições que, na sua vigência, podem motivar a constituição de deveres acessórios, eles mantêm-se. As razões de busca de saídas jurídicas materiais que levam, independentemente da vontade das partes, a admitir deveres acessórios, durante a vigência da obrigação, são sobejamente fortes para os impor, depois da extinção. Assim, o devedor de coisa certa está adstrito, pelo artigo 762.°/2, a avisar o credor de uma possível qualidade perigosa da coisa de que tenha conhecimento; tudo leva a afirmar – e nada contradiz – que essa obrigação existe se, depois do cumprimento, por qualquer razão, o ex-credor não tivesse ainda sido avisado, seja por só então se manifestar a conjuntura perigosa, seja por o devedor não ter, ele próprio, conhecimento anterior da ocorrência ou seja, ainda, por, a qualquer título, o devedor não se ter previamente desempenhado.

Actualmente, o exemplo economicamente mais relevante de pós-eficácia estrita está no dever de fornecimento de sobresselentes[170]: vendida uma aparelhagem dispendiosa, o produtor fica automaticamente adstrito, independentemente de quaisquer convenções ou normas legais específicas, a assistir o comprador com os sobresselentes necessários[171].

VIII. Chegando a este ponto, poderia tentar distinguir-se, no seio de deveres acessórios existentes depois de extinta a obrigação propriamente dita, ocorrências de eficácia continuada e de pós-eficácia, consoante os deveres em causa se tivessem, ou não, manifestado na constância da obrigação. Mas isso seria desvirtuar a natureza do fenómeno. Na vigência das obrigações, os deveres acessórios inscrevem-se no seu conteúdo, sem autonomia própria. Ora se concretizam num sentido, ora no outro, conforme o desenrolar dos acontecimentos. A sua violação leva ao mau cumprimento do dever de prestar. A manifestação de deveres acessórios sem o

---

[170] *Vide* GREULICH, ob. cit., 210; RAMM, ob. cit., 66 ss.; HANS-GEORG RODIG, *Verpflicktung des Herstellers zur Bereithaltung von Ersatzteilen für langlebige Wirtschaftsgüter und ausgelaufene Serien*, BB 1971, 854–855, a propósito de AG München 6-Mai.-1970, NJW 1970, 1852-1853.

[171] PETER FINGER, *Die Verpflichtung des Herstellers zur Lieferung von Ersatzteilen*, NJW 1970, 2049 ss.. Como este autor bem faz notar, esta adstrição do comprador deriva do § 242 (princípio da boa fé). Assim sendo, não pode, porém, contra esse autor, tratar-se de um dever de prestação secundário: é um dever acessório.

dever de prestar propriamente dito, confere-lhes uma natureza diferente: tornam-se verdadeiras obrigações legais independentes. Acresce que os deveres acessórios posteriores ao cumprimento, que sejam inteiramente novos, não deixam, de alguma forma, de ser já postulados pela obrigação. Na autonomia, que surge apenas depois da extinção da obrigação propriamente dita, e não no momento da sua manifestação, está o traço distintivo dos deveres pós-eficazes em sentido próprio.

Esta orientação defronta-se com a existência da tese unitária dos deveres acessórios – ou deveres de protecção – que se manteriam intocados na sua essência e regime, desde as negociações preliminares até à sua extinção. Se estes deveres, assim entendidos, sobrevivessem à obrigação, haveria, novamente, eficácia continuada e não pós-eficácia restrita.

A apreciação comprovada do problema exige a ponderação dos regimes aplicáveis.

28. Regime das modalidades de pós-eficácia; pretensa pós-eficácia do dever de prestar principal

I. A análise dos regimes aplicáveis às diversas modalidades de pós-eficácia em sentido amplo constitui a contraprova das conclusões já alcançadas.

O regime da pós-eficácia aparente é o que resulta das disposições legais que, expressa e especificamente, a consagrem. Assim, o conhecimento das obrigações subsequentes a um divórcio tem a ver com a interpretação dos artigos competentes do Código Civil e com o sentido da decisão que o haja decretado. A utilidade da doutrina da c.p.p.f. é, neste caso, mínima: como foi explanado, não existe unidade sistemática directa entre as várias hipóteses de pós-eficácia aparente. A autonomização de uma pós-eficácia aparente tem, no entanto, o mérito de permitir a sua articulação no âmbito da c.p.p.f. em sentido amplo, evitando miscegenações indesejáveis com as outras modalidades.

O regime da pós-eficácia virtual desprende-se da fonte da obrigação prévia que preveja a ocorrência de certos efeitos, aquando da conclusão de prestação principal. Na hipótese paradigmática de se tratar de um contrato, a interpretação deste, feita à luz dos artigos 236.º a 238.º ou, disso sendo caso, a sua integração, nos termos do artigo 239.º, conjuntamente com a valoração da normas – supletivas ou injuntivas – que ao caso se apliquem, permitem indagar da ocorrência do fenómeno e da sua tramitação subsequente.

Método semelhante deve ser observado na eficácia continuada: a determinação da existência de deveres de prestação secundários, que coexistam com a prestação principal e lhe sobrevivam, depende da interpretação da fonte comum. Essa mesma fonte, ao determinar que eles acompanhem a referida prestação principal, permite a sua distinção da eficácia virtual. Os regimes são claros e distintos. A contraprova é positiva.

II. Ficou em aberto o regime da pós-eficácia estrita que, como bem se adivinha, coloca outras dimensões problemáticas. A sua origem – os deveres acessórios – liga-a, claramente, à boa fé e às suas concretizações; o seu regime depende, em última análise, da via encontrada para essas incógnitas.

O primeiro problema da pós-eficácia em sentido estrito é o da sua determinação, uma vez que ela não resulta nem da lei nem, constitutivamente, da fonte da obrigação a que suceda.

Merece referência, até por ser das únicas tentativas sérias nesse sentido, a tese de Mohnen. Mohnen defende a aplicabilidade, ao caso, das regras da base do negócio, da forma que segue.

Partindo do pressuposto que a base do negócio deve ser reconhecível, por ambas as partes, no seu significado fundamental, Mohnen apura a seguinte fórmula de pós-eficácia: teria a pessoa que acciona a contraparte, para cumprimento de um dever pós-eficaz singular, elevado esse ponto particular a condição do contrato se, na sua conclusão, tivesse conhecido a situação no fim ocorrida e, além disso, teria, em tal eventualidade, a contraparte, de aceitar tal vinculação? O que fariam as partes se, desde o princípio, conhecessem o problema[172]?

Surpreende que a base do negócio seja chamada à colação, em problema tão distante como o da pós-eficácia; mais surpreende que, por esta via, se encontre uma formulação não descabida. A surpresa cessa com uma consideração mais profunda do problema: na base do negócio como nos deveres acessórios existe, pelo menos, o denominador comum da boa fé. Uma permutabilidade de certas soluções não é impossível.

A construção de Mohnen é criticada por Ramm: na base do negócio há que alterar, por ocorrências supervenientes, deveres assumidos pelas partes;

---

[172] MOHNEN, ob. cit., 367/II.

§ 9.º Culpa post pactum finitum 93

na pós-eficácia – eficácia continuada para Ramm – há que indagar de deveres que não foram claramente adoptados pelos contraentes[173]. A crítica não é justa: antes de formular o seu princípio, Mohnen teve o cuidado de precisar a diversidade intrínseca existente entre os dois institutos[174]. A crítica a Mohnen é outra: ele utiliza uma linguagem tipicamente remissiva para o dogma da vontade, quando hoje ninguém discute a natureza legal dos deveres acessórios. Não há que perguntar se as partes "teriam constituído o dever pós-eficaz, se houvessem previsto a situação" – até porque se deve logo acrescentar "se elas agissem honestamente": interessa antes apurar se, à luz de critérios de moralidade e colaboração, na consideração da situação das partes, o dever se impõe ou não, depois da extinção do dever principal e tendo em conta o tipo de contrato em causa. Ou, se se preferir a manutenção da referência às partes, deve indagar-se qual a actuação do *bonus pater familias* – noção normativa – se este, sendo sujeito da obrigação, conhecesse, à partida, o problema. Segue-se, pois, o rumo da concretização da boa fé que leva aos próprios deveres acessórios, com as adaptações exigidas pela extinção de princípio da obrigação.

III. Os deveres acessórios[175] – susceptíveis de várias tipificações – devem ser repartidos em dois grupos distintos. Por um lado, existem deveres dirigidos a precisar, proteger e assegurar as prestações obrigacionais em si, principal e secundárias. Por outro, há deveres destinados a proteger não a própria obrigação, mas antes outros bens – patrimoniais ou não – das partes. Estes últimos integram-se no dever de protecção. Por suscitarem uma problemática específica, só se consideram, agora, os primeiros.

Determinada a existência de um dever pós-eficaz em sentido estrito, com a restrição acima apontada, deve aplicar-se-lhe o regime das obrigações, com as especificidades que ao caso caibam, em função do conteúdo concreto que assumam. No tocante ao aspecto primordial da prova da sua existência: o credor interessado deve demonstrar a ocorrência de pós-eficácia – artigo 342.º/1; feita tal demonstração, cabe ao devedor provar a sua extinção, nomeadamente pelo cumprimento – artigo 342.º/2 – ou, se ele violar o direito, que não o fez com culpa – artigo 797.º/1.

O regime da pós-eficácia estrita não tem a ver, directa ou indirectamente, com normas legais expressas e específicas, com a interpretação das

---

[173] RAMM, ob. cit., 28-29.
[174] Ob. cit., 367/I e II.
[175] Para um maior desenvolvimento: *Tratado* II/1, 465 ss..

94   *O cumprimento das obrigações*

fontes das obrigações ou com as normas, supletivas ou injuntivas que, a estas últimas, tenham aplicação; tão-pouco está na disponibilidade das partes. E um regime próprio. Logo, a pós-eficácia estrita existe.

IV. Fica por resolver a questão marginal da possível pós-eficácia do próprio dever de prestar principal. É comum a afirmação da impossibilidade de semelhante pós-eficácia[176]: o ponto de partida da c.p.p.f. pressupõe, pelo menos, a extinção definitiva da prestação principal. Contra essa afirmação manifestam-se, porém, três objecções:

– a manutenção de deveres principais não cumpridos[177];
– a alteração das circunstâncias depois de extinto o contrato[178];
– a pretensão de reintegração do trabalhador indevidamente despedido[179].

O primeiro aspecto joga com a situação dúbia da relação duradoura não cumprida no seu termo. Assim, o contrato de trabalho não se extingue pelo cumprimento mas, por exemplo, pelo decurso do prazo. Se, alcançado esse prazo, houver, por hipótese, salários em atraso, a obrigação de os pagar mantém-se para além do termo. Mas essa obrigação, sendo principal, não é pós-eficaz pela razão simples de que o contrato se conserva, para a parte faltosa, como fonte da obrigação incumprida. Não basta, para haver extinção de relação duradoura, a actuação de denúncia, de caducidade ou de qualquer causa resolutiva: requer-se, também, o cumprimento das obrigações principais implicadas, pelo menos enquanto for possível.

O segundo – a alteração das circunstâncias – tão-pouco pode entender-se como manifestação de pós-eficácia, seja da prestação principal, seja de quaisquer outros elementos. A ser admissível a doutrina da base do negócio, depois de extinto um determinado contrato, os efeitos que então se manifestem devem ser imputados ao que se queira, nessa eventualidade, apelidar de "alteração das circunstâncias" e não ao contrato extinto.

---

[176] MOHNEN, ob. cit., 405; MAVRIDIS, ob. cit., 228; RAMM, ob. cit., 23-24.

[177] Esta afirmação aparece em ZÖLLNER, *Die vorvertragliche und die nachwirkende Treue- und Fürsorgepflicht* cit., 95 e 106. Cf., porém, já MOLITOR em anotação a BAG 24-Nov.-1956, ArbRB1, D X, 1.ª decisão, n.° 1.

[178] BGH 14-Jul.-1953, NJW 1933, 1585-1586 (1585).

[179] BGH 13-Jun.-1956, BB 1956, 853 (só sumário); podem ser confrontadas outras decisões p. ex., em MOHNEN, ob. cit., e EMMERMANN, ob. cit., 116 ss..

O terceiro – o despedimento indevido – é, quando muito, uma hipótese de pós-eficácia aparente. A admitir-se a eficácia de semelhante despedimento – a solução no Direito positivo português é diversa – resta concluir que, pela sua irregularidade, o Direito associa à extinção assim ocasionada uma obrigação de celebração de novo contrato. A especificidade, à face do Direito alemão, reside em que, na falta de disposições legais expressas, só através de princípios gerais é possível atingir essa solução. É bom lembrar que a pós-eficácia aparente, por definição, reporta-se a uma obrigação nova e não à continuação da prestação principal. As pretensões de salário ou de prestação de trabalho são, aliás, inconfundíveis com uma pretensão de reintegração: esta, sendo dotada de pós-eficácia aparente, não é principal.

Fica assente que o dever de prestação principal não pode ser pós-eficaz. O que corresponde, afinal, a uma regra mínima sem a qual a pós-eficácia perde em precisão e utilidade.

29. O problema do "dever de protecção unitário"; superação

I. A existência de um dever de protecção na fase das negociações preliminares impôs-se, judicialmente, desde o princípio do século[180], não obstante algumas hesitações[181] e críticas[182]. Firmou-se assim a doutrina de

---

[180] RG 7-Dez. 1911, RGZ 78 (1912), 239-241 – o universalmente conhecido caso do linóleo: a A., depois de realizar várias compras no estabelecimento do R., dirigiu-se ao sector dos linóleos, pretendendo escolher um; por negligência do empregado do R., veio a ser colhida, conjuntamente com a sua criança, por dois rolos que caíram. O tribunal decidiu que, durante a actividade preparatória do contrato, existia já, entre as partes, uma relação de tipo semelhante ao contratual, pela qual as partes ficaram investidas em deveres de cuidado. Esse dever foi violado, sendo o R. responsável (240).

[181] RG 14-Jun.-1910, RGZ 74 (1911), 124-126; o tribunal considerou não procedente uma acção de indemnização contratual posta contra comerciante e baseada no facto de este não ter o estabelecimento suficientemente iluminado vindo, em consequência disso, a cliente-autora a cair pela escada. O tribunal considerou que o dever de protecção, a existir, teria de ser um dever geral reconduzindo-se, a sua violação, à comum responsabilidade extracontratual; do contrato de compra e venda celebrado não resultariam deveres específicos de protecção que pudessem dar consistência a uma violação de obrigações. É curioso notar que esta decisão é sempre apontada como exemplo de recusa da c.i.c., quando afinal, a autora já havia celebrado o contrato de compra e venda de uma garrafa de cerveja e de uma *Wurst*, tendo caído pela escada quando abandonava o estabelecimento. Em rigor, o

96   *O cumprimento das obrigações*

que o simples facto de as partes entrarem em contacto com o fito de, eventualmente, virem a celebrar um contrato, investia-as, reciprocamente, em deveres de tomar as medidas necessárias para que o parceiro nas negociações não viesse a sofrer danos na sua integridade física, saúde ou património. A fundamentação deste dever, pacificamente aceite e reconhecido, foi variando: tentou-se baseá-lo no próprio contrato[183], numa relação de confiança estabelecida entre as partes[184], em "contactos sociais"[185], acabando, finalmente, perante a evidência da repetição de julgados favoráveis durante setenta anos, por falar-se em Direito consuetudinário. Depois da reforma de 2000/2001, ele está formalizado no BGB. Seja qual for a decisão definitiva que se tome quanto à fundamentação deste dever, pode assentar-se que ele tem natureza legal, por oposição a contratual, sendo de reconhecer em situações que nunca cheguem a desembocar em qualquer contrato válido[186].

Foi este o rumo seguido pela doutrina actual da culpa na formação dos contratos[187].

II. Enquanto estas ideias eram agitadas no sector da c.i.c. havia também novidade por banda da violação positiva do contrato (v.p.c.)[188]. Cele-

---

que o tribunal recusou foi uma hipótese de violação positiva do contrato ou, mais precisamente, de pós-eficácia.

[182] P. ex., WILHELM STEINBERG, *Die Haftung für culpa in contrahendo* (1930), 48 ss.. A decisão estaria, no pensamento deste autor, falha de justificação (51).

[183] FRANZ LEONHARD, *Verschulden beim Vertragsschlusse* (1910).

[184] KURT BALLERSTEDT, *Zur Haftung für culpa in contrahendo bei Geschaftsabschluss durch Stellvertreter*, AcP 151 (1950-51), 501 ss..

[185] KARL LARENZ, *Culpa in contrahendo, Verkehrsicherungspflicht und "sozialer Kontakt"*, MDR 1954, 515 ss..

[186] KARL LARENZ, *Lehrbuch des Schuldrechts* cit., 1, 14.ª ed., 104 ss.. O tema é tratado por Larenz sob o título sugestivo de "relação obrigacional legal sem dever de prestação principal".

[187] *Tratado* I/1, 3.ª ed., 504 ss..

[188] Descoberta por HERMANN STAUB em 1902 – Fest. 26. DJT, e depois, *Die positiven Vertragsverletzungen*, 1.ª ed. (1904) e 2.ª ed. (1913) (esta última edição foi acrescentada por EBERHARD MÜLLER) – a doutrina da violação positiva do contrato constata que, para além da mora e da impossibilitação da prestação – que postulam actuações negativas do devedor – existe uma terceira forma de violação das obrigações, através de comportamentos positivos, que não consta expressamente da lei. Sobre toda esta matéria, *vide* o *Tratado* II/2, 663 ss.. A v.p.c. abrange, nomeadamente, hipóteses de inobservância de deveres acessórios e a má realização da prestação principal. Será abaixo, retomada.

§ 9.º Culpa post pactum finitum

brando o que considera ser a sua despedida[189], Stoll veio, na realidade, dar uma achega fundamental para o esclarecimento das realidades jurídicas que se obrigam a essa designação[190]. Integrado nas correntes metodológicas do seu tempo, Stoll constata que, num contrato, para além do interesse à prestação existe, também, um interesse de protecção, traduzido na manutenção da integridade das pessoas intervenientes e dos seus patrimónios[191]. Do ponto de vista da obrigação, deriva daqui a aplicação da boa fé a dois aspectos distintos: ao objectivo positivo, por forma a precisar o dever de prestar e ao objectivo negativo, de modo a evitar a produção de danos na esfera da contraparte[192]. Este último aspecto permitiria a autonomização de deveres de protecção, independentes do dever de prestar, e que acompanhariam toda a vigência do contrato[193].

Estes deveres de protecção, conectados com a boa fé, requerem a existência do contrato, têm natureza contratual e, quando violados, integram a v.p.c..

III. O desenvolvimento autónomo dos deveres de protecção na c.i.c. e na v.p.c. levaria a um abismo doutrinário entre ambos: no primeiro caso teriam natureza legal e, no segundo, contratual. A prossecução de uma evolução separada, para além da desconexão doutrinária, levaria a situações inconvenientes.

Pôs-se na c.i.c. o problema da responsabilidade do representante ou do auxiliar. Pelas regras gerais, a actividade jurídica desenvolvida pelo representante repercute-se na esfera jurídica do representado. Da mesma forma, nas obrigações, o dono do negócio responde pelos seus auxiliares[194]. A aplicação linear destes princípios à c.i.c., como bem se adivinha, pode conduzir a soluções concretas pouco consentâneas com a ideia de Direito. A jurisprudência foi, por isso, levada a admitir que, havendo negociações contratuais conduzidas por representante ou ocorrendo aí a intervenção de auxiliar, existe uma responsabilidade própria destes por

---

[189] Por carecer de unidade intrínseca, a v.p.c. não poderia ser considerada, como queria Staub, uma terceira forma de violação de obrigações.

[190] HEINRICH STOLL, *Abschied von der Lehre von der positiven Vertragsverletzung*, AcP 136 (1932), 257-320.

[191] *Idem*, 298.

[192] *Idem*, 288.

[193] *Idem*, 289. *Vide* o *Tratado* II/1, 465 ss..

[194] *Vide* o artigo 800.º/1.

c.i.c., sempre que eles tivessem um interesse pessoal no negócio em vista[195]. A v.p.c., integrada no universo contratual, não facultou aos tribunais o alcance imediato das soluções elásticas obtidas na c.i.c. e de que é exemplo a responsabilidade autónoma de representantes e auxiliares acima referida[196]. Resulta daí que violações de deveres de protecção materialmente idênticos conduzam a soluções diferentes consoante ocorram antes ou depois da celebração do contrato.

IV. O problema foi resolvido por Canaris através de uma teoria que, uma vez formulada, parece evidente[197]: existe um dever de protecção unitário, de natureza legal, fundado positivamente na boa fé, que nasce nas negociações preliminares e continua na vigência do contrato. Esse dever de protecção unitário é, também, constatável na hipótese de haver contrato nulo – ainda aí as partes estão especificamente obrigadas a não provocar danos na esfera jurídica dos parceiros – e no "contrato com efeito protector a terceiro" – i. é, no contrato que postula deveres de protecção, também, a favor de certos terceiros, que tenham conexão com as partes.

A existência de um dever de protecção unitário, como fórmula doutrinária que, coroando toda uma evolução científica, veio responder à problemática prática acima descrita, teve, de um modo geral, bom acolhimento na literatura[198], embora, na altura, tivesse levantado dúvidas[199].

---

[195] P. ex., Ulrich Müller, *Die Haftung des Stellvertreters bei culpa in contrahendo und positiver Forderungsverletzung*, NJW 1969, 2169 e Georg Crezelius, *Culpa in contrahendo des Vertreters ohne Vertretungsmacht*, JuS 1977, 797. Vide a consagração em Larenz, *Lehrbuch des Schuldrechts* cit., 1, 13.ª ed., 109-110. A fundamentação desta responsabilidade provocou, a partir da década de cinquenta, um aprofundamento notável na doutrina da c.i.c.; a sua análise transcende o âmbito deste estudo, tendo a referência a esta problemática objectivos meramente ilustrativos.

[196] Assim, o BGH 10-Jun.-1964, NJW 1964, 2009 = VersR 1964, 977, recusou a responsabilidade do representante auxiliar interessado no negócio, por violação do dever de informação, argumentando que, na constância do contrato, não têm aplicação as regras da c.i.c., mas antes as da violação contratual. Esta solução, como bem fez notar Canaris, *Haftung Dritter aus positiver Forderungsverletzung*, VersR 1965, 114-118 (115), é arbitrária: afinal, se a *mesma* violação tivesse ocorrido *in contrahendo*, já haveria responsabilidade. Também Müller, ob. cit., 2173-2174 aponta um exemplo em que o divórcio c.i.c./v.p.c. leva a saídas desconexas.

[197] Claus-Wilhelm Canaris, *Ansprüche wegen "positiver Vertragsverletzung" und "Schutzwirkung für Dritte" bei nichtigen Verträgen*, JZ 1965, 475-482.

[198] Além da ob. cit., de Müller, veja-se Wolfgang Thiele, *Leistungsstörung und Schützpflichtwerletzung – Zur Einordnung der Schutzpflichtverletzungen*, JZ 1967, 649-657

V. A teoria unitária de Canaris, tem um influxo imediato na c.p.p.f.. Desde o momento em que, depois da realização do comportamento devido, se reunissem as condições necessárias[200], surgiria, para as ex-partes, um dever de protecção pós-eficaz, de natureza legal. Esse dever de protecção seria precisamente o mesmo que ocorre na c.i.c., na v.p.c., no contrato nulo e no contrato com protecção de terceiros: teria a mesma fundamentação uma concretização da boa fé – e, a ser inacatado, conduziria a consequências idênticas[201]. Esta ideia está na base do pensamento de Strätz e, em certa medida, de von Bar, acima referidas.

A ser assim, a pós-eficácia estrita seria, quando muito, eficácia continuada: pelo menos na área da protecção.

VI. De facto, a tese de Canaris, não abrange a totalidade dos deveres acessórios. Destes, apenas parte visa a protecção do património, da integridade e da saúde das partes; subsiste, porém, todo um sector que, por se ligar ao próprio bem-prestação, não pode atravessar incólume a c.i.c. – onde ainda não há dever de prestar – a v.pc. – que pressupõe esse dever em toda a sua pujança – e a c.p.p.f. – na qual a prestação já foi realizada[202]. Pelo menos neste círculo existe um reduto seguríssimo para a pós-eficácia estrita.

VII. Hoje, modificando posições anteriores, acolhemos a existência do dever unitário de protecção. Como vimos, revela-se, por tal via, uma

---

(654), WALTER GERHARDT, *Der Haftungsmassstab im gesetzlichen Schutzverhältnis (Positive Vertragsverletung, culpa in contrahendo)*, JuS 1970, 597-603 (598) e LARENZ, *Lehrbuch des Schuldrechts* cit., 1, 13.ª ed., § 9 (100 ss.).

[199] MANFRED LÖWISCH, no Staudinger, 12.ª ed. (1979), prenot. aos §§ 275-288, 22; defendia, aí, que a ideia do dever unitário de protecção legal não era constatável no caso de nulidade do contrato; seria, porém, desnecessária onde exista uma relação obrigacional. Cf. também FRANZISKA-SOPHIE EVANS VON KRBEK, *Nichterfüllungsregeln auch bei weiteren Verhaltens- oder Sorgfaltspflichtverletzungen?*, AcP 179 (1979), 85 ss.. Após a reforma de 2001/2002, a matéria deriva directamente da lei.

[200] A relação de confiança, a situação de contacto social, etc., consoante a base encontrada para a c.i.c. e outras manifestações do dever de protecção.

[201] A afirmação da pós-eficácia do dever unitário de protecção aparece incidentalmente no próprio CANARIS, *Ansprüche* cit., 478 (2.ª col.) e também em GERHARD, ob. cit., 598 (2.ª col.).

[202] Recorda-se, em abono, a observação crítica de Larenz, *Lehrbuch des Schuldrechts* cit., 1, 14.ª ed., 10.

eficácia continuada. Mas mesmo aí, tem interesse sublinhar o seu funcionamento pós-contratual: as medidas a cargo das ex-partes para conservar a segurança dos seus parceiros variam, no período subsequente ao contrato. Caso a caso haverá que conferi-lo.

30. Síntese

I. A *culpa post pactum finitum* nasceu em decisões judiciais no primeiro pós-guerra, sendo acolhida favoravelmente pela doutrina. Não obstante, ela mal lograria ultrapassar os limites de curtas referências em comentários legislativos e em obras gerais de Direito das obrigações e de Direito do trabalho: as monografias que lhe têm sido dedicadas não são conhecidas e tiveram influência escassa a nível geral.

II. Não é possível fazer assentar uma doutrina global da c.p.p.f. em disposições singulares sortidas, em *analogia iuris* ou em analogia directa com a *culpa in contrahendo*. Tão-pouco é viável derivar tal doutrina de qualidades específicas de certas relações jurídicas, mormente de uma afirmada natureza comunitário-pessoal da situação jurídica-laboral ou de alegadas virtudes das relações duradouras. A boa fé oferece potencialidades bastantes para fundamentar a c.p.pf. desde que, precedendo certas precisões, se recorra a um processo de concretização. A negação radical da sua existência, por unificar indevidamente problemas distintos, não é produtiva.

III. A ocorrência de feitos jurídicos depois da extinção do dever de prestar é possível por vias distintas; o fenómeno sucede independentemente da natureza das obrigações em causa. Nessa medida, pode falar-se em pós-eficácia das obrigações em sentido amplo. Essa expressão dá abrigo a realidades jurídicas diversas: à pós-eficácia aparente, quando os efeitos sejam imputados, por disposição legal expressa e específica, à extinção de certas obrigações, à pós-eficácia virtual sempre que a fonte da obrigação tida por extinta postule deveres secundários eficazes apenas depois da execução da prestação principal, à eficácia continuada correspondente à manutenção, para lá do cumprimento, da prestação principal, de deveres secundários já anteriormente manifestados e à pós-eficácia estrita, limitada à sobrevivência, face à obrigação, de deveres acessórios.

Cada uma destas fórmulas tem um regime jurídico próprio e distinto. Com excepção da pós-eficácia estrita, os regimes aplicáveis já haviam sido alcançados por outros instrumentos técnicos; a consideração da pós-eficácia ampla e suas modalidades oferece, contudo, um novo ângulo de estudo e possibilita a clarificação global do fenómeno.

IV. Não existe pós-eficácia do dever de prestar principal. A pós-eficácia estrita não é, nem parcialmente, contraditada pela teoria do dever de protecção unitário. Mantêm-se os deveres de informação e de lealdade, enquanto a própria segurança, quando pós-eficaz, pode ter um conteúdo diverso.

V. A *culpa post pactum finitum* tem um papel, na moderna dogmática obrigacionista. Não só ela congrega problemas distintos que, de outro modo, passariam despercebidos, como ainda ela comporta um núcleo duro, portador de um regime autónomo. Podemos referi-la como mais um pólo de crescimento da Ciência Civil, que oferece novas luzes na dogmática do cumprimento.

CAPÍTULO XVI

O NÃO CUMPRIMENTO DAS OBRIGAÇÕES

SECÇÃO I

GENERALIDADES

§ 10.º ENQUADRAMENTO E MODALIDADES

31. Noção geral; o sistema da lei

I. Temos não cumprimento, também dito incumprimento ou inadimplemento, sempre que o devedor não realize, de acordo com as regras aplicáveis, a prestação devida. Podemos distinguir:

– o incumprimento *stricto sensu*, relativo à não-execução da prestação principal;
– o incumprimento *lato sensu*, que reporta a inobservância de quaisquer elementos atinentes à posição do devedor ou do próprio credor; especialmente em causa estarão os deveres acessórios.

II. A preparação do Código Civil, na área relativa ao não cumprimento das obrigações, foi atormentada. O Prof. Vaz Serra, ainda que em escritos de grande profundidade, estudou separadamente os temas do cumprimento[203], da impossibilidade não imputável ao devedor[204], da impossi-

---

[203] ADRIANO VAZ SERRA, *Do cumprimento como modo de extinção das obrigações*, BMJ 34 (1953), 5-212.

[204] *Impossibilidade superveniente por causa não imputável ao devedor e desaparecimento do interesse do credor*, BMJ 46 (1955), 5-152.

104 *O não cumprimento das obrigações*

bilidade imputável ao devedor e do cumprimento imperfeito[205], da prova relacionada com esses eventos[206], da mora do devedor[207], da excepção do contrato não cumprido[208], da pena convencional[209], da culpa do devedor ou do agente[210], da resolução do contrato[211], da responsabilidade do devedor por factos dos auxiliares, dos representantes legais ou dos substitutos[212], da realização coactiva da prestação[213] e da responsabilidade contratual[214]. Outros estudos poderiam, ainda, ser referidos.

Daqui resultou um total de muitas centenas de páginas que, ainda hoje, está por absorver pela doutrina portuguesa. Todavia, o Código acabou por se ressentir, aparentando pouca unidade, neste domínio.

III. O não cumprimento das obrigações surge numa secção II, após a relativa ao cumprimento (790.° a 812.°). Tem a seguinte ordenação:

Subsecção I – Impossibilidade do cumprimento e mora não imputáveis ao devedor (790.° a 797.°);
Subsecção II – Falta de cumprimento e mora imputáveis ao devedor:
Divisão I – Princípios gerais /798.° a 800.°);
Divisão II – Impossibilidade de cumprimento (801.° a 803.°);
Divisão III – Mora do devedor (804.° a 808.°);
Divisão IV – Fixação contratual dos direitos do credor (809.° a 812.°).
Subsecção III – Mora do credor (813.° a 816.°).

---

[205] *Impossibilidade superveniente e cumprimento imperfeito imputáveis ao devedor*, BMJ 47 (1955), 5-97.

[206] *Encargo da prova em matéria de impossibilidade ou de cumprimento imperfeito e da sua imputabilidade a uma das partes*, BMJ 47 (1955), 98-126.

[207] *Mora do devedor*, BMJ 48 (1955), 5-317.

[208] *Excepção de contrato não cumprido*, BMJ 67 (1957), 17-183.

[209] *Pena convencional*, BMJ 67 (1957), 185-243.

[210] *Culpa do devedor ou do agente*, BMJ 68 (1957), 13-151.

[211] *Resolução do contrato*, BMJ 68 (1957), 153-291.

[212] *Responsabilidade do devedor pelos factos dos auxiliares, dos representantes legais ou dos substitutos*, BMJ 72 (1958), 259-305.

[213] *Realização coactiva da prestação (Execução) (Regime civil)*, BMJ 73 (1958), 31-394.

[214] *Responsabilidade contratual e responsabilidade extracontratual*, BMJ 85 (1959), 115-241.

§ *10.° Enquadramento e modalidades* 105

Deve-se, ainda, ter em conta a secção III – realização coactiva da prestação. Abrange:

Subsecção I – Acção de cumprimento e execução (817.° a 826.°);
Subsecção II – Execução específica (827.° a 830.°).

Torna-se difícil encontrar um fio condutor jurídico-científico. Impõem-se ordenações doutrinárias[215], sendo de sublinhar que toda esta matéria atravessa uma fase de reformulação[216].

32. Delimitações conceituais

I. Definimos o incumprimento como a não realização, pelo devedor, da prestação devida. Mas com esse enunciado apenas conseguimos uma noção meramente descritiva. Interessa-nos uma noção normativa.

O dizer-se que surge incumprimento quando não haja realização da prestação induz-nos em espaço susceptível de integrar as mais diversas hipóteses. Assim, o devedor não cumpre, por exemplo, por haver transmitido a outro o seu débito, por ter havido novação, confusão ou outra forma de extinção, diferente do cumprimento ou, ainda, por outrem haver cumprido por ele. Não é oportuno unificar tudo isso, a pretexto de estudar o incumprimento.

II. Limitamos o incumprimento à não realização, pelo devedor, da prestação devida, enquanto essa não realização corresponda à violação da norma que lhe era especificamente dirigida e lhe cominava o dever de prestar. Isto é: o incumprimento é a não realização da prestação devida, enquanto devida.

---

[215] Há várias ordenações possíveis; assim, além de *Direito das obrigações*, 2, 433 ss.: Fernando Pessoa Jorge, *Lições de Direito das obrigações* cit., 1, 463 ss.; Mário Júlio de Almeida Costa, *Direito das obrigações*, 12.ª ed. cit., 1033 ss.; João Antunes Varela, *Das obrigações em geral* cit., 2, 7.ª ed., 60 ss.; Jorge Ribeiro de Faria, *Direito das obrigações* cit., 2, 335 ss.; Luís Menezes Leitão, *Direito das obrigações* cit., 2, 7.ª ed., 235 ss..

[216] Além das obras abaixo indicadas, cabe desde já referir o importante escrito de Nuno Manuel Pinto Oliveira, *Estudos sobre o não cumprimento das obrigações*, 2.ª ed. (2009), 153 pp..

106   *O não cumprimento das obrigações*

Desta forma, ficam especialmente excluídas do incumprimento:

– a não realização da prestação devida quando, por qualquer razão, tenha pré-operado a extinção da obrigação de que se trate;
– a não realização da prestação por terceiro; embora, normalmente, um terceiro possa cumprir, ele não está obrigado a fazê-lo.

Reside, aqui, uma contraprova de que o incumprimento não pode ser considerado como simples ausência do cumprimento.

III. Do incumprimento em sentido estrito pode-se separar a impossibilidade da prestação. A prestação é a conduta humana; consequentemente, não pode haver prestação devida quando esta implique um comportamento que não seja possível. Caso o comportamento integrador de determinada prestação venha, supervenientemente, a tomar-se impossível, extingue-se a prestação principal. O dever de prestar principal extinto não pode dar lugar a um incumprimento uma vez que, nessa eventualidade, já não existe qualquer norma que, ao devedor, comine a atitude impossível.

A confusão advém de que a prestação principal pode tornar-se impossível por força de uma violação. Qualquer pessoa pode lesar o bem reservado, pelo ordenamento, ao credor, tomando inviável a execução da actividade devida. Com isso consegue-se o "não cumprimento" naturalístico da prestação principal, mas não o incumprimento normativo.

O problema atinge o auge se tivermos em conta que a destruição do bem-prestação, através da impossibilidade, pode ser provocada pelo devedor, que está, pela natureza das coisas, numa situação especialmente favorável para conseguir esse efeito. A situação aproxima-se do incumprimento estrito, ao ponto de o Código Civil proceder a uma equiparação de regimes; manda o artigo 801.°/1:

> Tornando-se impossível a prestação por causa imputável ao devedor, é este responsável como se faltasse culposamente ao cumprimento da obrigação.

Simplesmente, a própria expressão "como se" indicia claramente a equiparação de regimes e não de figuras: a "impossibilidade imputável ao devedor" pode ser integrada no conceito mais amplo de impossibilidade e não no de incumprimento. A impossibilidade, seja ela qual for, provoca sempre a extinção da prestação atingida e a consequente não aplicabilidade das normas dirigidas ao seu cumprimento.

§ 10.º *Enquadramento e modalidades* 107

IV. Mas se as consequências do incumprimento e da impossibilidade da prestação imputável ao devedor são idênticas, como operar, na prática, a distinção entre ambas as figuras? A resposta a esta pergunta prende-se com a questão de saber em que medida continua o devedor obrigado à prestação quando tenha havido incumprimento. Teremos ocasião de examinar esse ponto. Para já, podemos lançar mão de um critério extremamente simples e que serve para cindir claramente as duas figuras:

– quando, no momento do cumprimento, a prestação seja possível mas não tenha sido acatada pelo devedor, temos incumprimento;
– quando, pelo contrário, nesse mesmo momento, a prestação já não seja possível, ainda que por obra do devedor, não há incumprimento, mas impossibilidade.

V. No entanto, é fácil constatar, até pelo critério de separação entre incumprimento e impossibilidade da prestação imputável ao devedor que, no momento da prestação, esta pode ser possível e, no entanto, não ter lugar:

– por acto de terceiro;
– por acto do credor;
– por qualquer outro facto não voluntário.

Teríamos, assim, abertas as portas a incumprimentos imputáveis, a terceiro, ao credor ou a caso fortuito? Pensamos, no rigor dos princípios, que em tal eventualidade não há que falar em incumprimento. Se no momento da prestação, esta não for executada por interferência de algum dos factores acima apontados, ela não é devida, pelo devedor, nessa precisa altura; é, na realidade, ainda de impossibilidade da prestação que se trata.

Como, porém, pelo menos no caso dos "incumprimentos" imputáveis ao credor ou a terceiro, há, inquestionavelmente, violações de normas obrigacionais, verificam-se situações patológicas que podemos, comodamente, tratar nesta rubrica, sob o título inóquo de "não cumprimento", imputável ao credor ou a terceiro.

33. Modalidades de incumprimento

I. O reconhecimento exacto de uma situação de incumprimento pressupõe a prévia determinação do cumprimento não realizado.

108   *O não cumprimento das obrigações*

Remetemos, neste campo, para as regras próprias do cumprimento[217], nas suas diversas dimensões e, nomeadamente, para a boa fé, que fixa a medida do esforço exigível ao devedor[218].

A consideração dessas regras permite proceder à destrinça de várias modalidades de incumprimento, em função das regras que, da actividade devida, não tenham sido observadas.

Assim, consoante se trate da inobservância da actividade devida ou dos ditames da boa fé que a devam circundar, podemos distinguir:

– incumprimento da prestação principal ou incumprimento estrito; podemos aqui integrar o incumprimento de prestações secundárias;
– incumprimento de deveres acessórios[219], reconduzível à violação positiva do contrato ou ao incumprimento imperfeito.

Estando em causa aspectos qualitativos e quantitativos do cumprimento, podemos operar a distinção entre:

– cumprimento defeituoso;
– cumprimento parcial.

As regras sobre o prazo da prestação, conjugadas com a sua possibilidade, permitem distinguir:

– o incumprimento definitivo;
– o incumprimento temporário ou mora.

II. Outras distinções têm sido propostas; umas porém, de relevo secundário, enquanto outras podem conduzir a asserções inexactas. Neste último caso, está por exemplo a distinção entre:

– incumprimento subjectivo;
– incumprimento objectivo,

traduzindo, o primeiro, a não concretização do interesse do credor e o segundo a não realização da actividade devida. Só neste último caso cabe, porém, falar em cumprimento; a não concretização do interesse do credor

---

[217] *Supra*, 31 ss..
[218] *Tratado* II/1, 447 ss..
[219] MICHELE GIORGIANNI, *L'inadempimento*, 3.ª ed. (1975), 32.

§ 10.º *Enquadramento e modalidades*

é fórmula ampla e puramente descritiva, que engloba, por exemplo, a impossibilidade superveniente da prestação.

III. Colhendo a lição de vária doutrina[220], podemos unificar o incumprimento de prestações acessórias, o cumprimento defeituoso e o cumprimento parcial no conceito geral do cumprimento inexacto ou imperfeito ou, ainda, violação positiva do contrato. Consideraremos, sucessivamente:

– o cumprimento inexacto;
– o cumprimento retardado;
– o incumprimento definitivo.

Para além destas modalidades, seria possível aplicar, ao incumprimento, todas as classificações do próprio cumprimento, sendo certo que, este último, é, por seu turno, susceptível de distinções consoante a natureza das prestações respectivas. Teríamos, assim, incumprimentos positivos e negativos, jurídicos e materiais, etc.. O interesse desta metodologia seria meramente descritivo.

---

[220] MICHELE GIORGIANNI, *L'inadempimento*, 3.ª ed. cit., 36.

§ 11.º O DIREITO DA PERTURBAÇÃO DAS PRESTAÇÕES

34. A ideia de "perturbação das prestações" e a reforma de 2001/2002

I. O Direito do não cumprimento é, ainda, tratado como o Direito da perturbação das prestações. Cumpre ver, tanto mais que se trata da grande matéria jurídico-científica visada pela reforma do BGB de 2001/2002. A expressão "Direito da perturbação das prestações" é uma tradução literal de *Recht der Leistungsstörungen*. Ficariam abrangidas as hipóteses de incumprimento definitivo, de mora e de cumprimento defeituoso[221]; todavia, não podemos verter o termo para o vernáculo "incumprimento em sentido amplo", uma vez que ela pode abarcar ainda, além de impossibilidade, a *culpa in contrahendo*, a alteração das circunstâncias e outros institutos. Na actual fase de divulgação, a "perturbação das prestações" parece adequada para exprimir, com fidelidade, as realidades jurídico-científicas subjacentes.

A "perturbação das prestações" constitui fórmula doutrinária conhecida pelos obrigacionistas e que remonta à clássica monografia de Stoll[222-223]. Posteriormente, foi adoptada pela literatura da especialidade

---

[221] Quanto ao Direito da perturbação das prestações temos, como actual obra de referência, os dois monumentais volumes integrados no Staudinger Kommentar: *Leistungstörungsrecht* I e II, §§ 255-304 e 315-326 (2009), de vários autores, em 1735 páginas maciças.

[222] HEINRICH STOLL, *Die Lehre von den Leistungsstörungen* (1936).

[223] HEINRICH STOLL (1891-1937) foi professor em Tübingen; em conjunto com MAX RÜMELIN (1861-1931) e com PHILIPP HECK (1858-1943), integrou a escola de Tübingen da jurisprudência dos interesses tendo, tal como este, maculado desnecessariamente os seus escritos com afirmações de circunstância de tipo nacional-socialista: sem deslustro para o nível científico da sua obra.

HEINRICH STOLL ficou conhecido, entre outros aspectos, pela crítica que dirigiu à doutrina da violação positiva do contrato, lançada anos antes por HERMANN STAUB, *Die positiven Vertragsverletzungen*, 26. DJT (1902), 31-56, com 2.ª ed. completada por EBERHARD

O não cumprimento das obrigações

como espaço cómodo para abranger diversas eventualidades que impliquem a falta (no todo ou em parte) de cumprimento. No período anterior à reforma de 2001/2002, poderíamos apontar para *Leistungsstörungen*:

– um sentido estrito, que abrange a impossibilidade, a mora e a violação positiva do contrato[224];
– um sentido amplo, que inclui, além dos três institutos mencionados, a *culpa in contrahendo*, a alteração das circunstâncias e os contratos com efeito protector de terceiros[225].

II. A reforma de 2001/2002 adoptou uma concepção ampla de perturbação das prestações. Fê-lo, porém, sem sequer designar a figura: antes consignando ou alterando as respectivas manifestações. Apenas doutrinariamente se mantém esta categoria[226], a entender, de resto, de modo pragmático: envolvendo institutos dogmaticamente distintos. A expressão nem é conceitualmente rigorosa, uma vez que abrange, por exemplo, a violação de meros deveres de protecção e de outros deveres acessórios; melhor ficaria "perturbação da relação obrigacional". Trata-se, porém, de locução tradicional consagrada.

III. Em termos práticos, a reforma do Direito da perturbação das prestações de 2001/2002 envolveu modificações[227]:

– na impossibilidade;

MÜLLER (1913): temos em mente, de H. STOLL, o artigo *Abschiede von der Lehre von der positiven Vertragsverletzung*, AcP 136 (1932), 257-320. Quanto ao seu livro *Die Lehre von der Leistungsstörungen*: trata-se de um escrito destinado a amparar uma reforma do Direito civil que, na época, se pensou levar a cabo, na Alemanha; compreende, assim, um articulado – *Leistungsstörungen* cit., 58 ss.. Este articulado dava relevo a uma relação de confiança, de base legal, numa ideia que teria largo futuro.

Entre nós, as primeiras referências a STOLL devem-se a VAZ SERRA; cf., p. ex., *Impossibilidade superveniente e cumprimento imperfeito imputáveis ao devedor*, BMJ 47 (1955), 5-97 (68, nota 127).

[224] Assim, WOLFGANG FIKENTSCHER, *Schuldrecht*, 9.ª ed. (1997), 213-215.

[225] Cf. VOLKER EMMERICH, *Das Recht der Leistungsstörungen*, 5.ª ed. (2003), 3. KARL LARENZ, *Lehrbuch des Schuldrechts* cit. I, 14.ª ed., 275 ss., previa uma categoria alargada de "violações de deveres" e "impedimentos da prestação" (*Leistungshindernisse*).

[226] DIETER MEDICUS, *Leistungsrecht*, em HAAS e outros, *Das neue Schuldrecht* (2003), 79-132 (83).

[227] Cf. HUBER, em HUBER/FAUST, *Schuldrechtsmodernisierung* (2003), 7-8.

§ 11.º *O Direito da perturbação das prestações*   113

– na resolução;
– na codificação de institutos "não escritos": a *culpa in contrahendo*, a alteração das circunstâncias ("base do negócio"), a violação positiva do contrato e o contrato com protecção de terceiros;
– no âmbito de aplicação do seu regime.

Ficam envolvidos, do novo BGB:

– os §§ 275 e seguintes, relativos a diversas situações de incumprimento (incluindo a impossibilidade e a violação positiva do contrato);
– os §§ 320 a 326, enquanto portadores de diversas especialidades para os contratos bilaterais;
– os §§ 346 a 354, referentes à resolução;
– o § 241/2, quanto a deveres acessórios;
– o § 311/2, reportado à *culpa in contrahendo*;
– o § 311/3, sobre a protecção de terceiros;
– o § 313, consagrando, na lei, a alteração das circunstâncias;
– o § 314, regulando a denúncia.

Trata-se de modificações muito significativas, só por si[228]. Mas além disso, elas assumem repercussões em toda a lógica da aplicação do sistema.

IV. Temos, aqui, o cerne da modernização do Direito das obrigações. Ao contrário do que sucede no domínio de uma comum (ainda que importante) reforma no Direito do trabalho, no Direito fiscal, no Direito comercial, ou mesmo nas áreas da prescrição, da transposição de directrizes ou de certos contratos, não se trata, aqui, de adoptar novos e supostos melhores regimes. O reformador não procurou (directamente) modificar soluções: antes operou uma codificação de doutrinas e soluções já conhecidas. Pretendeu-se um "direito mais facilmente e seguramente manuseável"[229]. As conexões tornam-se mais claras e seguras[230].

A reforma assume-se, deste modo e essencialmente, científica. A lei consigna institutos de base prudencial, assentes nas universidades e nos

---

[228] MARTIN SCHWAB, *Das neue Schuldrecht im Überblick*, JuS 2002, 1-8 (2/II).

[229] BARBARA DAUNER-LIEB, em *Das Leistungsstörungsrecht im Überblick* em BARBARA DAUNER-LIEB e outros, *Das neue Schuldrecht* cit., 67.

[230] Cf. a *Begründung der Bundesregierung* publicada em CLAUS-WILHELM CANARIS, *Schuldrechtsmodernisierung 2002* (2002), 579.

114   *O não cumprimento das obrigações*

tribunais, sem outra legitimidade que não a da Ciência do Direito. A fecundidade do pensamento continental, sistemático e codificador, em plena maré anglo-saxónica, é reafirmada.

A reforma do Direito da perturbação das prestações justifica que, de *modernização*, se possa falar.

35. Base analítica: a violação do dever

I. A modernização do Direito das obrigações assumiu uma feição analítica: usa conceitos precisos, de base racional, em detrimento de fórmulas dotadas de cargas histórico-culturais[231]. No campo do Direito da perturbação das prestações – noção compreensiva – esse aspecto denota-se pelo recurso nuclear à ideia de "violação de um dever"[232]: categoria central no novo Direito[233], seja qual for a sua natureza[234].

O § 241 do BGB, versão velha, que abre o livro II dedicado ao Direito das obrigações, dispunha[235]:

> Por força da relação obrigacional, o credor tem o direito de exigir uma prestação ao devedor. A prestação pode também consistir numa omissão.

Este preceito não foi alterado. Mas passou a n.º 1, sendo aditado o seguinte[236]:

> (2) A relação obrigacional pode obrigar, conforme o seu conteúdo, qualquer parte com referência aos direitos, aos bens jurídicos e aos interesses da outra.

---

[231] O conceito analítico é racional e preciso – p. ex., o dever ou o poder – enquanto o compreensivo surge histórico-cultural e, nessa medida, com um alcance flutuante e valorações que transcendem a sua expressão linguística – p. ex., a obrigação ou o direito subjectivo.

[232] WALTER ROLLAND, *Einführung*, em HAAS e outros, *Das neue Schuldrecht* cit., 4.

[233] CHRISTIAN GRÜNBERG, no Palandt, 69.ª ed. (2010), § 280, Nr. 2 (366).

[234] Staudinger II (2009) cit., § 280, Nr. B 1 (442).

[235] Na tradução de preceitos alemães procurámos a equivalência científica, em detrimento de fórmulas literais ou da própria elegância da frase.

[236] CHRISTIAN GRÜNEBERG, no Palandt, 69.ª ed. cit., § 241, Nr. 6 (248-249). *Vide* o *Tratado* II/1, 25-26.

§ 11.° O Direito da perturbação das prestações 115

A noção de obrigação é compreensiva; o seu conteúdo é agora reconduzido a deveres, a determinar caso a caso, de base analítica. O todo é capeado pela epígrafe do § 241, acrescentado pela reforma[237]: "deveres provenientes da relação obrigacional".

II. As diversas hipóteses de "perturbação das prestações" são, deste modo, reconduzidas a "violações de deveres"[238]. Há muito se ensinava nesta base: fica agora claro; veremos com que significado.

O § 280, que na versão velha se reportava à impossibilidade, prende-se, agora, com a violação de deveres:

(1) Quando o devedor viole um dever proveniente de uma relação jurídica, pode o credor exigir a indemnização do dano daí resultante. Esta regra não se aplica quando a violação do dever não seja imputável ao devedor.

A imputabilidade pode ser dolosa ou negligente – § 276 da lei velha, equivalente, com alterações, ao § 276 (1) da lei nova.

III. Todo o sistema da "perturbação das prestações" fica unificado em torno desta regra nuclear[239]. Uma nova gramática[240]: sem dúvida[241]. Mas um reafirmar da capacidade centralizadora e ordenadora da Ciência do Direito.

36. Base significativo-ideológica e ética: a culpa

I. Perante o influxo racionalista da reforma, poder-se-ia perguntar se, dando corpo às exigências da globalização, a entender como hegemonia anglo-saxónica, não estaremos perante uma demonstração de neo-liberalismo[242]. A resposta é negativa. O BGB foi reformado em função de pon-

---

[237] Recordamos que os diversos §§ do BGB alemão, na sua versão original, não tinha epígrafes; estas foram introduzidas pela reforma de 2001-2002.

[238] Em especial, PETER VON WILMOWSKY, *Pflichtverletzungen im Schuldverhältnis – Die Anspruchs- und Rechtsgrundlagen des neuen Schuldrechts*, JuS BH 1/2002, 3 ss..

[239] DANIELA MATTHEUS, *Schuldrechtsmodernisierung 2001/2002* cit., 210/I.

[240] BARBARA DAUNER-LIEB, *Das Leistungsstörungsrecht im Überblick* cit., 67-68.

[241] Com elementos para a discussão do tema: MICHAEL SCHULZ, *Leistungsstörungsrecht*, em WESTERMANN, *Das Schuldrecht 2002* cit., 17-104 (20 ss.).

[242] Recordamos a interrogativa de MATHIAS SIEMS, *Der Neoliberalismus als Modell für die Gesetzgebung?*, ZRP 2002, 170-174.

116   *O não cumprimento das obrigações*

tos de vista comunitários de tutela do consumidor[243]. Trata-se de uma preocupação que reaparece frequentemente, surgindo em institutos específicos a tanto destinados e nos mais diversos deveres de informação[244]. A essa luz, a reforma é limitadora da livre iniciativa. De resto, aquando da sua preparação, ela foi criticada pelas confederações empresariais, acabando por ser aprovada por uma maioria SPD/Verdes.

II. Essa preocupação protectora foi dobrada, em termos de directa relevância ética, pelo reforço do princípio da culpa[245]. A exigência desta, como categoria distinta da ilicitude, era requisito especialmente enfatizado por Canaris[246], como base de imputação delitual e defesa da liberdade de actuação. Encontramos, agora, reflexos desse pensamento na reforma.

III. Toda esta matéria deve ser entendida em termos integrados. Justamente na reforma de 2001/2002, transparecem as diversas virtudes de qualquer codificação. Os institutos são aplicados à luz da Ciência do Direito que manuseia o código que os contém. O conhecimento e a apreciação da reforma do BGB passa pela valorização dos vectores profundos que, ao cinzelamento dogmático agora operado, dão uma base de realização.

37. A violação positiva do contrato

I. A violação positiva do contrato constituía um *tertium genus* no universo do incumprimento em sentido lato, ao lado da impossibilidade imputável ao devedor e da pura e simples omissão da prestação devida. Agrupava:

– violação de deveres acessórios;
– má execução da prestação principal;
– declaração eficaz de não pretender cumprir.

---

[243] GERHARD RING, *Der Verbraucherschutz*, em DAUNER-LIEB/HEIDEL/LEPA/RING, *Das neue Schuldrecht* cit., 346-347 e *passim*.

[244] ANDRÉ POHLMANN, *Die Haftung wegen Verletzung von Aufklärungspflichten* cit., p. ex., 200, apreciando positivamente a reforma de 2002.

[245] EMMERICH, *Das Recht der Leistungsstörungen*, 5.ª ed. cit., 3; MANFRED LÖWISCH/ /GEORG CASPERS, no Staudinger II (2009) cit., § 276, Nr. 3 (302-303).

[246] KARL LARENZ/CLAUS-WILHELM CANARIS, *Lehrbuch des Schuldrechts*, II/2, *Besonderer Teil*, 13.ª ed. (1994), 351.

§ 11.° O Direito da perturbação das prestações

A doutrina fora obrigada a construir a categoria da violação positiva do contrato, perante o silêncio da lei[247]. Apesar de uma jurisprudência muito rica que, ao longo do século XX, foi preenchendo os diversos meandros em aberto, as dúvidas eram inevitáveis.

II. A reforma do BGB de 2001/2002 cobriu o problema da violação positiva do contrato, ainda que sem o nomear[248]. Assim:

– o § 280/1 comete ao devedor que viole um dever proveniente de uma relação obrigacional (qualquer que ele seja) o dever de indemnizar;
– o § 324 permite, perante a violação de um dever proveniente de relação obrigacional (e seja, ele, também, qualquer um), a resolução do contrato pelo credor.

Outros preceitos têm aplicação, assim se consignando o sistema da violação positiva do contrato.

III. A técnica analítica adoptada pelo reformador de 2001/2002 permitiu encontrar uma solução ágil e natural para o problema. Tem ainda interesse referenciar que a remissão para a violação de um dever, "no sentido do § 241/2 da lei nova" permite dar corpo à tese da doutrina unitária dos deveres de protecção (e outros), propugnada por Canaris desde a década de 60 do século XX: as consequências legais serão, ainda, as mesmas, operando-se qualquer necessária diferenciação no momento da realização do Direito.

---

[247] VOLKER EMMERICH, *Das Recht der Leistungsstörungen*, 5.ª ed. cit., 20-21.
[248] *Vide* a génese do instituto em *Da boa fé*, 586 ss..

SECÇÃO II

O NÃO CUMPRIMENTO *STRICTO SENSU*

§ 12.º A MORA DO DEVEDOR

38. Cumprimento retardado

I. Há cumprimento retardado quando, no momento da prestação, esta não seja efectuada. Necessário é que a obrigação subsista, não obstante o percalço; nessa altura, mantém-se o dever de prestar, de tal forma que, quando sobrevenha o cumprimento, este surja retardado[249].

Põe-se a questão prévia de saber quando, na ausência de cumprimento no prazo devido, se deve falar na subsistência da obrigação ou na sua extinção[250]. Temos, aí, de indagar:

– da possibilidade da prestação;
– do interesse do credor.

II. Pode suceder que uma determinada prestação só possa ser cumprida no momento aprazado, tornando-se impossível depois disso. Em tal hipótese, verifica-se, com o incumprimento, a extinção da obrigação (melhor: do dever de prestar principal), por impossibilidade.

Haverá responsabilidade quando essa situação tenha sido ilicitamente provocada, em termos de causar danos ao credor. Para que se verifique a

---

[249] Com indicações: KARL LARENZ, *Lehrbuch des Schuldrechts* cit., 1, 14.ª ed., 344 ss; à luz da reforma de 2001/2002, MANFRED LÖWISCH/CORNELIA FELDMANN, no Staudinger II (2009) cit., prenot. §§ 286-292 (830 ss.).

[250] Em geral, FERNANDO PESSOA JORGE, *Lições de Direito das obrigações* cit., 1, 476 ss.. Em rigor, podíamos distinguir, também, o incumprimento definitivo.

120 *O não cumprimento das obrigações*

aludida extinção, é necessário que a impossibilidade seja absoluta e definitiva. Interessa-nos relevar a impossibilidade temporária, que não conduz, só por si, à extinção da obrigação.

III. O interesse do credor é determinante na manutenção da obrigação cujo cumprimento seja retardado. Quando o credor, pelo atraso, perca o interesse que tinha na prestação, considera-se esta como impossibilitada – artigo 792.°/2 – seguindo-se o regime do incumprimento definitivo – artigo 808.°/1[251].

O interesse do credor deve ser apreciado objectivamente – artigo 808.°/2 – isto é, deve ser tomado como a aptidão que tenha a prestação para satisfazer as necessidades do credor.

Verifica-se, desta forma, como é necessário conjugar as ideias da possibilidade da prestação e do interesse do credor, para alcançar a ideia de cumprimento retardado.

39. **Requisitos do atraso; a mora**

I. Para além da questão prévia, acima elucidada, da necessidade da subsistência da obrigação, para que de cumprimento retardado se possa falar, apresentam-se, ainda, como requisitos do verdadeiro atraso[252]:

– a exigibilidade da prestação;
– a sua certeza;
– a sua liquidez.

A exigibilidade da prestação, aqui entendida em sentido forte, é requisito essencial para que de atraso se possa falar: este, por definição, só sobrevém depois de alcançado o prazo em que a prestação devia ser efectivada.

A certeza da prestação prende-se com a ausência de dúvidas sobre a própria existência da obrigação. A doutrina tem recusado semelhante

---

[251] Esta norma surge em sede de mora do devedor; pensamos não dever oferecer dúvidas a sua generalização. Chamamos também a atenção para o facto de a equiparação de regimes, que aqui se verifica, não obrigar a uma identificação das figuras.

[252] GIORGIANNI, *L'inadempimento* cit., 111 ss..

requisito: a obrigação subjectivamente controversa mantém o seu prazo e, ultrapassado este, dá-se o retardamento[253]. A certeza teria, quando muito, a ver com a culpa.

A liquidez – a que poderíamos acrescentar mais latamente a determinação da prestação – advém, como requisito, do considerando de que não seria exequível a prestação ilíquida[254], isto é: de conteúdo não determinado ou não conhecido.

II. O atraso no cumprimento advém de factores diversos; assim, ele pode advir:

– de acto do devedor;
– de acto do credor;
– de acto de terceiro;
– de caso fortuito.

Mais do que a mera descrição destes factores, interessa-nos considerar a hipótese do atraso ter, na sua génese, um acto ilícito ou não. Se se verificar tal ilicitude, estamos no campo da responsabilidade, havendo que estabelecer as competentes regras de imputação de danos e demais sanções que ao caso caibam. Quando o atraso não tenha sido ilicitamente provocado, segue-se o regime geral do risco no Direito das obrigações.

III. Ao atraso ilicitamente provocado pelo devedor chama-se mora do devedor, *mora debitoris* ou *mora solvendi*[255]; quando o seja pelo credor, há mora do credor, *mora creditoris* ou *mora accipiendi*. O atraso causado ilicitamente por terceiro não tem sido considerado neste capítulo; poderemos, simplesmente, chamar-lhe atraso ilicitamente causado por terceiro.

Verifica-se, em conclusão, que a mora em si é um atraso ilícito no cumprimento, isto é, um retardamento objecto de valoração jurídica negativa.

---

[253] Francesco Benatti, *La costituzione in mora del debitore* (1968), 229 pp. (88 ss.).

[254] Para efeitos de mora do devedor, o Código equipara, no entanto, à liquidez do débito, a falta de liquidez imputável ao devedor; cf. o artigo 805.º/3.

Quanto à liquidez, cf. as considerações críticas de Alberto Ravazzoni, *Mora del debitore*, NssDI X (1964), 904-911 (906).

[255] Quanto à distinção entre mora e atraso cf. Francesco Benatti, *La costituzione in mora del debitore* cit., 15 ss.; Andrea Magazzu, *Mora del debitore*, ED XXVI (1976), 934-947 (935). O sentido da distinção que figura no texto é, no entanto, diverso.

40. A mora do devedor: *ex persona* e *ex re*; a ilicitude

I. Há mora do devedor sempre que, por acto ilícito e culposo deste, se verifique um cumprimento retardado.

Os requisitos da mora do devedor resultam da conjugação do condicionalismo do cumprimento retardado, atrás analisado, com os elementos integradores de um ilícito, a tanto dirigido. Chamamos a atenção para o facto de, muitas vezes, quer em livros de doutrina, quer na própria lei, se tratarem, a propósito da *mora debitoris*, requisitos que devem ser assacados a qualquer tipo de retardamento da prestação, seja ele imputável ao devedor ou não. É o que se passa, nomeadamente, com a certeza, a liquidez e a exigibilidade[256]. Não deve, no entanto, esquecer-se o requisito da não extinção da obrigação atingida.

II. Especialmente focado, a propósito da mora do devedor, é o requisito geral da exigibilidade da prestação, que teria uma projecção dupla:

– permitiria identificar a própria existência da mora;
– determinando o momento em que ela se verificaria.

A exigibilidade funcionava, aqui, em sentido forte, traduzindo, muito precisamente, o momento em que, devendo a prestação ser cumprida, pode, o credor, reclamar juridicamente a sua execução imediata[257].

O artigo 805.º do Código Civil trata esta matéria precisamente a propósito do momento da constituição em mora. Esse momento coincide, em princípio, com o do prazo da prestação.

De acordo com os princípios já estabelecidos[258], todas as obrigações têm o seu prazo, sem prejuízo da sua origem – *maxime*, a livre fixação por qualquer das partes, nos termos do artigo 777.º/1.

III. Em consonância com o fundamento do prazo da prestação, para efeitos de mora, é tradicional a distinção entre[259]:

---

[256] JOÃO ANTUNES VARELA, *Das obrigações em geral* cit., 2, 7.ª ed., 115.

[257] Recordamos que a exigibilidade fraca é, simplesmente, a *possibilidade de interpelação* do devedor, pelo credor.

[258] Cf. *supra*, 35 ss..

[259] FRANCESCO BENATTI, *La costituzione in mora del debitore* cit., 150; RAVAZZONI, *Mora del debitore* cit., 905; com aspectos históricos: CARLO AUGUSTO CANNATA, *Mora (storia)*, ED XXVI, 925.

§ 12.º A mora do devedor

– *mora ex persona*;
– *mora ex re*.

A *mora ex persona* é aquela que implica a fixação do prazo da prestação através da interpelação – artigo 805.º/1. A *mora ex re* pressupõe um vencimento com qualquer outra origem – artigo 805.º/2, *a*) e *b*). A hipótese de o devedor ter impedido a interpelação – considerando-se, então, esta efectuada na data em que, normalmente, se teria verificado, nos termos do artigo 805.º/2, *c*), do Código Civil – integra ainda, ao que pensamos, um caso de *mora ex persona*.

Insistimos, no entanto, em que esta matéria não tem ligação específica com a problemática da *mora debitoris*: trata-se de um requisito evidente de qualquer retardamento da prestação, devendo ser estudado a propósito do cumprimento, no campo do prazo da prestação.

IV. Importante na *mora debitoris* é o ilícito culposo por parte do devedor. O ilícito em causa é, dogmaticamente, um "delito obrigacional", isto é, uma violação voluntária de certa norma jurídica, por parte do devedor. Nessa medida, podemos descobrir nele a acção final destinada a inobservância dos preceitos que cominam a execução tempestiva da prestação ou a inobservância dos deveres de cuidado destinados a impedir que, por descuido ou desatenção, o devedor deixe passar o momento da prestação, sem a executar.

Em ambos os casos sobrevém o juízo de ilicitude, a título de dolo, no primeiro caso, e de negligência, no segundo. A lei une os dois juízos através de uma ideia ampla de culpa, semelhante à *faute* napoleónica.

Recordamos que, nos termos gerais da responsabilidade obrigacional aqui em causa, qualquer retardamento na efectuação da prestação é, por presunção, atribuído à culpa do devedor – artigo 799.º/1. Esta disposição, baseada na evidente facilidade de que o devedor dispõe na violação da obrigação, tem, como efeito prático importante, a necessidade a este imposta de provar a ocorrência de qualquer outro tipo de retardamento, se não se verificar a *mora debitoris*.

41. A responsabilidade obrigacional

I. Segundo o artigo 804.º/1,

A simples mora constitui o devedor na obrigação de reparar os danos causados ao credor.

"Simples mora" visa contrapor o preceito à hipótese de incumprimento definitivo, isto é, às situações nas quais ou não haja já interesse do credor na realização da prestação em falta ou não seja, de todo, possível realizar a prestação principal[260].

II. A mora envolve a manutenção do dever de prestar principal[261]. Mas como implica danos para o credor, ela obriga o devedor inadimplente a indemnizar. Estamos em face de uma manifestação de responsabilidade obrigacional: perante o simples facto de, no momento do cumprimento, este não ter lugar, presume-se a ilicitude e a culpa do devedor (a culpa/ /*faute*), por via do artigo 799.º/1. Todos os danos resultantes devem ser ressarcidos, incluindo os danos morais.

III. Nas obrigações pecuniárias, a lei entende que há sempre danos. Fixa, por facilidade, o seu montante no equivalente aos juros legais (806.º/1)[262]. O mesmo preceito prevê três delimitações (806.º/2 e 3):

– os juros legais cedem quando, antes da mora, fosse devido um juro mais elevado;
– *idem*, quando as partes houvessem estipulado um juro moratório diferente do legal;
– podendo ainda o credor, na responsabilidade por factos ilícitos ou pelo risco, provar que a mora lhe provocou danos superiores aos juros devidos.

Esta última hipótese, aditada pelo Decreto-Lei n.º 262/83, de 26 de Junho, visou enfrentar os desmesurados atrasos verificados nas indemnizações, os quais podem desencadear danos em cascata, que terão de ser indemnizados. Aí já não funcionaria a presunção de "culpa": caberá ao lesado fazer a competente prova.

---

[260] RPt 9-Out.-1995 (GUIMARÃES DIAS), BMJ 450 (1995), 562.

[261] STJ 28-Abr.-1998 (RIBEIRO COELHO), CJ/Supremo VI (1998) 2, 64-66.

[262] Seria, segundo JOÃO ANTUNES VARELA, *Das obrigações em geral* cit., 2, 7.ª ed., 121, uma presunção *iuris et de iure*.

42. A *perpetuatio obligationis*

I. A situação de mora do devedor tem, além da responsabilidade, o efeito de fazer correr por este o risco da impossibilidade superveniente da prestação.

Em princípio, o risco pela impossibilidade superveniente da prestação atinge o credor. Em situação de mora, no entanto, esse risco inverte--se: o devedor responde pelos danos que, independentemente de actuação sua, possam advir – artigo 807.º/1. Ao falar em "perda" ou "deterioração", este artigo parece limitar a inversão do risco às obrigações de *dare*; entendemos, contudo, que essa disposição visa toda a prestação que seja susceptível de ser impossibilitada, total ou parcialmente.

II. Na situação de mora, o devedor – para além da responsabilidade pelos prejuízos derivados directamente do atraso – responde ainda:

– a título "delitual", por quaisquer outros danos que lhe sejam imputáveis[263];
– a título de risco:
  – por danos causados por terceiro;
  – por danos fortuitos.

Quando, ao terceiro, sejam totalmente imputáveis os danos, a título delitual, a responsabilidade é solidária entre este e o devedor, na medida em que ambos originaram os prejuízos – artigo 497.º/1. O devedor em mora goza, de qualquer forma, de direito de regresso.

Descritivamente, podemos considerar que, na mora, a obrigação nunca se extingue uma vez que, caso ocorra uma impossibilidade, o obrigado constitui-se devedor da indemnização. Donde o falar-se em *perpetuatio obligationis*: *mora debitoris obligatio perpetua fit*[264].

A lei consagra, no entanto, em favor do devedor, um caso de relevância negativa da imputação virtual – artigo 807.º/2.

---

[263] O próprio artigo 807.º/1, admite a possibilidade de a perda ou deterioração daquilo que deveria ser entregue, ocorrer por facto imputável ao devedor.

[264] Cf. Ravazzoni, *Mora del debitore* cit., 908; Magazzu, *Mora del debitore* cit., 944 ss.; Antunes Varela, *Das obrigações em geral* cit., 2, 7.ª ed., 123.

126   *O não cumprimento das obrigações*

43. *Purgatio morae* e **incumprimento definitivo**

I. A situação de mora do devedor, como modalidade de retardamento da prestação que é, apenas se verifica a título transitório. Assim ela cessa:

- com o cumprimento, acompanhado pelas indemnizações a que haja lugar (*purgatio morae*);
- com o incumprimento definitivo.

II. O incumprimento definitivo, por seu turno, verifica-se, nos termos do artigo 808.º/1:

- quando, objectivamente, o credor perca o interesse na prestação;
- quando o devedor, não cumpra num prazo razoavelmente fixado pelo credor: a chamada interpelação admonitória ou cominatória.

Em qualquer dos casos, o incumprimento definitivo provoca a extinção do dever de prestar principal, com várias consequências que examinaremos.

Além do incumprimento definitivo propriamente dito, a mora cessa, ainda, quando, por qualquer outra causa, a prestação retardada se impossibilite. A obrigação de indemnizar que, então, se constitua – artigo 807.º/1 – é diversa da primeira. Recordamos que a *perpetuatio obligationis* é, tão-só, uma fórmula descritiva, sem rigor científico.

§ 13.º A MORA DO CREDOR E O ATRASO IMPUTÁVEL A TERCEIROS

44. Requisitos

I. Há mora do credor quando, ilicitamente, este provoque o atraso do cumprimento[265]. Também se fala em mora do credor para traduzir o atraso causado por ele, independentemente da existência de um juízo de licitude. De facto, como veremos, os efeitos são praticamente idênticos, nos dois casos. A mora do credor já levantou dúvidas quanto às suas existência e consequências. A questão foi esclarecida no princípio do século XX[266],

---

[265] JOÃO BAPTISTA MACHADO, *Risco contratual e mora do credor* (1985), em *Obra dispersa* I (1991), 257-343; RITA LYNCE DE FARIA, *A mora do credor* (2000), 83 pp..

[266] Na origem recente do tema, encontramos o escrito de JOSEF KOHLER, *Annahme und Annahmeverzug / Eine civilistische Abhandlung*, JhJb 17 (1879), 261-424 (263, 265 e 400 ss.), que foi uma peça importante na consagração da mora do credor no BGB e, daí, no Código português e que, firmando a existência da necessidade de colaboração do credor, que não considera, porém, como dever, e a não essencialidade da culpa para a sua responsabilização, alinhou os traços gerais do instituto; do mesmo JOSEF KOHLER, *Zwölf Studien zum Bürgerlichen Gesetzbuch* III, *Der Gläubigerverzug*, AbürgR 13 (1897), 149-225 (149, 150 e 196). O tema foi retomado, depois da publicação e entrada em vigor do BGB, em termos de generalização crescente. Recorde-se LEO ROSENBERG, *Der Verzug des Gläubigers. Voraussetzung und Wirkung nach dem BGB unter Berücksichtigung des gemeinen Rechts*, JhJb 43 (1901), 141-298 (141, 142, 196 ss., 203 e 209 ss.), que menciona a necessidade de colaboração do credor e analisa os efeitos da mora dele, FRIEDERICH BOER, *Leistungsunmöglichkeit und Annahmeverzug (Zur Frage des Zusammenstreffens beider Tatbestande)*, Gruchot 54 (1910), 493-530, que versa a questão, em voga na época, da destrinça entre a mora e a impossibilidade, KARL ADLER, *Der Annahmeverzug des Käufers beim Handelskauf*, ZHR 71(1912), 449-551 (463), segundo o qual a não aceitação, pelo comprador, da mercadoria, integraria a violação de um dever de colaboração, PAUL TRAUTMANN, *Unmöglichkeit der Leistung und Annahmverzug beim Arbeitsvertrage*, Gruchot 59 (1915), 434-464, que se move nesse mesmo espaço e ERNST SCHENKER, *Erfüllungsbereitschaft und Erfüllungsangebot / Zur Lehre vom Gläubigerverzug*, JhJb 79 (1928-29),

128   *O não cumprimento das obrigações*

registando-se, a partir dos anos setenta desse século, novos desenvolvimentos[267].

II. A simples existência da figura da mora do credor parte do pressuposto, aliás de fácil comprovação, de que, no cumprimento é, muitas vezes necessária a colaboração do credor[268]. A carência dessa colaboração pode impedir, temporariamente, o cumprimento. Dá-se, então, a situação de mora do credor[269].

Como pressupostos deste tipo de mora apresentam-se, naturalmente, todos os requisitos comuns às diversas formas de atraso do cumprimento, com as apreciações críticas oportunamente feitas: a exigibilidade[270], a liquidez, a certeza, etc.. Necessário é, ainda, que a falta de colaboração do credor não provoque, no caso concreto, a extinção da obrigação, por impossibilidade. A recusa do credor em receber uma prestação parcial é justificada: não há *mora accipiendi* mas, sim, *mora solvendi*[271].

III. A falta de colaboração do credor traduz-se, concretamente, em diversas ocorrências. Assim, o credor pode, pura e simplesmente, ter recu-

---

141-196 (142 ss., 151), que sublinha, de novo, a solicitação de um colaborar por parte do credor. Para a evolução do instituto, com outros elementos, UWE HÜFFER, *Leistungsstörungen durch Gläubigershandeln* (1976), 7 ss..

[267] Em datas mais recentes, o problema da mora do credor não se desenvolve já em torno dos seus requisitos, na prática pacíficos – VOLKER BEUTHIEN, *Zweckerreichung und Zweckstörung im Schuldverhaltnis* (1969), 230 ss. (237) – nem, muito menos, em redor da admissibilidade da figura; debatem-se temas como a pertença de factos a certas esferas, em ordem a determinar a impossibilidade ou a mora do credor – BEUTHIEN, *Zweckerreichung*, loc. cit., e 239 ss. – o que se conexiona com a aplicação à impossibilidade, de certas regras reportadas à mora do credor — EDGAR KLEES, *La demeure / Eine rechtsvergleichende Studie zum Verzugsrecht* (1968), 245 ss. – como as perturbações, em geral, da prestação, causadas pelo credor – UWE HÜFFER, *Leistungsstörungen durch Gläubigerhandeln*, ob. cit. – ou como certas consequências da sua previsão, com exemplo na repartição do risco – GÜNTHER HÖNN, *Zur Dogmatik der Risikotragung im Gläubigerverzug bei Gattungsschulden*, AcP 177 (1977), 385-417 (388 ss). Outras indicações: KARL LARENZ, *Lehrbuch des Schuldrechts* cit., 1, 14.ª ed., 387-388.

[268] GIOVANNI GIACOBBE, *Mora del creditore (diritto civile)*, ED XXVI (1976), 947-976 (952).

[269] STJ 2-Jun.-2009 (ALVES VELHO), Proc. 1583/1999.

[270] Se o credor recusar a prestação antes do momento em que ela deva ser efectivada, não há mora.

[271] STJ 9-Jun.-2009 (URBANO DIAS), Proc. 1984/06.

§ 13.° A mora do credor e o atraso imputável a terceiros

sado a prestação. A recusa, aliás, é susceptível de derivar de simples passividade; tal sucede, por exemplo, na dívida que, ao credor, competia cobrar, quando ele o não faça.

O credor pode, ainda, não praticar determinados actos necessários à efectivação da prestação. Esses actos são materiais ou jurídicos: tanto provoca atraso no cumprimento, por exemplo, o credor que não abre a porta ao canalizador, obrigado a determinada prestação, como o credor que recusa a quitação a que o devedor tem direito.

45. Efeitos

I. Havendo mora do credor, a situação jurídica atingida mantém-se. Nascem, contudo, diversas obrigações e altera-se a preexistente[272].

Assim, nos termos do artigo 816.°, o credor em mora deve indemnizar o devedor:

- das maiores despesas que este seja obrigado a fazer com o oferecimento infrutífero da prestação;
- das despesas que sejam feitas por causa da guarda suplementar da coisa.

Para além disso, quando o credor tenha procedido ilicitamente, entendemos que deve indemnizar por quaisquer outros danos causados ao devedor, incluindo os morais. A recusa, *ad nutum*, de aceitar uma prestação pode ser vexatória, atingindo a dignidade do *solvens*.

II. A obrigação preexistente altera-se, da forma seguinte:

- enfraquecendo-se o direito do credor;
- intensificando-se o risco que corre contra ele.

O direito do credor enfraquece porquanto:

- o devedor apenas procede ilicitamente quando actue com dolo – artigo 814.°/1;
- o devedor apenas deve dar conta, ao credor, dos frutos efectivamente percebidos – artigo 814.°/1 – e não dos frutos que seriam

---

[272] ALBERTO RAVAZZONI, *Mora del creditore*, NssDI X (1964), 901-911 (903).

obtidos por um proprietário diligente – artigo 1271.º – como sucederia se não houvesse mora do credor;
– o credor perde o direito a quaisquer juros, legais ou convenciona-
dos, vencidos depois da mora – artigo 814.º/2.

Concomitantemente, intensifica-se o risco que, contra o credor, normalmente já corria:

– qualquer impossibilidade superveniente da prestação vai ser supor-
tada pelo credor, incluindo a impossibilidade devida a negligência
do devedor;
– em obrigações recíprocas, a impossibilidade da prestação do credor
em mora não o exonera do dever de prestar, sem prejuízo do disposto no final do artigo 815.º/2.

III. Existe, ainda, um efeito, derivado da mora do credor, e importante: possibilita-se, ao devedor, a extinção da obrigação, através da consignação em depósito – artigo 841.º/1, *b*). Como, porém, a consignação só
é possível nas obrigações de *dare* e, ainda aí, facultativamente, e não é
admissível que, nas de *facere*, o devedor fique eternamente obrigado, por
culpa do credor, supomos que não oferece dúvidas a justeza da solução
proposta por Cunha de Sá[273]: o devedor pode fixar ao credor um prazo
razoável para este cooperar no cumprimento; ultrapassado esse prazo, a
obrigação extingue-se. Funciona, por aplicação analógica, o artigo 803.º/1.

46. Natureza

I. Temos pressuposto que a mora do credor é, implicitamente, uma
situação patológica gerada por acto ilícito do credor. Trata-se, no entanto,
de matéria particularmente controvertida. Merecem menção especial, quatro teorias[274]:

1.ª o credor seria inteiramente livre de colaborar ou não no cumprimento;
2.ª o credor teria o encargo, em sentido técnico, de aceitar o cumprimento, para evitar determinados embaraços;

---

[273] FERNANDO CUNHA DE SÁ, *Direito ao cumprimento e direito a cumprir* cit., 249 ss..
[274] ALBERTO RAVAZZONI, *Mora del creditore* cit., 903.

§ 13.º *A mora do credor e o atraso imputável a terceiros*   131

3.ª o credor teria o dever de colaborar com o devedor no cumprimento;

4.ª o credor deveria respeitar o direito subjectivo do devedor ao cumprimento.

Se tivermos em conta a evolução histórica do problema, podemos verificar que a doutrina mais antiga, fortemente influenciada pelos pressupostos do liberalismo, entendia que o credor era, normativamente, livre de aceitar ou recusar a prestação. Iniciou-se, depois uma evolução que levaria ao extremo de, por parte de certos autores (Falzea, Miccio, Ravazzoni), se ter defendido a existência, na esfera do devedor, de um direito ao cumprimento. Entre nós, essa via é ensaiada por Cunha de Sá[275], sendo contraditada por outros autores[276].

II. O primeiro ponto a averiguar é o de saber se o credor está, ou não, investido num dever de cooperar no cumprimento. A resposta é positiva e por duas razões fundamentais:

– a boa fé (762.º/2) dita a necessidade jurídica, a todos os intervenientes, com inclusão do credor, de uma correcta colaboração intersubjectiva, incompatível, naturalmente, quer com o agravamento da posição do devedor, quer com embaraços levantados à sua natural actividade jurídica;

– todas as sanções implícitas nos efeitos da *mora creditoris* traduzem, inequivocamente, um desvalor jurídico que recai sobre o comportamento do credor em mora.

III. Contra a existência de semelhante dever, dirigido ao credor, tem-se argumentado com o facto de a lei não requerer, para a existência de mora do devedor, a culpa deste[277]. De facto, o artigo 813.º não refere expressamente o requisito da culpa do credor. Simplesmente, requer:

---

[275] FERNANDO CUNHA DE SÁ, *Direito ao cumprimento e direito a cumprir* cit., 258, *maxime*.

[276] JOÃO ANTUNES VARELA, *Das obrigações em geral* cit., 2, 7.ª ed., 162, nota 1: FERNANDO PESSOA JORGE, *Lições de Direito das obrigações* cit., 1, 39 ss.; JOÃO CALVÃO DA SILVA, *Cumprimento e sanção pecuniária compulsória* cit., 116 ss.; LUÍS MENEZES LEITÃO, *Direito das obrigações* cit., 2, 7.ª ed., 250.

[277] JOÃO ANTUNES VARELA, *Das obrigações em geral* cit., 2, 7.ª ed., 162.

– uma actuação do credor, destinada ao incumprimento: "... não aceita a prestação que lhe é oferecida ..." e "não pratica os actos necessários...";
– que seja injustificada.

É quanto nos basta para afirmar que a mora do credor implica uma actuação axiologicamente negativa: daqui deve, como sabemos, ser extraída a ideia de culpa, a qual se presume (799.º/1), uma vez que estamos numa situação estruturalmente obrigacional.

Aliás, que a mora do credor, como situação derivada de acto ilícito, se deve distinguir de qualquer retardamento na prestação, ligado ao credor, mas não emergente de ilícitos causados por este, resulta do confronto entre as alíneas *a*) e *b*) do artigo 841.º/1, do Código Civil.

O credor está, assim, obrigado a cooperar no cumprimento; se o não fizer, actua ilicitamente. Quando, sem ilicitude, por parte do credor, mas por causa que lhe seja relativa, a obrigação não possa ser cumprida, o credor tenderá, normalmente, a suportar, também, os efeitos dessa situação, por força das regras gerais do risco nas obrigações, o qual corre contra ele. Dogmaticamente, no entanto, é diferente. Nesse caso, aliás, o credor nunca responderia por danos exteriores à própria obrigação.

IV. Porém, da existência desse dever do credor não podemos linearmente concluir pelo direito do devedor ao cumprimento. Este direito só existirá se o devedor tiver uma permissão normativa de aproveitamento de um bem. Ora, o devedor, até ao momento do cumprimento, apenas é destinatário de normas de obrigação. Em caso de mora do credor, quedam então, ao devedor:

– o direito a determinadas indemnizações;
– a faculdade de consignar;
– a faculdade de indicar, ao credor, um prazo razoável para este cumprir, decorrido o qual a obrigação se extingue.

O direito às indemnizações traduz um efectivo direito subjectivo do devedor; simplesmente, trata-se de um direito de crédito comum e não de um "direito ao cumprimento".

As faculdades de consignar e de marcar prazos são faculdades potestativas; porém, não integram direitos por não traduzirem o aproveitamento de bens. Devem, assim, ser reconduzidas a permissões de actuação jurídica mas não a direitos subjectivos.

Por tudo isto, a mora do credor, sendo ilícita, não traduz a lesão de um direito subjectivo do devedor mas tão-só a violação de disposições legais que tutelam os seus interesses.

47. Atraso imputável a terceiros

I. A mora do devedor e a mora do credor traduzem, respectivamente, o cumprimento retardado imputável ao devedor e ao credor.

Pode, no entanto, suceder que se dê um atraso na prestação, por acto de terceiro. *Quid iuris*?

II. Em primeiro lugar, há que indagar, em face das regras gerais da responsabilidade civil, se existe, ou não, ilicitude, por parte do terceiro em questão. Quando a resposta seja positiva, verifica-se, contra o terceiro, uma imputação delitual: ele deverá ressarcir todos os danos que, com a sua atitude, tenha causado, quer ao credor, quer ao devedor. Se não houver ilicitude, o atraso deve ser assacado a caso fortuito, repercutindo-se, então, os danos na esfera daquele por conta de quem corra o risco. Normalmente: na esfera do credor.

§ 14.º O NÃO CUMPRIMENTO DEFINITIVO

48. Requisitos; o *iter* da definitividade

I. O incumprimento definitivo traduz uma desistência, por parte do Direito, de manter em vida o dever de prestar principal, na expectativa de que o devedor inadimplente o cumpra. Várias situações são possíveis. Assim:

- a prestação principal já não é possível;
- a prestação principal é possível, mas, mercê do seu retardamento, deixou de ter interesse para o credor (808.º/1, 1.ª parte);
- a prestação principal é possível, tem interesse para o credor, mas não foi executada num prazo razoavelmente fixado pelo credor (808.º/1, 2.ª parte).

II. A impossibilitação da prestação principal leva à sua substituição pelo dever de indemnizar: não há alternativa. As duas outras hipóteses originam um processo complexo a que chamaremos o *iter* (o caminho) da definitividade do incumprimento[278]. A ser tomado à letra, tal *iter* vai dificultar a posição do credor, compensando os incumprimentos e prejudicando o crédito. Vamos ver.

III. A perda do interesse na prestação é apreciada objectivamente (808.º/2). Um comprador pretende adquirir um quadro, para o contemplar na primeira lua cheia do ano. A opção é sua e surge legítima. O quadro não é entregue a tempo. Perdeu o interesse objectivo? Aparentemente, não, numa solução francamente contrária à lógica civil.

---

[278] Tal *iter* pode ser seguido em STJ 12-Nov.-2009 (GARCIA CALEJO), Proc. 678/2001.

136   *O não cumprimento das obrigações*

Vamos acantonar a exigência legal de perda do interesse objectivo na prestação às situações nas quais o devedor, conquanto que confrontado com um prazo, nenhuma ideia tivesse de peremptoriedade do mesmo. Nessa eventualidade, haverá que perguntar se, perante o *bonus pater familias*, colocado na situação concreta, ainda faria sentido manter o dever de prestar principal.

Questão melindrosa é a do ónus da prova. Literalmente, a perda objectiva do interesse na prestação é um facto impeditivo do incumprimento definitivo: caberia ao credor a sua prova (342.º/2). Com isso, subverte-se a lógica da presunção de culpa, do artigo 799.º/1. Uma interpretação sistemática leva-nos a defender que, alegando o credor a perda do interesse objectivo, bastará, ao juiz, fazer uma ponderação larga e muito sumária do problema. A bitola do *bonus pater familias* é questão-de-direito, pelo que nada de especial haverá a provar.

IV. A exigência da interpelação admonitória, prevista no artigo 808.º/1, 2.ª parte, redunda no seguinte, quando se trate de uma obrigação sem prazo:

– é necessária a fixação de um prazo;
– fixado o prazo, impõe-se uma interpelação, para passar à exigibilidade forte (805.º/1);
– esgotado esse prazo, cabe fazer uma interpelação admonitória, fixando um "prazo razoável" (808.º/1, 2.ª parte);
– ultrapassado este (novo) prazo, temos o incumprimento definitivo, podendo o credor aceder à fase executiva ou à fase indemnizatória.

Trata-se de um calvário burocrático, no coração do Direito civil, que não serve quaisquer interesses sócio-económicos. Vai, aliás, contra as actuais directrizes comunitárias, que visam combater as situações de mora, crónicas nos países do Sul[279].

V. Dentro dos limites de uma interpretação comedida e razoável, há que introduzir os seguintes contrapesos:

– podem as partes fixar, *ab initio* e por acordo, um prazo peremptório; ultrapassado este, o incumprimento é definitivo;

---

[279] *Tratado* II/1, 64-67.

§ 14.° O não cumprimento definitivo

– o "prazo razoável" pode resultar de uma declaração unilateral do credor ou, ainda, de uma declaração do próprio devedor ou de um acordo entre as partes, expresso ou tácito;
– a "interpelação admonitória" é uma simples fixação do prazo: a lei não exige nenhum ritual nem, muito menos, uma declaração solene cominatória, advertindo o devedor de que, caso não cumpra, há legitimidade.

VI. Em qualquer dos casos, todos os danos e maiores despesas ocasionados pelo *iter* da definitividade devem ser indemnizados pelo devedor inadimplente: 798.° e 804.°/1.

Cumpre prevenir para um ponto: o formalismo assumido por certa doutrina e o facilitismo de alguma jurisprudência recomendam que, antes de se demandar um devedor por incumprimento definitivo ou antes de se assumir o risco de resolver o contrato, se proceda, pormenorizadamente, às sucessivas interpelações previstas na lei e que, à interpelação admonitória, se acrescente a cominação da definitividade. Mas não se deve desistir de defender a boa doutrina.

49. A resolução por incumprimento

I. Até este momento, temos considerado, no estudo do incumprimento, as obrigações como vínculos isolados, reunindo, simplesmente, credor e devedor. Sabemos no entanto que, normalmente por efeito de celebração de contratos, muitas vezes as obrigações são de duplo sentido, pressupondo prestações recíprocas. As partes apresentam-se, face a face, simultaneamente como credores e devedores.

> Por exemplo: António, comprador, fica obrigado a entregar o preço; paralelamente, Bento, vendedor, está adstrito à entrega da coisa.

Em tal conjuntura, o incumprimento de uma das obrigações não pode deixar de interferir na outra. Vamos indagar em que medida.

II. Devemos, no entanto, começar por esclarecer que a existência de mecanismos específicos destinados a actuar em caso de incumprimentos ocorridos em obrigações com prestações recíprocas não paralisa, de forma alguma, as regras atrás autonomizadas para as diversas hipóteses de incumprimento.

Assim, a parte fiel tem sempre direito às indemnizações devidas pela parte em falta. Beneficia, também, de todas as outras faculdades desencadeadas com o incumprimento na modalidade que concretamente se verifique: assim a inversão do risco, a ausência de juros, a possibilidade de consignar em depósito, etc.. Interessam-nos porém, apenas as especificidades advenientes da reciprocidade de prestações.

III. Sem prejuízo do que acima dissemos, verifica-se que, em obrigações de prestações recíprocas, o incumprimento de uma delas faculta ao interveniente fiel[280]:

– a faculdade de resolver o contrato;
– a faculdade de opor a excepção do contrato não cumprido.

A faculdade conferida a uma das partes de resolver o contrato em caso de incumprimento, por parte da outra, das obrigações que, do mesmo contrato, para ela emergiam, foi sendo casuisticamente incluída, nos diversos contratos, como cláusula[281]. Essa inclusão tomou-se de tal forma usual que acabou por ser considerada como condição resolutiva tácita dos contratos. A codificação acolhê-la-ia expressamente.

O Código português, quando trata a resolução dos contratos, não estabelece, no entanto, expressamente, o não cumprimento da prestação recíproca como causa geral de resolução. Ocupa-se, contudo, dessa matéria, a propósito do que chama a impossibilidade imputável ao devedor[282]. Dispõe o artigo 801.º/2, do Código Civil:

> Tendo a obrigação por fonte um contrato bilateral, o credor, independentemente do direito à indemnização, pode resolver o contrato e, se já tiver realizado a sua prestação, exigir a restituição dela por inteiro.

---

[280] MICHELE GIORGIANNI, *L'inadempimento*, 3.ª ed. cit., 180 ss..

[281] FERNANDO PESSOA JORGE, *Lições de Direito das obrigações* cit., 1, 651 ss..

[282] Quanto à resolução: JOSÉ CARLOS BRANDÃO PROENÇA, *A resolução do contrato no Direito civil* (1982); LUÍS MENEZES LEITÃO, *Direito das obrigações* cit., 2, 7.ª ed., 270-274.

§ 14.º O não cumprimento definitivo 139

Não oferece dúvidas a aplicação deste regime ao incumprimento propriamente dito[283]: aliás, o Código Civil equipara os regimes do incumprimento definitivo e da impossibilidade da prestação imputável ao devedor – artigo 801.º/1.

A faculdade de exigir a restituição do que já tiver sido prestado deve ser aproximada da eficácia retroactiva da resolução – artigo 434.º. A restituição tem a natureza da prevista para a invalidação (433.º e 289.º).

Nos contratos em especial surgem, por vezes, formas específicas de resolução.

IV. A resolução do contrato implica a supressão das prestações principais. Mantém-se, todavia, uma relação entre os contraentes, em parte decalcada do contrato existente. Ela é composta:

– pelos deveres acessórios (de segurança, de lealdade e de informação) que ao caso caibam;
– por um dever de indemnizar que compense o credor fiel pelas vantagens que lhe atribuiria o pontual cumprimento do contrato e, ainda, que suprima todos os demais danos.

V. Devemos afastar totalmente a doutrina segundo a qual, resolvido um contrato, apenas quedaria, à parte fiel, pedir uma indemnização pelo denominado interesse negativo, isto é: uma indemnização que viesse colocar a parte fiel na situação em que estaria se não houvesse contrato. Tal saída equivale a um autêntico prémio à inadimplência, assente num lapso conceitual: o de que a resolução apaga todo o contrato, incluindo os deveres acessórios e o próprio direito ao cumprimento. Além disso, é *contra legem*: a lei prevê, sem distinguir, a indemnização de (todo o) prejuízo causado ao credor (798.º). De facto, a resolução permite liberar a parte fiel da contraprestação. Isto feito, devem ser indemnizados:

– os danos emergentes do incumprimento;
– os lucros cessantes;
– as maiores despesas;
– as próprias despesas inutilizadas, por via do sucedido.

---

[283] Em abono, FERNANDO PESSOA JORGE, *Lições de Direito das obrigações* cit., 1, 653.

140   *O não cumprimento das obrigações*

Nesse sentido depõe a lógica do artigo 562.°. E joga, ainda, a tutela constitucional da propriedade privada, que assegura as obrigações. Esta matéria tem alguma gravidade: a concepção limitativa (a do interesse negativo) inscreve-se na linha negra das indemnizações. Abaixo dedicaremos um excurso ao tema[284].

50. A excepção do contrato não cumprido

I. A excepção do contrato não cumprido tem origem na antiga *bona fides* romana: entendia-se que, em prestações recíprocas, não seria correcto, a uma das partes, exigir da outra o cumprimento de uma prestação quando ela própria estivesse em falta. Os juristas medievais consolidariam a figura sob o título consagrado de *exceptio non adimpleti contractus*[285].

O Código Civil compreende uma noção clara da excepção do contrato não cumprido, no seu artigo 428.°/1. Desse preceito inferem-se como requisitos da *exceptio*:

– a existência de prazos idênticos para ambas as prestações;
– o não cumprimento de uma delas ou a não oferta de cumprimento.

Note-se que a existência de prazos diferentes não obsta ao funcionamento da *exceptio* quando a parte que devesse cumprir em último lugar perca o benefício do prazo – artigo 429.°. Em rigor, o que ocorre, como sabemos, em semelhante eventualidade, é a antecipação do prazo.

A excepção do contrato não cumprido surge, até etimologicamente, como defensiva: uma pessoa defender-se-ia da exigência de uma prestação, alegando que a outra parte também não cumprira. Nada impede, porém, que o contratante fiel alegue desde logo a *exceptio*, assim que se verifiquem os respectivos requisitos.

---

[284] *Infra*, 155 ss..

[285] FERNANDO PESSOA JORGE, *Lições de Direito das obrigações* cit., 1, 648; VAZ SERRA, *Excepção de contrato não cumprido* cit., 9; JOSÉ JOÃO ABRANTES, *A excepção de não cumprimento do contrato no Direito civil português: conceito e fundamento* (1986), 219 pp..

§ 14.º *O não cumprimento definitivo*

II. Resta acrescentar que a excepção do contrato não cumprido deve ser sempre usada nos limites da boa fé, sem o que se pode provocar um abuso do direito. Assim sucede quando uma pessoa recuse uma prestação vital para o credor, a pretexto de um pequeno atraso na contraprestação, quando nada leve a fazer crer a sua intenção de não cumprir, em definitivo.

§ 15.º A DECLARAÇÃO DE NÃO CUMPRIMENTO

51. O problema

I. Pode acontecer que, numa obrigação pendente, o devedor tome a iniciativa de se dirigir ao credor dizendo-lhe, antecipadamente que a não irá cumprir. Em abstracto, isso poderá suceder:

– numa obrigação com prazo predeterminado, antes da superveniência deste;
– numa obrigação cujo prazo compita ao credor, antes de verificado o circunstancialismo que permitiria a este interpelar o devedor, isto é: numa obrigação de todo ainda inexigível;
– numa obrigação já interpelável pelo credor, mas antes de qualquer interpelação, isto é: numa obrigação exigível em sentido fraco;
– numa obrigação vencida, ou seja: após a interpelação e sendo ela, portanto, exigível em sentido forte; podemos, aqui, subdistinguir:
  – há mora, mas ainda falta a fixação do prazo admonitório;
  – o prazo admonitório já foi fixado, mas não expirou.

Ainda poderíamos isolar outras hipóteses, em função da entidade a quem caiba a marcação do prazo. O quadro traçado constitui, porém, o cenário essencial onde se posiciona a declaração, feita pelo devedor, de não pretender cumprir.

II. Perante uma obrigação cujo incumprimento se avizinhe, o credor deverá, sucessivamente e como vimos:

– interpelar o devedor;
– aguardar a mora;
– proceder à fixação do prazo admonitório;
– aguardar a expiração deste,

para então passar às consequências do incumprimento definitivo. Ora se o devedor, logo inicialmente – ou no decurso do processo, mas antes do seu termo – declarar que não vai cumprir, porque não passar, de imediato, ao incumprimento definitivo e às suas consequências?

III. Uma resposta expedita e algo *naïf* logo propenderia para a positiva. A declaração de não cumprimento equivaleria, *ipso iure*, a um incumprimento definitivo.

Todavia, uma melhor reflexão recomenda cautela. A lei prevê um processo alongado, até ao incumprimento definitivo. Porque não admitir que, durante esse percurso, o devedor seja chamado à razão, acabando, afinal, por cumprir? E mesmo quando isso não suceda: se a lei prescreve que o devedor apenas se sujeite às consequências do incumprimento após uma série de marcos, porquê agravar a sua posição, só porque o devedor teve um acto de franqueza? Neste como noutros temas, há que evitar o repentismo.

52. A evolução do tema

I. O tema da declaração, pelo devedor, da intenção de não cumprir tem sido aprofundada na Alemanha, acabando mesmo por receber um expresso tratamento legislativo. Importa proceder ao levantamento da evolução aí verificada, tanto mais que ela teve uma influência directa na nossa doutrina.

Em termos actuais, o problema da declaração de não cumprimento suscitou-se ainda antes do BGB de 1896/1900[286]. Perante o velho Código Comercial de 1861, os tribunais – especialmente o *Reichsgericht*, em decisões de 3-Mai.-1881[287] e 19-Mai.-1882[288] – vieram decidir que, segundo "o modo de ver dominante no tráfego comercial, a recusa de cumprimento, pelo devedor, torna supérflua a exigência de interpelação".

---

[286] Sobre o tema, em especial: PAUL FRITZ, *Die Erfüllungsweigerung des Schuldners*, AcP 134 (1931), 197-218 (198).

[287] RG 3-Mai.-1881, RGZ 4 (1881), 69-72 (71).

[288] RG 19-Mai.-1882, RGZ 7 (1882), 44-45 (44).

§ 15.º A declaração de não cumprimento 145

II. Com o BGB, esta orientação manteve-se, com apelo à anterior jurisprudência[289]. Surge, contudo, uma precisão: a declaração de não cumprimento equivaleria à renúncia ao direito à fixação do prazo admonitório, então fixado no § 326 do BGB[290]. Teríamos, porém, de estar perante uma recusa séria de não cumprimento do contrato[291].

Estávamos neste pé quando, em 1902, Hermann Staub veio dar um enquadramento teórico ao assunto, através da sua doutrina sobre a violação positiva do contrato[292]. Segundo esta doutrina, o contrato poderia ser violado não apenas pela omissão, no vencimento, da conduta devida mas, ainda, por determinadas atitudes "activas" do devedor. Staub distinguia, essencialmente[293]:

– a violação de um dever de *non facere*;
– o cumprimento deficiente;
– a falta de uma prestação em contratos de execução sucessiva;
– a declaração de não cumprimento.

Em termos doutrinários, a ideia de Staub – considerada, hoje, uma "descoberta", lado a lado com a *culpa in contrahendo* de Jhering – foi logo objecto de diversas críticas. Foi-lhe censurado o facto de agrupar figuras totalmente diversas[294] e de apresentar como lacunosas situações que, afinal, teriam um regime perante o Direito vigente[295]. Quer a mora, quer a impossibilidade poderiam resolver o problema[296]. De todo o modo, a vio-

---

[289] RG 26-Nov.-1901, DJZ 7 (1902), 68/I.

[290] RG 27-Mai.-1902, RGZ 51 (1903), 347-351 (349 e 350).

[291] RG 9-Dez.-1902, RGZ 53 (1903), 161-168 (167).

[292] HERMANN STAUB, *Die positiven Vertragsverletzungen*, 26.DJT (1902), 31-56, publicado de novo em 1904 e como segunda edição com alterações, em 1913, completado por EBERHARD MÜLLER, já referido e abaixo melhor examinado, a propósito da violação positiva do contrato.

[293] STAUB, *Die positiven Vertragsverletzungen*, 2.ª ed. cit., 22.

[294] HEINRICH LEHMANN, *Die positiven Vertragsverletzungen*, AcP 99 (1905), 60-113 (92) e ERNST ZITELMANN, *Nichterfüllung und Schlechterfüllung*, FS P. Krüger (1911), 265-281 (265).

[295] HEINRICH STOLL, *Abschied von der Lehre von der positiven Vertragsverletzungen (Betrachtungen zum dreissigjährigen Bestand der Lehre)*, AcP 136 (1932), 257-320 (292, 298 ss. e *passim*).

[296] JURY HIMMELSCHEIN, *Erfüllungszwang und Lehre von den positiven Vertragsverletzungen*, AcP 135 (1932), 255-317 (295) e *Zur Frage der Haftung für fehlerhafte Leistung*, AcP 158 (1959/1960), 288.

146   *O não cumprimento das obrigações*

lação positiva do contrato manteve-se, nas obras influentes, como um instituto autónomo: pelo menos, de enquadramento[297].

III. Não admirará, pois, que a jurisprudência relativa à recusa de cumprimento, pelo devedor, passasse a reportá-la, com maior ou menor ênfase, à violação positiva do contrato: RG 23-Fev.-1904, a propósito da declaração do devedor, de que "anulava o contrato"[298], RG 7-Out.-1919, onde o devedor declarara que não era possível entregar um motor[299], RG 2-Fev.-1922[300] e RG 10-Dez.-1935[301].

Em termos mais marcadamente técnicos, a declaração antecipada de não cumprimento permitiria dispensar a fixação do prazo admonitório: mas com muitas cautelas. Assim, segundo duas importantes decisões do *Reichsgericht*, essa fixação seria dispensável:

– "... só em casos especiais (...) designadamente quando, através de uma recusa não só séria mas também definitiva, do devedor, a inutilidade da fixação fique fora de dúvida"[302];
– só se isso *als leere Form zu betrachten wäre* (fosse de considerar como uma forma vazia)[303].

53. Divergências na doutrina

I. Apesar do enquadramento na violação positiva do contrato e de uma consagração judicial em afinamento crescente, a declaração de não cumprimento, pelo devedor, manteve muitas dúvidas.

O próprio Paul Fritz chama a atenção para a necessidade de distinguir as hipóteses de a declaração sobrevir antes ou depois do vencimento da obrigação[304]. Ela representaria uma violação da boa fé – § 242, do BGB.

---

[297] Assim: LUDWIG ENNECCERUS/HEINRICH LEHMANN, *Recht der Schuldverhältnisse*, 15.ª ed. (1958), § 55 (234 ss.).

[298] RG 23-Fev.-1904, RGZ 57 (1904), 105-116 (112 e 113).

[299] RG 7-Out.-1919, RGZ 96 (1919), 341-343 (342 e 343).

[300] RG 2-Fev.-1922, RGZ 104 (1922), 275-278 (276 e 278).

[301] RG 10-Dez.-1935, RGZ 149 (1936), 401-404 (404).

[302] RG 12-Jun.-1917, RGZ 90 (1917), 317-318 (318): o que aqui não sucederia.

[303] RG 10-Jun.-1921, RGZ 102 (1921), 262-267 (266).

[304] PAUL FRITZ, *Die Erfüllungsweigerung des Schulders* cit., 203.

§ 15.º A declaração de não cumprimento   147

Para além disso, tal declaração sempre poderia ser revogada pelo próprio, de tal modo que, no vencimento, a prestação se efectivasse: a mera incerteza da prestação não justificaria maiores medidas[305]. Em suma: apenas relevaria a situação objectiva[306]. Stoll recorda que a recusa em cumprir nunca poderia ser mais grave do que uma prévia condenação judicial: ora, mesmo neste caso, seria exigível o prazo admonitório[307].

II. A doutrina subsequente, embora com cautelas, veio admitir a relevância da declaração, pelo devedor, do não cumprimento. A distinção entre o momento no qual tal declaração sobrevenha – antes ou depois do vencimento – manteve um papel nalguns autores[308]. Assim, Klaus Friedrich, no seu conhecido estudo sobre a quebra do contrato, explica que se, antes do vencimento, o devedor declarar seriamente que não vai cumprir, não há ainda quebra: quando muito, vencimento antecipado[309].

De todo o modo, a recusa de cumprimento, para ter relevância, teria de ser séria e infundada[310]. A interpelação não seria necessária quando carecesse, obviamente, de sentido (*zwecklos*)[311]. Teria ainda de ser definitiva[312]. Ela integraria um subcaso de mora[313]. De facto, o devedor não pode, com as suas declarações, dispor do direito do credor ao cumprimento[314].

III. Nas vésperas da reforma do BGB de 2001/2002, a doutrina estava dividida. Enquanto Emmerich imputava a declaração do devedor de não querer cumprir a uma manifestação de violação positiva do contrato, sendo indiferente que ela se efectivasse antes ou depois do vencimento[315],

---

[305] *Idem*, 209-210.

[306] *Idem*, 218.

[307] Heinrich Stoll, *Abschied von der Lehre von der positiven Vertragsverletzungen* cit., 307 ss. (307-308).

[308] Enneccerus/Lehmann, *Recht der Schulverhältnisse*, 15.ª ed. cit., 239.

[309] Klaus Friedrich, *Der Vertragsbruch*, AcP 178 (1978), 468-493 (493).

[310] Karl Larenz, *Lehrbuch des Schuldrechts* cit., 1, 14.ª ed., 365.

[311] *Idem*, 346.

[312] Manfred Löwisch, no *Staudingers Kommentar*, 13.ª ed. (1995), §§ 255-292, prenot. §§ 275 ss., Nr. 34 (185-186).

[313] Wolfgang Fikentscher, *Schuldrecht*, 9.ª ed. (1997), Nr. 311 (216).˙

[314] Johannes Wertenbruch, *Das Wahlrecht des Gläubigers zwischen Erfüllungsanpruch und den Recht aus § 326 BGB nach einer Erfüllungsverweigerung des Schuldners*, AcP 193 (1993), 191-203 (192).

[315] Volker Emmerich, no *Münchener Kommentar 2*, 4.ª ed. (2001), prenot. § 275, Nr. 247 e 248 (881).

148   *O não cumprimento das obrigações*

Otto sustenta que a "recusa precisa, honesta e definitiva de não cumprimento dispensa, por redução teleológica, a interpelação"[316]. A partir daí distingue Otto duas hipóteses:

– se a declaração de não cumprimento ocorrer depois do vencimento e for relativa à prestação principal, o § 336 do BGB é logo aplicável, sendo dispensada a fixação do prazo admonitório[317];
– se ela ocorrer antes do vencimento ou não disser respeito à prestação principal, o caso é de violação positiva do contrato[318]; poderão caber indemnizações mas, contra Friedrich, nem sempre ocorre o vencimento antecipado[319].

Esta última orientação, claramente mais diferenciada, parecer-nos-ia preferível. De todo o modo, interessa agora averiguar as condições necessárias para que a declaração de não cumprimento possa surtir um qualquer efeito.

54. Os requisitos da declaração de não cumprimento

I. A doutrina, como vimos, sublinha a necessidade de uma declaração de não cumprimento séria, honesta, precisa e definitiva[320].

Vale a pena atentar nalguma jurisprudência, de modo a ponderar as cautelas postas pelos tribunais nas exigências requeridas. Assim:

BGH 16-Jun.-1982: o prazo admonitório seria dispensável quando mais não fosse do que uma formalidade dispensável[321];
BGH 19-Set.-1983: a denúncia infundada de um contrato dispensa, a outra, de efectuar a fixação do prazo admonitório[322];

---

[316] HANSJÖRG OTTO, no *Staudingers Kommentar* II, §§ 315-327 (2000), § 326, Nr. 138 (335). Recordamos que o Staudinger, a partir da 13.ª ed., passou a ser referenciado apenas pelo ano.

[317] *Idem*, Nr. 139 (335).

[318] *Idem*, Nr. 140 (336).

[319] *Idem*, loc. últ. cit..

[320] BGH 28-Jun.-1957, WM 1957, 1342-1345 (1344/II), BGH 25-Fev.-1971, NJW 1971, 789-799 (798/I) e BGH 21-Mar.-1974, NJW 1974, 1080-1081 (1081/I).

[321] BGH 16-Jun.-1982, NJW 1982, 2316-2317 (2316/II).

[322] BGH 19-Set.-1983, NJW 1984, 48-49 (49).

BGH 18-Set.-1985: a declaração deve ser clara, sem considerar consequências, de modo a representar, verdadeiramente, a última palavra do devedor[323];

BGH 18-Jan.-1991: não chega, para efeitos de declaração de incumprimento, uma mera divergência de opiniões[324];

BGH 22-Out.-1999: é necessário, para a relevância da recusa, que esta não se apoie em quaisquer razões[325].

II. Na verdade, a declaração de não cumprimento deve ser rodeada de fortes exigências: enquanto for possível voltar atrás, o devedor deve fazê-lo[326].

E assim não haveria recusa "eficaz" de cumprimento, nos casos seguintes[327]:

– um pedido de moratória por falta de dinheiro;
– uma (mera) declaração de não poder cumprir a tempo;
– manifestação de dúvidas jurídicas;
– divergência de opiniões sobre o conteúdo da prestação;
– recusa de cumprimento e simultânea disponibilidade para querer cumprir;
– oferta de prestação parcial;
– declaração de já ter cumprido.

Toda esta série é importante: não deve ser esquecida, pois faz parte do núcleo duro da dogmática do instituto.

55. A reforma alemã de 2001/2002

I. A reforma do Direito alemão das obrigações, levada a cabo em 2001/2002[328], permitiu uma consagração expressa, na lei, da evolução doutrinária e jurisprudencial que temos vindo a referir. Surgem, aliás, diversas referências, que passamos a examinar.

---

[323] BGH 18-Set.-1985, NJW 1986, 661-662 (661/II).
[324] BGH 18-Jan.-1991, NJW 1991, 1822-1824 (1824).
[325] BGH 22-Out.-1999, NJW 2000, 506-509 (508/I).
[326] OTTO, no Staudinger cit., Nr. 141 (336).
[327] OTTO, no Staudinger cit., Nr. 142 (336-337).
[328] Quanto a essa reforma, com indicações, cf. o nosso *Da modernização do Direito civil* (2004), 69 ss..

O § 286 ocupa-se da mora[329]. Dispõe:

(1) Quando o devedor, perante uma interpelação do credor, ocorrida após o vencimento, não cumpra, cai ele, através dessa interpelação, em mora.
(2) Não é necessária a interpelação quando:

    1. Esteja determinado, segundo o calendário, o momento do incumprimento;
    2. A prestação pressuponha um resultado e um momento adequado para a prestação derive do facto de esse resultado se deixar determinar pelo calendário;
    3. O devedor recuse séria e definitivamente a prestação;
    4. A entrada imediata em mora se justifique mercê de especiais circunstâncias, sob ponderação dos interesses de ambas as partes.

Como se vê, a declaração séria e definitiva do incumprimento dispensa, aqui, a interpelação.

II. Mas também a fixação de um prazo admonitório pode ser dispensável[330].

Assim, segundo o § 281(1), nova versão, quando o devedor não efectue uma prestação vencida, pode o credor exigir uma indemnização, caso o cumprimento não ocorra num prazo razoável por ele fixado. Posto isto, diz o § 281(2):

A fixação do prazo é dispensável quando o devedor recuse séria e definitivamente a prestação ou quando existam circunstâncias especiais que, sob a ponderação dos interesses de ambas as partes, justifiquem a imediata invocação da prestação indemnizatória.

Por seu turno, dispõe o § 323 do BGB, nova versão[331]:

(1) Quando o devedor, num contrato bilateral, não concretize uma prestação vencida ou não o faça em conformidade com o contrato, pode o credor rescindir o contrato quando, sem resultado, ele tenha fixado um prazo razoável, ao devedor, para a prestação ou cumprimento.

---

[329] CHRISTIAN GRÜNEBERG, no Palandt, 69.ª ed. (2010), § 286 (394 ss.), especialmente Nr. 24 (397).
[330] *Idem*, § 281 (383 ss.), especialmente Nr. 14 (385).
[331] *Idem*, § 323 (535 ss.), especialmente Nr. 14 (536).

§ 15.º A declaração de não cumprimento   151

(2) A fixação do prazo é dispensável quando:
    1. O devedor recuse séria e definitivamente a prestação;
                    (...)

III. A doutrina é muito clara ao explicar que se mantêm as estritas exigências jurisprudenciais e doutrinárias, fixadas pelo Direito anterior[332]. Deve estar em causa uma pura e simples declaração de não cumprimento, sem qualquer justificação e que traduza a última palavra do devedor.

A reforma do BGB alemão constitui um importante marco jurídico-científico para toda a Ciência do Direito. Todavia, devemos usar da maior cautela, quando se trate de operar transposições de regime, para o Direito português. Alguns aspectos básicos são diferentes, obrigando sempre a uma cuidada ponderação, caso a caso.

56. O Direito português

I. No Direito português não existe qualquer previsão legal para o problema que ora nos ocupa. Mas ele é conhecido pela doutrina.

Vaz Serra, no âmbito da preparação do Código Civil, dá conta de elementos comparatísticos[333]. Refere, em especial, o artigo 1219.º/2 do Código Civil italiano[334] e a prática jurisprudencial francesa[335], no sentido de tornar dispensável a interpelação quando o devedor tome a iniciativa de "... fazer conhecer ao credor a sua recusa de cumprir". *De iure condendo*, Vaz Serra propõe uma solução de tipo italiano, exigindo que, por escrito, o devedor manifeste "... clara e definitivamente que não fará a prestação devida"[336].

---

[332] Além das referências constantes das três últimas notas: HANSJORG OTTO/ROLAND SCHWARZE, no Staudinger II (2009) cit., § 281, Nr. B 91 ss. (650 ss.) e II (2009) cit., § 323, Nr. B 90 ss..

[333] ADRIANO VAZ SERRA, *Mora do devedor*, BMJ 48 (1955), 5-317 (60 ss.).

[334] O Código italiano dispensa a intimação quando o devedor declare por escrito não querer cumprir a obrigação – 1219.º, 2. Na bibliografia actual: PIETRO RESCIGNO (org.), *Codice civile* 1, 5.ª ed. (2003), 1381.

[335] Na doutrina actual: TERRÉ/SIMLER/LEQUETTE, *Droit civil/Les obligations*, 10.ª ed. (2009), n. 1085, com indicações.

[336] ADRIANO VAZ SERRA, *Impossibilidade superveniente/Cumprimento imperfeito imputável ao devedor*, BMJ 47 (1955), 5-97 (97).

II. Na literatura subsequente surge, por vezes, a equiparação entre a declaração de não cumprimento da obrigação e o próprio incumprimento em si, mau grado a falta de base legal[337]. Nós próprios, já tomámos essa posição, ainda que de passagem[338], sendo todavia de notar que Pessoa Jorge toma uma posição claramente contrária[339], com ponderosos argumentos que iremos examinar, mais adiante.

Almeida Costa[340] e Ribeiro de Faria[341] associam à declaração séria e inequívoca de não cumprir, feita pelo devedor, o vencimento antecipado ou a desnecessidade de interpelação.

Ferreira de Almeida, após uma análise comparatística, vem fundar a relevância da declaração de não cumprimento na proibição de *venire contra factum proprium*[342]. Segundo este Autor, quem fizesse uma declaração de não cumprimento abusaria do seu direito de se prevalecer do prazo, quando, depois, o invocasse. Mas não o podemos acompanhar. A boa fé remete para os valores fundamentais do ordenamento. Ora não se pode afirmar que o devedor, ao voltar ao bom caminho do cumprimento, esteja, com isso, a atentar contra a boa fé. Evidentemente: o devedor é responsável por declarações disparatadas e danosas que faça, na execução da obrigação. Mas um acto de cumprimento, só por si, não é abusivo. Preferiríamos, por isso, as construções habituais ligadas à antecipação do momento do cumprimento, mas sem prejudicar a fixação de um prazo admonitório.

III. Se um devedor declara, pura e simplesmente, não querer cumprir a sua obrigação, gera-se, de imediato, um sentimento afectivo no sentido de, desde logo, o sujeitar às consequências do incumprimento. E esse sen-

---

[337] INOCÊNCIO GALVÃO TELLES, *Manual de Direito das obrigações*, 1, 2.ª ed. (1965), 189.

[338] *Direito das obrigações* cit., 2, 457. Mais tarde, viemos aproximar, em certos casos (obrigações sem prazo e prazo estabelecido apenas a favor do devedor) a declaração séria de não cumprimento do vencimento imediato da obrigação – *Violação positiva do contrato* (1981) em *Estudos de Direito civil* I (1987), 115-142 (134).

[339] FERNANDO PESSOA JORGE, *Lições de Direito das obrigações* cit., 1, 296-298.

[340] MÁRIO JÚLIO DE ALMEIDA COSTA, *Direito das obrigações*, 12.ª ed. cit., 1008-1009.

[341] JORGE RIBEIRO DE FARIA, *Direito das obrigações* cit., 2, 447.

[342] CARLOS FERREIRA DE ALMEIDA, *Recusa de cumprimento declarada antes do vencimento (Estudo de Direito comparado e de Direito português)*, em *Estudos em Memória do Professor Doutor João de Castro Mendes* (s/d, mas 1994), 289-317 (311 ss.).

§ 15.° *A declaração de não cumprimento*   153

timento mais se reforça, perante as lições de Direito comparado: França, Alemanha e Itália.

Todavia, a matéria é mais complexa, dadas as especificidades do Direito nacional.

Como explica Pessoa Jorge, a solução do vencimento imediato da obrigação, perante uma declaração do devedor de não querer cumprir, teria um especial interesse nas obrigações sujeitas a prazo: porém, ela não seria, de modo algum, aceitável quanto a estas[343]. E continua[344]:

> Na verdade, numa obrigação sujeita a prazo, o credor tem o seu interesse satisfeito se o devedor cumprir no prazo; se, antes deste, o devedor declara não cumprir mas depois se arrepende e se apresenta a cumprir no momento inicialmente fixado, o credor não terá de se queixar, porquanto tem a prestação devida na altura prevista.

Além disso, segundo este Autor, as causas de exigibilidade antecipada estão fixadas na lei (805.°) e têm natureza excepcional.

Pessoa Jorge admite a eficácia da declaração antecipada de incumprimento, desde que com uma reacção, confluente, do credor[345].

57. Requisitos

I. A declaração do devedor de não querer cumprir deve-se distinguir:

– da declaração que constate a impossibilidade objectiva do cumprimento;
– da declaração que traduza a impossibilidade subjectiva do cumprimento;
– de quaisquer outras declarações que equivalham a dúvidas, discordâncias ou reticências sobre a viabilidade ou a idoneidade do cumprimento.

Digamos que a declaração deve sobrevir numa área inteiramente livre, estando o devedor em condições de cumprir.

---

[343] PESSOA JORGE, *Direito das obrigações* cit., 1, 297.
[344] *Idem*, loc. cit..
[345] *Idem*, 297-298.

154   *O não cumprimento das obrigações*

II. Isto dito, haverá que distinguir várias subhipóteses:

– não havendo prazo, a declaração de não cumprimento provoca o vencimento antecipado, se o credor actuar e no momento em que o faça; não podemos equiparar tal declaração à oferta da própria prestação (777.º/1);

– estando a obrigação não vencida, a declaração de não cumprimento provocará o vencimento imediato apenas se o prazo for estabelecido a favor do devedor: a interpelação é desnecessária, verificando-se a mora;

– estando a obrigação vencida, a declaração de não cumprimento (com o devedor consciente da mora já em curso) dispensará a fixação do prazo admonitório do artigo 808.º/1, sempre do Código Civil; não podemos dispensar esta declaração antes mesmo da mora: a declaração de não cumprir não pode ser mais gravosa do que o próprio incumprimento;

– num contrato complexo, haverá que ponderar que prestação é posta em causa pela declaração de não cumprir; deve-se ter presente o seguinte: pelo Direito português, ao contrário do francês, do alemão e do italiano, é nula a renúncia antecipada aos direitos do credor (809.º): ora o devedor declarante é, em simultâneo, credor; a declaração de não cumprir, quando afecte os seus direitos "de credor" é, *ipso iure*, nula.

III. Poderá ainda haver numerosos outros pontos a ter em conta, em função da natureza do concreto contrato em jogo.

Bastará pensar – por exemplo – que uma mera declaração de, *in futurum* não pagamento de renda, num arrendamento, não constitui um fundamento autónomo de despejo: pelo menos perante o regime actual.

IV. Finalmente: para ser eficaz – e nos casos em que, como vimos, tal eficácia seja possível – a declaração de não cumprimento deverá ser pura, séria, definitiva, consciente e juridicamente possível. No que toca à "pureza": a declaração de não cumprimento não deve equivaler à manifestação de dúvidas sobre a exequibilidade do contrato, à decorrência de diversos entendimentos quanto ao mesmo ou à ponderação de dificuldades exteriores.

Ela exprimirá a intenção consciente e definitiva de trocar o contrato pelas consequências da sua inexecução.

§ 16.º INTERESSE NEGATIVO
E INTERESSE POSITIVO (EXCURSO)

58. Na origem: a *culpa in contrahendo*

I. Como vimos a propósito da resolução do contrato, há uma corrente que pretende limitar as indemnizações por incumprimento ao denominado interesse negativo. Essa corrente é muito injusta. Cabe, porém, estudar a sua génese e a sua justificação, antes de a criticar.

Na origem, temos a responsabilidade por *culpa in contrahendo*, na qual surgiu uma contraposição entre o interesse negativo e o interesse positivo. A contraposição deve ser historicamente colocada nesse plano.

Aquando da preparação dos contratos, na sequência de Jhering, desenvolveu-se a doutrina dita *culpa in contrahendo*. As partes ficariam adstritas a negociar com seriedade, respeitando deveres de informação, de lealdade e de segurança[346]. Imaginando que alguém desrespeita tais regras, sendo responsável, haveria duas hipóteses para calcular a indemnização:

– ou o lesado seria colocado na situação em que estaria se nunca tivesse havido negociações preliminares; ele irá, então, receber um valor correspondente às despesas suportadas por via das negociações, ao tempo perdido e, eventualmente, aos negócios que ficarem por celebrar, por via dessas negociações falhadas;

– ou o lesado seria colocado na situação em que estaria se as negociações culposamente falhadas tivessem chegado a bom porto, de tal modo que ele viesse a encabeçar o contrato projectado.

---

[346] *Tratado* I/1, 3.ª ed., 497 ss..

156   *O não cumprimento das obrigações*

Na primeira parte, seria contemplado o interesse negativo ou dano da confiança; no segundo, estaríamos a computar o interesse positivo ou dano do cumprimento[347].

II. Na *culpa in contrahendo* tratar-se-ia, precisamente, de limitar a responsabilidade do faltoso ao interesse negativo ou de confiança. Essa ideia, que já aflorava no próprio Jhering, tinha na base duas preocupações teoréticas e uma preocupação prática. Assim e em termos teoréticos:

- a *culpa in contrahendo* emergiria da violação de um pré-contrato implicitamente concluído entre as partes em negociações, contrato esse que teria como objecto, precisamente, a adequada condução de negociações; sendo violado pela *culpa in contrahendo*, apenas os bens em jogo no aludido pré-contrato e que se prendem com a tutela da confiança nele em causa poderiam ser indemnizados;
- a indemnização pelo interesse positivo exigiria que se tivesse concluído um contrato válido; justamente, na *culpa in contrahendo*, não se teria chegado ao contrato ou, quando, mau grado a violação pré-contratual, a ele se chegasse: a responsabilidade pré-contratual não teria a ver com ele mas, tão-só, com a fase pré-negocial.

III. Em termos práticos, há que atentar na natureza doutrinária e, no início, muito arriscada, da *culpa in contrahendo*. Mais de setenta anos após Jhering, ainda, entre nós, importantes autores entendiam tratar-se de uma concepção ilógica. Perante esse ambiente de fundo pouco favorável, havia que minimizar o instituto, dando-lhe uma feição discreta. A limitação ao interesse negativo tem esse papel. Repare-se: em situações de *culpa in contrahendo*, o interesse negativo é, em regra, reduzidíssimo. A negociação de um contrato envolve muito poucas despesas.

59. Crítica e superação

I. Pela nossa parte, sempre recusámos qualquer limitação conceitual, no domínio da *culpa in contrahendo*. Se, *in contrahendo*, alguém violar

---

[347] Esta matéria foi profunda e alargadamente estudada por PAULO MOTA PINTO, *Interesse contratual negativo e interesse contratual positivo*, 2 volumes (2007), em 1572 páginas maciças.

§ 16.º Interesse negativo e interesse positivo (excurso)

normas jurídicas e, com isso, causar danos, deve indemnizar. E, nos termos gerais do citado artigo 563.º, do Código Civil: deve indemnizar *todos os danos* que tenha causado. Não é possível, em abstracto, fazer qualquer limitação conceitual aos danos negativos, uma vez que tudo é, em concreto, possível. Assim e por exemplo:

- imaginando que, em negociações muito preliminares, nem se sabia qual seria o contrato a celebrar: a indemnização teria de computar os danos registados que, com probabilidade, irão corresponder ao denominado interesse negativo;
- todavia, em negociações já com o contrato à vista, mas que visassem evitar, maliciosamente, um contrato com terceiros, a ruptura não poderia deixar de contemplar, além do interesse negativo, tudo quanto se perdeu por não ter havido contrato final.

II. É ainda importante sublinhar que a ideia de limitação da responsabilidade *in contrahendo* ao chamado interesse negativo tem vindo a ser abandonada pela jurisprudência alemã[348] e pela jurisprudência portuguesa[349] mais recentes. E em boa hora: desde que se provem os danos, não se vislumbram razões conceptuais para premiar a ilicitude.

III. Esta matéria tem vindo a causar dificuldades doutrinárias, responsáveis por uma escandalosa contenção indemnizatória da nossa jurisprudência e que só poderá ser dirimida, em última análise, em estudos sobre a responsabilidade civil. Por certo que é possível traçar várias hipóteses, na *culpa in contrahendo*, hipóteses essas que, seja pela ilicitude, seja pela causalidade (normativa), poderão contundir com o cálculo da indemnização[350]. Não vemos, todavia, qualquer vantagem em conceitualizar

---

[348] BGH 24-Jun.-1998, NJW 1998, 2900-2901: provou-se, aí, que sem o contrato viciado, teria sido celebrado outro mais lucrativo; cf. STEPHAN LORENZ, *Haftungsausfüllung bei der culpa in contrahendo: Ende des Minderung durch c.i.c.?*, NJW 1999, 1001-1002.

[349] RLx 29-Out.-1998 (ANA PAULA BOULAROT), CJ XXIII (1998) 4, 132-135 (134/II); *vide*, ainda, REv 11-Nov.-1999 (FERNANDO BENTO), CJ XXIV (1999) 5, 262-264 (263/II) e RPt 27-Fev.-2003 (GONÇALO SILVANO), CJ XXVIII (2003) 1, 195-200 (199/II), ainda que com termos diferentes; *vide*, *infra*, outras indicações.

[350] Cf., com especial interesse, FERREIRA DE ALMEIDA, *Contratos* I, 2.ª ed. (2003), 192 ss..

toda esta matéria, nem (em Portugal!) em engendrar esquemas que reduzam as já simbólicas indemnizações arbitradas pelos nossos tribunais.

Tomemos um exemplo: um contrato, por *culpa in contrahendo*, é nulo. Dizem os seguidores do dano negativo: considerar o interesse positivo seria, afinal, proceder como se houvesse contrato válido. Respondemos: se, a não haver violação, surgisse mesmo um contrato válido[351], qual é o óbice? Legal não é com certeza, se atinarmos no artigo 562.º e nas regras da indemnização. Mantemos, pois, que a limitação ao interesse negativo advém de uma transposição conceitual que, entre nós, não serve valores ou interesses úteis[352]. Além disso, não tem base legal: não vemos como apontá-la na presença das duas fases (a da negociação e a da conclusão), na letra do artigo 227.º/1.

60. A transposição para a resolução do contrato

I. Havendo anulação do contrato ou sendo o mesmo declarado nulo, pode haver *culpa in contrahendo*. Quando a indemnização que desta advenha seja limitada ao interesse negativo, teremos que, perante uma invalidade culposa, o lesado só teria direito a ser indemnizado ... de modo a ser colocado na posição em que estaria se nunca tivesse havido contrato. Ora, como à resolução se aplica o regime da nulidade ou da anulação, está feito o passo: perante a resolução do contrato, apenas se aplicaria o regime da indemnização pelo interesse negativo.

---

[351] O que deverá ser provado pelo interessado; é evidente que se a prova não for feita, a indemnização poderá ficar pelos danos de confiança. Em Itália, quer a doutrina quer a jurisprudência mantêm uma especial aderência ao dano negativo, ainda que entendido amplamente de modo a, via oportunidade do negócio perdido, abranger os lucros cessantes: ALBERTO SAGNA, *Il rissarcimento del danno nella responsabilità precontrattuale* (2004), 18 ss., 138 ss. e *passim*. Todavia, o artigo 1338.º do Código italiano – que não tem correspondente no português – limita o ressarcimento, no caso do conhecimento não comunicado das causas de invalidade, ao dano da confiança. Além disso, é patente a preocupação em, com vários expedientes, alargar quanto possível o âmbito indemnizatório. Assim entendida, a experiência italiana permite duas lições: não pode ser transposta, *ad nutum*, para a nossa Terra, já que os dados são diversos; melhor será evitar os condicionamentos conceituais que tantas dificuldades levantam, depois, na sua superação.

[352] Acresce o ter sido superada na Alemanha particularmente após a reforma de 2001/2002; cf. CHRISTIAN GRÜNEBERG no Palandt, 69.ª ed. cit., § 311, Nr. 56 (485), com indicações.

§ *16.° Interesse negativo e interesse positivo (excurso)*   159

II. Esta transposição conceitual poderá ser reforçada por um raciocínio também concepto-formal. Ei-lo: se o contrato for resolvido por incumprimento, o agente desiste do contrato. E desistindo, só poderá aspirar à indemnização equivalente aos danos emergentes da sua celebração. Quedar--lhe-ia, apenas, o valor do dano negativo.

É óbvio – desde já o adiantamos – que esta solução é profundamente injusta, traduzindo apenas um modo conceitual de lidar com o Direito. Há incumprimentos das mais diversas naturezas. Não é imaginável que um Direito moderno desista de ponderar o que efectivamente se passou, para tudo remeter para a fase pré-contratual. E de facto, nenhuma lei impõe tal limitação.

III. No âmbito do Código Civil de Seabra (1867), Inocêncio Galvão Telles intentou limitar a indemnização, no caso de "rescisão", ao interesse negativo, justamente à imagem da *culpa in contrahendo*[353]. Todavia, se bem atentarmos, o problema enfrentado (portanto: a alternativa para a "má" indemnização do interesse negativo) era prevenir que, perante a rescisão, não houvesse, de todo, qualquer indemnização. Além disso, a opção de Galvão Telles obteve imediata oposição doutrinária[354]. Adriano Vaz Serra, em importante estudo preparatório do Código Civil, optou, claramente por um âmbito lato de indemnização devida por resolução assente no incumprimento: sem qualquer limitação apriorística ao interesse negativo[355].

IV. Apesar de o Código Civil de 1966 não ter operado restrições, surgiu alguma doutrina favorável a que, havendo resolução, a eventual indemnização cumulativa se quedasse pelo interesse negativo. Desde logo, Antunes Varela[356], que apoia a sua posição no artigo 908.°, do Código

---

[353] INOCÊNCIO GALVÃO TELLES, *Não cumprimento de contratos bilaterais (Interpretação dos artigos 676.° e 709.°, do Código Civil)*, ROA 1945, 1-2, 83-103 (101-102).

[354] JOSÉ GUALBERTO DE SÁ CARNEIRO, *Competência territorial, obrigação sucedânea e rescisão do contrato*, RT 68 (1950), 98-103 (100/I): só assim seria no caso de nulidade.

[355] ADRIANO VAZ SERRA, *Impossibilidade superveniente e cumprimento imperfeito imputáveis ao devedor*, BMJ 47 (1955), 5-97 (30 ss., especialmente 39 ss.).

[356] JOÃO ANTUNES VARELA, *Das obrigações em geral*, 1.ª ed. (1970), 766; a competente afirmação surge, depois, nas edições subsequentes: 2.° vol., 2.ª ed. (1978), 104, 2.° vol., 3.ª ed. (1980), 105, 2.° vol., 4.ª ed. (1990), 104 e 2.° vol., 7.ª ed. (1997, reimp., 2004),

Civil. Mas – salvo o devido respeito – sem fundamento. O artigo 908.º, com efeito:

– aplica-se à compra e venda e não a todos os contratos;
– prevê uma anulação e não a resolução por incumprimento;
– reporta-se ao dolo de erro-dolo (artigo 253.º) e não a qualquer acto ilícito.

Não vemos, assim, nenhuma base legal para limitações à indemnização. De todo o modo, o peso de Antunes Varela levaria outra doutrina a segui-lo[357]. Por vezes, esse alinhamento por Antunes Varela é apenas aparente, uma vez que os Autores que assim procedem acabam por, de uma forma ou de outra, alargar o horizonte indemnizatório[358].

V. Encontramos, depois, Autores que manifestam dúvidas (Ribeiro de Faria, numa fase inicial[359]) ou cuja posição, muito matizada, permite acolher soluções mais amplas do que a do mero interesse negativo (Carneiro da Frada[360]).

109, como exemplos. Anteriormente circulavam, já, folhas policopiadas, relativas à matéria. A posição de Antunes Varela foi publicada, pela primeira vez, na RLJ 100 (1968), 268.

[357] PEREIRA COELHO, *Direito das obrigações / Sumários* (1967), 230, CARLOS MOTA PINTO, *Cessão da posição contratual* (1970), 412, nota 1, numa referência puramente incidental e sem especial justificação e ALMEIDA COSTA: este Autor, na 1.ª ed. do *Direito das obrigações* (1968), refere o problema com bibliografia, mas sem tomar posição (p. 437). Subsequentemente, propenderia para o interesse negativo – 3.ª ed. (1979), 763-764 – referindo "a lei", mas sem explicar nem precisar. Esta posição manter-se-ia nas edições subsequentes: 4.ª ed. (1984), 737, 6.ª ed. (1994), 917-918, 7.ª ed. (1996), 937-939, 8.ª ed. (2000), 965-968, 9.ª ed. (2005), 976-978, 10.ª ed. (2006), 1045-1047 e 12.ª ed. (2009), 1045-1047. Todavia, deve esclarecer-se que este Autor, desde o início dá, da indemnização pelo interesse negativo, uma acepção ampla, que lhe permite abarcar os lucros cessantes; não se torna, assim, restritivo, perante o que deve ser uma justa indemnização.

[358] É o caso de ALMEIDA COSTA, como se diz na nota anterior. E é o caso, também, de BRANDÃO PROENÇA, *A resolução do contrato no Direito civil / Do enquadramento e do regime*, Coimbra (1982) = separata do BFD/Suplemento XXII, 199 ss., *maxime* 214, que acaba por remeter para o Tribunal de modo, a caso a caso, contemplar "os interesses em presença". E é finalmente o caso de Luís MENEZES LEITÃO, *Direito das obrigações*, 2, 2.ª ed. (2003), 252 ss. (256), que também acolhe os lucros cessantes. Na 3.ª ed. (2005), dessa mesma obra, *vide* 257 ss. (259) e, na 7.ª ed. (2010), 270 ss. (273-274).

[359] JORGE RIBEIRO DE FARIA, *Direito das obrigações* cit., 2, 434-435.

[360] MANUEL CARNEIRO DA FRADA, *Teoria da confiança e responsabilidade civil* (2004), 662 ss..

§ 16.° *Interesse negativo e interesse positivo (excurso)* 161

Manuel Carneiro da Frada, abordando o tema pelo prisma da confiança, sublinha que esta repousa no contrato: este, além de um acto de autonomia privada, criador de normas, surge como um elemento de confiança e estabilização de expectativas[361]. Esta orientação permitiria flexibilizar soluções, promovendo soluções justas de conflitos entre os sujeitos[362].

Pela nossa parte: interpretamos a posição de Carneiro da Frada como não limitando a indemnização a um estrito "interesse negativo": uma vez que se confia no contrato, todo o valor por este representado poderá ser tido em conta, na indemnização.

VI. Finalmente, deparamos com Autores que entendem, directa e claramente, que a resolução de um contrato por incumprimento deve ser acompanhada pela indemnização integral de todos os danos sofridos, incluindo, sendo o caso, o denominado interesse positivo.

Tal a posição de Vaz Serra, já à luz do Código Civil de 1966[363], bem como a de Baptista Machado[364], a de Ana Prata[365], a de Ribeiro de Faria[366], a de Moura Ramos[367], a de Pedro Romano Martinez[368] e, já há muitos anos, também a nossa[369].

---

[361] *Idem*, 666.

[362] *Idem*, 669.

[363] ADRIANO VAZ SERRA, Anotação a STJ 30-Jun.-1970, RLJ 104 (1971), 204-208 (207/II), criticando ANTUNES VARELA, a quem aponta uma lógica (meramente) formal.

[364] JOÃO BAPTISTA MACHADO, *Pressupostos da resolução por incumprimento*, nos *Estudos em Homenagem ao Prof. Doutor J. J. Teixeira Ribeiro* (1979), incluídos em *Obra dispersa* (1991), 125-193 (175 ss.); o Autor desenvolve ainda o tema em *A resolução por incumprimento e a indemnização*, em *Obra dispersa* (1991), 195-215.

[365] ANA PRATA, *Cláusulas de exclusão e limitação da responsabilidade contratual* (1985), 479 ss., sublinhando o silêncio da lei a qual, de facto, não limita a indemnização.

[366] JORGE RIBEIRO DE FARIA, *A natureza do direito de indemnização cumulável com o direito de resolução dos Arts. 801.° e 802.° do Código Civil*, em Direito e Justiça, VIII/1 (1994), 57-89 (88); como se vê, este professor, que começara por manifestar dúvidas, no seu *Direito das obrigações*, acabou por propender para a solução favorável ao interesse positivo. Este Autor reforçou esta sua opção em *A natureza da indemnização no caso de resolução do contrato / Novamente a questão*, em *Estudos comemorativos dos cinco anos (1995-2000) da Faculdade de Direito da Universidade do Porto* (2001), 11-62.

[367] MARIA ÂNGELA BENTO SOARES/RUI MANUEL DE MOURA RAMOS, *Contratos internacionais* (1986), 202 ss. (204 ss.).

[368] PEDRO ROMANO MARTINEZ, *Da cessação do contrato*, 2.ª ed. (2006), 207 ss., com uma rica argumentação e com referências actualizadas.

[369] *Tratado* I/1, 3.ª ed., 517 ss..

162 *O não cumprimento das obrigações*

Cumpre ainda acrescentar que, actualmente, a cumulação da resolução com a indemnização pelo interesse positivo é a solução adoptada a nível internacional: quer pela Convenção de Viena sobre a Compra e Venda Internacional de Mercadorias, de 1981[370], quer pelos princípios Unidroit relativos aos Contratos Comerciais Internacionais[371].

VII. A limitação das indemnizações ao interesse contratual negativo é uma (infeliz) singularidade nacional. Fruto de uma doutrina alemã há muito abandonada na terra de origem, ela conserva-se pelo hábito de manter referências clássicas fora do contexto.

A jurisprudência, ainda que com dificuldades dispensavelmente causadas pela literatura, tem vindo a abrir à indemnização alargada: admitindo, assim, o "interesse positivo"[372].

61. A integralidade das indemnizações

I. Cabe agora explicitar como – no nosso entender – se deve ordenar, hoje em dia, a resolução por incumprimento e a indemnização a que haja lugar.

Em primeiro lugar, cabe afastar alguns equívocos e lugares-comuns que, de modo acrítico, vêm surgindo em obras gerais. Designadamente:

– não é exacto que a doutrina maioritária se incline para a indemnização pelo (mero) interesse negativo, quando haja resolução pelo incumprimento; é óbvio que tais assuntos não se resolvem por "votação"; todavia, a maioria da doutrina, sobretudo a mais recente, opta pela hipótese de computar, também, o interesse positivo;

– não é verdade que o Direito estrangeiro se incline para a limitação da indemnização ao interesse negativo: o § 325 do BGB, aparentemente, punha a resolução em alternativa com (qualquer) indemnização; com a grande reforma de 2001/2002, e para afinar o Direito

---

[370] Artigos 74.º e seguintes; *vide* ROMANO MARTINEZ, *Da cessação do contrato,* 2.ª ed. cit., 211 ss..

[371] Artigo 7.º, 3.5, 3.6 e 4.2; *vide* RIBEIRO DE FARIA, *A natureza da indemnização no caso de resolução do contrato* cit., 15.

[372] STJ 12-Fev.-2009 (JOÃO BERNARDO), Proc. 08B4052; STJ 11-Jan.-2007 (CUSTÓDIO MONTES), Proc. 06B4223.

§ 16.° Interesse negativo e interesse positivo (excurso)

alemão pela Convenção de Viena sobre contratos internacionais, o § 325 foi alterado, passando a dizer, simplesmente, que a resolução não exclui a indemnização[373];

– não tem fundamento a ideia de que o Direito positivo português imponha limitações à indemnização, quando ocorra uma resolução; o artigo 908.°, limitado ao erro-dolo e à anulação da compra e venda, não pode, de modo algum, ser extrapolado para a resolução em geral.

II. Não será o momento para reconstruir a teoria da resolução. Todavia, perante o moderno Direito das obrigações, não é possível vir afirmar que a resolução destrói retroactivamente o contrato, suprimindo todas as obrigações dele derivadas. O vínculo obrigacional é uma realidade complexa. A resolução apenas visa suprimir o dever de prestar principal do contratante fiel, perante o incumprimento definitivo do dever de prestar principal a cargo do contratante faltoso. Seria, na verdade, sumamente injusto que, perante o incumprimento da outra parte, o contratante fiel ainda devesse efectuar a sua prestação.

Quer isto dizer que a resolução apenas põe termo aos deveres de prestar principais. Todos os demais deveres envolvidos, secundários e acessórios, se mantêm.

III. A ideia de que, havendo resolução, não faria sentido optar pelo interesse positivo ou do cumprimento ... por se ter desistido do contrato é puramente formal e conceitual.

Com efeito, o incumprimento acarreta danos. Perante eles, há que prever uma indemnização integral. A pessoa que resolva o contrato apenas tenciona libertar-se da prestação principal que lhe incumba: não pretende, minimamente, desistir da indemnização a que tenha direito.

A regra é, pois, sempre a mesma, simples e justa: o incumprimento, que se presume culposo, obriga a indemnizar por *todos* os danos causados. Ficarão envolvidos danos negativos ou de confiança e danos positivos ou do cumprimento, cabendo, caso a caso, verificar até onde vão uns e outros.

---

[373] Por todos: JÜRGEN SCHMIDT-RÄNTSCH, *Das neue Schuldrecht* (2002), 362-363; quanto à justificação oficial para o novo preceito, *vide* CLAUS-WILHELM CANARIS, *Schuldrechtsmodernisierung 2002* (2002), 766-767.

IV. Nos contratos internacionais, seja na base da Convenção de Viena sobre a Compra e Venda, seja na dos princípios Unidroit, a regra é a da indemnização, também e sendo esse o caso, pelo interesse positivo. Trata-se da solução mais justa e cabal, uma vez que apenas caso a caso se poderá verificar a dimensão dos danos e a sua composição.

A presença de uma regra abstracta de limitação dos danos a atender, perante a "resolução", é uma sequela francamente ultrapassada de um pensamento conceitual com o qual, de modo assumido, ninguém, hoje, se iria identificar.

O princípio a aplicar é simples: *perante os danos ilícitos e culposamente causados por um incumprimento, a indemnização deve ser integral.*

§ 17.º A REALIZAÇÃO COACTIVA DA PRESTAÇÃO

62. Generalidades; a acção de cumprimento

I. Do incumprimento definitivo emerge, nomeadamente, a obrigação, a cargo do devedor, de indemnizar o credor por todos os danos que lhe tivessem sido causados. Essa indemnização segue o regime geral da obrigação de indemnizar. Ela inscreve-se no quadro da relação complexa preexistente, de tal modo que há uma identidade de conjunto que se mantém, na nossa visão actual.

Surge, no entanto, um outro efeito que não podemos deixar de referir, ainda que sucintamente: a possibilidade do credor recorrer aos tribunais para, através da força estadual, conseguir as vantagens que o Direito lhe atribui e o devedor lhe recusa.

A intervenção do Estado no domínio das obrigações, tendente, em última instância, a obviar a situações irremediavelmente patológicas, coloca-se, a dois níveis:

– o da acção de cumprimento;
– o da execução.

II. Na acção de cumprimento, o credor, alegando como causa de pedir o facto jurídico de que emerge o seu crédito, pede ao tribunal que condene o devedor a cumprir – artigo 817.º.

Esta acção tem importância porque a sua decisão final:

– estabelece a existência e a configuração do direito do credor;
– impele o devedor a cumprir;
– fornece, ao credor, um título executivo.

Efectivamente, antes de encarar a tomada de medidas de força, é necessário estabelecer, em processo no qual o devedor seja chamado a intervir e a defender-se, a justeza da posição do credor e a exacta dimensão do seu direito. A condenação do devedor, quando tenha lugar, se se der por demonstrada a pretensão do credor, constitui, naturalmente, um forte meio de pressão sobre o devedor, sobretudo quando a razão do incumprimento seja a dúvida quanto à própria existência do crédito, dúvida essa que, naturalmente, é desfeita pela decisão do tribunal. De qualquer forma, o devedor condenado tem vivo interesse em cumprir, para evitar nova acção, desta feita executiva. Finalmente a sentença condenatória é um título executivo – artigo 46.º, *a*), do Código de Processo Civil – base imprescindível da acção executiva – artigo 45.º do mesmo Código.

III. A acção de cumprimento só pode ter lugar em relação à prestação que ainda possa ser cumprida.

Se a prestação se tiver impossibilitado, a acção de cumprimento deve pedir não a efectivação da obrigação extinta mas antes a realização da indemnização que caiba. Nada impede, naturalmente que, em acção de cumprimento, se venha pedir a condenação do devedor ao acatamento da prestação em dívida e, concomitantemente, ao pagamento de indemnizações a que haja lugar, por exemplo, por mora.

63. A realização coactiva da prestação

I. Se o devedor, condenado judicialmente a cumprir, não realizar a prestação, segue-se o último recurso do Direito: a realização coactiva da prestação. Em rigor, não é necessária a prévia condenação do devedor, para se poder recorrer à realização coactiva: basta que exista qualquer outro título executivo diferente da sentença condenatória.

Sabemos que, no actual momento histórico, quaisquer medidas de força que devam ser tomadas apenas podem incidir no património do devedor ou, e certas condições, no de terceiros.

II. A realização coactiva da prestação, actuada através da acção, varia consoante a natureza da prestação em causa.

O Código Civil, desviando-se ligeiramente do Código de Processo Civil, distingue a:

– a execução;
– a execução específica.

§ 17.º A realização coactiva da prestação   167

A execução simples consiste na apreensão e venda de certos bens, normalmente do devedor, para, dessa forma, se obterem meios de pagamento, a entregar ao credor. Para além da venda, o próprio Código Civil refere a adjudicação e a remição – artigo 826.º.

Por esta fórmula obtém-se a realização coactiva de prestações pecuniárias, onde ocupam lugar de destaque as indemnizações desse tipo.

III. A execução específica vem tratada nos artigos 827.º a 830.º. O Código distingue, sucessivamente:

– a entrega de coisa determinada;
– a prestação de facto fungível;
– a prestação de facto negativo;
– o contrato-promessa.

Qualquer execução específica pressupõe que a prestação a realizar coactivamente seja ainda possível, não se tendo, consequentemente, extinto a obrigação respectiva. Assim sendo, o Estado vai efectuar, à custa do devedor inadimplente e pelo prisma da responsabilidade patrimonial, a própria prestação em falta.

Na prestação de entrega de coisa determinada – artigo 827.º – promove-se, judicialmente, a entrega da coisa devida, ao credor. Na prestação de facto fungível, é o mesmo efectuado por terceiro, à custa do devedor – artigo 828.º. Sendo a prestação de facto negativo, pode, a obra, ser demolida à custa de quem se obrigou a não a fazer – artigo 829.º/1 – podendo, no entanto, esta forma de realização coactiva da prestação ser preterida a favor de simples indemnização, quando o prejuízo da demolição para o devedor for consideravelmente superior ao prejuízo sofrido pelo credor – artigo 829.º/2.

Finalmente, o artigo 830.º prevê a hipótese da execução específica de contrato-promessa. Parece, no entanto, que não há, aqui, uma realização coactiva de qualquer prestação, que implica uma actuação exterior *manu militaris*, mas tão só o exercício de um direito potestativo por parte do promitente-credor.

IV. A execução específica baseia-se na peculiaridade que têm certas prestações de serem executáveis por terceiros. O fenómeno é perfeitamente perceptível nas prestações de facto, onde a execução só é possível quando se trate de facto fungível.

Ocorrida a execução específica, ou a simples execução pecuniária, a obrigação extingue-se nos mesmos termos do cumprimento.

SECÇÃO III

A IMPOSSIBILIDADE DO CUMPRIMENTO

§ 18.º A IMPOSSIBILIDADE E A SUA EVOLUÇÃO

64. Nota histórica

I. A impossibilidade tem um duplo papel:

– quando reportada ao negócio jurídico, ela surge como um factor invalidante, nos termos do artigo 280.º;
– quando aferida à prestação, ela é apresentada como causa de extinção da obrigação (790.º/1) ou como fonte de responsabilidade para o devedor, quando lhe seja imputável (801.º/1).

Esta matéria, que não ficou clara no Código Civil, conhece uma evolução jurídico-científica importante, com desenvolvimentos recentes. Cumpre tê-la em conta, antes de reconstruir o regime em vigor.

II. A exigência da possibilidade como requisito do conteúdo dos negócios ou, mais latamente, da própria prestação, levantou, ao longo da História, múltiplas dúvidas. Na linha dos estudos feitos por Rabel, nos princípios do século XX[374], julgou-se que a exigência da possibilidade não tinha ascendência romana, resultando apenas, de estudos pouco fun-

---

[374] ERNST RABEL, *Die Unmöglichkeit der Leistung. Eine kritische Studie zum Bürgerlichen Gesetzbuch*, FS Bekker (1907), 171-237 = *Gesammelte Aufsätze* (1965), I vol., 1-55. No Direito romano, a impossibilidade remontaria a um fragmento de CELSUS, muito conhecido – D. 50.17.185: *impossibilium nulla est obligatio*; cf. HORST HEINRICH JAKOBS, *Unmöglichkeit und Nichterfüllung* (1967), 67.

170   *O não cumprimento das obrigações*

damentados[375] que, por terem merecido o acolhimento de Windscheid[376], passariam ao Código alemão e, daí, aos outros códigos de inspiração germânica, como o português. Mais tarde, mercê das investigações de Wollschläger, parece determinado que a possibilidade se foi implantando, como requisito, paulatinamente, a partir do Direito romano e até ao jusracionalismo[377].

O problema deve hoje ser considerado como relevando de critérios de oportunidade e de fidedignidade linguísticas[378].

À partida, admitir como válidos negócios impossíveis equivaleria a sujeitar as pessoas, a eles adstritas, às consequências do incumprimento: perante a impossibilidade, este sobreviria, inexorável. Daí que, quando por qualquer razão jurídica, houvesse que imputar a alguém um incumprimento, melhor seria, a todos os títulos, dizê-lo do que encobrir a situação como um (pretenso) negócio impossível[379]. A solução inserida no artigo 280.°/1 do Código Civil, no tocante à impossibilidade surgiria, assim, como particularmente adequada. Todavia, poder-se-ia contrapor o seguinte: a obrigação é um todo complexo. A impossibilidade, quando surja, atinge apenas a prestação principal. A obrigação poderia sobreviver, amparada ao remanescente.

65. A nova concepção da impossibilidade na reforma alemã de 2001/2002

I. A matéria da impossibilidade sofreu relevantes alterações na reforma alemã de 2001/2002. Pela sua importância científica, passamos a dar nota dos progressos então verificados.

---

[375] Levados a cabo por FRIEDRICH MOMMSEN, *Beiträge zum Obligationenrecht*, 1 *Die Unmöglichkeit der Leistung in ihrem Einfluss auf obligatorische Verhältnisse* (1853), em especial no § 11 (102 ss.).

[376] BERNARD WINDSCHEID/THEODOR KIPP, *Lehrbuch des Pandektenrechts*, 9.ª ed. (1906), § 264 (II, 91 ss.).

[377] CHRISTIAN WOLLSCHÄGER, *Die Entstehung der Unmöglichkeitslehre* (1970).

[378] JENS PETER MEINCKE, *Rechtsfolgen nachträglicher Unmöglichkeit der Leistung bei gegenseitiger Vertrag*, AcP 171 (1971), 19-43 (26), afirma que não é questão de lógica saber se o devedor fica ou não adstrito a uma prestação impossível. Todavia, é lógico afirmar que o devedor obrigado ao impossível está, desde logo, sujeito às regras do incumprimento...

[379] *Vide* o nosso A *"impossibilidade moral": do tratamento igualitário no cumprimento das obrigações*, TJ 18 e 19 (1986) = *Estudos de Direito Civil*, I vol. (1987), 97-114 (102 ss.).

§ 18.° A impossibilidade e a sua evolução 171

O Direito alemão anterior a 2002 – aliás à semelhança do Direito português vigente – fruto de uma evolução histórica conturbada e na sequência da falta de uma doutrina geral das perturbações das prestações, consagrava um esquema fragmentário da impossibilidade. No essencial, tínhamos:

– o contrato dirigido a uma prestação impossível era nulo – § 306 da lei velha[380];
– a impossibilidade superveniente não imputável ao devedor era liberatória – § 275/I da lei velha[381].

A reconstrução doutrinária desta matéria foi-se operando ao longo do século XX. Sintetizando[382], podemos observar, em termos que são, de resto, aplicáveis ao Direito português vigente:

– quanto à imposibilidade inicial: ela apenas poderá impedir a prestação principal efectivamente atingida; ora a obrigação (e o contrato que a origine) não se limita, apenas, a ela; logo, não há que invalidar o contrato que preveja uma obrigação de prestação impossível: apenas esta ficará bloqueada;
– quanto à impossibilidade superveniente: a distinção entre o ser ela "imputável" ou "não-imputável" ao devedor só releva para efeito de consequências; o facto de ser "imputável" ao devedor nunca poderia ter a virtualidade de viabilizar a prestação: apenas conduziria a um dever de indemnizar[383];

---

[380] Correspondente ao artigo 280.°/1 do Código Civil, na parte em que refere a impossibilidade.

[381] Correspondente ao artigo 790.°/1 do Código Civil.

[382] MARTIN SCHWAB, *Das neue Schuldrecht im Überblick*, em MARTIN SCHWAB/ /CARL-HEINZ WITT, *Einführung in das neue Schuldrecht*, 5.ª ed. (2002), 1-21 (4-5), DANIELA MATTHEUS, *Die Neuordnung des allgemeinen Leistungsstörungsrechts*, *idem*, 67-122 (68 ss.) ou EMMERICH, *Das Recht der Leistungsstörungen*, 5.ª ed., 17 e 18. Com mais desenvolvimento: BARBARA DAUNER-LIEB, *Das Leistungsstörungsrecht im Überblick*, em DAUNER- -LIEB/HEIDEL/LEPA/RING, *Das neue Schuldrecht* (2002), 64-120 (101 ss.), MICHAEL SCHULZ, *Leistungsstörungsrecht*, em WESTERMANN, *Das Schuldrecht 2002* cit., 17-104 (20 ss.), EHMANN/SUTSCHET, *Modernisiertes Schuldrecht* (2002), 15 ss. e FLORIAN FAUST, *Der Ausschluss der Leistungspflicht nach § 275*, em HUBER/FAUST, *Schuldrechtsmodernisierung* (2002), 21-62 (23 ss.).

[383] *Direito das obrigações*, 2, 171 ss..

– quanto à contraposição, também tradicional, entre a impossibilidade objectiva e a subjectiva: teria mera projecção a nível de consequências, já que, numa hipótese como na outra, a prestação não poderia ser levada a cabo pelo devedor.

II. A matéria carecia de profunda reforma – e isso feita, naturalmente, a opção de fazer corresponder a lei civil fundamental às exigências da Ciência do Direito.

Num primeiro momento, a comissão de reforma ponderou a hipótese de suprimir a impossibilidade como conceito central do Direito da perturbação das prestações[384]: uma ideia que se manteve, ainda, no projecto inicial do Governo[385], mas que não singraria. A impossibilidade manteve-se; passou, todavia, a ser tomada pelas suas consequências. Assim, dispõe o § 275 (exclusão do dever de prestar) do BGB, lei nova:

> A pretensão à prestação é excluída sempre que esta seja impossível para o devedor ou para todos.

---

[384] CARL-WILHELM CANARIS, *Einführung* a *Schuldrechtsmodernisierung 2002* (2002), IX-LIII (XI); cf. EHMANN/SUTSCHET, *Modernisiertes Schuldrecht* cit., 15 e DANIELA MATTHEUS, *Die Neuordnung des Allgemeinen Leistungsstörungsrechts* cit., 77, onde podem ser confrontadas indicações sobre os "críticos" da inicial proposta da comissão.

[385] *Diskussionsentwurf eines Schuldrechtsmodernisierungsgesetzes*, em CANARIS, *Schuldrechtsmodernisierung 2002* cit., 3-347 (10-11); cf., aí, a esclarecedora justificação de motivos, a pp. 153 ss. (155), onde se lê: "A impossibilidade deve perder a sua posição central no Direito da perturbação das prestações. Como conceito superior que abranja todo o tipo de perturbação de prestações, deve ser introduzido o conceito de 'violação de dever' ". E continua a referida justificação de motivos: "Porém, é também necessário, no futuro, um limite para o dever de prestar primário do devedor. Esse limite será (...) regulado no § 275. (...) Esta [a relação obrigacional] deverá determinar os esforços que o devedor deve assumir para a concretização da prestação". Quanto ao proposto (e depois abandonado) § 275, epigrafado "limites do dever de prestar", eis a sua redacção:

> Quando o débito não consista numa dívida pecuniária, pode o devedor recusar a prestação, quando e enquanto ele não possa efectivá-la com aqueles esforços aos quais, pelo conteúdo e pela natureza da obrigação, ele esteja adstrito.

Esta proposta, efectivamente forte e muito estimulante para as doutrinas jurídicas continentais foi abandonada na versão consolidada do projecto, mercê das críticas dirigidas; cf. a *Konsolidierte Fassung des Diskussionsentwurfs eines Schuldrechtsmodernisierungsgesetzes*, em CANARIS, *Schuldrechtsmodernisierung 2002* cit., 349-419 (357).

§ 18.° A impossibilidade e a sua evolução

III. Na sua simplicidade, esta fórmula vem tratar, unitariamente[386]:

– das impossibilidades objectiva e subjectiva;
– das impossibilidades de facto e de Direito;
– das impossibilidades inicial e superveniente.

Em qualquer caso, não cabe a pretensão à prestação – como, de resto, é lógico[387]. Naturalmente: o credor tem – ou poderá ter – determinados direitos: o próprio § 275/4 remete, a tal propósito, para os §§ 280, 283 a 285, 311a e 326[388]. No essencial[389]:

> § 280 (Indemnização por violação de um dever)
>
> (1) Quando o devedor viole um dever resultante de uma relação obrigacional, pode o credor exigir a indemnização do dano daí resultante. Tal não opera quando a violação do dever não seja imputável ao devedor.
>
> (...)
>
> § 283 (Indemnização em vez da prestação no caso de exclusão
> do dever de prestar)
>
> Quando, por força do § 275/1 a 3, o devedor não tenha de prestar, pode o credor exigir uma indemnização em vez da prestação, desde que operem os pressupostos do § 280/1.
>
> (...)

O § 284 permite a indemnização por dispêndios vãos, enquanto o § 285 dá corpo, no quadro do § 275/1, ao *commodum representationis*[390].

---

[386] CLAUS WILHELM-CANARIS, *Reform des Rechts der Leistungsstörungen*, JZ 2001, 499-524 (500), SCHWAB/WITT, *Einführung in das neue Schuldrecht* cit., 78. Cf. CHRISTIAN GRÜNEBER, no Palandt, 69.ª ed. (2010), § 275 (348 ss.) e EMMERICH, *Das Recht der Leistungsstörungen*, 5.ª ed. cit., 17, 18 e 33 ss.. Trata-se de uma opção claramente documentada na justificação de motivos do projecto do Governo, mais precisamente na *Begründung der Bundesregierung* a consultar comodamente em CANARIS, *Schuldrechtsmodernisierung 2002* cit., 569-934 (658-659).

[387] MANFRED LÖWISCH/GEORG CASPERS, no Staudinger II (2009) cit., prenot. §§ 275-278, Nr. 14 (252).

[388] VOLKER EMMERICH, *Das Recht der Leistungsstörungen*, 5.ª ed. cit., 63 ss..

[389] Na hipótese de a impossibilidade ser imputável a ambos os intervenientes, cf. URS PETER GRUBER, *Schuldrechtsmodernisierung 2001/2002 – Die beiderseits zu vertrende Unmöglichkeit*, JuS 2002, 1066-1071.

[390] Veja-se o artigo 794.° do Código Civil.

174   *O não cumprimento das obrigações*

O § 311a merece tradução em língua portuguesa (todos estes §§ do BGB, segundo a lei nova)[391]:

> § 311a (Impedimento da prestação aquando da conclusão do contrato)
>
> (1) Não impede a eficácia de um contrato o facto de o devedor não ter de prestar por força do § 275/1 a 3 e de o impedimento da prestação já existir aquando da conclusão do contrato,
>
> (2) O credor pode exigir, segundo escolha sua, indemnização em vez de prestação ou a indemnização dos seus dispêndios, no âmbito prescrito no § 284. Tal não se aplica quando o devedor não conhecesse o impedimento da prestação aquando da conclusão.

IV. Em bom rigor, podemos considerar que as soluções possibilitadas pela lei nova já advinham da lei velha, desde que interpretada, em termos criativos, com o auxílio de uma jurisprudência e de uma doutrina centenárias. Todavia, a dogmática agora viabilizada é mais perfeita: conquanto que dominada, ao gosto alemão, por uma teia de remissões.

De sublinhar que a impossibilidade prevista no § 275/1, lei nova, ou impossibilidade efectiva, opera *ipso iure*. Verificados os seus pressupostos, o devedor omite, legitimamente, a sua prestação. Algumas consequências, documentadas pela lei nova[392]:

> – § 326/1: o devedor impossibilitado perde o direito à contraprestação, operando determinadas regras na hipótese de impossibilidade parcial, com remissão para a compra e venda; este efeito actua *ipso iure*;
>
> – § 326/5: o credor pode rescindir o contrato: é uma hipótese sua.

O devedor conservará o direito à contraprestação quando a impossibilidade seja causada pelo credor – § 326/2, lei nova.

66. O alargamento da impossibilidade

I. Tem o maior interesse dogmático e comparatístico assinalar que a reforma de 2001/2002 procedeu ao alargamento da ideia de impossibilidade. Os textos básicos resultam do § 275/2 e 3:

---

[391] CHRISTIAN GRÜNEBERG, no Palandt, 69.ª ed. cit., 488.
[392] EHMANN/SUTSCHET, *Modernisiertes Schuldrecht* cit., 16 ss..

§ 18.° A impossibilidade e a sua evolução

(2) O devedor pode recusar a prestação sempre que esta requeira um esforço que esteja em grave desproporção perante o interesse do credor na prestação, sob a consideração do conteúdo da relação obrigacional e da regra da boa fé. Na determinação dos esforços imputáveis ao devedor é também de ter em conta se o impedimento da prestação deve ser imputado a este último.

(3) O devedor pode ainda recusar a prestação quando deva realizar pessoalmente a prestação e esta, ponderados os impedimentos do devedor perante o interesse do credor na prestação, não possa ser exigível.

II. O § 275/2 consigna a chamada impossibilidade prática ou fáctica[393]. De notar que, desta feita, compete ao devedor decidir se lança mão dela: será uma excepção, em sentido técnico[394].

Configura-se, aqui, uma situação na qual a prestação prevista ainda seria, em rigor, possível; todavia, nenhum credor razoável esperaria que ela tivesse lugar[395]. O exemplo dado pela justificação governamental de motivos[396], retirado de Heck[397] é o do anel que ao devedor caberia entregar, mas que caiu no fundo arenoso de um lago. Seria possível drenar o lago e pesquisar adequadamente na areia, numa operação de milhões. Haveria, todavia e em face da boa fé, um grave desequilíbrio perante o interesse do credor.

Trata-se de uma cláusula geral, carecida de preenchimento.

III. A fórmula do § 275/2 pretendeu operar uma clivagem entre uma impossibilidade fáctica e a "mera" impossibilidade económica[398], conhecida como limite do sacrifício e que apenas poderia ser integrada no instituto da alteração das circunstâncias, agora codificado no § 313 BGB. A pedra de toque estaria em que, na impossibilidade de facto do § 275/2,

---

[393] Cf. EMMERICH, *Das Recht der Leistungsstörungen*, 5.ª ed. cit., 37. Na *Begründung der Bundesregierung* cit., cf. 661.

[394] *Vide* o *Diskussionsentwurf*, em CANARIS, *Schuldrechtsmodernisierung 2002* cit., 156 e CANARIS, *Die Reform des Rechts der Leistungsstörungen* cit., 501.

[395] SCHWAB/WITT, *Einführung in das neue Schuldrecht* cit., 94.

[396] *Begründung* cit., 661; cf. DANIEL ZIMMER, *Das neue Recht der Leistungsstörungen*, NJW 2002, 1-12 (3/II).

[397] Completando a referência oficial e mais precisamente: PHILIPP HECK, *Grundriss des Schuldrechts* (1929, 2.ª reimp., 1974), § 28, 8 (69).

[398] CANARIS, *Die Reform des Rechts der Leistungsstörungen* cit., 501/I.

176   *O não cumprimento das obrigações*

não estariam em causa as possibilidades do devedor, ao contrário do que sucederia no § 313: a impossibilidade determinar-se-ia mercê de um crasso desequilíbrio, inadmissível perante a boa fé[399]. As dificuldades de interpretação são patentes[400]: a casuística será decisiva.

O alargamento da impossibilidade à "impossibilidade de facto", operada pelo BGB/2002, visa, no fundo, a depuração da alteração das circunstâncias. A impossibilidade deve ser tomada em sentido sócio-cultural: não físico ou naturalístico. Daí que, impossível, seja o que, como tal e na concreta relação existente com o credor, se apresente. O devedor comum não estará obrigado a drenar um lago para recuperar o anel; a empresa de drenagem contratada para o efeito está-lo-á, como é evidente.

IV. O segundo alargamento – o do § 275/3, acima traduzido – tem a ver com a inexigibilidade de obrigações altamente pessoais[401] ou impossibilidade pessoal[402]. O exemplo académico[403], também retirado de Heck[404], é o da cantora que recusa actuar no espectáculo para estar à cabeceira do filho, gravemente doente. A lei nova teve, no fundamental, em vista prestações laborais ou prestações de serviço, enquadrando situações que vinham sendo referenciadas como "impossibilidades morais"[405] e integrando questões como a da obrigação de consciência. Mas foi mais longe: refere, em moldes amplos, a inexigibilidade.

V. Esta matéria era tratada, entre nós, a nível de responsabilidade civil, e como causa de desculpabilidade. A sua inserção sistemática no próprio plano da (im)possibilidade da prestação permite, todavia, soluções mais simples e imediatas, particularmente no que toca à tutela do credor. Este poderá, desde logo, beneficiar dos direitos que a lei lhe confere, sem

---

[399] SCHWAB/WITT, *Einführung* cit., 94 e 95; MANFRED LÖWISCH/GEORG CASPERS, § 275, Nr. 91 (287).

[400] VOLKER EMMERICH, *Das Recht der Leistungsstörungen*, 5.ª ed. cit., 39 ss..

[401] *Idem*, 43 ss..

[402] LORENZ/RIEHM, *Lehrbuch zum neuen Schuldrecht* cit., 155 ss..

[403] *Begründung der Bundesregierung* cit., 662.

[404] PHILIPP HECK, *Grundriss des Schuldrechts* cit., 89.

[405] VOLKER EMMERICH cit., 43; curiosamente, a "impossibilidade moral" já havia sido introduzida, em vernáculo jurídico, por PAULO CUNHA, ainda que com um alcance mais preciso; cf. o nosso *A "impossibilidade moral": do tratamento igualitário no cumprimento das obrigações*, TJ 18 e 19 (1986) = *Estudos de Direito civil*, 1.° (1991), 98-114.

ter de aguardar por uma sempre insegura acção de responsabilidade civil. Idêntica vantagem atinge, de resto, o próprio devedor em causa.

O preenchimento da inexigibilidade – que integra o cerne da impossibilidade pessoal – terá de ser feito na base dos casuísmos próprios da concretização de conceitos indeterminados.

§ 19.º O REGIME DA IMPOSSIBILIDADE

67. Sede legal; modalidades

I. As regras que dão corpo ao requisito da possibilidade encontram-se dispersas no Código Civil[406]. O artigo 280.º/1 refere-as, em geral, a propósito do negócio jurídico. Trata-se, porém, de um requisito que sofre múltiplos desvios: a lei associa, à inexequibilidade de certos actos, consequências diversas. É o que sucede quanto a negócios envolvendo coisas futuras – artigo 399.º – embora, em rigor, tais negócios não tenham essas coisas por objecto mas, antes, as diligências necessárias para que a coisa surja – artigo 880.º/1 – ou a eventualidade de cessar a impossibilidade – artigo 401.º/2. É ainda o que sucede no casamento, pelo menos no tocante a alguns dos fundamentos de "inexistência" – artigo 1628.º.

Além disso, a impossibilidade surge no artigo 790.º/1, com aparente eficácia extintiva da obrigação cuja prestação seja adstringida, e no artigo 801.º/1, responsabilizando o devedor, quando este a tenha causado.

II. A possibilidade é física ou jurídica[407], consoante o conteúdo ou o objecto contundam, ontologicamente, com a natureza das coisas ou com o Direito[408].

---

[406] A matéria da possibilidade foi particularmente estudada por MANUEL DE ANDRADE, *Teoria geral da relação jurídica* (1972, reimp.), 2, 327 ss., com influência no Código Civil. Todavia, abandonou-se, no Código, o esquema claro de Andrade, optando-se por dispersar a matéria.

[407] A nossa jurisprudência documenta essencialmente hipóteses de impossibilidade jurídica, superveniente ou inicial. Assim: RLx 2-Nov.-2000 (URBANO DIAS), CJ XXV (2000) 5, 71-78 (caso Benfica/Olivedesportos), em que se considerou impossível juridicamente a cedência de direitos transmissivos a quem não estivesse habilitado como estação televisiva e RLx 22-Mai.-2001 (FERREIRA GIRÃO), XXVI (2001) 3, 96-98 – torna-se impossível o contrato-promessa que vise um prédio depois integrado num parque natural. O Supremo, em STJ 13-Fev.-2001 (TOMÉ DE CARVALHO), CJ/Supremo IX (2001) 1, 113-117

180 O não cumprimento das obrigações

A possibilidade é absoluta ou relativa – também dita objectiva ou subjectiva –, conforme atinja o objecto do negócio, sejam quais forem as pessoas envolvidas ou, pelo contrário, opere somente perante os sujeitos concretamente considerados. Em rigor, apenas a absoluta é verdadeira impossibilidade: o sujeito concretamente impedido de actuar certo negócio poderá, não obstante, celebrá-lo, desde que se possa, depois, fazer substituir na execução[409]. Esta distinção explica a possibilidade de negociar coisas futuras, na hipótese de estas existirem, mas fora da esfera do disponente – artigos 211.º e 401.º/2. E quando seja superveniente, a "extinção da obrigação" só sobrevém quando a substituição não seja possível (791.º).

A possibilidade é temporária ou definitiva em função da sua extensão temporal e em termos de previsibilidade: no primeiro caso, é previsível que ela cesse, ao contrário do que sucede no segundo. Enquanto requisito negativo, releva a impossibilidade definitiva; sendo ela meramente temporária, o negócio poderá ser viável, dentro das regras das coisas futuras.

III. Distingue-se ainda a impossibilidade efectiva da impossibilidade meramente económica. No primeiro caso, o objecto do negócio é ontologicamente inviável. No segundo, ele é pensável, mas surge economicamente tão pesado que se torna injusto ou iníquo[410]. Todavia, as únicas

---

(116), explica que a impossibilidade física se reporta ao objecto (mediato) e não às cláusulas. Todavia, a REv 22-Jan.-2004 (BERNARDO DOMINGOS), CJ XXIX (2004) 1, 238-242 (241/II), entendeu como legalmente impossível a compra de um automóvel com o número de *chassis* modificado. Na verdade, quer o conteúdo (cláusulas) quer o objecto (mediato) podem ser física ou legalmente impossíveis, dependendo das circunstâncias.

[408] A lei distingue a impossibilidade jurídica e a contrariedade à lei. O negócio juridicamente impossível é, latamente, contrário à lei: sê-lo-ão, de resto, todos os negócios que não reúnam os diversos requisitos. Todavia, a impossibilidade jurídica distingue-se de uma contrariedade à lei em sentido restrito por pressupor um objecto jurídico que, *independentemente de quaisquer regras*, sempre seria inviável.

O tema acusa flutuações; cf. CARLOS MOTA PINTO/ANTÓNIO PINTO MONTEIRO/PAULO MOTA PINTO, *Teoria geral do Direito civil*, 4.ª ed. (2005), 554 ss. e JOÃO DE CASTRO MENDES, *Teoria geral do Direito civil* 2 (1968), 265 ss. e, perante o Código de SEABRA, JOSÉ DIAS MARQUES, *Teoria geral do Direito civil* 2 (1958), 44 ss., MANUEL DE ANDRADE, *Teoria geral* cit., 2, 328 ss. e GALVÃO TELLES, *Manual dos contratos em geral*, 3.ª ed. (1966), 416.

[409] Cf. os artigos 401.º/3 e 791.º.

[410] Trata-se de uma orientação que floresceu no princípio do século XX: HEINRICH TITZE, *Die Unmöglichkeit der Leistung nach deutschem bürgerlichem Recht* (1900), 2 ss., WILHELM KISCH, *Die Wirkung der nachträglich eintretenden Unmöglichkeit der Erfüllung bei gegenseitigen Verträgen nach dem Bürgerlichen Gesetzbuche für das Deutsche Reich*

§ 19.º O regime da impossibilidade

entidades capazes de, em concreto, fixar bitolas de "justiça" ou de "equidade" são as próprias partes. A menos que se verifique erro ou outro vício relevante, o objecto "difícil", tendo sido querido validamente pelas partes, é juridicamente operacional.

De todo o modo, retenha-se a ideia de que a "possibilidade" deve ser aferida em termos de normalidade social e não, apenas, de viabilidade matemática[411]. Nesse sentido depõe, ainda, a acima assinalada reforma do BGB, de 2001/2002.

IV. Temos, por fim, a impossibilidade inicial e a superveniente: a primeira opera logo no momento da celebração vindo a segunda a manifestar-se apenas mais tarde[412]. As consequências dogmáticas desta distinção são importantes. A impossibilidade inicial conduz à aplicação do artigo 280.º/1: implica a nulidade do negócio. A impossibilidade superveniente também atinge os requisitos do negócio. Todavia, a consequência reside na extinção da obrigação, quando a impossibilidade ocorra por causa não imputável ao devedor – artigo 790.º/1 – ou na sua extinção com aplicação das regras do incumprimento, quando o próprio devedor ocasione a responsabilidade – artigo 801.º/1.

V. Uma interessante modalidade, introduzida por Paulo Cunha, é a da impossibilidade moral[413]. Desta feita, o objecto seria inviável por contrariar uma conjunção de normas ou de princípios jurídicos[414].

(1900), 12, com rec. de H. TITZE, KrVJ 45 (1904), 338-385, TEODOR KLEINEIDAM, *Unmöglichkeit und Unvermögen nach dem Bürgerlichen Gesetzbuch für das Deutsche Reich* (1900), 14-15 e *Einige Streitfragen aus der Unmöglichkeitslehre des BGB*, JhJb 43 (1901), 105-140, RICHARD TREITEL, *Die Unmöglichkeit der Leistung und der Verzug bei Unterlassungsverbindlichkeiten* (1902), 22 ss. (24-25) e JOHN ULRICH SCHROEDER, *Unmöglichkeit und Ungewissheit* (1905), 45. Esta orientação veio, mais tarde, a ser abandonada; a "impossibilidade económica" ou "alargada" cairia no instituto da alteração das circunstâncias. O tema foi repensado na reforma de 2001/2002.

411 Nas palavras de STJ 13-Nov.-1997 (COSTA SOARES), CJ/Supremo V (1997) 3, 135-138 (137/I): a impossibilidade de uma obrigação ocorre "... não só quando esta se torne seguramente inviável, mas também quando a probabilidade da sua realização, por não depender apenas de circunstâncias controláveis, pela vontade do devedor, se torne extremamente improvável".

412 STJ 11-Out.-2001 (MIRANDA GUSMÃO), CJ/Supremo IX (2001), 81-87 (85/II); STJ 3-Nov.-2009 (MOREIRA ALVES), Proc. 9647/03.

413 *Vide* o nosso A *"impossibilidade moral": do tratamento igualitário no cumprimento das obrigações* (1986), em *Estudos de Direito civil*, 1 (1991), 101-114 (108 ss.).

Pretende equacionar-se um negócio jurídico cujo objecto – em si possível, física e juridicamente – exija, no seu cumprimento, a violação de regras. A possibilidade deve ser aferida *in concreto*. Assim, podemos admitir a "impossibilidade moral" como modalidade de impossibilidade jurídica, quando estejam em causa valores fundamentais do sistema jurídico, expressos pela ideia de "boa fé".

68. A impossibilidade não imputável ao devedor

I. A impossibilidade superveniente de uma prestação diz-se inimputável ao devedor quando, cumulativamente:

- ela não tenha advindo de uma actuação culposa, isto é, de uma conduta destinada a inviabilizar a prestação ou da inobservância dos deveres de cuidado que ao caso coubessem;
- ela não tenha ocorrido numa área em que o risco coubesse, por inteiro, ao devedor;
- o próprio devedor não tenha assumido a garantia do resultado da prestação.

II. O devedor que, com dolo ou negligência, inviabilize a prestação suportará as consequências do incumprimento assim provocado (801.º/1). Perante o não cumprimento, funciona a presunção do artigo 799.º/1. Caberá ao devedor fazer a prova de que a prestação se impossibilitou e de que tal impossibilidade não lhe é imputável. Esta distribuição do ónus da prova, imposta pela lógica da responsabilidade obrigacional, sempre adviria do artigo 342.º/2, do Código Civil.

Feita esta demonstração, a prestação principal extingue-se: o risco corre, nos termos gerais, pelo titular do direito a essa prestação, isto é, pelo credor.

III. A não inviabilização pelo devedor não chega. Pode suceder que o risco da prestação corra por sua conta. Desde logo assim sucede em todas as hipóteses de impossibilidade relativa: se não pode cumprir de uma

---

[414] Tribunal Arbitral 30-Mai.-1944 (Paulo Cunha), O Direito 77 (1945), 181-192, 210-224 e 250-256, confirmado por RLx 26-Mai.-1945, O Direito 77 (1945), 282-286.

§ 19.º O regime da impossibilidade

forma, deverá fazê-lo de outra. Mas tal ocorrerá, ainda, quando o risco tenha sido assumido pelo devedor.

Não é liberatória a falta de meios económicos[415]. O dinheiro nunca desaparece, pelo que as prestações pecuniárias são sempre possíveis. Ao devedor insolvente aplicam-se as regras da responsabilidade patrimonial: não as da impossibilidade.

IV. Finalmente, pode o devedor assumir a garantia da prestação: explícita ou implicitamente. A assunção implícita pode advir da aposição de um prazo peremptório ou das circunstâncias exaradas no negócio e a que ambas as partes dêem, com relevância normativa e dispositiva, o seu acordo. Nessa altura, o devedor assume o risco de inadimplência, devendo indemnizar.

V. Segundo o artigo 790.º/1, a impossibilidade da prestação, superveniente, objectiva e não imputável ao devedor, extingue a obrigação. Hoje sabemos não ser assim, rigorosamente. Tal impossibilidade apenas fez cessar o direito à prestação principal. Mantêm-se (ou podem manter-se) as prestações secundárias instrumentais e, sobretudo, os deveres acessórios.

Por exemplo, torna-se impossível a construção de uma barragem, porque surgiu uma proibição legal, ditada por razões arqueológicas ou ambientais; todavia e para além de outras consequências, o empreiteiro não pode abandonar o estaleiro, antes tendo de assegurar a manutenção de todas as actividades instrumentais necessárias, até à desmobilização; além disso, mantêm-se os numerosos deveres acessórios de segurança, de lealdade e de informação. A relação complexa existente entre as partes conserva-se, mesmo após a cessação do direito à prestação principal.

Quer isso dizer que a relação obrigacional, enquanto realidade estruturalmente complexa, não cessa, com a impossibilidade. Caso a caso haverá que determinar os seus contornos.

---

[415] MANFRED LÖWISCH/GEORG CASPERS, no Staudinger II (2009) cit., § 275, Nr. 72 (282).

69. Outros efeitos; alteração da prestação; contratos bilaterais; *commodum repraesentationis*

I. Se o efeito primordial da impossibilidade superveniente é, efectivamente, a extinção da prestação principal, há que relevar outros efeitos conexionados com o instituto em análise.

Assim, a impossibilidade superveniente pode provocar uma simples alteração na prestação e, consequentemente, na obrigação. É o que sucede quando a impossibilidade seja parcial: o devedor tem, apenas, de prestar o que for possível – artigos 793.º/1 e 802.º/1.

II. Os efeitos da impossibilidade da prestação tornam-se, naturalmente, mais complexos quando a prestação visada esteja incluída em contrato com prestações recíprocas – "bilateral", na terminologia legal.

Quando, num contrato desse tipo, uma das prestações se torne impossível, fica a contraparte desobrigada – artigo 795.º/1. Caso já tenha efectuado a prestação, verifica-se uma hipótese específica de enriquecimento sem causa – artigo 795.º/1, *in fine*. Se a impossibilidade for apenas parcial, reduz-se, proporcionalmente, a prestação da contraparte – artigo 793.º/1; o credor pode, no entanto, resolver o negócio, quando não tenha interesse no cumprimento parcial – artigo 793.º/2[416].

III. O *commodum repraesentationis* vem expressamente instituído no artigo 794.º – cf. artigo 803.º: quando haja extinção de uma obrigação por impossibilidade da prestação e, por virtude do facto que gerou a aludida impossibilidade, o devedor veja constituir-se a seu favor um direito, o direito do credor transfere-se para este último.

> Por exemplo:
> António deve entregar a Bento uma coisa, que Carlos destrói. A prestação impossibilita-se e a obrigação extingue-se; porém, se por força de tal destruição António receber de Carlos € 50, deve prestar estes a Bento[417].

---

[416] Esta estatuição aplica-se, efectivamente, quando haja prestações recíprocas.

[417] Não se deve confundir esta figura com a eficácia externa das obrigações; no exemplo que figura no texto, esta configurar-se-ia caso Bento pedisse directamente a Carlos contas pelo prejuízo sofrido, o que só seria viável se se verificassem os diversos requisitos para tanto exigidos.

§ 19.° O regime da impossibilidade

O *commodum repraesentationis* ilustra o prolongamento da obrigação inicial, cuja prestação principal se tenha impossibilitado.

70. A impossibilidade imputável ao devedor

I. Segundo o artigo 801.°/1,

> Tornando-se impossível a prestação por causa imputável ao devedor, é este responsável como se faltasse culposamente ao cumprimento da obrigação.

Tal como referimos a propósito da impossibilidade não imputável ao devedor: caso não haja cumprimento, presume-se a culpa do inadimplente. Perante a impossibilidade superveniente da prestação, o artigo 801.°/1 tem aplicação imediata: a menos que o devedor logre ilidir a presunção *ex* 799.°/1.

Sendo a impossibilidade imputável ao devedor, aplicam-se as regras do incumprimento definitivo.

II. Quando a prestação se insira num contrato com prestações recíprocas, o credor fiel pode (801.°/2):

– resolver o contrato, de modo a não se conservar, ele próprio, vinculado à contraprestação;
– exigir a restituição da contraprestação que já haja efectuado;
– em qualquer caso: pedir uma indemnização por todos os danos causados.

Esta última proposição constitui, de resto, mais um argumento no sentido de não haver qualquer limitação ao interesse contratual negativo: todos os danos devem ser contemplados, nos termos do artigo 562.°, do Código Civil.

III. Sendo a prestação parcialmente impossível, o credor dispõe das seguintes pretensões (802.°/1):

– ou resolve o negócio, altura em que fica exonerado da contraprestação, podendo, se já a houver efectuado, exigir a sua restituição;

186 *O não cumprimento das obrigações*

– ou mantém o negócio, exigindo o cumprimento do que, da prestação, ainda for possível; reduz, nessa altura e proporcionalmente a sua prestação[418];
– em qualquer caso: mantém o direito a uma indemnização por todos os danos.

IV. O não cumprimento parcial não permite a resolução se, atendendo ao seu interesse, tiver escassa importância (802.°/2). Esta solução, que já se imporia por via do abuso do direito (334.°) deve ser aplicada com prudência: a Ordem Jurídica não contemporiza com o desrespeito pelas obrigações, base de qualquer sistema económico-social consistente.

V. Nos termos do artigo 803.°/1, tem aplicação o dispositivo do artigo 794.°, quanto ao *commodum repraesentationis*. Este (deduzidas todas as despesas) será, naturalmente, deduzido da indemnização a que o credor tenha direito.

71. O risco nas obrigações

I. O regime da impossibilidade tem, subjacente, as regras sobre a repartição do risco, nas obrigações.
À partida, o risco conhece um regime simples, claro e justo: corre contra quem tenha a vantagem inerente. No Direito das obrigações, isso implica que o risco caiba ao credor.

II. Existem, depois, diversos desvios no tocante à regra fundamental da repartição do risco nas obrigações. Assim, quando se trate de contratos com prestações recíprocas, o risco pela impossibilitação de alguma das prestações corre por conta dos dois contratantes, uma vez que a parte cuja obrigação se mantém fica desobrigada, total – artigo 795.°/1 – ou parcialmente – artigo 793.°/1 –, tendo direito a determinadas restituições, caso já tenha efectuado a prestação – artigo 795.°/1.

III. O Código Civil preocupou-se, depois, em regulamentar a questão do risco nos contratos com eficácia real. O problema aí transcende o

---

[418] Confronte-se este regime com o do artigo 793.°/1.

§ 19.º O regime da impossibilidade

âmbito estrito do risco nas obrigações, uma vez que se deve ter em conta o regime próprio do Direito das coisas.

Assim, quando um contrato tenha eficácia real, isto é, constitua, transmita ou modifique um direito real, *quid iuris* quando haja destruição ou deterioração da coisa? Em princípio, se houvesse impossibilidade superveniente da obrigação de entrega, o risco correria por conta do beneficiário do contrato (credor). Mas para tanto, seria necessária a tal impossibilidade efectiva: se o devedor pudesse entregar (por exemplo) coisa idêntica, manter-se-ia a obrigação.

Porém, como os contratos dotados de eficácia real produzem, imediatamente, efeitos reais, – artigo 408.º/1 – o credor é desde logo titular do direito real em questão: uma vez celebrado o contrato, o risco da destruição ou deterioração da coisa corre logo por ele, não obstante não se verificarem os requisitos todos da impossibilidade da prestação – artigo 796.º/1.

> Por exemplo:
>
> António vende um automóvel a Bento, obrigando-se a entregar-lho. Se o automóvel perecer[419], Bento fica prejudicado, não obstante António poder ainda mandar reparar o automóvel ou entregar outro idêntico – artigo 796.º/1; isso por a propriedade do automóvel já se ter transferido.

Mas, por exemplo:

> Carlos celebra com Daniel contrato-promessa de compra e venda de um automóvel com certas características. Daniel só ficaria prejudicado quando todos os automóveis desse tipo perecessem; a destruição de um automóvel implicaria prejuízo para Carlos, proprietário.

IV. O Código regula, depois, quatro hipóteses específicas:

- – a de a coisa continuar em poder do alienante em consequência de termo constituído em seu favor: o risco corre por este, só se transferindo para o adquirente com o vencimento do termo ou com a entrega – artigo 796.º/2;
- – a do contrato estar dependente de condição resolutiva: o risco corre por conta do adquirente, na pendência da condição, quando este tenha a posse da coisa – artigo 796.º/3;

---

[419] Se perecer por culpa de António, este terá de indemnizar, *maxime* entregando automóvel igual.

188   *O não cumprimento das obrigações*

– a do contrato estar dependente de condição suspensiva: o risco corre por conta do alienante, na pendência da condição – artigo 796.°/3, *in fine*;
– a de se tratar de coisa que, por força de convenção, o alienante deva enviar para local diferente do lugar do cumprimento: o risco passa a correr pelo adquirente quando a coisa seja entregue ao transportador da coisa ou à pessoa indicada para a execução do envio – artigo 797.°. Neste caso, torna-se, pois, primordial conhecer o local do cumprimento, o que depende da interpretação do contrato.

V. Chamamos a atenção para o facto de, no fundo, em todos estes casos, a questão do risco se decidir, nos termos das regras do Direito das coisas, pela atribuição da titularidade do direito real envolvido. O risco corre por conta do titular.

Nas obrigações genéricas e alternativas, a concentração opera como forma de determinação da prestação, em termos que justificam a regulamentação do risco pelas regras do Direito das obrigações; caso opere a transferência do domínio, observa-se o regime aplicável[420].

---

[420] *Tratado* II/1, 593 ss. e 613 ss..

SECÇÃO IV

A VIOLAÇÃO POSITIVA DO CONTRATO

§ 20.° EVOLUÇÃO HISTÓRICO-DOGMÁTICA DA VIOLAÇÃO POSITIVA DO CONTRATO

72. A descoberta de Hermann Staub

I. A violação positiva do contrato – que, como a *culpa in contrahendo*, tem sido considerada uma descoberta frutuosa da doutrina posterior à publicação do BGB[421] – deve-se a Hermann Staub, em 1902[422]. Como tantas teses importantes, ela é de enunciado simples: o BGB, versão inicial, regula, no § 280, a obrigação do devedor de indemnizar o credor cuja prestação impossibilite e no § 286, a de indemnizar o credor pelos danos advenientes de mora sua, na redacção inicial[423]. O que é dizer: o devedor responde pela não realização da prestação.

---

[421] EIKE SCHMIDT, *Jhering, Culpa in contrahendo / Staub, Positive Vertragsverletzung*, posfácio (1969) 131. A expressão "violação positiva do contrato", introduzida na doutrina portuguesa por MANUEL DE ANDRADE, *Teoria geral das obrigações*, 3.ª ed. cit., 326, é criticada por PEREIRA COELHO, *Direito das obrigações* (1964), 380. Não é óptima; mas como indica, com precisão, o espaço do debate, deve manter-se.

[422] HERMANN STAUB, *Die positiven Vertragsverletzungen*, 26. DJT (1902), 31-56, publicado de novo em 1904, com alterações e em segunda edição compl. por EBERHARD MÜLLER (1913). Cita-se de acordo com este último local. O escrito em causa surge, também, em EIKE SCHMIDT, ob. cit., 96 ss., sendo considerado "genial" por LUDWIG WERTHEIMER, *Entwicklungstendenzen in deutschen Privatrecht* (1928), 6.

[423] No Código Vaz Serra, *vide* o artigo 801.°/1 e o artigo 804.°/1. Quanto à formulação da violação positiva do contrato (vpc), PETER SCHWERDTNER, *Positive Forderungsverletzung*, Jura (1980), 213-222 (214) e HEINRICH HONSELL, *Die positive Vertragsverletzung und ihr Verhältnis zur Sachmangelhaftung bei Kauf, Miete und Werkvertrag*, Jura (1979), 184-199 (184-185).

190 *O não cumprimento das obrigações*

II. Em compensação, o BGB nada mandava quanto aos casos, na prática numerosos, em que o devedor viole a adstrição através duma actuação positiva, isto é, fazendo o que devia omitir ou efectuando a conduta devida, mas em termos imperfeitos: esqueceu as violações positivas do contrato. Segundo Staub, a lacuna derivada deste silêncio deveria ser integrada pela aplicação analógica do § 326 do BGB – o regime da mora.

III. Hermann Staub parte, para a sua construção, de numerosos casos práticos em que existe violação de um vínculo, através de actuações positivas[424]. A presença de danos exigiria um ressarcimento; falta, contudo, uma disposição que, no BGB, integrasse devidamente estas situações. Staub rebate várias saídas, já encontradas, na época, para equacionar esse problema; assim a sua pura e simples recondução ao § 276[425] ou a sua integração no instituto da impossibilidade[426]. Explica, também, que a mera atribuição, ao credor, de uma indemnização, não satisfaria as necessidades das hipóteses prefiguradas[427]. A solução estaria em, por aplicação analógica do regime da mora, reconhecer à parte leal ao contrato a possibilidade de escolher entre três termos: manter o contrato e exigir uma indemnização por cada violação singular, exigir uma indemnização geral pelo incumprimento do contrato ou rescindi-lo[428]. O resto do escrito ocupa-se, em acrescentos de Staub ou de E. Müller, de observações e críticas feitas, pela doutrina, à primeira publicação daquele Autor sobre violação positiva do contrato[429].

---

[424] Staub, *Die positiven Vertragsverletzungen*, 2.ª ed. cit., 5-6.

[425] Staub, *idem*, 7. A ideia de recorrer ao 276 BB – pelo qual o devedor responde por dolo e negligência, definindo esta última – é de Carl Crome, *System des deutschen Bürgerlichen Rechts*, 2 (1903), 65; explica, porém, Staub que essa disposição é apenas definitória. Tem razão. Ela não comporta normas que, violadas, impliquem os juízos de dolo ou de negligência.

[426] Staub, *idem*, 8 ss.. A utilização da impossibilidade para cobrir o espaço da v.p.c., que, periodicamente e até hoje, conheceria períodos de voga; uma inexactidão na prestação equivaleria à impossibilidade desta. Staub contrapõe poder haver prestações defeituosas, sendo a conduta devida possível.

[427] Staub, *idem*, 39, p. ex..

[428] Staub, *idem*, 24.

[429] Staub, *idem*, 26 ss..

§ 20.º *Evolução histórico-dogmática da violação positiva do contrato*   191

73. Apreciações críticas

I. O escrito de Staub teve uma repercussão larga imediata, na doutrina e na jurisprudência.

A esta última servia, muito particularmente, a elasticidade e a imprecisão da tese staubiana; possibilitava-se uma margem oportuna de concretização no caso real, embora com o perigo, inerente a tais esquemas, de uma fuga simples para a equidade. A doutrina, pelo contrário, numa sensibilidade a que não é estranho um remanescente conceptualístico, endereçou a Staub críticas diversas.

II. Censurou-se, assim, que, à designação unitária de violação positiva do contrato se abrigavam, na realidade, fenómenos diferentes[430]. A diversidade foi-se ampliando à medida que as investigações posteriores, impulsionadas pelas necessidades práticas, foram multiplicando as modalidades iniciais. A ponto de se tornar inviável uma noção afirmativa de violação positiva do contrato: esta acabaria por ser definível, apenas por exclusão, como abrangendo todas as violações culposas de uma vinculação que não pudessem integrar nem a impossibilidade, nem a mora do devedor[431].

III. Outra crítica de relevo consistiu em negar a presença de uma lacuna, o que estava na origem de toda a construção subsequente: as várias realidades unificadas por Staub e seus seguidores reconduzir-se-iam a diversas disposições legais do BGB. O próprio Staub, através dos seus exemplos[432], distinguia já hipóteses de violação de um dever de *non facere*, de cumprimento de uma prestação em termos de causar danos ao credor[433], de mau cumprimento de um dever de prestar comum e de má

---

[430] HEINRICH LEHMANN, *Die positiven Vertragsverletzungen*, AcP 96 (1905), 60-113 (92) e ERNST ZITELMANN, *Nichterfüllung und Schlechterfüllung*, FS P. Krüger (1911), 265-281 (265).

[431] HEINRICH STOLL, *Abschied von der Lehre von der positiven Vertragsverletzung*, AcP 136 (1932), 257-320 (262 e 314).

[432] STAUB, *Die positiven Vertragsverletzungen*, 2.ª ed. cit., 5, p. ex..

[433] A hipótese de escola, muito utilizada é, da pessoa que entrega a outra um animal doente que vai, depois, contagiar toda a manada; Staub, num exemplo que se pode considerar de transição, menciona a entrega por um comerciante a outro, de material explosivo, sem lhe dar conhecimento do perigo, vindo, assim, a provocar-se danos consideráveis no estabelecimento deste. *Vide* ERNST ZITELMANN, *Nichterfüllung und Schlechterfüllung*, cit., 276-277.

execução de uma prestação numa sequência sucessiva de deveres, em termos de afectar o conjunto[434]. Numa enumeração mais cuidadosa, e aproveitando o florescimento ocorrido depois de Staub, Heinrich Stoll é levado a distinguir a actuação contra um dever de omissão[435], o mau cumprimento de uma obrigação[436], o pôr em perigo o escopo contratual numa relação duradoura, a falha numa prestação única em contratos de fornecimento sucessivos de bens e a recusa de cumprimento por parte do devedor[437]. Tomando esta enumeração como significativa, pode contrapor-se o que segue. A actuação contra um dever de omissão seria um vulgar incumprimento[438]. Tratando-se de omissão independente junto de uma prestação principal, mandariam as regras sobre impossibilidade parcial; seja a omissão dependente, ditada apenas pelo princípio da boa fé e caberia à prestação propriamente dita decidir do destino da violação[439]. Este modelo de raciocínio pode aplicar-se às demais modalidades de violação positiva do contrato: em todas as falhas enumeradas, caberia sempre o não cumprimento de deveres, ou a criação, pelo devedor, de uma situação tal que o seu cumprimento não faria já sentido[440]. Em qualquer dos casos, haveria que recorrer às regras da mora ou às da impossibilidade, ambas tratadas pelo BGB[441].

IV. Heinrich Stoll, num estudo que prenunciaria o desenvolvimento contemporâneo do tema, entende, em especial, que a categoria staubiana da "violação positiva do contrato" deve ser suplantada, celebrando-se a sua despedida[442]. Na base desta posição está o constatar de que falta, ao

---

[434] STAUB, *Die positiven Vertragsverletzungen*, 2.ª ed. cit., 22.

[435] HEINRICH STOLL, *Abschied* cit., 262.

[436] HEINRICH STOLL, *Abschied* cit., 264.

[437] HEINRICH STOLL, *Abschied* cit., todos 265.

[438] Tanto mais que o BGB declara no seu § 241, logo à cabeça do livro III do BGB, que a prestação pode consistir numa não actuação; cf. HEINRICH LEHMANN, *Die positiven Vertragsverletzungen* cit., 69.

[439] H. LEHMANN, *idem*, 77.

[440] JURY HIMMELSCHEIN, *Zur Frage der Haftung für fehlerhafte Leistung*, AcP 158 (1959-60), 288, entende que a vpc poderia ser reconduzida a um tema de impossibilitação; o problema acaba por relativizar-se, ganhando um nível linguístico; assim REINHARD WICHER, Zur *Frage der Haftung für fehlerhafte Leistung*, AcP 158 (1959-60), 297-301 (301).

[441] JURY HIMMELSCHEIN, *Erfüllungszwang und Lehre von den positiven Vertragsverletzungen*, AcP 135 (1932), 255-317 (295).

[442] HEINRICH STOLL, *Abschied* cit., 314 ss..

§ 20.° *Evolução histórico-dogmática da violação positiva do contrato*   193

conceito, qualquer espécie de unidade[443]. Em aprofundamento importante, Stoll distingue, na obrigação, um interesse de prestação e um interesse de protecção. Ao serviço do primeiro, resultam deveres do contrato, a interpretar e a complementar segundo a boa fé, que tutela a obtenção efectiva do fim visado pela prestação. O segundo, por via, também, da boa fé, assenta no seguinte. Havendo, entre as partes, uma ligação obrigacional, gera-se, com naturalidade, uma relação de confiança na base da qual é, em especial, possível, o infligir mútuo de danos; a boa fé comina deveres de não o fazer[444]. Esta análise permite constatar a presença na obrigação, de deveres de cumprimento, que visam o prosseguir efectivo do interesse do credor na prestação e de deveres de protecção que pretendem obstar a que, a coberto da confiança gerada pela existência de uma obrigação, se produzam danos na esfera das partes[445]. Conduzindo esta consideração analítica até ao seu extremo, Stoll nega, com certa facilidade, a autonomia da violação positiva do contrato, como terceira categoria de prevaricações obrigacionais, junto da mora e da impossibilitação do dever de prestar: independentizados os deveres de cumprimento e de prestação, assistir-se-ia seja à mora, seja à impossibilidade, no seu cumprimento[446]. Stoll teria a oportunidade de retomar esta sua concepção[447].

---

[443] HEINRICH STOLL, *idem*, 262 e 314, p. ex..

[444] HEINRICH STOLL, *idem*, 288-289, 291 ss. e 298 ss..

[445] Como o próprio H. STOLL reconhece – *idem*, 289 – a referência à autonomia dos deveres de protecção deve-se a Krell; *vide Tratado* II/1, 468 ss..

[446] HEINRICH STOLL, *idem*, 292 e 298 ss..

[447] HEINRICH STOLL, *Die Lehre von der Leistungsstörungen* (1936). Este trabalho integra-se num conjunto de estudos realizados na época, com o fito de promover uma reforma do Direito civil: compreende, assim, um articulado – *Leistungsstörungen* cit., 58 ss. – onde, de facto, a regulação da violação positiva do contrato fica diluída num regime genérico das violações da prestação. Como novidades, há a registar a aceitação do pensamento comunitário, ao gosto do regime dominante, com o inevitável dever de lealdade a ele conexo e a importância dada a uma relação de confiança, de natureza legal, que reforçando a ligação entre as partes, estaria na origem dos tais deveres de protecção – *Leistungsstörungen* cit., p. ex., 8 ss., 10 ss., 23 ss., 25 ss. e 61 ss.. Tal como Heck, também HEINRICH STOLL veio macular o seu pensamento inicial, ínsito na jurisprudência dos interesses, com considerandos desnecessários, ditados pela pressão dos acontecimentos políticos, ocorridos no final da sua vida científica. Sob as asserções de circunstância mantém-se, porém, vivo o interesse do seu pensamento.

74. Balanço

I. As críticas a Staub e à violação positiva do contrato só ganhariam peso decisivo se lhe fossem contrapostas construções alternativas. Fique assente – no que representa um ponto importante a favor de Staub – que a existência do problema por ele diagnosticado, isto é, a presença de violações creditícias não integráveis, com linearidade, nos esquemas da mora e da impossibilidade, constantes do BGB é confirmada pelos seus críticos, de modo implícito ou explícito.

II. Houve tentativas; praticamente, foi coberto todo o espectro possível. Num primeiro tempo, pretendeu reconduzir-se a violação positiva do contrato – portanto as violações que extravasassem o duo mora-impossibilidade – ao domínio da responsabilidade delitual[448]. A saída não prova: a natureza fragmentária do Direito delitual alemão deixa numerosas hipóteses sem cobertura, enquanto a proximidade clara – quando não uma pura integração – com as violações contratuais, num sistema que distinga as responsabilidades delitual e obrigacional, recomenda uma regulação de acordo com esta última. Ensaiou-se, pois, uma subsunção dos casos de violação positiva do contrato no § 276 BGB, pelo qual o devedor responde por dolo ou negligência[449]. Como o próprio Staub havia feito notar, este preceito definitório não constitui a norma que, uma vez violada, gera responsabilidade; orienta, apenas, a formação dos juízos de valor legais correspondentes a violações operadas noutras latitudes. Explorada com certa profusão foi a via de reconduzir a categoria staubiana à mora-incumprimento[450] ou à impossibilidade[451] ou ainda a ambas as figuras, consoante

---

[448] FRITZ VERNER, *Die Schadensersatzpflicht wegen Verschuldens bei Erfüllung einer Verbindlichkeit*, Recht 1903, 308-309 (108) e T. KIPP, *Das Reichsgericht und die positiven Vertragsverletzungen* cit., 255-256.

[449] O § 276 BGB abrangia toda a responsabilidade emergente da violação de obrigações específicas, sejam elas contratuais ou legais. Integra, deste modo, a antiga "responsabilidade contratual". Outro tanto acontece no Código português, através do artigo 799.º/1, ponto decisivo de diferenciação significativa entre as responsabilidades delitual e obrigacional, perante o Direito substantivo.

[450] Esta posição vai-se impondo à medida que se expande a ideia de que, em jogo, está a inobservância de deveres acessórios impostos pela boa fé.

[451] JURY HIMMELSCHEIN, de novo em *Zur Frage der Haftung für frehlerhafte Leistung*, AcP 158 (1959/60), 288.

§ 20.° *Evolução histórico-dogmática da violação positiva do contrato*   195

os casos[452]. Deve reconhecer-se que, nesse domínio, a tentativa mais completa é, ainda, a de Heinrich Stoll.

III. Como sucedeu na *culpa in contrahendo*, a resposta definitiva às questões postas pelo diferendo, acima anotado, depende de análises que transcendem o universo restrito básico da violação positiva do contrato. Este não suportaria mais do que derivações axiomáticas ou disso próximas. Pode, porém, precisar-se já um aspecto fundamental, cuja falta, na doutrina, tem provocado boa parte das controvérsias. Qualquer violação jurídico-positiva pode ser sempre equiparada a um não cumprimento de normas[453]. A própria impossibilitação equivale ao inobservar da regra que manda não se impossibilitem as prestações a que outrem tenha direito; a mora, naturalmente, emerge da desatenção pelo mandamento do cumprir pontual das obrigações. As transposições, mesmo a um nível de analitismo menor, são possíveis: o dever de indemnizar por mora corresponde à impossibilidade, causada pelo devedor, de cumprir em tempo a obrigação. Não está em causa um problema de qualificações formais e intermutáveis, como se viu. Há antes um perguntar insistente por um regime. Perante isso, o Código alemão, na versão antiga e, no essencial, o português[454] – prevê regras para a mora – incumprimento de obrigação ainda possível e enquanto o for – e para a impossibilidade – incumprimento de obrigação cuja prestação se torna irrealizável. Os preceitos carreados a pretexto dessas duas figuras não têm aplicação, apriorística e privada de mediações e adaptações, a vários dos casos integrados, com propriedade ou sem ela, no epíteto de violação positiva do contrato.

IV. O núcleo do cumprimento imperfeito, pelo menos, não pode, sem mais, integrar-se na mora – naquele algo foi prestado e o erro pode, até, nem ser corrigível – enquanto a aplicação das prescrições referentes à impossibilidade parcial tem, dos predicados que possam informar uma prestação, visões meramente quantitativas, de insuficiência patente. A comprovar a aspiração do sistema a um regime diferenciado para a clássica

---

[452] Um enunciado das várias posições consta do nosso *A violação positiva do contrato*, 142.

[453] Ou, pelo prisma da sua concretização, à inobservância de vínculos obrigacionais.

[454] *A violação positiva do contrato*, 139. Em jogo, estão os artigos 798.°/1 e 801.°/1 do Código Civil.

violação positiva do contrato, surge toda uma regulação específica para falhas no cumprimento, em sede de certos contratos especiais[455]. Quanto a saber se está em jogo um aflorar de princípios gerais – hipótese complicada pela diversidade que essas normas, próprias da parte especial do Direito das obrigações, apresentam, nos diversos contratos em que aparecem inseridas – ou uma ordenação excepcional perante um qualquer regime genérico, a decantar por contraste, é questão irresolúvel sem fazer interceder elementos exógenos mais profundos.

Seja qual for a solução final propugnada para o tema, ela exige uma discussão própria e apresenta, para tanto, espaço bastante. Chega para justificar uma autonomia dogmática.

V. A evolução registada na violação positiva do contrato, desde Staub a Stoll, revela uma aproximação desse tema com o dos deveres acessórios. No início, a criação staubiana agrupa figuras sortidas que, em comum, tinham a sua irredutibilidade às formas consagradas de violação das obrigações. O aprofundar dogmático do tema, iniciado, de seguida, por Lehmann, logo chamou à colação as violações de deveres que acompanham a prestação principal. Essa referência não mais se perderia, sendo, de modo convincente, utilizada por Stoll, que, com tal base, propôs-se mesmo irradicar a violação positiva do contrato.

VI. A violação positiva do contrato, como figura de referência, mantém, no entanto, interesse e actualidade. Do ponto de vista histórico, ela traduz a laboração doutrinária e jurisprudencial periférica que, partindo de problemas concretos reais, elaborou um conteúdo efectivo para o que, de outro modo, se conservaria num nível de elaboração central teórica. Num prisma dogmático actual, a violação positiva do contrato, sendo, de modo predominante, um conceito descritivo a obter pela negativa, compreende um âmbito não coincidente com o dos deveres acessórios. Deve considerar-se como integrando hipóteses de violação positiva do contrato, os casos de cumprimento defeituoso da prestação principal, de incumprimento ou impossibilitação de prestações secundárias e de violação de deveres acessórios[456]. Os regimes aplicáveis nestas hipóteses – o direito à

---

[455] Assim, na compra e venda – artigos 905.° ss. e 913.° ss. – na doação – artigo 957.° – na locação – artigo 1032.° ss. – e na empreitada – artigo 1218.° ss..

[456] Na nossa *Violação positiva do contrato* cit., 143, pode ver-se a crítica a outras inclusões e um apontamento sobre as consequências jurídicas da verificação da figura. Para

§ 20.º *Evolução histórico-dogmática da violação positiva do contrato*   197

indemnização pelos danos, a possibilidade de recusar legalmente a prestação e a de mover a excepção do contrato não cumprido – justificam, pela sua uniformidade de princípio, a manutenção da violação positiva como figura unitária. Nela, a boa fé é chamada a depor em dois níveis: no campo da determinação das prestações secundárias e da delimitação da própria prestação principal, ela age sobre as fontes, como instrumento de interpretação e de integração; no dos deveres acessórios, ela tem um papel dominante na sua génese. Em estudo, agora, está este último aspecto.

Os deveres acessórios, reportados à boa fé, traduzem, deste modo, uma síntese histórica, típica nos quadros da terceira sistemática e da evolução juscientífica subsequente, entre a consideração central do problema, ditada pelos estudos teoréticos da complexidade inter-obrigacional e o influxo periférico adveniente de problemas reais e concretos, veiculada pela prática da violação positiva do contrato, na parte relevante desta, para o efeito em causa.

O artigo 762.º/2 recebe, nos seus diversos aspectos, toda esta elaboração. Cabe ter presente os seus diversos aspectos substanciais.

---

aí se remete. Nesse escrito – ob. cit., 140, nota 28 – mencionam-se, também, as intervenções da doutrina portuguesa, através de Manuel de Andrade e de Vaz Serra, nesse tema.

§ 21.º O CUMPRIMENTO IMPERFEITO

75. Aspectos gerais; os deveres acessórios

I. A violação positiva do contrato pode ser usada como uma referência dogmática de ordem geral, portadora de vários progressos jurídico-científicos. Para efeitos de exposição do Direito vigente, usaremos a fórmula consagrada "cumprimento imperfeito"[457].

Como ponto de partida, deve ficar claro que o "cumprimento imperfeito" é um incumprimento. Quando ocorra, desencadeia todos os mecanismos previstos perante a inobservância das obrigações.

II. O cumprimento imperfeito, na tradição da violação positiva do contrato, abrange duas grandes áreas:

– a violação dos deveres acessórios;
– a realização inexacta da prestação principal.

A violação dos deveres acessórios não é uma inobservância de gravidade reduzida: ela pode ter as mais vultosas consequências. Aplicam-se as regras do incumprimento, incluindo a presunção de culpa e a possibilidade de, por aplicação do artigo 802.º/1, se resolver (todo) o contrato.

Outros aspectos desenvolvidos a propósito do cumprimento inexacto da prestação principal, podem ter aplicação. Um ponto a verificar caso a caso.

---

[457] Como obra de referência: PEDRO ROMANO MARTINEZ, *Cumprimento defeituoso em especial na compra e venda e na empreitada* (1994, reimp., 2001), 602 pp..

76. O cumprimento inexacto da prestação principal

I. Há cumprimento ou prestação inexacta sempre que, chegado o prazo para a sua execução, esta seja efectivada em termos que não correspondam à conduta devida[458]. A não correspondência pode advir de algum dos vários factores em jogo, como sejam a insuficiência, a má qualidade, ou a não correspondência do comportamento tomado, face à atitude devida. Por isso, só caso a caso é possível indagar da excelência da prestação efectuada.

II. A perfeita distinção entre o cumprimento inexacto e a pura e simples ausência de cumprimento não suscita, nas suas manifestações extremas, dúvidas de maior. Assim, se António, obrigado a entregar a Bento € 100, nada entrega, no prazo da prestação, não há qualquer cumprimento. Se, porém, entregar € 80, podemos falar de cumprimento inexacto. Existe, no entanto, uma zona de fronteira onde se podem suscitar dúvidas de qualificação. Para que um cumprimento defeituoso possa, ainda, merecer o epíteto de cumprimento, necessário é que ele tenha um mínimo de correspondência com a atitude devida. Não basta, para a sua identificação, falar em "violações positivas" de contrato ou de prestação. Por exemplo, Bento, empreiteiro, obriga-se a construir uma casa a Carlos. No cumprimento, ele repara-lhe o automóvel. Há cumprimento inexacto? Em tal caso, existe, pura e simplesmente, um incumprimento.

A distinção terá de ser extra-jurídica: um certo comportamento poderá considerar-se como cumprimento, se bem que inexacto, quando, à luz do bom senso e de critérios de normalidade social, ele ainda possa ser aproximado do cumprimento devido. Quando tal não suceda, há, pura e simplesmente, incumprimento. Os resultados obtidos desta forma devem, em todo o caso, passar pelo crivo da boa fé.

III. Quando o devedor se proponha realizar um cumprimento inexacto, a primeira consequência é a atribuição, ao credor, da faculdade de recusar a prestação. Tal resulta, entre outros, do artigo 763.º/1[459]: apesar de se focar, aí, apenas, a situação da prestação parcial, supomos não oferecer dúvidas a sua extensão aos restantes vícios da prestação.

---

[458] MICHELE GIORGIANNI, *L'inadempimento*, 3.ª ed. cit., 3 ss..

[459] *Vide*, também, o artigo 783.º/2, *in fine*.

§ 21.º O cumprimento imperfeito

Mas até que ponto pode o credor recusar a prestação oferecida pelo devedor? Todos estão de acordo em como um pequeno vício não justifica a recusa de uma prestação muito mais ampla, com grande prejuízo para o devedor. A delimitação precisa oferece dificuldades, tanto mais que o Código Civil não compreende um regime geral do cumprimento defeituoso. A questão deve ser resolvida à face das regras gerais dos conflitos de direitos: perante a faculdade do credor de recusar a prestação inexacta e a pretensão do devedor de não ver degradar a situação, há que averiguar qual das situações é, em cada caso concreto, mais atingida, em termos de fazer ceder a outra[460]. Não é de excluir soluções de meio termo – artigo 335.º/1 e 2, respectivamente. O todo deve ser sempre ponderado à luz da boa fé – artigo 762.º/2 –, não sendo de afastar a possibilidade de abuso do direito – artigo 334.º – por parte do credor que, por uma pequena falha, recuse a prestação, causando, com isso, prejuízos muito maiores ao devedor.

IV. Quando o credor recuse justificadamente o cumprimento por defeito da prestação, segue-se o regime do cumprimento retardado ou do incumprimento definitivo, consoante os casos.

Se a recusa for injustificada, verifica-se uma previsão de mora do credor, que veremos posteriormente.

E se o credor aceitar a prestação inexacta, que poderia recusar? Em tal eventualidade, há que operar algumas distinções e subdistinções. Assim:

– o credor aceita a prestação porque desconhece o vício; nessa altura, pode pedir a anulação do cumprimento alegando, por exemplo, erro ou dolo do devedor, nos termos gerais estatuídos para o negócio jurídico – artigo 240.º e seguintes – e aplicáveis, genericamente, a actos e outras manifestações de vontade humana – artigo 257.º –, seguindo-se, depois, o regime do incumprimento; pode, também, contentar-se com o ressarcimento dos prejuízos que, de qualquer forma, pode ter lugar ainda quando haja anulação;
– o credor aceita a prestação conhecendo o vício; aí, várias possibilidades se nos deparam:

---

[460] *Tratado* I/4, 384 ss..

- o credor pode pedir, ao devedor, indemnização pelos prejuízos sofridos com a inexactidão, sendo, a respectiva indemnização, pecuniária ou específica, nos termos gerais;
- o credor pode ter querido aceitar uma dação em pagamento[461] – artigo 837.° e seguintes – extinguindo-se, consequentemente, a obrigação, sem que de cumprimento se possa falar;
- o credor pode pretender perdoar, ao devedor, os prejuízos que este lhe causou com a inexactidão.

A primeira sub-hipótese verificar-se-á sempre que nada haja em contrário. A dação em pagamento terá de resultar clara das manifestações de vontade das partes. A extinção de eventual indemnização implica, como é sabido, um contrato entre credor e devedor, a tanto dirigido – artigo 863.°.

IV. Várias situações de cumprimento inexacto surgem, na lei, com regulamentação específica. Assim sucede na compra e venda, com a transmissão de direitos onerados – artigo 905.° e seguintes – ou com a entrega de coisas defeituosas – artigo 913.° e seguintes. Assim sucede, também, no contrato de empreitada – artigo 1218.° e seguintes – e na locação – artigo 1032.°. Só uma análise pormenorizada de todas as normas aí compreendidas poderia revelar se elas contêm meras explicitações, devidamente adaptadas, das regras gerais ou se, pelo contrário, há autênticos desvios, de natureza excepcional.

77. Natureza

I. Para terminar, qual a natureza do comprimento inexacto? Afastamos, obviamente, a hipótese de o credor ter dado o seu assentimento à inexactidão pois, nessa altura, há qualquer outra figura, tipo dação, e não uma variante do incumprimento.

Em princípio, o cumprimento inexacto deveria cindir-se: na parte em que ainda pudesse considerar-se cumprimento, seria um acto devido; na parte em que tal fosse impossível, seria um ilícito obrigacional.

---

[461] Ou qualquer outra forma de extinção da obrigação, diferente do cumprimento.

§ 21.º O cumprimento imperfeito

II. Repugna, no entanto, semelhante cisão, operada no seio de um acto inequivocamente unitário: o cumprimento inexacto é, globalmente, um acto ilícito, quando a inexactidão seja provocada pelo devedor, o que aliás, se presume – artigo 790.º/1. Tanto assim, que dá lugar a imputação de danos ao devedor, sendo os danos avaliados em função da totalidade do acto.

PARTE VI

TRANSMISSÃO DAS OBRIGAÇÕES

CAPÍTULO XVII
DA TRANSMISSÃO DAS OBRIGAÇÕES

§ 22.º A TRANSMISSIBILIDADE DAS OBRIGAÇÕES

78. Generalidades

I. Em sentido muito amplo, podemos dizer que uma situação jurídica se transmite quando, produzindo ela, em determinado momento, efeitos em relação a uma pessoa, passe, num segundo tempo, a produzir efeitos em relação a outra.

A nível mais estrito, encontramos a transmissão dos direitos subjectivos. Esta verifica-se quando uma permissão normativa de aproveitamento de determinados bens, dirigida a um sujeito, passe a ser reportada a outro. Quando o bem em causa seja uma prestação, deparamos com a transmissão de um crédito. Paralelamente, podemos definir a transmissão do débito, como a ocorrência pela qual o dever de prestar que assista a uma pessoa passe a caber a outra.

II. A transmissão de que temos vindo a falar pode ser considerada *lato sensu*, englobando, no seu seio, a sucessão e a transmissão *stricto sensu*[462]. A distinção entre as duas noções, aliás contestada mas maioritariamente defendida, e pensamos que bem, releva, aparentemente, de um preciosismo que tem, não obstante, relevância prática. Na sucessão, a situação jurídica permanece estática, assistindo-se, tão-só, à substituição do seu sujeito anterior por novo sujeito. Pelo contrário, na transmissão, a situação em causa efectua uma movimentação da esfera do transmitente

---

[462] *Direitos Reais*, 2, n.º 233.

para a do transmissário. A relevância prática a que aludimos emerge de que, na sucessão, a situação implicada mantém-se totalmente inalterada. Pelo contrário, na transmissão *stricto sensu*, a situação em causa, sem prejuízo da sua identidade, pode sofrer alterações nas suas características circundantes.

A fenomenologia desta diferenciação é claramente perceptível na posse:

A, possuidor, transmite a B a sua situação; se B estiver de má fé, a sua posse é de má fé, de nada valendo a eventual boa fé de A;

D sucede na posse de C; se C estivesse de boa fé, a posse de D considera-se de boa fé, independentemente do comportamento deste.

Para além desta problemática, que importa conhecer e ter presente, falaremos indiferentemente em transmissão.

III. Existem diversos critérios com base nos quais é possível proceder à distrinça de modalidades de transmissão. O mais importante opera consoante o facto motor da transmissão seja a morte de uma pessoa ou qualquer outro; na primeira hipótese, a transmissão diz-se por morte ou *mortis causa*; no segundo, é entre vivos ou *inter vivos*. Uma vez que a problemática da transmissão *mortis causa* é objecto de um ramo institucionalizado do Direito civil – o Direito das sucessões – vamos limitar a análise subsequente à transmissão *inter vivos*, sem prejuízo de lançar mão de normas próprias do fenómeno sucessório, quando necessárias para clarificar quaisquer questões.

79. A transmissibilidade geral das obrigações; evolução histórica

I. O Direito das obrigações é um Direito tendencialmente patrimonial. As situações obrigacionais podem-se incluir, em princípio, na ideia de propriedade, a qual, entendida em sentido amplo, abrange as diversas categorias de Direitos patrimoniais. O princípio da transmissibilidade geral das obrigações tem, desta forma, protecção constitucional: o artigo 62.º/1, da Lei Fundamental.

A nível infra-constitucional, o princípio da transmissibilidade geral das obrigações está consagrado, no tocante à transmissão *inter vivos*, no Capítulo IV, do Título I, do Livro II do Código Civil, intitulado, precisa-

§ 22.º *A transmissibilidade das obrigações* 209

mente, transmissão de créditos e de dívidas. A transmissão *mortis causa* das obrigações é possível nos termos do artigo 2024.º, implicitamente.

II. Ao passo que nos direitos reais, até pela clareza da entrega voluntária de uma coisa por uma pessoa a outra, a transmissão não levanta dúvidas de maior, nas obrigações outro tanto não sucede. Durante muito tempo, a transmissão de situações obrigacionais foi julgada impossível, sendo analiticamente explicável esse entendimento:

– pela abstracção da fenomenologia obrigacional:
– pelas concepções reinantes em sede de conceito da obrigação;
– pela especial configuração dos interesses em jogo.

A obrigação redunda num vínculo entre duas pessoas. Consequentemente, falta aqui a imagem empírica da entrega da coisa que, no campo do Direito das coisas, torna a transmissão claramente perceptível a todos os espíritos; a transmissão de obrigações só pode ser congeminada a elevado nível de abstracção o qual pressupõe um estádio avançado da Ciência do Direito.

O entendimento da obrigação como um vínculo sobre a pessoa do devedor dificultou qualquer hipótese de transmissão, tanto mais que também da parte do credor haveria uma ligação estritamente pessoal. Em tal conceptologia, qualquer tentativa de desligar uma obrigação dos seus sujeitos iniciais implicaria, inexoravelmente, a sua extinção, seguindo-se, quando muito, a constituição de obrigações diferentes, entre outros sujeitos.

Finalmente, os interesses em jogo movimentam-se em torno de condutas humanas e de relações intersubjectivas. Sendo assim, não é indiferente ao credor que o devedor da "sua" obrigação seja A ou B, assim como não é igual, para o devedor, dever a C ou a D. Naturalmente, os sujeitos no vínculo obrigacional terão escolhido os seus parceiros, aquando da sua constituição; qualquer alteração posterior poderia acarretar-lhes moléstia[463].

---

[463] Quanto ao credor, pode acontecer que o novo devedor não seja igualmente capaz de desempenhar a conduta devida ou não tenha idêntica cobertura patrimonial; quanto ao devedor, por razões meramente subjectivas (não querer dever a fulano) ou até, objectivas – o novo credor pode ser menos tolerante que o anterior. Pense-se, finalmente, na hipótese das obrigações sinalagmáticas.

210   *Da transmissão das obrigações*

III. Com tal pano de fundo, vamos traçar um rápido bosquejo da evolução histórica da problemática da transmissibilidade das obrigações[464]: um quadro pragmático sem precisas preocupações de reconstituição histórica[465].

No Direito romano, a única possibilidade admitida de transmitir obrigações estava ínsita nas transmissões a título universal, isto é, naquelas que ocorriam quando todo o património de uma pessoa fosse transferido para a esfera de outra. O local de eleição de semelhante ocorrência era, naturalmente, o fenómeno sucessório.

Fora isso, entendia-se que o vínculo obrigacional, originado por determinadas formalidades ocorridas entre duas pessoas, era insusceptível de ser encabeçado por sujeitos diferentes dos implicados na sua constituição[466]. Mais tarde, o desenvolvimento das trocas comerciais concomitante à expansão do Império provocou a aparição de determinadas formas de conseguir os efeitos práticos da transmissão. Em primeiro lugar, a novação subjectiva[467]: extinguia-se, por exemplo, uma obrigação entre A e B e constituía-se nova obrigação entre A e C, com a intervenção de todos os interessados e o acatamento das formalidades exigidas. Dada a complicação desta via, chegou-se a formas mais subtis que não relevavam, contudo, da transmissão. Assim e no que toca à transferência da posição activa da obrigação – sector economicamente mais sensível – e alcançado o estádio da responsabilidade patrimonial – admitia-se que o transmissário se eri-

---

[464] EUGÈNE GAUDEMET, *Étude sur le transport de dettes à titre particulier* (1898) e *Théorie générale des obligations* (1937), 449 ss.; JOÃO ANTUNES VARELA, *Das obrigações em geral* cit., 2, 7.ª ed. 285 ss.; CARLOS MOTA PINTO, *Cessão da posição contratual* (1970), 125 ss.; RAYMOND SALEILLES, *Étude sur la theorie générale de l'obligation*, 3.ª ed. (1914), 64 ss.; ENNECCERUS/LEHMANN, *Recht der Schuldverhältnisse*, 15.ª ed. cit., § 78, I (308-309); PHILIPP HECK, *Grundriss des Schuldrechts* (1929), § 69, I (211 ss.); ANDREAS VON TUHR/ALFRED SIEGWART, *Allgemeiner Teil des Schweizerischen Obligationenrechts*, II, 2.ª ed. (1944), § 93 (776 ss.); entre nós e como obra de referência, LUÍS MENEZES LEITÃO, *Cessão de créditos* (2005), 23 ss..

[465] Quanto à evolução histórica, com muitas indicações actualizadas: CHRISTIAN HATTENHAUER, no *Historisch-kristischer Kommentar zum BGB*, II/2 (2007), §§ 398-413 (2290 ss.).

[466] BERNHARD WINDSCHEID/THEODOR KIPP, *Lehrbuch des Pandektenrechts*, 9.ª ed. (1906), § 329 (II, 361-365). Para um claro desenvolvimento, cf. GUIDO ASTUTI, *Cessione (storia)*, ED VI (1960),805-821 e BIONDO BIONDI, *Cessione di crediti e di altri diritti (diritto romano)*, NssDI III (1959), 152-155.

[467] RAYMOND SALEILLES, *Étude sur la théorie* cit., 65.

§ 22.° A transmissibilidade das obrigações

gisse em *procurator in rem suam*[468] do transmitente, de modo a poder exercer, em nome desta, o direito de agressão sobre o património do devedor. Outras formas foram engendradas pelos antigos jurisprudentes, sem no entanto se chegar à transmissão[469].

IV. A possibilidade de transmitir obrigações foi sendo sedimentada no Norte da Europa, mercê do desenvolvimento comercial verificado nos séculos XIV e XV, não parando, desde então de se expandir. Carlos Mota Pinto refere a interessante possibilidade de essa transmissibilidade ser já admitida, em Portugal, no século XVI: uma passagem das Ordenações Manuelinas referia o "cedimento e trespassamento" de obrigações[470]. A confirmar-se, traduziria um significativo avanço do Direito nacional face à época, induzido, com probabilidade, do surto jurídico conexo com os descobrimentos.

V. O Código Napoleão veio admitir a transmissão de obrigações pelo lado activo, isto é, de créditos, através da sub-rogação – artigos 1249.° e seguintes – e da cessão de créditos (*transport de créances*) – artigos 1689.° e seguintes. Influenciou, nesse sentido, os Códigos italiano de 1865 e espanhol, bem como o nosso Código de Seabra.

Mais difícil seria a admissão da transmissão da posição passiva das obrigações, isto é, dos débitos. Esta figura foi silenciada nos códigos acima referidos. No entanto, as tradições da transmissibilidade das obrigações geradas no Norte da Europa, conjugadas com a pressão dos pandectistas[471]

---

[468] EMILIO BETTI, *Teoria generale delle obbligazioni*, III, 2 – *Vicende dell'obbligazione* (1955), 18; HEINRICH DERNBURG/JOHANNES BIERMANN, *Pandekten* – II. *Obligationenrecht*, 7.ª ed. (1903), § 47 (133-134); HEINRICH DERNBURG, *Die Schuldverhältnisse nach dem Rechte des Deutschen Reichs und Preussens* – I – *Allgemeine Lehren*, 3.ª ed. (1905), § 133 (341-342).

[469] A mesma dificuldade em admitir a transmissão de obrigações verificou-se no primitivo Direito inglês. CARLOS MOTA PINTO, *Cessão da posição contratual* cit., 126-127, nota (3).

[470] *Idem*, 143-144.

[471] HEINRICH DERNBURG/JOHANNES BIERMANN, *Pandekten* cit., II, 7.ª ed., § 53 (147 ss.) e HEINRICH DERNBURG, *Die Schuldverhältnisse* cit., I, 3.ª ed., § 155 (401-402). *Vide* ENNECCCERUS/LEHMANN, *Recht der Schuldverhältnisse*, 15.ª ed. cit., 309. No pandectismo, a transmissibilidade das obrigações foi incentivada pelos estudos sobre Direito das sucessões: a sua passagem, da esfera do *de cuius* à dos sucessores, era irrefutável.

levou à sua consagração no BGB – §§ 414 e ss.. Os Códigos tardios, nomeadamente o italiano, de 1944, e o português, de 1966, seguir-lhes-iam o exemplo.

Finalmente, seria consagrada a transmissibilidade de situações obrigacionais complexas, através da cessão da posição contratual, reconhecida nos actuais códigos italiano e português.

80. Fundamentação da transmissibilidade das obrigações

I. A possibilidade de transmitir as obrigações, quer pela posição activa, quer pela posição passiva, pressupõe, como se infere da evolução histórica atrás referida, uma dogmática compatível e um desenvolvimento sócio-económico considerável.

Uma sociedade estática, de base fundiária, não requer, no seu tráfego jurídico, a transmissibilidade das obrigações. Os bens economicamente mais significativos são as coisas corpóreas, *maxime* a terra, de circulação lenta. Essencial, em tal sociedade, seria apenas a transmissão dos direitos reais. O desenvolvimento das economias pressiona, no entanto, uma viragem para a circulação dos créditos. E isso:

– pelo empolamento do fenómeno obrigacional;
– pelo aumento do tráfego jurídico;
– pela necessidade de garantir os créditos.

II. É sabido como o acento tónico da riqueza se desloca dos direitos reais para formas mais subtis de apropriação, conseguidas por créditos e direitos sociais. Paralelamente, as coisas corpóreas perdem continuamente importância relativa, através do incremento do sector dos serviços, em grande parte apanágio do Direito das obrigações. Este desenvolvimento mal se coadunaria com a concepção arcaica do vínculo obrigacional unindo, indelevelmente, credor e devedor.

Em simultâneo, aumenta o trânsito jurídico em proporções sem precedentes. O número de actos jurídicos praticados pelos particulares multiplica-se e os bens – entendidos em sentido lato – circulam constantemente entre as esferas jurídicas.

Esta evolução, praticamente concluída nos princípios do século XX, tinha, forçosamente, inscrita à cabeça o princípio de que as obrigações deviam poder circular livremente.

§ 22.º *A transmissibilidade das obrigações* 213

Finalmente: o crédito é sensível à morte do devedor. A transmissão, por morte, do débito assegura um suplemento de tranquilidade, para o credor. A posição deste fica garantida porque os débitos não morrem.

III. A Ciência do Direito sentiu dificuldades em facilitar, a nível jurídico, esta evolução. Especialmente em causa esteve a concepção do crédito como direito a uma actividade do devedor; face a tal ideia, seria impossível substituir o devedor sem modificar a actividade devida e, consequentemente, sem mutar o crédito.

Este estado de coisas conduz a uma série de críticas à teoria clássica das obrigações, proporcionando teses como a de Gaudemet: de modo a explicar a possibilidade de circulação das dívidas, elas defendem concepções realistas[472]. A aproximação com os direitos reais era especialmente desejada uma vez que nenhuma dúvida existia quanto à sua transmissibilidade.

A defesa do crédito como direito sobre o património do devedor não viabiliza, todavia, a transmissibilidade das obrigações. Sendo um crédito o direito que A tem sobre o património de B, como pode, o mesmo crédito, passar a incidir sobre o património de C que, forçosamente, é diferente[473]? Este mesmo raciocínio é plenamente aplicável às teorias mistas e complexas.

IV. Torna-se necessária uma reformulação do próprio conceito de obrigação. O crédito é, fundamentalmente, um direito a uma prestação; trata-se, porém, de uma prestação despersonalizada, susceptível de ser tomada e valorizada em sentido objectivo, isto é, assumida como bem. O mesmo crédito deve – agora pelo prisma do seu titular – ser considerado como um objecto do património e como objecto do trânsito jurídico. O crédito torna-se, também, objecto da responsabilidade patrimonial isto é: quando se diga que, pelos débitos, responde o património do devedor, respondem, também, os créditos nele inscritos[474].

A evolução está consumada: o crédito pode ser um direito a uma actividade particular de uma pessoa; porém, uma vez constituído, traduz um valor patrimonial – económico – objectivado no seio da sociedade e, como

---

[472] *Tratado* II/1, 261 ss..
[473] Ou que pode, até, não ter património?
[474] Em geral, KARL LARENZ, *Lehrbuch des Schuldrechts* cit., I, 14.ª ed., § 33 (569 ss.).

tal, susceptível de circulação, em todos os sentidos. A imagem dos direitos reais está bem presente[475].

A cessão pode ainda ser usada como um esquema de financiamento: temos a cessão financeira (*factoring*)[476]. Boa parte da moderna literatura relativa à cessão de créditos tem-se desenvolvido no âmbito bancário[477].

81. Formas de transmissão e fontes de transmissão

I. A obrigação integra uma realidade complexa que engloba posições de dois sujeitos. Daí que o fenómeno transmissivo possa revelar-se, quanto a ela, por formas diversificadas.

A transmissão respeita ou à posição do credor, ou à posição do devedor ou, ainda, a uma posição complexa crédito-débito quando, em virtude de um contrato sinalagmático, os sujeitos estejam, simultaneamente, investidos em direitos e adstritos a obrigações. As diversas transmissões assim isoladas podem seguir vias diferentes, em obediência ao processamento da sua concretização. Exigências lógicas fundem-se com realidades de base histórico-cultural.

II. Em obediência ao *quid* obrigacional transmitido e ao modo de processamento da transmissão, foram, pela História, consagradas diversas formas de transmissão de obrigações, de que o Código Vaz Serra recebeu expressamente as seguintes:

– a cessão de créditos e a sub-rogação;
– a assunção de dívidas;
– a cessão de posição contratual.

---

[475] GÜNTHER H. ROTH, no *Münchener Kommentar* 2, 5.ª ed. (2007), § 398, Nr. 2 (2458). Entre nós, veja-se a tese de MARIA DA ASSUNÇÃO OLIVEIRA CRISTAS, *Transmissão contratual do direito de crédito / do carácter real do direito de crédito* (2005), especialmente 551 ss..

[476] *Manual de Direito bancário*, 4.ª ed., 685 ss..

[477] *Vide*, como exemplo, as indicações de GÜNTHER H. ROTH, no *Münchener Kommentar* cit., 2, 5.ª ed., 2456-2457. Refiram-se ainda, sempre a título ilustrativo, MATHIAS ROHE, no Bamberger/Roth, BGB 1, 2.ª ed. (2007), § 398, Nr. 1-26 (1758-1762) e HARM PETER WESTERMANN, no Erman, BGB 1, 12.ª ed. (2008), § 398, Nr. 1-11 (1688-1691). Entre nós: LUÍS MIGUEL D. P. PESTANA DE VASCONCELOS, *A cessão de créditos e a insolvência / Em particular da posição do cessionário na insolvência do cedente* (2007), 1078 pp. maciças.

§ 22.° *A transmissibilidade das obrigações* 215

III. Da forma de transmissão deve ser cuidadosamente separada a sua fonte[478]. Efectivamente, o elenco atrás enunciado diz-nos *o que* se transmite nas obrigações e *como* se transmite. Mas não nos diz o porquê da transmissão.

De acordo com as regras gerais das vicissitudes das obrigações, uma qualquer forma de transferência só opera quando tenha ocorrido um evento ao qual o Direito associe a transmissão. Esse evento é o facto jurídico (*lato sensu*) dotado de eficácia transmissiva, isto é, o facto transmissivo ou a fonte da transmissão.

Por exemplo: os artigos 577.° e seguintes do Código Civil comportam as regras próprias da cessão de créditos, isto é, da transmissão de créditos. Deve porém ficar claro que uma determinada transmissão só opera porque houve, por exemplo, um contrato nesse sentido, entre o antigo credor e o novo credor. A forma da transmissão é aqui, a cessão; a sua fonte, o contrato aludido. Temos pois de isolar dois níveis de regulamentação atinentes à transmissão das obrigações: o nível das fontes e o nível da forma de transmissão.

Por exemplo:

António é credor de € 100 sobre Bento. Vende o seu crédito a Carlos por € 90, realizando-se, a favor deste, uma cessão[479]. A fonte é a compra e venda; a forma é a cessão.

Neste caso, há que aplicar as regras da compra e venda – artigos 874.° e seguintes – quanto à fonte de cessão e as regras próprias da cessão – artigos 577.° e seguintes – à transmissão em si. Naturalmente, António, em vez de ter vendido o seu crédito, podia tê-lo doado, comodato ou, até, dado em locação (financeira).

---

[478] A doutrina tradicional refere esta problemática sob o título causa; diz-se, então, por exemplo, que a cessão não é um negócio abstracto para significar que deve ter uma fonte. JOÃO ANTUNES VARELA, *Das obrigações em geral* cit., 2, 7.ª ed., 299-300; ADRIANO VAZ SERRA, *Cessão de créditos ou de outros direitos*, BMJ número especial (1955), 9 ss..

[479] Naturalmente, um crédito tende sempre a ser vendido por um preço inferior ao do seu montante: basta recordar que ele só pode ser cobrado aquando do vencimento. Por outro lado o contrato de compra e venda é suficientemente lato para abranger os créditos – artigo 874.°.

IV. Podemos classificar as transmissões de obrigações não só em obediência às suas formas mas, também, de acordo com as fontes respectivas. Pode ser chamada ao caso qualquer das classificações conhecidas de factos jurídicos, uma vez que a fonte é sempre um facto. Teremos:

– transmissões contratuais;
– transmissões unilaterais;
– transmissões legais,

consoante a fonte da ocorrência seja um contrato, um acto unilateral ou um facto jurídico *stricto sensu*[480]. Seguem-se as diversas subdistinções: por exemplo: as transmissões contratuais podem ser típicas, atípicas e assim por diante.

V. A regra, na nossa Ordem Jurídica é a de que não pode haver transmissões de obrigações desacompanhadas de fonte idónea, ou na linguagem comum: as transmissões devem ser causais e não abstractas. Estamos perante uma concretização do princípio da causalidade[481].

No domínio do Direito comercial ocorrem as transmissões abstractas, a que será feita oportuna referência.

Vamos considerar as transmissões das obrigações pelo prisma da sua forma, uma vez que, no tocante à fonte, vale o que oportunamente foi referido quanto às fontes constitutivas dos vínculos obrigacionais, com as necessárias adaptações. Sempre que releve para o regime fundamental da transmissão, faremos, contudo, referência aos competentes factos transmissivos.

---

[480] A fonte nunca é a lei, como normalmente se lê em livros de doutrina, mas sim o evento não voluntário a que a lei associa a transmissão. Utilizamos a expressão *transmissão legal* apenas por estar largamente consagrada na doutrina e na própria lei.
[481] *Tratado* II/1, 68 ss..

§ 23.º CESSÃO DE CRÉDITOS

82. Generalidades; requisitos; âmbito

I. A cessão de créditos é uma forma de transmissão do direito de crédito, no todo ou em parte, que opera por acordo entre o credor e terceiro[482] (577.º/1). A limpidez do seu funcionamento e a clareza das necessidades efectivas a que corresponde levou a que fosse uma das primeiras e mais pacíficas formas de transferir obrigações; redundando o direito de crédito num bem comum e sendo indiferente, em princípio, ao devedor, prestar a uma pessoa ou a outra, a cessão impôs-se com facilidade, logo na primeira codificação, como vimos.

II. Os requisitos específicos da cessão são os seguintes[483]:

– um acordo entre o credor e o terceiro;
– consubstanciado num facto transmissivo (fonte da transmissão);
– a transmissibilidade do crédito.

---

[482] O termo cessão também designa o acordo entre o credor e o terceiro, que provoca a transmissão. A este acordo chamam os alemães cessão (*Abtretung*), sendo a nossa cessão, apenas, transferência (*Übertragung*). Simplesmente, como no Direito alemão a cessão é um acto abstracto, isto é, desconexionado da fonte (vide *infra*) está correcto chamar cessão ao acordo. Pelo contrário, entre nós, a nomenclatura correcta é outra: o acordo será um contrato qualquer que serve de base à transferência: a cessão é a transmissão do crédito. De qualquer forma, fala-se em cessão como traduzindo, também o acordo (ANTUNES VARELA, *Das obrigações em geral* cit., 2, 7.ª ed., 296). Quanto ao Direito alemão, basta atentar no § 398 do BGB:

Um crédito pode ser transmitido (*übertragen werden*) pelo credor através de contrato a tanto destinado, com outrem (*Abtretung*).

Vide CHRISTIAN GRÜNEBERG, no Palandt, 69.ª ed. (2010), § 398 (599).

[483] LUÍS MENEZES LEITÃO, *Cessão de créditos* cit., 285 ss..

A cessão é, independentemente da problemática da sua causa, uma ocorrência em regra voluntária. Como tal, ela exige o assentimento do cedente – o antigo credor – e do cessionário – o terceiro que, pela cessão, vai ser elevado a novo credor.

Pelo contrário, não se exige que, para a cessão, o devedor cedido manifeste o seu acordo[484]. Para o devedor, a cessão é tendencialmente indiferente. Contudo, este pode, em determinadas circunstâncias, ter um efectivo interesse na manutenção da identidade do credor, isto é, um interesse na não realização da cessão. A lei respeita essa eventualidade apenas quando seja objectivamente detectável e através da técnica de cominar a não cedibilidade do crédito visado. A esse propósito, voltaremos ao assunto.

III. Os outros dois requisitos redundam na exigência de fonte e na não intransmissibilidade do crédito. Este último aspecto será autonomizado em rubrica própria: implica derrogação ao princípio geral da cedibilidade dos direitos patrimoniais. Outro tanto sucede com a exigência de fonte, dadas as implicações que a mesma tem no regime da própria cessão.

IV. Importa averiguar o âmbito da cessão de créditos. Em princípio, esse âmbito circunscreve-se ao que for determinado pela vontade das partes, na fonte respectiva. Especialmente dirigida aos créditos, a cessão pode, contudo, aplicar-se à transmissão (...) *de quaisquer outros direitos não exceptuados por lei* (...) – artigo 588.º.

Que outros direitos? A questão deve ser apreciada caso a caso. A doutrina alemã, face ao texto idêntico constante do § 413 do BGB, refere os direitos de autor, as patentes, as licenças e certos direitos associativos, quando transmissíveis[485]. Afasta os direitos reais e os direitos familiares, tal como Larenz, que acrescenta certos direitos como a opção e os potestativos[486]. Temos, aqui, uma base correcta, a confirmar no caso concreto.

---

[484] STJ 13-Mar.-2008 (URBANO DIAS), Proc. 08A466.

[485] CHRISTIAN GRÜNEBERG, no Palandt, 69.ª ed. cit., § 413 (613).

[486] KARL LARENZ, *Lehrbuch des Schuldrechts* cit., I, 14.ª ed., 601. Entre nós, JOÃO ANTUNES VARELA, *Das obrigações em geral* cit., 2, 7.ª ed., 332-334 e VAZ SERRA, *Cessão de créditos ou de outros direitos* cit., 28 ss., com indicações bibliográficas.

§ 23.º *Cessão de créditos* 219

Manda o artigo 588.º que as regras da cessão de créditos se apliquem à transferência legal e à transferência judicial de créditos. Transferência legal é aquela que opera por simples facto jurídico, não voluntário[487], a que a lei associe tal efeito. Por exemplo, a que ocorre a favor do mandante, quanto aos créditos adquiridos pelo mandatário, no mandato sem representação – artigo 1181.º/2[488]. Transferência judicial é a que tem por fonte uma decisão dessa natureza. Temos, como exemplo, a adjudicação de créditos, em acção executiva – artigo 860.º/2, do Código de Processo Civil.

V. Ainda a propósito da problemática do âmbito da cessão, há que referir transmitirem-se, supletivamente e com o crédito, "as garantias e outros acessórios do direito transmitido" – artigo 582.º/1. As garantias englobam quer as chamadas garantias reais – penhor e hipoteca – quer as garantias pessoais – fiança. A transmissão do penhor implica, dada a natureza real do respectivo contrato, a entrega da coisa – artigo 582.º/2 –, devendo a cessão de créditos hipotecários subordinar-se ao prescrito no artigo 578.º/2. Os outros acessórios, segundo Antunes Varela[489], abrangem a estipulação de juros, a cláusula penal e o compromisso arbitral.

83. O regime; necessidade de fonte idónea (causalidade)

I. Nos termos do artigo 578.º/1, o qual vem precisamente epigrafado "regime aplicável",

> Os requisitos e efeitos da cessão entre as partes definem-se em função do tipo de negócio que lhe serve de base.

"O tipo de negócio que lhe serve de base" é o que atrás apelidamos fonte da cessão. Verifica-se que, com excepção das normas que o Código especialmente destina à cessão, a mesma se orienta pelas regras do facto transmissivo. Isso sucede quer no tocante à forma, quer no tocante ao conteúdo. Por exemplo, a cessão, por venda, de crédito sujeito a escritura pública ou equivalente deve ser feita, também, por essa mesma forma

---

[487] Ou tomado como não voluntário, para efeitos de cessão.

[488] Podem ver-se outros exemplos em João Antunes Varela, *Das obrigações em geral* cit., 2, 7.ª ed., 333-334.

[489] João Antunes Varela, *Das obrigações em geral* cit., 2, 7.ª ed., 323.

220   *Da transmissão das obrigações*

(1143.°, *ex vi* 578.°/1), devendo o cessionário pagar o preço [879.°, *e*), *ex vi* 578.°/1].

II. Ao contrário do que sucede com os Direitos germânicos[490], no Direito português, a cessão tem de ser acompanhada de fonte idónea (ou deve ter causa, na linguagem comum), para produzir efeitos. Em princípio, essa causa redunda num contrato; mas pode ser qualquer outro facto, nas chamadas cessões legais. Cingindo-nos, agora, a cessões contratuais, diremos que as mesmas são inválidas:

– quando o contrato-fonte seja, ele próprio, inválido;
– quando não exista, pura e simplesmente, qualquer fonte que legitime a cessão.

Assim, se António cede, por venda, o seu crédito sobre Bento a Carlos, a cessão não procede se a venda for nula; da mesma forma, António não poderia ceder *tout court* o crédito a Carlos, sem qualquer negócio-base, típico ou atípico. Teria de haver, pelo menos, uma doação.

Como as fontes da cessão, além de necessárias, são múltiplas, a doutrina que, à fonte, chama causa fala em contrato de cessão como contrato policausal[491].

84. Intransmissibilidades

I. Em princípio, na linha da competente determinação constitucional, todos os créditos, como direitos patrimoniais, são livremente cedíveis. A lei excepciona, no entanto, certos casos, que consubstanciam intransmissibilidades. De acordo com a sua providência, as intransmissibilidades derivam:

– da natureza da prestação[492];
– da vontade das partes;
– da lei.

---

[490] *Vide* KARL LARENZ, *Lehrbuch des Schuldrechts* cit., I, 14.ª ed., 579-580. Mas *vide* VINCENZO PANUCCIO, *Cessione di crediti*, ED VI (1960), 847-850.

[491] JOÃO ANTUNES VARELA, *Das obrigações em geral* cit., 2, 7.ª ed., 302-303.

[492] VINCENZO PANUCCIO, *Cessione di crediti* cit., 859-860, reconduz ainda à lei esta modalidade.

§ 23.º Cessão de créditos

A natureza da prestação gera intransmissibilidade quando, nos termos do artigo 577.º/1, ela esteja ligada à pessoa do devedor. A lei, preocupada em não dificultar o trânsito jurídico dos créditos, apela para um critério objectivo – a natureza da prestação. Ficam, de um modo geral, fora do campo da cessão, os créditos que impliquem o aproveitamento de actividades essencialmente pessoais.

II. As partes podem, ao abrigo da sua autonomia privada, convencionar, no momento da constituição dos créditos, a sua intransmissibilidade – 577.º/1[493]. Deve entender-se que o princípio da livre circulação dos bens cede ao princípio fundamental da autonomia particular e do respeito pelos contratos realizados.

III. Finalmente, a própria lei determina hipóteses de não cedibilidade dos créditos. O caso mais notável é o da proibição da cessão de direitos litigiosos feita, directamente ou por interposta pessoa – *vide* o artigo 579.º/2 –, a juízes ou magistrados do Ministério Público, funcionários de justiça ou mandatários judiciais – artigo 579.º/1[494]. Nos termos do n.º 3 do mesmo artigo, entende-se por direito litigioso o que tiver sido contestado em juízo contencioso[495]. A providência legal destina-se a salvaguardar a imagem, a isenção e a independência dos tribunais, evitando que as pessoas que neles participem especulem com os interesses em litígio ou possam, sequer, incorrer na suspeição de o terem feito.

Caso seja efectuada uma cessão em contravenção a esta intransmissibilidade, determina o artigo 580.º, além da obrigação de reparar danos, uma nulidade *sui generis* do negócio de transferência: a especialidade deriva de que, ao reverso do que sucede no regime geral das nulidades, arguíveis por qualquer interessado, ela não pode ser invocada pelo cessionário – artigo 580.º/2.

O artigo 581.º consagra excepções à intransmissibilidade em causa, ela própria já excepcional. Como facilmente se depreende do conteúdo

---

[493] Tais convenções são, no entanto, inoponíveis a cessionários de boa fé, nos termos do artigo 577.º/2.

[494] JOÃO ANTUNES VARELA, *Das obrigações em geral* cit., 2, 7.ª ed., 307 ss..

[495] Quanto à delimitação da regra: STJ 18-Jan.-2001 (FRANCISCO FERREIRA DE ALMEIDA), CJ/Supremo IX (2001) 1, 73-74.

desse preceito, trata-se de casos em que se encontra salvaguardado o fim prosseguido pela lei, quando proíbe a cessão de direitos litigiosos.

IV. Um balanço do campo das intransmissibilidades dos créditos revela que o Código vigente, em obediência às necessidades económicas, aceitou, com generosidade, a sua circulação. Não foi, nomeadamente, mantida a restrição constante do artigo 786.° do Código de Seabra, segundo a qual:

> O devedor de qualquer obrigação litigiosa, cedida por título oneroso, pode livrar-se satisfazendo ao cessionário o valor que este houver dado por ela, com seus juros, e as mais despesas feitas na aquisição, excepto (...)

Esta medida, conhecida por lei anastasiana, destinava-se a evitar, no geral, qualquer especulação com direitos em litígio, com a possibilidade de escandaloso enriquecimento do cessionário[496].

85. Efeitos; a posição do devedor

I. Ocorrida uma cessão de crédito, opera, imediatamente, a transferência do direito à prestação do cedente para o cessionário, com todas as faculdades que lhe sejam inerentes. A própria lei prevê a hipótese de ser cedida apenas parte de um crédito – artigo 577.°/1. Esta eventualidade, só possível quando a prestação seja divisível, implica já uma modificação, por desdobramento do crédito.

> Por exemplo: António é credor de € 200 sobre Bento. Cede, a Carlos, € 100. No termo da operação, verifica-se a existência de dois créditos sobre Bento: de António e de Carlos, por € 100 cada um.

II. A concretização prática de um crédito depende do cumprimento, pelo devedor, da obrigação que lhe seja assacada. Assim, verificada uma cessão, o devedor tem de ser informado da ocorrência, para que cumpra

---

[496] ADRIANO VAZ SERRA, *Cessão de créditos e outros direitos* cit., 54-55; SERGIO SOTGIA, *Cessione di crediti e di altrui diritti (diritto civile)*, NssDI III (1959), 155-161 (159). Quanto à *lex anastasiana*, WINDSCHEID/KIPP, *Lehrbuch des Pandektenrechts*, 9.ª ed. cit., § 333 (II, 381).

§ 23.º *Cessão de créditos* 223

não já frente ao cedente, mas ao cessionário. Prevê a lei, no artigo 583.º/1, que a cessão produza efeitos para com o devedor a partir do momento da notificação (*denuntiatio*), a qual pode ser judicial ou extrajudicial. A produção de efeitos aqui referida cifra-se, precisamente, em que o devedor deva cumprir perante o cessionário. Admite ainda o Código que a cessão produza efeitos em relação ao devedor, mesmo sem a notificação, quando seja por ele aceite; o artigo 583.º/2, por seu turno, estabelece que, independentemente da notificação ou aceitação, quando o devedor cumpra em face do cedente ou com ele celebre qualquer negócio modificativo ou extintivo do crédito, nem o negócio nem o cumprimento sejam oponíveis ao cessionário se este provar que o devedor tinha conhecimento da cessão. Temos aqui um afloramento dos ditames da boa fé.

III. Conhecido este regime, podemos referir uma questão discutida: a de saber a partir de que momento se consubstancia a cessão. Face a face, dois sistemas, defendidos, em Itália[497] e na Alemanha, respectivamente. São eles:

– a cessão produziria efeitos apenas a partir da *denuntiatio*;
– a cessão produziria efeitos desde a sua celebração.

A favor da primeira orientação alega-se que, dependendo o crédito da actuação do devedor, não faria sentido conferir uma qualquer eficácia à cessão, enquanto esta não operasse perante ele.

A favor da segunda, argumenta-se com o princípio geral da imediata produção de efeitos dos contratos, a partir da sua celebração[498].

A razão está, indubitavelmente, na segunda orientação[499]. Efectivamente, não devemos, em rigor, perguntar quando se produzem os efeitos da cessão, mas antes a partir de que momento opera a fonte da cessão. Ora esta, nomeadamente quando redunde num contrato, produz efeitos imediatos, nos termos gerais. Apenas esses efeitos não se manifestam face ao devedor de boa fé – artigo 583.º. A contraprova é fácil: se o devedor esti-

---

[497] Contra, *vide* Vicenzo Panuccio, *Cessione di crediti* cit., 815; no sentido referido no texto, Sergio Sotgia, *Cessione di crediti* cit., 157.

[498] É a posição defendida entre nós por João Antunes Varela, em termos que pensamos decisivos (*Das obrigações em geral* cit., 2, 7.ª ed., 313).

[499] RLx 3-Nov.-2005 (Manuel Capelo), CJ XXX (2005) 5, 80-84.

ver de má fé, a cessão produz efeitos. Com base em quê? Só pode ser com fundamento no contrato: a má fé não tem virtualidades para produzir efeitos entre terceiros.

IV. Outro resultado da cessão, desta feita em relação ao próprio cedente, reside no dever em que este fica investido de entregar ao cessionário (...) *os documentos e outros meios probatórios do crédito, que estejam na sua posse e em cuja conservação não tenha interesse legítimo* – artigo 586.º.

Por outro lado, o crédito passa ao cessionário no estado em que estava no poder do credor[500], com as suas vantagens próprias e com os seus defeitos. Por isso pode o devedor opor, ao cessionário, todos os meios de defesa que lhe seria lícito invocar contra o cedente, ainda que aquele os ignorasse, excepto, naturalmente os que advenham depois do conhecimento da cessão – artigo 585.º. Em compensação, o cedente assegura ao devedor a existência e a exigibilidade do crédito ao tempo da cessão – artigo 587.º/1 – não garantindo, no entanto e a título supletivo, a solvência do devedor – artigo 587.º/2.

Finalmente, é de referir a solução legal para a questão que surge se um credor ceder o mesmo crédito a várias pessoas: nos termos do artigo 584.º, prevalece a cessão que for primeiro notificada ao devedor. Desta feita temos um desvio relativamente ao princípio da eficácia imediata dos contratos: em nome da tutela da boa fé e da confiança.

---

[500] ANDREAS VON TUHR/ALFRED SIEGWART, *Allgemeiner Teil des Schweizerischen Obligationenrechts*, II, 2.ª ed. (1944), § 96, V (811-812); o Autor cita, a esse propósito, o brocardo *nemo plus iuris transferi quam habet*.

§ 24.º A SUB-ROGAÇÃO

86. Noção; generalidades; figuras semelhantes

I. A sub-rogação, tal como vem regulada nos artigos 589.º e seguintes, do Código Civil[501], é uma forma de transmissão de créditos que opera a favor do terceiro que cumpra a obrigação do devedor ou com cujos meios a obrigação seja cumprida pelo próprio devedor[502]. A pessoa colocada na posição do primeiro credor – ou seja, o segundo credor, a favor de quem opera a transmissão – diz-se sub-rogada[503].

Por exemplo:

António deve € 100 a Bento; Carlos paga essa quantia ao credor: consequentemente, pode ficar sub-rogado na posição de Bento, encabeçando-lhe o crédito que, desta forma, para ele se transmitiu.

Damião deve € 1000 a Emílio: utilizando € 1000 de Francisco, cumpre; consequentemente, Francisco coloca-se na posição de Emílio, ficando credor de Damião pela aludida quantia de € 1000.

II. A sub-rogação – pagamento com sub-rogação na literatura jurídica francesa e italiana – é o produto histórico da fusão de dois institutos roma-

---

[501] Quanto aos preparatórios: ADRIANO VAZ SERRA, *Sub-rogação nos direitos do credor*, BMJ 37 (1953), 5-661.

[502] JOÃO ANTUNES VARELA, *Das obrigações em geral* cit., 2, 7.ª ed., 335-336; MÁRIO JÚLIO DE ALMEIDA COSTA, *Direito das obrigações*, 12.ª ed. cit., 821-822; LUÍS MENEZES LEITÃO, *Direito das obrigações* cit., 2, 7.ª ed., 35.

[503] Como *sub-rogar* também quer dizer *substituir*, podia defender-se, numa formulação mais clara, que o sub-rogado é o primeiro credor e sub-rogante, o segundo. O Código Civil seguiu, no entanto, a via que figura no texto. *Vide* JOÃO ANTUNES VARELA, *Das obrigações em geral* cit., 2, 7.ª ed., 336, nota 1.

nos[504]: o *beneficium cedendarum actionum* e a *successio in locum creditoris*.

O *beneficium cedendarum actionum* era o instituto pelo qual os devedores acessórios – p. ex., fiadores – podiam, quando compelidos a pagar pelo devedor principal, exigir do credor que este os sub-rogasse nas acções que lhe competiam contra o devedor, para depois se poderem ressarcir do pagamento efectuado; a *successio in locum creditoris* traduzia o esquema que permitia a um credor hipotecário, graduado em lugar posterior, adquirir o lugar de outro credor hipotecário, preferencialmente situado, pagando a este o crédito respectivo.

A evolução posterior conduziu a uma fusão entre os dois institutos, no antigo Direito francês[505]. O resultado desta dualidade histórica manifesta-se, ainda hoje, nos Direitos francês (artigo 1257.º do Código Napoleão) e italiano (artigo 1203.º/3 do *Codice*), onde a sub-rogação compreende hipóteses típicas da sub-rogação *proprio sensu* e do direito de regresso.

Vaz Serra manteve esta orientação no seu anteprojecto, onde surgiam autênticas manifestações do direito de regresso tratadas como hipóteses de sub-rogação legal[506]. Tal opção não vingou posteriormente e pensamos que bem; o Direito português mantém uma clara distinção entre sub-rogação e direito de regresso, como veremos.

III. Para clarificar o âmbito e as funções da sub-rogação, há que distingui-la de figuras semelhantes que, com ela, não devem ser confundidas. Assim:

– da cessão de créditos: ambas traduzem formas de transmitir créditos; simplesmente, ao passo que, na cessão, a transmissão emerge da respectiva fonte – normalmente um contrato com efeitos transmissivos – na sub-rogação tudo advém da ocorrência de um determinado cumprimento;

---

[504] EMILIO BETTI, *Teoria generale delle obbligazioni* cit., III/2, 65 ss., com especificidades; *Direito das obrigações* 2, 100; LUÍS MENEZES LEITÃO, *Direito das obrigações* cit., 2, 7.ª ed., 35-36.

[505] JEAN CARBONNIER, *Droit civil / Obligations*, 22.ª ed. (2000), Nr. 1252 (2485), com indicações.

[506] *Vide* ADRIANO VAZ SERRA, *Sub-rogação nos direitos do credor* cit., 64.

§ 24.º A sub-rogação

– da acção sub-rogatória: esta figura traduz a faculdade que o credor tem de agir contra os devedores do devedor, quando tal seja necessário para assegurar o seu crédito (artigo 606.º e seguintes);
– do direito de regresso: não obstante a confusão histórica que, ainda hoje, se pode detectar nalguns ordenamentos não há, entre nós, possibilidade de confusão; o direito de regresso consubstancia a forma pela qual o devedor em obrigação subjectivamente complexa pode conseguir, *a posteriori*, a repartição, pelos implicados, da prestação que a todos incumbe; não consubstancia, por isso, qualquer transmissão mas sim o exercício, pelo titular, de um direito que *ab initio* lhe assistia[507];
– da sub-rogação real: trata-se de um instituto pelo qual um bem ocupa a posição jurídica de outro bem, dentro de determinada situação jurídica – p. ex., artigo 119.º/1, do Código Civil: não implica, em si, qualquer transmissão intersubjectiva.

87. Modalidades; requisitos

I. Tradicionalmente, a sub-rogação cinde-se em voluntária e legal: voluntária quando provocada pelo acordo entre o sub-rogante e o sub-rogado ou entre este e o devedor; legal quando derivada de cominação jurídica, associada à adveniência de qualquer outro evento (artigo 592.º).

A sub-rogação voluntária diz-se pelo credor, quando resulte de acordo entre o sub-rogado (o novo credor) e o antigo credor (artigo 589.º); pelo contrário, é dita pelo devedor quando esse acordo se firme entre o sub-rogado e o devedor (artigo 590.º). No primeiro caso, podemos dizer que o sub-rogante é o credor inicial; no segundo, o sub-rogante é o devedor. A sub-rogação voluntária pelo devedor pode ser, por seu turno, directa ou indirecta, conforme advenha de um acordo nesse sentido ou emerja da utilização, pelo devedor, de meios do sub-rogado, para realizar o cumprimento (artigo 591.º).

Em obediência a um critério diferente, a sub-rogação pode ser total ou parcial: total quando o sub-rogado assuma inteiramente o crédito do credor inicial; parcial quando tal só suceda em relação a uma parcela do mesmo crédito.

---

[507] João Antunes Varela, *Das obrigações em geral* cit., 2, 7.ª ed., 345 ss..

228   *Da transmissão das obrigações*

II. Dissemos que a sub-rogação voluntária pelo credor deriva de acordo entre este e o sub-rogado[508]. Esse acordo pode, contudo, ser simplesmente implícito, derivando da conjunção de dois requisitos explicitados na lei, aos quais se pode acrescentar um terceiro, de ordem temporal. Assim (artigo 589.°):

– o sub-rogado deve prestar ao credor;
– o qual tem de, expressamente, sub-rogá-lo na sua posição;
– até ao momento do cumprimento da obrigação.

A prestação efectuada deve ser fungível, a fim de poder ser efectuada pelo não-devedor[509]. A necessidade de declaração expressa deriva da vantagem em evitar dúvidas quanto à efectiva ocorrência da transmissão de crédito. Finalmente, a sub-rogação tem de operar até ao momento do cumprimento da obrigação; efectivamente, o cumprimento provoca a extinção tendencial da obrigação: qualquer transmissão seria, então, impossível.

III. O acordo requerido para a sub-rogação voluntária directa pelo devedor emerge, também de um encontro de vontades ainda que implícito, desta feita entre o sub-rogado e o devedor. Os requisitos são, nos termos do artigo 590.°:

– o cumprimento de uma obrigação por terceiro (o sub-rogado);
– a vontade de sub-rogar, expressamente manifestada pelo devedor;
– até ao momento do cumprimento da obrigação.

A estes requisitos é aplicável, sem dificuldades, mas com as necessárias adaptações, tudo quanto atrás se disse acerca da sub-rogação voluntária pelo credor.

Na sub-rogação voluntária indirecta, também pelo devedor, a especialidade reside em que o cumprimento, em vez de ser efectuado pelo

---

[508] Quanto à sub-rogação no Direito vigente, além das obras gerais já referidas: MANUEL JANUÁRIO DA COSTA GOMES, *Assunção fidejussória de dívida. Sobre o sentido e o âmbito da vinculação como fiador* (2000), 884 ss.; JÚLIO MANUEL VIEIRA GOMES, *Do pagamento com sub-rogação, mormente na modalidade da sub-rogação voluntária*, em Estudos Galvão Telles I (2002), 107-169.

[509] Razão por que não se põem, aqui, as questões de intransmissibilidade que ocorrem na cessão de créditos. Efectivamente, os direitos que, por qualquer razão, sejam intransmissíveis não podem ser cumpridos por terceiros.

§ 24.° A sub-rogação

sub-rogado (terceiro) é-o pelo próprio devedor, mas com dinheiro ou outra coisa fungível pertencente àquele (artigo 591.°/1). Apenas se requer que o destino dos aludidos dinheiro ou coisa fungível conste de declaração expressa, outro tanto sucedendo, naturalmente, com a vontade de sub-rogar (artigo 591.°/2).

IV. A sub-rogação legal implica, também, um cumprimento efectuado por um não devedor, isto é, pelo terceiro sub-rogado. Simplesmente, em vez da declaração expressa do credor ou do devedor, exige-se apenas que o sub-rogado (artigo 592.°/1)[510]:

– tenha garantido o cumprimento da obrigação, ou
– tenha, por outra causa, interesse directo no crédito.

O primeiro requisito não levanta dúvidas; quanto ao segundo, há que chamar a atenção para o facto de o interesse do sub-rogante, devendo ser directo, implicar que uma posição subjectiva deste esteja dependente do cumprimento do débito. Antunes Varela exemplifica com o sublocatário, pagando as rendas do locatário, para evitar a caducidade dos direitos de ambos. O domínio dos seguros ilustra, ainda, muitos casos de sub-rogações legais[511].

88. Efeitos

I. O efeito primordial da sub-rogação é a transmissão do crédito para o sub-rogado. Neste ponto, há que atinar no âmbito da sub-rogação: caso esta seja total, isto é, quando o sub-rogado cumpra a totalidade do débito em jogo ou quando, com os seus meios, se tenha verificado um cumprimento cabal, transmite-se a globalidade do crédito; quando, pelo contrário, a sub-rogação seja parcial, apenas se transmite a parte efectivamente cumprida – artigo 593.°/1[512].

Havendo sub-rogação parcial, o crédito fracciona-se, encontrando-se o devedor em face de dois credores: o sub-rogado e o credor inicial. Põe-

---

[510] João Antunes Varela, *Das obrigações em geral* cit., 2, 7.ª ed., 343 ss..
[511] STJ 9-Mar.-2010 (Azevedo Ramos), Proc. 2270/04.
[512] Tal hipótese só é viável quando a prestação seja divisível.

230 *Da transmissão das obrigações*

-se, nessa altura, a questão de saber se ambos os credores se encontram em pé de igualdade, quando hajam de concorrer ao património do devedor ou se o credor inicial goza de preferência. Ao contrário do Código italiano, o Código português recebeu a regra napoleónica da preferência do primitivo credor exclusivo, embora supletivamente; é o que resulta do seu artigo 593.º/2. Esta regra, traduzida no brocardo *nemo contra se subrogasse censetur*[513], implica que, salvo estipulação em contrário de todos os interessados, o credor inicial se possa ressarcir pelo património do devedor, em caso de incumprimento, quedando ao credor sub-rogado apenas o remanescente. Havendo vários sub-rogados, estes estão sempre em pé de igualdade entre si – artigo 593.º/3.

II. Havendo sub-rogação, transmitem-se, para o sub-rogado, conjuntamente com o crédito, as suas "garantias e outros acessórios", nos termos do artigo 582.º, aplicável pela força do artigo 594.º. Quanto ao sentido de tal dispositivo, damos por reproduzido o que dissemos, na rubrica reservada à cessão de créditos[514].

Tratando-se de uma transmissão, pela sub-rogação, o sub-rogado vai receber o crédito que assistia ao credor inicial, com todas as suas qualidades e defeitos. Por isso, tal como se transmitem as "garantias e outros acessórios", assim também o devedor vai poder usar, contra o novo credor, todos os meios de defesa que podia movimentar contra o credor primitivo. O Código Civil não o diz expressamente, uma vez que não manda aplicar à sub-rogação o artigo 585.º. Mas resulta dos princípios gerais que assim deve ser e, caso se entenda necessário, da própria aplicação analógica do artigo 585.º do Código Civil, que nada tolhe. Como seria possível que o devedor fosse despojado dos seus meios de defesa, por força de uma transmissão para a qual pode nem ter dado qualquer acordo? E mesmo que se trate de uma sub-rogação pelo devedor, como admitir que, por aceitar a transmissão, tenha, simultaneamente, de se privar de meios de defesa normais[515]? Tal privação seria, de resto, nula, dado o artigo 809.º.

---

[513] Que não é isenta de reparos, como faz notar João Antunes Varela, *Das obrigações em geral* cit., 2, 7.ª ed., 349.

[514] *Supra*, 219.

[515] Contra, João Antunes Varela, *Das obrigações em geral* cit., 2, 7.ª ed., 351-352. O autor parece, contudo, não fechar totalmente as portas ao entendimento contrário, que defendemos no texto.

§ 24.º A sub-rogação

III. Suscita-se, depois, o problema da eficácia da sub-rogação em relação ao devedor que, por não ter tomado parte na sua verificação, não seja, *ab initio*, submetido aos seus efeitos, ou seja: qual a situação do devedor quando haja sub-rogação pelo credor, ou quando ocorra uma sub-rogação legal?

Na sub-rogação pelo credor, a sub-rogação produz efeitos em relação ao devedor "desde que seja notificada, ainda que extrajudicialmente, ou desde que ele a aceite", nos termos do artigo 583.º/1, aplicável *ex vi* artigo 594.º. Seguem-se, depois, as particularidades estudadas na correspondente problemática da cessão de créditos, com as adaptações necessárias. De qualquer forma, a sub-rogação verifica-se assim que tenha lugar o competente pagamento, independentemente do momento em que produza efeitos em face do devedor.

Na sub-rogação legal, quando, mercê da sua génese, não haja intervenção do devedor, deve ser aplicado regime idêntico.

Pelo contrário, na sub-rogação pelo devedor, não se suscitam especiais questões perante o credor inicial. Não obstante este não ter participado no acto sub-rogatório, o facto de ele ter recebido a prestação devida, ou parte dela, já o coloca numa situação de não poder ser prejudicado pela ignorância da situação.

89. Natureza

I. Tem sido debatida a questão da natureza da sub-rogação[516]. A solução considerada tradicional e que, pelo menos formalmente, mereceu acolhimento no Código Civil, entende que a sub-rogação consubstancia uma hipótese de transmissão do crédito.

O problema põe-se, no entanto, porque a sub-rogação implica, na sua verificação, o cumprimento da obrigação. Ora sendo o cumprimento uma forma de extinguir obrigações, como pode transmitir-se algo que já não existe[517]?

---

[516] Entre nós, João Antunes Varela, *Das obrigações em geral* cit., 2, 7.ª ed., 353 ss..

[517] Emilio Betti, *Teoria generale delle obbligazioni* cit., III/2, 66.

232   *Da transmissão das obrigações*

II. Várias soluções têm sido encontradas para solucionar esta aparente contradição. Assim:

- tem-se pretendido que o crédito inicial, na sub-rogação, se extingue, subsistindo, apenas, os seus acessórios, *maxime* as garantias que passariam ao novo credor;
- defende-se uma efectiva extinção do crédito anterior; se o novo credor – o sub-rogado – se encontra, depois, investido em posição semelhante, isso dever-se-ia apenas ao facto de, tendo ele cumprido uma obrigação que não lhe competia, ficar investido num direito a uma indemnização[518];
- avança-se que a sub-rogação provoca uma extinção do crédito, mas que este continua a existir em relação ao sub-rogante[519] isto é, segundo Hartmann[520], ocorreria uma extinção relativa, abrangendo, apenas, a posição do credor inicial, mas não a do devedor nem a do sub-rogado;
- propugna-se pela ideia de que a sub-rogação ofereceria ao sub-rogado um prémio pela sua atitude, que ela revelaria um tipo de cooperação gestória, etc.[521].

III. Entendemos, contudo, que deve ser mantida a ideia de que, pela sub-rogação, há uma efectiva transmissão do crédito; esta posição sai aliás reforçada em face da aludida sistematização adoptada pelo Código Vaz Serra.

Na verdade, deve-se contestar o pressuposto de que arranca toda esta controvérsia[522]: o de que o cumprimento extingue a obrigação. O cumprimento extingue a obrigação quando feito pelo devedor. Não é isso que sucede, como sabemos, na sub-rogação, onde, em rigor, nem sequer há cumprimento, o qual corresponde à efectivação, pelo obrigado, da prestação devida. Bem avisado andou o Código Vaz Serra, quando, ao contrário dos seus congéneres francês e italiano, tratou a sub-rogação não no local

---

[518] VAZ SERRA, *Sub-rogação nos direitos do credor* cit., 6, em nota.

[519] MARTY e RAYNAUD, *Les obligations* cit., 653.

[520] GUSTAV HARTMANN, *Die Obligation / Untersuchungen über ihren Zweck und Bau* (1875), VIII + 277 pp..

[521] EMILIO BETTI, *Teoria generale delle obbligazioni* cit., III/2, 67.

[522] Para uma crítica minuciosa às diversas posições, cf., de qualquer forma, JOÃO ANTUNES VARELA, *Das obrigações em geral* cit., 2, 7.ª ed., 355 ss..

§ 24.º A sub-rogação

do cumprimento mas sim no capítulo reservado à transmissão das obrigações.

Não se extinguindo a obrigação, subsiste o débito – tanto mais que o devedor nada cumpriu – e, naturalmente e por imperativo lógico –, também o crédito, uma vez que aquele não faz sentido sem este. Simplesmente, como o credor inicial já viu satisfeita a sua prestação, à custa do sub-rogado, dá-se, a favor deste, um comum fenómeno de transmissão do crédito ou seja: a permissão normativa que, ao primeiro, conferia a utilização do bem-prestação passa a imputar-se ao segundo.

§ 25.º ASSUNÇÃO DE DÍVIDAS

90. Noção; aspectos evolutivos

I. A assunção de dívidas é a transmissão da posição jurídica do devedor, isto é, do débito[523]. Outras expressões têm sido utilizadas para traduzir essa fenomenologia[524]: surgem termos como cessão de dívida, sucessão singular na dívida, transporte de dívida, etc.[525]. Parece-nos mais conseguido o vocábulo assunção – correspondente à terminologia germânica – que, além de ter consagração legal, merece já um certo consenso por parte da doutrina nacional actualizada[526].

II. Dentro da problemática geral da transmissibilidade das situações obrigacionais, já de si delicada, a possibilidade de transferir dívidas foi a que mais problemas levantou. Efectivamente, a ideia de que, pela obrigação, o credor ficava investido num direito sobre uma conduta do devedor, não era de forma alguma, propícia a qualquer alteração subjectiva passiva. Caso esta fosse ensaiada, conseguir-se-ia, quando muito, a extinção da obrigação anterior e a constituição de nova situação, agora com um sujeito diferente[527].

---

[523] MÁRIO JÚLIO DE ALMEIDA COSTA, *Direito das obrigações*, 12.ª ed. cit., 828 ss.; JOÃO ANTUNES VARELA, *Das obrigações em geral* cit., 2, 358 ss.; *Direito das obrigações* 2, 109 ss.; JORGE RIBEIRO DE FARIA, *Direito das obrigações* cit., 2, 575 ss.; LUÍS MENEZES LEITÃO, *Direito das obrigações* cit., 2, 7.ª ed., 51 ss..

[524] ADRIANO VAZ SERRA, *Assunção de dívida (cessão de dívida – sucessão singular na dívida)*, BMJ 72 (1958), 189-255 (196).

[525] Em França, utiliza-se a expressão *transport de dettes*; na Alemanha, *Schuldübernahme* (assunção de débito); e em Itália, *accollo*, que é, no entanto, uma figura mais restrita.

[526] JOÃO ANTUNES VARELA, *Das obrigações em geral* cit., 2, 7.ª ed., 358 ss. e JOSÉ CARLOS NEY FERREIRA, *Da assunção de dívidas* (1973).

[527] Donde a utilização da *novação*, nos sistemas onde a assunção de dívidas não tinha consagração; FRANCO CARRESI, *Debito (successione nel)*, ED XI (1962), 744.

Não obstante a existência de traços percursores, no final da Idade Média, e da evolução já detectável no Direito comum[528], coube aos pandectistas[529] o esforço final que levou à divulgação pacífica da assunção de dívidas nos ordenamentos da actualidade.

III. O Código Napoleão, bem como os códigos situados na sua órbita, ignoravam a assunção de dívidas. Isso não impediu a doutrina francesa, empurrada pelas necessidades práticas, de defender, com certa profundidade, a possibilidade das transmissões de débitos, à luz dos princípios gerais[530]. Pelo contrário, o BGB, amparado no surto doutrinário anterior, deu acolhimento expresso à transmissibilidade da posição passiva das obrigações, no seu § 414[531]:

> Um débito pode ser assumido por um terceiro através de contrato com o credor, que coloque o terceiro na posição do devedor precedente.

Esta orientação projectou-se no Código italiano de 1942 – artigos 1273.º e seguintes – sendo hoje a assunção de dívidas admitida, em toda a parte, sem discussão.

IV. O Código de Seabra, na linha do Código Napoleão, não referia a assunção de dívidas. No entanto, a doutrina nacional já proclamava as suas possibilidade e excelência[532]. Nenhuma dificuldade houve, desta forma, em fazer incluir, no Código actual, uma regulamentação completa da figura – artigos 595.º e seguintes.

Suscita-se a questão da unidade do instituto. No Direito italiano, a transmissão de dívidas pode operar por uma de três vias[533]:

---

[528] *Vide* PIETRO RESCIGNO, *Accollo*, NssDI I/1 (s/d), 140-144 (141).

[529] WINDSCHEID/KIPP, *Lehrbuch des Pandektenrechts*, 9.ª ed. cit., § 338 (II, 397 ss.); ENNECCERUS/LEHMANN, *Recht der Schuldverhältnisse*, 15.ª ed. cit., § 84 (333 ss.); com indicações alargadas: RUDOLF MEYER-PRITZL, no HKK/BGB cit., II/2, §§ 414-418 (2369 ss.).

[530] GAUDEMET, *Étude sur le transport de dettes* cit., 538 e *passim*.

[531] CHRISTIAN GRUNEBERG, no Palandt, 69.ª ed. cit., § 414 (615); WERNHARD MÖSCHEL, no *Münchener Kommentar 2*, 5.ª ed. (2007), Vor § 414 (2562 ss.) com indicações.

[532] ANTÓNIO FARIA CARNEIRO PACHECO, *Da successão singular nas dívidas* (1912), 83 ss..

[533] Por todos, EMILIO BETTI, *Teoria generale delle obbligazioni* cit.. III/2, 84 ss..

§ 25.° Assunção de dívidas

– a delegação (artigo 1268.°), pela qual o devedor indica ao credor um novo devedor que se obriga perante ele, ficando o primeiro devedor liberado com o acordo do credor;
– a expromissão (artigo 1272.°), pela qual um terceiro, sem delegação do devedor, assume perante o credor, uma dívida daquele; ficam, então, ambos obrigados solidariamente, salvo se o credor liberar o primeiro devedor;
– o *acollo* (artigo 1273.°), pelo qual o devedor transmite a terceiro o seu débito, com a adesão do credor.

Influenciado por este dispositivo e por distinções paralelas existentes noutras legislações, Vaz Serra propôs, no seu anteprojecto, a consagração autónoma da expromissão[534], da delegação[535] e da assunção de dívida[536].

Esta tripartição não teve seguimento: o Código actual trata, apenas, a assunção de dívidas, mais próxima do *acollo*. Não deve, daí, inferir-se que a delegação e a expromissão sejam impossíveis, no nosso Direito: para além de terem deixado rastos patentes nas modalidades de assunção, estão genericamente ao alcance das partes, através da sua autonomia privada. Simplesmente, carecem de *nomen iuris*.

91. Modalidades; requisitos

I. Com base no artigo 595.°/1, é possível distinguir três modalidades de assunção de dívidas:

– a assunção derivada de contrato entre o antigo e o novo devedor, (assuntor) ratificado pelo credor – artigo 595.°/1, *a*);
– a assunção derivada de contrato entre o novo devedor e o credor, com consentimento do antigo devedor;
– a assunção derivada de contrato entre o novo devedor e o credor, sem consentimento do antigo devedor – artigo 595.°/1, *b*).

---

534 ADRIANO VAZ SERRA, *Expromissão*, BMJ 72 (1958), 77-81; *idem*, 80-81, o articulado.

535 ADRIANO VAZ SERRA, *Delegação*, BMJ (1958), 97-186. *Vide* o articulado, *idem*, 182-186.

536 ADRIANO VAZ SERRA, *Assunção de dívida* cit.. *Vide* o articulado, *idem*, 249-255.

238 *Da transmissão das obrigações*

Estas modalidades distinguem-se em função da estrutura jurídica revestida pelos fenómenos de transmissão que consubstanciam, como se depreende do seu simples enunciado. A primeira variante corresponde ao *accollo*; a segunda, vagamente, à delegação e a terceira, à expromissão.

Outra distinção, desta feita em obediência às consequências da "transformação", é a que separa a assunção liberatória da "assunção" cumulativa, compreendidas no artigo 595.º/2. O tema será retomado a propósito do problema dos efeitos da figura *sub judice*.

II. No tocante aos requisitos da assunção de dívida, podemos distinguir[537]:

– a existência de uma dívida efectiva;
– o acordo do credor;
– a idoneidade do contrato de transmissão;

A existência de uma dívida efectiva é, naturalmente, condição necessária para a ocorrência de qualquer transmissão de débito. A expressão "dívida efectiva", propositadamente ampla, destina-se a explicitar que a relação obrigacional onde aquela se integra deve respeitar os ditames que, pelo Direito, lhe sejam imputados.

O acordo do credor é um requisito imprescindível para a transmissão da dívida[538]. A cessão de créditos opera independentemente da concordância do devedor, que apenas deverá ser avisado da ocorrência. Efectivamente, no actual estádio do Direito das obrigações, entende-se que é indiferente, ao devedor, prestar a uma pessoa ou a outra. Excepcionam-se, naturalmente, determinados casos de prestações estritamente pessoais, que gerem, por natureza, intransmissibilidades. Pelo contrário, ao credor, é fundamental a pessoa do devedor, quer pela natureza da actividade por ele produzida, quer pela dimensão do património que encabece. Essas duas razões explicam que o credor tenha de dar o seu assentimento, para que a assunção da dívida funcione.

III. O acordo do credor deve traduzir-se numa declaração expressa de que libera o antigo devedor do seu débito (artigo 595.º/2). Não basta a par-

---

[537] STJ 23-Set.-2008 (AZEVEDO RAMOS), Proc. 08A2171.
[538] JOÃO ANTUNES VARELA, *Das obrigações em geral* cit., 2, 7.ª ed., 372.

§ 25.º *Assunção de dívidas*   239

ticipação do credor no próprio acto transmissivo, com a intervenção do devedor e do terceiro adquirente ou a sós com aquele. Também não é suficiente a ratificação da assunção pelo credor: esta, que deve ser dada no prazo fixado por qualquer das partes, sob pena de se considerar recusada – artigo 596.º/2[539] – apenas tem por efeito o tornar a "transmissão" irrevogável, por acordo entre o devedor e o adquirente do débito – artigo 596.º/1. Claro está, a declaração expressa a que alude o artigo 595.º/2 implica, de modo implícito, a ratificação, embora o inverso não se verifique.

Esta construção, pouco clara no Código[540] mas, no entanto, indubitavelmente nele consagrada, como resulta do cotejo entre os artigos 595.º/2 e 596.º, é necessária para dar substância ao regime da "assunção" cumulativa, como veremos.

IV. O contrato de transmissão, celebrado entre o novo devedor e o credor ou entre o primitivo devedor e o transmissário, consoante os casos, deve ser idóneo, nos seus diversos aspectos. Caso esse contrato seja anulado ou declarado nulo, mantém-se o débito na esfera do devedor inicial ("renasce" a obrigação deste, na expressão do artigo 597.º, do Código Civil).

92. A abstracção

I. Ao contrário do que sucede com a cessão de créditos, a assunção de dívidas não requer, para a sua subsistência, a idoneidade da fonte de que provenha. Trata-se de uma solução extremamente interessante, uma vez que consubstancia, no coração do Direito civil português, uma hipótese de acto abstracto.

II. Em princípio, qualquer transmissão de dívida tem sempre, na sua génese, além do acordo transmissivo em si – isto é, o contrato reiteradamente referido no artigo 595.º/1 e no artigo 597.º, do Código Civil – um qualquer acto, normalmente um contrato, donde promana a transmissão. Ninguém transmite um débito por transmitir; muito menos ninguém

---

[539] Se as partes fixarem prazos diferentes, vale o mais curto.
[540] Ao contrário do que resulta do artigo 1273.º/2, do Código italiano.

240   *Da transmissão das obrigações*

aceita, na sua esfera jurídica, um débito alheio, sem que determinado condicionalismo, juridicamente enquadrado, a isso o induza. A assunção de dívida estará, assim, normalmente, integrada em facto jurídico mais vasto[541], por exemplo, doação ou contrato inominado. Assim:

> António assume uma dívida de Bento para com Carlos; fá-lo com espírito de liberalidade, numa doação ente ele e Bento;
> Daniel assume uma dívida de Emílio para com Fernando; isso porque, em troca, Fernando lhe transmite a sua propriedade sobre um automóvel.

III. Mas a existência normal de uma fonte originante da assunção não é necessária para a subsistência desta. Entende o Direito que, uma vez celebrada a transmissão da dívida, não seria justo sujeitar o credor que, fiado nas aparências, deu o seu assentimento, às vicissitudes possíveis na relacionação verificada entre os devedores, inicial e posterior. Desde que o contrato transmissivo em si seja idóneo, o *novo devedor não tem direito de opor ao credor os meios de defesa baseados nas relações entre ele e o antigo devedor* (...), como claramente proclama o artigo 598.º.

A assunção de dívidas é, pois, um acto abstracto, na terminologia consagrada: subsiste independentemente da existência ou validade da sua fonte ("causa").

93. Efeitos; a "assunção" cumulativa

I. A assunção perfeita, isto é, aquela que reúna todos os requisitos atrás apontados, tem por efeito primordial a transmissão do débito do património do devedor inicial para o do devedor subsequente. Esta assunção tem, do ponto de vista do devedor primitivo, o efeito de o liberar da dívida que sobre ele recaía: donde a designação assunção liberatória.

Com o débito transmitem-se, também, as obrigações acessórias do antigo devedor, excepto as que sejam inseparáveis da sua pessoa – artigo 599.º/1. Da mesma forma, mantêm-se as garantias do crédito, com a excepção constante do artigo 599.º/2. Estes dispositivos são, no entanto,

---

[541] Este fenómeno é referenciado, por exemplo em ADRIANO VAZ SERRA, *Assunção de dívida* cit., 208, nota (33) e em ENNECCERUS/LEHMANN, *Recht der Schuldverhältnisse*, 15.ª ed. cit., § 84, V (338-339), também citado em Vaz Serra.

§ 25.° *Assunção de dívidas* 241

supletivos ("... *salvo convenção em contrário...*" – artigo 599.°/1) –, o que é de norma em Direito das obrigações.

Como, porém, o débito se transmite com as suas características próprias, o novo devedor pode opor ao credor os meios de defesa resultantes das relações deste com o antigo devedor – artigo 598.°.

II. A assunção perfeita desliga, sempre supletivamente, o devedor inicial de qualquer relação com o credor. Desta forma, se o novo devedor se mostrar insolvente, o credor já não pode, contra o primeiro, movimentar o seu direito de crédito ou qualquer outra garantia.

A assunção pode, contudo, não ser perfeita, nomeadamente por carência de algum dos seus requisitos, isto é:

– pela invalidade da transmissão;
– pela ausência da concordância do credor.

A invalidade da transmissão tem como consequência o "renascer" da obrigação do devedor inicial – artigo 597.°; em compensação, extinguem--se as garantias prestadas pelo terceiro, excepto se este se encontrar de má fé, nos termos do artigo citado. A expressão "renascer" deve ser correctamente entendida: não há constituição *ex novo* do débito extinto, mas tão-só a constatação de que, afinal, a transmissão não operou[542].

III. A outra hipótese de imperfeição da assunção de dívida pode advir da ausência da ratificação, quando disso seja caso ou da declaração expressa de concordância com a assunção de que fala o artigo 595.°/2. A ausência de ratificação torna, como vimos, a assunção livremente revogável pelas partes – 596.°/2.

Mais complexa é a hipótese da falta de declaração expressa do credor no sentido de exonerar o antigo devedor[543]. Dispõe, nessa altura, o artigo

---

[542] Esta expressão, conjuntamente com outros pontos que se encontram nesta área especialmente delicada da assunção traduzem, ainda, uma certa ligação à *novação* subjectiva. O que é natural, se atentarmos na pouca elaboração que a transmissão de dívidas tem tido na sua ainda curta existência.

[543] Desde que, naturalmente, o credor tenha participado na assunção ou a tenha ratificado. Doutra forma, as partes *poderiam* revogar a todo o tempo a transmissão, não dando, ao desenvolvimento subsequente, qualquer base de subsistência.

242   *Da transmissão das obrigações*

595.º/2, que o antigo devedor responda solidariamente com o novo obrigado: é a chamada "assunção" cumulativa[544].

Na realidade, não podemos considerar que a "assunção" cumulativa transmita quaisquer débitos ou seja, sequer, assunção[545]. Pelo seguinte:

– na "assunção" cumulativa, o devedor primitivo mantém o seu débito, uma vez que continua a responder pela obrigação – artigo 595.º/2;

– o novo devedor não é, pois, transmissário; como, porém, ele passa a responder, também, pela prestação, resta-nos concluir que operou, em relação a ele, a constituição de nova obrigação.

A solidariedade que se manifesta, na hipótese da "assunção" cumulativa, entre os dois devedores, desvia-se, em diversos pontos, do regime geral da solidariedade[546]; chamamos a atenção para o facto de, normalmente, não haver direito de regresso contra o primitivo devedor, sob pena de a assunção não fazer sentido; as relações entre os dois devedores regulam-se pelo que tenha sido estipulado no contrato da assunção.

94. **Natureza**

I. Finalmente, suscita-se a questão de saber qual a natureza da assunção de dívidas. Essa problemática só sobressai no tocante à assunção liberatória; efectivamente, a assunção cumulativa apenas provoca a constituição de nova obrigação, operando, por isso, como fonte.

As dificuldades que surgem na determinação da natureza da assunção de dívidas advêm da necessidade, para a sua consubstanciação, do acordo do credor: isso permitiria concluir que a assunção de dívidas projecta a sua acção não só nas esferas do antigo devedor e do assuntor, mas também na do credor. Para conseguir uma coordenação de elementos tão diversos, têm sido apresentadas as mais distintas teorias[547], de que focaremos apenas a principal: a teoria da disposição.

---

[544] João Antunes Varela, *Das obrigações em geral* cit., 2, 7.ª ed., 373-374.

[545] A prática chega a essa saída, mesmo quando o não diga: STJ 21-Abr.-2010 (Pereira da Silva), Proc. 9673/04

[546] João Antunes Varela, *Das obrigações em geral* cit., 2, 7.ª ed., 340.

[547] Eugène Gaudemet, *Étude sur le transport de dettes à titre particulier* cit., 456 ss.; entre nós, vide a exposição desenvolvida de Ney Ferreira, *Da assunção de dívidas* cit., 83-98.

§ 25.º Assunção de dívidas 243

II. A teoria da disposição deve-se a Windscheid, tendo sido apresentada em formulações diversas, que alguns pretendem autónomas.

Segundo Windscheid, a assunção de dívidas traduziria, por parte do devedor inicial, a alienação de uma coisa alheia – o direito do credor. Tal alienação é ineficaz, de acordo com as regras gerais, só produzindo efeitos com o acordo do credor[548]. A esta orientação aderiram Enneccerus/ /Lehmann[549] e Larenz[550] e, entre nós, Antunes Varela[551] e Ney Ferreira[552]; os autores, normalmente, completam a ideia inicial, explicando que assunção revestiria uma natureza dupla: em face do assuntor, seria um negócio de obrigação (*Verpflichungsgeschäft*); perante o credor, um negócio de disposição (*Verfügungsgeschäft*)[553].

III. Temos dúvidas em admitir que a assunção de dívidas possa, em relação ao credor, considerar-se como um negócio de disposição. Efectivamente, a situação do credor permanece, juridicamente, inalterada: não obstante a assunção, ele continua titular do mesmo crédito.

A concepção comum quanto à natureza da assunção continua, assim, apegada a uma versão demasiado estreita da natureza da obrigação: pelo facto da assunção, o credor deixaria de ter direito a uma prestação de um devedor, para passar a ser titular de direito à prestação de devedor diverso. A objectivização das prestações como bens económicos, imposta pela evolução histórica, leva-nos a ultrapassar este estádio: a modificação subjectiva passiva não implica uma quebra na identidade da prestação e logo do crédito.

---

[548] WINDSCHEID/KIPP, *Lehrbuch des Pandektenrechts*, 9.ª ed. cit., § 338, nota 6 (II, 400-401).

[549] ENNECCERUS/LEHMANN, *Recht der Schuldverhältnisse*, 15.ª ed. cit., § 84, V (338-339).

[550] KARL LARENZ, *Lehrbuch des Schuldrechts* cit., I, 14.ª ed., 603-604.

[551] In *Das obrigações em geral* cit., 2, 7.ª ed., 374-375.

[552] Este autor adopta, contudo, a seguinte formulação, que pensamos poder reconduzir, ainda, à teoria da disposição: a assunção de dívidas é o negócio "... constituído pela unidade de um acto negocial de *aceitação de vinculação*, com a desvinculação correlativa, e um *dispositivo do crédito*, originado no credor ou *ratificado* por ele..." (in *Da assunção de dívidas* cit., 98). O autor critica, no entanto, determinado passo da teoria da disposição (*idem*, 93).

[553] KARL LARENZ, ob. e loc. cit., nota 6; PHILIPP HECK, *Grundriss des Schuldrechts* cit., § 71. 3 (217).

Resta concluir que a assunção de dívidas redunda num negócio de disposição do próprio débito o que, analiticamente, implica uma conjunção de liberação-obrigação para o devedor e para o assuntor, respectivamente. Todavia, pela sua própria natureza e por expressa cominação legal, ela só opera com a concordância do credor. Este fenómeno, que se manifesta noutras áreas do Direito civil (v.g. na sub-rogação), não deve perturbar a construção jurídico-científica da matéria.

§ 26.° CESSÃO DA POSIÇÃO CONTRATUAL

95. Noção; generalidades

I. A cessão da posição contratual é – como se infere do artigo 424.°/1, do Código Civil – a transmissão a um terceiro do acervo de direitos e deveres que, para uma parte, emergem de determinado contrato. Esse acervo de direitos e de deveres é designado "posição contratual", em homenagem à sua origem[554]. A parte que transmite a sua posição diz-se cedente; a outra parte, cedido, e o terceiro, cessionário.

> António celebra com Bento um contrato de fornecimento. Verificar-se-ia uma cessão da posição contratual caso António transmitisse a Carlos o conjunto dos direitos e deveres que, de tal contrato, lhe advieram, de modo que, e nomeadamente, Bento devesse fazer as entregas de mercadorias a Carlos, mediante pagamentos a efectuar por este. António seria o cedente, Bento, o cedido e Carlos, o cessionário.

II. A cessão da posição contratual é, como foi referido, a forma mais elevada de transmitir obrigações. Analiticamente, verifica-se que, por essa figura, se transmitem, em globo e indiferentemente, direitos e deveres. No conjunto, resulta claro que é a própria qualidade de contratante que muda de esfera.

No Direito romano, onde a transmissão das obrigações era teoricamente inviável, a cessão da posição contratual tornava-se, por maioria de razão, inimaginável. A qualidade de contratante emergia, por excelência, de vínculos estritamente pessoais. Qualquer tentativa de cessão de posi-

---

[554] CARLOS MOTA PINTO, *Cessão da posição contratual* cit., 75. No Direito comparado, utiliza-se fluentemente a expressão "cessão de contrato" *(Vertragsabtretung* ou *Vertragsübernahme, cession de contrat, cessione del contratto).*

246 *Da transmissão das obrigações*

ções contratuais apenas poderia redundar na extinção, por acordo entre os primeiros contratantes, do contrato a 'transmitir" e na celebração de novo contrato, entre o cedente e o cessionário.

III. Apesar da evolução registada ao longo dos séculos, no que toca à possibilidade de transmitir obrigações, evolução essa que conduziu a que, no Código Napoleão, fosse consagrada a transmissibilidade dos créditos e, depois, no BGB, a dos débitos, só com dificuldade a cessão dos contratos se veio a impor. O dogma da vontade, empolado pelos ventos teóricos do liberalismo, mal compreendia que uma situação eminentemente voluntária pudesse, sem quebra de identidade, desligar-se da vontade inicial para vir a ser encabeçada por vontade diferente.

A cessão da posição contratual impôs-se, gradualmente na prática jurídica dos diversos países europeus. As necessidades do tráfego levaram os particulares a celebrar, progressivamente, um número crescente de cessões; obrigados por vezes, a intervir em litígios conexionados com esses tipos negociais inominados, os tribunais, com dificuldade, acabariam por reconhecer autonomia à figura, desligando-a, nomeadamente, da cessão de créditos, da novação e de figuras afins[555].

Finalmente, a cessão da posição contratual teve recepção expressa no Código italiano 1942 – artigos 1406.º e seguintes[556] – onde ocorre a seguinte noção legal:

> Cada uma das partes pode substituir-se por um terceiro nas relações derivadas de um contrato com prestações correspectivas, se estas ainda não estiverem exigidas, desde que a outra parte consinta nisso.

IV. Em Portugal, a cessão da posição contratual não surgia no Código de Seabra. Mas como não era, de forma alguma, proibida, foi merecendo consagração, quer doutrinária, quer jurisprudencial.

No campo da doutrina, surge como precursora a posição de Inocêncio Galvão Telles que, desde 1949, defendeu a possibilidade da "cessão de

---

[555] Quanto à evolução jurisprudencial nos diversos países, CARLOS MOTA PINTO, *Cessão da posição contratual* cit., 99 ss.; em Itália, antes da consagração legal, cf. GIOVANNI FONTANA, *Cessione di contratto*, RDComm XXXII (1934), 1, 173 ss..

[556] MARIA ALESSANDRA LIVI, em PIETRO RESCIGNO (org.), *Codice civile*, 7.ª ed. (2008), 1406.º (2606 ss.), com indicações.

§ 26.° Cessão da posição contratual 247

contrato"[557]. Vaz Serra, por seu turno, defendeu a inclusão da cessão da posição contratual no actual Código Civil, aquando da sua elaboração[558].

A primeira decisão judicial a reconhecer a cessão da posição contratual foi, segundo o Prof. Carlos Mota Pinto, um acórdão do Supremo Tribunal de Justiça de 18-Mar.-1952[559].

Tudo isto, coadjuvado pela pressão do Direito italiano e das doutrinas estrangeiras, italiana à frente[560], tornou possível a consagração, no Código Vaz Serra, da cessão da posição contratual. O sistema positivo das obrigações, em Portugal, tornou-se, assim, um dos mais avançados, neste campo.

96. Requisitos; âmbitos; figuras semelhantes

I. A cessão da posição contratual requer, para a sua compleição, a conjugação dos seguintes requisitos[561]:

– a existência de um contrato;
– a transmissão de uma posição do contrato aludido;
– uma fonte de onde emerja a transmissão em causa.

A existência de um contrato cuja posição se visa transmitir é, logicamente, requerida para a verificação de qualquer cessão de posição contratual. O artigo 424.° do Código Civil parece exigir, para o contrato em

---

[557] INOCÊNCIO GALVÃO TELLES, *Cessão do contrato*, RFDUL VI (1949), 148-169 e *Manual dos contratos em geral* cit., 363 ss.. Quanto à possibilidade do artigo 431.° do Código Comercial consagrar já uma forma de cessão da posição contratual, CARLOS MOTA PINTO, *Cessão da posição contratual* cit., 78 ss..

[558] ADRIANO VAZ SERRA, *Cessão da posição contratual*, BMJ 49 (1955), 5-30.

[559] STJ 18-Mar.-1952 (ROBERTO MARTINS), BMJ 30 (1952), 344-351 (348-349) = RT 70 (1952), 211-213. Vide CARLOS MOTA PINTO, *Cessão da posição contratual* cit., 96.

[560] Mas também a alemã; *vide* KARL LARENZ, *Lehrbuch des Schuldrechts* cit., 1, 14.ª ed., § 35, III (616 ss.) WOLFGANG FIKENTSCHER/ANDREAS HEINEMANN, *Schuldrecht*, 10.ª ed. (2006), § 61, IV (370).

[561] MÁRIO JÚLIO DE ALMEIDA COSTA, *Direito das obrigações*, 12.ª ed. cit., 833; JOÃO ANTUNES VARELA, *Das obrigações em geral* cit., 2, 7.ª ed., 383 ss.; *Direito das obrigações* 2, 121 ss.; JORGE RIBEIRO DE FARIA, *Direito das obrigações* cit., 2, 7.ª ed., 621 ss.; LUÍS MENEZES LEITÃO, *Direito das obrigações* cit., 2, 7.ª ed., 75 ss..

248 *Da transmissão das obrigações*

causa, determinadas características. Abordaremos essa questão quando tratarmos o âmbito da cessão da posição contratual.

A transmissão de uma posição do contrato aludido opera por acordo entre uma das partes (o cedente) e o terceiro (o cessionário). Simplesmente, a especial natureza da figura envolvida – basta recordar que a cessão da posição contratual implica, também, a transmissão de débitos – requer, para que haja transmissão, o acordo do cedido – artigo 424.°[562].

O consentimento do cedido pode ser prestado antes ou depois (e logo durante) do acordo celebrado entre o cedente e o cessionário.

II. A cessão da posição contratual deve ter, como fonte, um contrato que lhe esteja na base. Isto é: não se verifica uma transmissão abstracta, sem a prévia actuação de um qualquer facto transmissivo que a justifique[563].

> Por exemplo: se A contrata com B e, depois, transmite a sua posição contratual a C, fá-lo porque, por hipótese, a vendeu a B ou a doou. A compra e venda ou a doação referidas são, neste caso, as fontes da cessão aludida.

À semelhança do que se passa com a cessão de créditos, a cessão da posição contratual exige uma fonte ("causa") seja ela qual for[564]. Não é, por isso, um negócio abstracto. Esta conclusão infere-se:

– da regra geral vigente no nosso Direito, segundo a qual os efeitos jurídicos estão intimamente ligados à existência e validade dos factos donde dimanem, isto é, da regra da "causalidade" ou da "não abstracção", que nenhuma disposição afasta, neste caso;
– do artigo 425.°, que estabelece uma nítida conexão entre a cessão e o negócio-base.

Assim sendo, caso falte, de todo em todo, uma fonte ou, ainda, quando esta seja inválida, a cessão da posição contratual não opera vali-

---

[562] Por isso, diz Mota Pinto que a cessão da posição contratual consubstancia um tipo negocial onde concorrem *três declarações de vontade* (*Cessão da posição contratual* cit., 72). Cf. FRANCO CARRESI, *Cessione del contratto*, NssDI III (1959), 147-152 (148).

[563] JOÃO ANTUNES VARELA, *Das obrigações em geral* cit., 2, 7.ª ed., 355 ss..

[564] JOÃO ANTUNES VARELA, *Das obrigações em geral* cit., 2, 7.ª ed., 357. Este Autor fala, a este propósito, em negócio *policausal*.

§ 26.º Cessão da posição contratual   249

damente. Por isso se exige o acordo do cedido, o qual, antes de o conceder, deve indagar da regularidade da situação[565].

III. Suscita-se o problema de saber qual o âmbito da cessão da posição contratual, isto é: que tipos de contratos podem, por ela, ser transmitidos. O Código Civil parece excluir da cessão os contratos que não sejam de "prestações recíprocas". Além disso, alguma doutrina, na sequência do sistema italiano, pretende limitar a cessão às hipóteses em que nenhuma das referidas prestações recíprocas tenha sido efectuada. Isso porque, desde o momento em que tal suceda, já não haveria que falar em cessão da posição contratual mas, tão-só, em cessão de créditos ou assunção de débitos, consoante os casos. Contra tais limitações se pronuncia o Prof. Mota Pinto[566], com razões que nos merecem inteiro apoio.

Diz este Autor que, pelo contrato, não nascem, apenas, direitos ou deveres, em relação às partes intervenientes. Pelo contrário, gera-se sempre uma situação complexa em que, além de créditos e débitos, coexiste uma série de outras figuras jurídicas tais como direitos potestativos ou instrumentais e pretensões. Assim sendo, num contrato com prestações recíprocas em que uma delas já tivesse sido efectuada, ainda teria interesse a cessão da posição contratual, uma vez que não quedaria, para transmitir, apenas um débito ou um crédito, mas ainda toda uma situação variada, apenas expurgada de uma prestação. Da mesma forma, um contrato com apenas uma prestação é algo mais vasto do que um simples crédito ou débito. Não obstante a letra da lei, a cessão da posição contratual seria, ainda, forma indicada de transmitir o conjunto. Estas considerações, então pioneiras, são inteiramente sufragadas pela actual obrigacionística.

Mas se a indicação limitativa legal não colhe, existem intransmissibilidades não explicitamente legisladas. É o caso, ao que pensamos, de incedibilidades convencionadas e de posições contratuais litigiosas, por aplicação analógica das competentes disposições situadas na órbita da cessão de créditos[567].

---

[565] Configuramos a hipótese mais frequente de o negócio que serve de base à cessão ser celebrado entre o cedente e o cessionário. Nada impede, porém, que nele também participe o cedido, o qual pode, no âmbito do negócio-fonte em causa, receber ou efectuar prestações.

[566] CARLOS MOTA PINTO, *Cessão da posição contratual* cit., 437 ss..

[567] Quando não seja possível transmitir o *minus*, também não é possível fazê-lo

IV. A cessão da posição contratual pode ser clarificada mercê da sua distinção de figuras semelhantes[568]. Assim:

– o subcontrato[569]: traduz apenas, ao contrário da cessão, o contrato celebrado por uma das partes com base na posição jurídica adquirida pela celebração de contrato anterior; não há, aí, uma transmissão global de posição contratual mas, apenas, a constituição de nova posição, derivada da anterior;
– a adesão ao contrato[570]: uma pessoa assume, conjuntamente com o contratante, a posição deste; não implica, por isso uma transmissão;
– a transmissão legal da posição contratual: a transmissão opera não por vontade das partes, mas por força da lei. Esta figura, a que também se tem chamado, sem grande precisão, sub-rogação legal ou forçada, sucessão legal ou cessão forçada é possível[571], embora esteja distante dos esquemas habituais do Direito das obrigações.

97. Regime; efeitos; relevância das invalidades ocorridas no contrato de cessão

I. Nos termos do artigo 425.º do Código Civil, precisamente epigrafado "regime":

A forma de transmissão, a capacidade de dispor e de receber, a falta e vícios da vontade e as relações entre as partes definem-se em função do tipo de negócio que serve de base à cessão.

---

quanto ao *maius*. Em rigor, nem sequer há, aqui, analogia, mas, apenas, uma interpretação não puramente literal das normas envolvidas.

[568] LUÍS MENEZES LEITÃO, *Direito das obrigações* cit., 2, 7.ª ed., 76 ss..

[569] JOÃO ANTUNES VARELA, *Das obrigações em geral* cit., 2, 7.ª ed., 351 ss.; INOCÊNCIO GALVÃO TELLES, *Manual dos contratos em geral* cit., 371 ss.; FRANCISCO MESSINEO, *Il contratto in genere*, 1 (1973), 733 ss.. Quanto a essa figura: PEDRO ROMANO MARTINEZ, *O subcontrato* (1989).

[570] *Vertragsbeitritt*; cf. KARL LARENZ, *Lehrbuch des Schuldrechts* cit., I, 14.ª ed., § 35, III (617).

[571] Em geral, cf. JOÃO ANTUNES VARELA, *Das obrigações em geral* cit., 2, 7.ª ed., 353; GALVÃO TELLES, *Manual dos contratos em geral* cit., 368; CARLOS MOTA PINTO, *Cessão da posição contratual* cit., 84 e ss..

§ 26.º *Cessão da posição contratual* 251

Verifica-se que a cessão deve, como é natural, seguir o regime do negócio base, isto é, da fonte de transmissão. O paralelo com o artigo 578.º/1, que comina idêntico regime em relação à cessão de créditos, é evidente. Portanto, quando a cessão emerja de compra e venda, aplicam-se as regras da compra e venda, como exemplo.

O Código estabelece que o cedente deva garantir ao cessionário, a existência – e caracterização – da posição contratual transmitida, nos termos aplicáveis ao negócio, gratuito ou oneroso, em que a cessão se integra – artigo 426.º/1. Reforça-se, desta forma, o disposto no artigo 425.º. Em compensação, o cumprimento das obrigações implicadas só deve ser garantido quando convencionado – artigo 426.º/2.

II. A cessão da posição do contratante, como evento trilateral, produz efeitos em relação aos seus três intervenientes[572].

No que toca ao cedente, verifica-se ficar este liberado dos seus deveres e perder os seus direitos. O cessionário, por seu turno, vai receber os direitos e assumir os débitos que ao cedente assistiam. O cedido, finalmente, deixa de ter como contraparte o primeiro interveniente – o cedente – substituído pelo cessionário[573]. Com ele se travarão, pois, as relações obrigacionais envolvidas. Cedido e cessionário vão poder exigir-se mutuamente, o cumprimento das obrigações respectivas.

O acervo de direitos e obrigações compreendido na posição contratual transferida conserva as suas qualidades e defeitos próprios. Por isso, pode o cedido opor ao cessionário os meios de defesa provenientes do contrato transmitido, mas não outros, salvo consignação em contrário (artigo 427.º).

III. Põe-se o problema, bastante debatido, da relevância de eventuais invalidades ocorridas na celebração da cessão. Importa, no entanto, distinguir esta questão de duas outras, a saber:

– das invalidades ocorridas na própria celebração do contrato cedido;
  os direitos potestativos de invocar as referidas invalidades man-

---

572 ADRIANO VAZ SERRA, *Cessão da posição contratual* cit., 21 ss.; JOÃO ANTUNES VARELA, *Das obrigações em geral* cit., 2, 7.ª ed., 358 ss.; RAFFAELE CICALA, *Cessione del contratto*, ED VI (1960), 878-901 (896 ss.).

573 Como pode suceder que o cedido tenha dado o seu acordo antes da cessão, a lei – artigo 424.º/2 – exige que a cessão lhe seja comunicada ou que ele a reconheça, para que produza efeitos em relação a ele.

têm-se, nos termos gerais, e transmitem-se, naturalmente, com a posição contratual – cf., aliás, o artigo 427.º.

> Por exemplo: A e B celebram um contrato inválido. Essa invalidade não se sana se B transmitir a sua posição a C. A legitimidade para a invocação da invalidade terá, depois, de ser verificada no caso concreto, consoante o tipo de vício verificado e o regime que lhe for aplicável, sem esquecer as excepções derivadas da boa fé.

– das vicissitudes referentes a obrigações conexas com a cessão, mas que respeitem, apenas, ao cedente e ao cessionário.

> Por exemplo: C e D celebram um contrato, tendo D, mediante o pagamento de uma quantia a E – o contrato era, por hipótese, desfavorável – cedido a este a sua posição contratual. E não pode, face a C, recusar o cumprimento das obrigações assumidas, a pretexto de D não ter pago a quantia acordada. Esta ideia aflora no artigo 427.º, em que, a propósito das relações entre o cedido e o cessionário, não se permite a utilização de meios de defesa estranhos ao contrato transmitido.

O problema que nos ocupa é, precisamente, o de saber quais os efeitos de invalidades verificadas na formação do contrato-fonte de cessão.

> Por exemplo: F e G celebram um contrato; depois, por compra e venda entre G e H e o acordo de F, cede-se, a H, a posição contratual de G. Pergunta-se: qual a relevância de vícios ocorridos na celebração da referida compra e venda?

Como vimos, no nosso Direito, a cessão da posição contratual não é um negócio abstracto[574]. A regra geral tem, pois, de ser a de relevância geral das invalidades ocorridas na fonte da cessão, com o efeito primordial de, verificadas estas, se desfazer a transmissão viciada.

A doutrina faz notar que esta solução, rigidamente aplicada, poderia conduzir a uma série de injustiças. Por isso, há que lidar cuidadosamente,

---

[574] CARLOS MOTA PINTO, *Cessão da posição contratual* cit., 513. Não se acompanha a afirmação, constante de alguma doutrina, segundo a qual o problema derivaria da natureza bilateral ou trilateral da cessão. Ainda que a cessão fosse, apenas, um acto bilateral, a sua nulidade (v.g.), poderia ser alegada por qualquer interessado. Depois, tudo estaria em saber até que ponto a cessão poderia subsistir sem causa (sem fonte).

§ 26.º *Cessão da posição contratual* 253

no caso concreto, com as regras da legitimidade para a invocação de invalidades, sem esquecer a especial tutela que por vezes é conferida aos sujeitos de boa fé[575].

98. Natureza

I. Foi já discutida a natureza da cessão da posição contratual, apesar de existir hoje uma posição dominante que se nos afigura correcta[576]. Tradicionalmente, apontam-se, em polémica, três teorias:

– a teoria da decomposição;
– a teoria da *renovatio contractus*;
– a teoria unitária.

II. Segundo a teoria da decomposição (*Zerlegungskonstruktion*)[577], a cessão da posição contratual implicaria a desarticulação do seu objectivo em direitos e deveres. A transmissão dessas figuras seguiria, depois, os moldes próprios de cada uma delas. Galvão Telles defende uma orientação próxima desta, explicando:

> A tese verdadeira é, a nosso ver a que vê na cessão de contrato uma combinação das duas espécies de transferência de relações jurídicas obrigacionais, cessão de créditos e assunção de dívidas[578].

Para a teoria da *renovatio contractus*, defendida por Nicolò[579], verificar-se-ia, pela cessão da posição contratual, a extinção do primeiro contrato e a celebração de novo contrato, entre o cedido e o cessionário.

---

[575] João Antunes Varela, *Das obrigações em geral* cit., 2, 7.ª ed., 408 ss.; Carlos Mota Pinto, *Cessão da posição contratual* cit., 516 ss..

[576] O tema foi amplamente desenvolvido e documentado por Carlos Mota Pinto, *Cessão da posição contratual* cit., 191 ss..

[577] Raffaele Cicala, *Cessione del contratto* cit., 879; Galvão Telles, *Manual dos contratos em geral* cit., 364 (n.º 183). Tal orientação era defendida, por exemplo por Francesco Ferrara, *Teoria dei contratti* cit., 305 e por Giovanni Fontana, *Cessione di contratto* cit., 202.

[578] Inocêncio Galvão Telles, *Manual dos contratos em geral* cit., 366.

[579] Francesco Ferrara, *Teoria dei contratti* cit., 306; Raffaele Cicala, *Cessione del contratto* cit., 880.

Finalmente, a teoria unitária entende que a figura que nos ocupa promove, em bloco e com autonomia, a transmissão da posição de um contratante para um terceiro, estranho ao contrato cedido.

III. Actualmente, a teoria unitária tem merecido o maior apoio da doutrina nacional e estrangeira[580]. Em rigor, quer a teoria da decomposição, quer a da *renovatio contractus*, conduzem à supressão da cessão da posição contratual, enquanto figura autónoma. Tais orientações contrariam o sentido da evolução do Direito das obrigações, francamente favorável à admissão de formas cada vez mais elevadas de transmitir realidades obrigacionais. Por outro lado, o Código Vaz Serra estabelece, para a cessão da posição contratual, um claro regime autónomo, que não pode ser reconduzido nem ao da cessão, nem ao da assunção de dívida, nem a um misto de ambos, nem a uma extinção contratual seguida da celebração de um novo contrato.

Por tudo isto, perfilhamos a teoria unitária.

---

[580] João Antunes Varela, *Das obrigações em geral* cit., 2, 7.ª ed., 415 ss., com indicações.

§ 27.º TRANSMISSÕES DE TÍTULOS DE CRÉDITO

99. Generalidades; remissão

I. Título de crédito é um documento que consubstancia o direito nele mencionado, de tal forma que seja necessário para o seu exercício[581]. Apontam-se, tradicionalmente, três características aos títulos de crédito: a incorporação, ou estreita conexão entre o título e o direito, a literalidade, pela qual o direito se configura tal como resulta do título e a autonomia, na medida em que a atribuição por ele realizada, ao titular do documento-título, é independente de quaisquer vicissitudes anteriores.

Os créditos consubstanciados em títulos estão, desta forma, integrados em obrigações abstractas, isto é, segundo a orientação que temos vindo a defender, em obrigações que sobrevivem apenas através do título, independentemente da fonte ("causa") que lhes tenha dado origem.

II – Os títulos de crédito transferem-se por formas peculiares, implicando a transmissão das obrigações respectivas. Temos, assim, formas de transmissão tais como o averbamento em título nominativo, o endosso em título à ordem e a tradição em título ao portador.

A matéria é remetida para o Direito comercial.

---

[581] ANTÓNIO FERRER CORREIA, *Lições de Direito comercial* cit., III – *Letra de câmbio* (1966), 3 ss.; ADRIANO VAZ SERRA, *Títulos de crédito*, separata dos BMJ 60 e 61 (1956), 31 ss..

PARTE VII

MODIFICAÇÃO E EXTINÇÃO DAS OBRIGAÇÕES

CAPÍTULO XVIII
ALTERAÇÃO DAS CIRCUNSTÂNCIAS

§ 28.º MODIFICAÇÕES EM GERAL

100. Enquadramento; noção de modificação

I. Ao estudo da constituição e da transmissão das obrigações segue-
-se, logicamente, o da sua modificação. Precisando noções, podemos
adiantar que uma obrigação é modificada sempre que sofra uma alteração
que não acarrete uma quebra de identidade.

II. Uma alteração em qualquer situação obrigacional complexa
requer uma modificação objectiva seja na posição do credor, seja na do
devedor, seja no vínculo. Não reconhecemos, por isso, como modificações
(subjectivas) as transmissões que se limitem a implicar a substituição de
sujeitos, sem provocar inovações nas situações jurídicas em si. Este raciocínio só é possível quando se admita a obrigação como independente do
património do devedor. Quando não, qualquer transmissão passiva
implica, só por si, uma modificação no vínculo e no direito do credor:
passa a haver um património diferente.

A manutenção da identidade de uma obrigação depende, fundamentalmente, da conservação da prestação. Isto é: podemos entender que uma
obrigação é a mesma quando a conduta devida nela em causa seja, também, a mesma. O problema desloca-se, desta forma, para a prestação:
ocorrida uma modificação objectiva em determinada obrigação, só se
poderá falar em modificação *proprio sensu* quando a prestação devida seja
a mesma.

Não quer isso dizer que a própria prestação não possa sofrer alterações. Simplesmente, essas alterações não podem ser tais que conduzam a

260   *Alteração das circunstâncias*

que, da mesma prestação, se não possa falar. O único critério possível para determinar, no caso concreto, se se está perante a mesma prestação, modificada, ou se, pelo contrário, a prestação já é outra, é extrajurídico. O senso comum terá de indicar a solução, no caso concreto. Salvo qualquer disposição normativa que comine solução diferente, o regime acomodar-se-á, depois, à solução extrajuridicamente indiciada.

III. Vejamos alguns exemplos:

António deve € 100 a Bento; posteriormente, Carlos assume essa dívida. Não há, aqui, uma modificação da obrigação uma vez que, não obstante a substituição subjectiva, não se verifica qualquer alteração na prestação em si;

Daniel deve € 500 a Emílio; posteriormente, fica antes obrigado a prestar determinados serviços. Não há modificação porque a obrigação não conservou a sua identidade; verificou-se, antes, um fenómeno de substituição total (novação);

Francisco deve € 200 a Gustavo, a pagar no dia 1 de Junho; posteriormente, o prazo é alterado para 1 de Julho; há modificação porque a prestação é a mesma, com alteração;

Heitor deve € 100 a Ismael; passa a dever apenas € 90; a prestação não pode ser considerada como sendo a mesma, mas não é totalmente diversa; há, pois, modificação na obrigação.

101. Classificações de modificações; factos modificativos

I. Torna-se possível configurar as mais variadas hipóteses de mudanças nas obrigações. Tanto podem ser visadas as posições fundamentais dos sujeitos da obrigação, como aspectos meramente acessórios, complementares ou instrumentais. Pense-se que podem ser modificados o conteúdo da prestação principal, o seu montante, o tempo e local do cumprimento, as prestações secundárias ou os deveres acessórios. Por isso, reveste de interesse prático e científico operar classificações no âmbito das possíveis modificações em que podem incorrer as realidades creditícias.

II. De acordo com a área da obrigação alterada, podemos distinguir modificações de objecto e modificações de conteúdo. Modificações de objecto são aquelas que respeitam à prestação: modificações de conteúdo, pelo contrário, são as que deixando incólume a prestação, se reportam tão-

§ 28.º *Modificações em geral* 261

-só a outros aspectos do normativo obrigacional (p. ex., local da prestação, ou as prestações secundárias).

A modificação pode actuar na posição do credor, na posição do devedor ou em ambas. Distinguem-se, assim, modificações no crédito ou activas, no débito ou passivas e na obrigação propriamente dita.

III. Qualquer modificação é um efeito jurídico. Consequentemente, pressupõe a aplicação de normas desencadeadas pela verificação de factos jurídicos. Esses factos, mercê do seu tipo de eficácia, são factos modificativos. Os factos modificativos são susceptíveis das diversas classificações que aos factos se aplicam, induzindo-se, assim, outras tantas classificações de modificações. Não oferece dúvidas, em face de tal metodologia, a distinção das modificações em voluntárias e legais, consoante sejam provocadas por acto jurídico ou por facto *stricto sensu*. As primeiras podem ser contratuais ou unilaterais, de acordo com o número de vontades jurígenas implicadas e assim por diante

É regra quase absoluta do nosso sistema jurídico o deverem, as obrigações, ser sempre acompanhadas pelas fontes respectivas, isto é, pelos seus factos constitutivos. Essa regra explica-se facilmente se tivermos em conta a natureza essencialmente abstracta do vínculo obrigacional; este só pode ser reconhecido através da sua fonte[582]. O mesmo fenómeno se observa com os factos modificativos: operada uma modificação em determinada obrigação, esta passa a ser comandada pela fonte e pelo facto modificativo o que é dizer: o próprio facto constitutivo surge como modificado.

102. Relevância da matéria; sequência

I. A grande maioria das modificações creditícias, dada a relevância que o princípio da autonomia privada apresenta no Direito das obrigações, tem natureza voluntária e, mais precisamente, contratual. Em princípio, as partes podem, por simples acordo, no respeito por diversas limitações nomeadamente as de ordem formal, modificar as obrigações contratuais

---

[582] Por exemplo, ninguém pode analisar uma obrigação contratual a não ser pelo estudo do contrato respectivo. *Vide* o *Tratado* II/1, 68 ss..

que tenham criado. Na prática, tais vicissitudes processam-se através de alterações introduzidas no contrato inicial, por novo contrato[583].

Neste ponto, a matéria atinente às modificações das obrigações tem escassa relevância teórica e prática; efectivamente, ao contrato modificativo é aplicável o regime geral dos contratos, nomeadamente no tocante à sua formação.

II. A relevância da problemática da modificação manifesta-se, sobretudo, quando esta advenha de factos jurídicos *stricto sensu* exclusiva ou primordialmente modificativos. Ou, utilizando uma linguagem mais tradicional, a rubrica das modificações das obrigações atinge um máximo de relevância quando se trate de modificações legais.

Torna-se necessário um exame do Código Civil e de diversos diplomas extravagantes, para determinar a ocorrência e regime dos diversos factos modificativos.

III. O instituto geral que, por razões históricas, culturais e jurídico-científicas, mais se prende com o tema da modificação das obrigações é o da alteração das circunstâncias. Por isso lhe será consagrado o essencial do presente capítulo.

---

[583] Recordamos o artigo 406.º/1, do Código Civil:

O contrato deve ser pontualmente cumprido, e só pode modificar-se ou extinguir-se por mútuo consentimento dos contraentes ou nos casos admitidos na lei.

§ 29.º ASPECTOS GERAIS E EVOLUÇÃO HISTÓRICA

103. Aspectos gerais; dimensão jurídico-científica

I. Em Direito civil, diz-se alteração das circunstâncias a modificação do condicionalismo que rodeie a celebração dos contratos. Segundo coordenadas históricas e geográficas, pode ser reconhecida eficácia jurídica a tais eventos; quando isso suceda, o Direito admite modificações no contrato atingido, ou a sua própria resolução.

Como instituto jurídico-privado, a alteração das circunstâncias foi consagrada nos artigos 437.º a 439.º do Código Vaz Serra. Na sua simplicidade, esses preceitos são herdeiros de uma das mais complexas evoluções históricas que jamais informaram uma figura civil, com visíveis consequências actuais[584]. E bem se entende essa complexidade.

Um sistema que admita contratos – e todos os admitem, apenas se discutindo a amplitude do seu papel – exige, por isso mesmo, o acatamento dos pactos celebrados. Aceitar que superveniências possam justificar o não cumprimento – ou um cumprimento não cabal – poderá surgir como exigência da justiça. Mas contradita, por certo, a autonomia privada. Em situações-limite – portanto, perante a impossibilidade absoluta, não imputável, de acatamento dos deveres contratuais – não oferecerá dúvidas

---

[584] ARISTIDE CHIOTELLIS, *Rechtsfolgenbestimmung bei Geschäftsgrundlagenstörungen in Schuldvertragen* (1981), 29, retomado por INGO KOLLER, *Bewegliches System und die Risikozurechnung bei der Abwicklung gegenseitiger Verträge*, em *Das Bewegliche System in geltenden und künftigen Recht*, publ. por FRANZ BYDLINSKI e outros (1986), 75-86 (77), refere que, em 1980, só no domínio da chamada base do negócio – e em língua alemã – estavam recenseadas 56 teorias diferentes. Houve, depois disso, já múltiplos contributos, abaixo referidos. Nós próprios: *Direito das obrigações*, 2, 141 ss.; *Da boa fé*, 903 ss.; *Da alteração das circunstâncias*, Est. Paulo Cunha (1989), 293-371 e em separata com índices autónomos; *Convenções colectivas de trabalho e alterações de circunstâncias* (1995), 128 pp..

a liberação do devedor. A partir de então, e até à pequena dificuldade superveniente, há uma vasta área de dúvidas e de interrogações.

O legislador não pode indicar, com exactidão, o *quantum* a partir do qual se justifica a actuação no contrato. Admite a figura, dá algumas directrizes, mas abandona a decisão final à jurisprudência. A Ciência do Direito deve intervir.

II. A interpretação criativa do Direito levanta, ainda hoje, dúvidas e perplexidades na doutrina[585]. Na sua base está a possibilidade de, através da interpretação e da aplicação do Direito, obter soluções novas e mais adequadas, isto é: de dispensar o recurso a alterações legislativas para modificar e aperfeiçoar o Direito. As dúvidas agravam-se perante um certo predomínio do neo-positivismo constitucional: a preocupação em efectivar, até às últimas consequências, os textos fundamentais considerados favoráveis, leva a interpretá-los de modo rígido, mais estrito do que sucederia perante fontes infraconstitucionais.

De facto, as diversas constituições consagram o princípio da separação dos poderes[586] podendo, daí, seguir-se uma restrição da actividade judicial à simples aplicação de diplomas aprovados noutras instâncias. Tal restrição é impossível: o receituário constitucional deve sofrer, ele próprio, uma evolução de modo a adaptar-se aos parâmetros jurídico-científicos da actualidade, ressalvado o essencial.

A interpretação criativa do Direito é, hoje, um facto. Já por natureza, a interpretação das fontes é criativa: apenas contributos especificamente introduzidos pelo intérprete-aplicador permitem, em cada caso concreto, levá-la a bom termo, constituindo o Direito[587]. Para além disso, ela revela-se, ainda, indispensável, num sentido mais forte, em três áreas que, de seguida, se analisam.

III. Em primeiro lugar, a interpretação criativa impõe-se perante o fenómeno, há muito pacífico, do envelhecimento dos códigos civis. Pen-

---

[585] KARL ENGISCH, *Einführung in das juristische Denken*, 8.ª ed. (1983), 171 ss.. No Direito privado, esta posição é reforçadamente assumida por ERNST WOLF, *Allgemeiner Teil des bürgerlichen Rechts*, 3.ª ed. (1982), 676 ss..

[586] ROLF WANK, *Grenzen richterlicher Rechtsfortbildung* (1978), 207 ss..

[587] Remete-se para os nossos *Lei (aplicação da)*, Enc. Pólis 3 (1985), 1046-1062, *Tendências actuais da interpretação da lei: do juiz-autómato aos modelos de decisão jurídica*, TJ 12 (1985), 1 ss. e *Tratado* I/1, 3.ª ed., 149 ss..

§ 29.º *Aspectos gerais e evolução histórica* 265

sados para sociedades diferentes daquelas em que vieram a vigorar, as grandes codificações cedo mostraram insuficiências e disfunções que o tempo não parou de agravar. Entregues a si próprias, as instâncias de decisão – *maxime*, os tribunais – foram levadas, com ou sem o apoio da doutrina, a encontrar novas soluções, por vezes mesmo *contra legem*[588]. Instáveis no início, essas soluções vieram a cristalizar-se em institutos que hoje ninguém poria em dúvida.

Em segundo lugar, a interpretação criativa filtra-se através da integração das lacunas. A contraposição entre a integração e a interpretação não deve ser rigidamente entendida. As lacunas, por seu turno, podem ser mais ou menos cavadas, isto é: podem deixar mais ou menos elementos ao intérprete-aplicador quando, no seu âmbito, tenha de resolver casos concretos. A partir de certa margem, os factores disponíveis com sede legal serão tão ténues que apenas a inventividade permitirá encontrar soluções ainda redutíveis ao Direito e não ao mero arbítrio. Ora a lacuna pode advir da pura ausência de regulação onde, pelo sistema, ela deveria existir ou, ainda, ser provocada pela contradição de normas ou pela oposição insolúvel de princípios, em termos de se gerar uma fractura ou quebra intra-sistemática[589]. Em qualquer dessas hipóteses, a integração das lacunas traduz novas zonas de interpretação criativa do Direito.

---

[588] O problema da inconstitucionalidade da interpretação criativa do Direito foi levantada perante o Tribunal Constitucional Alemão a propósito do instituto, hoje pacífico, da responsabilidade geral por danos morais. Na verdade, segundo o § 253 do BGB, tal responsabilidade só poderia ter lugar nos casos expressamente consagrados pela lei. Correspondendo às exigências dos novos tempos, a jurisprudência constante veio a entender para além da lei ou, porventura, contra, ela, que os danos morais são, genericamente, ressarcíveis. A esse propósito, o Tribunal Constitucional Alemão, em decisão proferida a propósito do conhecido litígio da Princesa Soraya contra a entidade proprietária do jornal *Die Welt*, em 14-Fev.-1973, veio esclarecer "A actividade judicial não consiste apenas no conhecimento e na declaração das decisões do legislador. As tarefas da jurisprudência podem exigir que venham a lume valorações imanentes à ordem jurídica constitucional, mas que não constem do texto da lei ou, dela, constem apenas de modo incompleto, valorações essas que se tornam patentes num acto de apreciação ao qual não faltam elementos volitivos e que se realizam em decisões". A interpretação criativa foi, assim, expressamente admitida como constitucional – BVerfG 14-Fev.-1973, BVerfGE 34 (1973), 269--293 (287).

[589] Quanto a estes temas, CLAUS-WILHELM CANARIS, *Die Feststellung der Lücken im Gesetz*, 2.ª ed. (1983), 173 ss. e *Systemdenken und Systembegriff in der Jurisprudenz*, 2.ª ed. (1983), 133 ss..

Em terceiro lugar, a interpretação criativa é irrenunciável devido à proliferação de conceitos indeterminados. O conceito indeterminado caracteriza-se por não permitir uma comunicação clara e inequívoca quanto ao seu conteúdo[590], oferecendo indefinições nesse domínio. A sua operacionalidade dogmática implica um preenchimento com valorações que, no caso concreto, faculte soluções[591]. Tal preenchimento e a subsequente concretização competem ao intérprete-aplicador. Quando o faça, assiste-se a um progredir do Direito, sem qualquer modificação legislativa.

IV. A alteração das circunstâncias e a interpretação criativa do Direito interligam-se, em vários níveis. A alteração das circunstâncias traduz, por definição, uma das formas de adaptar estruturas envelhecidas a novos circunstancialismos; ela deixa adivinhar uma contradição enérgica de princípios capaz de gerar algo de semelhante a uma lacuna; ela utiliza, por fim, dentro das directrizes que a lei dá a seu propósito, múltiplos conceitos indeterminados.

Nestas condições, compreende-se que surja estéril qualquer tentativa de retirar, dos preceitos legais dedicados à alteração das circunstâncias, um sentido útil, com recurso às regras tradicionais de interpretação da lei.

---

[590] Caracterizado já por PHILIPP HECK, *Gesetzesauslegung und Interessenjurisprudenz* (1974), 173, e *Begriffsbildung und Interessenjurisprudenz* (1932), 60, por exemplo, o conceito indeterminado veio a ser especialmente desenvolvido pelo publicismo moderno – assim, ANDREAS SETHY, *Ermessen und unbestimmte Gesetzesbegriffe / Einer theoretische Untersuchung der Abgrenzung im Verwaltungsrecht* (1973), 12 e *passim* e HANS-JOACHIM KOCH, *Juristische Methodenlehre und analytische Philosophie* (1976) 186-213 (203) e *Unbestimmte Rechtsbegriffe und Ermessensermächtigungen im Verwaltungsrecht* (1979). Entre nós, JOSÉ MANUEL SÉRVULO CORREIA, *Legalidade e autonomia contratual nos contratos administrativos* (1987), 109 ss. e *passim*. O Direito privado veio, depois, a recuperá-lo, procurando tirar partido de toda a elaboração existente.

[591] Apresentada por penalistas – cf. ERIK WOLF, *Die Typen der Tatbestandsmerkmässigkeit* (1931), 8, *apud* HERBERGER, *Die deskriptiven und normativen Tatbestandsmerkmale im Strafrecht*, publ. em KOCH, *Juristische Methodenlehre* cit., 124-154 (144, nota 55) – a ideia estende-se à teoria geral do Direito – assim, KARL ENGISCH, *Die Idee der Konkretisierung in Rechtswissenschaft unserer Zeit* (1953), 79 e *passim* e HEINRICH HENKEL, *Recht und Individualität* (1958), 30 – e radicou-se no Direito privado – por exemplo, KARL LARENZ, *Entwichlungstendenzen der heutigen Zivilrechtsdogmatik*, JZ 1962, 105-110 (106) e *Methodenlehre der Rechtswissenschafts* (1983), 76 ss. – onde conhece hoje uma utilização crescente e diversificada.

§ 29.º *Aspectos gerais e evolução histórica* 267

A utilização dos instrumentos jurídico-científicos mais elaborados é uma necessidade.

V. Nos últimos anos, a legislação portuguesa conheceu, no Direito civil como noutras disciplinas, alterações sensíveis. Mais importante do que tais evoluções a nível de fontes é, contudo, o próprio progresso da Ciência do Direito.

O Direito deve ser assumido como fenómeno cultural. Capaz de suprir a inactividade do legislador, a Ciência do Direito pode, também, inutilizar quaisquer progressões legislativas, quando não as acompanhe. A jurisprudência portuguesa permite documentar as múltiplas implicações dessa afirmação[592].

Por isso, quando se pretenda indagar o progresso do Direito nacional depois de 1974, não chega avaliar as alterações legislativas: de então para cá, qualquer novidade de fundo, séria, profunda e duradoura, terá de se analisar em evoluções científico-culturais.

VI. As considerações efectuadas justificam o relevo do tema da alteração das circunstâncias. Dependente, a todos os títulos da Ciência do Direito enquanto modo de resolução de casos concretos e vocacionada, ela própria, para intervir quando haja modificações ambientais, a alteração das circunstâncias surge num plano ideal para conhecer a própria realidade dogmática portuguesa, nos finais do século XX.

104. Breves referências históricas e comparativas

I. O Direito lusófono repousa numa tradição histórica de base românica, em transferências culturais provenientes, sucessivamente, de França, de Itália e da Alemanha e numa elaboração autónoma que, homogeneizando todos esses elementos, facultou vias próprias de desenvolvimento e de solução.

O conhecimento dos diversos factores que contribuam para a configuração de qualquer instituto tem um interesse dogmático efectivo – para além dos aspectos históricos e culturais que não devem ser esquecidos. Ele

---

[592] *Vide* o nosso *Evolução juscientífica e direitos reais*, ROA 1985, 71-112 (73 ss.).

268   *Alteração das circunstâncias*

permitirá analisar e apreender, com maior exactidão, as realidades existentes, explicando-as nas suas implicações; e além disso, ele faculta, aos institutos em causa, níveis sindicantes que falecem, às Ciências Humanas, em termos experimentais.

Estas considerações aplicam-se, de modo reforçado, à alteração das circunstâncias. Instituto complexo, dominado por dúvidas e controvérsias e tomado, por prismas repetidamente diferentes, pelas mais diversas correntes juscientíficas, a alteração das circunstâncias, tal como se encontra vertida no Código Vaz Serra, é incompreensível, quando não se atine nos factores científicos e culturais que a modelaram.

Justifica-se, por tudo isto, uma resenha breve dos antecedentes deste instituto; e na mesma ordem de ideias, compete referenciar a, vivência da alteração das circunstâncias nas ordens jurídicas que maior influência têm exercido em Portugal: a francesa, a italiana e a alemã.

II. Com raízes greco-romanas parcelares e menos assumidas[593], a alteração das circunstâncias ganhou relevância jurídica a partir do século XII, através dos canonistas. A sua divulgação deve-se a Bártolo, com a designação, que perduraria, de *clausula rebus sic stantibus*[594]. A doutrina da *clausula* penetrou, assim, no Direito comum europeu dos séculos subsequentes. Ela postulava que a celebração dos contratos era sempre acompanhada da proposição *rebus sic stantibus*: a vigência contratual dependia da manutenção do *status quo* próprio do momento da conclusão, sem o que a eficácia dos pactos ficava comprometida. O saber, no entanto, se a *clausula* devia ser reportada à vontade das partes ou, pelo contrário, ao próprio Direito objectivo, quais os requisitos exactos da sua verificação e eficácia e quais os seus efeitos concretos nos convénios atingidos, constituíam questões sem resposta, na época. A tradição do Direito comum foi interrompida no Humanismo, sendo certo que os jurisprudentes elegantes fran-

---

[593] Citem-se, a esse propósito, entre as fontes não jurídicas, POLYBIOS, *Historiae*, 9, 37, CICERO, *De Officiis libri tres*, 1, 10 e 3, 25 e SENECA, *De beneficiis*, 4, 35, 2; entre as jurídicas *vide* AFRICANUS, D. 46.3.38 pr. e I e NERATIUS, D. 12.4.8.

[594] Sobre os primórdios da *clausula rebus sic stantibus* cabe referir, em especial, os estudos de LEOPOLD PFAFF, OTTO FRITZE, GIUSEPPE OSTI, ROBERT FEENSTRA e BECK-MANNAGETTA, analisados em *Da boa fé*, 941 ss.. Como obra de síntese e de divulgação, *vide* HANS WIELING, *Entwicklung und Dogmatik der Lehre von der Geschäftsgrundlage*, Jura 1985, 505-511 (506 ss.).

§ 29.° *Aspectos gerais e evolução histórica* 269

ceses do séc. XVI passaram em silêncio a temática da *clausula*[595]. Também o jusracionalismo, reagindo contra o pensamento anterior do Direito comum, porventura demasiado permissivo, foi, num primeiro tempo, favorável à relevância jurídica da alteração das circunstâncias[596]. Deu-se, depois, uma evolução pendular quanto ao tema: os juristas do século das luzes vieram a apoiar[597] e, depois, a desamparar, de novo, a doutrina da *clausula*[598].

Estas oscilações tão marcadas naquilo que constituiu o tronco comum da cultura jurídica continental explicam, em parte, a diversidade de soluções que a evolução histórica posterior veio a consagrar, no domínio da alteração das circunstâncias.

III. Com o advento das grandes codificações do século XIX, foi quebrada a unidade do pensamento jurídico europeu continental; a partir de então, o desenvolvimento histórico do tema deve ser dobrado por considerações comparatísticas.

O Direito francês, conservando a tradição dos jurisprudentes elegantes do humanismo, acima referida, clara no silêncio dos percursores do Código Napoleão e no deste mesmo diploma, sempre negou qualquer relevância, no campo civil, à alteração das circunstâncias. A jurisprudência, particularmente apegada a uma regra rígida de respeito literal pelos contratos[599],

---

[595] Têm-se em conta, sobretudo, os clássicos Cuiacius e Donellus, cujas obras foram determinantes em Domat e em Pothier e, daí, nos Códigos civis francês e português, de 1867. O silêncio dos jurisprudentes humanistas, pouco notado – mas *vide* S. SERBESCO, *Effets de la guerre sur l'exécution des contrats*, RTDC 16 (1917), 350-362 (354) – teve, deste modo, consequências ainda hoje patentes no Direito francês, a que abaixo se fará referência.

[596] Assim sucedeu com HUGO GROTIUS, *De jure belli ac pacis libri três* (ed. 1712), Lib. 2, Cap. 16, § 25, n.° 2 e SAMUEL PUFENDORF, *De jure nature et gentium* (ed. 1688), Lib. 5, Cap. 12, § 20.

[597] Tal o caso de Carolus Philippus, *Dissertatio inauguralis de clausula rebus sic stantibus* (1750), 1 ss. e 46 ss., JOHANN HEINRICH EBERHARD, *Abhandlung von der clausula rebus sic stantibus*, em *Drey Abhandlungen zur Erläuterung der Deutschen Rechte*, I (1775), 1-161 e A. LEYSER, *Meditationes ad Pandectas*, I, 3.ª ed. (1741), 411 e VII (1744), 847.

[598] A afirmação documenta-se com VON TEVENAR, *Versuch über die Rechtsgelahrtheit* (1777), 363 e ADOLPH DIETERICH WEBER, *Systematische Entwicklung der Lehre von der natürlichen-Verbindlichkeit*, 4.ª ed. (1811), § 90, III (396 ss.); a 1.ª ed. é de 1784.

[599] Merece menção, como exemplo, a sentença de Cassação Francesa de 6-Mar.- -1876, D 1876, 1,193-197, an. ANTOINE GIBOULOT = S 1876, 1, 161-163: recusou-se, nela,

tem sido muito conclusiva, no Direito privado[600], na recusa do reconhecimento da eficácia jurídica à modificação do circunstancialismo que tenha rodeado a celebração dos contratos[601]. Esta posição não deve ser justificada com uma pretensa estabilidade da vida francesa, assim contraposta a convulsões mais marcadas, ocorridas na vizinha Alemanha. A França conheceu, em particular nos anos 1870-71, 1914-1918, década de trinta e 1939-45, devido à guerra franco-prussiana e à experiência da Comuna, à primeira guerra mundial, à grande depressão económica e à segunda guerra mundial, convulsões políticas, económicas e sociais profundas, que interferiram largamente no equilíbrio inicial de inúmeros contratos civis. Mesmo então, a jurisprudência recusou qualquer remédio, confirmando o dever de cumprimento escrupuloso dos contratos[602]. Tal bloqueio deve ser imputado a uma certa rigidez dogmática do pensamento jurídico francês, preso nas teias da exegese. Mas outras justificações têm sido apontadas: no tratado de Planiol/Ripert/Esmein, explica-se que, nas situações paradigmáticas de alterações das circunstâncias, em períodos de guerra ou similares, nos quais a elevação dos preços das mercadorias provocava prejuízos aparentes nos fornecedores, receava-se que estes detivessem, ainda, reservas anteriores às hostilidades e que aproveitassem a modificação para realizar lucros suplementares: os tribunais temeram que, ao introduzir-se uma possibilidade generalizada de revisão dos contratos, se fosse premiar a má fé e dificultar, em períodos delicados, a vida económica do país[603].

---

a revisão do preço devido, por rega, pelos beneficiários do canal de Craponne: tal preço, tendo sido fixado em 21-Jun.-1567, portanto, então, já há mais de duzentos anos, não tinha significado económico, com prejuízos extremos para a pessoa obrigada a velar pela manutenção do canal.

[600] Não assim no Direito administrativo: aí, admitiu-se a possibilidade de rever os contratos de concessão, graças à conhecida doutrina da imprevisão, consagrada, em especial, na decisão do Conselho de Estado, em 30-Mar.-1916, D 1916, 3, 25-33 = S 1916, 3, 18-28, an. HAURIOU, a propósito do célebre caso da Companhia de Iluminação de Bordéus.

[601] ALFRED RIEG, *Contrats et obligations / force obligatoire des conventions*, JCl/Civ, art. 1134, Fasc. II (1977), n.º 39 (12), JACQUES GUESTIN, *Traité de Droit Civil / / Les obligations / Le contrat* (1980), n.º 148 (106) e RÉGIS FABRE, *Les clauses d'adaptation des contrats*, RTDC 82 (1983), 1-40 (3-4 e 29).

[602] Um levantamento da jurisprudência francesa que, perante alterações derivadas das convulsões referidas no texto, negou, com unanimidade, a hipótese de rever os contratos atingidos, consta de *Da boa fé*, 958 ss..

[603] MARCEL PLANIOL/GEORGES RIPERT/PAUL ESMEIN, *Traité pratique de Droit Civil français*, VI – *Les obligations*, 2.ª ed. (1952), n.º 392 (530).

§ 29.º *Aspectos gerais e evolução histórica* 271

IV. Em Itália, o tema da alteração das circunstâncias, depois do impulso recebido no período do Direito comum, entrara em letargia progressiva. Ressalvadas algumas abertas à tradição da velha *clausula rebus sic stantibus*, pode considerar-se que, na sequência do Código Civil de 1865, e sob o influxo doutrinário do pensamento francês, ele fora recusado, na sua eficácia jurídica. As perturbações profundas causadas pela guerra 1914-18 não levaram a qualquer abertura jurisprudencial: houve, antes, intervenções legislativas destinadas a solucionar problemas inesperados postos, aos contratos já celebrados, pelo novo estado de coisas[604].

Esta situação veio a alterar-se um tanto, por razões científico-culturais. A forte pressão da doutrina alemã[605], sem grande significado em França e o peso dos estudos históricos, levaram a doutrina a admitir a revisão de contratos, por superveniências. Surge assim, no Código italiano de 1942, um artigo 1467.º, que dispõe[606]:

> Nos contratos de execução continuada ou periódica ou ainda de execução diferida, se a prestação de uma das partes se tornar excessivamente onerosa pelo verificar de ocorrências extraordinárias e imprevisíveis, pode a parte que deva tal prestação pedir a resolução do contrato, com os efeitos estabelecidos no art. 1458.º (efeitos de resolução). A resolução não pode ser pedida se a onerosidade integrar a álea normal do contrato.
>
> A parte contra a qual é pedida a resolução pode evitá-la oferecendo modificar equamente as condições do contrato.

A lei italiana seguiu, de certo modo, uma via própria. Não utilizou os quadros da velha *clausula rebus sic stantibus* do Direito comum, nem os da imprevisão administrativa francesa, nem as múltiplas construções que, a partir de meados do século XIX, viriam da Alemanha. Recorreu, antes, a uma ideia formal dita *onerosidade excessiva*. Esta, uma vez em vigor, teve, no entanto, um destino curioso: foi entendida, pela jurisprudência[607],

---

[604] Sobre esta experiência, com elementos doutrinários e jurisprudenciais, *Da boa fé*, 980-982.

[605] Foram decisivas as traduções italianas das *Pandekten* de Windscheid, de Dernburg e de Arndts.

[606] Quanto ao dispositivo italiano: CARLO G. TERRANOVA, *L'eccessiva onerosità nei contratti / Artt. 1467-1469* (1995), 273 pp..

[607] Por exemplo, o Tribunal de Nápoles, em sentença de 16-Out.-1969, vem dizer que a pressuposição, introduzida pelo artigo 1467.º do Código Civil, deve ser entendida "... como cláusula explícita em cada contrato, a qual encontra aplicação quando, na base da

272   *Alteração das circunstâncias*

apesar dos protestos de alguma doutrina[608], como uma consagração do conceito da pressuposição, de cariz subjectivista, e devido, sabidamente, a Windscheid[609]. Com esta particularidade, não pode falar-se em qualquer incremento especial da eficácia jurídica da alteração das circunstâncias, no que toca à aplicação, pelos tribunais, do artigo 1467.º do Código Civil italiano. Certas limitações jurídico-culturais aos quadros do dogma da vontade a tanto terão conduzido[610].

V. O Direito alemão surge, nesta panorâmica, como campeão no domínio da alteração das circunstâncias[611]. Num primeiro tempo, a pandectística, ainda sob influência do jusracionalismo tardio anterior, não se mostrou favorável à figura[612]. Na pandectística tardia, pelo contrário, a alteração das circunstâncias veio a ser considerada relevante, com recurso a outros expedientes técnicos. Muito focada foi a teoria da pressuposição, de Windscheid[613], subjectivo-voluntarística, que apesar de algumas adesões iniciais, caiu sob a crítica acesa de Otto Lenel[614], vendo recusada a

---

interpretação negocial, se possa deduzir que aquela situação tenha sido tida em conta pelos contraentes na formação do seu consenso, de modo a formar a pressuposição comum para eles" – Napoli, 16-Out.-1969, FP 20 (1971), 804-818 (817), com an. MARIO BESSONE, desfavorável.

[608] Assim, MARIO BESSONE, *Presupposizione di eventi e circostanze deil'adempimento*, FP 20 (1971), 804-816 (805) e *Adempimento e rischio contrattuale* (reimp., 1975), 63 ss. e 89 ss., F. CENTELEGHE, *Appunti in tema de presupposizione*, RNot 27 (1973), 293-298 (294), ENZO ROPPO, *Orientamenti tradizionali e tendenze recenti in tema di "presupposizione"*, GI 124 (1972), 211-222 (211) e TARTAGLIA, *Onerosità eccesiva*, ED XXX (1980), 155-175 (158).

[609] Quanto à posição da jurisprudência, próxima da pressuposição, *vide* GIORGIO CIAN/ALBERTO TRABUCCHI, *Commentario breve al Codice Civile* (1981), artigo 1467.º (608).

[610] *Da boa fé*, 982 ss. e 1100 ss..

[611] Com indicações: RUDOLF MEYER-PRITZL, no HKK/BGB, II/2 cit., §§ 313-314 (1708 ss.).

[612] Como exemplos, CHRISTIAN FRIEDRICH GLÜCK, *Pandecten*, 4.ª ed. (1796), § 316 (308 e 309), ANTON FRIEDRICH JUSTUS VON THIBAUT, *System des Pandektens-Rechts* 1 (1805), §§ 155-158 (118-121) e CARL GEORG WÄCHTER, *Pandekten* 1 (1880), § 84, Blg. III, 2, 439-440. Savigny passou este tema em silêncio, numa posição considerada significativa pela doutrina especializada.

[613] BERNHARD WINDSCHEID, *Zur Lehre des Code Napoleon von der Ungültigkeit der Rechtsgeschäfte* (1847, reimp., 1969), 217-297, *Die Lehre des römischen Rechts von der Voraussetzung* (1850) e *Die Voraussetzung*, AcP 78 (1892), 161-202.

[614] OTTO LENEL, *Die Lehre von der Voraussetzung*, AcP 74 (1889), 213-239 e *Nochmals die Lehre von der Voraussetzung*, AcP 79 (1892), 49-107.

§ 29.º Aspectos gerais e evolução histórica   273

sua consagração no Código Civil alemão de 1896. Surgiram, no entanto, numerosas outras tentativas doutrinárias de enquadramento da alteração das circunstâncias, de que se apresenta, apenas, um quadro sintético.

A *clausula rebus sic stantibus* foi recuperada, ainda que sem unidade de sentido: Stammler, apelando para uma ideia de efeito social conjunto – nada estranha ao "Direito justo" e ao "ideal social", peças angulares do seu pensamento neo-kantiano – atribui-lhe um conteúdo objectivado[615] enquanto Pfaff, na esteira de Bekker, apela a uma *clausula* subjectiva, a extrair do contrato pela interpretação[616]. Esta oscilação da velha figura canonística manter-se-ia após entrada em vigor do Código alemão: enquanto Stahl requer uma *clausula* objectiva na base de um juspositivismo legalista[617], numa posição compartilhada, na forma, por Erik Kaufmann, assente numa "qualidade concreta da relação jurídica especial", de sabor neo-hegeliano[618], Leetz subjectiviza-a, apelando para a interpretação dos contratos, a realizar de boa fé[619]. Pouco satisfatórias em termos científico-sistemáticos, estas construções não ofereciam hipóteses, aos intérpretes-aplicadores, de soluções concretas, claras e eficazes. Donde o surgir de outras construções, com relevo para a impossibilidade alargada[620]. Esta, no entanto, levantou dificuldades dogmáticas que obrigaram a jurisprudência alemã a tentar saídas diversas, através da normativização pura e simples das alterações, da aplicação directa da boa fé e da excepção de

---

[615] RUDOLF STAMMLER, *Das Recht der Schuldverhältnisse* (1897), 92-93 e *Die Lehre von dem richtigen Rechte*, 2.ª ed. (1964, reimp.), 340-341.

[616] LEOPOLD PFAFF, *Die Clausel: rebus sic stantibus*, FS Unger (1898), 223-354 (296) e ERNST EMMANUEL BEKKER, *System des heutigen Pandektenrechts* 2 (1889), § 119 (367 ss.).

[617] LEO STAHL, *Die Sog. clausula rebus sic stantibus* (1909), 45-48, *passim*.

[618] ERICH KAUFMANN, *Das Wesen des Völkerrechts und die clausula rebus sic stantibus* (1911), 205-207.

[619] HELMUT LEETZ, *Die clausula rebus sic stantibus bei Lieferungsverträgen* (1919), § 10 ss..

[620] Entre tantos, HEINRICH TITZE, *Die Unmöglichkeit der Leistung nach deutschem bürgerlichem Recht* (1900), 2 e 4, WILHELM KISCH, *Die Wirkungen der nachtraglich eintretenden Unmöglichkeit der Erfüllung bei gegenseitigen Verträgen* (1900), 12 e TEODOR KLEINEDAM, *Unmöglichkeit und Unvermögen nach dem Bürgerlichen Gesetzbuch für das Deutsche Reich* (1900), 14-15; esta posição foi, na época, dominante, tendo merecido adesões de autores como Treitel, Schroeder, Crome, Landsberg, Cosack, Mitteis, Oertmann – este mudaria, depois, de opinião – Arn. Brecht e Wendt; para referências mais circunstanciadas, *Da boa fé*, 998 e ss..

ruína[621], pouco tratadas na doutrina a qual, com algum sucesso, acabaria por lançar o esquema da inexigibilidade[622].

As indecisões da doutrina e a grave crise económica registada na Alemanha, no espaço entre as duas guerras, levaram a jurisprudência a reconhecer definitivamente eficácia à alteração das circunstâncias, em nome da boa fé[623]. Ora a boa fé surge como conceito indeterminado, carecido, pois, de concretização ou preenchimento[624], num conjunto de processos de redução dogmática difícil, em que apenas aos poucos têm sido obtidos resultados. A consagração jurisprudencial da eficácia jurídica da alteração das circunstâncias teve, assim, o sabor de um remédio casuístico para injustiças evidentes. Num panorama dominado pela incerteza e pela instabilidade, a alteração das circunstâncias foi retomada, em termos de patente contacto com a pressuposição de Windscheid, através de Oertmann, que lançou o mote conhecido da base do negócio[625]. Na sequência desta inovação, mais linguística do que substantiva, iniciou-se, de novo, a oscilação pendular entre as construções subjectivas e objectivas[626]. A base do negó-

---

[621] A normativização da própria alteração das circunstâncias dá-se quando o tribunal, das simples modificações ambientais, retira a necessidade de actuar sobre o contrato, independentemente de quaisquer construções; a aplicação directa da boa fé ocorre quando, perante a alteração, se entenda, em nome daquela, sem mediações, mexer no contrato; a excepção de ruína consiste na paralisação da acção quando, mercê de superveniências, a condenação do devedor, conforme com o contrato, conduzisse à sua ruína. Estas posições documentam-se com a jurisprudência do *Reichsgericht*, conforme levantamento feito em *Da boa fé*, 1007 ss..

[622] A inexigibilidade, trabalhada, em particular, por HANS CARL NIPPERDEY, *Vertragstreue und Nichtzumutbarkeit der Leistung* (1912), 12, postulava que, na alteração das circunstâncias, poderia gerar-se, a partir de certo patamar, a inexigibilidade das prestações envolvidas. A concretização desta figura suscitou várias posições, com relevo para a tese de HEINRICH HENKEL, *Zumutbarkeit und Unzumutbarkeit als regulatives Rechtsprinzip*, FS E. Mezger (1954), 249-309; não logrou, no entanto, transcender o forte formalismo que dela emana.

[623] Foi decisiva a sentença do *Reichsgericht* de 28-Nov-1923, RGZ 107 (1924), 78-94 = JW 1924, 38-43 = DJZ 1924, 58-65.

[624] *Supra*, 266.

[625] PAUL OERTMANN, *Die Geschäftsgrundlage / Ein neuer Rechtsbegriff* (1921); desse autor, cf., também *Geschäftsgrundlage*, HWB/RW 2 (1927), 803-806.

[626] Assim, à de Oertmann, seguem-se as propostas de EUGEN LOCHER, *Geschäftsgrundlage und Geschäftszweck* (1923), 1-111, objectivas e de HEINZ RHODE, *Die beiderseitige Voraussetzung als Vertragsinhalt*, AcP 124 (1925), 257-322, subjectivas; intervieram, depois, numerosos outros autores na contenda, optando ora por uma, ora por outra, das duas posições fundamentais.

§ 29.º Aspectos gerais e evolução histórica 275

cio foi, nominalmente, recebida na jurisprudência: incapaz de transmitir uma concepção doutrinária clara e unitária, ela funcionou mais como designação genérica para a própria ocorrência de uma alteração das circunstâncias, do que como teoria portadora de um regime para o problema. Num último esforço, Karl Larenz tentou fundir as grandes correntes anteriores, distinguindo uma base do negócio objectiva e uma subjectiva[627]. A crítica foi imediata, generalizada e concludente[628], o que não impediu um certo sucesso desta concepção, não na sua terra de origem, mas em Portugal.

O sentido da evolução mais recente, directamente relevante para o Direito português, será objecto de análise mais detida, a propósito das tendências actuais do instituto. Uma especial atenção será ainda dada à consagração expressa, no BGB e na sequência da grande reforma de 2001/2002, da alteração das circunstâncias.

VI. Esta nota breve quanto à evolução histórico-comparatística da relevância jurídica da alteração das circunstâncias permite algumas conclusões importantes para o entendimento do instituto.

As evoluções diferentes – quando não opostas – entre as experiências francesa, italiana e alemã, mostram que não há uma relação directa e clara entre a alteração das circunstâncias e o estádio sócio-cultural aparentado pela sociedade onde o problema se punha.

De um modo geral, ficou claro que a alteração das circunstâncias reveste-se de eficácia jurídica quando a pressão de acontecimentos a isso conduza. Mal tal fenómeno não é fatal: a experiência francesa e, até certo ponto, a italiana, mostram que modificações infrajurídicas radicais, a serem enfrentadas, como deveria, aliás, suceder preferencialmente, pelo legislador, não obrigam a tomadas de posição particulares por parte da jurisprudência.

---

[627] KARL LARENZ, *Geschäftsgrundlage und Vertragserfüllung*, 3.ª ed. (1963), *Zum Wegfall der Geschäftsgrundlage*, NJW 1952, 361-363 e *Lehrbuch des Schuldrechts* cit., 1, 14.ª ed., § 21, II (320 ss.), bem como KARL LARENZ/MANFRED WOLF, *Allgemeiner Teil des Bürgerlichen Rechts*, 9.ª ed. (2004), § 38 (697 ss.).

[628] Por todos, JOSEF ESSER, *Fortschritte und Grenzen der Theorie von der Geschäftsgrundlage bei Larenz*, JZ 1958, 113-116; *vide* os elementos referidos em *Da boa fé*, 1048 ss.. Note-se que, independentemente da doutrina alemã, a base do negócio, tal como surgiu da pena Larenz, já havia sido criticada, em Portugal, por INOCÊNCIO GALVÃO TELLES, *Manual dos contratos em geral*, 3.ª ed. (1966), 248 ss..

A eficácia jurídica da alteração das circunstâncias reveste-se, por fim, de um nível acentuadamente técnico-cultural. Desde a velha *clausula rebus sic stantibus* até às múltiplas acepções da base do negócio – e, mais além, às recentes evoluções doutrinárias sobre o tema, a que se fará referência – a alteração das circunstâncias pode ser enfrentada com instrumentação técnica diversificada: vários institutos jurídicos, por vezes distantes dos tradicionais, podem ser chamados a intervir.

O equacionar deste problema coloca assim um tema de Ciência do Direito no sentido próprio do termo: a Ciência da resolução de casos concretos. Apenas perante uma experiência jurídica concreta e à luz das decisões por ela legitimadas se pode indagar das saídas encontradas para o solucionar.

105. A evolução em Portugal

I. No domínio das Ordenações, o fenómeno da alteração das circunstâncias recebia eficácia esporádica e específica[629]. Não pode, no entanto, apontar-se, em Portugal, um influxo claro do jusracionalismo europeu, que teria possibilitado a recepção de referências à *clausula rebus sic stantibus*.

Na preparação do Código Civil de Seabra, o tema da alteração das circunstâncias não foi colocado. E o Código em causa, ao dispor as regras da pontualidade no cumprimento dos contratos e da exoneração do devedor, apenas por caso fortuito ou de força maior – artigos 702.° e 705.° – indiciou mesmo uma orientação de fundo contrária ao reconhecimento da figura.

O tema colocou-se, no espaço português, por via doutrinária, actuando sob pressão de deslocações culturais provenientes de outros ordenamentos. Este estado, em conjunção com um certo individualismo que informa os autores portugueses, permitiu, ao longo deste século e até à publicação do Código Civil de 1966, o florescimento de orientações variadas. É possível distinguir, a tal propósito, cinco posições de base, a que se fará referência sucinta.

---

[629] A evolução histórica do tema pode ser confrontada em LUÍS SILVEIRA, *A teoria da imprevisão* (1962), 28 ss. e CARVALHO FERNANDES, *A teoria da imprevisão no Direito civil português* (1963), 164.

§ 29.º Aspectos gerais e evolução histórica 277

II. Como primeira orientação quanto à eficácia da alteração das circunstâncias, em Portugal, surge o negativismo. Amparados no silêncio do Código de Seabra, o qual contracenaria com uma regra de respeito particular pelos contratos, vários autores opinariam pela irrelevância da alteração[630], a qual seria, assim, desconhecida no nosso Direito.

Uma segunda tendência, tipicamente nacional, admitia tal relevância, em casos marginais. Para tanto, acolhia-se a certas particularidades do articulado de Seabra. Nessa linha, Barbosa de Magalhães atentava no artigo 702.º do Código de Seabra, que imputava o contrato ao mútuo consenso, das partes: havendo alterações das circunstâncias desapareceria o consenso, e logo, o contrato[631]. Outros autores tentavam responder, ao problema com o alargamento da ideia do caso fortuito[632].

Uma terceira posição, publicista, aceitaria, no Direito administrativo, a teoria da imprevisão, tal como foi desenvolvida pela jurisprudência do Conselho de Estado francês[633].

A quarta tese aproxima-se do institucionalismo bettiano. Na sequência de Ferrara e de Betti, postula-se o Direito das obrigações como marcado pela ideia de cooperação. Ora a alteração das circunstâncias, sobrevindo, viria retirar aos vínculos concretos qualquer base cooperatória: donde a necessidade de modificar ou extinguir o contrato atingido[634].

Por fim, a quinta orientação veio a colocar-se na linha das construções alemãs. Assiste-se, então, à recepção da pressuposição windschei-

---

[630] Por exemplo, ADRIANO VAZ SERRA, *Caso fortuito ou de força maior e teoria da imprevisão*, BFD 10 (1929), 197-215 (208) – este Autor mudaria, depois, de ideias –, PIRES DE LIMA/ANTUNES VARELA, *Noções fundamentais de Direito civil* (1973, reimp.), 1, 308, AMÍLCAR FREIRE DOS SANTOS, *A teoria da imprevisão no Direito privado*, ROA 10 (1950), 244-276 (272) e JOSÉ DIAS MARQUES, *Teoria geral do Direito civil*, 2 (1959), 180-181.

[631] JOSÉ BARBOSA DE MAGALHÃES, *A teoria da imprevisão e o conteúdo clássico da força maior*, GRLx 37 (1923), 129-131. Contra: DIOGO DE PAIVA BRANDÃO, *Considerações sobre o problema da imprevisão*, Supl. 17 BFD (1944), 173-262 (230-231).

[632] Nesse sentido, é possível coligir afirmações de REIS MAIA, *Direito geral das obrigações* (1926), 476, de LUIZ DA CUNHA GONÇALVES, *Tratado de Direito civil*, 4 (1931), 531-534 e de RICARDO LOPES, *A imprevisão nas relações contratuais*, SI 1 (1951), 33-41 (40).

[633] MARCELLO CAETANO, *Manual de Direito administrativo*, 10.ª ed. (1973), 1, 623 ss.. Cf. também, ALFREDO ROCHA DE GOUVEIA, *Do instituto da superveniência ou teoria da imprevisão nos contratos civis* (1956-57, dact.), 164 ss. (165) = *Da teoria da imprevisão nos contratos civis*, Supl. RFDUL 5 (1958), 170 ss. (171).

[634] Tal a tese de CARVALHO FERNANDES, *A teoria da imprevisão* cit., 87-91.

diana[635] e, depois, ao acolhimento da base do negócio, primeiro, ainda, sob a designação de pressuposição[636] e, depois, em termos directos[637].

III. No período de preparação do Código Civil, a última das orientações acima referidas levaria a melhor. Para tanto, mais do que razões de ordem prática, terão contribuído o movimento global de recepção da doutrina alemã, iniciada nos princípios do século por Guilherme Moreira e o peso de autores que a defendiam, na Comissão elaboradora do Código Civil.

De relevo foi, em especial, a posição de Vaz Serra. Este Autor está, sabidamente na origem da boa parte dos anteprojectos relativos ao Direito das Obrigações, tendo acompanhado a apresentação dos diversos articulados por estudos de política legislativa, de teor monográfico, que, em conjunto, constituem uma obra considerável.

O pensamento de Vaz Serra, fortemente apoiado no de Antunes Varela[638], foi, de algum modo, favorável à ideia da base do negócio. Tal pensamento transitaria para o projecto, onde não deixou de ser criticado[639] e, daí, para o Código Civil.

As acepções existentes quanto à base do negócio são, no entanto, múltiplas e variadas. O Código Civil – que já terá ido longe de mais, ao consagrar uma fórmula não totalmente neutra, num prisma doutrinário – não curou de precisar qual acepção defendida. E fez bem: trata-se de um tema científico em progresso contínuo, que não deve ser encerrado em esquemas legais rígidos.

---

635 Através de GUILHERME MOREIRA, *Instituições de Direito civil*, 1 (1907), 496 ss., retomado por J. G. PINTO COELHO, *Das cláusulas acessórias dos negócios jurídicos*, 2 (1910), 170 ss..

636 Assim, MANUEL DE ANDRADE, *Teoria geral da relação jurídica*, 2 (1960), 403 ss. e LUÍS CABRAL MONCADA, *Lições de Direito civil*, 3.ª ed. (1957), 397 ss..

637 Tal o caso de JOÃO ANTUNES VARELA, *Ineficácia do testamento e vontade conjectural do testador* (1950), 263 ss. e de Vaz Serra, nos trabalhos preparatórios do actual Código Civil, a que se fará, abaixo, referência.

638 ADRIANO VAZ SERRA, *Resolução ou modificação dos contratos por alteração das circunstâncias*, sep. BMJ 68 (1957); Vaz Serra, sobretudo no domínio do conhecimento do pensamento jurídico alemão, amparou-se no estudo de ANTUNES VARELA, *Ineficácia do testamento* cit., escrito em 1950. Cf. as citações de VAZ SERRA, *Resolução ou modificação* cit., 24, nota 35, 25, nota 39 e 26, nota 40.

639 Por exemplo, por CARVALHO FERNANDES, *Imprevisão* cit., 249.

§ 29.° *Aspectos gerais e evolução histórica* 279

A referência feita no artigo 437.°/1 à boa fé dá, em especial, à jurisprudência e à doutrina, uma margem larga de adaptação do preceito, por forma a poder compatibilizá-lo com realidades materiais e científicas muito distantes daquilo que jamais terá sido pensado pelos autores materiais do Código Civil[640].

---

[640] Acresce que, embora promulgado em 1966, o Código Civil nasceu, de algum modo, desactualizado. Os preparatórios de Vaz Serra, amparam-se como se viu, numa investigação de Antunes Varela, datada de 1950. Houve, nos dezasseis anos mediantes, desenvolvimentos importantes que não foram tidos em conta pelo legislador. Felizmente, o preceito encontrado surgiu suficientemente pensado e maleável para comportar os progressos registados, até aos nossos dias.

§ 30.º AS TENDÊNCIAS ACTUAIS

106. A base do negócio como fórmula vazia

I. A doutrina comum associa ainda, com frequência, o tema da alteração das circunstâncias à denominada *base do negócio*. Cabe, por isso, proceder ao exame jurídico-científico dessa noção.

Na fórmula original, de Oertmann, a base do negócio é "... a representação de uma parte, patente na conclusão de um negócio e reconhecida pela contraparte eventual, da existência ou do surgimento futuro de certas circunstâncias sobre cuja base se firma a vontade"[641].

À semelhança da pressuposição de Windscheid, a base do negócio de Oertmann é subjectiva: justificar-se-ia, na sua eficácia, e delimitar-se-ia, no seu âmbito, por, tal como o negócio, emergir da vontade dos celebrantes. Mas vai mais longe: enquanto, para Windscheid, à pressuposição, para ser eficaz, bastaria ser cognoscível pela contraparte[642], Oertmann requer que ela seja efectivamente conhecida ou comum.

Tal concepção incorre nas mais variadas críticas metodológicas e de fundo[643]. Refira-se, apenas, a fundamental: tudo quanto, de válido e eficaz, possa ser imputado à vontade das partes, consta do negócio; por isso a alteração das circunstâncias, a actuar através da vontade das partes, há--de filtrar-se no contrato. Fora disso, apenas o Direito objectivo, indepen-

---

[641] PAUL OERTMANN, *Geschäftsgrundlage* cit., 37.

[642] Escreve WINDSCHEID: "a pressuposição é uma condição não desenvolvida (uma limitação da vontade que não se desenvolve para condições)" – *Lehre von der Voraussetzung* cit., I. O interessado só pode alegar a pressuposição "... quando da sua declaração de vontade se possa reconhecer que sob a sua declaração de vontade está uma outra, a verdadeira, isto é, quando da sua declaração de vontade, o motivo se tenha elevado a pressuposição" – *Lehre von der Voraussetzung* cit., 6.

[643] *Da boa fé*, 1038 ss..

282 *Alteração das circunstâncias*

dentemente de quaisquer vontades, pode agir nos negócios das partes. A alteração das circunstâncias mais característica é aquela que surge totalmente de surpresa para as partes ou para uma delas. E aí, a base do negócio subjectiva nunca daria solução.

II. Estas insuficiências da doutrina de Oertmann foram notadas, como se referiu[644], logo depois da apresentação da base do negócio, em 1921. Surgiram, por isso, várias propostas de reformulação do conceito, acima enunciadas, que culminaram com o esquema de Larenz, apresentado, pela primeira vez, em 1951.

No essencial, Larenz, procurou sintetizar as orientações subjectivas de Windscheid e de Oertmann e as objectivas de E. Kaufmann, Krückmann e Löcher. Entende, nessa linha, que a base do negócio pode ser utilizada em dois sentidos, subjectivo e objectivo. A base subjectiva corresponde à representação, pelas partes, no fecho do contrato, dos factores que tenham tido um papel determinante no processo da sua motivação; a objectiva abrange o conjunto das circunstâncias cuja existência ou manutenção, com ou sem consciência das partes, é necessária para a conservação do sentido contratual e do seu escopo[645]. Pois bem: segundo Larenz, na base subjectiva, seria contrário à boa fé que, tendo sido suprimidos os fundamentos do contrato, aceites por ambas as partes, uma delas venha a exigir, à outra, a execução imutada do convénio; na objectiva, haveria que distinguir dois tipos de hipóteses: num deles, dar-se-ia a perturbação na equivalência das prestações, de tal forma que a relação de valor existente entre elas alterar-se-ia para além do risco normal do contrato; no outro, verificar-se-ia a frustração do escopo contratual, em termos tais que o objectivo das prestações ficaria impossível, sem imputação, pelo risco, a qualquer das partes.

No seu esquematismo claro, a construção de Larenz é pouco satisfatória, tendo merecido uma crítica generalizada[646]. De entre as várias censuras que lhe têm sido dirigidas, salienta-se a principal: a "base objectiva" só pode ser determinada com recurso ao próprio contrato, à sua interpre-

---

[644] *Supra*, 274 ss..

[645] Karl Larenz, *Geschfätsgrundlage* cit., 3.ª ed., 17 e *Lehrbuch des Schuldrechts* cit., 14.ª ed., § 21, II (324 ss.); Larenz/Wolf, *Allgemeiner Teil* cit., 9.ª ed., § 38, Nr. 12 (700).

[646] *Supra*, 275.

§ 30.º As tendências actuais

tação e, logo, à vontade das partes, uma vez que a estas compete determinar o tipo de equivalência existente[647] entre a prestação e a contraprestação e, de igual modo, firmar a margem do risco que considerem aceitável[648], enquanto que o escopo contratual é, por definição, função de cada contrato e das vontades nele corporizadas; na "base subjectiva", o recurso a intenções e a pressuposições comuns das partes torna-se impraticável sem a introdução de critérios objectivos.

Pode considerar-se que a construção de Larenz está abandonada na sua terra de origem[649]. Em Portugal, ela mantém, por uma inércia acrítica, a atenção de alguns autores, embora, e bem, seja desconhecida da jurisprudência, que apenas a cita como referência.

III. A base do negócio tornou-se uma fórmula vazia. Isto é: tendo sido utilizada, sucessivamente, para exprimir uma orientação clara e firme, um conjunto de posições diversas, dentro de um tronco fundamental, uma série de respostas diferentes para o mesmo problema e, por fim, uma série de construções distintas para questões variadas, ela acabou por perder conteúdo dogmático e normativo.

Hoje em dia, a base do negócio traduz, apenas, um espaço de discussão: ela corresponde, no fundo, ao próprio fenómeno da alteração das circunstâncias, seja qual for a solução para ele encontrada.

---

[647] Repare-se que a denominada equivalência entre as prestações não pode ser valorada em termos objectivos puros. O Direito admite, como lícitos e válidos, contratos totalmente desequilibrados – *maxime*, a doação; tudo está pois em saber qual a vontade das partes negocialmente expressa e relevante.

[648] Também aqui não é possível avançar num caminho puramente objectivo. O Direito reconhece, ainda que em termos variáveis, contratos totalmente aleatórios. No fecho do contrato, as partes podem, assim, regular o esquema do risco, caindo-se no regime supletivo legal se nada for dito.

[649] Em *Da boa fé*, 1048, nota 570, citam-se, em abono, autores como Esser, Ennecerus/Lehmann, Kegel, Schmidt-Rimpler, M. Lange, Brox, W. Weber, Stötter, Rodhoeft, Beuthien, Fikentscher, Köhler, Medicus, Häsemeyer e Chiotellis, onde se incluem os especialistas reconhecidos nesta matéria; entre nós, já anteriormente se havia pronunciado contra a geometria de Larenz, INOCÊNCIO GALVÃO TELLES, *Manual dos contratos em geral* cit., 3.ª ed., 248-249, acima referido.

284 *Alteração das circunstâncias*

107. As novas tentativas de explicação da alteração das circunstâncias

I. O fracasso doutrinário da base do negócio e do pensamento contratualístico-liberal, que lhe estava subjacente, provocou o surgir de orientações novas. Intentou-se, então, solucionar o tema da alteração das circunstâncias com recurso à teoria do risco, ao princípio da protecção da confiança e à interpretação contratual.

A teoria do risco parte da regra segundo a qual o dano é comportado pela esfera jurídica onde se verifique: *casum sentit dominus*, *the loss lies where it falls*. Na vida de relação que o Direito legitima, a margem de risco é, em simultâneo, margem de lucro: o dano numa esfera é, comummente, uma mais-valia noutra. Contratar é perigoso e, por isso, atraente: cada parte sabe, de antemão, que o seu grande sucesso acarreta o insucesso da outra parte, e assim por diante. Defender, entre as partes, a existência de uma comunidade de interesses releva, nos contratos patrimoniais, o mais das vezes, de um jusromantismo sem correspondência nas realidades e que, como tal, deve ser abandonado, enquanto instrumento técnico-jurídico[650]. Como regra, pois, o princípio do risco conduz a que as superveniências se repercutam, apenas, na esfera de quem as sofra. Mas esta mesma regra comportaria um corpo de limites que, pela negativa, dariam o âmbito da eficácia da alteração das circunstâncias. Para além de certas margens, o dano superveniente ultrapassaria a margem de risco inerente à contratação. Quando se concretizasse, haveria que repercutir o dano noutras esferas jurídicas e, em especial, na da contraparte[651]. A colocação da alteração das

---

[650] Este fenómeno surge, em especial, estudado no domínio do Direito do trabalho, onde uma alegada comunidade de interesses trabalhador-empregador já foi mesmo utilizada para autonomizar o juslaboralismo do Direito das obrigações. Tais tentativas estão, hoje, abandonadas, como acima foi reportado.

[651] A teoria do risco como modo de solucionar a alteração das circunstâncias estava já presente em ERNST RABEL, *Das Recht des Warenkaufs* (1936, reimpr. 1964), e 1, *357* foi, em especial, desenvolvida por GERHARD KEGEL, em vários escritos – *maxime* em *Empfiehlt es sich den Einfluss grundlegender Veränderungen des Wirtschaftslebens auf Verträge gesetzlich zu regeln und in welchem Sinn?* em Gutachten für den 40. DJT (1953), 1, 137-236 (199 ss.). Trata-se de uma posição retomada pelos escritos mais significativos que, na actualidade, se têm dedicado à alteração das circunstâncias. Assim: Wieacker, *Gemeinschaftlicher Irrtum* cit, 250; WOLFGANG FIKENTSCHER, *Geschäftsgrundlage* cit., *infra*, nota 652, 31; WILHELM HAARMANN, *Wegfall der Geschäftgrundlage bei Dauerrechtsverhältnissen* (1979), 57 ss.; DIETRICH ROTHOEFT, *Risikoverteilung bei privatautonomen Handeln*

circunstâncias como tema da distribuição do risco corresponde a uma forma enriquecedora de ver o problema. Só por si, no entanto, ela não resolve: a ideia de risco não traz, consigo, regras da sua própria limitação e da sua distribuição. Para o efeito, haverá que recorrer ao Direito objectivo e à vontade das partes. Mas ela permite, sem dúvida, um ponto de partida para novas discussões.

II. A tentativa de equacionar a alteração das circunstâncias com recurso ao princípio da protecção da confiança deve-se a Wolfgang Fikentscher, tendo sido desenvolvida a propósito da teoria do risco[652]. Este autor explica, no essencial, que o risco é expressão da autonomia privada. Ao contratar, cada parte submete-se a um factor de insegurança: o risco daí adveniente, a determinar pela interpretação do negócio, pelos costumes do tráfego, pelas condições contratuais gerais e pela lei, delimita o conteúdo do contrato. Ora tal realidade, que constitui fundamento de uma sociedade jurídica assente na livre contratação, é conhecida pelas partes. Na celebração do contrato, as partes confiam, no entanto, ou podem fazê-lo, na manutenção de certas circunstâncias: seria a base de confiança, que abrange tudo o que não se integre no campo do risco contratual. Ultrapassada essa base de confiança, a prestação poderia tomar-se inexigível, por força do princípio da boa fé.

A construção de Fikentscher é útil por dar uma via de concretização da boa fé, susceptível de actuar na alteração das circunstâncias. De facto, um dos vectores da boa fé, perfeitamente claro na denominada boa fé subjectiva, reside justamente na tutela da confiança, isto é, na protecção da pessoa que, de modo justificado, acredite num certo estado de coisas. Mas para além disso, torna-se vaga. A base de confiança, a recortar negativa-

---

AcP 170 (1970), 230-244 (43); HELMUT KÖHLER, *Unmöglichkeit und Geschäftsgrundlage bei Zweckstörungen im Schuldverhältnis* (1971), 162-163; PETER ULMER, *Wirtschaftslenkung und Vertragserfüllung*, AcP 174 (1974), 167-201 (181 e 185); INGO KOLLER, *Die Risikozurechnung bei Vertragsstörungen in Austauschverträgen* (1979), 44; A. CHIOTELLIS, *Rechtsfolgenbestimmung bei Geschäftsgrundlagenstörungen in Schuldverträgen* cit., 41; HEINRICH DÖRNER, *"Mängelhaftung" bei sperre des transferierten Fussballspielers?*, JuS 1977, 225-228 (227-228).

[652] WOLFGANG FIKENTSCHER, *Die Geschäftsgrundlage als Frage des Vertragsrisikos / dargestellt unter besonderer Berücksichtigung des Bauvertrages* (1971). Para uma análise mais circunstanciada, *vide Da boa fé*, 1060 ss..

286 *Alteração das circunstâncias*

mente na margem de risco admissível, releva, afinal, em função da lei e da vontade das partes, pelo que, só por si, não dá a chave de todas as questões.

III. Temos uma tendência significativa de solucionar a alteração das circunstâncias com recurso a uma interpretação contratual melhorada. A ideia-base, apresentada por Schmidt-Rimpler[653], assenta no seguinte: nas ordens jurídicas do nosso tipo, o contrato vale por si, isto é, traduz, em si mesmo, um valor. Ele não vincula, por isso, apenas pela necessidade moral de cumprir a palavra dada, mas, também, pela valoração que implica. Tal valoração emerge de uma série de representações das partes que, no conjunto, formam a "base da valoração do negócio". Caso tal valoração desapareça, mercê de superveniências, o princípio contratual requer a supressão do contrato atingido.

A grande novidade – embora com múltiplos antecedentes – reside aqui na apresentação da eficácia da alteração das circunstâncias não como excepção à regra *pacta sunt servanda*, mas como expressão dessa mesma regra. Está-se, contudo, a lidar com um sentido particular de tal preceito, o que retira impacto à doutrina. No entanto, ela tem prolongamentos dogmáticos.

Ninguém duvida de que qualquer alteração das circunstâncias pode, a ser prevista, encontrar solução cómoda e válida no articulado contratual. Quando tal não tenha sucedido, houve como que uma omissão das partes, numa conjunção semelhante à lacuna contratual[654]. Cabe, então, proceder à integração, de acordo com as regras gerais e, designadamente, à vontade hipotética das partes, passada pelo crivo da boa fé. Recorde-se, a tal propósito, o artigo 239.°, do Código Civil.

---

[653] WALTER SCHMIDT-RIMPLER, *Zum Problem der Geschäftsgrundlage*, FS Nipperdey (1955), 1-30. Uma explanação mais detida do pensamento deste autor e de outras posições congéneres consta de *Da boa fé*, 1066 ss.. Uma tese semelhante à de Schmidt-Rimpler foi defendida, entre nós, por LUÍS LINGNAU SILVEIRA, *A teoria da imprevisão* (1962).

[654] Nesse sentido, o trabalho de FRITZ NICKLICH, *Ergänzende Vertragsauslegung und Geschäftsgrundlage – ein einheitiches Rechtsinstitut zur Lückenausfüllung?* BB 1980, 949-953. Também WIELING, *Entwicklung und Dogmatik der Lehre von der Geschäftsgrundlage* cit., 511, embora por via diversa, se fixa na interpretação como fórmula da alteração das circunstâncias. Cf., ainda, o paralelo de MARIE LUISE HILGER, *Vertragsauslegung und Wegfall der Geschäftsgrundlage im betrieblich-kollektiven Bereich*, FS Larenz/80. (1983), 241-255 (243 ss. e 250 ss.).

De novo deparamos aqui com uma perspectiva importante, que não deve ser esquecida. Não há dúvidas de que as partes podem prever alterações de circunstâncias e estipular para tal eventualidade. Quando o façam, o problema, fica resolvido. Do mesmo modo, pode acontecer que tal estipulação não tenha sido clara, mas que se imponha, perante a interpretação do contrato. Mas daí não pode concluir-se linearmente que, na falta de cláusulas específicas destinadas a enfrentar alterações futuras eventuais, haja lacuna, seguindo-se uma integração comum. A lacuna contratual – que envolve sempre lacuna do Direito pois, de outro modo, teria lugar a aplicação da norma subsidiária existente, não cabendo falar de lacuna – traduz uma falta de estipulação onde, pela lógica interna do próprio negócio considerado, deveria haver um clausulado. Na alteração das circunstâncias o problema é outro: há uma estipulação consentânea com a lógica do convénio em causa e com a agravante de tal estipulação ser legítima, válida e eficaz. Não se trata, pois, de integrar vácuos regulativos, mas de afastar normas válidas funcionais e aplicáveis, em nome de uma lógica que não mais se pode reclamar da vontade das partes.

Esta contradição explicará, sem dúvida, muitas das dificuldades que, ao longo dos séculos, a Ciência do Direito tem sentido, perante o tema da alteração das circunstâncias.

108. Das tentativas de solução global aos factores de delimitação

I. As orientações examinadas são insatisfatórias. Nenhuma delas logra, só por si, explicar cabalmente o instituto da alteração das circunstâncias.

Cada uma delas permite, no entanto, esclarecer aspectos importantes da matéria em jogo. De facto, toma-se patente que muitas questões apresentadas, na aparência, como relevando da alteração das circunstâncias são, na realidade, explicáveis com recurso à teoria do risco, ao princípio da protecção da confiança ou às regras da interpretação contratual.

II. A doutrina ensaia, por isso, outro flanco de aproximação da alteração das circunstâncias: o de procurar uma melhor delimitação do seu núcleo problemático.

A alteração das circunstâncias, sobretudo depois de enquadrada com recurso a conceitos indeterminados, como o da boa fé, torna-se, com facilidade, num pólo absorvente de questões menos esclarecidas. Tudo quanto, sendo contratual, se confronte com modificações ambientais, tende a canalizar-se para a alteração das circunstâncias, mesmo antes de se ter, de modo aprofundado, indagado das possibilidades de reduções dogmáticas, através de institutos mais precisos.

Esta posição é nociva: esquecendo a necessidade fundamental do Direito, enquanto Ciência, de tratar o igual de modo igual e o diferente de forma diferente, de acordo com a medida da diferença, ela insere, num instituto informe e vasto, realidades que dele deveriam ser isoladas, em homenagem à particular estrutura que as informe.

III. Um primeiro balanço permite apontar uma tendência actual de base, no domínio da alteração das circunstâncias: a de uma consideração mais analítica dos problemas que lhe têm sido reconduzidos[655].

As tentativas da redução global acima sumariadas falham perante a vastidão do problema. Mas elas podem operar, em áreas mais concisas, como factores de delimitação do instituto.

E nessa delimitação devem intervir outros esquemas, cujo regime, pela sua própria estrutura, permita corresponder a modificações ambientais.

IV. Esta tendência não joga, sectorizada, apenas na alteração das circunstâncias, antes correspondendo a cenários metodológicos mais globais.

Uma das características do pensamento jurídico dos nossos dias reside no abandono das grandes construções dogmáticas, absolutas e globais. A natural inclinação para reduzir os problemas a sistemas perfeitos e lógicos que, através de bitolas únicas, coerentes e rectilíneas, dêem resposta simples e imediata a todos os problemas que se lhe ponham, tem vindo a ceder devido à complexidade e às contradições das sociedades actuais.

Perante uma questão em aberto, todas as teorias são chamadas a depor, procurando-se, então, a melhor solução no caso concreto. Neste, por oposição a um Direito teórico, reside a verdadeira justiça.

A boa fé deixa documentar, com clareza, a fenomenologia exposta.

---

[655] LARENZ/WOLF, *Allgemeiner Teil* cit., 9.ª ed. cit., 697 ss..

§ 30.º *As tendências actuais* 289

Tomada, apenas, na sua qualidade de conceito indeterminado, a boa fé legitima as decisões que se lhe acolham; só por si não dá, contudo, qualquer critério de decisão. Ela torna-se, assim, justa e maleável: a solução justa confere com a boa fé, sem necessidade de maiores indagações: toda uma imponente massa de questões lhe pode ser reconduzida.

Neste momento, o fenómeno segue com curso inverso.

Depois de, num primeiro tempo, se ter recorrido à boa fé para conquistar novas áreas para o Direito, utiliza-se, agora, a Ciência do Direito, para redistribuir em institutos mais precisos e seguros, os progressos alcançados.

§ 31.º A DELIMITAÇÃO DA ALTERAÇÃO DAS CIRCUNSTÂNCIAS

109. O erro

I. O primeiro grupo de problemas que deve ser retirado da alteração das circunstâncias é o que se reporta a uma "base do negócio" puramente subjectiva. Na celebração, as partes podem ter assentado em representações decisivas para a formação e exteriorização da sua vontade. E essas representações podem não corresponder à realidade, tal como era possível, na altura, conhecê-la. Quer a pressuposição de Windscheid, quer a base do negócio, de Oertmann, reinvindicariam, ainda aqui, aplicação. Na Alemanha, deu-se todo um movimento, bastante difícil, mas que se viu coroado de êxito definitivo, e que operou no sentido de, nessa conjuntura, aplicar não o regime da alteração das circunstâncias, mas o do erro[656]. De facto, na denominada "alteração previsível" há, tão-só, erro das partes[657], numa conjunção que, como tal, deve ser tratada. Por isso se tem entendido, com unanimidade, na doutrina portuguesa, que a alteração verdadeira deve ser imprevisível. A orientação é correcta.

---

[656] Por exemplo, FRANZ WIEACKER, *Gemeinschaftlicher Irrtum der Vertragspartner und clausula rebus sic stantibus / Bemerkungen zur Theorie der Geschäftsgrundlage*, FS Wilburg (1965), 229-255 (242), VIKTOR STÖTTER, *Versuch zur Präzisierung des Begriffs der mangelhaften Geschäftsgrundlage*, AcP 166 (1966), 149-187 (165), BURKHARD SCHMIEDEL, *Der allseitige Irrtum über die Rechtslage bei der Neuregelung eines Rechtsverhältnisses*, FS Caemmerer (1978), 231-240 (240), WERNER FLUME, *Allgemeiner Teil des bürgerlichen Rechts*, II – *Das Rechtsgeschäft*, 4.ª ed. (1992), § 26, 4 (501-507) e MALTE DIESSELHORST, *Die Geschäftsgrundlage in der neueren Rechtsentwicklung*, em *Rechtswissenschaft und Rechtsentwicklung*, publ. ULRICH IMMENGA (1980), 157.

[657] Ou seja "... a falsa ideia sobre certo *quid*", na definição lapidar de PAULO CUNHA, *Teoria geral de Direito civil*, II – *O objecto* (1961-62), 102.

292   *Alteração das circunstâncias*

II. No Direito português, este primeiro passo clarificador está, em extremo, simplificado, uma vez que o Código Civil autonomizou o "erro sobre a base do negócio" – artigo 252.°/2. Como adquirida, fica pois a ideia de que a lei portuguesa já reconheceu, de modo explícito, a depuração da alteração das circunstâncias, no que toca a aspectos atinentes, apenas, às representações das partes: estes integram, na verdade, o tema do erro.

III. O artigo 252.°/2 do Código Civil levanta dúvidas delicadas[658]. A "base do negócio" é uma mera construção doutrinária, cientificamente envolvida, que não deveria ter assento numa lei. Nos últimos anos, mais se acentua esta conveniência metodológica: a base do negócio tem-se tornado numa reconhecida fórmula vazia. Por outro lado, a "base subjectiva" tem sido afastada do domínio da alteração das circunstâncias, para ser reconduzida ao campo que, por natureza, lhe compete: o do erro.

Perante esta evolução que no poderia, com seriedade, ser posta em causa, o legislador de 1966 incorreu numa série de paradoxos: insere numa lei a locução "base do negócio" e fá-lo, para mais, a propósito da "base subjectiva"; retoma o bom caminho quando considera o tema como sendo relativo ao erro; mas fá-lo não para lhe mandar aplicar o regime do erro – pois disso se trata – mas com o fito de remeter para o regime da alteração das circunstâncias.

Nestas condições, não admira que a doutrina, com apelo ao elemento sistemático da interpretação, tenha, de modo unânime, iniciado uma aproximação entre o "erro sobre a base do negócio" e o regime do erro, em sentido próprio[659].

Aperfeiçoa-se assim, por via doutrinária, uma delimitação da alteração das circunstâncias, indiciada pelo próprio legislador: dela deve ser retirada toda a matéria relativa ao erro[660], e até às últimas consequências.

---

[658] Quanto à sua interpretação integrada e à sua aplicação pelos tribunais: *Tratado* I/1, 3.ª ed., 833-835.

[659] Assim, verificados os respectivos requisitos, o contrato, viciado por "erro na base do negócio" será anulável e não revogável: João de Castro Mendes, *Direito Civil (Teoria Geral)*, 3 (1969), 132, Luís Carvalho Fernandes, *Teoria geral do Direito civil*, 2 (1983), 232 e Carlos Mota Pinto, *Teoria geral do Direito civil*, 4.ª ed. (2005), 514.

[660] Torna-se difícil, na prática, fazer vingar o "erro sobre a base do negócio". O próprio erro sobre os motivos – artigo 252.°/1 – vem referido em termos fortemente restritivos: exigindo-se um acordo sobre os motivos relevantes, ainda que não expresso – assim

§ 31.º A delimitação da alteração das circunstâncias

110. O risco e a impossibilidade

I. Como segundo factor de delimitação da alteração das circunstâncias surge o risco, ou, de modo mais preciso, o conjunto de regras que imputam, a alguma das partes, o dano superveniente resultante da alteração. Houve a oportunidade de ponderar as doutrinas que intentam reconduzir ao risco toda a problemática da alteração das circunstâncias[661]. Verificou-se, nessa ocasião, que tais doutrinas, ainda quando consigam um enfoque novo do tema, não encontravam, nelas próprias, as bitolas últimas de decisão. Mas se a redução global da alteração das circunstâncias ao risco levanta dificuldades, não há dúvidas de que, pelo menos em certas áreas, a modificação superveniente vai integrar normas claras sobre distribuição de risco. E quando isso suceda, estas aplicam-se, em detrimento dos dispositivos virados, de modo directo, para a alteração.

Tome-se um exemplo radical: pode o comprador de um automóvel, que já o haja recebido, pedir a resolução ou modificação do contrato de compra e venda, alegando uma subida inesperada no preço da gasolina? A resposta é negativa: a alteração registada, ainda quando anormal e imprevisível, dá-se numa esfera de risco exclusiva do comprador-proprietário, em todo alheia ao vendedor. Por isso se entende que, em regra, o regime do artigo 437.º só se aplica a contratos que não sejam de execução imediata[662].

II. Embora dispersas pelo seu articulado, o Código Vaz Serra compreende um conjunto sistemático de normas relativas ao risco nas situações jurídicas.

STJ 12-Jun.-1984 (MAGALHÃES BAIÃO), BMJ 338 (1984), 382-385 (385) – ele acaba por operar apenas perante clausulados contratuais explícitos que mostrem uma ligação clara entre o negócio e os motivos – cf. STJ 4-Dez.-1979 (OLIVEIRA CARVALHO), BMJ 292 (1980), 345-351 (349-350). A jurisprudência relativa ao "erro sobre a base do negócio" exclui dela quanto, sendo posterior à celebração do contrato, não possa integrar-se no erro; cf., assim, STJ 10-Dez.-1974 (ALBUQUERQUE BETTENCOURT), BMJ 242 (1975), 254-256 (255-256). Distinguindo também, o erro da alteração das circunstâncias, cf. RCb 28-Mai.--1985 (ALBERTO BALTAZAR COELHO), CJ X (1985), 3, 89-92 (92); colocando os requisitos deste tipo de erro: STJ 6-Nov.-2003 (FERREIRA DE ALMEIDA), Proc. 03B3120.

[661] *Supra*, 284 ss..

[662] STJ 17-Mar.-2010 (SOUSA PEIXOTO), Proc. 7/06; *vide*, ainda, STJ 20-Jan.-2010 (PINTO HESPANHOL), Proc. 8/06.

Manda o artigo 796.º/1:

> Nos contratos que importem a transferência do domínio sobre certa coisa ou que constituam ou transfiram um direito real sobre ela, o perecimento ou deterioração da coisa por causa no imputável ao alienante corre por conta do adquirente.

Mantém-se vivo, no Direito português vigente, o velho aforismo *res domino suo perit*: o risco de danos nas coisas corpóreas corre por conta dos titulares de direitos reais sobre elas; o artigo 796.º/1 vai mais longe, clarificando uma zona de fronteira: a do risco em contratos transmissivos, quando ainda não tenha havido entrega da coisa ao adquirente – e salvo o caso particular do artigo 796.º/2: também aí, uma vez transferido o domínio, o risco corre pelo titular.

O artigo 807.º/1 dispõe:

> Pelo facto de estar em mora, o devedor torna-se responsável pelo prejuízo que o credor tiver em consequência da perda ou deterioração daquilo que deveria entregar, mesmo que estes factos lhe não sejam imputáveis.

Trata-se da conhecida regra de inversão do risco, havendo mora do devedor[663]. *A contrario*, deduz-se que, na pendência de uma obrigação, o risco pela perda ou deterioração daquilo que devia ser entregue corre pelo credor. É, no fundo, o aflorar da regra anterior, agora adaptada: os danos inimputáveis verificados em coisas corpóreas correm pelas pessoas que, a elas, tenham direitos de crédito. Tal sucede, porém, apenas perante coisas certas e determinadas: se se tratar de uma obrigação genérica, o risco só corre pelo credor depois da concentração, a operar nos termos do artigo 541.º[664]; até ela, "... o devedor não fica exonerado pelo facto de perecerem aquelas (coisas) com que se dispunha a cumprir" – artigo 540.º.

As regras próprias do risco, quanto a coisas corpóreas, sejam elas de direitos reais ou de direitos creditícios, e de que acima se deu conta, são complementadas, no tocante a pretensões de *facere*, por normas referentes à impossibilidade.

---

[663] *Supra*, 125.

[664] *Tratado* II/1, 606 ss.. Uma análise pioneira sobre o risco e a impossibilidade superveniente das obrigações, nas diversas conjunções, pode ser vista em PAULO CUNHA, *Direito das obrigações*, por MARGARIDA PIMENTEL SARAIVA e ORLANDO GARCIA-BLANCO COURRÉGE (1938-39), 2, 347 ss..

§ 31.º A delimitação da alteração das circunstâncias

Nos termos do artigo 790.º/1,

A obrigação extingue-se quando a prestação se torna impossível por causa não imputável ao devedor.

Esta regra equivale a fazer correr o risco do "perecimento" do crédito pelo credor, enquanto a obrigação não for cumprida. Com o cumprimento, a relação obrigacional extingue-se: quaisquer danos ficam, então, na esfera onde se verifiquem.

Nos denominados contratos bilaterais, o risco, de algum modo, distribui-se pelas partes: o credor vê desaparecer o seu direito pela impossibilitação da prestação, mas exonera-se da contraprestação, tendo a faculdade, se já a houver realizado, de a reaver nos termos do enriquecimento sem causa – artigo 795.º/1. O mesmo esquema funciona na impossibilidade parcial, reduzindo-se, então, proporcionalmente, a contraprestação – artigo 793.º/1.

III. Para além destas normas gerais sobre risco, o Código Civil compreende várias regras especiais:

- *na locação*, o risco corre por conta dos dois intervenientes, nos termos gerais[665]; porém, a privação ou diminuição não imputável ao locador nem aos seus familiares só permite a redução da renda no caso de uma ou outra exceder um sexto da duração do contrato – 1040.º/2;
- *na parceria pecuária*, o risco corre por conta do parceiro proprietário – artigo 1126.º;
- *no comodato*, o risco básico corre pelo comodante, com cedências ao comodatário, nos casos específicos no artigo 1136.º/1 e 2;

---

[665] *Vide* o nosso *Da natureza do direito do locatário* (1980), 143. E, ainda, a presença, no arrendamento, de uma teia normativa estrita, que canaliza o risco em termos predeterminados, que bloqueia o artigo 437.º, recorde-se que a sua resolução só podia operar nos casos fixados no artigo 1093.º, redacção inicial; assim, STJ 25-Mai.-1982 (MANUEL DOS SANTOS CARVALHO), BMJ 317 (1983), 249-254 (253-254) = RLJ 119 (1986), 79-82 (81-82), anot. A. VARELA, discordante, mas sem referir o problema nuclear do risco; no sentido de A. Varela, *vide* ALMEIDA COSTA, anot. a STJ 11-Dez.-1984, RLJ 119 (1986), 141-146 (145, nota 14).

296 *Alteração das circunstâncias*

– *no mútuo*, o risco corre pelo mutuário; será essa uma das utilidades do preceito contido no artigo 1144.°[666];
– *no depósito*, o risco corre nos termos gerais, pelo depositante (o proprietário); a regra aflora no artigo 1188.°/1;
– *na empreitada*, o risco de perda ou deterioração da coisa corre pelo proprietário – salva a hipótese de mora, em que se dá a inversão, artigo 1228.°/2; há, aqui, apenas a aplicação das regras gerais;
– *na posse*, o risco corre pelo proprietário, quando ela seja de boa fé e pelo possuidor, se for de má fé; é o que se retira do artigo 1269.°.

IV. O sentido geral do sistema do risco, bastante harmonioso, é o seguinte: se o Direito atribui a um sujeito, através do esquema do direito subjectivo, uma vantagem, é justo que corra, contra ele, a possibilidade de dano superveniente casual. *Ubi commoda, ibi incommoda*. Qualquer alternativa, que consistiria fatalmente em colocar pessoas numa posição de desvantagem, sem que algum benefício as compensasse, iria provocar uma distorção exagerada e inexplicável na distribuição da riqueza.

Observa-se ainda que, em situações relativas – *maxime*, contratos bilaterais – o risco distribui-se por ambos os intervenientes.

Este quadro é alterado, apenas, nos casos de danos culposos – altura em que funciona a responsabilidade por actos ilícitos – ou de imputação objectiva, por razões específicas, do risco, a terceiros – a denominada responsabilidade por risco, só possível "... nos casos especificados na lei" – artigo 483.°/2.

V. As regras do risco delimitam negativamente a alteração das circunstâncias: onde elas disponham, há que aplicar o regime respectivo, em detrimento do disposto no artigo 437.°/1[667]. O risco implica sempre um dano casual: nessa medida, é anormal e imprevisível. A não ser assim, todo o regime do risco ficaria inutilizado, caindo-se na alteração das circunstâncias. Ora as normas de risco não são meros postulados técnicos: elas correspondem a imperativos de justiça, acima explicitados, firmes na

---

[666] Por isso, a extrema dificuldade ou, mesmo, a impossibilidade no cumprimento de uma obrigação pecuniária não integram a "impossibilidade temporária" do artigo 792.°/1; assim STJ 7-Out-1982 (João Fernandes Lopes Neves), BMJ 320 (1982), 403-405 = RLJ 119 (1986), 172-174, anot. A. Varela, concordante.

[667] *Da boa fé*, 1092 ss..

§ 31.º A delimitação da alteração das circunstâncias 297

lógica *ubi commoda, ibi incommoda*. Mais do que isso: numa junção que vem sendo reclamada[668], as normas de risco são requeridas pelas exigências de segurança das sociedades técnicas modernas; trata-se de uma planificação da distribuição de danos, acessível ao senso comum, e que permite esquemas para a sua suportação, de que é exemplo acabado a actividade seguradora. A alteração das circunstâncias, pelo contrário, é um remédio de equidade, de concretização difícil e de saída imprevisível.

VI. O legislador português reconheceu-o, de modo explícito. Segundo o artigo 437.º/1, só há lugar ao esquema da alteração das circunstâncias quando esta "... não esteja coberta pelos riscos próprios do contrato". Uma primeira interpretação vê, aqui, o não funcionamento da alteração dentro daquela margem normal de flutuação contratual: o negócio pode dar mais ou menos lucro, conforme os casos, numa álea que o Direito abandona à lógica do comércio privado; aí, não caberia qualquer remédio *ex bona fide*. Mas isso seria subaproveitar o preceito: é certo que a exigência das obrigações assumidas, dentro da álea normal do contrato, nunca iria afectar "... gravemente os princípios da boa fé ...", antes constituindo um comportamento normal. Ao referir os riscos próprios do contrato, a lei não foi repetir-se: antes ressalvou as regras aplicáveis sobre o risco, dando, perante elas, natureza supletiva à própria alteração das circunstâncias. Compreende-se, a esta luz, o dispositivo do artigo 438.º, que afasta o direito de resolução ou modificação do contrato por alteração das circunstâncias, quando a parte que dele se reclama esteja em mora. Não se trata de penalizar tal parte, num esquema punitivo em princípio estranho ao Direito civil, mas, tão-só, de um novo aflorar da primazia do risco: havendo mora, dá-se a inversão do risco – de todo o risco – na esfera do devedor, pelo artigo 807.º/1. Perante tal regra, não cabe aplicar o artigo 437.º/1.

O Código Civil italiano alcançou o mesmo objectivo por outra via. O artigo 1467.º do *Codice* só admite o regime de alteração das circunstâncias "nos contratos de execução continuada ou ainda de execução diferida": quando a execução já tenha tido lugar, consumou-se a concentração do risco – e de vantagens – nas antigas partes, passando a aplicar-se as regras que a este respeitam.

---

[668] Isto é: não há verdadeira justiça sem segurança e a segurança não vale se não for acompanhada de justiça; por exemplo, C. A. EMGE, *Sicherheit und Gerechtigkeit / Ihre gemeinsame metajuristische Wurzel* (1940), 3 ss., 5 ss. e 28.

298   *Alteração das circunstâncias*

VII. A supletividade da alteração das circunstâncias em face das regras do risco é reconhecida pela jurisprudência portuguesa, quando tem sido chamada a decidir questões presas a esses temas.

Assim sucedeu no acórdão do Supremo de 29 de Março de 1979. Em síntese discutia-se aí o problema posto por uma cessão de quotas de uma sociedade angolana, celebrada em 8 de Março de 1974 por 2000 c., pagáveis em duas prestações idênticas, tituladas por letras. As letras não foram pagas, seguindo-se a execução. Os réus adquirentes movem embargos de executados, alegando que, pela ocupação dos bens da sociedade, verificada depois da independência de Angola, teria ocorrido uma alteração das circunstâncias, cabendo a resolução do contrato, nos termos do artigo 437.º/1. O Supremo negou tal pretensão, afirmando designadamente:

> O facto de a Sociedade não poder realizar, a partir de certa altura, a sua actividade e, por isso, já não funcionar, não destrói os efeitos da cessão da quota validamente celebrada, nem exonera o devedor de pagar na íntegra o preço da cessão, dado que é ele, como proprietário da quota cedida, quem suporta o risco do actual estado da sociedade.
>
> Deste modo, a previsão do artigo 437.º do Código Civil não se integra no caso dos autos, pois a alteração anormal das circunstâncias basilares do contrato estão *consumidas* nos princípios legais que se referem ao risco das obrigações[669].

Também a doutrina tem sufragado esta orientação: assim procedem Lobo Xavier[670], Mota Pinto[671], Almeida Costa[672] e Menezes Leitão[673], além de nós próprios[674].

---

[669] STJ 29-Mar.-1979 (Costa Soares), BMJ 285 (1979), 262-268 (267-268). Esta mesma linha foi mantida pelo bem tirado acórdão da REv 27-Fev.-1986 (Castro Mendes), CJ XI (1986) 1, 247-249 (249).

[670] V. Lobo Xavier, *Alteração das circunstâncias e risco (arts. 437.º e 796.º do Código Civil)*, CJ VIII (1983), 5, 17-23 (19 ss.).

[671] Carlos Mota Pinto, declaração anexa ao escrito anterior, CJ cit., 21-23.

[672] Mário Júlio de Almeida Costa, *Direito das obrigações*, 12.ª ed. cit., 342-343.

[673] Luís Menezes Leitão, *Direito das obrigações* cit., 2, 7.ª ed., 141.

[674] *Da boa fé*, 1092 ss.. Esta posição foi assumida sem prévio conhecimento das teses de Lobo Xavier, Mota Pinto e Almeida Costa e independentemente do pleito que motivou as opiniões dos dois primeiros Autores e a de Antunes Varela, abaixo referida.

§ 31.º A delimitação da alteração das circunstâncias

Em contrário, ainda que apenas na aparência, deporia Antunes Varela[675].

111. A vontade das partes e a interpretação contratual

I. A contratação é o domínio da autonomia privada. Todos os efeitos jurídicos devem, na verdade ser reportados ao Direito objectivo; mas no campo negocial, tais efeitos desencadeiam-se, em regra, por serem queridos pelas partes e na medida em que o sejam.

---

[675] JOÃO ANTUNES VARELA, *Resolução ou modificação do contrato por alteração das circunstâncias*, CJ VII (1982) 2, 7-17, com a colaboração de Henrique Mesquita. Este Autor admite que de facto, perante um risco normal – que exemplifica com "um incêndio provocado por um curto-circuito ou por uma faísca, num móvel vendido com espera de preço, uma doença sobrevinda a um animal que se comprou a crédito, uma tempestade que afundou um barco ainda no completamente pago, etc." – não teria aplicação o artigo 437.º, como se manda no seu final. Apenas um risco anormal – para o caso tratado por Antunes Varela, uma nacionalização – abriria as portas à alteração das circunstâncias – ob. cit., 14. A margem de discussão é pequena, dada a latitude que este Autor dá à ideia de risco normal. E o próprio Antunes Varela fecha, em absoluto, as portas à aplicação da alteração das circunstâncias a contratos já cumpridos – portanto, embora ele o não diga, aos contratos em que a concentração do risco já operou, com a efectivação das prestações – afirmando:
"A segurança do tráfico e os interesses gerais da contratação seriam gravemente afectados, se um contraente, depois de receber as prestações que lhe eram devidas, não pudesse considerá-las definitivamente suas" – ANTUNES VARELA, ob. cit., 8, 2.ª col.. É também essa a doutrina implícita em PIRES DE LIMA/ANTUNES VARELA, *Código anotado*, 1, 4.ª ed. (1987), artigo 437.º, an. 2 (413).
A posição de Antunes Varela não é, assim, totalmente discordante da da restante doutrina. Ela exige, no entanto, uma nova distinção, para ficar clarificada.
As disposições sobre o risco podem ser de risco total ou de risco parcial. No primeiro caso, elas assacam a uma pessoa o dano máximo que o bem possa sofrer – a sua perda ou destruição total; no segundo, elas atribuem, apenas, certos danos. Quando o risco seja total, não há lugar à alteração das circunstâncias: é o exemplo paradigmático do artigo 796.º/1, correctamente aplicado pelo Supremo, no acórdão acima referido. Quando tal não suceda – por exemplo, alguém deve adquirir, para outrem, um objecto; o preço deste sobe, no mercado, em razão de um para cem – e estando em jogo normas de risco, haverá que interpretá-las para ver, exactamente, até onde foi o legislador na graduação do risco. Para além disso, cabe aplicar o artigo 437.º/1. O predomínio das regras de risco sobre alteração das circunstâncias merece, por fim, um consenso doutrinário crescente, na doutrina de outros países: *Da boa fé*, 1092 ss..

A vontade das partes surge, assim, como o meio mais indicado para enfrentar eventuais alterações das circunstâncias. Dada a regra da liberdade contratual – artigo 405.º do Código Civil – não oferece dúvidas a possibilidade de se estipular no domínio da alteração das superveniências negociais. Por um lado, o próprio artigo 437.º/1 do Código Civil, de acordo com uma natureza comum aos preceitos obrigacionais[676], tem natureza supletiva, intervindo, apenas, quando as partes não tenham acordado num regime alternativo. Por outro, esse mesmo preceito apresenta, como locução fulcral, o facto da exigência de certas obrigações assumidas afectar gravemente os princípios da boa fé; ora quando se tenha estipulado justamente em mira de uma alteração das circunstâncias, é essa mesma boa fé que requer o acatamento do ajustado. E por fim, o próprio regime do risco pode ser definido, directa ou indirectamente, pelas partes; como se viu, o risco delimita negativamente a aplicação do artigo 437.º/1 do Código Civil, como determina o final deste preceito.

II. A vontade das partes pode actuar, nas alterações de circunstâncias, por várias vias. Num primeiro grupo de casos, a interpretação contratual, conduzida em termos idóneos, revela que certo dispositivo, integrado no negócio e aparentemente atingido pela modificação ambiental, não o é, na realidade.

Seja o caso decidido pelo Supremo Tribunal de Justiça, em 15 de Abril de 1975. O litígio aí solucionado andava em torno de uma cessão de quotas societárias, com o preço pago em prestações, indexadas ao valor do ouro fino. A evolução monetária internacional levara, no entanto, a que, na vigência desse contrato, o ouro acusasse uma subida mais acentuada que o custo de vida em geral. Pedida a revisão desse contrato, o Supremo concedeu-a, entendendo que uma "actualização" feita em tais termos, contrariava a boa fé: mesmo na falta de todos os pressupostos do artigo 437.º/1, a providência justificar-se-ia por abuso do direito – artigo 334.º[677]. A deci-

---

[676] Assim, FERNANDO PESSOA JORGE, *Direito das obrigações* 1 (1972), 196 e ss. e o nosso *Direito das obrigações*, 1, 73.

[677] STJ 15-Abr.-1975 (JOSÉ GARCIA DA FONSECA), BMJ 246 (1975), 138-141 (138, 139 e 141) = RLJ 109 (1976), 179-182 (180 e 181-182), com an. favorável, de VAZ SERRA. Em RLx 25-Fev.-1986 (CURA MARIANO), CJ XI (1986) 1, 104-105 (105), aparecem referidos, também lado a lado, o abuso do direito e a alteração das circunstâncias; mas desta feita, já a vontade das partes não releva, havendo uma verdadeira questão de fundo, provocada pela desadaptação da lei: discutia-se a exigência, pelo inquilino, de obras ao senhorio,

§ 31.º A delimitação da alteração das circunstâncias 301

são encontrada é correcta. Mas podia-se ter lá chegado pela interpretação contratual: de facto, fora vontade das partes precaver-se contra a desvalorização monetária e não especular com o valor do ouro, recolhendo as eventuais mais-valias que a sua alta pudesse proporcionar. Desde o momento em que, contra o esperado pelas partes, o ouro tenha deixado de ser um indicador seguro, é a própria vontade negocial que requer a opção por outro factor de indexação[678].

III. Num segundo grupo, a vontade das partes, tal como se depreende da interpretação contratual, estipulou, de modo directo, para a eventualidade de superveniências. Isso quer clausulando que o contrato cessa se houver alterações inesperadas – seria como que uma *clausula rebus sic stantibus* expressamente querida pelas contratantes – quer convencionando um regime particular, a funcionar perante modificações ambientais. Tal regime pode coincidir, ou não, com o que resultaria da aplicação do artigo 437.º/1 do Código Civil. Como já foi frisado, salva disposição injuntiva em contrário, toda esta temática vive dominada pela autonomia privada. O próprio artigo 437.º/1 não deixa, de modo algum, de o lembrar, quando inclui, como fulcro, uma referência à boa fé: se as partes estipularem para a eventualidade de superveniências inesperadas, e se estas ocorrerem, a mesma boa fé exige o honrar da palavra dada[679].

---

quando a degradação da renda houvesse tornado tal pedido completamente desajustado. Esta mesma ideia foi aplicada, em STJ 18-Mar.-1986 (MAGALHÃES BAIÃO), BMJ 355 (1986), 175-179, para justificar a desadaptação de uma convenção internacional que, por isso, poderia ser contrariada pela lei interna, em nome de uma *clausula rebus sic stantibus*; esta orientação merece aplauso.

[678] O mesmo esquema seria válido perante um fenómeno inverso, decidido, por exemplo, por BGH 8-Nov.-1972, DB 1972, 1527 = LM § 157 (D), n.º 27: celebrara-se um contrato com prestações monetárias sucessivas, indexadas ao valor do centeio; este, alvo de intervenção estadual, vê o seu valor a aumentar aquém dos índices gerais de preços; a interpretação deste contrato revela a intenção comum das partes em manter o preço real, e no de celebrar um contrato ligado cegamente ao valor do centeio: a própria interpretação impôs, pois, a correcção.

[679] As cláusulas atinentes a superveniências têm sido particularmente estudadas no domínio dos contratos relativos a fornecimentos de energia; cf. W. HOLZAPFL, *Neue Preisänderungsklauseln und Wirtschaftsklauseln in Stromlieferungsverträgen mit Sonderabnehmern*, BB 1974, 912-914 e GEORG MALZER, *Fragen der praktischen Rechtsanwendung bei der Lieferung von Elektrizitat und Gas an Industriebetriebe*, BB 1974, 908-912 (910).

Sublinhe-se, ainda, que a própria estipulação sobre alterações futuras e eventuais pode ser limitada pela interpretação. Quando, no contrato, tenham sido incluídas cláusulas desse tipo, as partes não ficam à mercê de todos os azares do destino; ultrapassada uma certa medida, pode verificar--se que o clausulado não pretendeu ir mais além, no domínio da regulação de superveniência. Apenas a interpretação pode, caso a caso, determinar se as partes pretenderam equacionar toda e qualquer superveniência ou apenas alguma e algumas ou até que medida.

IV. Num terceiro tipo de casos, as partes enquadram as alterações das circunstâncias através do regime do risco acordado. Viu-se como as regras do risco delimitam o artigo 437.º/1 – ou disposições similares – aplicando--se, quando existam, em seu detrimento. O dispositivo legal sobre o risco pode, em princípio, ser modificado pelas partes. E isso por três ordens de factores:

– as regras sobre risco estatuem em domínios patrimoniais privados, dominados pela disponibilidade: se se pode alienar uma posição ou inutilizar um direito, por maioria de razão se poderá sujeitá-lo, em termos jurídicos, a um risco que, em princípio, não lhe caberia[680];
– a aplicação de várias regras sobre risco – as mais significativas – está, de modo expresso, subordinada à vontade das partes; assim, o artigo 796.º/1 postula que não haja reserva de propriedade – cf. artigo 409.º – enquanto que a concentração das obrigações genéricas, essencial para que o risco corra pelo credor, pode operar por vontade das partes;
– nos casos excepcionais em que o legislador, com o fito de proteger a parte fraca no contrato, entendeu prescrever a injuntividade das regras sobre o risco, disse-o, de modo expresso; tal sucede no artigo 1126.º/3.

A adopção de certos modelos contratuais revela, com frequência, uma intenção de dispor sobre o risco. Tal eventualidade, a ser confirmada pela interpretação, afasta a alteração das circunstâncias. Assim, os contra-

---

[680] Só não se poderá ir tão longe que surjam obrigações aleatórias quando a lei não o permita ou que estejam em causa renúncias antecipadas aos direitos, vedadas pelo artigo 809.º.

§ 31.º A delimitação da alteração das circunstâncias 303

tos de fornecimento celebrados a longo prazo visam, justamente, seja concentrar o risco numa das partes[681], seja "codificar" as regras relativas à alteração das circunstâncias[682]. Do mesmo modo, a opção por obrigações puramente pecuniárias pode trazer implícita uma ideia clara quanto a superveniências[683].

O Direito admite, ainda, contratos especialmente destinados a imputar certos riscos a um dos contratantes – e que não se confundem com cláusulas acessórias de risco, inseridas em negócios com outro escopo. O desenvolvimento industrial de tal actividade – a actividade seguradora – está reservado, por lei especial e pela própria constituição económica, a certas entidades.

V. A aplicação do artigo 437.º/1 do Código Civil fica, pois, delimitada pela vontade das partes e pela interpretação negocial. Apenas esta permite apurar se e em que medida foi um contrato atingido por superveniências enquanto, por outro lado, é lícito aos contratantes estipular para a hipótese de modificações ambientais, directamente ou através de cláusulas sobre risco.

Para além de lícita, tal prática é, mesmo, desejável: transfere para a negociação o regime das superveniências e evita litígios futuros, permitindo encontrar as soluções mais adequadas para as ocorrências possíveis, de acordo com as aspirações das partes.

112. A tutela da confiança

I. Wolfgang Fikentscher propôs uma redução global da alteração das circunstâncias com base no princípio da protecção da confiança[684]. Na sua

---

[681] WERNER FUTTER, *Rechtsprobleme bei langfristigen Energieversorgungsverträgen*, BB 1976, 1295-1298 (1298).

[682] HANS-PETER DALLY, *Rechtsprobleme bei langfristigen Energieversorgungsverträgen im Zusammenhang mit Wirtschaftsklauseln*, BB 1977, 726-727 (727).

[683] Apenas uma "hiper-inflação" justificaria, então, a quebra do nominalismo. *Vide* KARSTEN SCHMIDT, *Geld und Geldschuld im Privatrecht / Eine Einführung in ihre Grundlagen*, JuS 1984, 737-747 (745); numa posição mais aberta, cf. K. A. BETTERMANN, *Über Inhalt, Grund und Grenzen des Nominalismus*, RdA 1975, 2-9.

[684] WOLFGANG FIKENTSCHER, *Die Geschäftsgrundlage als Frage des Vertragsrisikos* cit., 35 ss. e *passim* e *Schuldrecht*, 7.ª ed. (1985), 137 ss.. Após a reforma de 2001/2002,

304   *Alteração das circunstâncias*

extensão plena, a explicação não satisfaz[685]. Mas ela pode ser aproveitada para delimitar a alteração das circunstâncias, nas suas fronteiras com a tutela da confiança legítima. Trata-se de uma separação duplamente delicada: à vaguidade da alteração das circunstâncias soma-se a indeterminação da própria tutela da confiança.

Impõe-se, por isso e ainda que em termos sintéticos, recordar o perfil da protecção da confiança, tal como resulta da jurisprudência portuguesa actual, em correspondência com as diversas coordenadas históricas e científicas relevantes[686].

II. No Direito português vigente – de acordo, aliás, com o que ocorre nas outras ordens jurídicas – a protecção da confiança efectiva-se por duas vias:

– através de disposições legais específicas;
– através de institutos gerais.

As disposições legais específicas de tutela da confiança surgem quando o Direito retrate situações típicas nas quais uma pessoa que, legitimamente, acredite em certo estado de coisas – ou o desconheça – receba uma vantagem que, de outro modo, não lhe seria reconhecida. Como meros exemplos, é o que sucede com a posição dos sujeitos perante certos actos das associações e sociedades civis puras – artigos 179.º, 184.º/2 e 1009.º do Código Civil perante a procuração – artigo 266.º perante a anulação ou declaração de nulidade dos actos jurídicos – artigo 291.º – e perante a aquisição de coisa a comerciante artigo 1301.º – ou a herdeiro aparente – artigo 2076.º/1, todos do Código Civil.

Os institutos gerais susceptíveis de proteger a confiança aparecem ligados aos valores fundamentais da ordem jurídica e surgem associados, por forte tradição românica, a uma regra objectiva da boa fé.

Preconiza-se, a propósito da tutela da confiança, no Direito positivo português vigente, a construção seguinte:

– a confiança é protegida quando se verifique a aplicação de um dispositivo específico a tanto dirigido;

---

essa orientação perdeu acuidade, sendo abandonada: FIKENTSCHER/HEINEMANN, *Schuldrecht*, 10.ª ed. (2006), Nr. 227 (127).

[685] *Da boa fé*, 1060 ss..

[686] *Tratado* I/1, 3.ª ed., 409 ss..

§ 31.º A delimitação da alteração das circunstâncias 305

– fora desses casos, ela releva quando os valores fundamentais do ordenamento, expressos como boa fé ou sob outra designação, assim o imponham.

III. Um estudo aturado das previsões legais específicas que tutelam situações de confiança e das consagrações jurisprudenciais dos institutos genéricos, onde tal tutela tenha lugar, permite apontar os pressupostos da sua protecção jurídica[687]. São eles:

1.º Uma situação de confiança conforme com o sistema e traduzida na boa fé subjectiva e ética, própria da pessoa que, sem violar deveres de cuidado que ao caso caibam, ignore estar a lesar posições alheias;
2.º Uma justificação para essa confiança, expressa na presença de elementos objectivos capazes de, em abstracto, provocarem uma crença plausível;
3.º Um investimento de confiança consistente em, da parte do sujeito, ter havido um assentar efectivo de actividades jurídicas sobre a crença consubstanciada;
4.º A imputação da situação de confiança criada à pessoa que vai ser atingida pela protecção dada ao confiante: tal pessoa, por acção ou omissão, terá dado lugar à entrega do confiante em causa ou ao factor objectivo que a tanto conduziu.

A situação de confiança pode, em regra, ser expressa pela ideia de boa fé subjectiva: a posição da pessoa que não adira à aparência ou que o faça com desrespeito de deveres de cuidado merece menos protecção.

A justificação da confiança requer que esta se tenha alicerçado em elementos razoáveis, susceptíveis de provocar a adesão de uma pessoa normal.

O investimento de confiança exige que a pessoa a proteger tenha, de modo efectivo, desenvolvido toda uma actuação baseada na própria confiança, actuação essa que não possa ser desfeita sem prejuízos inadmissíveis; isto é: uma confiança puramente interior, que não desse lugar a comportamentos, não conduz a nada.

A imputação da confiança implica a existência de um autor a quem se deva a entrega confiante do tutelado. Ao proteger-se a confiança de uma pessoa vai-se, em regra, onerar outra; isso implica que esta outra seja, de algum modo, a responsável pela situação criada.

---

[687] Intentou-se proceder a tal análise em *Da boa fé*, 443 ss., 742 ss. e *passim*, com síntese em 1243 ss.; *vide* o *Tratado* I/1, 3.ª ed., 409 ss., já citado.

IV. Os quatro requisitos acima apontados devem ser entendidos e aplicados com duas precisões importantes.

As previsões específicas de confiança dispensam, por vezes, algum ou alguns dos pressupostos referidos[688]. Por exemplo, a aquisição *a non domino*, pelo registo, prevista no artigo 17.º/2 do Código de Registo Predial de 1984 – exemplo claro de tutela da confiança – opera a favor do terceiro que esteja de boa fé (a situação de confiança), que tenha agido com base no registo prévio, a favor do alienante (a justificação da confiança) e que tenha adquirido a título oneroso (o investimento de confiança). A irrevogabilidade de actos administrativos ilegais exige a titularidade do direito concedida pela Administração (a justificação da confiança), com efeitos constitutivos mantidos por certo lapso de tempo (investimento de confiança) e levada a cabo pelo próprio Estado (a imputação da confiança). Como se vê, no caso da aquisição *a non domino* pelo registo, a lei dispensa a imputação da confiança; no da irrevogabilidade de actos administrativos ilegais, a confiança está totalmente objectivada: dipensa-se a boa fé subjectiva[689].

Os requisitos para a protecção da confiança articulam-se, entre si, nos termos de um sistema móvel[690]. Isto é: não há, entre eles, uma hierarquia e não são, em absoluto, indispensáveis: a falta de algum deles pode ser compensada pela intensidade especial que assumam alguns – ou algum – dos restantes. A mobilidade, assim entendida, dos requisitos em causa, ilustra-se, desde logo, com as situações acima sumariadas da aquisição pelo registo e da irrevogabilidade por actos administrativos. Outro exemplo sugestivo:

---

[688] Podem, sem dúvida, fazê-lo, uma vez que se trata de normas legais expressas; o limite estará, como é natural, na existência de fontes superiores de sinal contrário, *maxime* a Constituição.

[689] A irrevogabilidade dos actos administrativos *legais*, quando constitutivos, obedece, também, à necessidade de proteger a confiança das pessoas. Mas opera, em simultâneo, com a tutela dos direitos adquiridos; ora, havendo ilegalidades, tal aquisição é posta, desde logo, em crise: apenas factores extrínsecos podem, pois, justificá-la.

[690] A ideia de sistema móvel foi apresentada há mais de sessenta anos por WALTER WILBURG, *Entwicklung eines beweglichen Systems im bürgerlichen Recht* (1950), tendo sido divulgada por CLAUS-WILHELM CANARIS, *Systemdenken und Systembegriff in der Jurisprudenz*, 2.ª ed. (1983), 74 ss. que, dela, fez importantes aplicações explicativas, justamente no domínio da protecção da confiança; assim, de CANARIS, refira-se *Die Vertrauenshaftung im deutschen Privatrecht*, 2.ª ed. (1981), 301 ss., 312, 373, 389 e 529 e *Bewegliches System und Vertrauenschutz im rechtsgeschäftlichen Verkehr*, em *Das Bewegliche System*, publ. F. BYDLINSKI e outros (1986), 103-116. Esta obra colectiva dá uma ideia do relevo interdisciplinar da sistemática móvel.

A sua aplicação ao Direito português não oferece dificuldades e é útil, num prisma instrumental: *Da boa fé*, 1248, 1262 e *passim*.

§ 31.º A delimitação da alteração das circunstâncias 307

no caso da confiança possessória – que também não oferece dúvidas por ser objecto de normas específicas – a falta de justificação e, até, de boa fé subjectiva é compensável pelo intensificar do investimento de confiança: a posse não titulada ou, até, de má fé, não deixa de levar à usucapião, desde que haja um alongamento dos prazos da sua duração.

V. Tem interesse recordar concretizações jurisprudenciais da protecção da confiança, quando assente na simples regra da boa fé: na presença de normas específicas, a aplicação é imediata. Faz-se, de seguida, um levantamento sumário de cinco acórdãos que ilustram a tutela da confiança das pessoas:

> – *REv 25-Mai.-1976*, entendeu que "vindo os réus a ocupar uma casa, como donos, há cerca de catorze anos construída para eles, tendo até o pai dos autores que era dono do terreno, onde a mesma se encontra implantada, autorizado a sua construção, sem qualquer restrição ou limite, abusam os autores do seu direito ao pretender exercê-lo, pedindo a entrega e desocupação do prédio, já que ofendem os limites impostos pela boa fé"[691];
> – *STJ 2-Mar.-1978*, decidiu sobre os factos que seguem: três irmãos constituem uma sociedade, a qual adquire e edifica um terreno; a construção destinava-se à actividade social e à habitação dos sócios, tendo, cada um, com o acordo dos outros, ocupado uma fracção; na sequência de questões pessoais ocorridas entre um deles e os restantes, a sociedade move, contra o primeiro, uma acção de reinvindicação tendente ao reconhecimento da sua propriedade sobre a fracção por ele habitada e a desocupação do local. O Supremo entendeu que se a propriedade da autora não podia deixar de ser reconhecida, a restituição não teria lugar: a sociedade atentou, com tal pedido, contra a boa fé[692];
> – *STJ 26-Mar.-1980*, dirimiu o seguinte conflito: fora demolida uma edificação; em consequência, uma construção contígua ficou directamente exposta ao tempo, vindo a sofrer, com isso, infiltrações e danos; nada, no regime aplicável expresso pelo Direito das coisas, permite concluir pela existência de um dever de protecção contra o tempo, a cargo dos titulares de prédios contíguos e a favor dos seus vizinhos; por outro lado, na situação considerada, não se estabele-

---

[691] REv 25-Mai.-1976 (Luís Braga de Araújo Franqueira), BMJ 260 (1976), 185.
[692] STJ 2-Mar.-1978 (Octávio Dias Garcia), BMJ 275 (1978), 214-219 (216-218) = RLJ III (1979), 291-294 (292-294), com anot. de Vaz Serra, favorável (295-297).

cera, a título convencional ou outro, qualquer dever específico com tal conteúdo. Não obstante, o Supremo entendeu que, por força do instituto do abuso do direito, haveria que, aquando da prática de demolições, tomar precauções necessárias para o prevenir de danos nos prédios que, por força delas, iriam ficar expostos[693];

– *RPt 29-Mai.-1980*, ponderou o seguinte: autores e réus acordaram, em comum, comprar determinada parcela de terreno a um mesmo proprietário; trataram em conjunto dos elementos necessários para a celebração da escritura, incluindo a sisa: simplesmente, e porque vieram a celebrar a escritura com um dia de antecedência, os autores, alegando a sua situação de compropriedade com o titular inicial, moveram, aos réus, uma acção de preferência; a Relação do Porto entendeu que havia, aí, abuso do direito, por quebra da confiança, atendendo-se contra os valores que o artigo 334.º visa proteger[694];

– *STJ 31-Mar.-1981*, debruçou-se no que segue: uma sociedade põe, contra uma sócia-gerente, uma acção exigindo a restituição de determinada quantia, correspondente a importâncias periódicas por ela levantadas da caixa social a título de remuneração hipotética de gerência e como tal firmadas em recibos competentes; isso por a atribuição da remuneração em causa nunca ter sido fixada em assembleia geral mas, tão-só, acordada pelos dois únicos sócios. Ora "... com este procedimento a autora criou, na ré a convicção de que não se serviria dessa falta de formalidade para lhe pedir o que justamente lhe estava a pagar, pois esta agiu em plena boa fé, tanto que sempre documentou as retiradas das suas remunerações mensais, mediante recibos por si assinados". A atitude da autora excederia, assim, manifestamente a boa fé, os bons costumes e até o fim económico do direito[695].

Estas decisões são diferentes, a nível de factos. Mas têm, entre si, pontos fundamentais em comum:

– uma *situação de confiança*: a crença na idoneidade de construção (REv 25-Mar.-1976), na excelência do direito de habitar a casa (STJ 2-Mar.-1978), na manutenção da protecção contra as intem-

---

[693] STJ 26-Mar.-1980 (Octávio Dias Garcia), BMJ 295 (1980), 426-433 = RLJ 114 (1981), 35-40, com anot. de Antunes Varela, favorável quanto à solução, embora propondo outra justificação (40-41 e 72-79). A favor da justificação apresentada pelo Supremo manifestou-se, oralmente, Rui de Alarcão e, por escrito, os nossos *Da boa fé*, 828 ss. e *Evolução juscientífica e direitos reais* cit., 100.

[694] RPt 29-Mai.-1980 (Oliveira Domingues), CJ V (1980) 3, 86-90 (89-90).

[695] STJ 31-Mar.-1981 (Rui Corte Real), BMJ 305 (1981), 323-327 (325 e 326-327).

§ 31.º A delimitação da alteração das circunstâncias 309

péries (STJ 26-Mar.-1980), no não exercício de qualquer direito de preferência (RPt 29-Mai.-1980) e no direito a perceber certa remuneração (STJ 31-Mar.-1981);

– a *justificação da confiança*: a autorização e o largo tempo de inacção do dono do terreno (REv 25-Mai.-1976), o acordo prévio entre os irmãos (STJ 2-Mar.-1978), a larga manutenção da protecção (STJ 26-Mar.-1980), o facto de todos os elementos para a escritura terem sido tratados em conjunto (RPt 29-Mai.-1980) e o acordo prévio entre os sócios (STJ 31-Mar-1981);

– o *investimento da confiança:* a edificação levada a cabo (REv 25--Mai.-1976), o facto de habitar o local (STJ 2-Mar.-1978), o não ter tomado medidas de protecção atempadas (STJ 26-Mar.-1980)[696], o ter adquirido o direito sem maiores precauções (RPt 29-Mai.-1980) e o ter trabalhado por conta da sociedade (STJ 31-Mar.-1981)

– a *imputação da confiança*: ao dono do terreno, que não agiu durante catorze anos e deu a autorização (REv 25-Mai.-1976), à sociedade e aos irmãos que deram o acordo e permitiram a ocupação (STJ 2-Mar.-1978), ao proprietário do prédio contíguo (STJ 26-Mar.-1980), aos comproprietários que agiram em conjunto (RPt 29-Mai.-1980) e à sociedade que beneficiou da actividade da ré e por longo tempo não agiu (STJ 31-Mar.-1981).

Em todos os casos – com flutuações compreensíveis na linguagem, dada a vaguidade da conceitologia em jogo – as decisões apoiaram-se, ao proteger a confiança das pessoas, na boa fé.

Em todos os casos a protecção saldou-se na paralisação de direitos perfeitamente válidos e actuáveis de uma das partes – o direito de propriedade, o direito legal de preferência ou o direito à restituição – ou no direito a uma indemnização a favor do confiante – assim, no caso da demolição. Tratou-se, sempre, de ressarcir ou evitar danos, recorrendo-se ora a uma ora a outra das duas saídas possíveis.

Em todos os casos, finalmente, a protecção da confiança com recurso à boa fé permitiu assegurar uma solução justa, à luz do Direito positivo

---

[696] O investimento de confiança pode, pois, traduzir-se numa omissão: o confiante, porque confia, não toma, ele próprio, certas medidas protectoras, vindo depois, por isso, a prejudicar-se. Quanto a este ponto, no contexto do referido acórdão do Supremo de 26-Mar.-1980, *Da boa fé*, 830.

vigente, numa latitude onde isso se tornou necessário, por falta de dispositivos estritos bastantes: a protecção da confiança e a boa fé são, de facto, institutos supletivos, aplicáveis na falta de *ius strictum* que assegure soluções equivalentes.

VI. A utilização do instituto genérico do abuso do direito na protecção da confiança pode operar com a mediação de tipos mais restritos de actos abusivos. De entre eles, importa relevar o *venire contra factum proprium*[697] e a *surrectio*[698]: no primeiro caso, uma pessoa assume uma atitude e, em momento posterior, outra atitude incompatível com a primeira; no segundo, uma pessoa vê surgir, na sua esfera, por força da boa fé (objectiva), uma posição jurídica que, de outro modo, não lhe assistiria.

A discussão destas figuras é longa e algo complexa: elas podem, aliás, coincidir.

No fundamental, elas traduzem concretizações do princípio da protecção da confiança. Em rigor, não se pode, de facto, considerar os comportamentos contraditórios como absolutamente vedados: isso equivaleria a juridificar todas as acções humanas, encerrando a sociedade numa teia rígida de relações irrecusáveis. Mas quando, com uma primeira actuação, se vá suscitar a confiança legítima de outra pessoa, em termos tais que ela mereça protecção, a segunda actuação, por atingir a confiança protegida, é ilícita: contraria a boa fé. Neste sentido, não se pode *venire contra factum proprium*. Na *surrectio*[699], a ideia básica é similar: por força da confiança

---

[697] *Da boa fé*, 742 ss.. O *venire contra factum proprium* tem obtido, na jurisprudência portuguesa, um reconhecimento de intensidade crescente e da maior importância; assim: RCb 2-Mai.-1984 (MANUEL PEREIRA DA SILVA), CJ IX (1984) 3, 36-38 (37); RCb 10-Abr.-1984 (PEREIRA DA SILVA), BMJ 336 (1984), 471; RPt 22-Nov.-1984 (SIMÕES VENTURA), BMJ 341 (1984), 475; STJ 16-Mai.-1985 (A. CAMPOS COSTA), BMJ 347 (1985), 391-397 (395-396); RLx 12-Mar.-1986 (FERREIRA PINTO), CJ XI (1986) 2, 163-164 (163); RLx 17-Jul.-1986 (RICARDO DA VELHA), CJ XI (1986) 4, 134-137 (136). *Vide* o *Tratado* I/4, 294 ss., com indicações ulteriores.

[698] *Da boa fé*, 812 ss. Cf., além das decisões já referidas, REv 23-Jan.-1986, (FARIA DE SOUSA), CJ XI (1986) 1, 231-234 (233), com importantes considerações. Indicações mais recentes no *Tratado* I/4, 325 ss..

[699] Propõe-se o latim medieval *surrectio* (surgimento, em alemão *Erwirkung*) para exprimir justamente a figura referida no texto: a do aparecimento, por força da boa fé, de uma posição jurídica tutelada – *maxime*, um direito – num local onde, de outra forma, isso não sucederia.

§ 31.º A delimitação da alteração das circunstâncias 311

legítima, uma pessoa vê-se investida numa posição jurídica que não pode ser atingida sem se atentar contra a boa fé – e logo sem ilicitude.

A boa fé objectiva constitui um princípio jurídico injuntivo[700]: como tal, ela aplica-se necessariamente sempre que ocorram situações que o solicitem. Escapa, no Direito privado, à livre disponibilidade das partes.

VII. Recordado o sentido da tutela da confiança, cabe fixar as suas relações com a alteração das circunstâncias.

Em princípio, pode afirmar-se que as regras relativas à tutela – sejam elas específicas ou derivem elas de concretizações da boa fé – prevalecem sobre as da alteração das circunstâncias: também neste ponto, o dispositivo das superveniências se manifesta supletivo. Noutros termos: a tutela da confiança delimita, de modo negativo, a alteração das circunstâncias.

O fenómeno explica-se, basicamente, com recurso aos esquemas atinentes ao risco, nos termos que seguem.

A tutela da confiança conduz a um redefinir das esferas de competência dos operadores jurídicos. Novas vantagens são atribuídas a certas pessoas, em detrimento de outras. Por esta via, assiste-se a uma distribuição de riscos, em termos gerais. A ordenação social efectuada, nos moldes da tutela da confiança, é uma comum regulação legal: não há que lhe aplicar a problemática das superveniências, que tem a ver com contratos e com a autonomia privada.

Assim, o contratante que, *in contrahendo* ou em momento posterior, tenha feito crer outro numa certa evolução factual, poderá ser responsabilizado, em nome da boa fé; haveria aí, no entanto, um abuso do direito, na forma de *venire contra factum proprium* e não uma situação de alteração de circunstâncias: o risco concentra-se na esfera da pessoa a quem a confiança tenha sido imputada pelo Direito.

Concluindo: sempre que, dos factos problemáticos, resulte uma situação de tutela da confiança, as regras de alteração das circunstâncias são preteridas: assim sucederá, como é claro, perante normas específicas de protecção da confiança como perante concretizações, nesse sentido, do abuso do direito.

---

[700] A sua supletividade exprime, tão-só, o facto de ser aplicável na falta de preceitos expressos que, de modo estrito, conduzam à solução por ela propugnada: nunca a sua negociabilidade privada.

113. O núcleo essencial da alteração das circunstâncias

I. Perante o movimento crescente de depuração da alteração das circunstâncias, com recurso aos institutos mais precisos, acima examinados, que permitem a sua delimitação, cabe perguntar se, da alteração das circunstâncias tradicional, ainda resta algo.

Flume responde pela negativa[701]. A alteração das circunstâncias teria cumprido o seu papel histórico, conquistando, para o Direito, toda uma série de fenómenos que, de outro modo, escapariam ao universo jurídico. Mas a Ciência do Direito não teria estancado: na base das soluções obtidas através de uma conceitologia informe e algo empírica, ter-se-ia passado a uma fase de codificação dos resultados obtidos, com redistribuição, em conceitos mais precisos, das soluções primeiro encontradas.

À depuração da alteração das circunstâncias ter-se-ia seguido a sua desarticulação.

II. A ideia base de Flume, compartilhada, aliás, pela generalidade dos autores, acima referenciados, que delimitam a alteração das circunstâncias com recurso a vários factores, e nunca impugnada, ao que se sabe, por qualquer estudioso da matéria, merece acolhimento.

A história mostra que o progresso do Direito actua, precisamente, a partir de soluções vagas, quase intuitivas ou de sentimento, as quais, mercê da experiência, se estabilizam em institutos mais concretos. A boa fé tem, em especial, funcionado como cadinho, nesse aspecto: instrumentos hoje precisos, como a compensação, a retenção ou a excepção do contrato no cumprido, tiveram a sua origem nos velhos *bonae fidei iudicia*. No caso da alteração das circunstâncias, há indubitáveis tensões nesse mesmo sentido: o aparecimento de melhorias sérias nos institutos da distribuição do risco, da protecção da confiança e da interpretação contratual permitiram resultados claros na precisão das soluções, em detrimento de uma alteração das circunstâncias primitiva, extensa e vaga.

Mas ela não pode ser levada até ao fim.

III. Os progressos jurídico-científicos, na alteração das circunstâncias como noutros domínios, são indubitáveis e merecem conhecimento e

---

[701] WERNER FLUME, *Allgemeiner Teil* cit., § 26, 7 (525).

§ *31.° A delimitação da alteração das circunstâncias* 313

apoio. Mas não devem ser absolutizados. O fenómeno das superveniências contratuais, por definição, é susceptível de assumir formas muito variadas. O legislador não pode prevê-las a todas, de modo exaustivo, a não ser com recurso a conceitos indeterminados, de que a boa fé constitui exemplo acabado. O problema último da alteração das circunstâncias reside na existência de um contrato válido e, como tal, querido pelo Direito mas que, mercê de superveniências, entra em contradição com postulados básicos do sistema, expressos, por tradição românica, pela locução "boa fé". Esses postulados podem compreender vectores diversificados, tais como as ideias de colaboração, de igualdade ou, até certos direitos fundamentais. A colaboração apela para o escopo dos contratos, a prosseguir por ambas as partes e que perde o sentido quando modificações ambientais o distorçam. A igualdade sugere que a manutenção, da mesma regulação, em circunstâncias diferentes, conduz ao arbítrio do acaso[702]. Os direitos fundamentais recordam que, em caso algum – mas tal sucederá em hipóteses-limite – podem, pela execução de um contrato, ser postos em causa os valores fundamentais do ordenamento, consagrados, em regra, nas constituições modernas[703]. Os postulados questionados pela alteração variam, conforme os casos.

Seja, porém, qual for o valor expresso, em concreto, pela boa fé, nos casos efectivos de alterações supervenientes, deve-se ter presente que o contrato subsiste válido e eficaz. Põe-se, desta forma, um problema de contradição entre princípios, igualmente válidos e eficazes: a autonomia privada e a boa fé. Tal situação, durante muito tempo considerada ilógica e impossível, mas que hoje é reconhecida[704], implica a superação dos quadros cartesianos do raciocínio jurídico e da sistemática kantiana da redução unitária do Direito. Há que reconhecer, no sistema jurídico, a existência de fracturas, de contradições, de vácuos intra-sistemáticos, que só a nível da decisão podem ser solucionados.

A alteração das circunstâncias representa assim uma zona de crescimento do Direito, onde o aplicador tem de decidir na base de modelos que

---

[702] Releva-se, pois, dos diversos aspectos de igualdade, aquele que, desde o Direito romano, está na base do Direito civil: a proscrição do arbítrio.

[703] Uma das fontes de concretização dos conceitos indeterminados e das denominadas cláusulas gerais estaria nos direitos fundamentais; *vide* MENEZES CORDEIRO, *Da boa fé*, 1278.

[704] Já defendida por KARL ENGISCH, *Die Einheit der Rechtsordnung* (1935), 64.

comportam pontos de vista contraditórios. No fundo, ela deriva da tensão existente entre as insuficiências do Direito e o dever imperioso de não denegar justiça, quando ela seja pedida aos tribunais.

O âmbito da alteração das circunstâncias é estreito e vê a sua margem reduzir-se, de dia para dia. Mas deve manter-se, até como garantia de aperfeiçoamento do sistema.

§ 32.º A CODIFICAÇÃO ALEMÃ DE 2001
E O DIREITO EUROPEU

114. A reforma alemão de 2001/2002

I. Antes de aprofundar o regime vigente no tocante à alteração das circunstâncias, cumpre reportar a reforma alemã de 2001/2002 e os mais recentes elementos de Direito europeu.

Vamos principiar pela primeira, sobre a qual existe já numerosa literatura[705].

II. A reforma do BGB de 2001/2002, dando corpo a uma proposta que vinha já da comissão de 1991[706], codificou, também, a alteração das circunstâncias. Assim:

§ 313 (Perturbação da base do negócio)

(1) Quando, depois da conclusão contratual, as circunstâncias que constituíram a base do contrato se tenham consideravelmente alterado e quando as partes, se tivessem previsto esta alteração, não o tivessem concluído ou o tivessem feito com outro conteúdo, pode ser exigida a adaptação do contrato, desde que, sob consideração de todas as circunstâncias do caso concreto, e em especial a repartição contratual ou legal do risco, não possa ser exigível a manutenção inalterada do contrato.

---

[705] RUDOLF MEYER-PRITZL, no HKK/BGB II/2 cit., §§ 313-314, Nr. 48 ss. (1738 ss.); GÜNTHER H. ROTH, no *Münchener Kommentar* cit., 2, 5.ª ed., § 313, Nr. 1 ss. (1749 ss.); HANNES UNBERAH, no Bamberger/Roth, BGB 1, 2.ª ed. cit., § 313, Nr. 1 ss. (1519 ss.); GERHARD HOHLOCH, no Erman, 1, 12.ª ed. cit., § 313, Nr. 1 ss. (1452 ss.); DIETER MEDICUS, no PWW/BGB, 4.ª ed. (2009), § 313, Nr. 1 ss. (572 ss.); CHRISTIAN GRÜNEBERG, no Palandt, 69.ª ed., § 313, Nr. 1 ss. (513 ss.); nestes comentários podem ser confrontados diversos escritos existentes, bem como a jurisprudência.

[706] Cf. o texto do *Diskussionsentwurf* cit., 14 (o então § 307) e a justificação, *idem*, 182 ss.. Na *Begründung der Bundesregierung* cit., 741 ss..

316   *Alteração das circunstâncias*

(2) Também se verifica alteração das circunstâncias quando representações essenciais que tenham sido base do contrato se revelem falsas.

(3) Quando uma modificação do contrato não seja possível ou surja inexigível para uma das partes, pode a parte prejudicada resolver o contrato. Nas obrigações duradouras, em vez do direito de resolução tem lugar o direito de denúncia.

III. De acordo com a própria justificação do Governo, retomada pela doutrina subsequente, o novo § 313 do BGB visou consignar na lei os princípios já consagrados pela jurisprudência: não, propriamente, alterá-los[707]. Curiosamente, a lei nova veio distinguir – e, logo, admitir – as figuras:

– da alteração subsequente de circunstâncias – § 313, I;
– da carência inicial de circunstâncias basilares – § 313, II.

Nesta última hipótese estamos muito próximos da figura do erro sobre a "base do negócio", sendo difícil uma fronteira[708].

IV. Os pressupostos do instituto da alteração subsequente de circunstâncias, tal como resultam do § 313, I, da lei nova, são os seguintes[709]:

1. Determinadas circunstâncias devem modificar-se ponderosamente, após a conclusão do contrato;
2. Tais circunstâncias não pertencem ao conteúdo do contrato, constituindo, porém, a sua base;
3. As partes não previram as alterações;
4. Caso as tivessem previsto, elas não teriam fechado o contrato ou tê-lo-iam feito com outra base;
5. Em consequência das alterações, e tendo em conta todas as circunstâncias do caso concreto e, em especial, a repartição, legal ou contratual do risco, seria inexigível, perante uma das partes, a manutenção inalterada do contrato.

---

[707] VOLKER EMMERICH, *Das Recht der Leistungsstörungen*, 5.ª ed. cit., 402-403, HUBER/FAUST, *Schuldrechtsmodernisierung* cit., 232.

[708] VOLKER EMMERICH, *Das Recht der Leistungsstörungen*, 5.ª ed. cit., 411-412.

[709] Seguem-se as ordenações de VOLKER EMMERICH, *Das Recht der Leistungsstörungen*, 5.ª ed. cit., 410.

§ 32.° A codificação alemã de 2001 e o Direito europeu 317

A doutrina tem entendido que esta articulação de pressupostos corresponde a uma combinação das "bases" objectiva e subjectiva do negócio[710]. As ordenações tradicionais de casos de alterações de circunstâncias mantêm-se operacionais[711].

V. Também a delimitação já consagrada da alteração de circunstâncias é considerada vigente, à luz da lei nova. Assim, predomina a autonomia privada, no sentido da prevalência do que, pelas partes, tenha sido clausulado, para a eventualidade da alteração. Aqui entronca qualquer específico regime de risco[712].

A existência de regras especiais afasta, também, a alteração das circunstâncias[713].

A aplicação das regras sobre a impossibilidade ou, até, de outras normas relativas a perturbações da prestação delimitam, também, a alteração das circunstâncias, de acordo com a prática consagrada dos tribunais[714].

VI. A nível da eficácia da figura, deve sublinhar-se a possibilidade de adaptação do contrato, a qual vinha já sendo trabalhada pela jurisprudência. O cerne da modificação do contrato é constituído pela exigibilidade, às partes, da alteração encarada, tendo em conta o regime do risco. Particularmente relevante é a reconstituição do que as partes teriam querido se houvessem previsto a alteração[715], sempre dentro dos limites da boa fé[716].

---

[710] LORENZ/RIEHM, *Lehrbuch zum neuen Schuldrecht* cit., 199-200.

[711] EMMERICH, *Das Recht der Leistungsstörungen*, 5.ª ed. cit., 412; temos, de acordo com a enumeração de EMMERICH, ob. cit., 422 ss. e 430 ss., respectivamente: para o erro sobre a base do negócio, casos de erro comum de cálculo, de erro comum de direito e de falsa representação das partes sobre a evolução subsequente; para as modificações subsequentes de circunstâncias, a dificultação extraordinária da prestação, as perturbações na equivalência, a frustração do escopo, as catástrofes (aqui, com várias prevenções, já que, em rigor, atingiriam por igual todas as partes) e as modificações da legislação ou da jurisprudência.

[712] Ressalvando-se, naturalmente, a hipótese de a alteração ter sido de tal monta que ultrapasse quanto as partes tivessem tido em vista, no tocante ao risco.

[713] Cf. LORENZ/RIEHM, *Lehrbuch zum neuen Schuldrecht* cit., 207-208 e EHMANN//SUTSCHET, *Modernisiertes Schuldrecht* cit., 184 ss..

[714] BGH 6-Jul.-1961, BGHZ 35 (1962), 272-287 (285).

[715] BGH 12-Dez.-1963, BGHZ 40 (1964), 334-338 (337-338).

[716] EMMERICH, *Das Recht der Leistungsstörungen*, 5.ª ed. cit., 454.

A lei nova veio manter, no essencial, estas bitolas de adaptação[717]. De todo o modo, a adaptação deve ser pedida pela parte interessada, não – como se poderia entender antes – sendo decretável por iniciativa do Tribunal[718].

115. O Direito europeu

I. A codificação alemã da alteração as circunstâncias abriu a via para a adopção, no plano dos projectos existentes de codificações europeias, de dispositivos similares. Vamos reportar o texto do *Draft Common Frame of Reference* (DCFR)[719] o qual, no seu artigo III – 1:110, precisamente epigrafado alteração ou cessação do contrato pelo tribunal por modificação de circunstâncias, dispõe[720]:

(1) An obligation must be performed even if performance has become more onerous, whether because the cost of performance has increased or because the value of what is to be received in return has diminished.

(2) If, however, performance of a contractual obligation or of an obligation arising from a unilateral juridical act becomes so onerous because of an exceptional change of circumstances that it would be manifestly unjust to hold the debtor to the obligation a court may:

(a) vary the obligation in order to make it reasonable and equitable in the new circumstances; or

(b) terminate the obligation at a date and on terms to be determined by the court.

(3) Paragraph (2) applies only if:

(a) the change of circumstances occurred after the time when the obligation was incurred;

(b) the debtor did not at that time take into account, and could not reasonably be expected to have taken into account, the possibility or scale of that change of circumstances;

---

[717] LORENZ/RIEHM, *Lehrbuch zum neuen Schuldrecht* cit., 309 ss..

[718] EMMERICH, *Das Recht der Leistungsstörungen*, 5.ª ed. cit., 455.

[719] CHRISTIAN VON BAR/ERIC CLIVE/HANS SCHÜLTE-NÖLKE (ed.), *Principles, Definitions and Model Rules of European Private Law* (2009); *vide* o *Tratado* II/1, 237 ss..

[720] DCFR, 232-233.

(c) the debtor did not assume, and cannot reasonably be regarded as having assumed, the risk of that change of circumstances; and
(d) the debtor has attempted, reasonably and in good faith, to achieve by negotiation a reasonable and equitable adjustment of the terms regulating the obligation.

II. A análise do texto confirma, do nosso ponto de vista, o fenómeno de depuração da alteração das circunstâncias e a circunscrição do seu núcleo à onerosidade inexigível.

§ 33.° AS GRANDES ALTERAÇÕES DE CIRCUNSTÂNCIAS E O DIREITO VIGENTE

116. A interpretação do artigo 437.°/1 do Código Civil

I. Cabe agora, tendo em conta as coordenadas jurisprudenciais e doutrinárias acima apuradas, fixar a interpretação do artigo 437.°/1, do Código Civil[721]. Com uma prevenção: esse dispositivo estatui com recurso a vários conceitos indeterminados, apresentando uma focagem particular para o da boa fé. Nestas condições, ele requer uma concretização, só possível perante o caso concreto. A "interpretação" de tal preceito cinge-se, por isso, à indicação das grandes directrizes que, por seu intermédio, o Direito português comunicou aos julgadores que o venham a concretizar.

II. O artigo 437.°/1 aplica-se a alterações nas circunstâncias em que as partes fundaram a decisão de contratar. A locução, através de Vaz Serra, situa-se na área de Oertmann[722], tendo um laivo subjectivo no seu teor, hoje rejeitado. A alteração diz respeito ao circunstancialismo que rodeie o contrato, objectivamente tomado como tal, isto é, como encontro de duas vontades. A fórmula legal – e a própria base negocial oertmanniana – é, no entanto, útil:

> – por indicar que não relevam superveniências a nível de aspirações subjectivas extracontratuais das partes; deve haver uma afectação do próprio contrato e, nessa medida, ambos os celebrantes ficam implicados[723];

---

[721] STJ 28-Mar.-2006 (AZEVEDO RAMOS), Proc. 06A301, apontando os requisitos exarados nesse preceito.

[722] Veja-se a noção de "base do negócio" usada em STJ 28-Mai.-2009 (OLIVEIRA VASCONCELOS), Proc. 107/06.

[723] Assim, a jurisprudência do Supremo, rejeitou, de modo constante, a possibilidade de rever contratos de mútuo celebrados para a compra de acções, quando estas, pela

322 *Alteração das circunstâncias*

– por indicar que não interessam modificações no campo das aspirações subjectivas contratuais de apenas uma das partes; é o contrato – e logo os contratantes – que está em causa, e não as esperanças de lucro – ou de não perda – de somente um dos intervenientes, quando a lógica do negócio não esteja em causa[724];

– por possibilitar a explicitação, por banda das partes, de quais as circunstâncias relevantes: afinal, se esse dado pode resultar implícito do contrato poderá, por maioria de razão, ser clausulado; inversamente, as partes podem estabelecer quais as circunstâncias irrelevantes.

Nos termos gerais, as "circunstâncias" devem ser provadas por quem se queira prevalecer do instituto[725].

III. A alteração deve ser anormal. Trata-se de um requisito que se prende com a imprevisibilidade[726]. Havendo alteração normal, as partes

---

superveniência do fecho da bolsa, vieram a perder o seu valor: o objectivo extracontratual "compra de acções valiosas" não releva, para efeitos de subsistência do mútuo. *Vide* STJ 10-Mai.-1979 (MIGUEL CAEIRO), BMJ 287 (1979), 262-268 (265-266 e 267), STJ 17-Jan.--1980 (JACINTO RODRIGUES BASTOS), BMJ 293 (1980), 323-326 (325), STJ 13-Mai.-1980 (OLIVEIRA CARVALHO), BMJ 297 (1980), 302-308 (303 e 307-308) e STJ 20-Abr.-1982 (AUGUSTO VICTOR COELHO), BMJ 316 (1982), 255-258 (258). Cf., ainda, RPt 21-Jan.-1982 (JÚLIO SANTOS), CJ VII (1982) 1, 261-264 (263). No mesmo sentido, quanto a outros tipos de mútuos, *vide* REv 10-Mar.-1977 (MANUEL BAPTISTA DIAS DA FONSECA), BMJ 268 (1977), 276-277 e REv 14-Abr.-1977 (JOSÉ MANSO PRETO), BMJ 269 (1977), 218-219; focando a necessidade de a "base negocial" se reportar a ambas as partes, RPt 17-Mar.--1983 (GAMA PRAZERES), CJ VIII (1983) 2, 232-235 (234).

[724] Seria o caso de, no litígio decidido em STJ 15-Abr.-1975 (JOSÉ GARCIA DA FONSECA), BMJ 246 (1975), 138-141 = RLJ 109 (1976), 179-182, já referido, o cedente das quotas pagas a prestação indexadas ao valor do ouro vir alegar – e provar – que pretendera mesmo especular com esse factor: o contrato, em si, não era um contrato especulativo, pelo que a alteração deveria proceder, como procedeu. A questão foi, depois, frontalmente tratada em STJ 13-Fev.-1986 (SERRA MALGUEIRO), BMJ 354 (1986), 514-519 (518), onde se decidiu que a descolonização de Moçambique, apesar de inesperada, não releva para efeito de resolver um contrato de renda vitalícia, por a alteração verificada não respeitar a circunstâncias determinantes do negócio. Na mesma linha, mas a propósito de um arrendamento, *vide* STJ 25-Mai.-1982 (MANUEL DOS SANTOS CARVALHO), BMJ 317 (1982), 249-254 (253).

[725] STJ 9-Mar.-2010 (HELDER ROQUE), Proc. 134/2000.

[726] Em STJ 7-Nov.-1985, Proc. n.º 72.916, inédito, decidiu-se que a subida dos preços da habitação, sendo previsível, não era anormal; em sentido semelhante, RPt 17-Jul.-1984

§ 33.º *As grandes alterações de circunstâncias e o Direito vigente*   323

podiam ter previsto a sua ocorrência, tomando, na conclusão do contrato, as medidas necessárias. Não o tendo feito, as partes:

- ou pretenderam, com o seu silêncio, conseguir algum efeito especial, numa saída em si possível e lícita, que a interpretação permitirá revelar e confirmar;
- ou incorreram em erro, devendo seguir-se, nessa altura, o regime do artigo 252.º/2, do Código Civil.

IV. Deve haver uma parte lesada. Uma alteração que não provoque prejuízos, no domínio contratual, a um dos celebrantes é, naturalmente, irrelevante. Calcula-se que o dano deve ter certa envergadura, para desencadear a aplicação do remédio extraordinário do artigo 437.º/1. A lei não disse qual, subordinando o tema à referência feita à boa fé.

V. Tudo deve processar-se de tal modo que *a exigência, à parte lesada, das obrigações por ela assumidas, afecte gravemente os princípios da boa fé*. Reside, aqui, o âmago do dispositivo vigente quanto à alteração das circunstâncias. A boa fé surge como conceito indeterminado que tende a exprimir o conjunto das valorações fundamentais do ordenamento vigente. A sua concretização só é possível no caso concreto. De qualquer modo, pode adiantar-se que a boa fé vai intervir, pela lógica interna do artigo 437.º/1:

- na determinação das circunstâncias que, a serem afectadas, desencadeiam todo o processo; a primeira parte do preceito fala, apenas, em circunstâncias; do seu conjunto depreende-se, no entanto, que serão apenas aquelas que, a modificarem-se, vão bulir gravemente, com a boa fé, isto é, com os dados últimos do sistema[727];
- na concretização da anormalidade da alteração: modificações admissíveis à partida ou de significado menor não ferem, gravemente, a boa fé;

(PINTO FURTADO), CJ IX (1984) 4, 232-235 (234). Quanto à desvalorização monetária, embora sem tomar posição, *vide* STJ 22-Fev.-1983 (JOÃO FERNANDO LOPES NEVES), STJ 324 (1983), 545-550 (8). Num caso em que as próprias partes fixaram a inalterabilidade do preço: RLx 11-Dez.-1986 (RICARDO DA VELHA), CJ XI (1986) 5, 145-151 (150-151).

[727] STJ 16-Abr.-2002 (PINTO MONTEIRO), Proc. 02A654, faz um interessante apelo à confiança.

324   *Alteração das circunstâncias*

– no prejuízo verificado: deve haver um dano considerável ou a exigência da obrigação assumida não vai afectar gravemente a boa fé; torna-se difícil fixar um quantitativo percentual a partir do qual o dano é incompatível com a boa fé; algumas decisões judiciais inculcam, no entanto, a ideia de prejuízos descomunais: em 6-Abr.--1978, o Supremo, concedeu a resolução de um contrato-promessa de compra e venda de prédio para reconstrução, prejudicado pela superveniência do Decreto-Lei n.º 455/74, que veio proibir as demolições: em consequência da alteração, o valor do prédio baixara de 5500 c. para 800 c.[728]; em 24-Abr.-1986, a Relação de Lisboa entendeu, também numa promessa de compra e venda, irrelevante uma subida de 300% a 400% no valor de uma fracção, por ser previsível e já ter sido pago parte do preço[729]; numa decisão célebre, o Tribunal do *Reich* entendeu, em 28-Nov.-1923, quebrar o princípio do nominalismo, em nome da boa fé, por força da inflação: a alteração registada, então, no valor da moeda, fora de 1 para 522×10^9, atingindo, um mês mais tarde, 1 para 10^{12} [730]; numa decisão de 8-Fev.-1978, o Tribunal Federal Alemão negou a revisão por alteração das circunstâncias num contrato de fornecimento de combustíveis, não obstante ter havido uma modificação de valor da ordem de 1 para 6[731]; há na verdade, jurisprudência menos exigente: mas fica, de pé, a ideia de que, para haver atentado grave à boa fé, tem de tratar de danos de vulto, considerando, como é natural, o valor do contrato em jogo[732];

---

[728] STJ 6-Abr.-1978 (Costa Soares), BMJ 276 (1978), 253-264 = RLJ III (1979), 338-345.

[729] RLx 21-Abr.-1986 (Afonso Andrade), CJ XI (1986) 2, 118-123 (122).

[730] RG 28-Nov.-1923, RGZ 107(1924),78-94 = JW 1924, 38-43 = DJZ 1924, 58-65.

[731] BGH 8-Fev.-1978, JZ 1978, 235-236 = JuS 1978, 487 = JR 1979, 60 = WM 1978, 322. A recusa teve, aqui, ainda outras razões importantes, a que se fará referência.

[732] A jurisprudência portuguesa, quando recusa o remédio da alteração das circunstâncias, não se limita, como é normal, a chamar a atenção para a insuficiência das modificações registadas. Anotem-se, de qualquer modo, mais alguns dados quantitativos: uma baixa de 34% no preço da cortiça é insuficiente para justificar a alteração das circunstâncias – STJ 18-Mar.-1975 (José António Fernandes), BMJ 245 (1975), 490-494 (493) – outro tanto sucedendo com uma alta de 63% numa empreitada – STJ 17-Jan.-1980 (Abel de Campos), BMJ 293 (1980), 301-307 (306-307). Referindo a exigência de "lesão grave", também STJ 13-Fev.-1986 (Serra Malgueiro), BMJ 354 (1986) 514-519 (519).

§ 33.º *As grandes alterações de circunstâncias e o Direito vigente*   325

– na área em que se deu o prejuízo: havendo flutuações particulares ligadas ao contrato ou tratando-se de um negócio aleatório, qualquer dano aí localizado não impossibilita a exigência da obrigação assumida, em nome da boa fé;
– no comportamento geral das partes: se foi estipulado ou, de algum modo, se se depreende do contrato, algum esquema para a eventualidade da alteração, não há atentado grave à boa fé; muito pelo contrário: a própria boa fé exige, então, o cumprimento do contrato.

VI. A exigência dos deveres assumidos não deve estar coberta pelos riscos próprios do contrato. Houve já a oportunidade de explicar que este preceito não pode ser reduzido à ideia de que não cabe a revisão ou a resolução, quando se dêem alterações dentro da álea que todo o contrato, ainda que em medida variável, sempre implica. Tal álea está já duplamente salvaguardada no artigo 437.º/1, pela normalidade da modificação e pela boa fé. Na verdade, as alterações registadas dentro da álea dos contratos são normais e não contundem com a boa fé.

A ideia da lei é outra: trata-se de conferir, ao dispositivo do artigo 437.º/1, natureza supletiva, perante o regime legal ou contratual do risco e, mais latamente, a todas as regras de imputação de danos[733].

Este troço do preceito legal em análise tem, ainda, outro aspecto de maior relevo: permite a delimitação temporal do instituto da alteração[734]. Ponha-se o caso limite: celebrado um contrato de compra e venda e tendo havido cumprimento de parte a parte, será possível reabrir o processo contratual, com fundamento em modificações ambientais? A resposta não pode deixar de ser negativa: o exemplo, acima dado, do comprador de um automóvel que pretenda restituí-lo por ter surgido uma alta nos combustíveis, ilustra a afirmação.

Deve, pois, entender-se que o artigo 437.º/1 implica uma alteração manifestada durante a vigência contratual e, como tal, feita valer. Encerrado, pelo cumprimento, um processo contratual, qualquer superveniência corre por conta das esferas jurídicas em que incida. Ou, nas palavras da lei: está coberta pelos riscos próprios do contrato.

Pode, naturalmente, suscitar-se uma questão de fronteiras: *quid iuris* quando, depois de encerrado um contrato, uma das partes venha alegar

---

[733] *Supra*, 293 ss..
[734] *Vide* RLx 21-Abr.-1986 (Afonso Andrade), CJ XI (1986) 2, 118-123 (121/II).

uma alteração das circunstâncias anterior? Qualquer alteração assenta num processo causal prolongado no tempo: assim sendo, tornar-se-ia possível vir, a todo o momento, impugnar contratos há muito esgotados pela efectivação das prestações respectivas, numa situação que merece o protesto justificado de Antunes Varela[735].

A regra terá, pois, de ser a seguinte: a alegação da alteração das circunstâncias só é eficaz perante contratos pendentes, isto é, havendo, "contratos de execução continuada ou periódica ou ainda de execução diferida"[736]. Depois do cumprimento, tudo quanto se alegue pertence aos "riscos próprios do contrato". Mas esta regra não pode ser absolutizada: a existência de uma remissão expressa para a boa fé veda qualquer conceptualismo rígido.

Pode assim suceder que, no caso concreto, haja que buscar saída diversa, alterando contratos já acatados; a grande questão reside, então, em saber se a Ciência do Direito dos nossos dias já atingiu um desenvolvimento capaz de apontar soluções.

117. As grandes alterações de circunstâncias

I. Tem um interesse particular testar o dispositivo do artigo 437.º do Código Civil perante as grandes alterações de circunstâncias, isto é, das modificações estruturais que venham bulir com a generalidade das variáveis económico-sociais que caracterizam uma sociedade. Os acontecimentos subsequentes a 25 de Abril de 1974 podem, em certa medida, considerar-se uma grande alteração de circunstâncias.

O fenómeno das grandes alterações de circunstâncias tem sido autonomizado nalguma doutrina. Kegel fala em grande base do negócio para denominar os perigos das calamidades, causados por factores naturais ou humanos, *maxime* pelo Estado, através de guerras, medidas económicas ou esquemas similares; esse Autor defende, depois, que apenas nas alterações da "grande base do negócio" seria ultrapassada a margem de risco singu-

---

[735] ANTUNES VARELA, *Resolução ou modificação do contrato* cit., 9, 2.ª coluna, ao fundo.

[736] Segundo a fórmula encontrada pelo artigo 1467.º do Código italiano. Esta orientação mereceu o acolhimento do Supremo: STJ 20-Mai.-1985 (s/ind. relator), TJ 18 (1986), 13.

§ *33.° As grandes alterações de circunstâncias e o Direito vigente*   327

lar, própria de cada contrato, exigindo-se, então, uma repartição igual dos danos[737]. Flume refere alterações nas condições de existência social para traduzir a grande base do negócio de Kegel[738], no que é seguido por Esser/Schmidt[739].

Fiel à sua ideia de que a alteração das circunstâncias já não teria um regime próprio e autónomo, antes tendo sido desarticulada em vários institutos, Flume nega eficácia específica a tais alterações.

II. A lei portuguesa não autonomiza a hipótese de grandes modificações ambientais. Em princípio, deve concluir-se que ela é abrangida pelo artigo 437.° do Código Civil. Haveria mesmo, perante a ocorrência de tais modificações, uma facilidade acrescida na aplicação desse preceito: os seus requisitos verificar-se-iam com maior clareza, uma vez que as alterações radicais e generalizadas tendem a mexer em todas as circunstâncias (e logo nas visadas pelo artigo 437.°), são anormais, podem causar prejuízos de vulto e escapam, por vezes, a institutos já consagrados.

Não obstante, perante as grandes alterações das circunstâncias, a jurisprudência portuguesa tem sido cautelosa. Cabe ver como e porquê.

III. De um modo geral, o Supremo Tribunal de Justiça evitou aplicar o dispositivo do artigo 437.°/1 do Código Civil aos acontecimentos ocorridos durante a Revolução de 1974-75 ou dela derivados[740].

Assim, o fecho da bolsa não foi considerado, para efeitos de modificar os mútuos bancários destinados à compra de acções[741]. Tão-pouco,

---

[737] KEGEL, *Veränderungen* cit., 201 ss.. Esta construção é contestável. De facto, a ocorrência de acontecimentos catastróficos – guerras, crises – dá lugar a juízos políticos de solidariedade. Mas esta deve ser assumida por toda a comunidade organizada, repartindo-se os danos não apenas pelas partes no contrato, mas por todos, através do Estado.

[738] WERNER FLUME, *Allgemeiner Teil* cit., 2, 526.

[739] ESSER/SCHMIDT, *Schuldrecht* I/1, 8.ª ed. (1995), § 5, IV, 4 (97-98) e I/2, § 24.

[740] *Da boa fé*, 928 ss., com indicações jurisprudenciais.

[741] Todos do STJ: 10-Mai.-1979 (MIGUEL CAEIRO), BMJ 287 (1979), 262-268; 17--Jan.-1980 (JACINTO RODRIGUES BASTOS), BMJ 293 (1980), 323-326; 13-Mai.-1980 (OLIVEIRA CARVALHO), BMJ 297 (1980), 302-308; 20-Abr.-1982 (AUGUSTO VICTOR COELHO), BMJ 316 (1982), 255-258. *Vide*, ainda, RPt 21-Jan.-1982 (JÚLIO SANTOS), CJ VII (1982) 1, 261-264 (263); decidindo pela intangibilidade de mútuos bancários, perante as alterações subsequentes à Revolução de 1974-75, ainda que por vias diversas, *vide* REv 10-Mar.-1977 (DIAS DA FONSECA), BMJ 268 (1977), 276-277 e 14-Abr.-1977 (JOSÉ MANSO PRETO), BMJ 269 218-219.

328   *Alteração das circunstâncias*

para esse mesmo efeito, foi dado relevo aos chamados "saneamentos" e "ocupações"[742]. As nacionalizações não concitaram a aplicação do artigo 437.°[743], outro tanto acontecendo com a descolonização[744]. E no entanto, não haveria dúvidas em que acontecimentos desse tipo seriam, à partida, propícios para integrar o condicionalismo requerido pelo legislador de 1966, no tocante à alteração das circunstâncias.

A análise pormenorizada das diversas decisões em que o Supremo recusou a aplicação do artigo 437.° a situações derivadas da Revolução[745], não revela qualquer argumentação tendente a deter a figura perante as grandes alterações das circunstâncias. Foi sempre na base de razões técnicas variadas que o Supremo tomou as decisões: apenas no conjunto se revela a tendência francamente restritiva, de que acima se deu conta. Mas tal tendência existe e a sua explicação, embora delicada, não pode deixar de ser ensaiada.

IV. Pondere-se, antes de analisar o fenómeno em causa, a já referida decisão do Tribunal Federal Alemão de 8-Fev.-1978: na sequência do choque petrolífero de 1973, fora pedida a revisão de um contrato de fornecimento de combustíveis, cujo preço se alterara na ordem de 1 para 6; a modificação foi recusada, com a alegação sumária de que tal contrato iria acabar em breve[746]. A esse propósito, escreveu-se o seguinte:

> Sob esta decisão (...) perfilam-se razões mais profundas: por um lado, sabia-se da existência, nas empresas do sector, interligadas, de reservas consideráveis de combustível, adquiridas aos preços antigos, o que, permitindo-se a revisão dos contratos, possibilitaria lucros consideráveis, em vez de perdas; por outro, numa situação de crise que se aproximava e cuja superação era imaginada, então, mais difícil do que o viria, na realidade, a ser, pareceu mau princípio desviar, através de medidas pontuais do poder judi-

---

[742] Todos do STJ: 13-Dez.-1977 (OLIVEIRA CARVALHO), BMJ 272 (1978), 193-195; 6-Jun.-1978 (MANUEL DOS SANTOS VÍTOR), BMJ 278 (1978), 110-113; 25-Jan.-1983 (ANÍBAL AQUILINO RIBEIRO), BMJ 323 (1983) 415-419 (418).

[743] Todos do STJ: 8-Fev.-1979 (COSTA SOARES), BMJ 284 (1979), 221-228; 12-Jun.-1979 (HERNANI DE LENCASTRE), BMJ 288 (1979), 369-372.

[744] Todos do STJ: 29-Mar.-1979 (COSTA SOARES), BMJ 285 (1979), 262-268; 13-Fev.-1986 (SERRA MALGUEIRO), BMJ 354 (1986), 514-519 (519-519).

[745] Intentou-se proceder a tal análise em *Da boa fé*, 931 ss..

[746] BGH 8-Fev.-1978, JZ 1978, 235-236 =JuS 1978, 487 = JR 1979, 60 =WM 1978, 322.

§ 33.º As grandes alterações de circunstâncias e o Direito vigente   329

cial, o risco dos seus destinatários normais: em breve seria necessário actuar em grande escala numa dimensão onde, por razões técnicas e práticas – já que, em rigor, os tribunais disporiam de apetrechos jurídicos para o fazer – a intervenção, a dar-se, teria de ser legislativa. Isto é: a equidade aparente deixa adivinhar a ponderação das consequências da decisão[747].

Em traços largos, o problema é o seguinte. Ultrapassados os estádios exegéticos e positivistas na interpretação e aplicação da lei, veio a preconizar-se a ponderação teleológica das fontes do Direito. Hoje entende-se ir ainda mais longe: o atender à intenção da lei, requer que a própria decisão não seja tomada como algo desarticulado do contexto onde ela se vai inserir: há que ponderar as consequências que a própria decisão vai ter no caso considerado e na sociedade[748].

Perante um litígio, o tribunal é, na verdade, confrontado com uma questão concreta, que vai ser isoladamente decidida; não obstante "... o julgador terá em consideração todos os casos que mereçam tratamento análogo, a fim de obter uma interpretação e aplicação uniformes do direito" – artigo 8.º/3 do Código Civil.

V. Estes dois factores contribuem para entender as cautelas dos tribunais em face do fenómeno das grandes alterações de circunstâncias.

Perante uma modificação ambiental de vulto, todas as situações singulares são, em princípio, tocadas por igual. Uma decisão isolada que provoque determinada adaptação pode, perante as outras, ter consequências distorcidas: a sua ponderação requer a instrumentação própria dos departamentos técnicos que é suposto auxiliarem o legislador na sua tarefa. Por outro lado, a solução pontual solicita que todos os problemas análogos, uma vez colocados judicialmente, terão saída similar: a revisão de um contrato deixa esperar revisões de todos os pactos semelhantes, e assim por diante. Entra-se num domínio de grandes proporções, onde a regulação terá de ser genérica: de novo se solicita a intervenção do legislador.

O artigo 437.º existe e deve ser usado nos casos-limites em que não tenha aplicação qualquer outro instituto, nos termos já explanados. Perante

---

[747] *Da boa fé*, 1099-1100.

[748] Por todos, GUNTHER TEUBNER, *Folgenkontrolle und responsive Dogmatik*, RTh 6 (1975), 179-204 (200 ss.), THOMAS WÄLDE, *Juristische Folgenorientierung* (1979), 105 ss. e ROLF WANK, *Die juristische Begriffsbildung* (1985), 8 ss..

grandes modificações ambientais, ele permanece como saída última para a afirmação da justiça, quando o sistema – a boa fé – imperiosamente o exija.

Mas perante as referidas grandes alterações, os tribunais têm sido cautelosos. E bem se compreende essa sua atitude.

§ 34.º OS MODELOS DE DECISÃO SEGUNDO O ARTIGO 437.º

118. Os factores de decisão

I. Num cenário de alteração das circunstâncias, que por força da concorrência dos requisitos acima examinados suscite a aplicação do artigo 437.º/1 do Código Civil, põe-se a questão final: a do critério de decisão.

Prevenindo dúvidas, cabe recordar que a aplicação do Direito nunca é automática: ela pressupõe sempre uma decisão humana, assentando, por isso, num processo volitivo constituinte.

A decisão aplicativa não é, contudo, arbitrária: ela deve moldar-se de acordo com certos factores, dados pelo Direito, e que por se dirigirem à vontade humana podem ser considerados como argumentos em sentido próprio. O conjunto dos argumentos relevantes para uma determinada decisão articula-se, em função do relativo peso jurídico-positivo que a cada um caiba, em conjuntos coerentes: os modelos de decisão[749]. A subsunção e o automatismo ficam, em definitivo, excluídos do processo de realização do Direito: assim é em qualquer decisão jurídica e, por maioria de razão, naqueles casos em que, como na alteração das circunstâncias, tudo dependa de conceitos indeterminados.

II. Tendo ocorrido uma alteração das circunstâncias eficaz, a parte a quem o cumprimento seja exigido pode pedir a resolução do contrato ou a sua modificação segundo juízos de equidade. Se pedir a resolução, a parte contrária pode opor-se, declarando aceitar a modificação – artigo 437.º/1 e 2.

Como indicativo último, a lei deixa, pois, entender que a resolução não poderia ser admitida se, daí, resultar uma injustiça maior do que a pro-

---

[749] *Tratado* I/3.ª ed., 149 ss. e 157 ss..

332 Alteração das circunstâncias

vocada pela manutenção do contrato. Mas deixa isso na total disponibilidade das partes: alguma delas terá de se manifestar pela modificação, para que ela tenha lugar.

Resta acrescentar que a resolução do contrato por alteração das circunstâncias é sempre a solução mais fácil; a jurisprudência, no entanto, só em casos relativamente escassos a tem podido acolher[750].

III. Quando deva operar a modificação do contrato, o problema é mais complexo.

Em princípio, tal sucederá quando as partes, nos termos legais, genéricos ou específicos[751], o solicitem ou quando a resolução seja impossível, dada a sua eficácia retroactiva[752].

A modificação deve operar segundo juízos de equidade. Trata-se de mais um factor indeterminado: ele suscita dificuldades evidentes, mas não deve ser assimilado a um puro arbítrio.

Na verdade, segundo o teor geral que, de várias disposições do Código Civil, se retira quanto à equidade, deve entender-se que ela postula decisões desinseridas de aspectos mais marcadamente formais do *jus strictum*, mas ainda justas[753]. Ora a justiça é dada, em cada momento histórico, pelo conjunto dos valores fundamentais do ordenamento considerado.

Na *reductio ad aequitatem* haverás, pois, que ponderar, em termos objectivos, os diversos factores em jogo no caso concreto e, designadamente, a vontade das partes e a eficácia concreta da alteração: eles integram, por certo, os competentes modelos de decisão.

IV. A vontade das partes é sempre determinante: consoante o objectivo do contrato, as margens de lucro e de risco que os contratantes nele

---

[750] Assim, STJ 6-Abr.-1978 (COSTA SOARES), BMJ 276 (1978), 253-264 = RLJ 111 (1979), 338-345, com an. favorável de VAZ SERRA, RLJ 111, 345-352 e 354-356 e STJ 12-Mar.-1981 (CAMPOS COSTA), BMJ 305 (1981), 276-286; trata-se de promessas de aquisição para demolição, impossibilitadas pelo Decreto-Lei n.º 445/74, de 12 de Setembro.

[751] O artigo 830.º/3 do Código Civil, na redacção dada pelo Decreto-Lei n.º 379/86, de 11 de Novembro, remete expressamente para "... a modificação do contrato nos termos do artigo 437.º...".

[752] Tal pode suceder, por exemplo, nos contratos de prestação de serviços, com relevo para a empreitada; cf. STJ 10-Out.-1984 (ALVES CORTÊS), BMJ 340 (1984), 389-395 (392-393).

[753] Desenvolve-se o tema, com bibliografia, em *Da boa fé*, 1197 ss..

§ 34.º Os modelos de decisão segundo o artigo 437.º

tenham inserido e o demais clausulado relevante, assim a modificação. Deve, em especial, ser sublinhado que a *reductio ad aequitatem* visa, pela teleologia do artigo 437.º/1, apenas, evitar que a exigência da obrigação assumida contunda gravemente com os princípios da boa fé. Está, pois, fora de questão uma modificação que permite, à parte lesada, realizar os lucros que previra e que, eventualmente, teriam sido computados, se não tivesse havido alteração das circunstâncias. A parte lesada que beneficia do artigo 437.º/1, em termos de modificação, vai, sempre, sofrer algum prejuízo ou, pelo menos, um não-lucro; a vontade das partes, ínsita no tipo de contrato celebrado e acessível pela interpretação dirá se um, se outro e, na hipótese de prejuízo, qual o seu montante.

A eficácia concreta da alteração tem, também, o maior relevo. A referência à equidade chama a atenção para a denominada justiça do caso concreto. O julgador, para proceder à *reductio ad aequitatem*, tem de ponderar a exacta medida do dano, *in concreto*, provocado pela alteração, na esfera da parte lesada. Não basta, por hipótese, conhecer as tabelas estatísticas referentes a certa fenomenologia económica: antes releva o influxo real de tal fenomenologia no património atingido, incluindo as defesas que este tenha usado, com eficácia, para minorar o mal e as possíveis mais-valias que o mesmo acontecimento tenha, eventualmente, gerado[754].

119. Nas fronteiras da Ciência do Direito: alterações radicais e modelos em branco

I. A *reductio ad aequitatem* prescrita no artigo 437.º/1 assenta, como foi referido, na vontade das partes, objectivada no próprio contrato e no concreto alcance da superveniência registada.

As indicações dadas por esses factores são úteis; mas surgem sempre vagas, deixando margens variáveis à livre decisão do intérprete-aplicador. Por exemplo: perante uma alta inesperada de certa mercadoria, a partir de que medida se justificará a intervenção *ex* 437.º/1? No limite, poderá

---

[754] Esta necessidade, para o funcionamento do artigo 437.º/1, de conhecer, *in concreto*, o dano efectivo que a alteração das circunstâncias tenha provocado na esfera do lesado foi expressamente apontada em STJ 17-Jan.-1980 (ABEL DE CAMPOS), BMJ 293 (1980), 301-307, em REv 14-Abr.-1983 (AUGUSTO PEREIRA COELHO), BMJ 328 (1983), 650 e em RLx 27-Nov.-1984 (s/ind. relator), apel. n.º 16.236, 2.ª secção, inédito.

mesmo verificar-se uma total ausência de elementos: alterações radicais, completamente inesperadas para determinada economia contratual, irão colocar o intérprete-aplicador em frente de modelos de decisão em branco; deles não se poderão extrair factores bastantes para qualquer decisão.

Em qualquer dos casos, como resolver?

II. Como ponto de partida, impõem-se duas considerações:

– a necessidade de encontrar uma qualquer decisão;
– a dos limites da Ciência do Direito.

Por complexos ou desesperados que surjam os problemas, nunca pode ser negada uma decisão; o dever de julgar, em quaisquer circunstâncias, a tanto conduz.

A Ciência do Direito, no estádio actual como, possivelmente, no futuro, não é ilimitada: à semelhança das outras Ciências, ela deve ter a capacidade reflexiva suficiente para reconhecer a existência de problemas para os quais não tenha, ainda, solução. Uma pretensão de plenitude da Ciência do Direito, para além de radicalmente anti-académica, equivaleria, de modo encapotado, a um irromper de novo positivismo radical, seguro da compleitude do sistema.

O instituto da alteração das circunstâncias permite documentar, com facilidade, situações irredutíveis para a Ciência do Direito actual. Mas mesmo quando incapacitado de fixar uma solução precisa, o Direito dá indicações que interessa ponderar.

III. A decisão jurídica é justa e legítima: corresponde, na sua substância como no seu surgimento, à ordem em que se integre e que a reconheça.

Contrariando uma conhecida construção sociológica de Luhmann[755], a legitimidade das decisões não pode advir apenas do processo[756], isto é, das normas que regem a sua formulação. As decisões são legítimas por-

---

[755] NIKLAS LUHMANN, *Legitimation durch Verfahren*, 2.ª ed. (1975), 30 ss..

[756] Assim, JOSEF ESSER, *Vorverständnis und Methodenwahl in der Rechtsfindung / / Rationalitätsgrundlagen richterlichen Entscheidungspraxis*, 2.ª ed. (1972), 205 ss. (207), R. ZIPPELIUS, *Legitimation durch Verfahren?*, FS Larenz 70. (1973), 293-304 (302 e 304) e J. LLOMPART, *Gerechtigkeit und geschichtliches Rechsprinzip*, ARSP 67 (1981), 39-60 (50-51).

§ 34.º Os modelos de decisão segundo o artigo 437.º   335

quanto dotadas de justeza material e na medida em que isso suceda; e em sentido profundo, a justeza material implica uma conformação com as regras substantivas aplicáveis e com as normas processuais vocacionadas para, aí, intervir.

Mas a dissociação é possível: perante um problema resolvido pela instância competente de concretização jurídica, podem surgir disparidades entre a saída concreta encontrada e os valores jurídicos vocacionados para intervir. A decisão será errada; mas, esgotadas as vias de recurso, é legítima desde que tomada pela instância competente. Tem uma legitimidade que só lhe poderá, nessa altura, advir do processo: as orientações luhmannianas procedem, pois, nessas circunstâncias.

Estas considerações facultam o último arrimo: confrontado com uma insuficiência jurídico-científica, o julgador poderá ter que decidir em desamparo: a decisão será, não obstante, legítima, desde que dimanada pela instância competente e na forma legalmente prescrita; há uma legitimação através do processo.

IV. Mas para além disso, há que procurar ainda as indicações substantivas possíveis.

Como ponto de partida, pode adoptar-se a ideia de Kegel: na dúvida, os danos proporcionados pela superveniência deveriam ser repartidos pelos dois intervenientes, meio por meio[757]. Trata-se de uma solução adoptada pelo Tribunal Federal Alemão, a propósito de um contrato de exportação de cerveja para o Irão, inesperadamente atingido pela Revolução islâmica, iniciada em 1979[758]. Apelidada de salomónica[759], esta orientação tem contudo potencialidades que importa referenciar, evitando que ela se mantenha ao nível das meras intuições jurisprudenciais, como até hoje sucede.

Privada de quaisquer outras possibilidades de enquadramento, a Ciência do Direito deixa transparecer os seus valores mais profundos, sem mediações. Assim, numa situação plurisubjectiva danosa, a saída mais natural residirá numa divisão, pelo meio, do prejuízo: impõe-no a regra da

---

[757] GERHARD KEGEL, *Rohstoff- und Rüstungskredite*, JZ 1951, 383-416 (403) e *Veränderungen des Wirtschaftslebens* cit., 204.

[758] BGH 8-Fev.-1984, NJW 1984, 1746 = JuS 1986, 272. O BGH confirmou aí a orientação adoptada pelo Tribunal de Apelação recorrido.

[759] Cf. HANS WIELING, *Wegfall der Geschäftsgrundlage bei Revolutionen?*, JuS 1986, 272-274 (274).

336 *Alteração das circunstâncias*

igualdade, reduzida a mera expressão matemática, quando nada permita diferenciações. Repare-se que a lógica da divisão igualitária do dano assenta na ideia prévia de uma igual repartição do risco.

A partir daqui, outras elaborações são possíveis: assim, quando resulte da natureza do contrato atingido que uma das partes deva suportar uma quota maior de risco, haverá que proceder aos competentes reajustamentos, na aplicação do artigo 437.º do Código Civil[760].

V. Confrontado com modificações radicais e na presença de modelos de decisão em branco – e apenas na medida em que isso suceda – o intérprete-aplicador, agindo no âmbito da alteração das circunstâncias, deverá repartir igualitariamente os prejuízos pelos intervenientes[761].

Não se trata de uma solução perfeita. No entanto, é a possível, até que os cientistas do Direito, apoiados na experiência e na repetição de julgados, consigam uma melhor solução para esta problemática, até hoje insolúvel.

A saída proposta não é arbitrária. Ficará nas fronteiras da Ciência do Direito: mas dentro delas.

---

[760] Um aforamento desta regra ocorre no artigo 506.º do Código Civil: na colisão de veículos, sem culpa, a responsabilidade é repartida na proporção em que o risco de cada um dos intervenientes haja contribuído para os danos; em caso de dúvida, a medida presume-se igual.

[761] Procura-se, assim, complementar a posição assumida em *Da boa fé*, 1114, *maxime*.

CAPÍTULO XIX
A EXTINÇÃO DAS OBRIGAÇÕES

§ 35.º GENERALIDADES; A SUPRESSÃO DA FONTE

120. Generalidades

I. A extinção é a última vicissitude das obrigações: quando sobrevém, implica a sua eliminação da Ordem Jurídica.

O Código Civil não unificou todas as formas de extinção das obrigações num mesmo capítulo. No seu articulado, apenas deparamos, no Título I do Livro II, com um capítulo VIII intitulado *Causas de extinção das obrigações além do cumprimento*, onde são sucessivamente tratadas[762]:

– a dação em cumprimento (837.º a 840.º);
– a consignação em depósito (841.º a 846.º);
– a compensação (847.º a 856.º);
– a novação (857.º a 862.º);
– a remissão (863.º a 867.º);
– a confusão (868.º a 873.º).

A esta enumeração podemos, naturalmente e mercê do próprio título do capítulo considerado, acrescentar o cumprimento.

II. Existem, no entanto, outras formas de extinção das obrigações que não podem deixar de ser aqui referidas. Assim, em primeiro lugar, a supressão da fonte da obrigação. Como tem sido repetidamente referido, as obri-

---

[762] FERNANDO CUNHA DE SÁ, *Modos de extinção das obrigações*, Estudos Inocêncio Galvão Telles 1 (2002), 195-208.

gações dependem estreitamente das fontes donde promanam. A supressão dessas fontes implica, naturalmente, a extinção das obrigações que a elas se encontravam intimamente associadas. Analiticamente, podemos afirmar que a supressão da fonte de uma obrigação implica o desaparecimento do evento a cuja verificação a norma jurídica associava, como estatuição, a produção dos efeitos obrigacionais.

Em segundo lugar, isolamos, também, como forma de extinção das obrigações ou, pelo menos, da prestação principal, a impossibilidade superveniente das prestações respectivas.

Finalmente, há que incluir, no presente capítulo reservado à extinção das obrigações, referências a determinadas formas de cessação coactiva que o Estado, através do seu poder de soberania, mas no limite de normas constitucionais, pode ordenar.

III. Teoricamente, qualquer fonte de obrigações é susceptível de ser juridicamente suprimida, acarretando, com isso, o desaparecimento das obrigações que constituíra. A supressão revestirá características diferentes, consoante o tipo de fonte visada.

Vamos considerar a supressão dos contratos e dos actos unilaterais e, depois, a extinção das obrigações por força dos denominados sucedâneos do cumprimento.

121. A revogação

I. Os contratos podem ser suprimidos por alguma das formas que vamos referir. A sua supressão acarreta, salvo determinadas excepções legais, a extinção de todas as obrigações por eles constituídas. Por isso se fala, também, a este propósito, na extinção das relações obrigacionais complexas[763], das relações resultantes de um contrato[764] ou de um negócio jurídico[765].

---

[763] João Antunes Varela, *Das obrigações em geral* cit., 2, 7.ª ed., 273 ss..

[764] Mário Júlio de Almeida Costa, *Direito das obrigações*, 12.ª ed. cit., 317 ss.. Como referência: Pedro Romano Martinez, *Da cessação do contrato*, 2.ª ed. (2006), 690 pp..

[765] Luís Menezes Leitão, *Direito das obrigações* cit., 2, 7.ª ed., 103 ss..

§ 35.º Generalidades; a supressão da fonte 339

A revogação surge com a primeira forma de extinção dos contratos. Caracteriza-se, essencialmente, por reunir três traços específicos:

– é livre;
– é discricionária;
– não é retroactiva.

II. A revogação é livre porquanto não depende, para se concretizar, senão de manifestações de vontade para tanto dirigidas. Sendo o contrato um acto jurídico bilateral, a revogação tende, normalmente, a exigir o mútuo consentimento dos contraentes – artigo 406.º/1. Reveste-se, assim, de natureza contratual, recebendo o nome de distrate.

A revogação é discricionária na medida em que, para a sua actuação, não é necessário alegar qualquer fundamento específico[766].

A revogação não é retroactiva isto é, só produz efeitos para o futuro, ressalvando-se todos aqueles já advenientes da fonte, durante a sua subsistência.

III. A revogação dos contratos tem, por natureza, origem bilateral. Dado o império da autonomia privada, essa afirmação resulta supletiva: as partes podem, na celebração do contrato, estipular que o mesmo possa ser revogado por alguma das partes, ou por qualquer terceiro.

A revogação é também possível reunidas determinadas condições[767], em relação aos actos unilaterais. Quando tal suceda, a revogação opera, simplesmente, através de uma única declaração de vontade: daquele que promovera o acto unilateral a suprimir.

A revogação unilateral é, assim, possível em relação a propostas contratuais (230.º), a aceitações e rejeições de propostas contratuais (235.º) e a promessas públicas (461.º/1). Em todos estes casos mantêm-se as características atrás apontadas, para a revogação[768].

---

[766] A doutrina refere, no entanto, como hipótese de revogação vinculada, isto é, não discricionária, a revogação da doação por ingratidão do donatário – artigos 970.º e seguintes. Na realidade, pensamos que se trata, aqui, não já de uma variante pura de revogação, mas de uma supressão do contrato de tipo misto, algo intermédia entre a revogação e a resolução.

[767] Por isso não se pode falar aqui, com total propriedade, na natureza inteiramente livre da revogação. Mas na realidade, fora do condicionalismo legal, o que se verifica é a necessidade da revogação ser contratual.

[768] No artigo 461.º/2, parece existir uma forma de revogação vinculada à existência

340 *A extinção das obrigações*

122. A resolução

I. A resolução, também chamada rescisão, é uma forma de extinção dos contratos que apresenta as seguintes características:

- é condicionada;
- é tendencialmente vinculada;
- opera retroactivamente.

A resolução é condicionada na medida em que só surge admitida quando fundada na lei ou em convenção[769] – artigo 432.º/1. Por outro lado, é tendencialmente vinculada na medida em que, para a sua concretização, há que alegar e demonstrar determinado fundamento[770].

Finalmente – e este é o aspecto que mais claramente a distingue da revogação – a resolução tem eficácia retroactiva, isto é, extingue, *ab initio*, as relações contratuais[771]. Assim o determina o artigo 44.º/1, que ressalva:

- a hipótese de as partes estipularem outra coisa;
- a hipótese de a finalidade que, no caso concreto, seja cometida à resolução, impor a não-retroactividade.

II. A resolução, pela sua eficácia retroactiva, é equiparada pela lei, quanto aos seus efeitos entre as partes, à nulidade ou anulabilidade dos negócios jurídicos (433.º). No entanto, o artigo 434.º/2, estabelece a manutenção das prestações já efectuadas em contratos de execução continuada ou periódica, salvo se outra coisa resultar da causa de resolução. Os diversos aspectos deste dispositivo são supletivos.

Em compensação, é injuntiva a norma contida no artigo 435.º/1, segundo a qual a resolução não afecta os direitos adquiridos por terceiro, uma vez que ela se dirige, em princípio, apenas às prestações da contra-

---

de justa causa. A terminologia é pouco conseguida, tanto mais que no lugar paralelo compreendido no artigo 1140.º se fala em resolução com justa causa.

[769] ADRIANO VAZ SERRA, *Resolução do contrato*, BMJ 68 (1957), 153-291 (153 ss.).

[770] JOÃO ANTUNES VARELA, *Das obrigações em geral* cit., 2, 7.ª ed., 275-276; FERNANDO PESSOA JORGE considera este ponto como primordial para distinguir a revogação da resolução: *Lições de Direito das obrigações* cit., 1, 211.

[771] ADRIANO VAZ SERRA, *Resolução do contrato* cit., 195 ss..

§ 35.º *Generalidades; a supressão da fonte* 341

parte. Quando tenha eficácia real, dirige-se directamente à afectação de uma coisa, só sendo então inoponível ao terceiro que tenha realizado uma aquisição tabular – artigo 435.º/2, *a contrario*.

III. A revogação opera, em princípio, por simples declaração à outra parte (436.º/1), produzindo efeitos nos termos gerais das declarações que têm um destinatário (224.º). Pode suceder que, por injunção legal, a resolução tenha de operar por via judicial. Assim sucede no caso da resolução da locação fundada na falta de cumprimento por parte do locatário – artigo 1047.º.

O facto de um contrato estar sujeito a ser resolvido por uma das partes representa grave insegurança para as relações patrimoniais nele envolvidas. Por isso, a lei prevê que exista prazo convencionado para o seu exercício, acrescentando que, quando tal não suceda, compete à outra parte fixar ao titular da faculdade de resolver um prazo razoável para a sua efectivação.

IV. Hipóteses específicas de resolução são as advenientes do não cumprimento[772] e da alteração de circunstâncias[773].

123. A denúncia

I. Outra forma de extinguir os contratos é a denúncia. A denúncia é específica dos contratos de duração indeterminada, numa situação de perpetuidade que em princípio desagrada ao Direito[774]. Caracteriza-se por[775]:

– ser livre e unilateral;
– ser discricionária;
– não ser retroactiva.

Verifica-se, desta forma, que a denúncia está bastante próxima da revogação, da qual se distingue, praticamente apenas, por ser sempre uni-

---

[772] *Supra*, 137 ss..

[773] *Supra*, 321 ss..

[774] PESSOA JORGE, *Lições de Direito das obrigações* cit., 1, 212.

[775] A matéria está especialmente estudada no domínio do contrato de agência: *Manual de Direito comercial*, 2.ª ed., 68 ss..

342 *A extinção das obrigações*

lateral. A sua razão de ser, que explica essa característica, é permitir que qualquer das partes em contrato de duração indefinida ponha cobro à situação por meio de declaração feita, com determinada antecedência, à outra parte.

II. A denúncia deve distinguir-se da oposição à renovação, instituto pelo qual as partes, em contratos a prazo de renovação automática, podem obstar unilateralmente a que tal suceda. Na oposição à renovação não se verifica, logicamente, a supressão de um contrato com a consequente extinção de obrigações, mas tão só a não constituição de idênticas situações obrigacionais[776].

124. A caducidade

I. Caducidade deriva de caduco, latim *caducus* (de *cado*, cair): o que cai, o fraco, o transitório e o caduco. A expressão foi introduzida na linguagem jurídica portuguesa apenas no início do século XX, para designar a supressão de determinadas situações. Assumiu, todavia, nas leis e na prática dos autores, dois sentidos diferentes: lato e restrito.

Em sentido lato, a caducidade corresponde a um esquema geral de cessação de situações jurídicas, mercê da superveniência de um facto a que a lei ou outras fontes atribuam esse efeito. Ou, se se quiser: ela traduz a extinção de uma posição jurídica pela verificação de um facto *stricto sensu* dotado de eficácia extintiva.

Em sentido estrito, a caducidade é uma forma de repercussão do tempo nas situações jurídicas que, por lei ou por contrato, devam ser exercidas dentro de certo termo. Expirado o respectivo prazo sem que se verifique o exercício, há extinção.

II. A caducidade pode atingir a fonte de uma obrigação. Quando isso suceda, funcionam as regras próprias da caducidade[777], devidamente adaptadas.

---

[776] *Idem*, 213.
[777] *Tratado* I/4, 207 ss..

125. A supressão de fontes não contratuais

I. A supressão de qualquer facto constitutivo de obrigações acarreta a extinção destas. Salvo quando outra coisa resulte da lei, a supressão das fontes não tem eficácia rectroactiva, quando as obrigações sejam permanentes.

Tudo está na possibilidade prática de configurar diversas hipóteses concretas de supressão de fontes; por exemplo: cessam as obrigações emergentes de gestão de negócios quando esta seja interrompida; desaparece a obrigação de restituir o enriquecimento quando, supervenientemente, se dê uma deslocação patrimonial de sinal contrário que anule a primeira, etc..

II. Com a supressão das diversas fontes não deve confundir-se a extinção das obrigações delas emergentes, que seja provocada pela vontade das partes – por exemplo, remissão –, o que é genericamente possível nos termos da autonomia privada.

A forma de extinção que então se manifesta não é redutível à supressão da fonte em si.

§ 36.º A DAÇÃO EM CUMPRIMENTO

126. Noção; requisitos; regime

I. No Direito romano mais evoluído, a pressão das necessidades do tráfego jurídico já havia levado à admissão da extinção das obrigações mediante a entrega, pelo devedor, ao credor, de coisa diferente da devida[778]. Surgiu, assim, a figura da dação em cumprimento, que pode ser definida como a realização de prestação diversa da devida. A prestação diversa pode, em princípio, ser qualquer uma, independentemente do teor da prestação inicial: por exemplo, em vez de uma prestação de quantia certa, pode ser exercida uma actividade, pode ser entregue uma coisa ou pode, ainda, ser cedido um crédito[779].

Notam-se flutuações acentuadas na localização sistemática da dação em cumprimento. O BGB (§ 364, I)[780] e o Código italiano (artigo 1197.º)[781] tratam-na em sede do cumprimento. É preferível a orientação do Código Vaz Serra, que autonomizou a dação em cumprimento em secção própria – artigos 837.º a 840.º – integrada no capítulo reservado a "causas de extinção das obrigações além do cumprimento".

II. Actualmente[782], para além de requisitos evidentes tais como a

---

[778] *Vide* Giovanni Elio Longo, *"Datio in solutum" (Diritto romano)*, NssDI V (1960), 173.

[779] Adriano Vaz Serra, *Dação em função do cumprimento e dação em cumprimento*, BMJ 39 (1953), 25-57.

[780] *Annahme* (ou simplesmente *Leistung an Erfüllungs Statt)*. Karl Larenz, *Lehrbuch des Schuldrechts* cit., 1, 14.ª ed., 247 ss.; Joachim Wenzel, no *Münchener Kommentar* cit., 2, 5.ª ed. (2007), § 364 (2349 ss.).

[781] Que fala, apenas, em *prestazione in luogo dell'adempimento*.

[782] Com fé em Enneccerus/Lehmann, *Recht der Schuldverhältnisse*, 15.ª ed. cit., § 65 (263), admitia-se, no Direito comum, em certas circunstâncias, a possibilidade do cre-

A extinção das obrigações

existência prévia de uma obrigação e a verificação do condicionalismo que deve nortear o cumprimento[783], é elemento fundamental da verificação da dação em cumprimento, o acordo do credor. O acordo do credor deve, no entanto, manifestar-se claramente em dois planos:

– na aceitação de prestação diversa da devida;
– na imediata extinção da dívida[784].

A dação em cumprimento apresenta um grande interesse prático; basta referir que tal operação se verifica quando alguém, em pagamento, entrega a outrem um cheque sacado sobre um banco (em vez da quantia devida é feita uma transmissão de crédito, através de título) e o credor confere imediata liberação do débito.

III. Tirando a substituição da prestação, integrada pelo acordo do credor, podemos dizer que a dação em cumprimento segue, no mais, o regime do cumprimento[785]. O Código estabelece que o credor a quem seja feita dação em pagamento goza das faculdades que ao comprador assistem por compra de coisas com vícios jurídicos ou materiais (905.° e seguintes) podendo optar pela prestação primitiva e pela reparação dos danos devidos (838.°).

Caso sobrevenha, por culpa do credor, a anulação ou declaração de nulidade da dação em cumprimento, não renascem as garantias prestadas por terceiro que desconhecesse o vício no momento da cessão – artigo 839.°. *A contrario*, deve entender-se que as garantias renascem quando sejam prestadas pelo devedor ou quando a causa da nulidade ou anulação não seja imputável ao devedor.

---

dor estar adstrito a aceitar a substituição da prestação, por acção do devedor: era o *beneficium dationis in solutum*. Elementos históricos podem ser confrontados em TILMAN REPGEN, HKK/BGB cit., II/2, §§ 362-371, Nr. 34 ss. (2144 ss.). Para um panorama bibliográfico actualizado: DIRK OLZEN, no Staudinger II, §§ *362-396 (Erfüllung, Hinterlegung, Aufrechnung)* (2006), § 364 (83-84).

[783] Prazo e local do cumprimento, legitimidades activa e passiva, etc..

[784] Este último elemento é importante para distinguir claramente a dação em cumprimento da dação em função do cumprimento ou *datio pro solvendo*.

[785] Entre nós: ADRIANO VAZ SERRA, *Dação em função do cumprimento e dação em cumprimento*, BMJ 39 (1953), 25-57; MÁRIO JÚLIO DE ALMEIDA COSTA, *Direito das obrigações*, 12.ª ed. cit., 1092 ss..

127. Dação "pro solvendo"

I. Da dação em cumprimento (*datio in solutum*, *Annahme an Erfül-lungs Statt*) deve distinguir-se a dação em função do cumprimento (*datio pro solvendo*, *Annahme erfüllungshalber*). A dação *pro solvendo* – expressão que surge na epígrafe do artigo 840.° do Código Civil – consiste, também, na realização de prestação diversa da devida. Simplesmente, em vez de se verificar, imediatamente, a extinção da obrigação, esta mantém-se até e na medida em que o credor, através da realização da coisa recebida, perfaça, precisamente, o valor em dívida – artigo 840.°/1[786].

> Por exemplo, António deve € 10.000 a Bento. No momento do cumprimento entrega-lhe um automóvel, *pro solvendo*. Bento irá vender o automóvel, recebendo o valor obtido como pagamento da dívida, que só se extinguirá quando o valor for integralmente realizado e na medida em que isso suceda.

II. Desta forma, podemos considerar a dação *pro solvendo* como uma dação em cumprimento condicional[787]; há uma efectiva substituição da prestação no cumprimento, mas a extinção da obrigação só opera caso o credor realize o valor correspondente ao montante da prestação a que tinha direito. Além disso, o *accipiens* fica adstrito a providenciar para uma adequada realização do valor recebido[788].

Nos termos do artigo 840.°/2, presume-se que a dação que consista em cessão de crédito ou em assunção de dívida é feita *pro solvendo*. Visto tratar-se de mera presunção, não só as partes podem, naturalmente, estipular outra coisa como é possível produzir prova de que a dação realizada o foi, realmente, em cumprimento.

III. A figura da dação *pro solvendo* é muito frequente através do pagamento feito por cheque, com a cláusula salvo "boa cobrança". Nesta hipótese, a obrigação não se extingue imediatamente; tal efeito só se desencadeia com a efectiva realização do título produzido[789].

---

[786] ANDREAS VON TUHR/ALFRED SIEGWART, *Allgemeiner Teil des Schweizerischen Obligationenrechts* cit., II, 2.ª ed., § 56, II (449-450); KARL LARENZ, *Lehrbuch des Schuldrechts* cit., I, 14.ª ed., 250.

[787] FERNANDO PESSOA JORGE, *Lições de Direito das obrigações* cit., 1, 449.

[788] RPt 1-Jun.-2006 (PINTO DE ALMEIDA), Proc. 0632136.

[789] Parece-nos, assim, que o pagamento feito por cheque tanto pode abranger a figura da dação em cumprimento como a dação *pro solvendo*, conforme, pelo credor seja

348 A extinção das obrigações

128. Natureza

I. Várias orientações têm sido adoptadas no tocante à natureza da dação em cumprimento. Assim, esta tem sido, nomeadamente, entendida como:

– uma modificação ulterior da relação obrigacional[790];
– uma novação, por substituição da antiga obrigação por nova[791];
– uma compra e venda ou uma troca[792].

Quanto à dação *pro solvendo*, ainda se tem falado em relação de mandato entre o *solvens* e o *accipiens*[793], que funcionaria a favor de ambas as partes.

II. Sem prejuízo pelo maior ou menor poder descritivo que aparentam as orientações referidas, deve entender-se que a dação em cumprimento tem um perfil que obedece às características seguintes:

– uma unidade peculiar, independentemente da forma concreta que revista;
– uma eficácia extintiva de obrigações.

A dação em pagamento, ressalvada a da sua função específica, pode implicar, por exemplo, a transmissão da propriedade, a constituição de diversos direitos reais, a transmissão de dívidas, etc., sem prejuízo da sua unidade fundamental. Por outro lado, toda a sua economia está especialmente orientada para a extinção das obrigações.

---

ou não considerada imediatamente extinta a dívida, pelo *accipiens*. PHILIPP HECK, *Grundriss des Schuldrechts* cit., 175, que utiliza a palavra *Hingabe* (dação) como abrangendo as duas situações (cit., também, em VAZ SERRA, *Dação* cit., 3-4, nota 1). Caso a aceitação de cheque seja obrigatória, há cumprimento em sentido próprio, funcionando o cheque como moeda.

[790] KARL LARENZ, *Lehrbuch des Schuldrechts* cit., I, 14.ª ed., 248.

[791] LUDOVICO BARASSI, *La teoria generale delle obbligazioni* cit., 3, 146.

[792] Um contrato oneroso de alienação: ENNECCERUS/LEHMANN, *Recht der Schuldverhältnisse*, 15.ª ed. cit., § 65, I (263); assim, se explicaria a aplicação de certas normas próprias da compra e venda; cf. no nosso Código, o artigo 838.º.

[793] ANDREAS VON TUHR/ALFRED SIEGWART, *Allgemeiner Teil* cit., II, 2.ª ed., § 56, II (450), traçando, todavia, diferenças.

§ 36.º A dação em cumprimento

Em face disso, a doutrina nacional considera a dação em cumprimento como "... um acordo modificativo da prestação e um acto executivo, mas estes dois elementos aparecem essencialmente interligados" (Pessoa Jorge)[794] ou "... um acto solutório da obrigação, assente sobre uma troca ou permuta convencional de prestações" (Antunes Varela)[795].

III. Na verdade, estas orientações continuam a aparecer como essencialmente descritivas: como alterar uma coisa no preciso momento em que ela se extingue? Por natureza, a extinção obsta a qualquer modificação. Assim sendo, a dação em cumprimento é, simplesmente, uma forma convencional[796] de extinção das obrigações, através da realização de prestação diversa da prevista. Não chega a haver alteração nem da obrigação nem da prestação, isto é, da conduta devida, porque, na dação, tudo isso é tragado na voragem dos seus efeitos extintivos.

---

[794] FERNANDO PESSOA JORGE, *Lições de Direito das obrigações* cit., 1, 443.
[795] JOÃO ANTUNES VARELA, *Das obrigações em geral* cit., 2, 7.ª ed., 184.
[796] CESARE GRASSETTI, *"Datio in solutum" (Diritto civile)*, NssDI V (1960), 174-175 (174), que defende mesmo tratar-se de um contrato real.

§ 37.° A CONSIGNAÇÃO EM DEPÓSITO

129. Noção; papel

I. Existem prestações que não podem ser efectuadas sem a colaboração do credor. Este é, de um modo geral, chamado a receber o produto da actividade do devedor ou a proporcionar as condições necessárias para que tal actividade se possa efectivar.

> Por exemplo, se A deve € 1.000 a B, é necessário que, no cumprimento B os receba. Da mesma forma, se C deve fazer determinada reparação na casa de D é imperioso que este lhe faculte a entrada.

Chegado o momento do cumprimento, o credor pode faltar com a aludida colaboração, quer directa e voluntariamente – recusando a prestação devida –, quer involuntariamente – está ausente ou não pode comparecer no local da prestação – quer, ainda indirectamente – recusando a quitação ou a restituição dos títulos, tudo isso como exemplo.

II. Em qualquer dessas eventualidades, isto é, sempre que o devedor não possa, sem culpa sua, efectuar a prestação devida, previu o Direito uma forma de extinção das obrigações que torneie a aludida falta de colaboração do credor[797].

No antigo Direito o devedor poderia, nessas circunstâncias, abandonar a coisa devida, liberando-se, assim, da sua adstrição[798].

---

[797] JOACHIM GERNHUBER, *Die Erfüllung und ihre Surrogate sowie das Erlöschen der Schuldverhältnisse aus anderen Gründen* (1983), 304 ss..

[798] PHILIPP HECK, *Grundriss des Schuldrechts* cit., § 63, 1, 190, citado, também, em VAZ SERRA, *Consignação em depósito, venda da coisa devida e exoneração do devedor por impossibilidade da prestação resultante de circunstâncias atinente ao credor*, BMJ 40 (1954), 5-192 (37, nota 1, da separata).

352   *A extinção das obrigações*

Era, no entanto, uma solução "não económica" e, além disso, injusta, quando o credor não fosse responsável pela impossibilidade de colaborar no cumprimento. Foi, assim, encontrada a solução da consignação em depósito, isto é, da extinção da obrigação devida pelo depósito da coisa objecto da prestação, em determinadas circunstâncias e à ordem do credor.

III. No BGB, a consignação em depósito (*Hinterlegung*) consta dos §§ 372 a 386. Trata-se de matéria especialmente estudada nos finais do século XIX e nos princípios do século XX, apresentando algumas especificidades[799].

130. A experiência portuguesa

I. No Direito português anterior à codificação, a *offerta e deposito do pagamento* era admitida, na base do Direito comum[800].

No Código Civil de 1867 foi adoptado um esquema que, de certo modo, cortava com a tradição e com a orientação do Código Napoleão. A inovação cifrava-se em não conectar a consignação em depósito directamente com as "ofertas reais", antes alargando o seu horizonte.

Assim, segundo o seu artigo 759.°[801]:

O devedor pode livrar-se, fazendo depositar judicialmente, com citação do credor, a cousa devida nos casos seguintes:

1.° Se o credor recusar recebê-la;
2.° Se o credor não vier, ou não mandar recebê-la na época do pagamento, ou no lugar para isso designado;
3.° Se o credor não quiser dar quitação;
4.° Se o credor for incapaz de receber;
5.° Se o credor for incerto.
§ único. No caso do n.° 5.° deste artigo é dispensada a citação do credor.

---

[799] TILMAN REPGEN, no HKK/BGB cit., II/2, §§ 372-386 (2169 ss.) e, com muitas indicações, DIRK OLZEN, no Staudinger II, §§ 362-396 (2006) cit., prenot. §§ 372 ss. (153-154).

[800] Cf. J. H. CORRÊA TELLES, *Digesto Portuguez*, 1, 9.ª ed. [1909, equivalente à reimp. da 3.ª ed. (1845)], 144-145 (1118-1126); são referidos troços dos *Digesta* e autores do *usus modernus*.

[801] Para a exegese mais antiga do Código de Seabra, cf. JOSÉ DIAS FERREIRA, *Codigo Civil Portuguez Annotado*, 2, 2.ª ed. (1895), 83 ss..

§ 37.º A consignação em depósito   353

De todo o modo e aquando da preparação do Código de Seabra, não estava ainda cientificamente elaborada a figura da mora do credor.

II. O artigo 761.º do Código de Seabra continha uma regra que foi questionada e reescrita pela doutrina da época. Dizia o preceito em causa:

> Se o depósito não for contestado, a cousa ficará a risco do credor, e a obrigação extincta desde a data do mesmo depósito; mas, sendo este contestado, aqueles efeitos só principiarão na data da sentença, passada em julgado, que o confirmar.

Esta solução era injusta: fazia correr por conta do devedor cumpridor os riscos e os juros, até que sobreviesse uma sentença que poderia tardar; ora a contestação poderia ser totalmente injustificada ou dilatória. José Dias Ferreira chamava já a atenção para tal insólito, acabando, porém, por obedecer à letra do Código[802]. Guilherme Moreira ia mais longe: havendo sentença favorável ao depósito, os seus efeitos retroagiriam à data deste último: não à da sentença[803]. Para tanto, este Autor manejava já um novo (na época) conceito, de origem germânica: a culpa. Com efeito – explica Moreira – o devedor que deposite, dentro da lei, a prestação, não tem "culpa": não incorre em mora. A opção de Guilherme Moreira é retomada por Cunha Gonçalves que sublinha não haver razão para destrinçar entre a falta de impugnação do depósito e a impugnação julgada improcedente[804].

III. No âmbito da preparação do Código Civil de 1966, foi elaborado, por Vaz Serra, um importante estudo de política legislativa sobre a consignação em depósito[805].

---

[802] JOSÉ DIAS FERREIRA, *Codigo Civil Annotado* cit., 2, 2.ª ed., 86-87; este Autor sublinhava, porém, que relevava a data da sentença e não a do seu trânsito em julgado, numa tímida correcção ao dispositivo formal.

[803] GUILHERME ALVES MOREIRA, *Instituições do Direito Civil Português*, 2 (1911), 252-253.

[804] LUIZ DA CUNHA GONÇALVES, *Tratado de Direito civil*, 4 (1931), 772.

[805] ADRIANO VAZ SERRA, *Consignação em depósito, venda de coisa devida e exoneração do devedor por impossibilidade da prestação resultante de circunstância atinente ao credor*, BMJ 40 (1954), 5-192, citado pela separata aos BMJ 39, 40 e 41 intitulada *Dação em cumprimento, consignação em depósito, confusão e figuras afins / Estudo de política legislativa* (1954), 37-224: ainda hoje o mais extenso estudo sobre consignação em depósito, na nossa literatura.

354 *A extinção das obrigações*

Após uma análise de Direito comparado, Vaz Serra formula uma proposta que distingue o Código português vigente da solução do *Codice Civile* italiano: a de não relacionar estreitamente a consignação em depósito com a mora do credor[806], antes a alargando aos casos em que o devedor não possa cumprir em segurança.

Em regra, a consignação seria uma faculdade do devedor; excepcionalmente, poderá ser uma obrigação, quando a lei a imponha[807].

IV. É importante sublinhar que, em diversos troços de Vaz Serra, se distingue entre a consignação em si e o processo destinado a averiguar a sua validade[808]. No articulado proposto, essa distinção mantém-se clara: "consignação" é aproximada da ideia de depósito[809].

131. Requisitos; regime

I. A consignação em depósito exige, para ser possível, a verificação dos seguintes requisitos[810]:

- o estar em causa uma prestação de entrega de coisa certa ou de quantia pecuniária;
- o não poder, o devedor, realizar a prestação, por causa relacionada com o credor.

O primeiro requisito é ditado pela própria natureza das coisas: não seria possível depositar, por exemplo, uma actividade do devedor.

---

[806] VAZ SERRA, *Consignação em depósito* cit., n.º 2 (57).

[807] VAZ SERRA, *Consignação em depósito* cit., n.º 5 (85).

[808] VAZ SERRA, *Consignação em depósito* cit., 73 e 107.

[809] VAZ SERRA, *Consignação em depósito* cit., 183 ss.. O confronto dos textos vigentes com os trabalhos preparatórios pode comodamente ser feita com recurso a JACINTO RODRIGUES BASTOS, *Das obrigações em geral*, VI (1973), 187 ss..

[810] FERNANDO PESSOA JORGE, *Lições de Direito das obrigações* cit., 1, 413 ss.; MÁRIO JÚLIO DE ALMEIDA COSTA, *Direito das obrigações*, 12.ª ed. cit., 1097 ss.; JOÃO ANTUNES VARELA, *Das obrigações em geral* cit., 2, 7.ª ed., 185 ss.; LUÍS MENEZES LEITÃO, *Direito das obrigações* cit., 2, 7.ª ed., 195 ss..

§ 37.º A consignação em depósito

A não realização da prestação deve ser imputável à pessoa do credor[811]; se for derivada do devedor[812] ou de terceiro, funcionam outros mecanismos jurídicos. Estão, assim, cobertas duas possibilidades, mencionadas no artigo 841.º/1, *a*) e *b*), do Código Civil:

- a impossibilidade de executar a prestação ou de a executar com segurança, por causa ligada ao credor, mas de que este não seja responsável[813];
- a mora do credor, isto é, a situação em que este se encontra quando, sem motivo justificado, não aceite a prestação ou não pratique os actos necessários ao cumprimento – artigo 813.º.

Além destes requisitos, a consignação requer que a prestação não tenha tido lugar quando a obrigação já estava vencida, tendo ainda sido observados por parte do devedor, os outros preceitos atinentes ao cumprimento. Como, porém, a consignação em depósito é um sucedâneo do cumprimento, tanto pode ser efectuada pelo devedor como por terceiro a quem seja lícito efectivar a prestação – artigo 842.º.

II. A consignação em depósito só é possível por via judicial. Vamos, por isso, encontrar a respectiva regulamentação entre os processos especiais constantes do Código de Processo Civil. O processo é, *grosso modo*, o seguinte – artigos 1024.º e seguintes do Código de Processo Civil:

- a pessoa interessada na consignação deve requerer ao tribunal do lugar do cumprimento da obrigação o depósito judicial da coisa devida, indicando o motivo – artigo 1024.º/1;
- o credor é citado para contestar – artigo 1025.º/1 – podendo, nomeadamente, impugnar alegando – artigo 1027.º:
- ser inexacto o motivo invocado;

---

[811] KARL LARENZ, *Lehrbuch des Schuldrechts* cit., I, 14.ª ed., § 18, V (251).

[812] Assim, só cabe a consignação em depósito se a incerteza quanto à pessoa do credor for objectiva e não depender da culpa do devedor: STJ 12-Set.-2006 (BORGES SOEIRO), Proc. 06A1981; também não há lugar à consignação se o devedor tinha à sua disposição o número da conta bancária do credor, o qual dera o seu assentimento ao depósito: STJ 13-Mar.-2008 (PIRES DA ROSA), Proc. 07B3623.

[813] Não se restringiu, assim, a consignação aos casos de mora do credor; VAZ SERRA, *Consignação* cit., 57.

356   *A extinção das obrigações*

– ser maior ou diversa a quantia ou coisa em dívida;
– ter o credor qualquer fundamento legítimo para recusar o cumprimento;
– o depósito é feito na Caixa Geral de Depósitos, salvo se tal não for possível dada a natureza da coisa, altura em que é nomeado depositário a quem se fará a entrega – artigo 1024.°/2.

III. A consignação em depósito é facultativa – artigo 841.°/2, não existindo, portanto, qualquer dever a cargo do *solvens* de a efectuar. Assim, entende-se que o mesmo a possa revogar, mediante declaração feita no processo e pedindo a sua restituição ao depositário – artigo 845.°/1.

A revogação só é, no entanto, possível até ao momento em que o credor, também por declaração feita no processo, aceite a consignação, ou o tribunal, por sentença passada em julgado, considere a consignação como válida.

132. Efeitos; a eficácia dupla

I. O efeito primordial da consignação, desde que esta seja aceite pelo credor ou declarada válida por decisão judicial é a extinção da obrigação, "como se houver sido feita a prestação ao credor na data do depósito" – artigo 846.°.

II. Mas da consignação emerjem outros efeitos jurídicos. Assim, para além de determinadas consequências processuais, estabelece-se uma obrigação entre o depositário ou consignatário e o credor, nos termos da qual aquele deve entregar a este a coisa consignada – artigo 844.°. Recordamos que, normalmente, a Caixa Geral de Depósitos surge como consignatária.

Pode no entanto suceder que o devedor tenha a faculdade de não cumprir enquanto o credor não efectuar determinada contraprestação – tratando-se, por exemplo, de contratos com prestações recíprocas. Como o esquema geral da consignação em depósito é traçado para defesa da posição do devedor, é a este reconhecida a faculdade de exigir a não entrega da coisa ao credor, enquanto a prestação por este devida não for realizada.

III. A consignação em depósito aparece, assim, dotada de eficácia dupla:

§ 37.° A consignação em depósito

– extingue a obrigação entre o devedor e o credor primitivos;
– constitui entre o credor e o depositário uma obrigação de entrega.

Por isso, a não ser a intervenção necessária do tribunal que determina a pessoa do depositário e estabelece os termos do depósito, poder-se-ia falar em contrato entre o devedor e o depositário, a favor do credor[814].

---

[814] No sistema germânico admite-se a consignação como contrato de depósito a favor de terceiro. *Vide* ENNECCERUS/LEHMANN, *Recht der Schuldverhältnisse*, 15.ª ed. cit., § 67, I (268); ANDREAS VON TUHR/ALFRED SIEGWART, *Allgemeiner Teil des Schweizerischen Obligationenrechts* cit., II, 2.ª ed., § 66, I (518); KARL LARENZ, *Lehrbuch des Schuldrechts* cit., I, 14.ª ed., 251. Os dois primeiros autores são citados, também, por VAZ SERRA, *Consignação* cit., 108, em traduções castelhanas de edições anteriores.

§ 38.° A COMPENSAÇÃO

133. Noção; papel; modalidades

I. Diz-se que há compensação quando um devedor que seja credor do seu próprio credor, se libere da dívida à custa do seu crédito[815-816].

> Por exemplo A deve € 1.000 a B e este deve € 1.000 a A; pela compensação, ambos esses créditos se anulam, isto é, A 1ibera-se do seu débito sem efectuar a prestação, através do sacrifício do seu crédito[817].

II. O interesse da compensação era já conhecido pelos romanos; segundo Pompónio, *interest nostra potius non solvere, quam solutum repetere*[818], isto é: não haveria qualquer interesse em efectuar uma prestação que, depois, teria de ser repetida, nos termos doutra obrigação.

---

[815] Quanto à compensação, *vide* o nosso *Da compensação no Direito civil e no Direito bancário* (2003), 291 pp.; os aspectos civis desse escrito são aproveitados no excurso abaixo dedicado à matéria.

[816] O Código Civil não define a compensação, entrando logo na matéria dos requisitos – artigo 847.°. Parece-nos clara a noção que figura no Código italiano (1241.°):

> Quando duas pessoas estão obrigadas uma para com a outra, os dois débitos extinguem-se pela quantidade correspondente, segundo as normas dos artigos que seguem.

PIETRO PERLINGIERI, *Il fenomeno dell'estinzione nelle obbligazioni* (1972), 106 ss..

[817] KARL LARENZ, *Lehrbuch des Schuldrechts* cit., I, 14.ª ed., 208; JOACHIM GERNHUBER, *Die Erfüllung und ihre Surrogate* cit., 207 ss..

[818] Também citado em CASTRO MENDES, *Artigo 852.° – Compensação de obrigações com lugares diferentes de pagamento* (1973) (com a colaboração de Nuno Espinosa e Luís Silveira), 2.

No entanto, inicialmente, a compensação não era reconhecida como figura geral: não havia que falar em *compensatio* mas sim em *compensationes*[819]: por força da aplicação da *bona fides*, anulavam-se, em várias situações casuisticamente relevadas, débitos recíprocos[820]. A consagração definitiva da compensação como figura de ordem geral ficou a dever-se a Justiniano[821]. Os requisitos da sua verificação não estavam, porém, ainda muito claros: no entanto, já haviam sido isolados: a fungibilidade das prestações, a sua liquidez e a exigibilidade.

Chamamos a atenção para o facto de a compensação, para além das vantagens que apresenta do ponto de vista da simplicidade e da equidade[822] propiciar resultados substanciais diferentes dos que se verificariam sem a sua consagração.

Por exemplo, A deve € 1.000 a B, de quem é credor, também, por € 1.000. Simplesmente se B, com muitas outras dívidas, se colocar em situação de insolvência, A, a não haver compensação, pagar-lhe-ia os € 1.000 e limitar-se-ia, depois, a concorrer com os outros credores ao património de B[823].

III. Tradicionalmente, distinguem-se, na compensação três modalidades:

– a compensação legal;
– a compensação convencional;
– a compensação judicial.

A compensação legal é aquela que opera *ipso iure*, isto é, automaticamente, desde que se verifiquem os requisitos respectivos, nos termos do

---

[819] BIONDO BIONDI, *Compensazione (diritto romano)*, NssDI III (1959), 719--722 (720).

[820] Biondi refere a *compensatio* do *argentarius* e a *deductio* do *bonorum emptor*. Cf. HEINRICH DERNBURG, *Diritto delle obbligazioni* cit., § 62, 255.

[821] BIONDO BIONDI, *Compensazione* cit., 721. Quanto aos requisitos, *idem*, 722.

[822] PIERO SCHLESINGER, *Compensazione (diritto civile)*, NssDI III (1959), 722--731 (722).

[823] JOÃO ANTUNES VARELA, *Das obrigações em geral* cit., 2, 7.ª ed., 197. É, no entanto, necessário ressalvar a hipótese do artigo 853.º/2. *Vide* as considerações de PERLINGIERI, *Il fenomeno dell'estinzione nelle obbligazioni* cit., 111-112.

§ 38.º *A compensação*   361

Direito; a compensação convencional verifica-se por contrato entre as partes; a compensação judicial é provocada por decisão do tribunal.

Simplesmente, no tocante à compensação legal, os sistemas romanísticos dividiram-se quanto ao seu modo de funcionamento.

O Código Napoleão aceita que tal compensação se verifique independentemente de quaisquer declarações – artigo 1290.º – sendo seguido, ainda hoje, pelo Código italiano – artigo 1242.º. Pelo contrário, o BGB exige, para que a compensação se dê, a declaração de uma das partes (§ 388)[824]. Em Portugal, o Código de Seabra seguia o esquema francês – artigo 768.º – ao passo que o Código actual acolheu o alemão – artigo 848.º/1.

Assim sendo, para os sistemas que façam depender a compensação de declaração de uma das partes, a verdadeira distinção entre a compensação legal e a contratual é a seguinte: na primeira, basta a declaração de uma das partes para se desencadearem os efeitos compensatórios extintivos; na segunda, requerem-se duas declarações.

Vamos cingir-nos à compensação legal, regula nos artigos 847.º e seguintes do Código Civil.

134. Requisitos

I. Para que a compensação se verifique são necessárias[825]:

– a existência de dois créditos recíprocos;
– a exigibilidade (forte) do crédito do autor da compensação;
– a fungibilidade e a homogeneidade das prestações;
– a não exclusão da compensação, pela lei;
– a declaração da vontade de compensar.

A reciprocidade implica que a compensação tenha lugar apenas em relação a débitos e créditos existentes entre os mesmos dois sujeitos. Por

---

[824] ADRIANO VAZ SERRA, *Compensação*, BMJ 31 (1952), 13-209 (15 ss.).

[825] FERNANDO PESSOA JORGE, *Lições de Direito das obrigações* cit., 1, 437 ss.; MÁRIO JÚLIO DE ALMEIDA COSTA, *Direito das obrigações*, 12.ª ed. cit., 1099 ss.; JOÃO ANTUNES VARELA, *Das obrigações em geral* cit., 2, 7.ª ed., 195 ss.; LUÍS MENEZES LEITÃO, *Direito das obrigações* cit., 2, 7.ª ed., 203 ss.. Quanto à jurisprudência: STJ 23-Mar.-2009 (OLIVEIRA ROCHA), Proc. 09B0658.

isso, o declarante só pode utilizar créditos seus, para a compensação – artigo 851.º/2; paralelamente, a compensação só pode abranger dívidas do declarante e não de terceiro, excepto se o declarante estiver em risco de ser executado por dívida de terceiro (p. ex., por ter garantido essa dívida) – artigo 851.º/1.

II. Requer-se que o crédito seja judicialmente exigível, isto é, seja exigível em sentido forte – artigo 847.º/1, *a*). Trata-se de um requisito natural: o compensante nunca poderia, através da compensação, privar o devedor de um direito que lhe assistirá até ao momento do cumprimento isto é, até ao prazo da prestação[826]. Pelo contrário, a lei não requer a exigibilidade do débito do autor da compensação: partindo do princípio que o benefício do prazo é estabelecido a seu favor, ele pode antecipar sempre o cumprimento. Porém, quando tal não suceda, deve entender-se que, em face das regras gerais do cumprimento, há que aguardar a exigibilidade forte de ambos os direitos.

Daqui deve-se inferir que não é possível a compensação de créditos naturais, isto é, integrados em obrigações naturais, uma vez que estas não são exigíveis judicialmente[827]. Pelo contrário, feita a compensação dos débitos naturais, esta já não pode ser desfeita – artigo 403.º/1.

III. As obrigações devem ser fungíveis e da mesma espécie e qualidade, nos termos do artigo 847.º/1, *b*). Efectivamente, todo o esquema da compensação assenta na ideia da substituibilidade das prestações nela envolvidas. Por outro lado, se não forem homogéneas, a compensação redundaria num enriquecimento injustificado para uma das partes.

Não é, contudo, necessário que as prestações sejam de igual montante; nessa altura, naturalmente, a compensação opera, apenas, nos limites da prestação menor – artigo 847.º/2.

Por exemplo: A deve € 100 a B e este deve € 60 a A. Operada a compensação, A ficará a dever, a B, € 40.

Este exemplo permite-nos acrescentar um requisito para que opere esta compensação parcial: a divisibilidade das prestações.

---

[826] Ficam, naturalmente, ressalvadas as hipóteses em que o devedor perca o benefício do prazo.

[827] *Vide* o artigo 847.º/1, *a*).

§ 38.° A compensação

Também não se requer a liquidez da dívida; simplesmente, havendo compensação em que alguma (ou ambas) das posições sejam ilíquidas, só se verificará a extinção das parcelas já determinadas.

Não obstam à compensação pequenas diferenças existentes entre as obrigações, como a diversidade de lugares de cumprimento – 852.°. Doutra forma ficaria, aliás comprometido o funcionamento do instituto[828].

IV. O Código exclui expressamente da compensação alguns tipos de créditos – artigo 853.°/1[829]:

– os créditos provenientes de actos ilícitos dolosos;
– os créditos impenhoráveis;
– os créditos do Estado;

Entende a lei, por razões de moralidade evidente, que o autor do acto ilícito doloso não pode, pela compensação, alienar pura e simplesmente a sua responsabilidade. No caso dos créditos impenhoráveis, a compensação não é possível para não permitir que uma pessoa consiga, através da compensação, aquilo que seria inviável ao próprio tribunal, na execução. Tal motivação desaparece se ambos os créditos forem impenhoráveis, dada a igualdade de circunstâncias; donde a excepção da segunda parte do artigo 853.°/1, b). Os créditos do Estado ou de outras pessoas colectivas públicas são incompensáveis pela complicação que isso acarretaria ao funcionamento da contabilidade dessas entidades; excepciona-se, naturalmente, a hipótese de a lei autorizar a compensação.

Finalmente, a compensação não opera em prejuízo de terceiros; estes são prejudicados quando os seus direitos se tenham constituído antes de surgir a compensabilidade, e ainda quando o devedor, no âmbito da sua autonomia privada, tenha renunciado à compensação – artigo 853.°/2.

V – Finalmente, como veremos mais detidamente no estudo do regime da compensação, esta exige, no seu funcionamento, uma declaração da vontade de compensar – artigo 848.°/1. Trata-se do esquema potestativo ou germânico, introduzido entre nós pelo Código Vaz Serra.

---

[828] KARL LARENZ, *Lehrbuch des Schuldrechts* cit., I, 14.ª ed., 257.
[829] *Idem*, 258 ss..

135. Regime

I. A compensação opera por declaração de uma das partes à outra – artigo 848.°/1 –, nos termos do sistema germânico. Essa declaração produz efeitos nos termos gerais das declarações que têm um destinatário.

O artigo 848.°/2 impede que a declaração de compensação seja feita sob condição ou a termo. Estamos, assim, habilitados a considerar a declaração de compensação como um acto unilateral *stricto sensu*[830]; implica apenas uma vontade e não reveste de liberdade de estipulação: ou se compensa, ou não.

II. Operada a compensação, os créditos consideram-se extintos desde o momento em que se reuniram os diversos requisitos para a compensação – artigo 854.°. A compensação tem, assim, efeitos retroactivos. Este regime explica porque razão podem ser compensados os créditos prescritos, desde que a prescrição não se tivesse verificado no momento em que os créditos se tornaram compensáveis. No fundo, permanece a ideia de que a compensação legal opera *ipso iure*, tendo a declaração de uma das partes à outra eficácia retroactiva.

III. O Direito português, numa tradição milenária[831], veio, à semelhança dos outros códigos da actualidade, consagrar a possibilidade de compensar dívidas cujas prestações se devam efectivar em locais diferentes – artigo 852.°/1.

Esta disposição seria, em rigor, dispensável, uma vez que a homogeneidade prevista no artigo 847.° não implica, de forma alguma, identidade de lugar de cumprimento[832].

Por outro lado, o artigo 852.° vai longe de mais: se o local do cumprimento for um elemento fundamental da obrigação e não houver coincidência com a obrigação a compensar, falta a homogeneidade requerida pelo artigo 847.°/1, de tal forma que, não obstante o artigo 852.°, as obrigações não são compensáveis[833].

---

[830] Que surge como exercício do conteúdo de um direito de crédito potestativo.

[831] Embora controvertida. Veja-se o rico material histórico recolhido em CASTRO MENDES, *Artigo 852.°* cit., 7 ss..

[832] CASTRO MENDES, *Artigo 852.°* cit., 71, nota 164, referindo Reiner Schmidt.

[833] É, aliás, a conclusão a que chega CASTRO MENDES, *Artigo 852.°* cit., 84-85, embora apelando para a possibilidade de, havendo essencialidade de local de cumprimento, se dever entender a existência de declaração tácita de renúncia à compensação – artigo 853.°/2.

§ 38.º A compensação   365

Quando o local do cumprimento não seja um elemento fundamental da obrigação, mas a sua supressão pela compensação implique danos à outra parte, surge uma obrigação, por parte do autor da prestação, de reparar os danos em causa. Trata-se, aqui, de uma obrigação de indemnização decorrente de facto lícito[834].

IV. A possibilidade de existirem vários créditos compensáveis na esfera de algum (ou ambos) dos intervenientes, numa sequência compensatória, suscita problemas paralelos aos que vimos determinarem a existência de regras sobre a imputação do cumprimento. O artigo 855.º/1, comete ao declarante – o autor da compensação – a faculdade de escolher quais os créditos a extinguir pela compensação. Caso a escolha não seja feita aplicam-se as regras supletivas dos artigos 784.º e 785.º, nos termos do artigo 855.º/2.

V. A nulidade e a anulação da compensação – artigo 856.º – implicam a manutenção das obrigações envolvidas. Apenas não renascem as garantias prestadas por terceiro, excepto se este conhecia o vício que originou a invalidade da compensação, no momento em que foi efectuada a declaração de compensação. O paralelo com o artigo 766.º é evidente.

VI. Pela importância que a compensação assume no Direito comercial e, em especial, no Direito bancário, iremos dedicar-lhe, em excurso, um capítulo especial. A matéria aqui referida terá um maior desenvolvimento[835].

---

[834] CASTRO MENDES, *Artigo 852.º* cit., 89.

[835] Abrangendo o Direito bancário, *vide* o nosso *Da compensação no Direito civil e no Direito bancário* (2003), já citado.

§ 39.º A NOVAÇÃO

136. Generalidades

I. A novação foi engendrada pelos antigos jurisprudentes romanos; segundo Ulpiano[836],

> Novatio est prioris debiti in aliam obligationem vel civilem vel naturalem transfusio atque translatio[837].

Segundo as definições hoje consagradas, a novação é a extinção de uma obrigação mediante a constituição de uma outra[838].
Correntemente, distinguem-se:

– a novação objectiva;
– a novação subjectiva.

A novação objectiva deriva da extinção de uma obrigação pela constituição de novo vínculo, entre os mesmos sujeitos; a novação subjectiva implica a substituição de uma obrigação por outra estabelecida entre o mesmo credor e devedor diferente ou entre o mesmo devedor e credor diferente.

---

[836] HEINRICH DERNBURG/JOHANNES BIERMANN, *Pandekten* cit., 2, 7.ª ed., § 59, nota 2 (165); *vide*, de DERNBURG, *Die Schuldverhältnisse* cit., 2, 3.ª ed., § 119 (302); ADRIANO VAZ SERRA, *Novação*, BMJ 72 (1958), 5-75 (5). Tem sido muito discutida a precisa origem histórica da novação. *Vide* AGOSTINO ELEFANTE, *Novazione (diritto romano)*, NssDI XI (1965), 425-431. Relevamos a opinião apoiada por EMILIO BETTI, *Teoria generale delle obbligazioni*, III/2, 115-116, segundo a qual a novação adviria da assunção, por terceiro, da garantia de uma obrigação.

[837] Novação é a transformação/transmutação de um débito anterior noutra obrigação civil ou natural.

[838] WINDSCHEID/KIPP, *Lehrbuch des Pandektenrechts*, 9.ª ed. cit., § 353 (II, 503).

368 *A extinção das obrigações*

Por exemplo:

António deve € 10.000 a Bento; extinguem essa dívida, ficando António a dever a Bento um automóvel (novação objectiva);
Carlos deve € 100 a Daniel; extinguem essa dívida, passando Carlos a dever € 100 a Ernesto (novação subjectiva).

Ponto importante da novação: ao contrário do que a expressão poderia sugerir, ela não implica uma transformação de obrigações mas sim uma extinção seguida de nova constituição. Apenas do ponto de vista económico, como diz Dernburg, há transformação.

II. A novação desempenhou, no Direito romano, um papel muito importante[839]. Dada a impossibilidade de transmitir as obrigações, quer pela posição activa, quer pela passiva, a novação – nomeadamente a subjectiva – era a única forma que restava aos particulares para conseguirem um efeito economicamente semelhante. A doutrina aponta, no entanto, dois defeitos a tal processamento:

– por um lado, a "cessão" do crédito ficava dependente da vontade do devedor e requeria todos os formalismos complexos necessários à extinção do primeiro vínculo e à constituição do segundo;
– por outro, operada a novação, perdiam-se todas as garantias prestadas no decurso do primeiro vínculo.

A evolução posterior, que sabemos ter decorrido no sentido da transmissibilidade das obrigações, fez com que o "seu significado na actual vida jurídica não seja grande"[840].

III. No Direito francês, dada a não consagração expressa da possibilidade de transmitir débitos a "novação por alteração do devedor permanece um dos processos de transmitir dívidas"[841]. O BGB consagrou, ao lado da cessão de créditos, a assunção de dívidas; deu, assim, um rude

---

[839] PHILIPP HECK, *Grundriss des Schuldrechts* cit., § 69, 211 ss.; JOACHIM GERNHUBER, *Die Erfüllung und ihre Surrogate* cit., 370 ss..

[840] KARL LARENZ, *Lehrbuch des Schuldrechts* cit., I, 14.ª ed., § 7, III (92).

[841] FRANÇOIS TERRÉ/PHILIPPE SIMLER/YVES LEQUETTE, *Droit civil/Les obligations*, 10.ª ed. (2009), n.º 1418 (1397-1398).

§ 39.º A novação

golpe na novação, que nem chegou, nele, a ser autonomizada em título próprio[842]:

- quando haja substituição de uma obrigação por outra, apenas existe, segundo o Código alemão, uma modalidade de dação em cumprimento – § 364, II;
- as alterações subjectivas são amplamente consagradas através da cessão de créditos e da assunção de dívidas.

O Código italiano, por seu turno, manteria a novação, mas apenas na sua modalidade objectiva – artigos 1230.º e seguintes[843].

IV. Suscitou-se o problema de saber se a novação devia ser mantida no Código actual e em que termos. Na verdade, a questão da sua manutenção em disposições legais expressas não tem grande importância. Como fazem notar Enneccerus/Lehmann, a existência da liberdade contratual permitiria sempre aos interessados, a extinção, de comum acordo, das suas obrigações e a constituição de quaisquer outras[844], em sua substituição.

No âmbito da elaboração do Código Civil, a questão da manutenção desta velhíssima forma de extinção das obrigações foi ponderada, face à crescente quebra da sua importância. Vaz Serra concluíra:

> Mas por menor que seja, é ainda alguma a importância da novação e, por conseguinte, parece útil prevê-la e regulá-la[845].

---

[842] Com uma série de indicações relativas à novação: DIRK OLZEN, no Staudinger II, §§ 362-396 (2006) cit., Einl zu §§ 362 ff., Nr. 35 ss. /14 ss.).

[843] O artigo 1230.º dispõe:

A obrigação extingue-se quando as partes substituem uma obrigação originária por uma nova obrigação com objecto ou título diferente.

Quanto à progressiva redução do âmbito do instituto, cf. PIETRO RESCIGNO, *Novazione (diritto civile)*, NssDI XI (1965), 431-438 (434).

[844] ENNECCERUS/LEHMANN, *Recht der Schuldverhältnisse*, 15.ª ed. cit., § 75 (298 ss.), citados, também, em ADRIANO VAZ SERRA, *Novação*, BMJ 72 (1958), 5-81 (10), em edição castelhana anterior.

[845] ADRIANO VAZ SERRA *Novação* cit., 12. Cf. ANTUNES VARELA, *Das obrigações em geral* cit., 2, 7.ª ed., 235-236.

370 · *A extinção das obrigações*

A doutrina germânica, não obstante tudo quanto temos vindo a afirmar, reconhece importância à novação, por exemplo, no tocante à substituição de obrigações causais por obrigações abstractas, mais poderosas[846].

137. Requisitos; regime; efeitos

I. Para que possa surgir a novação, quer objectiva quer subjectiva, é necessário[847]:

– a existência de uma obrigação prévia válida;
– as declarações das partes que exteriorizem o *animus novandi*[848].

Emergindo a novação da extinção de uma obrigação anterior pela substituição por nova obrigação, não seria imaginável o seu funcionamento caso a primeira obrigação não existisse, ou não fosse válida. Este requisito está claramente implícito no artigo 860.º/1, que determina a ineficácia da novação quando a primeira obrigação esteja extinta, ao tempo da constituição da segunda, ou quando venha a ser declarada nula ou anulada posteriormente.

A vontade de novar das partes, traduzida na intenção patente de contrair nova obrigação em substituição da anterior, deve ser expressamente manifestada – artigo 859.º. Este requisito é importante: só através dele é possível distinguir a novação objectiva da mera modificação contratual de obrigações e a novação subjectiva da cessão de créditos ou da assunção de dívidas[849]. Deve ficar claro, numa hipótese ou na outra, que as partes pretendem, efectivamente, a extinção de uma obrigação e a constituição de obrigação diversa (*animus novandi*) e não, apenas, simples alterações.

---

[846] ANDREAS VON TUHR/ALFRED SIEGWART, *Allgemeiner Teil des Schweizerischen Obligationenrechts* cit., 2, 2.ª ed., § 76 (622 ss.).

[847] FERNANDO PESSOA JORGE, *Lições de Direito das obrigações* cit., 1, 655 ss.; MÁRIO JÚLIO DE ALMEIDA COSTA, *Direito das obrigações*, 12.ª ed. cit., 1110 ss.; JOÃO ANTUNES VARELA, *Das obrigações em geral* cit., 2, 7.ª ed., 229 ss.; LUÍS MENEZES LEITÃO, *Direito das obrigações* cit., 2, 7.ª ed., 215 ss..

[848] STJ 8-Nov.-2007 (ALBERTO SOBRINHO), Proc. 07B3009.

[849] STJ 18-Out.-2007 (FARIA ANTUNES), Proc. 07A2773: o *animus novandi* não se presume: deve ser provado por quem o invoque.

§ 39.º A novação

II. A novação tem por efeito essencial a extinção[850] da obrigação anterior, substituída por nova obrigação.

Daí que:

– salvo convenção contrária, com intervenção de terceiro, quando disso seja caso, se extingam, pela novação, as garantias atinentes à primeira obrigação, com inclusão das legais – artigo 861.º;
– salvo, também, acordo em contrário, não sejam utilizáveis, na nova obrigação, os meios de defesa próprios da antiga – artigo 861.º.

III. A nulidade ou a anulação da nova obrigação frustram o funcionamento da novação; mantém-se, consequentemente, a obrigação inicial. Mas não "renascem" as garantias prestadas por terceiro que ignorasse a invalidade quando teve conhecimento da novação – artigo 860.º/2 – sempre que as aludidas nulidade ou anulação sejam imputáveis ao credor.

---

[850] E não a sua modificação: STJ 1-Jul.-2003 (PINTO MONTEIRO), Proc. 03A935.

§ 40.º REMISSÃO

138. Generalidades

I. Os direitos subjectivos consubstanciam, na prática, posições favoráveis que, pelo Direito, são concedidas aos particulares. Assim sendo, o ordenamento admite que os beneficiários voluntariamente prescindam delas, renunciando ao seu Direito.

No campo do Direito das coisas, o funcionamento deste instituto surge com limpidez. Efectivamente, resultando, os direitos reais, de permissões de aproveitamento de coisas corpóreas, podem, livremente, extinguir-se pela vontade dos seus titulares, num fenómeno de abandono quando estejam em causa coisas móveis, ou de renúncia, quando se trate de imóveis[851].

II. Nos créditos, o problema complica-se, dada a natureza relativa do vínculo obrigacional. De facto, ao extinguir voluntariamente o seu direito, o credor vai bulir, de modo automático, com a situação do devedor e não apenas com a sua. O devedor pode, pelas razões mais diversas, não querer aceitar o benefício que, em princípio, a extinção do crédito lhe propicia; ele não é obrigado a receber qualquer vantagem, sem ter dado o seu acordo[852].

Por isso, a remissão surge como contrato entre o credor e o devedor[853], destinado a extinguir determinada relação obrigacional entre eles

---

[851] *Direitos Reais*, 2, n.º 250.

[852] ADRIANO VAZ SERRA, *Remissão, reconhecimento negativo de dívida e contrato extintivo da relação obrigacional bilateral*, BMJ 43 (1954), 5-98 (6).

[853] STJ 25-Nov.-2009 (SOUSA GRANDÃO), Proc. 274/07 e STJ 20-Jan.-2010 (BRAVO SERRA), Proc. 2059/07.

374   A extinção das obrigações

existente – artigo 863.º/1[854]. O seu escopo fundamental[855] é, no entanto, a extinção do débito e não a sua transmissão[856].

Em rigor, pensamos que podia ter sido mantido o princípio em causa e simplificado, simultaneamente a matéria: o credor extinguiria unilateralmente o seu direito, salvo se o devedor recusasse, num prazo determinado[857].

III. Nas áreas do Direito das obrigações onde não surjam direitos relativos, a extinção dos direitos por vontade dos seus titulares pode operar unilateralmente. É o que sucede, por exemplo, com a rejeição do direito (potestativo) de aceitar a proposta contratual, por parte do seu destinatário.

139. Regime; efeitos

I. O Código não requer, para a remissão, qualquer forma especial. Deve, assim, entender-se que se trata de contrato consensual, nos termos gerais.

Excepto quando, por qualquer motivo, seja liberatória, a remissão surge como uma autêntica doação feita pelo credor ao devedor. Donde o dispositivo do artigo 863.º/2, do Código Civil.

Em qualquer dos casos, a remissão deve resultar claramente das declarações efectuadas pelas partes, não se presumindo pela renúncia às garantias da obrigação, nos termos do artigo 867.º.

II. Foram consignadas algumas normas específicas destinadas a esclarecer o problema da remissão em obrigações subjectivameate complexas.

---

[854] É o regime que encontramos no BGB (§ 397, *Erlass*); JOACHIM GERNHUBER, *Die Erfüllung und ihre Surrogate* cit., 337 ss.. No *Codice* (artigo 1236.º e seguintes, *remissione*), não se fala expressamente em contrato, exigindo, apenas, uma declaração do credor ao devedor, que não seja, por este, rejeitada. Entende-se, assim, que o Direito italiano consagra a remissão como acto unilateral: PERLINGIERI, *Il fenomeno dell'estinzione nelle obbligazioni* cit., 91-92.

[855] Quanto à evolução deste instituto, JENS KLEINSCHMIDT, no HKK/BGB cit., II/2, § 397 (2250 ss.); no tocante à sua dogmática, MARTIN SCHLÜTER, no *Münchener Kommentar* cit., 2, 5.ª ed. (2007), § 397 (2444 ss.).

[856] Cf. ERNESTO TILOCA, *Remissione del debito*, NssDI XV (1968), 389-421 (392).

[857] *Vide* o funcionamento de tal sistema em TILOCA, *Remissione del debito* cit., 402 ss..

§ 40.º Remissão   375

Numa obrigação subjectivamente complexa pode o credor, nos termos gerais, remitir alguma das obrigações em presença. O que não pode, naturalmente, é prejudicar ou beneficiar os outros intervenientes que não tenham intervindo no acto da remissão.
Assim:

– na solidariedade passiva, a remissão concedida a um dos devedores não altera o esforço final que aos outros é exigido. Por isso, ou libera os outros devedores na parte correspondente à do beneficiado – artigo 864.º/1 – ou, quando o credor tenha reservado a possibilidade de, por inteiro, exigir a prestação a qualquer deles, mantém-se o direito de regresso contra o devedor exonerado – artigo 864.º/2[858];
– na solidariedade activa, a remissão concedida por um dos credores só exonera o devedor face aos restantes na parte correspondente ao crédito extinto – artigo 864.º/1;
– na parciariedade passiva[859], a remissão concedida pelo credor a um dos devedores obriga-o a restituir aos outros devedores a parte que caberia ao esforço do devedor exonerado – artigo 865.º/1.
– na parciariedade activa, a remissão celebrada com um dos credores obriga os outros a restituir, quando do cumprimento, ao devedor, o valor da prestação que caberia ao ex-credor.

III. A remissão provoca a extinção das obrigações visadas. Daí que aproveite a terceiros, nos termos do artigo 866.º/1. Em compensação, não pode prejudicá-los, de tal forma que havendo pluralidade de fiadores e sendo um deles exonerado, os outros só respondem pela parte que ao beneficiado cabia se houverem dado o seu acordo – artigo 866.º/2.
Se a remissão for nula ou anulada, mantém-se a obrigação: só não renascem as garantias prestadas por terceiro, excepto se este tinha conhecimento da invalidade, no momento em que teve conhecimento da remissão – artigo 867.º.

---

[858] Em rigor não chega a haver, nesta hipótese, uma remissão, uma vez que o devedor "exonerado" continua obrigado. Simplesmente, a prestação só lhe pode ser exigida por via do direito de regresso e não, directamente, pelo credor.

[859] O Código trata do problema da parciariedade sob o título de indivisibilidade. Se houvesse divisibilidade (parciária), o credor exigiria, naturalmente, a cada um apenas a sua parcela; se o caso fosse de solidariedade, o credor nada teria de restituir, fazendo-se os necessários acertos apenas posteriormente, por via do direito de regresso.

§ 41.º A CONFUSÃO

140. Generalidades; requisitos

I. A confusão é a forma de extinção das obrigações que opera quando na mesma pessoa se reúnam as qualidades de credor e de devedor, como se depreende do artigo 868.º[860].

Trata-se de uma forma natural, que na sua evidência, ocorre imediatamente ao espírito: ninguém pode dever a si mesmo. De tal forma que não encontramos, no BGB, uma regulamentação expressa da confusão, não obstante, evidentemente, ela ser conhecida e aprofundada pela doutrina[861].

II. Têm sido aventadas construções diversas para a confusão[862]; assim:

– esta não redundaria numa forma de extinção autónoma, mas sim na compensação;
– esta não implicaria a extinção dos direitos em si, mas antes a paralisação das acções respectivas[863].

---

[860] *Cum in eandem personam ius stipulantis promittentisque devenit*; cf. ADRIANO VAZ SERRA, *Confusão*, BMJ 41 (1954), 17-55, aqui referido pela separata *Dação em cumprimento, consignação em depósito, confusão e figuras afins* cit., 225; *vide* SIRO SOLAZZI, *Confusione nelle obbligazioni (diritto romano)*, NssDI IV (1959), 77-78; GIULIANO GRIFÒ, *Confusione (diritto romano)*, ED VIII (1961), 1045-1047 e PERLINGIERI, *Il fenomeno dell'estinzione nelle obbligazioni* cit., 56 ss..

[861] ENNECCERUS/LEHMANN, *Recht der Schuldverhältnisse*, 15.ª ed. cit., § 76 (303 ss.); KARL LARENZ, *Lehrbuch des Schuldrechts* cit., I, 14.ª ed., § 19, I, b) (270); JOACHIM GERNHUBER, *Die Erfüllung und ihre Surrogate* cit., 384 ss.. *Vide*, entre nós, ADRIANO VAZ SERRA, *Confusão* cit., 231 ss..

[862] Entre nós, VAZ SERRA, *Confusão* cit., 125-126.

[863] *Vide* os autores citados por DIEGO AMORE, *Confusione nelle obbligazioni (diritto civile)*, NssDI IV (1959), 78-87 (79, nota 12).

378 *A extinção das obrigações*

A doutrina mais recente, apoiada, aliás, nos regimes jurídicos em vigor nos Códigos que da confusão se ocupam, descobre, nela, uma autêntica forma autónoma de extinção de obrigações. Uma aparente fonte de complicações, que indiciaria a não extinção das obrigações pela confusão, é a que deriva da possibilidade de cessar a confusão, com a consequência de "renascerem" as obrigações envolvidas – artigo 873.º/1. Simplesmente, uma vez que o facto que a "destrói" deve ser anterior à sua verificação, constata-se simplesmente, que, em tal hipótese, nunca houve, propriamente, confusão[864].

III. Requisitos da confusão são[865]:

– a reunião de créditos e débitos da mesma obrigação numa única pessoa;
– desde que não inseridos em patrimónios separados.

Este último requisito, de índole negativa, impede a confusão, quando se não observe, nos termos do artigo 872.º do Código Civil. A confusão não requer, para se desencadear, qualquer declaração de vontade, operando por simples verificação dos requisitos legalmente indicados.

IV. Recordamos que a confusão é, também, forma de extinção de direitos reais, vindo expressamente referida no artigo 1513.º, *a*) (enfiteuse, hoje abolida) e, implicitamente, nos artigos 1476.º/1, *b*) (usufruto), 1536.º/1, *d*) (superfície) e 1569.º/1, *a*) (servidões).

No entanto, não é possível, dada a diversidade de princípios e de regimes, a confecção de uma teoria geral da confusão[866].

141. Regime; efeitos

I. A confusão extingue, pura e simplesmente, a obrigação envolvida – artigo 868.º. Caso não se verifique, mantém-se, naturalmente, a obriga-

---

[864] AMORE, *Confusione* cit., explica que não há, propriamente, *reviviscenza*.
[865] STJ 20-Out.-2005 (OLIVEIRA BARROS), Proc. 05B2671.
[866] GIANANTONIO FAVERO, *Confusione (diritto vigente)* n, ED VIII (1961), 1049-1057 (1052).

§ 41.º A confusão   379

ção com os seus acessórios, o mesmo ocorrendo nas hipóteses de nulidade ou de anulação. Exceptuam-se as garantias prestadas por terceiro que não conheça o vício no momento em que lhe foi comunicada a confusão ou dela teve notícia. É o que deduzimos do artigo 837.º[867], já referido.

II. A confusão opera nas obrigações subjectivamente complexas nos termos gerais que resultam do regime desse tipo de obrigações e cuja adaptação à remissão já verificámos. Vejam-se os artigos 869.º e 870.º.

III. A confusão não pode prejudicar os direitos de terceiro, nos termos do princípio geral enunciado no artigo 871.º/1.

Assim, o "usufruto" e o "penhor" de créditos mantêm-se, não obstante a confusão – artigo 871.º/2.

Por exemplo:

A deve € 1.000 a B, com usufruto de C. Se o crédito de B passar ao património de A, a obrigação extingue-se, mantendo, contudo C o seu usufruto sobre os € 1.000[868].

A confusão não opera, de um modo geral, quando haja interesses particulares que requeiram a manutenção da obrigação. É o que sucede no tocante à fiança – artigo 871.º/2 – e à hipoteca – artigo 871.º/4. Nesta última hipótese, temos já uma confusão em direitos reais.

---

[867] Este artigo segue uma formulação complicada falando na destruição da confusão por facto anterior à própria confusão.

[868] Este regime constitui um argumento suplementar a favor da inexistência dos pretensos direitos sobre direitos. No caso vertente, C não tinha um "usufruto" sobre o crédito de B, mas sobre os € 1.000. Tanto assim que o "usufruto" se mantém, não obstante a extinção da obrigação.

§ 42.° EXTINÇÃO COACTIVA

142. Generalidades; a novação coactiva

I. A Constituição da República, ao garantir o direito de propriedade privada (62.°) não deixou de consagrar a possibilidade da sua extinção, nos casos previstos na lei e permitidos a nível constitucional. Tinha, naturalmente, em vista a situação dos direitos reais, donde a referência à expropriação.

Simplesmente, assim como a propriedade privada constitucionalmente garantida vem considerada em sentido amplo, por forma a abranger os diversos direitos patrimoniais, assim também temos de entender que, em certas circunstâncias, os créditos podem ser autoritariamente extintos pelo Estado.

II. A hipótese mais clara de extinção legal seria a supressão do crédito operada directamente pela lei (tipo "nacionalização") ou permitida por lei e actuada por decisão administrativa (tipo "expropriação"). Todavia, isso redundaria no puro e simples enriquecimento do devedor.

Assim, salvo no caso específico de o devedor ser o próprio Estado, pensamos que tal hipótese estaria frontalmente vedada pelo artigo 13.° da Constituição.

Fica, no entanto, de pé, a possibilidade de se visar uma transferência, para o Estado, dos créditos em causa, através de esquemas semelhantes à nacionalização ou à expropriação. Em tal eventualidade pensamos que, dogmaticamente, se verificaria algo como uma novação subjectiva coactiva[869] e não propriamente uma transmissão legal[870].

---

[869] Que poderia ser, também, *objectiva* quando a indemnização constitucionalmente garantida redundasse na constituição de nova obrigação.

[870] Quanto ao facto de, nos direitos reais, a *nacionalização* e a *expropriação* serem formas de extinção de direitos e não de transmissão, cf. *Direitos Reais*, 2, n.os 259, II e 256, IV, respectivamente.

III. A mesma construção é aplicável à transferência, para o Estado, de débitos. Todas estas operações devem, contudo, ser realizadas em estreito confronto com a Constituição, dada a ingerência que implicam nas esferas dos particulares. Trata-se, nomeadamente, de matéria da exclusiva competência da Assembleia da República.

CAPÍTULO XX
A COMPENSAÇÃO (EXCURSO)

§ 43.º INTRODUÇÃO

143. A compensação

I. O Código Civil prevê, no seu artigo 847.º/1, a compensação: quando duas pessoas sejam reciprocamente credor e devedor, qualquer delas pode livrar-se da sua obrigação, através da compensação com a obrigação do seu credor, desde que se verifiquem determinados requisitos, depois referenciados. Ao crédito da pessoa que invoca a compensação poderemos chamar compensatório ou activo; ao da pessoa contra a qual ele é invocado chamaremos compensado ou passivo[871].

O próprio termo compensação[872] pode traduzir:

– o instituto da compensação, no seu todo;
– o acto que desencadeia a aplicação desse instituto;
– o efeito extintivo ocasionado pela compensação.

---

[871] Adaptamos à língua portuguesa a terminologia hoje corrente na dogmática continental; cf. MARTIN SCHLÜTER, no *Münchener Kommentar* cit., 2, 5.ª ed., § 387, Nr. 1 (2390) e KARL-HEINZ GURSKY, no Staudinger II, §§ 362-396 (2006) cit., prenot. 2 aos §§ 387 ss. (234).

[872] Nas línguas latinas, a terminologia está estabilizada em torno da velha *compensatio*: compensação, *compensazione*, *compensation* ou *compensación*, em português, italiano, francês e castelhano, respectivamente. Em alemão usa-se, na doutrina moderna germânica, *Aufrechnung*, na literatura antiga, *Kompensation* e nos textos suiços, *Verrechnung*; nas fontes austríacas prevalece a *Aufrechnung*, embora também ocorra *Kompensation*. Na Escócia, o termo tradicional é *compensation*; já no Direito inglês, a função da compensação é assegurada pelo *set off*, figura processual abaixo examinada. Cf. a nota terminológica de REINHARD ZIMMERMANN, *Die Aufrechnung/Eine rechtsvergleichende Skizze zum Europäischen Vertragsrecht*, FS Medicus (1999), 707-739 (709-710).

II. A compensação surge no coração do Direito civil. O Código vigente insere-a nos artigos 847.º a 856.º, entre as causas de extinção das obrigações diferentes do cumprimento: dez artigos herdeiros de vinte e dois séculos de uma história complexa e intensa e na qual, por excelência, a certeza e a equidade do Direito se têm vindo a entrechocar.

Na origem, podemos imaginar que a compensação operasse perante um credor que, isolado, fosse demandar o seu devedor; este, sendo credor do credor demandante e por uma dívida do mesmo tipo, contrapor-lhe-ia a compensação: ambas as dívidas desapareceriam, mantendo-se o crédito passivo apenas pelo saldo, se o houvesse.

III. Os problemas foram-se, porém, avolumando: e se os créditos não forem da mesma espécie? E se não estiverem ambos vencidos? E se for invocado o crédito activo apenas para protelar o pagamento da dívida invocada? E se as posições em presença estiverem numa situação de complexidade subjectiva ou tiverem diversos titulares? E se as obrigações em causa apresentarem locais diversos para o cumprimento? E se se tratar de obrigações constituídas ao abrigo de leis diferentes? E se um interessado for credor de um terceiro que, por seu turno, seja credor do credor do primeiro? E se houver créditos prescritos? E obrigações naturais? E deveres de indemnizar? E entidades públicas?

As questões podem-se multiplicar de modo infindável. Curiosamente, quase todas elas obtiveram, no Direito romano, respostas que mantêm actualidade. Mais: o fascínio dos textos romanos[873] e do que eles representam é tão forte que a opção por uma compensação automática (por oposição a potestativa) foi tomada, na generalidade dos países latinos, na base de mero erro histórico de interpretação do *Corpus Iuris Civilis*.

IV. Todavia, tudo isto vem, hoje, aplicar-se a situações sociais e económicas muito diferentes das que, na Antiguidade, presidiram ao seu nascimento. Funcionam? Em que base e com que consequências?

A actual Ciência do Direito dá respostas: umas claras e práticas, outras ainda com margem de incerteza.

---

[873] Em parte provocado pelos enigmas subjacentes; cf. o clássico PAUL KRETSCHMAR, *Über die Entwicklung der Kompensation im römischen Rechte* (1907), 1.

144. Vantagens e papel

I. A compensação apresenta diversas vantagens que têm sido enumeradas ao longo da História[874]. Vamos recordar algumas:

– permite prescindir de um juízo ou, mais latamente, de um conjunto de operações relativas a um contrapagamento: numa linguagem tipo *law & economics*: baixa os custos da transacção[875]: o credor demandado resolve a situação no momento, sem necessidade de se arvorar, por seu turno, em demandante[876-877];
– põe o interessado ao abrigo da insolvência do seu devedor: pela compensação, ele "cobra-se" ainda que o devedor fique incapaz de satisfazer as suas obrigações[878];
– evita fluxos de meios de pagamento: a compensação consuma-se em abstracto, nas esferas respectivas.

Pode, porém, ter inconvenientes. Eles serão, de algum modo, a contraface das vantagens[879]. Assim, nas mãos de um demandado de má fé, que invente créditos dilatórios, a compensação pode enfraquecer o mais

---

[874] Assim e como exemplos: CASIMIRO CARAVELLI, *Teoria della compensazione e diritto di retenzione* (1940), 3-4; PIERO SCHLESINGER, *Compensazione (diritto civile)*, NssDI III (1959), 722-731 (722/II); ROGER MENDEGRIS, *La nature juridique de la compensation* (1969), 11; BÖRRIES VON FELDMANN, *Die Aufrechnung – ein Überblick*, JuS 1983, 357-363 (357); VALERIA DE LORENZI, *Compensazione*, DDP/SezCiv III (1990), 66-77 (66/II); KARL-HEINZ GURSKY, no *Staudinger* II, §§ 362-396 (2006) cit., prenot. 6 aos §§ 387 ss. (235); MARTIN SCHLÜTER, no *Münchener Kommentar* cit., 2, 5.ª ed., § 387, Nr. 1 (2390-2391).

[875] Recordamos RONALD H. COASE, *The Problem of Social Cost*, J. Law & Econ. 3 (1960), 1-44 e RICHARD A. POSNER, *Economic Analysis of Law*, 5.ª ed. (1998), 56 ss..

[876] Surgem fórmulas como "manifestação do princípio dos mínimos meios" (CARAVELLI, *Teoria* cit., 4), como "simplicidade" (SCHLESINGER, *Compensazione* cit., 722/II), como "razões de economia" (DE LORENZI, *Compensazione* cit., 66/II).

[877] ROGER MENDEGRIS, *La nature juridique* cit., 11: "Simplifica as relações entre devedores recíprocos, evitando dupla transferência de fundos ...".

[878] Trata-se do aspecto contemplado, no Direito romano, através da figura da *compensatio* do *bonorum emptor*.

[879] APPLETON, *Histoire de la compensation en Droit Romain* (1895), 10. Como desvantagem, este Autor refere ainda o sacrifício do foro competente para estatuir sobre o crédito compensatório: a compensação é, naturalmente, feita valer no foro da obrigação compensada: a apresentada, em primeiro lugar.

386 A compensação (excurso)

sólido e justificado pedido[880]. Num cenário de insolvência, a compensação pode subtrair, injustamente, créditos à massa. Finalmente, a compensação pode, pela supressão do movimento de mercadorias, empolar artificial e irresponsavelmente transacções que, em última instância, alguém terá de suportar.

Caberá ao Direito limar todos estes possíveis escolhos.

II. O papel da compensação, que data desde os primórdios[881], veio a ser ampliado, ao longo da História, em termos exponenciais[882]. Como foi dito, ela terá surgido como instituto pronto a operar em relações bilaterais. Todavia, as suas potencialidades cedo foram reveladas em contextos mais complexos. Inserida no cerne do Direito privado, a compensação pode ser manuseada e ampliada por contrato: teremos, assim, o contrato de compensação ou compensação convencional[883]. A partir daí, as potencialidades da compensação tornam-se praticamente ilimitadas.

III. A compensação tem um papel nuclear em institutos como a velha *Skontration*, próxima de uma compensação-transferência, a conta-corrente, o desconto bancário em geral, o *clearing*, as câmaras de compensação e o *netting*.

Nos primórdios temos a acção do banqueiro (*argentarius*), necessariamente acompanhada da hipótese de compensação (*cum compensationem*), mesmo nos juízos de direito estrito[884], num antecipação da conta-corrente, em que só o saldo é exigível.

---

[880] Quanto à problemática penal que pode estar envolvida, HANS REICHEL, *Aufrechnung und Betrug*, AcP 125 (1925), 178-192 (179 ss.).

[881] ERNST STAMPE, *Das Compensationsverfahren im Vorjustinianischen stricti juris judicium* (1886), 12 ss..

[882] Cf. HEINRICH SINN, *Die Aufrechnung/eine rechtsvergleichende Darstellung unter Berücksichtigung ds deutschen, österreichischen und schweizerischen Rechts* (1933), 1 e NICOLE-CLAIRE NDOKO, *Les mystères de la compensation*, RTDC 90 (1991), 661-694 (661): a compensação desenvolve-se com o progresso económico.

[883] Referimos a importante e maciça monografia de PETER KLAUS BERGER, *Der Aufrechnungsvertrag/Aufrechnung durch Vertrag/Vertrag über Aufrechnung* (1996), com XXX + 516 pp..

[884] GAIUS, *Institutiones* [150 d.C.; utilizamos, aqui, a edição de M. DAVID, *Gai institutiones secundum codicis veronensis aprographum studemundianum et reliquias in Aegypto repertas*, Leiden (1964)], 4, 64, abaixo examinado.

§ 43.º Introdução

Na origem das câmaras de compensação temos a *Skontration*, documentada em França[885], na região de Champagne e na Borgonha[886]. Tratava-se de feiras periódicas em que os créditos e débitos de produtores, intermediários e adquirentes eram postos em conjunto e compensados, de tal modo que houvesse um mínimo de efectiva deslocação material de fundos.

Apesar de aparentemente vetusta, a compensação mantém um poder explicativo e regulativo imprescindível, no tocante aos mais nucleares institutos da banca e do comércio em geral. Constitui um interessantíssimo elo de ligação, entre as raízes profundas do nosso ordenamento jurídico e as áreas sócio-económicas de ponta, que animam os mercados neste início de milénio.

IV. No Direito português, o interesse prático e jurídico-científico é, se possível fosse, acrescido. Como veremos, a compensação continental desdobra-se em dois grandes sistemas: o francês e o alemão. O Direito português aceitou o primeiro, no Código Civil de Seabra (1867), optando pelo segundo, no Código Civil vigente (1966). Temos um interessante caso de migração sistemática: os estudiosos portugueses estão numa posição de charneira para bem apreciar os esquemas que repartem a velha Europa continental.

---

[885] Cf. EMIL TESCHEMACHER, *Ein Beitrag zur rechtlichen Betrachtung des Anrechnungsverkehrs bei den Abrechnungsstellen der Reichbank*, ZHR 67 (1910), 401-432 (408 ss.).

[886] ANSCHÜTZ, *Das Institut der Zahlwoche auf den französischen Messen im Anfange des XIII Jahrhunderts*, ZHR 17 (1872), 108-109 e GOLDSCHMIDT, *Die Geschäftsoperationen auf den Messen der Champagne* (*Les devisions des foires de Champagne*), ZHR 40 (1892), 1-32.

§ 44.º EVOLUÇÃO HISTÓRICA

145. Generalidades

I. O Direito romano assentava em acções. A pessoa a quem o *ius* reconhecesse uma posição favorável e tutelada, tipificada na lei, podia dirigir-se ao magistrado; este, verificada a recondução dos factos invocados à fórmula própria de alguma das acções admitidas, concedia a *actio*. O demandante dirigir-se-ia, então, ao juiz que, na base da fórmula, condenaria se se provassem os factos invocados.

No sistema mais antigo – o das *legis actiones* – as acções disponíveis eram estritas: não dariam cobertura a múltiplas situações relevantes, mas apenas às que se encontrassem expressamente previstas na Lei das XII Tábuas[887]. Não havia, neste esquema, espaço para qualquer compensação.

Pela sua rigidez, as *legis actiones in odium venerunt*[888]. E assim, a *Lex Aebutia* (130 a.C.) veio oficializar o processo formulário, mais flexível[889].

O processo formulário processava-se em dois tempos: o primeiro, perante o pretor que, apurando os termos do litígio, concedia a fórmula; o segundo, perante o juiz, respeitava à produção de prova, permitindo concretizar a fórmula, quando se comprovasse a versão do autor[890].

Na fórmula tínhamos a *intentio* ou base jurídica da decisão a encontrar e a *condemnatio* ou ordem dada ao juiz para condenar ou absolver, consoante o que se apurasse no plano dos factos.

---

[887] ANTÓNIO SANTOS JUSTO, *Direito romano – I / Parte geral (Introdução. Relação Jurídica. Defesa dos direitos)* (2000), 286-287. Outros elementos podem ser confrontados em *Da boa fé*, 71.

[888] GAIO, *Institutiones* cit., 4.30.

[889] Cf. GIOVANNI PUGLIESE, *Il processo civile romano* II – *Il processo formulare* I (1963), 19 ss. e MAX KASER, *Das römische Zivilprozessrecht* (1966), 240.

[890] *Da boa fé*, 72, com indicações; entre nós, ANTÓNIO SANTOS JUSTO, *Direito romano* I – *Parte geral*, 2.ª ed. (2003), 307 ss..

A compensação (excurso)

As fórmulas disponíveis foram-se desenvolvendo. Surgiu uma bipartição: por um lado, as fórmulas de Direito civil, base das *actiones in ius conceptae*, com uma *intentio* assente no *ius civile*, normalmente uma *lex*; por outro, as fórmulas honorárias, baseadas apenas no *imperium* do pretor[891]. Quanto às *actiones in ius conceptae*: normalmente e como foi dito, elas basear-se-iam numa *lex*[892]. Mas nem sempre: o pretor veio a concedê-las apenas com base na *bona fides*: eram os *bonae fidei iudicia*[893]. À sua sombra ocorreram os principais contratos ainda hoje conhecidos: compra e venda, locação, sociedade e mandato, entre outros.

O Direito romano conheceu, desta forma, toda uma caminhada no sentido da diferenciação: tratou, com mais cuidado e de modo diferenciado, as situações efectivamente diferentes.

II. Neste ambiente haverá que inserir a compensação. Na definição de Modestino[894]:

Compensatio est debiti et crediti inter se contributio[895].

Justamente: na lógica do Direito romano, tal operação seria impossível. A cada situação juridicamente relevante corresponderia uma acção. O credor demandado pelo seu devedor teria de tomar a iniciativa de, contra este, lançar uma acção autónoma[896]. Esta regra não conheceria desvios, nem mesmo nos *bonae fidae iudicia*.

---

[891] Cabia distinguir: *actiones in factum conceptae* quando não fizessem qualquer recurso ao *ius civilis*, *utilis*, quando se apoiassem no *ius civile* mas fossem, pelo pretor, usadas em situações diversas das inicialmente previstas e *ficticiae* quando se agisse, no respeito formal do *ius civile*, fora dos objectivos por ele visados.

[892] Por isso os compiladores lhes chamariam *actiones stricti iuris*; cf. MAX KASER, *Oportere und ius civile*, SZRom 83 (1966), 1-46 (27).

[893] Quanto à sua origem, com indicações, *Da boa fé*, 53 ss..

[894] D. 1.16.2. Temos em conta o Direito romano "comum"; no Egipto romanizado (sec. I a IV a. C.), o esquema era mais restritivo; cf. STEPHAN BRASSLOFF, *Zur Geschichte des römischen Compensationsrechtes*, SZRom 21 (1900), 362-384.

[895] APPLETON, *Histoire de la compensation* cit., 56, traduz por "compensação é a neutralização recíproca de um crédito e de um débito".

[896] Trata-se do "princípio da análise", na nomenclatura de APPLETON, *Histoire* cit., 11.

III. Vieram a admitir-se, todavia, três excepções[897], excepções essas que estão na origem da actual compensação:

- nos *bonae fidei iudicia*, perante obrigações derivadas do mesmo contrato;
- no caso de créditos do banqueiro (*argentarius*), por dívidas do seu cliente;
- em situações de aquisição de bens do falido (*bonorum emptor*).

Além disso, no Direito clássico, a compensação não operava *ipso iure*, mas *ope exceptionis*: manifestava-se no plano processual e por iniciativa do interessado em, dela, beneficiar[898].

A precisão de análise e o sentido de equilíbrio das soluções romanas é impressionante. Constitui um património que a civilística nacional não pode continuar a dissipar: dogmática e história estão ontologicamente interligadas[899]

146. A compensação nos *bonae fidei iudicia*

I. O texto básico em matéria de compensação é o das *Institutiones*, de Gaius[900-901]. A matéria começa por ser apresentada com alguma generalidade[902]:

continetur, ut habita ratione eius, quod inuicem actorem ex eadem causa praestare oporteret, in reliquum eum, cum quo actum est, condemnare.

Posto isso, Gaius recorda quais são os juízos de boa fé[903]: enumera[904] a compra e venda, a locação, a gestão de negócios, o mandato, o depósito,

---

[897] Cf., com indicações, GUIDO ASTUTI, *Compensazione* (*storia*), ED VIII (1961), 1-17 (1 ss.).

[898] ASTUTI, *Compensazione* cit., 1/II.

[899] *Vide* o importante escrito de EDUARD PICKER, *Rechtsdogmatik und Rechtsgeschichte*, AcP 201 (2001), 763-859.

[900] Na edição de M. DAVID cit., 136 ss..

[901] Quanto a GAIUS, cf. SEBASTIÃO CRUZ, *Direito romano*, 1, 4.ª ed. (1984), 393 ss. e SANTOS JUSTO, *Direito romano*, 1.º vol. cit., 88, nota 352.

[902] Gaio, 4, 61.

[903] O elenco dos *bonae fidei iudicia* veio a alargar-se, ao longo da História do Direito romano, desde Quintus Mucius Scaevola – cf. CÍCERO, *De officiis*, 3.17.70 = *M. Tulli*

392   A compensação (excurso)

a fidúcia, a sociedade, a tutela e a *res uxoria*[905]. Pois bem: nos *bonae fidei iudicia*[906],

> *liberum est tamen iudici nullam omnimo inuicem compensationis rationem habere; nec enim aperte formulae uerbis praecipitur; sed quia id bonae fidei iudicio conueniens uidetur, ideo officio eius contineri creditur.*

II. Ao contrário do que poderia resultar de uma leitura apressada de Gaius, o juiz não era totalmente livre de compensar, fosse qual fosse a fonte dos débitos contrapostos em presença: a *compensatio* operava quando o crédito e o contracrédito proviessem do mesmo contrato. Numa primeira fase, autores como Appleton explicavam o fenómeno através de ideias exógenas da boa fé ou da equidade[907]. Doutrina ulterior veio a, no fenómeno, encontrar uma aplicação prática alargada da reciprocidade das fórmulas[908].

III. Mau grado a apontada limitação, os *bonae fidei iudicia* desenvolveram, em conjunto com a ideia de elasticidade, a eles inerente, a da praticabilidade da compensação. Esta, primeiro vocabularmente e, depois, em moldes substantivos, ficou associada à boa fé e aos valores por ela comportados[909].

147. A compensação do banqueiro (*argentarius*)

I. Roma foi um grande centro militar, político e administrativo. Mas foi ainda um grande centro económico e financeiro. Operações de tipo

---

Ciceronis, De officiis Libri tres, publ. H. A. HOLDEN (1899, reimpr., 1966), 120 – até Gaio e, depois, até Justiniano.

[904] *Da boa fé*, 73 ss., com indicações; *vide* GAIO, *Institutiones* cit., 4, 62.

[905] A *actio rei uxoriae* destinava-se a recuperar o dote da mulher, em caso de dissolução do casamento.

[906] GAIO, *Institutiones* cit., 4, 63.

[907] APPLETON, *Histoire de la compensation* cit., 62 e 64.

[908] BIONDO BIONDI, *La compensazione nel diritto romano* (1927), 19; GIUSEPPE PROVERA, *Iudicium contrarium*, NssDI 9 (1963), 341-343; ASTUTI, *Compensazione (storia)* cit., 1/II ss.; SIRO SOLAZZI, *La compensazione nel diritto romano*, 2.ª ed. (1950), 5 ss..

[909] *Da boa fé*, 81 ss. (88 ss.).

§ 44.º *Evolução histórica* 393

diverso eram conduzidas pelos *argentarii*[910]. Numerosos e bem organiza-dos, os *argentarii* asseguravam financiamentos complexos e transferências de vulto, com ramificações em todo o Império: uma teia financeira que só seria realcançada no século XIX.

No Direito romano teria faltado um Direito comercial, similar ao que viria a florescer no Continente europeu. A afirmação, que não é inquestio-nada[911], poderá ter a seguinte explicação: todo o Direito romano do pro-cesso formulário, particularmente o dos *bonae fidei iudicia*, desenvol-veu-se em torno das necessidades do comércio. Roma não teria, assim, um específico Direito comercial pela mais simples e definitiva das razões: todo o Direito civil era comercial!

Isto posto, passamos a considerar a compensação do banqueiro.

II. Segundo o texto de Gaius[912]:

> *Alia causa est illius actionis, qua argentarius experitur: nam is cogi-tur cum compensatione agere, et ea compensatio uerbis formulae exprimi-tur, adeo quidem, ut [itaque] ab initio compensatione facta minus intendat sibi dari oportere, ecce enim si sestercium x milia debeat Titio, atque ei xx debeantur, sic intendit: si paret titium sibi x milia dare oportere amplius quam ipse titio debet*[913].

De facto, na Antiga Roma como hoje, o banqueiro lidava com nume-rosos clientes e tinha uma especial facilidade em mover-se no campo

---

[910] CARLOS FADDA, *Istituti commerciali del diritto romano/Introduzione* (1903, reimpr., 1987, com notas de LUCIO BOVE), 104; ALFONS BÜRGE, *Fiktion und Wirklichkeit: Soziale und rechtliche Strukturen des römischen Bankwesens*, SZRom 104 (1987), 465-558.

[911] *Manual de Direito comercial*, 2.ª ed., 43 ss..

[912] GAIO, *Institutiones* cit., 4.64.

[913] O troço transcrito poderá ser traduzido nos termos seguintes:

Diferente [da dos juízos de boa fé] é a acção de que se serve o banqueiro, uma vez que ele deve agir *cum compensatione* e esta compensação é expressamente indi-cada pela fórmula, de tal modo que, desde o início do processo, ele pede menos do que aquilo que lhe é devido, tendo operado ele próprio a compensação. Se, por exemplo, ele deve dez mil sestércios a Titius e se Titius lhe deve vinte mil, a *inten-tio* do *argentarius* seria assim concebida: se se mostrar que Titius me deve dez mil a mais do que eu próprio lhe devo.

394 *A compensação (excurso)*

forense[914]. Poderia, assim, intentar acções por qualquer um dos créditos de que fosse titular e isso independentemente dos direitos que pudessem assistir ao seu cliente.

III. Na sequência de uma inovação pretoriana, o banqueiro era obrigado a agir, contra o seu cliente, *cum compensatione*. Esta não era um *plus* inerente à acção, como sucedia nos *bonae fidei iudicia*: antes se tratava de uma delimitação negativa da própria fórmula[915], operando *ipso iure*[916].

Em termos actualistas, poderíamos explicar a compensação do *argentarius* dizendo que, por criação pretoriana e dados os valores em presença, o banqueiro, perante um fluxo de negócios com determinado cliente, apenas poderia demandar este pelo saldo[917]: uma solução a reter.

148. A compensação do adquirente da massa falida (*bonorum emptor*)

I. Seguindo a enumeração de Gaio, temos o terceiro caso de compensação: o do adquirente da massa falida (em linguagem actual) ou, mais precisamente: o do *bonorum emptor*.

Cabe recordar alguns aspectos do sistema romano da execução por dívidas e da sua evolução.

Numa fase inicial, tudo seria entregue à justiça privada. Um primeiro progresso adveio da Lei das XII Tábuas, que procurou pôr cobro ao desforço pessoal, regulando as consequências do incumprimento.

Como ponto de partida, a dívida devia ser confessada ou devia verificar-se a condenação judicial do devedor no seu cumprimento; prevenia-se, deste modo, qualquer arbítrio no domínio da existência da própria posição a defender. De seguida, havia que esperar trinta dias, durante os quais o devedor tentaria ainda arranjar meios para cumprir. Decorridos os trinta dias, dava-se a *manus iniectio indirecta:* o devedor era preso pelo tribunal (se

---

[914] *Vide* o grande clássico de HEINRICH DERNBURG, *Geschichte und Theorie der Compensation nach römischem und neuerem Rechte mit besonderer Rücksicht auf die preussische und französische Gesetzgebung*, 2.ª ed. (1868), XXVIII + 612 pp.. Cf., aí, 22 ss..

[915] APPLETON, *Histoire de la compensation* cit., 93 ss.; SOLAZZI, *La compensazione nel diritto romano* cit., 31 ss..

[916] ASTUTI, *Compensazione* cit., 4/II.

[917] BIONDO BIONDI, *Compensazione (Diritto romano)*, NssDI III (1959), 719-722 (720/II). Anteriormente: J. KOHLER, *Kompensation und Prozess*, ZZP 20 (1894), 1-74 (3).

§ 44.° Evolução histórica

fosse pelo próprio credor, ela seria *directa*) e, não pagando, era entregue ao credor que o levava para sua casa, em cárcere privado; aí podia ser amarrado, mas devia ser alimentado, conservando-se vivo. Durante sessenta dias ficava o devedor assim preso, nas mãos do credor, que o levaria consecutivamente a três feiras, com grande publicidade, para que alguém o resgatasse, pagando a dívida; nesse período, ele poderia pactuar com o credor o que ambos entendessem ou praticar o *se nexum dare,* entregando-se nas suas mãos como escravo. Se passado esse tempo nada se resolvesse, o credor podia tornar o devedor seu escravo, vendê-lo fora da cidade (*trans Tiberim*) ou matá-lo, *partes secanto* (esquartejando-o); havendo vários credores, as *partes* deviam ser proporcionais à dívida; mas se alguém cortasse mais do que o devido, a lei não previa especial punição.

Toda esta minúcia – que chegava ao ponto de fixar o peso máximo das grilhetas com que podia ser preso o devedor e de determinar o mínimo de alimentos que lhe deviam ser dados, enquanto estivesse no cárcere privado – traduzia já, ao contrário do que possa parecer, um progresso importante na caminhada tendente a tutelar a personalidade humana.

Novos passos foram dados, ainda no Direito romano. A *Lex Poetelia Papiria de nexis,* de 326 a. C., reagindo a graves questões sociais entretanto suscitadas[918], veio proibir o *se nexum dare* e evitar a morte e a escravatura do devedor.

Depois, admitiu-se que, quando o devedor tivesse meios para pagar, a ordem do magistrado se dirigisse à apreensão desses meios e não à prisão do devedor: pela *missio in possessionem* os bens eram retirados e vendidos, com isso se ressarcindo o credor.

A *Lex Julia* veio admitir que o próprio devedor tomasse a iniciativa de entregar os seus bens aos credores – *cessio bonorum* – evitando a intromissão infamante do tribunal.

II. Seja pela *missio in possessionem,* seja pela *cessio bonorum,* a execução do devedor inadimplente assumia uma feição patrimonial. Com determinados formalismos[919]. No termo, operava a venda do património do insolvente: a *bonorum venditio.*

---

[918] As peripécias que terão levado à aprovação desta lei podem ser seguidas em Titus Livius, *Ab urbe condita* 2.23 = Foster, *Livy in fourteen volumes,* ed. bilingue (1967), 1.° vol., 291-293 e *passim*; cf. Jean Imbert, *"Fides" et "nexum",* St. Arangio-Ruiz (1953), 339-363 (342, 343 e 355) e Sebastião Cruz, *Da "solutio"/terminologia, conceito e características, e análise de vários institutos afins,* I – *Épocas arcaica e clássica* (1962), 37, nota 58.

[919] Em especial, Giovanni Elio Longo, *Esecuzione forzata (diritto romano),* NssDI VI (1960), 713-722 (717 ss.), com indicações.

O adquirente – o *bonorum emptor* – comprava em bloco o património falimentar e ficava obrigado a pagar todos os débitos do falido, na proporção do preço por ele oferecido na hasta pública[920]. Pela compra, o *bonorum emptor* ficava sub-rogado nos direitos e obrigações que o falido tivesse contra terceiros. Dispunha de duas vias para actuar esses direitos, ou para ser convencido nas obrigações correspondentes, na base de duas *actiones utiles*: a *serviana*, pela qual o *bonorum emptor* era equiparado a um herdeiro, e a *rutiliana*, que operava uma transposição de nomes, na fórmula respectiva[921].

III. Justamente neste ponto havia que intercalar a compensação[922]. Quando o *bonorum emptor* fosse, ele próprio, credor da massa, poderia fazer-se pagar por inteiro. Mas caso o terceiro credor da massa pretendesse ser pago, apenas receberia a depauperada parcela que o *emptor* tivesse acordado, aquando da compra. Perante isso, pareceu ao pretor que seria injusto que, por via serviana ou rutiliana, o *emptor* pudesse cobrar, por inteiro, o que o terceiro devesse à massa, pagando-lhe, apenas em parte, o que o mesmo terceiro dela tivesse a haver. A tal propósito, diz Gaio[923].

> *Item [de] bonorum emptor cum deductione agere iubetur, id est ut in hoc solum adversarius eius condemmetur, quod superest deducto eo, quod inuicem ei bonorum emptor defraudatoris nomine debet*[924].

Gaio explicitou o seu pensamento deixando clara a diferença entre a compensação do *emptor* e a do *argentarius*. Diz ele[925]:

> *Inter compensationem autem, quae argentario opponitur, et deductionem, quae obicitur bonorum emptori, illa differentia est, quod in compen-*

---

[920] De acordo com os exemplos das fontes, o preço costumava ficar abaixo do valor real do património, o qual já era insuficiente, em regra, para pagar as dívidas; daí que os credores do falido recebessem, apenas, uma pequena percentagem dos seus créditos.

[921] LONGO, *Esecuzione forzata (diritto romano)* cit., 719/II.

[922] SOLAZZI, *La compensazione nel diritto romano* cit., 65 ss..

[923] GAIO, *Institutiones* cit., 4, 65.

[924] Cuja tradução aproximada, confrontada com APPLETON, *Histoire de la compensation* cit., 158, é a seguinte:

> Da mesma forma, o *bonorum emptor* é obrigado a agir *cum dedutione*, isto é, de modo que o seu adversário só seja condenado após a dedução do que o *bonorum emptor* lhe deve em nome do falido.

[925] GAIO, *Institutiones* cit., 4, 66.

§ 44.º Evolução histórica

sationem hoc solum vocatur, quod eiusdem generis et naturae est: ueluti pecunia cum pecunia compensatur, triticum cum tritico, uinum cum uino, adeo ut quibusdam placeat non omni modo uinum cum uino aut triticum cum tritico conpensandum, sed ita si eiusdem naturae qualitatisque sit. in deductionem autem uocatur et quod non est eiusdem generis; itaque si [uero] pecuniam petat bonorum emptor et inuicem frumentum aut uinum is debeat, deducto quanti id erit, in reliquum experitur[926].

IV. A precisão do texto de Gaio é tão elevada, que poderíamos, em termos actualistas, perguntar se a *deductio* do *bonorum emptor* seria uma verdadeira compensação, ou se não estaríamos perante uma mera operação matemática, de tipo "encontro de contas", que não exigisse operações jurídicas autónomas. Como veremos e no Direito actual, pode fazer-se uma distinção entre a compensação (*Aufrechnung*) e o levar à conta (*Anrechnung*): a primeira é potestativa, enquanto a segunda corresponde a um encontro automático de valores[927].

Todavia, os próprios jurisconsultos romanos, a propósito do *argentarius* e do *bonorum emptor*, falavam em *compensatio*. E incluíam essas figuras num naipe com outras, tudo em conjunto. Trata-se, assim, histórica e culturalmente e à luz do Direito da sua época, de compensação.

149. O rescrito de Marco Aurélio

I. A compensação clássica, limitada às três descritas hipóteses, seria alterada pela subsequente evolução do Direito romano. Os traços dessa evolução ficaram consignados nas *Institutiones* de Iustinianus, em termos que levantam especiais dúvidas.

---

[926] *Idem*, tradução aproximada:

Entre a compensação que é oposta ao *argentarius* e a *deductio* que detém o *bonorum emptor*, a diferença está em que na compensação apenas pode ser invocado o que tenha o mesmo género e natureza: o dinheiro é compensado com dinheiro, o trigo com o trigo, o vinho com o vinho; e não um trigo com um trigo, o vinho com um vinho quaisquer, mas apenas se tiverem a mesma qualidade. Na *deductio* opera-se, porém, com o que não seja do mesmo género; portanto, se o *bonorum emptor* reclama dinheiro, sendo credor de cereais ou de vinho, é feita a dedução do valor deste crédito: ele obterá a condenação quanto ao resto (*in reliquum*).

[927] Sobre o tema: CHRISTIAN VIERRATH, *Anrechnung und Aufrechnung* (2000), 3 ss. e *passim*.

398   *A compensação (excurso)*

Diz-nos o texto em causa[928]:

> *In bonae fidei autem iudiciis libera potestas permitti videtur iudici ex bono et aequo aestimandi, quantum actori restitui debeat, in quo et illud continetur, ut, si quid invicem actorem praestare oporteat, eo compensato in reliquum is cum quo actum est condemnari debeat. sed et in strictis iudiciis ex rescripto divi Marci opposita doli mali exceptione compensatio inducebatur[929].*

II. A interpretação deste troço suscitou as maiores dificuldades, ao longo da História[930]. A sua efectivação exigiria, desde logo, um aprofundamento da natureza e do papel dos rescritos, fora do âmbito do presente Tratado. Procuraremos, todavia, reunir algumas reflexões úteis para os propósitos desta pesquisa.

Os especialistas hesitam em, ao rescrito de Marco Aurélio, dar uma interpretação que alargue a compensação a todos os juízos, a coberto da *exceptio doli*. Vamos ver, no essencial, porquê.

III. O Direito romano, na base de Gaio[931] e com desenvolvimento no Direito comum, reconhecia um papel duplo à *exceptio doli*[932]. Nuns casos,

---

[928] I. 4.6.30 = Okko Behrends/Rolf Knütel/Berthold Kupisch/Hans Hermann Seiler, *Corpus Iuris Civilis/Die Institutionen* (1993); cf., aí, 228-229.

[929] A tradução aproximada, em língua portuguesa, será:

> Nas acções de boa fé faculta-se ao juiz o poder de determinar, *ex bono et aequo*, quanto deve ser restituído ao autor. Por isso fica também incluído que o réu, quando o autor, pelo seu lado, também esteja obrigado a prestar algo, seja condenado, após a competente compensação, a pagar apenas o resto. Mas também nas acções de direito estrito, através de um rescrito do Imperador Marco Aurélio, sendo oposta a excepção de *dolus malus*, a compensação era actuada.

[930] Appleton, *Histoire de la Compensation* cit., 265 ss. e 318 ss., referindo diversos "sistemas" destinados a explicar o rescrito em causa; Heinrich Siber, *Compensation und Aufrechnung* (1899), 6, J. Kohler, *Kompensation und Prozess* cit., 7; Kretschmar, *Über die Entwicklung der Kompensation im römischen Rechte* cit., 3 ss. (7); Stampe, *Das Compensationsverfahren im Vorjustinianischen stricti juris judicium* cit., 46 ss.; Upmeyer, *Ipso iure compensari / Ein Beitrag zur Lehre von der erfüllungssichernden Rechtsverhält-nissen* (1914), 32 ss., Biondi, *Compensazione (diritto romano)* cit., 720/II; Siro Solazzi, *La compensazione nel diritto romano* cit., 97 ss..

[931] Gaio, *Institutiones* cit., 4, 116 e 117; cf. Filippo Milone, *La exceptio doli (generalis)/Studio di diritto romano* (1882, reimpr., 1970), 59.

[932] Cumpre recordar a monografia maciça e clássica de Otto Wendt, *Die exceptio doli generalis im heutigen Recht oder Treu und Glauben im Recht der Schuldverhältnisse*,

§ 44.° Evolução histórica

o réu invocava a prática, pelo autor, de dolo no momento em que a situação levada a juízo se formara: era a *exceptio doli praeteriti* ou *specialis*[933], cujos rastos nos aparecem, hoje, na figura do dolo na conclusão do negócio – artigos 253.° e 254.° do Código Civil português vigente. Noutros casos, o réu defendia-se invocando estar o autor incurso em dolo, no momento da discussão da causa: era a *exceptio doli praesentis* ou *generalis*[934]. A *exceptio doli (generalis)* teve, depois, uma larga evolução, tendo contribuído para figuras como a retenção e a compensação. Ela estará em causa no desenvolvimento subsequente.

IV. Uma das manifestações de bom equilíbrio jurídico, depois reconduzidas a uma ideia envolvente de *exceptio doli* corresponde à fórmula de Paulus[935]:

dolo facit qui petit quod statim redditurus est[936].

Justamente aqui poderia estar uma específica demonstração da *exceptio doli*, consubstanciada na compensação: mesmo nos juízos do Direito estrito, não seria possível, na interpretação proclamada vinculativa pelo rescrito de Marco Aurélio, exigir o que, de seguida, tivesse de ser restituído, sob pena de *dolus praesens*.

Haveria que actuar a compensação.

150. *Ipso iure compensari* (533 d. C.)

I. O passo definitivo no sentido da generalização da compensação foi dado por Justiniano, ficando consignado no *corpus iuris civilis*.

A reforma era parcialmente necessária pelas facilidades concedidas por Marco Aurélio e que, articuladas com o anterior esquema formulário, deviam ocasionar um sistema de difícil apreensão e controlo. A evolução é-nos relatada pelas *Institutiones*, originando infindáveis dúvidas de interpretação e de reconstrução histórica.

AcP 100 (1906), 1-417 (8 ss.) e, precisamente no Direito comercial, RÖMER, *Die exceptio doli insbesondere im Wechselrecht*, ZHR 20 (1874), 48-83 (48).

[933] WILHELM GADOW, *Die Einrede der Arglist*, JhJb 84 (1934), 174-203 (175).

[934] GADOW, *Die Einrede der Arglist* cit., 176.

[935] WENDT, *Die exceptio doli generalis* cit., 63 ss..

[936] Ou seja: *comete dolo aquele que pede o que deva restituir logo de seguida.*

400   *A compensação (excurso)*

II. Após referenciar o rescrito de Marco Aurélio, dizem as *Institutiones*[937-938]:

> *Sed nostra constitutio eas compensationes, quae iure aperto nituntur, latius introduxit, ut actiones ipso iure minuant sive in rem sive personales sive alias quascumque, excepta sola depositi actione, (...)*[939].

Fica-nos, assim, uma imagem de progressivo alargamento, às quais Justiniano intentou dar uma feição normativa.

III. Efectivamente, as facilidades concedidas, no Baixo Império, à compensação, levantaram múltiplas dúvidas. Pretendendo solucioná-las, Justiniano promulgou uma constituição cujo exacto sentido seria discutido durante os quinze séculos subsequentes[940]:

> *Compensationes ex omnibus actionibus ipso iure fieri sancimus nulla differentia in rem vel personalibus actionibus inter se observanda. Ita tamem compensationes obici iubemus, si causa ex qua compensatur liquida sit et non multis ambagibus innodata, sed possit iudici facilem exitum sui praestare. (...)*[941].

No essencial, a reforma cifrava-se nas proposições seguintes:

– a compensação era alargada, assumindo uma feição estrutural; recordamos que a contraposição entre as acções *in personam* e *in rem* era tradicional: não correspondia à estrutura dos vínculos em presença;

---

[937] I 4.6.30, 2.ª parte = ed. cit., 228-229.

[938] A *constitutio* referida no texto consta de C. 4.31.14, abaixo transcrito.

[939] Cuja tradução aproximada diz:

Mas a nossa constituição introduziu a compensação em termos mais amplos, de tal modo que as acções se limitam a si próprias só por força do Direito [*ipso iure*] sejam elas reais ou pessoais ou quaisquer outras; apenas se exceptuam as do depósito (...)

[940] C. 4.31.14 = ed. KRÜGER, 171/II.

[941] Cuja tradução aproximada será:

Pretendemos que as compensações sejam feitas de pleno direito (*ipso iure*) em todas as acções, sem qualquer distinção entre as acções reais e as pessoais. Contudo, determinamos que as compensações não operem a não ser que a causa dela seja líquida e não inundada de muitas dificuldades, mas antes possa o juiz facilmente sair delas. (...)

Cf. APPLETON, *Histoire de la compensation* cit., 412-413.

§ 44.º Evolução histórica

– a compensação só operava com recurso a uma *causa liquida*, isto é: perante obrigações nítidas e incontestáveis[942];

– a compensação passou a operar *ipso iure*, numa das mais discutidas proposições jurídicas de todos os tempos[943-944].

IV. Vamos reter, pela sua simplicidade, a explicação dada por Biondi: compensação *ipso iure* é, simplesmente, a compensação legal; contrapunha-se ao esquema anterior pelo qual ela advinha do juiz, sendo "judicial"[945]. Pelo esquema anterior, a compensação ocorreria no processo; operando *ipso iure*, o juiz teria uma mera função declarativa[946].

V. Decisivo para a evolução subsequente, com reflexos directos no Direito alemão, no Direito italiano e no actual Direito português é a explicação dada por Dernburg, ao *ipso iure*[947]. Afirma este Autor que tal locução:

– não pode querer dizer que ela derivaria de uma fórmula ordinária, sem introdução de uma excepção;
– não pode significar que ela operaria sem invocação das partes (*sine facto hominis*).

Considerando a evolução histórica, Dernburg explica que funcionar *ipso iure* significa aqui operar de acordo com as regras de Direito, por opo-

---

[942] *Liquida* tem sido traduzida por clara; trata-se de uma noção mais ampla do que a nossa liquidez; cf. APPLETON, *Histoire de la compensation* cit., 422 ss..

[943] APPLETON, *Histoire de la compensation* cit., 428 ss.. Vide DERNBURG, *Geschichte der Compensation* cit., 281 ss., BIONDI, *La compensazione nel diritto romano* cit., 127 ss. (*Il concetto di compensatio secondo il diritto giustinianeu è tuttora avvolto nel più fitto mistero*).

[944] Entre muitos, KRETSCHMAR, *Über die Entwicklung der Kompensation* cit., 65 ss.; HERMANN SCHWANERT, *Die Compensation nach Römischen Recht* (1870), 6, *passim*; SIRO SOLAZZI, *La compensazione nel diritto romano* cit., 147 ss., UPMEYER, *Ipso iure compensari* cit., 41 ss.; ASTUTI, *Compensazione* cit., 9 ss..

[945] BIONDI, *La compensazione* cit., 130-131.

[946] APPLETON, *Histoire de la compensation* cit., 483 ss., retomando uma ideia de autores que o antecederam, sustenta que *ipso iure* deriva de uma instrução dada pelo Imperador JUSTINIANO aos compiladores, para remover todas as antigas consagrações parcelares da compensação, unificando-a; todavia, foi mal entendido, pelo que o *ipso iure* se veio a somar às tais consagrações parcelares.

[947] H. DERNBURG, *Geschichte und Theorie der Kompensation*, 2.ª ed. cit., 309.

sição a uma anterior discricionariedade que podia enformar a conduta do magistrado[948]. Não se trataria de nenhuma reforma processual levada a cabo por Justiniano: antes teria um claro cerne material[949].

A explicação de Dernburg, à luz do *Direito romano actual*[950], não fica muito distante da solução histórica de Biondi, acima referida.

151. Período intermédio e pré-codificação

I. A compensação adveio-nos, do Direito romano, com toda uma evolução complexa e em textos de interpretação não unívoca. A essa luz, compreende-se que tenha suscitado diversas correntes e modos de concretização.

Como consequência das divergências interpretativas surgidas ao longo da História, acabariam por ocorrer dois distintos sistemas que compartilham, hoje, o espaço continental: o francês e o alemão. As géneses de um e de outro são curiosas, sendo certo que o posicionamento do Direito português, nesse campo, se mostra fundamental para o seu entendimento.

II. O problema da compensação prendeu a atenção dos glosadores, praticamente desde Irnério[951]. O grande tema em discussão era o *ipso iure* de Justiniano.

Martinus, discípulo de Irnério[952], entendia que:

ipso iure fit compensatio, etsi opponatur ab homine[953].

---

[948] *Idem*, 311-312.

[949] *Idem*, 313.

[950] E portanto: guiada por preocupações de harmonia e de sistematização dogmáticas, mais do que por uma ideia de estrita reconstituição histórica.

[951] As datas exactas do nascimento e da morte do primeiro grande glosador de Bolonha não são conhecidas: sabe-se que nasceu antes de 1100 e que faleceu depois de 1125; cf., com indicações, GERD KLEWHEYER/JAN SCHRÖDER (publ.), *Deutsche und Europäische Juristen aus neun Jahrhunderten/Eine biographische Einführung in die Geschichte der Rechtswissenschaft*, 4.ª ed. (1996), 211-215.

[952] MARTINUS GOSIA, nascido à roda de 1100 e notabilizado pelas suas glosas; FRIEDRICH CARL VON SAVIGNY, *Geschichte des römischen Rechts im Mittelalter*, IV, *Das 12. Jahrhundert*, 2.ª ed. (1850, reimpr. 1986), 124-140 e 481-493; HERMAN LANGE, *Römisches Recht im Mittelalter*, Band I – *Die Glossatoren* (1997), 170 ss..

[953] *Apud* ASTUTI, *Compensazione (storia)* cit., 14-15 (portanto: *a compensação ocorre **ipso iure**, mesmo que não seja oposta por uma pessoa*).

§ 44.° Evolução histórica

Contra, dizia-se:

eam fieri tunc demum, cum ab homine opposita fuerit[954].

Esta última opção, que apenas em casos excepcionais admitia a compensação sem uma intervenção do interessado, viria a colher sufrágios importantes, entre os quais o de Acúrsio (1185-1263)[955].

Contudo, autores houve que, embora minoritários, ao longo de todo o período intermédio sustentaram a natureza automática da compensação[956]. Curiosamente, é frequente ler-se, em livros de doutrina, a afirmação inversa: a de que prevaleceria, no Direito comum, a ideia do automatismo da compensação: seria esse o sentido de *ipso iure*[957].

III. A glosa de Acúrsio optou, pois, pela natureza não-automática da compensação. No entanto, na base da fórmula de Justiniano, ela continuaria a operar *ipso iure* e não *officio iudiciis*, com uma consequência prática da maior importância: uma vez actuada, ela jogaria em termos retroactivos[958].

IV. O Direito – particularmente o Direito civil – e um tanto à semelhança do que sucede com a própria História, vive, todavia, muito de acasos culturais.

Cujacius[959] retomaria as posições de Martinus, ainda que sem realizar propriamente um estudo histórico. Diz ele nos seus *Commentaria*, depois de breve alusão à evolução do instituto[960]:

Jure nostro, id est, Romanorum, compensatio in omnibus judiciis fit ipso iure.

---

[954] G. Bassiano, *apud* Astuti, ob. cit., 15/I (portanto: *ela* [a compensação] *será feita então apenas quando seja oposta por uma pessoa*).

[955] Astuti, ob. e loc. cit..

[956] Trata-se da opinião de Astuti, ob. e loc. cit..

[957] Por exemplo, Gerd Brüggemeier, *AK-BGB*, §§ 387-389 (1981), 489; Helmut Coing, *Europäisches Privatrecht 1500 bis 1800 – Band I – Alteres Gemeines Recht* (1985), 432 e *idem, 1800 bis 1914*, Band II – *19. Jahrhundert* (1989), 459-460.

[958] Astuti, *Compensazione (storia)* cit., 10/I.

[959] Jacobus Cuiacius (Jacob Cujas, 1522-1590); Cuiacius cita, em abono, Alciatus (1492-1550). Cf., quanto à evolução francesa e com algumas indicações, Jean Carbonnier, *Droit civil/4 – Les obligations*, 22.ª ed. (2000), 598.

[960] *Iacobi Cviacii Opera*, tomus IV (ed. de 1777), col. 69.

Passa, depois, a retirar diversas consequências dogmáticas dessa asserção, as quais apontam para um verdadeiro automatismo do *ipso iure*.

V. A convicção de Cujacius reflectir-se-ia, de modo directo e no período decisivo da pré-codificação francesa, em dois nomes-chave – Jean Domat (1625-1696) e Robert-Joseph Pothier (1699-1772). Ambos esses autores defenderam, com efeito, a natureza automática da compensação[961-962].

Cumpre transcrever o texto de Pothier, na saborosa tradução portuguesa de Corrêa Telles (1780-1849)[963]:

> Quando se diz que a compensação se faz *ipso jure* isto quer dizer que ella se faz por virtude da Lei sómente, sem que seja julgado pelo Juiz, ou sem que seja opposta por alguma das partes.
>
> Logo que aquelle que era credor de huma pessoa, vem a ser seu devedor de huma somma ou quantidade susceptivel de compensação com aquella de que elle he credor; e *vice versa*, logo que aquelle que era devedor de huma pessoa, vem a ser seu credor de somma susceptivel de compensação com aquella de que elle era devedor, a compensação se faz, e as dividas respectivas se extinguem em concorrente quantia, por virtude da Lei da compensação por si só.
>
> (...)
>
> O nosso principio que a compensação extingue as dividas respectivas *ipso juris potestate*, sem que tenha sido opposta nem julgada, he establecido não só pelas palavras *ipso jure*, de que se servem as Leis, mas também pelos effeitos que os textos de direito dão á compensação.
>
> (...)

---

[961] Assim, JEAN DOMAT, *Les loix civiles dans leur ordre naturel: le droit public et legum delectur* (1767), 243 ss. e R.-J. POTHIER, *Traité des Obligations*, *Oeuvres*, II (1848; o original é de meados do séc. XVIII), 345 ss..

[962] Sobre toda a evolução subjacente: TORQUATO CUTURI, *Trattato delle compensazioni nel diritto privato italiano* (1909), 171 ss..

[963] JOSÉ HOMEM CORRÊA TELLES, *Tratado das obrigações pessoaes e reciprocas nos pactos, contractos, convenções, & c. que se fazem a respeito de fazendas ou dinheiro, segundo as regras do foro da consciencia, e do foro externo, por Mr. POTHIER*, tomo II, Lisboa (1835), 122 ss..

§ 45.º O SISTEMA NAPOLEÓNICO

152. O Código Napoleão

I. Na sequência da feição assumida pela pré-codificação francesa, o Código Napoleão (1804), ainda em vigor, veio dispor, numa secção relativa à compensação[964]:

1289.º Lorsque deux personnes se trouvent débitrices l'une envers l'autre, il s'opère entre elles une compensation qui éteint les deux dettes, de la manière et dans les cas ci-après exprimés.

1290.º La compensation s'opère de plein droit par la seule force de la loi, mème a l'insu des débiteurs; les deux dettes s'éteignent réciproquement, à l'instant où elles se trouvent exister à-la-fois, jusqu'à concurrence de leurs quotités respectives.

1291.º La compensation n'a lieu qu'entre deux dettes qui ont également pour objet une somme d'argent, ou une certaine quantité de choses fungibles de la même espèce et qui sont également liquides et exigibles.
Les prestations en grains ou denrées, non contestées, et dont le prix est réglé par les mercuriales, peuvent se compenser avec des sommes liquides et exigibles.

1292.º Le terme de gràce n'est point un obstacle à la compensation.

1293.º La compensation a lieu, quelles que soient les causes de l'une ou l'autre des dettes, excepté dans le cas,
1.º De la demande en restitution d'une chose dont le propriétaire a été injustement dépouillé;
2.º. De la demande en restitution d'un dépôt et du prêt à usage;
3.º D'une dette qui a pour cause des alimens déclarés insaisissables.

---

[964] Utiliza-se uma das primeiras edições do *Code: Les cinq codes, Napoléon, de Procédure Civile, de Commerce, d'Instruction Criminelle, et Pénal*, T.D. (1811), 146; tratando-se da língua francesa, dispensamos a tradução em vernáculo.

1294.° La caution peut opposer la compensation de ce que le créancier doit an débiteur principal.

Mais le débiteur principal ne peut opposer la compensation de ce que le créancier doit à la caution.

Le débiteur solidaire ne peut pareillement opposer la compensation de ce que le créancier doit à son codébiteur.

1295.° Le débiteur qui a accepté purement et simplement la cession qu'un créancier a faite de ses droits à un tiers, ne peut plus opposer au cessionnaire la compensation qu'il eût pu, avant l'acceptation, opposer au cédant.

A l'égard de la cession qui n'a point été acceptée par le débiteur, mais qui lui a été signifiée, elle n'empêche que la compensation des créances postérieures à cette notification.

1296.° Lorsque les deux dettes ne sont pas payables au même lieu, on n'en peut opposer la compensation qu'en faisant raison des frais de la remise.

1297.° Lorsqu'il y a plusieurs dettes compensables dues par la même personne, on suit, pour la compensation, les règles établies pour l'imputation par l'article 1256.

1298.° La compensation n'a pas lieu au préjudice des droits acquits a un tiers. Ainsi celui qui, étant débiteur, est devenu créancier depuis la saisie-arrêt faite par un tiers entre ses mains, ne peut, au préjudice du saisissant, opposer la compensation.

1299.° Celui qui a payé une dette qui était de droit éteinte par la compensation, ne peut plus, en exerçant la créance dont il n'a point opposé la compensation, se prévaloir, au préjudice des tiers, des priviléges ou hypothèques qui y étaient attachés, à moins qu'il n'ait eu une juste cause d'ignorer la créance qui devait compenser sa dette.

II. A doutrina francesa subsequente não teve quaisquer dúvidas na interpretação e na aplicação do dispositivo napoleónico[965]: a compensação funciona automaticamente, embora haja que levar, ao conhecimento do juiz, a existência da dívida activa ou compensatória.

---

[965] Assim, MARCEL PLANIOL, *Traité Elémentaire de Droit civil*, 2, 3.ª ed. (1903), n.° 586 (193).

§ 45.º *O sistema napoleónico* 407

III. No actual Direito francês, a compensação é considerada um mecanismo legal. Subsidiariamente, surgem as compensações convencional e judiciária[966].

A compensação legal depende da presença, nos débitos implicados, de determinadas características ou qualidades; além disso, não poderá haver impedimentos legais à sua verificação.

Quanto às qualidades das obrigações compensáveis, temos:

– a reciprocidade: as obrigações devem ser inversas, de tal modo que os dois intervenientes sejam, em simultâneo, credor e devedor um do outro;
– a fungibilidade: as duas obrigações devem recair sobre coisas fungíveis; na prática: dinheiro;
– a liquidez: *an*, quanto à sua existência e *quantum*, quanto ao seu montante;
– a exigibilidade: excluem-se as obrigações não vencidas, condicionais ou a termo.

IV. A lei coloca obstáculos à compensação, em certas situações. Assim:

– no interesse de alguma das partes: tal sucede com créditos de alimentos e com créditos impenhoráveis, com relevo para os laborais;
– no interesse de terceiros: o caso de haver um crédito já penhorado, como exemplo.

V. Na falta de algum ou alguns destes requisitos, são possíveis compensações convencionais ou judiciais.

Na primeira hipótese, as partes podem acordar, por exemplo, numa compensação que implique débitos ilíquidos ou não exigíveis. A compensação convencional só produz efeitos após o acordo: não no momento da mera coexistência das dívidas.

---

[966] Cf. as exposições de Jean Carbonnier, *Droit civil/4 – Les obligations*, 22.ª ed. (2000), 594 ss. e de François Terré/Philippe Simler/Yves Lequette, *Droit civil/Les obligations*, 10.ª ed. (2009), 1373 ss., estes últimos com mais pormenores. Num prisma comparatístico cabe referir o clássico de Gerhard Kegel, *Probleme der Aufrechnung: Gegenseitigkeit und Liquidität/rechtsvergleichend dargestellt* (1938), 8 ss..

408 A compensação (excurso)

Na segunda, verifica-se também uma falta de qualidades necessárias para a compensação legal. Todavia, o demandado pode, por via reconvencional, invocar um contracrédito, altura em que o tribunal, dentro de certas margens, decidirá a compensação[967].

153. A natureza automática; apreciação

I. De acordo com o artigo 1290.° do Código Napoleão, a compensação produz efeitos assim que se mostrem reunidos os seus requisitos. E portanto: automaticamente, mesmo sem o conhecimento dos devedores. Trata-se de uma regra que remonta, como vimos, aos equívocos históricos tecidos em torno do *ipso iure compensare* e à leitura inexacta dele feita por Martinus[968].

Fala-se, por isso, em "pagamento forçado"[969]. Seria dispensado qualquer acto de vontade dos envolvidos: a compensação operaria sempre, mesmo contra a sua vontade, podendo contemplar incapazes não representados.

II. Esta orientação suscitou dúvidas quanto à sua bondade[970]. De facto, no coração do Direito privado, não se entenderia por que impôr às pessoas uma solução que, não sendo de ordem pública, lhes não conviesse.

E assim, a jurisprudência veio isolar determinados correctivos à natureza forçada da compensação. A saber:

– o devedor deve invocar a compensação, não podendo o tribunal aplicá-la *ex officio*[971];

---

[967] Tal o caso de o demandado deter, contra o demandante, um crédito não líquido; o tribunal, quando não entenda que a situação acarrete um excessivo atraso no processo, pode optar pela compensação.

[968] HENRI e LÉON MAZEAUD/JEAN MAZEAUD/FRANÇOIS CHABAS, *Leçons de Droit civil*/tomo II, vol. 1.° – *Obligations/théorie générale*, 9.ª ed. (1998), 1192.

[969] *Idem*, 1193.

[970] Cf. as prevenções de MARCEL PLANIOL/GEORGES RIPERT, colab. PAUL ESMEIN/JEAN RADOUANT/GABRIEL GABOLDE, *Traité pratique de Droit civil français*, tomo VII – *Les obligations*, II parte (1931), 622-624.

[971] CssFr 15-Jan.-1973, D. 1973.473-474, anot. J. GUESTIN, 475-477 (476). Cf. TERRÉ/SIMLER/LEQUETTE, *Les obligations*, 10.ª ed. cit., n.° 1408 (1388-1389).

§ 45.° O sistema napoleónico

– a compensação só interrompe a prescrição se for invocada[972];
– as partes podem renunciar à compensação, seja antecipadamente, seja depois de ela se verificar[973].

III. Finalmente, o artigo 1294/3 do Código Napoleão, segundo o qual o codevedor solidário não pode prevalecer-se da compensação produzida nas relações entre o credor e outro codevedor, contende, de certa forma, com uma compensação puramente automática[974].

IV. O sistema napoleónico da compensação automática tem merecido críticas diversas[975].

Particularmente no confronto com o alemão, que exige muito claramente uma declaração da vontade de compensar, o sistema francês surgiria menos nítido. Além disso, censura-se-lhe o pecado de origem: o erro histórico que estaria na origem da própria ideia do automatismo.

As críticas têm sido superadas, com duas considerações:

– por um lado, a evolução jurisprudencial consigna, na prática, um sistema que acaba por não dispensar a manifestação de vontade do interessado: o juiz não pode compensar de ofício;
– por outro lado, o sistema alemão[976], vindo reconhecer uma eficácia retroactiva à declaração compensatória, acaba, afinal, por se aproximar do sistema francês.

Em suma: podemos concluir que os sortilégios histórico-culturais do Direito privado nunca ignoram as realidades subjacentes a que se aplicam. Há, desta forma, como que uma convergência dos sistemas[977].

---

[972] CssFr 21-Mar.-1934, S 1934.1.361-366, anot. FRANÇOIS GÉNY.

[973] Com 21-Mar.-1995, RTDC 95 (1996), 163 (o sumário); PHILIPPE DRAKIDIS, *Des effets à l'égard des tiers de la renonciation à la compensation acquise*, RTDC 53 (1955), 238-253. Outros desenvolvimentos ligados a este ponto: a renúncia poria termo, retroactivamente, à compensação: CssFr 11-Mai.-1880, S 1881, 1, 107-108; além disso, ela pode ser tácita: CssFr 6-Jul.-1926, S 1926, 1, 358-359.

[974] H. e L. MAZEAUD/J. MAZEAUD/CHABAS, *Obligations*, 9.ª ed. cit., 1193-1194.

[975] RAYMOND SALEILLES, *Étude sur la théorie générale de l'obligation/d'après le premier projet de Code Civil pour l'Empire Allemand* (1914), 43 ss..

[976] *Infra*, 415 ss..

[977] JEAN CARBONNIER, *Les obligations*, 22.ª ed. cit., 599. Elementos comparatísticos podem ser confrontados em ZIMMERMANN, *Die Aufrechnung* cit., 718 ss..

154. A experiência italiana

I. O Direito civil italiano do século XIX, um tanto ao arrepio das suas raízes romanas, veio a aproximar-se do modelo napoleónico. No tocante à compensação, essa orientação foi seguida – e mesmo agravada – pelos códigos pré-unitários[978].

Dispõe, como exemplo, o Código Civil Sardo[979], de 1837, no seu artigo 1381:

> La compensazione si fa di pien diritto in virtù della legge, ed anche senza saputa dei debitori; nel momento stesso in cui i due debiti esistono contemporaneamente, questi reciprocamente si estinguono, sino alla concorrenza delle loro rispettive quantità.

II. Um preceito muito similar seria acolhido no Código Civil italiano de 1865[980]: artigo 1286.°. Perante isso, a doutrina explicava que, verificados os requisitos legais, a compensação operava sem necessidade de qualquer manifestação de vontade das partes[981].

Os requisitos legais, por seu turno, eram fixados: a certeza dos créditos recíprocos, a reciprocidade, a liquidez e a exigibilidade[982].

O sistema do Código Civil italiano de 1865 levantou dúvidas e suscitou algumas críticas. Em especial, verificava-se que[983]:

– não se dispunha quanto ao modo por que a compensação funcionava no processo;
– não se previa uma solução para a falta de alguns dos pressupostos e, em especial, o da liquidez;
– não se articulava sobre os poderes negociais das partes.

---

[978] CUTURI, *Trattato delle compensazioni* cit., 185-186.

[979] ANGELO BORON, *Codice civile per gli stati di S. M. il Re di Sardegna* (1842), 216; julgamos dispensáveis traduções de trechos escritos em língua italiana, com excepção do *codice civile* vigente, abaixo transcrito em português.

[980] T. BRUNO, *Codice civile del Regno d'Italia*, 6.ª ed. (1901), 353.

[981] CUTURI, *Trattato delle compensazioni* cit., 290.

[982] CUTURI, *Trattato delle compensazioni* cit., 204 ss., 212 ss., 254 ss. e 273 ss.. Cf. LODOVICO BARASSI, *La teoria generale delle obbligazioni*, vol. III, *L'attuazione*, 2.ª ed., reimp. (1964), 156 ss..

[983] MARIANO D'AMELIO/ENRICO FINZI, *Codice Civile/Libro delle obbligazioni/ /Commentario*, vol. I (1948), 144.

§ 45.º O sistema napoleónico

III. O Código Civil italiano de 1942 procurou responder a estes problemas. Na forma, ele manteve a ideia de uma compensação automática. Mas ela dependeria sempre da iniciativa das partes. Assim, segundo o artigo 1242.º do Código em causa,

> La compensazione estingue i due debiti dal giorno della loro coesistenza. Il giudice non può rilevarla d'ufficio.
> La prescrizione non impedisca la compensazione, se non era conjunta quando si è verificata la coesistenza dei due debiti.

Já no âmbito do Código antigo se concluíra pela necessidade de uma qualquer iniciativa das partes[984]. Desta feita consegue-se, de modo manifesto, uma aproximação ao esquema alemão.

IV. O Código italiano de 1942 dispensa, depois, um tratamento mais completo à compensação. Trata-se de um sistema que apresenta diversos desvios em relação ao esquema português – e isso mau grado a grande influência que o Código em questão teve na nossa codificação de 1966. Vamos dar conta do texto da secção dedicada à compensação:

Artigo 1241.º
(Extinção por compensação)

Quando duas pessoas estejam obrigadas uma para com a outra, os dois débitos extinguem-se pela quantidade correspondente, segundo as normas dos artigos seguintes.

Artigo 1242.º
(Efeitos da compensação)

A compensação extingue os dois débitos a partir do dia da sua coexistência. O juiz não pode relevá-la de ofício.

A prescrição não impede a compensação, se não estava completa quando se verificou a coexistência dos dois débitos.

---

[984] D'Amelio/Finzi, *Commentario* cit., 147; Ludovico Barassi, *La teoria generale delle obbligazioni* cit., 166.

Artigo 1243.º
(Compensação legal e judicial)

A compensação verifica-se só entre dois débitos que tenham por objecto uma soma em dinheiro ou uma quantidade de coisas fungíveis do mesmo género e que sejam igualmente líquidas e exigíveis.

Se o débito oposto em compensação não for líquido mas for de fácil e pronta liquidação, o juiz pode declarar a compensação pela parte do débito que reconheça existir, e pode ainda suspender a condenação pelo crédito líquido até à liquidação do crédito oposto em compensação.

Artigo 1244.º
(Dilacção)

A dilacção concedida gratuitamente pelo credor não é obstáculo à compensação.

Artigo 1245.º
(Débitos não pagáveis no mesmo local)

Quando os dois débitos não sejam pagáveis no mesmo local, devem computar-se as despesas de transporte para o lugar do pagamento.

Artigo 1246.º
(Casos nos quais não se verifica a compensação)

A compensação verifica-se qualquer que seja o título de um ou de outro débito, excepto nos casos:

1) de crédito pela restituição de coisas de que o proprietário tenha sido injustamente espoliado;
2) de crédito pela restituição de coisas depositadas ou dadas em comodato;
3) de créditos declarados impenhoráveis;
4) de renúncia à compensação feita previamente pelo devedor;
5) de proibição estabelecida pela lei.

Artigo 1247.º
(Compensação oposta por terceiros garantes)

O fiador pode opor em compensação o débito que o credor tenha para com o devedor principal.

O mesmo direito assiste ao terceiro que tenha constituído uma hipoteca ou um penhor.

§ 45.° *O sistema napoleónico*

Artigo 1248.°
(Inoponibilidade da compensação)

O devedor, se tiver aceitado pura e simplesmente a cessão que o credor tenha feito dos seus direitos a um terceiro, não pode opor ao cessionário a compensação que teria podido opôr ao cedente.

A cessão não aceite pelo devedor mas a este notificada, impede a compensação dos créditos surgidos posteriormente à notificação.

Artigo 1249.°
(Compensação de vários débitos)

Quando uma pessoa tenha para com a outra vários débitos compensáveis, observam-se para a compensação as disposições da segunda parte do artigo 1193[985].

Artigo 1250.°
(Compensação com relação a terceiros)

A compensação não se verifica em prejuízo dos terceiros que tenham adquirido direitos de usufruto ou de penhor sobre um dos créditos.

Artigo 1251.°
(Garantias anexas ao crédito)

Aquele que tenha pago um débito podendo invocar a compensação não pode mais valer-se, em prejuízo de terceiros, dos privilégios e garantias a favor do seu crédito, salvo se havia ignorado a sua existência por justo motivo.

Artigo 1252.°
(Compensação voluntária)

Por vontade das partes pode haver lugar a compensações ainda que não ocorram as condições previstas nos artigos precedentes.

As partes podem ainda estabelecer preventivamente as condições de tais compensações.

V. O regime italiano da compensação é considerado bastante satisfatório: não tem dado lugar a especiais dúvidas de aplicação[986].

---

[985] O artigo 1193.° do Código Civil italiano diz respeito à imputação do pagamento correspondendo *grosso modo* ao artigo 784.° do nosso Código Civil.

[986] Cf. PIETRO RESCIGNO (org.), *Codice civile*, 3.ª ed. (1997), 1326 ss..

§ 46.º O SISTEMA ALEMÃO

155. A elaboração pandectística

I. A solução napoleónica da compensação automática correspondia, de certa forma, à do Direito comum: ela operava automaticamente (*ipso iure*), sem necessidade de iniciativas especiais por parte dos intervenientes[987].
O estudo aprofundado a que o Direito romano foi submetido, durante o século XIX e no espaço alemão, conduziu a uma revisão do problema[988]. Deve-se a Dernburg a divulgação de uma leitura mais adequada do *ipso iure* justinianeu[989]. No fundamental, vem entender-se que a compensação, embora eficaz pela sua própria juridicidade (*ipso iure*), produz os seus efeitos através de uma declaração, feita pelo beneficiário, de querer compensar[990].

II. A construção "potestativa"[991] da compensação obteve um reconhecimento genérico na pandectística tardia, com relevo, para além do

---

[987] Liselotte Bunge, *Die Aufrechnung im englischen Recht unter besonderer Berücksichtigung der Aufrechnung im Konkurse* (1933), 3.

[988] Não se tratava, como é sabido, de uma preocupação de reconstrução histórica rigorosa do Direito romano (de resto: impossível, enquanto tal, uma vez que o Direito romano evoluiu durante mais de dez séculos!) mas, antes, da fixação de um "Direito romano actual" que desse corpo a um sistema harmónico. O próprio Direito antigo, pelas suas preocupações de equilíbrio e de equidade, tinha, em si, os motores de uma evolução; cf. Theo Mayer-Maly, *Juristische Reflexionen über ius*, SZRom 117 (2000), 1-29.

[989] Heinrich Dernburg, *Geschichte und Theorie der Compensation*, 2.ª ed. cit., 309 ss..

[990] Valeria de Lorenzi, *Compensazione* cit., 67/I e Kegel, *Probleme der Aufrechnung* cit., 3 ss..

[991] As aspas traduzem a natureza meramente descritiva do adjectivo "potestativo"; adiante veremos como enquadrar, perante directrizes científicas, a natureza da compensação.

416   *A compensação (excurso)*

próprio Dernburg[992], de nomes importantes como os de Arndts[993], de Goldschmidt[994] e de Windscheid[995].

III. Parece importante sublinhar que a vitalidade deste sistema teve, na origem, não – ou não apenas – meras preocupações de aperfeiçoamento universitário e científico: antes correspondeu a necessidades de ordem prática. Em todo o período da pré-codificação alemã, multiplicaram-se os casos atinentes à compensação, permitido revelar as diversas facetas do instituto, particularmente no Direito comercial.

Como exemplos, confrontámos, na antiga jurisprudência comercial: ROHG 11-Jun.-1873, perante a massa falida[996]; ROHG 28-Fev.-1874, quanto à invocação da compensação na réplica[997]; ROHG 10-Abr.-1875, no tocante à massa falida, em sociedade anónima[998]; ROHG 27-Nov.-1875, onde são tocados problemas quanto à compensação no processo[999].

Já sob o *Reichsgericht*, cumpre recordar: RG 28-Mar.-1881, reportando-se ao ALR[1000]; RG 11-Out.-1881, valorando uma compensação contratual[1001]; RG 19-Mai.-1882, sobre compensação parcial[1002]; RG 11-Out.--1883, referente à compensação a operar por uma sociedade em nome colectivo com o débito de um sócio[1003].

---

[992] DERNBURG/SOKOLOWSKI, *System des Römischen Rechts / Der Pandekten*, II, 8.ª ed. (1912), 680 ss..

[993] ARNDTS R. V. ARNESBERG, *Lehrbuch der Pandekten*, 13.ª ed. (1886), 531 ss. (535).

[994] LUDWIG GOLDSCHMIDT, *Die Rückwirkung des Kompensationsaktes/Ein Gutachten über den § 283 des Entwurfs eines Bürgerlichen Gesetzbuchs für das Deutsche Reich, dem Deutschen Juristentage* (1890), 7 ss..

[995] BERNHARD WINDSCHEID/THEODOR KIPP, *Lehrbuch des Pandektenrechts*, 9.ª ed. (1906, reimpr., 1984), § 349 (II, 463).

[996] ROHG 11-Jun.-1873, ROHGE 10 (1874), 165-169.

[997] ROHG 28-Fev.-1874, ROHGE 12 (1874), 287-289.

[998] ROHG 10-Abr.-1875, ROHGE 16 (1875), 353-358.

[999] ROHG 27-Nov.-1875, ROHGE 19 (1876), 76-77.

[1000] RG 28-Mar.-1881, RGZ 4 (1881), 330-334 (331-332).

[1001] RG 11-Out.-1881, RGZ 6 (1882), 253-255.

[1002] RG 19-Mai.-1882, RGZ 7 (1882), 243-249.

[1003] RG 11-Out.-1883, RGZ 11 (1884), 114-123.

§ 46.° *O sistema alemão* 417

IV. O projecto do que seria o Código Civil alemão, na sequência da elaboração doutrinária acima apontada, acabaria, efectivamente, por optar[1004]: a compensação deveria ser actuada através de uma declaração. Esta orientação passaria ao texto definitivo[1005], em termos que abaixo melhor explicitaremos.

156. O Código Civil alemão

I. O acesso mais directo ao sistema alemão poderá fazer-se através dos competentes textos do BGB. Passamos, assim, a traduzir o teor dos §§ relativos à compensação. Eles constam do terceiro título da secção referente à extinção das relações obrigacionais, após o cumprimento e a consignação em depósito.

§ 387 (Pressupostos)[1006]

Quando duas pessoas se devam mutuamente prestações que, segundo o seu objecto, sejam do mesmo tipo, pode cada uma das partes compensar o seu crédito contra o crédito da outra, desde que ela lhe possa exigir a prestação em débito e lhe possa efectivar a prestação devida.

§ 388 (Declaração de compensação)

A compensação efectiva-se através de declaração perante a outra parte. A declaração é ineficaz quando seja emitida sob condição ou a termo.

§ 389 (Eficácia da compensação)

A compensação leva a que os créditos, na medida em que mutuamente se cubram, se tenham como extintos desde o momento em que se tenham contraposto de modo adequado para a compensação.

[1004] Cf. LIPPMANN, *Zur Lehre von der Compensation nach dem Entwurfe des bürgerlichen Gesetzbuchs*, Gruchot XXXII (1893), 157-261 e o já cit. GOLDSCHMIDT, *Die Rückwirkung des Kompensationsaktes*.

[1005] Entre outros, *vide* J. KOHLER, *Die Aufrechnung nach dem Bürgerliche Gesetzbuche*, ZZP 24 (1898), 1-49 (1 ss.), JAKOB WEISMANN, *Die Aufrechnung nach dem Bürgerlichen Gesetzbuche*, ZZP 26 (1899), 1-42 (17 ss.) e HEINRICH SIBER, *Compensation und Aufrechnung* (1899), 82 ss..

[1006] As epígrafes foram introduzidas pela *Lei de Modernização do Direito das Obrigações*, de 26-Nov.-2001; no BGB original, os §§ não eram epigrafados.

§ 390 (Não há compensação
com um crédito excepcionável)[1007]

Não pode ser compensado o crédito contra o qual haja uma excepção.

§ 391 (Compensação perante a diversidade
de locais de prestação)

(1) A compensação não é excluída caso haja diversos lugares para a prestação ou para a entrega. Todavia, a parte que invoque a compensação deve indemnizar os danos, suportados pela outra parte, por, em consequência da compensação, não poder obter ou realizar a prestação no local determinado.

(2) Quando tenha sido acordado que a prestação deve ser efectivada num determinado momento ou num local determinado, deve aceitar-se, na dúvida, que a compensação de um crédito, para o qual exista outro local de prestação, deve ser excluída.

§ 392 (Compensação contra um crédito penhorado)

Ocorrendo a penhora de um crédito, a compensação de um crédito do devedor contra o credor só fica excluída quando o devedor tenha adquirido o seu crédito depois da penhora ou quando o seu crédito só se tenha tornado exigível depois da penhora e desde que isso tenha ocorrido depois da exigibilidade do crédito penhorado.

§ 393 (Exclusão perante créditos de actos ilícitos)

Não é admissível a compensação contra um crédito proveniente de um acto ilícito dolosamente praticado.

§ 394 (Exclusão perante créditos impenhoráveis)

Na medida em que um crédito não seja penhorável, a compensação não opera contra ele. No entanto, as prestações a haver de caixas de auxílios ou de falecimento, em especial de caixas corpos de mineiros ou de uniões de mineiros podem ser compensadas com cotizações em dívida.

[1007] Redacção dada pelo *Gesetz zur Modernisierung des Schuldrechts* de 26-Nov.- -2001, já referido; a alteração cifrou-se em retirar a compensabilidade dos débitos prescritos ... a qual passou para o capítulo sobre a prescrição.

§ 46.º O sistema alemão

§ 395 (Compensação entre créditos de Direito público)

Contra um crédito do *Reich* ou de um *Estado da União* assim como contra um crédito de uma comuna ou de uma outra associação comunal, só é admissível a compensação quando a prestação deva ser feita à mesma caixa da qual o crédito do compensante provenha.

§ 396 (Pluralidade de créditos)

(1) Quando alguma das partes disponha de diversos créditos aptos para a compensação, pode a parte compensante determinar os créditos que, mutuamente, se compensam. Se a compensação for declarada sem que essa indicação ou se a outra parte imediatamente se opuser, têm aplicação as disposições do § 366/2[1008].

(2) Se a parte que compensa deve à outra parte, além da prestação principal, juros e custos, têm aplicação as regras do § 367.

II. Os requisitos da compensação têm vindo a ser determinados, em termos confluentes, pela doutrina mais antiga[1009], pela intermédia[1010] e pela actual[1011].

Assim, temos:

– a reciprocidade: o devedor de uma prestação deve ser credor do seu credor[1012];
– a homogeneidade: os créditos devem ser do mesmo tipo[1013];

[1008] O § 366 respeita à imputação do cumprimento, contendo o seu n.º 2 as regras supletivas; equivale ao artigo 784.º do Código Civil.

[1009] Assim, ERNST WEIGELIN, *Das Recht zur Aufrechnung als Pfandrecht an der Eigenen Schuld/Ein Beitrag zur Lehre von der Aufrechnung nach deutschem Reichsrechte* (1904), 50 ss. e HELMUT DELBRÜCK, *Anfechtung und Aufrechnung als Prozessandlungen mit Zivilrechtswirkung* (1915), 86 ss..

[1010] P. ex., GERD BRÜGGEMEIER, *AK-BGB* §§ 387-389 (1980), 490 ss. e KARL LARENZ, *Lehrbuch des Schuldrechts* cit., 1, 14.ª ed., 256 ss..

[1011] P. ex., JOACHIM GERNHUBER, *Die Erfüllung und ihre Serrogate/sowie das Erlöschen der Schukdverhältnisse aus anderen Gründen*, 2.ª ed. (1994), 225 ss.. WOLFGANG FIKENTSCHER, *Schuldrecht*, 9.ª ed. (1997), 201 ss. e DIETER MEDICUS, *Schuldrecht I/Allgemeiner Teil*, 13.ª ed. (2002), 131 ss..

[1012] BGH 26-Mar.-1981, BGHZ 80 (1981), 222-228 (225), apesar de não ter total aplicação no caso, onde estava presente uma sociedade civil sob forma civil; cf. GERNHUBER, *Die Erfüllung*, 2.ª ed. cit., 233 ss..

[1013] BGH 1-Jun.-1978, BGHZ 71 (1978), 380-386 (382-383).

420 *A compensação (excurso)*

– a exigibilidade do crédito activo: o crédito com o qual se pretende compensar deve ser líquido e exigível[1014]; não pode haver excepções, salvo a da prescrição;
– a exequibilidade do crédito passivo: o devedor que invoca a compensação deve ter legitimidade para o cumprimento.

Podemos considerar, perante este quadro, que existe confluência com o sistema francês.

157. A eficácia retroactiva

I. À primeira vista, a grande diferença entre o sistema alemão da compensação e o francês residiria na natureza potestativa do primeiro, contra a automática do segundo. Todavia, os sistemas vieram a aproximar-se, também neste ponto, mercê do tipo de eficácia que foi reconhecida à compensação germânica: uma eficácia retroactiva.

II. O momento de eficácia da compensação deu lugar, na pandectística tardia e na primeira civilística do BGB, a controvérsias hoje clássicas[1015]. Assim, temos a considerar:

– a teoria da retracção ou da retroactividade: a compensabilidade, só por si, não produz efeitos; actuada validamente, a compensação retroage, operando a partir do momento em que surgiram os seus requisitos: tal a opção de Puchta[1016], de Arndts[1017], de Vangerow[1018] e de Enneccerus/Lehmann[1019];
– a teoria de afectação: com a compensabilidade, ambos os créditos são atingidos por excepções; todavia, tais excepções operam a partir do momento em que surgiram as condições objectivas para ser

---

[1014] Cf., quanto à liquidez, KEGEL, *Probleme der Aufrechnung* cit., 158 ss..

[1015] ERNST WEIGELIN, *Das Recht zur Aufrechnung* cit., 6-7.

[1016] PUCHTA/RUDORF, *Cursus der Institutionen*, 3.º vol. (1847), 134.

[1017] L. ARNDTS R. v. ARNESBERG, *Lehrbuch der Pandekten* cit., § 265 (536).

[1018] KARL ADOLPH VON VANGEROW, *Leitfaden für Pandekten-Vorlesungen*, 3.º vol. (1847) 353.

[1019] ENNECCERUS/LEHMANN, *Recht der Schuldverhältnisse*, 15.ª ed. cit., 287.

§ 46.º *O sistema alemão* 421

actuada: é a escolha de Dernburg[1020], de Brinz[1021] e de Windscheid[1022];

– a teoria da pendência ou da suspensão: a compensabilidade desencadeia a compensação na condição de, mais tarde, a compensação ser actuada: este o voto, entre outros, de Oertmann[1023];

– a teoria negativista: a compensabilidade, só por si, não produziria quaisquer efeitos; estes surgiriam com a sua actuação, extinguindo créditos até então intocados.

[1020] HEINRICH DERNBURG, *Geschichte und Theorie der Kompensation*, 2.ª ed. cit., § 70, 594 ss. e DERNBURG/SOKOLOWSKI, *System des Römischen Rechts/Der Pandekten*, II, 8.ª ed. cit., 686.

[1021] ALOIS VON BRINZ, *Lehrbuch der Pandekten*, 2.ª ed. (1876), 1, 643.

[1022] BERNHARD WINDSCHEID/THEODOR KIPP, *Lehrbuch des Pandekten*, 2, 9.ª ed. cit., 427 ss.; na 3.ª ed. (1870), 289 ss..

[1023] PAUL OERTMANN, *Die Aufrechnung im Deutschen Zivilprozessrecht* (1916), 3.

§ 47.° O *COMMON LAW*

158. O *set off*

I. No Direito inglês, a compensação é desconhecida enquanto instituto substantivo próprio das obrigações. Opera, antes, um esquema processual, que assegura, na prática, a sua função: trata-se do *set off* ou *set-off*[1024-1025]. Trata-se de um esquema que foi introduzido pela *equity*, um tanto à semelhança do rescrito de Marco Aurélio[1026].
Retemos a definição clássica de Thomas W. Watermann:

> Set-off signifies the subtraction or taking away of one demand from another opposite or cross demand, so as to distinguish the smaller demand and reduce the greater by the amount of the less; or, if the opposite demands are equal, to extinguish both. It was also, formerly, sometimes called stoppage, because the amount sought to be sett-off was *stopped* or deducted from the cross demand[1027].

II. A compensação no Direito inglês desenvolveu-se lentamente[1028-1029]. Apenas na primeira metade do século XVIII, duas leis vieram introduzir o equivalente a essa figura: o *Insolvent Debtors Relief Act*, de 1729 e o *Debtor Relief Amendment Act*, de 1735.

[1024] Surgem ambas as grafias; também ocorre *setoff*.

[1025] Comparatisticamente: KEGEL, *Probleme der Aufrechnung* cit., 11 ss..

[1026] LISELOTTE BUNGE, *Die Aufrechnung im englischen Recht* cit., 5.

[1027] THOMAS W. WATERMANN, *A Treatise on the Law of Set-Off, Recoupment, and Counter Claim* (1869, reimpr., 1998), § 1, 1; julgamos dispensáveis traduções da língua inglesa. O texto transcrito consta, também, do *Black's Law Dictionary*, 7.ª ed. (1999), 1376/II.

[1028] ROY GOODE, *Legal Problems of Credit and Security*, 2.ª ed. (1988), 133 ss., RORY DERHAM, *Set-Off*, 2.ª ed. (1996), 7 ss. e SHEELAG MCCRACKEN, *The Banker's Remedy of Set-Off*, 2.ª ed. (1998), 43 ss..

[1029] No tocante ao Direito norte-americano, cf. THOMAS W. WATERMAN, *A Treatise on the Law of Set-Off* cit., 10 ss., com várias indicações.

Segundo o *Insolvent Debtors Relief Act* de 1729, confirmado e completado pelo *Amendment Act*[1030],

one debt may be set against the other.

Tratava-se, segundo a jurisprudência aplicativa, de prevenir as *circuity of action and multiplicity of suits*[1031]: uma solução équa e razoável, que veio a ser aplicada, através de um conjunto de regras, pela *Court of Chancery*, fora do estrito campo estatutário primeiro previsto[1032]. Chega-se, assim, à *equitable set-off*[1033], mais lata do que a *statutory set-off*[1034]. Com a fusão, em 1873, dos tribunais de *common law* e de *equity*, a contraposição tornou-se irrelevante, em termos de judicatura. Conserva-se, todavia, no plano conceitual.

159. Requisitos

O *set-off* clássico pressupunha uns quantos requisitos mais estritos do que os da congénere compensação continental. Assim[1035]:

– os pedidos devem ser lícitos;
– os pedidos não devem originar um novo pleito, no sentido de não serem líquidos;

[1030] As dívidas podiam conduzir à prisão do devedor, donde o interesse especial da figura.

[1031] As transcrições completas podem ser vistas em MCCRACKEN, *The Banker's Remedy of Set-Off*, 2.ª ed. cit., 50 ss..

[1032] DERHAM, *Set-Off*, 2.ª ed. cit., 38 ss..

[1033] O *set-off* começou por ser admitido, em juízos de *equity*, quando fosse aparente que as partes, em negociações, tinham a intenção mútua de compensar; cf. THOMAS W. WATERMAN, *A Treatise on the Law of Set-Off* cit., 18.

[1034] MCCRACKEN, *The Banker's Remedy of Set-Off*, 2.ª ed. cit., 53 ss. e WATERMAN, *A Treatise on the Law of Set-Off* cit., 19.

Segundo a proposição muito citada de LORD MANSFIELD,

> *Natural equity says, that cross-demands should compensate each other, by deducting the less sum from the greater; and that the difference is the only sum which can be justly due.*

[1035] Na sequência de THOMAS W. WATERMAN, *A Treatise on the Law of Sett-Off* cit., 26 ss..

§ 47.º O common law

– os pedidos devem conter-se dentro da jurisdição do tribunal considerado.

Surgem, depois, diversas delimitações negativas.

160. Aspectos gerais; natureza processual?

I. O Direito inglês dá um relevo especial à compensação contratual ou *set-off agreement*. A inerente cláusula é frequente, no comércio bancário, permitindo o funcionamento da compensação para lá do que permitiriam os *law and equity*[1036].

II. No tocante à compensação legal, a doutrina distingue[1037]:

– o *set-off at law* opera quando haja débitos mútuos entre as partes, ambos dando azo a acções de *common law*;
– o *set-off in equity* é possibilitado quando ambas as acções se reportem a dinheiro, sejam recíprocas e homogéneas e estejam tão conectadas que a contra-acção do demandado detenha a queixa do demandante.

III. Põe-se, depois, o tema da sua natureza meramente processual. Esta, historicamente comprovada, a dar-se, teria o seguinte efeito prático: a compensação apenas produziria efeitos a partir do momento em que fosse invocada e decretada pelo tribunal. A pessoa que, alegando uma compensação. não cumprisse um contrato, estaria a quebrá-lo, com todas as legais consequências[1038].

Todavia, os autores mais recentes vêm admitindo a substancialização do *set-off*[1039], numa confluência interessante com o Direito continental[1040]. O levantamento dos requisitos do *set-off*, apesar da especificidade das fontes e da linguagem, revela uma figura próxima da da compensação continental.

[1036] Cf. ROY GOODE, *Commercial Law*, 2.ª ed. (1995), 657.

[1037] ROY GOODE, *Commercial Law*, 2.ª ed. cit., 671.

[1038] ROY GOODE, *Commercial Law*, 2.ª ed. cit., 671, nota 152.

[1039] Especialmente MCCRACKEN, *The Banker's Remedy of Set-Off*, 2.ª ed. cit., 138 ss. e DERHAM, *Set-Off*, 2.ª ed. cit., 56 ss..

[1040] REINHARD ZIMMERMANN, *Die Aufrechnung* cit., 715 ss..

§ 48.º **O CÓDIGO CIVIL DE SEABRA**

161. O texto de 1867

I. O Código de Seabra acolheu os diversos elementos que o antecederam e, designadamente: a tradição comum ínsita nas Ordenações e as influências napoleónicas, vertidas nas obras dos pré-codificadores.

A crescente dificuldade em localizar códigos de Seabra leva-nos a consignar o texto de 1867, equivalente, de resto, ao do projecto do próprio Visconde:

secção viii
Da compensação

Art. 765.º O devedor póde desobrigar-se da sua divida por meio de compensação com outra que o credor lhe deva, nos termos seguintes:

1.º Se uma e outra divida forem liquidas;

2.º Se uma e outra forem egualmente exigiveis;

3.º Se as dividas consistirem em sommas de dinheiro, ou em cousas fungiveis, da mesma especie e qualidade, ou se umas forem sommas de dinheiro e outras forem cousas cujo valor posso liquidar-se, conforme o disposto na ultima parte do § 1.º do presente artigo.

§ 1.º Divida líquida diz-se aquella cuja importancia se acha determinada, ou póde determinar-se dentro do praso de nove dias.

§ 2.º Diz-se divida exigivel aquella cujo pagamento póde ser pedido em juizo.

Art. 766.º Se as dividas não forem de egual somma, poderá dar-se a compensação na parte correspondente.

Art. 767.º A compensação não póde dar-se:

1.º Quando alguma das partes houver renunciado de antemão ao direito de compensação;

2.º Quando a divida consistir em cousa de que o proprietario tenha sido esbulhado;

3.º Quando a divida for de alimentos, ou de outra cousa, que não possa ser penhorada, ou seja por disposição da lei, ou seja pelo titulo de que procede, salvo se ambas as dividas forem da mesma natureza;

4.º Quando a divida proceder de deposito;

5.º Quando as dividas forem do estado ou municipaes, salvo nos casos e que a lei o permitir.

Art. 768.º A compensação opéra de direito os seus efeitos, e extingue ambas as dividas com todas as obrigações correlativas, desde o momento em que se realisar.

Art. 769.º O que paga uma divida susceptivel de compensação não póde, quando exigir o credito que podia ser compensado, valer-se, com prejuízo de terceiro, do privilegios e hypothecas que asseguravam esse credito, salvo provando ignorancia da existencia do credito que a extinguia.

Art. 770.º Se forem várias as dividas compensaveis, seguir-se-ha, na falta de declaração, a ordem indicada no artigo 729.º.

Art. 771.º O direito de compensação póde ser renunciado, não só expressamente, mas também por factos de que se deduza necessariamente a renuncia.

Art. 772.º O fiador não póde fazer compensação do seu credito com a divida do principal devedor, nem o devedor solidario póde pedir compensação com a divida do credor ao seu comdevedor.

Art. 773.º O devedor que consentiu na cessão feita pelo credor em favor de terceiro não póde oppor ao cessionario a compensação que poderia oppor ao cedente.

Art. 774.º Se, porém, o credor lhe der conhecimento da cessão, e o devedor não consentir nella, poderá este oppor ao cessionario a compensação dos creditos que tiver contra o cedente e que foram anteriores á cessão.

Art. 775.º A compensação não póde admittir-se com prejuízo de direito de terceiro.

Art. 776.º Não obsta á compensação o serem as dividas pagaveis em diversos logares, comtanto que se paguem as despesas de mais que se hajam de fazer para ella se realisar.

§ *48.° O Código Civil de Seabra* 429

Art. 777.° Se a cessão se fizer, sem que disso se haja dado noticia ao devedor, poderá este oppor ao cessionario a compensação dos creditos que tiver contra o cedente, quer anteriores, quer posteriores á cessão.

II. Os anotadores subsequentes explicavam os diversos preceitos, com remissões para o Direito anterior[1041]. O delicado artigo 768.°, pelo qual a "... a compensação opéra de direito os seus efeitos ..." não suscitava particular interesse. O Código não chegava a acrescentar "... mesmo que dela não haja conhecimento ...".

O sistema português da compensação pareceria, assim, ligado ao esquema napoleónico. Desde cedo, todavia, surgiram dificuldades com a ideia de que a compensação pudesse operar em moldes verdadeiramente automáticos e, portanto: dispensando a iniciativa do beneficiário[1042].

162. A transposição de Guilherme Moreira

I. Ainda no domínio do Código de Seabra, o sistema português da compensação evoluiu rapidamente no sentido da solução alemã: tal o papel de Guilherme Moreira.

Guilherme Moreira (1861-1922) foi o grande responsável pela transposição do sistema jurídico português, da órbita napoleónica para a pandectística ou germânica[1043]. Trata-se de um fenómeno que se revela em quatro pontos:

– a adopção, desde a pré-edição das Instituições[1044], do esquema germânico da ordenação das disciplinas civis[1045];

[1041] José Dias Ferreira, *Codigo Civil Portuguez Annotado*, II, 2.ª ed. (1895), 88 ss.. Cf. Alexandre de Seabra, *O codigo civil na pratica do foro. A compensação*, O Direito 1 (1869), 338-340.

[1042] Assim, Alexandre de Seabra, *A compensação* cit., 339/II.

[1043] Cf. o nosso *Teoria geral do Direito civil/Relatório* (1988), 131 ss., com indicações, bem como o *Tratado de Direito civil* I/1, 3.ª ed., 109 ss..

[1044] A pré-edição das *Instituições*, de Guilherme Moreira, datará de 1902-1903: trata-se de um conjunto de volumes impressos, em uso na Faculdade de Direito (então só em Coimbra), sem indicação de autoria mas que, pelo teor, pertencem, de facto, a Moreira.

[1045] Anteriormente, a matéria era leccionada seguindo a ordem dos artigos do Código de Seabra.

430 *A compensação (excurso)*

– a introdução de referências crescentes a autores alemães traduzidos ou a italianos de inspiração alemã[1046];
– a adopção de institutos doutrinários pandectísticos, sem base legal: a *culpa in contrahendo*, como exemplo;
– a interpretação de preceitos de Seabra à luz de valorações pandectísticas, de modo a operar uma transposição final.

II. No tocante à compensação e na pré-edição de 1903, Guilherme Moreira explica o sentido dos diversos preceitos do Código[1047]. A compensação era classificada em legal e voluntária: a primeira por disposição da lei e a segunda por vontade das partes. Diz Moreira, quanto à compensação legal:

> Para que haja a compensação legal, é necessário que se dêem as condições exigidas por lei. Não basta, porém, que se verifiquem essas condições para que a compensação produza os seus efeitos; para isso é também necessário que a compensação seja opposta pelo devedor[1048].

Desaparece assim a ideia de uma compensação puramente automática, acolhida na pré-codificação e, quiçá, no próprio Código.

Quanto à voluntária: depende dos termos do contrato,

> (...) por força da qual pode verificar-se (...) em dividas que della não eram legalmente susceptíveis.

III. Na edição oficial das *Instituições*[1049], a matéria ganha desenvolvimento e profundidade[1050].

Na parte fundamental da eficácia da compensação, Guilherme Moreira alude à evolução histórica e menciona a regra romana da compensação *ipso iure*. E afirma:

> Das opiniões que foram admitidas acerca da significação destas palavras, notaremos a que considerava a compensação como produzindo legal-

---

[1046] Cf. o nosso *Teoria geral/Relatório* cit., 133 ss..

[1047] GUILHERME MOREIRA, *Instituições do Direito civil português* – Livro II – *Das obrigações* (s/d mas 1903), § 75 (82 ss.).

[1048] *Idem*, 82.

[1049] Portanto: GUILHERME ALVES MOREIRA, *Instituições do Direito civil português*, vol. II, *Das obrigações* (1911), § 17 (255 ss.).

[1050] Temos, aí, 22 pp. sobre a compensação, contra as 8 pp. da pré-edição.

§ 48.° *O Código Civil de Seabra* 431

mente a extinção das dívidas, desde que estas reunissem as condições que a lei exigia para esse effeito, independentemente da vontade do devedor ou do credor. Foi esta a interpretação que o codigo civil francês sancionou, embora com alguma incoherencia, e a que foi seguida pelo nosso codigo, com as mesmas incoherencias[1051].

(...)

E continua mais adiante:

Esta doutrina, que é consequencia logica da theoria da compensação legal, não representa todavia a verdade no systema sanccionado no nosso codigo (...) Se um devedor que tem um credito pelo qual a sua divida se extinguiu, paga esta não oppondo a compensação, renuncia ao direito que por esta havia adquirido (...)[1052].

(...)

Rematando:

Outro e mais harmónico com as normas relativas ao pagamento é o systema que, representando a doutrina germanica acerca do direito romano, foi admittido pelo codigo civil allemão (artt. 387.° e 388.°) e que já estava sanccionado no codigo federal suiço das obrigações (art. 138.°). Por este sistema não se dá *ipso iure* a extincção dos creditos reciprocos, não se effectuando o pagamento, sem que o devedor exprima a sua vontade. (...) a declaração de vontade tem efeito retroactivo[1053].

IV. Quanto às condições da compensação, Guilherme Moreira apontava[1054]:

– a reciprocidade;
– a liquidez;
– a fungibilidade;
– a exigibilidade dos créditos.

Os diversos outros aspectos em presença eram examinados.

[1051] GUILHERME MOREIRA, *Instituições* cit., 2, 256.
[1052] *Idem*, 257.
[1053] *Idem*, 258.
[1054] *Idem*, 259 ss..

432 *A compensação (excurso)*

V. A partir de Guilherme Moreira, podemos considerar que o sistema nacional da compensação se aproximou, pela simples interpretação, do alemão. Conhecendo e contrapondo os dois sistemas em presença, Moreira foi levado a optar pelo segundo, tecnicamente mais avançado. Não o fez, todavia, pelo gosto da novidade ou do esoterismo. A sucessão das duas versões das *Instituições* mostra que ele esteve, antes do mais, preocupado com o regime aplicável e com a verdadeira apreensão legislativa, entendida como um todo coerente, harmónico e operacional.

Tudo isto explica como a recepção do esquema alemão – numa constatação válida para outros institutos – acaba por ocorrer como um processo de evolução e não como um enxerto de matéria estranha.

163. Aspectos do seu funcionamento

I. Nos seus quase cem anos de vigência, o Código de Seabra deu boa conta de si, na compensação como em diversos outros campos. Iremos referenciar, apenas, alguns aspectos mais marcantes.

No tocante à prática do instituto, a compensação foi louvada pela sua equidade intrínseca e pelas perspectivas económico-financeiras que encerra. Trata-se, na verdade, de um elemento nuclear da conta-corrente comercial, como se infere do artigo 346.º, n.º 3, do Código Comercial de 1888[1055]. Passa, daí, à conta-corrente bancária e ao contrato de abertura de conta, pedra angular de todo o Direito bancário.

A compensação está ainda no núcleo das câmaras de compensação ou *clearing*, base dos pagamentos bancários. Criadas pelo Decreto-Lei n.º 12:852, de 20 de Dezembro de 1926, as Câmaras de Compensação de Lisboa e do Porto vieram possibilitar o alargamento do comércio bancário.

II. No domínio da construção dogmática, a referência aos sistemas francês e alemão passaram a ser um lugar-comum na doutrina subsequente a Guilherme Moreira[1056]. No entanto, os nossos autores não deixaram de

---

[1055] LUIZ DA CUNHA GONÇALVES, *Comentário ao Código Comercial Português*, 2 (1916), 349-350; como veremos, a compensação própria da conta-corrente apresenta diversos desvios em relação ao sistema comum.

[1056] ADRIANO VAZ SERRA, *Compensação (Estudo de política legislativa)*, separata do BMJ n.º 31 (1952), 7, refere-a, praticamente logo a abrir o seu escrito, base do Código Civil vigente.

chamar a atenção para a confluência dos sistemas: enquanto o alemão, embora assente na necessidade de uma declaração, actua retroactivamente, o francês, mau grado o automatismo, não funciona *ex officio*: exige uma comunicação das partes.

III. Importante ainda, quer num prisma teórico, quer no prático, foi a definitiva consignação, ao lado da compensação legal e apesar do silêncio do Código, da compensação judicial e da compensação voluntária[1057]. Esta última, inteiramente ao dispor das partes, permite um tratamento alargado das mais diversas situações.

IV. Finalmente, procedeu-se ao cinzelamento dos diversos aspectos envolvidos na compensação. Requisitos como a reciprocidade, a liquidez, a mútua exigibilidade, a fungibilidade e os casos de exclusão foram sofrendo um aprofundamento doutrinário e jurisprudencial[1058].

A renúncia à compensação, a compensação entre débitos com diferentes lugares de pagamento e outros temas vieram completar a dimensão do velho instituto romano.

[1057] Já referidas em GUILHERME MOREIRA.
[1058] LUIZ DA CUNHA GONÇALVES, *Tratado de Direito civil*, 5 (1932), 12 ss..

§ 49.º A PREPARAÇÃO DO CÓDIGO CIVIL VIGENTE

164. Os estudos de Vaz Serra

I. No âmbito da preparação do Código Civil vigente[1059], coube a VAZ SERRA estudar a compensação. Nesse âmbito, o *Boletim do Ministério da Justiça* publicou, em 1952, o estudo *Compensação*, justamente de Vaz Serra. Com cerca de duzentas páginas trata-se, ainda hoje, do mais extenso estudo nacional sobre o tema[1060].

II. No seu estilo peculiar[1061], Vaz Serra procede a uma análise dos diversos problemas suscitados pela compensação, à luz do Direito comparado. O confronto opera, sobretudo, perante os Direitos alemão, francês, italiano e suíço, embora surjam, por vezes, menções a outros ordenamentos.

À medida que preenche as várias rubricas, Vaz Serra propõe articulados, que reúne no final[1062]. Chega a um conjunto de 20 artigos, alguns de assinalável extensão.

III. De entre as opções a assinalar, conta-se a escolha do sistema germânico[1063]. Diz Vaz Serra:

> Inclinar-nos-íamos, portanto, para abandonar a doutrina de uma compensação legal, verificando-se *ipso iure*, logo que os créditos se tornem

---

[1059] *Tratado* I/1, 3.ª ed., 126 ss..

[1060] ADRIANO PAES DA SILVA VAZ SERRA, *Compensação*, BMJ 31 (1952), 13-210; há separata, já citada, sob o título *Compensação (Estudo de política legislativa)* (1952), 201 pp..

[1061] Sendo curioso notar que o escrito *Compensação* foi, justamente, dos primeiros publicados por VAZ SERRA, com vista à preparação do Código Civil.

[1062] VAZ SERRA, *Compensação* cit., 184-201.

[1063] VAZ SERRA, *Compensação* cit., 9 ss. e 194-195.

compensáveis. Exigir-se-ia uma declaração de compensação à outra parte; mas esta declaração teria efeito retroactivo.

No fundo, trata-se de concluir a evolução já encetada por Guilherme Moreira.

Adiante referiremos, a propósito de cada preceito, os preparatórios que os antecederam.

165. As revisões ministeriais

I. A compensação foi bastante alterada nas denominadas revisões ministeriais: sobretudo em aspectos formais, mas com relevância substantiva[1064]. Dada a crescente dificuldade em aceder aos competentes textos, passamos a preservá-los. Assim, segundo a primeira revisão ministerial:

Artigo 826.º
(Requisitos)

1. O devedor pode desobrigar-se da sua dívida, por meio de compensação com outra que o credor lhe deva, nos termos seguintes:

a) Se o seu crédito for exigível e contra ele não proceder excepção, perempetória ou dilatória, de direito material;
b) Se um e outro crédito forem líquidos;
c) Se os dois créditos tiverem por objecto coisas fungíveis da mesma espécie e qualidade.

2. Se as dívidas não forem de igual montante, pode dar-se a compensação na parte correspondente.

3. Não há lugar a compensação quando o devedor tiver renunciado a esse direito.

Artigo 827.º
(Exigibilidade dos créditos)

O crédito prescrito pode servir para compensação, se a prescrição não pudesse ser invocada na data em que os dois créditos se tornaram compensáveis.

[1064] O confronto dos diversos textos com as redacções finais do Código Civil pode ser seguido em JACINTO RODRIGUES BASTOS, *Das obrigações em geral*, VI (1973), 206-234.

§ 49.º A preparação do Código Civil vigente

Artigo 828.º
(Reciprocidade dos créditos)

1. Salvo o disposto no artigo 763.º, a compensação apenas pode abranger a dívida do compensante, e não a de terceiro, ainda que aquele possa pagar a dívida deste.

2. O devedor só pode utilizar para a compensação créditos seus, e não créditos alheios, ainda que o titular respectivo dê o seu consentimento; e só procedem para o efeito créditos seus contra o seu credor.

Artigo 829.º
(Diversidade de lugares)

O facto de as duas dívidas deverem ser pagas em lugares diferentes não obsta à compensação.

Artigo 830.º
(Exclusão da compensação)

1. Não se extinguem por compensação:

   a) Os créditos provenientes de factos ilícitos dolosos;
   b) Os créditos impenhoráveis, excepto se ambos forem da mesma natureza;
   c) Os créditos fiscais do Estado ou das demais corporações de direito público, excepto nos casos em que a lei fiscal o autorize.

2. Não é igualmente admitida a compensação quando dela possam resultar prejuízos para terceiros.

Artigo 831.º
(Como se torna efectiva a compensação)

A compensação torna-se efectiva mediante declaração de uma das partes à outra. A declaração é ineficaz se for feita sob condição ou a prazo.

Artigo 832.º[1065]
(Retroactividade)

Feita a declaração de compensação, os créditos consideram-se extintos desde o momento em que se tornaram compensáveis.

II. Na segunda revisão ministerial, o panorama era o seguinte:

[1065] Versão final.

Artigo 847.º
(Requisitos)

1. O devedor pode livrar-se da obrigação por meio de compensação com outra que o credor lhe deva, verificados os seguintes requisitos:

   a) Ser o seu crédito exigível judicialmente e não proceder contra ele excepção, peremptória ou dilatória, de direito material;
   b) Terem as duas obrigações por objecto coisas fungíveis da mesma espécie e qualidade.

2. Se as duas dívidas não forem de igual montante, pode dar-se a compensação na parte correspondente.
3. Não impede a compensação a iliquidez da dívida.

Artigo 848.º[1066]
(Como se torna efectiva)

1. A compensação torna-se efectiva mediante declaração de uma das partes à outra.
2. A declaração é ineficaz, se for feita sob condição ou a termo.

Artigo 849.º
(Créditos prescritos)

O crédito prescrito não impede, igualmente, a compensação, se a prescrição não podia ser invocada na data em que os dois créditos se tornaram compensáveis.

Artigo 850.º
(Reciprocidade dos créditos)

1. A compensação apenas pode abranger a dívida do compensante, e não a de terceiro, ainda que aquele possa cumprir a obrigação deste, salvo se o compensante estiver em risco de perder o que é seu em consequência de execução por dívida de terceiro.
2. O devedor só pode utilizar para a compensação créditos que sejam seus, e não créditos alheios, ainda que o titular respectivo dê o seu consentimento; e só procedem para o efeito créditos seus contra o seu credor.

[1066] Versão final.

§ 49.° *A preparação do Código Civil vigente* 439

Artigo 851.°
(Diversidade de lugares do cumprimento)

1. O facto de as duas obrigações deverem ser cumpridas em lugares diferentes não obsta à compensação, salvo estipulação em contrário.

2. O compensante é, todavia, obrigado a reparar os danos sofridos pela outra parte, em consequência de esta não receber o seu crédito ou não cumprir a sua obrigação no lugar determinado.

Artigo 852.°
(Exclusão da compensação)

1. Não podem extinguir-se por compensação:

a) Os créditos provenientes de factos ilícitos dolosos;
b) Os créditos impenhoráveis, excepto se ambos forem da mesma natureza;
c) Os créditos fiscais do Estado ou outras entidades públicas, excepto quando a lei o autorize.

2. Não é igualmente admitida a compensação, se houver prejuízo de direitos de terceiro, constituídos antes de os créditos se tornarem compensáveis, ou se o devedor a tiver renunciado.

Artigo 853.°[1067]
(Como se torna efectiva)

1. A compensação torna-se efectiva mediante declaração de uma das partes à outra.

2. A declaração é ineficaz, se for feita sob condição ou a termo.

Artigo 854.°[1068]
(Retroactividade)
Feita a declaração de compensação, os créditos consideram-se extintos desde o momento em que se tornaram compensáveis.

Artigo 855.°
(Pluralidade de créditos)

1. Se existirem, de uma ou outra parte, vários créditos compensáveis, a escolha dos que ficam extintos pertence ao declarante.

2. Na falta de escolha, é aplicável o disposto nos artigos 784.° e 785.°.

[1067] Versão final.
[1068] Versão final.

Artigo 856.º
(Nulidade ou anulabilidade da compensação)

Declarada nula ou anulada a compensação, subsistem as obrigações respectivas; mas, sendo a nulidade ou anulação imputável a alguma das partes, não renascem as garantias que em seu benefício foram prestadas por terceiro, salvo se este conhecia o vício quando foi feita a declaração de compensação.

166. Balanço geral

I. A preparação do Código Civil, na parte atinente à compensação, foi bastante conturbada. Dela resultaram dez artigos, com uma sistematização pouco clara:

– artigo 847.º (Requisitos)
– artigo 848.º (Como se torna efectiva)
– artigo 849.º (Prazo gratuito)
– artigo 850.º (Créditos prescritos)
– artigo 851.º (Reciprocidade de créditos)
– artigo 852.º (Diversidade de lugares no cumprimento)
– artigo 853.º (Exclusão da compensação)
– artigo 854.º (Retroactividade)
– artigo 855.º (Pluralidade de créditos)
– artigo 856.º (Nulidade e anulabilidade da compensação).

O artigo 847.º (requisitos) pode ser aproximado do 851.º (reciprocidade); os 848.º e 854.º (efectivação e retroactividade) jogam em conjunto, deles se abeirando o 852.º (diversidade de lugares); os 849.º, 850.º e 855.º (prazo gratuito, créditos prescritos e pluralidade) prendem-se com problemas privados que podem intervir na compensação; o 853.º (exclusão da compensação) tem o seu lugar próprio, sendo o 856.º (nulidade e anulabilidade) atinente a uma vicissitude final.

Verifica-se, ainda, que os artigos 849.º, 850.º, 852.º, 953.º e 855.º correspondem, respectivamente, aos artigos 1244, 1242/II, 1245, 1246, 1250 e 1249 do Código Civil italiano, com supressões nem sempre ideais. Não era esta a orientação inicial de Vaz Serra; além disso, havia tradições nacionais sobejas que bem teriam dispensado tal servilismo.

Chegou-se a uma arrumação fraca, que deixou de fora alguns temas importantes, como a compensação convencional e a compensação em débitos solidários.

§ 49.° A preparação do Código Civil vigente

II. Quanto à substância dos preceitos: embora solidamente amparados em estudos de Direito comparado, verifica-se que o Código acabou apoiado no fascínio pelo Código italiano. A falta de consideração histórica – pecado dos preparatórios! – levou a que fossem alijadas, um tanto apressadamente, as tradições das Ordenações e do próprio Código de Seabra.

Na verdade, o Código Civil italiano funcionou como um guião das revisões ministeriais.

III. Nas diversas versões preparatórias que se sucederam e de que acima demos conta, acabaram por predominar mais critérios de redacção e de oportunidade linguística do que propriamente dogmática.

De todo o modo, o texto definitivo manteve as virtualidades próprias de um sistema que soube evoluir de acordo com as coordenadas jurídico-científicas. Veremos as suas potencialidades doutrinárias e jurisprudenciais.

§ 50.º OS REQUISITOS NO CÓDIGO VAZ SERRA

167. Generalidades

I. Detemos, neste momento, todo um acervo histórico-comparativo susceptível de proporcionar uma análise da compensação no Direito civil vigente. Iremos dar um relevo especial à jurisprudência, uma vez que ela traduz a efectiva concretização do instituto aqui em análise. De todo o modo, teremos presente a doutrina do âmbito do Código Civil.

II. Mau grado o interesse teórico e prático da figura, deve reconhecer-se que a compensação tem merecido escasso interesse aos estudiosos. A nossa literatura fica-se pelas referências, necessariamente pouco desenvolvidas, dos manuais: faltam monografias[1069]. Todavia, o tema tem actualidade e constitui a base de desenvolvimentos bancários fundamentais, como veremos.

III. No Código Civil, a compensação surge no livro II – Direito das obrigações, título I – Das obrigações em geral, capítulo VIII – Causas de extinção das obrigações além do cumprimento: ocupa, aí, a secção III – Compensação, artigos 847.º a 856.º.

Além disso, a compensação ocorre em catorze outros preceitos da lei civil. Assim:

– *artigo 395.º*: a propósito da prova testemunhal, diversas regras são aplicáveis ao cumprimento, remissão, novação, compensação e, de um modo geral, aos contratos extintivos da relação obrigacional, mas não aos factos extintivos da obrigação, quando invocados por terceiro;

[1069] Descontando a pequena mas interessante monografia de João de Castro Mendes, com a colaboração de Nuno Espinosa Gomes da Silva e de Luís Novais Lingnau da Silveira, *Art. 852º/Compensação de obrigações com lugares diferentes de pagamento* (1973), de âmbito limitado.

– *artigo 523.º*: no campo da solidariedade entre devedores, a satisfação do direito do credor, por cumprimento, dação em cumprimento, novação, consignação em depósito ou compensação, produz a extinção, relativamente a ele, das obrigações de todos os devedores;

– *artigo 532.º*: no da solidariedade entre credores, a satisfação do direito de um deles, por cumprimento, dação em cumprimento, novação, consignação em depósito ou compensação, produz a extinção, relativamente a todos os credores, da obrigação do devedor;

– *artigo 592.º/2*: a propósito da sub-rogação legal, ao cumprimento é equiparada a dação em cumprimento, a consignação em depósito, a compensação ou outra causa da satisfação do crédito compatível com a sub-rogação;

– *artigo 642.º/1*: ao fiador é lícito recusar o cumprimento enquanto o direito do credor poder ser satisfeito por compensação com um crédito do devedor ou este tiver a possibilidade de se valer da compensação com uma dívida do credor;

– *artigo 698.º/2*: no que tange à defesa do dono da coisa ou do titular do direito hipotecado: sempre que seja pessoa diferente do devedor, ele tem a faculdade de se opor à execução enquanto o devedor puder impugnar o negócio de onde provém a sua obrigação, ou o credor puder ser satisfeito por compensação com um crédito do devedor, ou este tiver a possibilidade de se valer da compensação com uma dívida do credor;

– *artigo 889.º*: na venda de uma pluralidade de coisas determinadas e homogéneas, quando se declare quantidade inferior quanto a alguma ou algumas delas e superior quanto a outra ou outras, far-se-á compensação entre as faltas e os excessos até ao limite da sua concorrência;

– *artigo 1000.º*: não é admitida compensação entre aquilo que um terceiro deve à sociedade e o crédito dele sobre algum dos sócios, nem entre o que a sociedade deve a terceiro e o crédito que sobre este tenha algum dos sócios;

– *artigo 1274.º*: no domínio da posse, a obrigação de indemnização por benfeitorias é susceptível de compensação com a responsabilidade do possuidor por deteriorações;

– *artigo 1697.º*: regula compensações devidas pelo pagamento de dívidas do casal;

– *artigo 1722.º/2*: define bens adquiridos por virtude de direito próprio anterior, sem prejuízo da compensação eventualmente devida ao património comum;

– *artigo 1727.º*: a parte adquirida em bens indivisos pelo cônjuge que deles por comproprietário fora da comunhão reverte igualmente para o seu património próprio, sem prejuízo da compensação devida ao património comum pelas somas prestadas para a respectiva aquisição;

§ 50.° Os requisitos no Código Vaz Serra 445

– *artigo 1728.°/1*: consideram-se próprios os bens adquiridos por virtude da titularidade de bens próprios, que não possam considerar-se frutos destes, sem prejuízo da compensação eventualmente devida ao património comum;

– *artigo 2008.°/2*: o crédito de alimentos não é penhorável, e o obrigado não pode livrar-se por meio de compensação, ainda que se trate de prestações já vencidas.

Podemos apontar, ainda, a sua presença noutros diplomas de Direito privado. Como exemplos:

– *artigo 279.°/1, do Código do Trabalho*: a entidade patronal não pode compensar a retribuição em dívida com créditos que tenha sobre o trabalhador;

– *artigo 346.° do Código Comercial*: são efeitos do contrato de conta corrente a compensação recíproca entre os contraentes até à concorrência dos respectivos crédito e débito.

A ideia básica da compensação é ainda uma presença constante noutros lugares normativos. Estes podem, por seu turno, auxiliar na determinação do núcleo central.

168. Enunciado legal dos requisitos

I. O Código Civil não dá uma noção de compensação: indica-lhe, de imediato, os requisitos – artigo 847.°. Se compararmos com outras "causas de extinção das obrigações além do cumprimento", verificamos que:

– quanto à dação em cumprimento, diz-se "quando é admitida" – 837.°;
– quanto à consignação em depósito, "quando tem lugar" – 841.°;
– quanto à novação, o que é a "novação objectiva" – 857.°;
– quanto à remissão, qual a sua natureza – 863.°;
– quanto à confusão, dá-se a sua "noção" – 868.°.

Domina mais uma preocupação literária do que dogmática. De todo o modo, parece claro que a compensação, firme nas suas raízes histórico-culturais, não carece de qualquer definição formal: os contornos do instituto são, há muito, conhecidos.

II. A compensação versada nos artigos 847.° a 856.° do Código Civil corresponde à chamada "compensação legal". O Código não menciona a compensação judicial nem a compensação convencional. A primeira poderia ocorrer no tocante à compensação com débitos não exigíveis. A segunda será genericamente possível ao abrigo da liberdade contratual, consignada no artigo 405.°/1, do Código Civil.

Em qualquer dos casos, a grande matriz histórica, cultural e científica da compensação é dada pela versão "legal". O corpo central que, no Código Civil, trata da compensação, surge, assim, como matriz de todas as demais compensações.

III. A matéria dos requisitos da compensação consta do artigo 847.° do Código Civil[1070]. Mas nem toda: a reciprocidade é explicitada no artigo 851.°, enquanto a compensabilidade deriva do artigo 853.°. Dentro da economia do artigo 848.°, são apontados como requisitos a exigibilidade e a fungibilidade – alíneas *a*) e *b*), do n.° 1.

Procuraremos, todavia, respeitar a sistemática legal. E assim, começaremos por considerar os requisitos expressamente incluídos no artigo 848.°. Outros factores condicionantes, como a compensabilidade, serão autonomizados em momento ulterior.

IV. O corpo do artigo 847.°/1 obriga ainda a uma referência estilística. O legislador referiu o instituto e a própria obrigação activa, dizendo "... qualquer delas pode livrar-se da sua obrigação ...". Com isso terá pretendido, desde logo, enjeitar a doutrina *ipso iure*[1071]. Todavia, "livrar-se" de uma obrigação não é vernáculo jurídico correcto.

Porventura mais gravoso, pela dimensão dogmática que assume, é a referência à "obrigação". Na tradição romana, compensam-se créditos: assim a noção que se depreende do § 387 do BGB e que a doutrina acolhe[1072]. Podemos converter o instituto falando numa compensação de débitos – artigo 1241, do Código Civil italiano. Quanto a "obrigações": na sequência dos estudos feitos nos princípios do século XX por Amira[1073] e

---

[1070] Quanto aos requisitos, em geral: STJ 22-Nov.-1995 (MARTINS DA COSTA), BMJ 451 (1995), 413-417 (414).

[1071] PIRES DE LIMA/ANTUNES VARELA, *Código Civil Anotado* cit, 2, 4.ª ed., 130.

[1072] CHRISTIAN GRÜNEBERG, no Palandt, 69.ª ed. (2010), 590.

[1073] KARL VON AMIRA, rec. a OTTO VON GIERKE, *Schuld und Haftung im älteren deutschen Recht*, SZGerm 31 (1910), 484-500 (494).

§ 50.º Os requisitos no Código Vaz Serra   447

por Puntschart[1074], no plano histórico e por Siber, no dogmático[1075], sabe-
-se que a obrigação tem um conteúdo complexo, analisando-se em múltiplos elementos[1076]. A noção do *vinculum iuris* como realidade compreensiva, composta de distintos elementos, foi particularmente divulgada por
Mota Pinto, pouco depois da publicação do Código Civil[1077]. Ora a compensação extingue os créditos (ou débitos): não, necessariamente, todos os
elementos da obrigação.

Feitas estas precisões, que recordam os cuidados e a humildade que
se devem pôr na feitura das leis, vamos ponderar os requisitos da compensação.

169. A reciprocidade e os desvios

I. A reciprocidade surge como o primeiro requisito da compensação,
logo inserido no corpo do artigo 847.º/1. Ela implica que alguém tenha um
crédito contra o seu credor, de tal modo que, frente a frente, fiquem créditos de sentido contrário[1078].

Podemos analisar este requisito em quatro proposições:

– o devedor compensante é titular do crédito activo;
– o credor compensado está adstrito ao débito correspondente a esse
  crédito;
– o credor compensado é titular do crédito passivo;
– o devedor compensante está adstrito ao débito correspondente a
  esse crédito.

[1074] PAUL PUNTSCHART, *Schuld und Haftung im geltenden deutschen Recht*, ZHR 71
(1912), 297-326 (307).

[1075] HEINRICH SIBER, *Rechtszwang im Schuldverhältnis nach deutschem Reichsrecht*
(1903), 253 e *passim* e na rec. a FRITZ LITTEN, *Die Wahlschuld im deutschen bürgerlichen
Rechte*, KrVSchr 46 (1905), 526-555 (528) e PLANCK/SIBER, *BGB*, 4.ª ed. (1914), 4.

[1076] *Da boa fé*, 586 ss..

[1077] CARLOS ALBERTO DA MOTA PINTO, *Cessão da posição contratual* (1970), 286 ss.
e *passim*.

[1078] Recordamos, em termos comparatísticos, KEGEL, *Probleme der Aufrechnung*
cit., 51 ss..

448   *A compensação (excurso)*

A reciprocidade tem sido uniformemente exigida pela jurisprudência[1079]. Evidentemente: a titularidade aqui exigida requer a disponibilidade das posições envolvidas; tratando-se de um crédito (passivo) penhorado, a compensação exigiria que essa ocorrência fosse posterior à verificação dos pressupostos da própria compensação[1080-1081].

II. Algumas dúvidas poderiam advir do artigo 767.°/1: a prestação pode ser feita tanto pelo devedor como por terceiro, interessado ou não no cumprimento da obrigação.

Poderá esse "terceiro" invocar créditos próprios para compensar com créditos que o seu devedor detenha sobre terceiros? O artigo 851.°/1, 1.ª parte, responde pela negativa[1082]:

> A compensação apenas pode abranger a dívida do declarante, e não a de terceiro, ainda que aquele possa efectuar a prestação deste (...)

A razão de ser desta norma deve ser procurada na natureza contratual da remissão (artigo 863.°): se o compensante pudesse sacrificar um crédito próprio para liberar um terceiro através da compensação, esse terceiro seria beneficiado *ad nutum*, sem ter dado o seu acordo[1083]. Naturalmente: havendo acordo do terceiro, a compensação já é possível, como resulta do próprio artigo 851.°/2, *a contrario*.

[1079] Quanto ao Direito antigo: STJ 25-Mar.-1955 (LENCASTRE DA VEIGA; dois votos de vencido), BMJ 48 (1955), 657-660, menos claro; pelo Código vigente: STJ 17-Mai.--1974 (JOÃO MOURA), BMJ 237 (1974), 212-214; STJ 1-Jun.-1976 (RODRIGUES BASTOS), BMJ 258 (1976), 230-232; STJ 26-Jun.-1980 (ALBERTO ALVES PINTO), BMJ 298 (1980), 293-298 (296); RPt 1-Jul.-1996 (GUIMARÃES DIAS), BMJ 459 (1996), 601; STJ 27-Nov.-1997 (MIRANDA GUSMÃO), CJ/Supremo V (1997) 3, 146-149 (148/I); RCb 30-Jan.-2001 (NUNES RIBEIRO), CJ XXVI (2001) 1, 22-24 (23/I).

[1080] Cf. o § 392 do BGB; *vide* CHRISTIAN GRÜNEBERG, no Palandt, 69.ª ed. cit., 595-596.

[1081] *In concreto*, a tutela da confiança poderá diversificar as soluções: cf. JOHANNES DENCK, *Die Aufrechnung gegen gepfändete Vertragsansprüche mit Forderungen aus demselben Vertrag*, AcP 176 (1976), 518-534.

[1082] Esta regra adveio de VAZ SERRA, *Compensação* cit., 34-35, embora com uma justificação menos clara.

[1083] JOÃO ANTUNES VARELA, *Das obrigações em geral* cit., 2, 7.ª ed., 201, vem apresentar uma justificação diversa: isso facultaria "... aos credores uma injustificada e abusiva possibilidade de intromissão na gestão do património do devedor, com grave prejuízo da livre iniciativa deste". Tal adjectivação teria, todavia, de ser indagada caso a caso.

§ 50.º Os requisitos no Código Vaz Serra

III. Esta regra era demasiado absoluta, desviando-se da lição do Direito comparado. É o que sucede sempre que o credor compensante possa solver as dívidas de terceiro por, nisso, ter um interesse relevante: tal o caso do titular (não devedor) de coisa hipotecada ou dada de penhor. Assim, na segunda revisão ministerial, foi acrescentado o final:

> (...) salvo se o declarante estiver em risco de perder o que é seu em consequência de execução por dívida de terceiro.

"Perder o que é seu" surge como fórmula menos técnica de designar a tal coisa hipotecada ou penhorada por dívida de terceiro[1084]. Retratada a razão de ser de não compensabilidade de dívidas por terceiro, podemos alargar a excepção da 2.ª parte do artigo 851.º/1: o compensante poderá usar o seu crédito próprio para liberar terceiros sempre que tenha nisso interesse directo e não se trate de remissão.

IV. O compensante só pode usar créditos próprios: não de terceiros[1085]. Desde logo porque não poderia sacrificar, em proveito próprio, o que não é dele: os tais créditos de terceiro. E se o terceiro der o seu acordo? Recordamos o artigo 851.º/2:

> O declarante só pode utilizar para a compensação créditos que sejam seus, e não créditos alheios, ainda que o titular respectivo dê o seu assentimento; (...)

Desta feita, a razão reside numa ideia de reciprocidade formal[1086]: como o credor não pode usar o débito que detém contra o compensante para se liberar dos terceiros, a lei exclui a compensação. Nada impedirá, todavia, o interessado de adquirir créditos contra o seu credor[1087], de modo a operar, depois, a compensação. Poder-se-ia contra-argumentar com o princípio da retroactividade da compensação: ela só operaria depois da

---

[1084] Foi essa, todavia, a ideia subjectiva do legislador: PIRES DE LIMA/ANTUNES VARELA, *Código Anotado* cit., 2, 4.ª ed., 138. O § 268/II, do BGB, embora corresponda a soluções semelhantes, não pode ser citado em abono directo: trata-se de um preceito que protege, em geral, qualquer titular de uma coisa em risco por dívidas de terceiro, permitindo o seu pagamento.

[1085] Assim, STJ 26-Jun.-1980 cit., BMJ 298, 297.

[1086] VAZ SERRA, *Compensação* cit., 37.

[1087] Por cessão ou por sub-rogação, nos termos gerais.

450   *A compensação (excurso)*

transmissão. Mas admitir a compensação por acordo não alteraria: apenas *após* o acordo haveria compensabilidade e, logo, efeitos. Com este limite, essencial para o comércio jurídico, a compensação com créditos de terceiros, opera havendo um contrato de compensação, em que todos dêem o seu acordo[1088].

V. A doutrina aproxima, do artigo 851.º, o artigo 1000.º, relativo à compensação de e com créditos de sociedades civis puras ou sociedades civis sob forma civil[1089]. De facto, o artigo 1000.º reconhece que as sociedades civis puras constituem uma individualidade jurídica diversa da dos seus sócios. A ser dispensável tal afirmação, o problema nem se poria.

A não-compensabilidade de dívidas de sócios com créditos da sociedade e vice-versa parece antes traduzir a total ausência de nexo entre os vínculos presentes. Seria a hipótese de alguém compensar um crédito que lhe fosse exigido com um crédito que detivesse sobre um terceiro estranho ao seu devedor. Mesmo havendo acordo de todos, o caso já não seria de compensação: antes de novação subjectiva[1090].

VI. O problema da compensação em situações subjectivamente complexas constitui, hoje como ontem, uma problemática autónoma própria.

Será, assim, objecto de rubrica específica.

170. Exigibilidade; excepções materiais

I. O artigo 847.º/1, do Código Civil, insere de seguida e entre os requisitos da compensação,

> *a*) Ser o seu crédito exigível judicialmente e não proceder contra ele excepção peremptória ou dilatória, de direito material.

A "exigibilidade judicial" afasta a compensação quando o crédito activo integre uma obrigação natural. Já o crédito a deter ou crédito pas-

---

[1088] Assim, segundo BODO BÖRNER, *Die Aufrechnung mit der Forderung eines Dritten*, NJW 1961, 1505-1509 (1509), a compensação com débitos de terceiros exigiria: a concordância do terceiro; um contrato de compensação; a declaração de compensar.

[1089] *Manual de Direito das sociedades*, 2, 2.ª ed., 31 ss..

[1090] STJ 17-Mai.-1974 cit., BMJ 237, 214.

§ 50.º *Os requisitos no Código Vaz Serra* 451

sivo não cai sob essa exigência: uma obrigação natural pode extinguir-se por compensação com uma civil. Não nos repugnaria admitir uma compensação de um crédito natural com um crédito também natural: nessa altura, impor-se-ia uma interpretação restritiva do artigo 847.º/1, *a*), do Código Civil.

II. A exigibilidade judicial implica ainda que o crédito activo esteja vencido. Haverá que lidar, agora, com os diversos factores que ditam o vencimento das obrigações e, designadamente, com os atinentes ao benefício do prazo e à sua perda. Quanto ao crédito passivo: a compensação é possível quando o mesmo possa ser cumprido. Caso exista prazo, ele deverá ter sido estabelecido a favor do compensante.

Tudo isso pressupõe, naturalmente, que as obrigações em presença sejam válidas e eficazes.

III. A 2.ª parte do preceito exige que não proceda, contra o crédito activo "... excepção peremptória ou dilatória, de direito material". Este preceito tem, sobretudo, o aliciante de manter, na lei civil portuguesa, a figura da excepção material.

Em sentido material, a excepção é a situação jurídica pela qual a pessoa adstrita a um dever pode, licitamente, recusar a efectivação da pretensão correspondente [1091]. Por exemplo, o vendedor pode recusar a entrega da coisa enquanto o comprador não lhe pagar o preço: é a excepção do contrato não cumprido – artigo 428.º/1 do Código Civil. Descritivamente, as excepções são susceptíveis de várias classificações [1092].

Assim, as excepções são *fortes* ou *fracas*, consoante permitam ao seu beneficiário deter um direito alheio ou, apenas, enfraquecê-lo, respectivamente.

As *excepções fortes* são, por seu turno, *peremptórias* quando detenham a pretensão por tempo indeterminado e *dilatórias* se apenas o fizerem por certo lapso de tempo.

[1091] ANDREAS VON TUHR, *Der Allgemeine Teil des Deutschen Bürgerlichen Rechts*, I (1910), 218 e PETER GRÖSCHER, *Zur Wirkungsweise und zur Frage der Geltendmachung von Einrede und Einwendung im materiellen Zivilrecht*, AcP 201 (2001), 49-90 (48 ss.). Outros elementos constam do *Tratado* I/1, 3.ª ed., 350 ss..

[1092] GÜNTHER JAHR, *Die Einrede des bürgerlichen Rechts*, JuS 1964, 125-132, 218-224 e 293-305 (220 ss.) e SCHLOSSER, *Selbständige peremptorische Einrede und Gestaltungsrecht im deutschen Zivilrecht*, JuS 1966, 257-268 (261 ss.).

Torna-se menos fácil exemplificar, à luz do Direito português, estas diversas figuras: na verdade, o Código Civil, apesar de no seu artigo 847.°/1, *a*), referir expressamente a figura da "excepção material", acabou por não dar corpo a boa parte das excepções consagradas na tradição românica[1093]: o preceito em análise surge isolado.

De qualquer modo, sempre se poderiam apontar:

– *excepção forte peremptória*: a prescrição – artigo 300.° e ss.;
– *excepção forte dilatória*: o benefício da excussão – artigo 638.°/1;
– *excepção fraca*: a excepção do contrato não cumprido – artigo 428.°/1 – ou o direito de retenção – artigo 754.°.

IV. Muito utilizada na pandectística, a técnica da excepção cairia em progressivo esquecimento; veio, no entanto, a ser reanimada por autores recentes e, designadamente, por Medicus[1094]. Não obstante, uma análise aturada tem vindo a pôr em dúvida a sua autonomia[1095].

Na verdade, a excepção forte peremptória apenas levaria à extinção do direito definitivamente paralisado, devendo, em consequência, ser tratada como modo de extinção; as excepções dilatórias e as excepções fracas, por seu turno, apenas expressariam limitações no conteúdo dos direitos que, supostamente, viriam bloquear. Deveriam, assim, ser tratadas a propósito do conteúdo em questão.

Uma particularidade impede, no entanto, de levar até às últimas consequências esse movimento: ainda quando se inscreva negativamente no conteúdo dos direitos, que vai restringir, a excepção opera pela vontade do seu beneficiário. Tem, pelo menos, essa autonomia[1096], surgindo como posições potestativas autónomas[1097].

[1093] Assim, no BGB encontra-se uma série muito mais diversificada de excepções: cf. *Da boa fé*, 735 ss..

[1094] DIETER MEDICUS, *Anspruch und Einrede als Rückgrat einer zivilistischen Lehrmethode*, AcP 174 (1974), 313-331 (326, defendendo as suas vantagens pedagógicas) e *Allgemeiner Teil*, 7.ª ed., 42 ss..

[1095] *Da boa fé*, 736 ss., com indicações.

[1096] Cf., como aplicação actual da figura, o dispositivo do artigo 442.°/3, 2.ª parte, na redacção dada pelo Decreto-Lei n.° 379/86, de 11 de Novembro; *vide*, MENEZES CORDEIRO, *A excepção do cumprimento do contrato-promessa*, TJ n.° 27 (1987), 1-5.

[1097] Podemos, ainda, falar na presença de "contra-normas"; cf. GRÖSCHER, *Zur Wirkungsweise* cit., 48.

§ 50.º Os requisitos no Código Vaz Serra

V. Quando proceda uma excepção peremptória ou dilatória, de direito material, a obrigação atingida não é exigível judicialmente. O artigo 847.º/1, *a*), 2.ª parte, pareceria redundante.

A chave do preceito reside no "proceda": havendo excepções, apenas o credor compensado as poderá actuar, se quiser. A compensação actuará se ele não a detiver, exercendo o poder equivalente à excepção.

Corresponderá ainda ao espírito da lei – que não à letra, apenas por falta de desenvolvimento dogmático – admitir que as excepções fracas impedem, enquanto subsistam, o funcionamento da compensação.

Finalmente, a compensação poderá ser sempre detida pela "excepção" do abuso do direito. A hipótese mais simples é a de o compensante ter criado, no espírito do compensado, a convicção de que não iria compensar e, depois, *ex abrupto*, agir em compensação: o *venire contra factum proprium* seria manifesto.

VI. Podemos, agora, reescalonar a exigibilidade como requisito da compensação. No fundo, ela traduz a necessidade de que os créditos em presença possam ser cumpridos. Quanto ao crédito activo, isso implica:

– que seja válido e eficaz;
– que não seja produto de obrigação natural;
– que não esteja pendente de prazo ou de condição;
– que não seja detido por nenhuma excepção;
– que possa ser judicialmente actuado;
– que se possa extinguir por vontade do próprio.

As duas últimas proposições afastam a compensação em créditos de personalidade ou de natureza familiar, que não admitam execução judicial ou que sejam indisponíveis.

No tocante ao crédito passivo, podemos dispensar, dos apontados requisitos, o não ser obrigação natural, a pendência do prazo, quando estabelecido a favor do compensante, numa asserção extensiva à compensação, por analogia e o problema das excepções: estando tudo isso na disponibilidade do compensante, ele prescindirá, necessária e automaticamente, das inerentes posições, quanto pretenda compensar.

171. A homogeneidade

I. Prosseguindo, o artigo 847.º/1, insere, como requisito da compensação,

> b) Terem as duas obrigações por objecto coisas fungíveis da mesma espécie e quantidade.

O preceito, por parecer admitir, *a contrario*, coisas fungíveis de espécie e quantidade diferentes, requer um excurso.

O Direito português define "coisas fungíveis" no artigo 207.º do Código Civil:

> São fungíveis as coisas que se determinam pelo seu género, qualidade e quantidade, quando constituam objecto de relações jurídicas.

Trata-se de uma noção que, quando expurgada de anomalias linguísticas e situada na evolução histórica e comparatística, surge como subjectiva[1098]: apenas na situação jurídica considerada ("... quando constituam objecto de relações jurídicas ...") se verificará o modo de determinação das coisas. Poderá haver uma fungibilidade puramente convencional.

II. Voltemos ao artigo 847.º/1, *b*): precisamente por a fungibilidade, subjectivamente, depender da situação considerada, a lei não se contentou com ela: acrescentou "... da mesma espécie e qualidade". Na verdade, o que seja fungível em certa situação poderá não o ser noutra. Um objecto é fungível para um comerciante mas não o será para o particular que lhe tenha apreço estimativo.

Ora, para haver compensação, há que ir mais longe: as prestações pressupostas pelos crédito e contracrédito devem ser totalmente permutáveis. Daí o "reforço" legal: "... fungíveis da mesma espécie e qualidade".

Vamos, a tal propósito, introduzir a ideia de homogeneidade[1099].

[1098] *Tratado* I/2, 2.ª ed., 151 ss.. Sobre o tema da fungibilidade, tem o maior interesse o escrito excelente de MIGUEL GALVÃO TELES, *Fungibilidade de valores mobiliários e situações jurídicas meramente categoriais*, em *Estudos em Homenagem ao Prof. Doutor Inocêncio Galvão Telles*, I volume, *Direito privado e vária* (2002), 579-628 (588 ss.).

[1099] No Direito alemão cf. GERNHUBER, *Die Erfüllung*, 2.ª ed. cit., 236 ss..

§ 50.º Os requisitos no Código Vaz Serra   455

III. A casuística permite aperfeiçoar a própria ideia aqui em jogo. A homogeneidade afere-se pelas qualidades do objecto da prestação mas, ainda, pelas regras atinentes à prestação.

Assim, quando o crédito activo só possa ser determinado em acção de prestação de contas e mediante inquérito judicial, não há "fungibilidade": trata-se de algo qualitativamente diferente[1100].

Os créditos pecuniários são, por definição, homogéneos. Não podemos acompanhar o Supremo quando, em 5-Dez.-1985, entendeu não serem compensáveis créditos de livranças com créditos de transacção de acções[1101].

Merece inteiro aplauso a jurisprudência que julgou compensáveis obrigações em moeda estrangeira com obrigações em moeda nacional – RLx 7-Mai.-1991[1102] e STJ 26-Fev.-1992[1103]: dada a faculdade alternativa do artigo 558.º, a homogeneidade reconstitui-se aquando do cumprimento.

Na presença de créditos pecuniários, é irrelevante a sua fonte. Assim, é compensável o crédito derivado da restituição do pagamento indevido: RPt 1-Jul.-1996[1104]. E igualmente compensável é o crédito resultante de lucros cessantes de uma editora com as receitas provenientes da venda de livros[1105].

IV. A homogeneidade é um traço qualitativo. Ela não é prejudicada pelo facto de as dívidas terem montantes desiguais. Segundo o artigo 847.º/2, quando as dívidas não tenham igual montante, pode dar-se a compensação na parte correspondente.

172. (I)liquidez

I. Segundo o artigo 765.º/1 do Código de Seabra, a compensação exige obrigações líquidas: só assim operaria a compensação automática.

[1100] STJ 25-Jan.-1979 (JOÃO MOURA), BMJ 283 (1979), 226-229 (228).

[1101] STJ 5-Dez.-1985 (LUÍS FANQUEIRO), BMJ 352 (1985), 306-315.

[1102] RLx 7-Mar.-1991 (PIRES SALPICO), CJ XVI (1991) 2, 141-142 (142/I).

[1103] STJ 26-Fev.-1992 (TAVARES LOBO), BMJ 414 (1992), 515-519 (518); neste último caso, exclui-se ainda que a compensação visada pudesse atentar contra a boa fé: apenas o exame do caso concreto poderia comprová-lo, o que não está aqui em causa.

[1104] RPt 1-Jul.-1996 (GUIMARÃES DIAS), BMJ 459 (1996), 601.

[1105] STJ 28-Fev.-2002 (ÓSCAR CATROLA), CJ/Supremo X (2002) 1, 119-126 (126/I).

456   *A compensação (excurso)*

Diz-se líquida a prestação cujo montante esteja devidamente quantificado. Na falta de liquidez, estava aberta a porta à compensação judiciária: através do Tribunal e mediante adequada reconvenção, chegar-se-ia à liquidação e, daí, à compensação[1106]. Dizia o Supremo[1107]:

> (...) compensação judiciária da qual o réu pode socorrer-se quando na altura em que deduza a reconvenção a importância do seu crédito sobre o autor não se achar determinada por decisão, acordo ou a sua exigibilidade não estiver definida.

A liquidez era entendida com alguma amplidão[1108]. O sistema era, de todo o modo, facilitado pela compensação judiciária[1109]: mas a exigência de liquidez, para a compensação "legal" mantinha-se[1110].

II. O Código Civil de 1966 alterou o sistema: segundo o artigo 847.º/3, a iliquidez da dívida não impede a compensação. Na origem temos a preferência de Vaz Serra que, com base numa transcrição de Saleilles[1111], vem concluir a favor da desnecessidade de liquidez. Diz[1112]:

> É esta a orientação que se afigura preferível. Embora a liquidação de crédito seja demorada, a verdade é que o credor não deve ser prejudicado

---

[1106] STJ 17-Jan.-1950 (CAMPELO DE ANDRADE), BMJ 17 (1950), 209-212 (211); cf. JOSÉ ALBERTO DOS REIS *Comentário do Código de Processo Civil*, 3 (1945), 107-108.

[1107] STJ 27-Fev.-1962 (BRAVO SERRA), BMJ 114 (1962), 447-456 (454); trata-se de um caso curioso em que os USA demandaram uma empresa nacional para reaverem 15.000 c. entregues para a exploração de uma mina, que não se efectivou; a empresa responde com uma reconvenção na qual pretende fazer valer determinada compensação; entre outros aspectos, o tribunal entendeu que não podia reconhecer do pedido reconvencional, dada a isenção consuetudinária de que beneficiam os Estados estrangeiros: só podem ser demandados perante os próprios tribunais nacionais.

[1108] Não sendo, por exemplo, necessário aguardar pelas partilhas, quando os débitos estejam determinados: STJ 19-Jul.-1955 (ROBERTO MARTINS; vencido: EDUARDO COIMBRA), BMJ 50 (1955), 349-352 (351).

[1109] Cf. STJ 26-Jun.-1962 (ALBERTO TOSCANO), BMJ 118 (1962), 559-561 (560), relativo à compensação (judiciária) por despesas que eram da responsabilidade do Autor.

[1110] STJ 1-Jul.-1969 (RUI GUIMARÃES), BMJ 189 (1969), 262-264 (263).

[1111] SALEILLES, em troço que VAZ SERRA também cita, estava especialmente preocupado com as hipóteses de chicana: o montante de qualquer dívida pode ser posto facilmente em causa, o que bloquearia a compensação.

[1112] VAZ SERRA, *Compensação* cit., 73; este troço vem transcrito, também, em PIRES DE LIMA/ANTUNES VARELA, *Código Civil Anotado* cit., 2, 4.ª ed. cit., 132.

§ 50.º *Os requisitos no Código Vaz Serra* 457

com esse facto, quando, se o montante do crédito estivesse determinado, poderia socorrer-se das vantagens que a compensação lhe assegurava. Mal se compreende que um credor, porque o seu crédito é líquido, possa prevalecer-se dessas vantagens, dispensando-se, por exemplo, de pagar ao seu credor insolvente o que lhe deve, e que outro credor, só porque teve a infelicidade de o seu crédito não estar liquidado, não possa aproveitar-se de idênticas vantagens.

A nova solução foi reconhecida pela jurisprudência[1113].

III. De acordo com a tradição obrigacionista, a liquidez era aproximada da certeza e da demonstrabilidade dos créditos. Tudo isso se deve ter por dispensado[1114], mau grado aparentes hesitações de alguma doutrina[1115]. Com efeito – e tal como sucede com a liquidez – qualquer crédito pode ser questionado: na sua existência, na sua validade e no seu montante. Quando isso suceda, há que discutir em juízo[1116]. No fundo, a compensação judicial era isso mesmo.

A referência à dispensa de liquidez tem o grande papel de permitir antecipar os efeitos da compensação.

A jurisprudência refere, correntemente, a dispensa da liquidez[1117]. A compensação opera podendo o exacto montante compensado ser relegado para execução de sentença[1118].

A invocação de créditos ilíquidos, para efeitos de compensação, poderá recomendar o uso do esquema da reconvenção. Trata-se de um aspecto a considerar ulteriormente.

[1113] RLx 13-Fev.-1974 (s/indicação do relator), BMJ 234 (1974), 334.

[1114] WOLFGANG FIKENTSCHER, *Schuldrecht*, 9.ª ed. cit., 203.

[1115] PIRES DE LIMA/ANTUNES VARELA, *Código Civil Anotado* cit., 2, 4.ª ed., 132-133.

[1116] Em RPt 12-Abr.-1983 (MARQUES CORDEIRO), BMJ 327 (1983), 702, admite-se compensação com o crédito ilíquido mas não com um crédito hipotético que está a ser discutido. A decisão está correcta; mas não pode, daí, extrair-se uma nova categoria jurídica: a dos *créditos hipotéticos* (?!). O que se passa é antes o seguinte: se no momento em que se pretende actuar um crédito, o interessado na compensação não consegue fazer prova da existência do crédito activo não há, obviamente, compensação. O ónus da prova era seu.

[1117] RCb 9-Abr.-1976 (OLIVEIRA LOPES), BMJ 259 (1976), 271-272.

[1118] STJ 24-Jan.-1991 (CABRAL DE ANDRADE), BMJ 403 (1991), 364-370 (369), RCb 5-Jan.-1993 (COSTA MARQUES), BMJ 423 (1993), 606 (o sumário) = CJ XVIII (1993) 1, 9-11 (10/II), RPt 26-Abr.-1993 (MANUEL FERNANDES), CJ XVIII (1993) 2, 256-257 (257/I) e REv 26-Mar.-1996 (PITA DE VASCONCELOS), BMJ 455 (1996), 590.

§ 51.º ÂMBITO

173. Generalidades

I. Na presente rubrica relativa ao âmbito da compensação, iremos encontrar diversos aspectos que vêm bulir com os requisitos desse instituto. Todavia, o âmbito permitirá precisar melhor alguns dos aspectos envolvidos, designadamente quando constituam problemas dogmaticamente autónomos, com tradição jurídico-cultural ou comparativa.

II. Segundo o artigo 849.º,

> O credor que concedeu gratuitamente um prazo ao devedor está impedido de compensar a sua dívida antes do vencimento do prazo.

Trata-se de um preceito manifestamente decalcado do artigo 1244.º do Código italiano, mas com um sentido precisamente contrário. E trata-se, ainda, de uma solução contrária à proposta por Vaz Serra[1119] e que, um tanto inesperadamente, surgiu na segunda revisão ministerial, como vimos[1120]. Contraria, ainda, a generalidade dos códigos civis[1121].

III. Em rigor, teríamos duas situações diferentes. O crédito activo pode ter um prazo, acordado pelas partes e que funcione, ou funcione também, em benefício do credor, i. é, daquele cujo crédito (passivo) poderia extinguir-se pela compensação. Pois bem: nessa eventualidade, a compensação não operaria, por via do artigo 847.º/1, *a*).

[1119] VAZ SERRA, *Compensação* cit., 66-67.

[1120] Para o elogio da solução: PIRES DE LIMA/ANTUNES VARELA, *Código Civil Anotado* cit., 2, 4.ª ed., 136-137.

[1121] A começar pelo Código italiano; cf. outras indicações em VAZ SERRA, ob. e loc. cit..

A situação típica que suscita o problema é outra: uma pessoa, por gentileza, por obsequidade ou por compaixão, concede gratuitamente um prazo a outra, para o pagamento do que esta lhe deva. Poderá, depois, suceder uma de duas coisas:

– o próprio beneficiário, ingratamente, vem exigir ao seu benfeitor o imediato pagamento de uma dívida; ou
– o beneficiário, que é credor do seu benfeitor, entra em insolvência: o benfeitor tem de pagar à massa falida; mas, porque foi gentil, irá concorrer, com o seu crédito, à mesma massa.

Como se vê, em qualquer destes casos, a mais elementar equidade exigiria que, mau grado o concedido prazo gratuito, o devedor (credor activo) pudesse compensar.

IV. O legislador de 1966 deveria ter sido mais prudente, antes de alterar, sem um estudo prévio, a solução proposta por Vaz Serra e adoptada pelas legislações de maior experiência. Nem sempre aquilo que primeiro parece justo resiste a uma reflexão atenta.

O artigo 849.° poderá ser temperado, na sua aplicação, pela boa fé: com tudo o que isso implica, em matéria de riscos e de incerteza. Na prática, nenhum devedor atento concederá prazos gratuitos ao seu credor ...

174. Créditos prescritos

I. Segundo o artigo 850.°, o crédito prescrito não impede a compensação, se a prescrição não podia ser invocada na data em que os dois créditos se tornaram compensáveis.

Trata-se, como vimos, da solução tradicional: quer ditada pela doutrina *ipso iure*, que se limitaria a verificar ter havido logo compensação, antes da prescrição, quer pela doutrina potestativa, que admite a eficácia retroactiva da prescrição.

No cômputo dos valores em presença, pareceu ao legislador que não era justo alguém ser demandado, reagir com a compensação e ver ser-lhe oposta uma prescrição, consumada apenas depois da compensabilidade[1122].

[1122] A prescrição releva se o seu prazo já decorrera quando os créditos se tornaram compensáveis: RPt 26-Abr.-1993 cit., CJ XVIII, 2, 257/I.

§ 51.º Âmbito 461

II. O instituto da prescrição está sujeito a uma grande pressão: o prazo geral de 20 anos não corresponde minimamente às exigências actuais, pelo que se multiplicam as consagrações extravagantes de prazos mais curtos. A profunda reforma do BGB, de 2001/2002, modificou largamente o regime da prescrição: por exemplo: a prescrição ordinária passa a ser de três anos. Trata-se de um movimento a acompanhar[1123]. De momento, haverá que prestar a maior atenção aos prazos especiais.

175. Complexidade subjectiva; em especial: solidariedade

I. Temos, depois, o problema da compensação perante obrigações subjectivamente complexas, isto é, perante obrigações que tenham mais de um sujeito, pelo lado activo, pelo passivo ou por ambos.

Na hipótese de parciariedade, cada credor tem direito, apenas, a uma parcela do crédito (parciariedade activa) enquanto cada devedor está adstrito, apenas, ao pagamento da sua parcela do débito. Não há dificuldades para a compensação: o devedor interessado poderá, pela compensação, extinguir apenas a sua parcela; no tocante às restantes, opera a exigência da reciprocidade.

II. Na hipótese de solidariedade, mau grado as propostas de Vaz Serra[1124], o Código Civil acabou por não tomar posição, bastando-se, aparentemente, com o disposto sobre a reciprocidade.

Temos, é certo, os artigos 523.º e 532.º, que importa ter presentes. Segundo o 523.º, a propósito da solidariedade entre devedores,

> A satisfação do direito do credor, por cumprimento, dação em cumprimento, novação, consignação em depósito ou compensação, produz a extinção relativamente a ele, das obrigações de todos os devedores.

Por seu turno, o artigo 532.º, no domínio da solidariedade entre credores, manda:

> A satisfação do direito de um dos credores, por cumprimento, dação em pagamento, novação, consignação em depósito ou compensação, produz a extinção, relativamente a todos os credores, da obrigação do devedor.

[1123] Cf. o nosso *A modernização do Direito das obrigações* I – *Aspectos gerais e reforma da prescrição*, ROA, 2002, 91-110.

[1124] ADRIANO VAZ SERRA, *Compensação* cit., 48 ss..

462   *A compensação (excurso)*

Se bem atentarmos, pelo menos directamente, estes preceitos pouco ou nada adiantam. Eles não dizem quando se pode compensar mas, apenas, o que sucede se certo direito for satisfeito ... por compensação, entre outros esquemas. Pressupõe-se pois que, em momento prévio, normas adequadas tenham precisado como funciona o instituto da compensação, perante a solidariedade.

III. Na obrigação solidária passiva, cada um dos devedores (solidários) responde pela prestação integral e esta a todos libera – artigo 512.º/1, 1.ª parte. O devedor solidário pode ser demandado pela totalidade da dívida: em defesa, poderá usar os meios que pessoalmente lhe competiam e os que são comuns a todos os devedores – artigo 514.º/1. Pois bem:

– o devedor solidário que seja, a título pessoal, credor do seu credor, pode invocar a compensação; liberar-se-á a si e a todos os outros devedores, salvo o regresso – artigo 524.º;
– o devedor solidário que seja, em conjunto com os demais devedores, credor do seu credor, em regime de solidariedade activa, pode invocar a compensação usando a totalidade do crédito activo;
– o devedor solidário que seja, também em conjunto com os demais devedores, credor do seu credor, mas em (mero) regime de parciariedade activa, pode invocar a compensação mas apenas pela parcela do crédito activo que lhe compita;
– o devedor solidário não pode defender-se invocando créditos de outros devedores solidários sobre o seu credor; o crédito (pseudo--activo) é alheio.

Trata-se do conjunto de soluções que se ajusta à regra da reciprocidade e ao regime do artigo 514.º.

IV. Passemos à hipótese inversa: o devedor solidário demanda, por uma dívida própria, o seu credor. Pois bem:

– o credor pode invocar, para efeitos de compensação, o crédito (activo) global de que o devedor demandante seja co-devedor solidário: se pode pedir a este o pagamento por inteiro, também lhe pode opor a compensação por inteiro; o devedor ressarcir-se-á, depois, via regresso;
– o mesmo credor apenas poderá compensar com a parcela a que o demandante esteja adtrito, no caso de parciariedade;

§ 51.º Âmbito 463

– finalmente, o mesmo credor pode ainda invocar, mas desta feita por inteiro, o crédito pessoal que ele tenha contra o demandante; ficará satisfeito, cabendo, ao demandante em causa, o regresso.

V. Quanto à solidariedade activa: recordamos que, segundo o artigo 512.º/1, 2.ª parte, esta ocorre quando haja vários credores e cada um deles tenha a faculdade de exigir, por si só, a prestação integral e esta libere o devedor para com todos eles. Os cenários serão, então, os seguintes:

– o credor solidário demandado, a título pessoal, pelo seu devedor, pode liberar-se invocando a compensação por inteiro: se pode exigir a prestação integral, também pode invocá-la para a compensação;
– o mesmo credor, demandado em conjunto com os demais, pelo seu devedor pode, igualmente, invocar a compensação.

VI. O inverso: o credor solidário demanda um seu credor (devedor do primeiro). Temos:

– o devedor pode invocar a compensação, usando o seu crédito para extinguir o crédito do credor solidário: pois pode cumprir perante ele, assim cessando o crédito.

Parecem hipóteses mais simples.

VII. Se, de facto, a solidariedade – passiva ou activa – em causa for a do artigo 512.º/1, não há que perguntar em benefício de quem ela foi estabelecida. A solidariedade não é um benefício: é um *status* que joga, conforme as circunstâncias, em benefício ora de uns, ora de outros.

176. Dívidas acessórias; fiador e outros garantes

I. As dívidas acessórias, mormente as que ocorram nas garantias, colocam problemas nem sempre coincidentes. Vamos considerar a fiança, garantia paradigmática.

À partida, o fiador pode opor, ao credor garantido, a compensação:

– usando créditos próprios sobre o credor;
– usando créditos do devedor sobre o credor.

É o que inferimos do artigo 637.º/1.

II. Todavia, o artigo 642.º/1 dispõe que o fiador pode recusar o cumprimento enquanto o direito do credor puder ser satisfeito por compensação com um crédito do devedor ou este tiver a possibilidade de se valer da compensação com uma dívida do credor. Baseada neste preceito, alguma doutrina apresenta esta invocação de compensação como uma "excepção dilatória"[1125]: o fiador não actuaria a compensação: apenas a invocaria para sustar a exigência de cumprimento feita contra ele.

Como conciliar os dois preceitos?

III. Se o devedor principal tem um crédito contra o credor e se o fiador pode opor ao mesmo credor os meios de defesa que competem ao devedor – e o artigo 637.º/1 diz que sim! – a conclusão é inevitável: o fiador pode compensar, invocando o crédito do devedor principal. Bastará comparar os artigos 514.º/1 e 637.º/1 para ver que as soluções são diferentes: enquanto o devedor solidário só pode defender-se com meios próprios ou comuns, o fiador pode fazê-lo com meios do devedor principal.

Nenhum interesse teria a solução pela qual o fiador pudesse invocar a compensação com créditos do devedor não para extinguir a dívida, mas para não a cumprir: ficaria, assim, paralisado, provavelmente à espera que a dívida fosse aumentando e superasse o *quantum* compensável para, então sem defesa, ser compelido ao pagamento. Não podemos supor soluções tão desarmónicas, no seio da lei civil.

IV. Fica-nos a seguinte margem: pode suceder que, por incompatibilidade com a obrigação do fiador – 637.º/1, *in fine* – este não possa opor a compensação. Não obstante, poderá recusar o cumprimento, enquanto ela for possível – 642.º/1.

V. O desencontro entre os artigos 637.º/1 e 642.º/1 e as dúvidas que suscitam em relação à compensação têm uma história que importa conhecer.

Segundo o artigo 854.º do Código de Seabra,

O fiador pode opor ao credor todas as excepções extintivas da obrigação, que compitam ao devedor principal, e lhe não sejam meramente pessoais.

[1125] PIRES DE LIMA/ANTUNES VARELA, *Código Civil Anotado* cit., 2, 4.ª ed., 138.

§ 51.º Âmbito 465

Entre as excepções extintivas em causa contava-se a compensação; nas palavras de Cunha Gonçalves: "o fiador não é obrigado a pagar uma dívida que se deve reputar extinta de direito"[1126]. Esta solução era a dominante nos países latinos e acolhia-se à doutrina *ipso iure*[1127]: se a compensação actuava automaticamente e de pleno direito, o fiador aproveitava da sua ocorrência. Todavia, é evidente que não se tratava de um mero jogo conceitual: entendia-se, a nível de valorização legislativa, que o fiador merecia esse suplemento de protecção.

Diferentemente se passavam as coisas no BGB. Aí, como se sabe, a compensação era potestativa e não automática. Consequentemente, não podia o fiador operar a compensação: o § 770/II apenas permitia que ele recusasse o pagamento enquanto o credor (não o devedor!) pudesse invocar a compensação. Subjacente estava a ideia de uma menor protecção do fiador[1128].

Ao adoptar o esquema da compensação potestativa ou por declaração, o legislador de 1966 ficou "permeável" (Januário Gomes) à solução do § 770/II do BGB. Mas foi mais longe: inspirando-se, agora, no Código Suíço[1129], o legislador nacional, no artigo 642.º/1, alargou a hipótese de sustação à de uma compensação a empreender pelo devedor principal. Até aí, tudo bem ou melhor: tudo se ficaria por uma crítica de política legislativa por, mercê de puras razões conceituais, se ter vindo a desproteger o fiador.

Só que o legislador manteve, no artigo 637.º/1, a solução de Seabra: o fiador pode usar de todos os meios de defesa do devedor principal[1130]!

De facto, a lógica da compensação potestativa levaria a que só o próprio devedor, titular do crédito activo, pudesse compensar. Mas essa preocupação cessa perante o artigo 637.º/1 que dá, ao fiador, legitimidade para usar meios que, à partida, não seriam dele. Para quê então insistir em retirar uma defesa que Seabra concedeu ao fiador de Direito português?

Chegados a este ponto, temos de recordar que a Ciência do Direito não é puramente conceitual: lida com princípios, com valores e com inte-

---

[1126] CUNHA GONÇALVES, *Tratado de Direito civil* cit., 5, 215.

[1127] JANUÁRIO GOMES, *Assunção fidejussória de dívida* (2000), 990.

[1128] O que não deixou de ser criticado; cf., com largas referências à doutrina alemã, JANUÁRIO GOMES, *Assunção fidejussória* cit., 990-991, nota 226.

[1129] Artigo 121.º do Código das Obrigações, o qual teve, aliás, de ser corrigido pela doutrina helvética.

[1130] A (pouca) doutrina nacional que estuda o problema refugia-se na solução cómoda de não enumerar a compensação entre os meios de defesa abrangidos pelo artigo 637.º/1. Não pode ser tão simples.

resses. A facilidade com que as pessoas são levadas a conceder fiança é desnorteante: muitas vezes, está-se perante uma autêntica doação de bens futuros que, sabiamente, os legisladores civis latinos vêm cerceando. Em termos de opção valorativa, a balança pende para a tutela do fiador e para a solução de Seabra, corrente nos países do Sul. Na Alemanha, o espírito é diferente.

Propendemos, por tudo isto, para a solução do artigo 637.º/1: o fiador pode invocar a compensação que compita ao devedor principal: mesmo que este renuncie – n.º 2.

VI. Estes raciocínios são aplicáveis ao terceiro dador de hipoteca, nos termos do artigo 698.º/; o n.º 2 desse preceito seguirá a via interpretativa acima apontada, para o artigo 642.º/1.

Trata-se de regras aplicáveis no domínio de outras garantias, com relevo para o penhor – artigo 678.º.

§ 52.º A EFECTIVAÇÃO DA COMPENSAÇÃO

177. A declaração de compensar; o problema da reconvenção

I. Segundo o artigo 848.º/1, a compensação torna-se efectiva mediante declaração de uma das partes à outra. Estamos perante a grande inovação da reforma de 1966, que abandonou, como vimos, o antigo esquema *ipso iure*[1131].

A declaração pode ser feita, nos termos comuns, extrajudicialmente, sem dependência de forma – artigos 217.º e 219.º. Nada impede que se recorra ao meio mais solene da notificação judicial avulsa – artigo 261.º do Código de Processo Civil.

Quanto à sua natureza: a declaração de compensação é um acto jurídico *stricto sensu*: envolve liberdade de celebração mas não de estipulação. O artigo 848.º/2 veda a simples aposição de condição ou de termo.

II. O problema põe-se quando a compensação seja invocada em defesa e, em especial, quando se trate de defesa a deduzir em juízo. Qual o meio processual adequado?

A questão é controversa desde o início das codificações processuais[1132]. O Código de Processo Civil de 1876 previa, para a reconvenção, um esquema pesado: era uma autêntica acção autónoma de sinal contrário, devendo o juiz, no final, proferir duas sentenças – artigo 333.º e artigo 333.º, § 2.º[1133].

[1131] STJ 20-Jul.-1976 (RODRIGUES BASTOS), BMJ 259 (1976), 223-226 (224-225).

[1132] E mesmo anteriormente, remontando as dúvidas ao Direito romano; cf. ARTHUR NIKISCH, *Die Aufrechnung im Prozess*, FS H. Lehmann II (1956), 765-788 (766 ss.).

[1133] JOSÉ DIAS FERREIRA, *Codigo de Processo Civil Anotado*, tomo I (1887), 426.

A compensação (excurso)

O § 3.º desse artigo 333.º dispunha:

Em virtude d'estas sentenças, poderá operar-se qualquer compensação permittida por direito.

Com base neste preceito, logo se entendeu que a compensação devia ser feita valer por via de reconvenção: mesmo a legal. Contra, cedo se manifestou a doutrina: afinal, se a compensação operava *ipso iure*, a reconvenção era desnecessária: esta apenas seria requerida para a compensação judicial[1134].

O Decreto n.º 12:353, de 22 de Setembro de 1923, que simplificou o esquema das contestações, permitiu à doutrina considerar que a compensação deveria ser simplesmente aí inserida[1135].

O Código de Processo Civil de 1939, pretendendo pôr cobro às dúvidas, permitiu, no seu artigo 279.º, n.º 2, que o réu deduzisse reconvenção, quando se propusesse obter a compensação judicial[1136]. Tínhamos, assim, um sistema harmónico: reunidos os requisitos da compensação legal (*ipso iure*), a compensação seria feita valer por excepção; na falta deles, recorrer-se-ia à compensação judiciária, a operar por reconvenção[1137].

III. A reforma do Código de Processo Civil de 1967 veio, no seu artigo 274.º/2, dizer que a reconvenção é admissível:

b) Quando o réu se propõe obter a compensação (...)

Dados, para mais, os antecedentes, esta disposição, assim desgarrada, deu lugar a várias linhas de interpretação, linhas essas que mais se enfatizaram quando o Código Civil veio, em 1966, estabelecer o esquema da compensação por declaração.

Para uma primeira orientação, a compensação deveria constar sempre de um pedido reconvencional[1138]. Trata-se de uma interpretação ao pé da letra da lei, mas que pode invocar razões de fundo: a súbita invocação de um contracrédito obriga a apreciar uma nova causa de pedir, sujeitando-se

---

[1134] GUILHERME MOREIRA, *Instituições* cit., 2, 259 e 276 e CUNHA GONÇALVES, *Tratado* cit., 5, 37, com indicações.

[1135] CUNHA GONÇALVES, *Tratado* cit., 5, 29.

[1136] ALBERTO DOS REIS, *Comentário* cit., 3, 104 ss..

[1137] Cf. STJ 17-Jan.-1950 cit., BMJ 17, 211. Na doutrina: JOÃO DE CASTRO MENDES, *Manual de Processo Civil* (1963), 304.

[1138] JOÃO DE CASTRO MENDES, *Limites objectivos do caso julgado em processo civil* (1968), 189 ss. (193) e *Direito processual civil*, 3 (1974, polic.), 15-23 e EURICO LOPES CARDOSO, *Manual da Acção Executiva*, 3.ª ed. (1964), 289.

§ 52.º A efectivação da compensação

a excepções; apenas uma nova acção de sinal contrário – a reconvenção – permitiria as necessárias defesas, pela outra parte e a ponderação, pelo tribunal. Alguma jurisprudência acolheu esta orientação[1139]. Almeida Costa, que primeiro propendera para a terceira teoria, abaixo enunciada[1140], inclina-se, agora, para esta orientação[1141].

IV. Para uma segunda orientação, a compensação só implicaria reconvenção quando não tivesse operado extrajudicialmente, tendo sido actuada antes da contestação[1142].

Trata-se, provavelmente, da solução racionalmente mais pura, com o sufrágio de autores processualistas: Miguel Teixeira de Sousa[1143] e Lebre de Freitas[1144], numa fase inicial.

V. Numa terceira posição, a compensação enquanto factor extintivo das obrigações, deve ser aduzida como excepção; todavia, se o compensante detiver um crédito de montante superior ao do autor e se pretender que este seja condenado na diferença, haverá que lançar mão da reconvenção. Trata-se da posição hoje dominante na doutrina[1145] e, sobretudo, na jurisprudência[1146]. Ainda se tem referido que a reconvenção seria o

---

[1139] STJ 16-Abr.-1971 (LUDOVICO DA COSTA), BMJ 206 (1971), 56-58 (57-58); STJ 30-Mar.-1973 (MANUEL JOSÉ FERNANDES COSTA; vencido: JOÃO MOURA), BMJ 225 (1973), 193-195 (194); RCb 9-Abr.-1976 (OLIVEIRA LOPES), BMJ 259 (1976), 271-272; RCb 28-Nov.-1976 (OLIVEIRA LOPES), CJ I (1976) 3, 590-591 (591).

[1140] Nas 3.ª e 4.ª edições do *Direito das obrigações*, como refere na 12.ª ed. (2009), 1109, nota 1.

[1141] ALMEIDA COSTA, *Direito das obrigações*, 12.ª ed. cit., 1109.

[1142] De facto, quando a compensação tivesse sido invocada antes da acção, não haveria problemas: o Tribunal limitar-se-ia a indagar da validade dos seus pressupostos; cf. NIKISCH, *Die Aufrechnung im Prozess* cit., 765.

[1143] MIGUEL TEIXEIRA DE SOUSA, *As partes, o objecto e a prova na acção declarativa* (1995), 173.

[1144] JOSÉ LEBRE DE FREITAS, *Direito processual civil*, 2 (1979, polic.), 169.

[1145] VAZ SERRA, *Algumas questões* cit., 292-293 e 307-308 e LEBRE DE FREITAS, *A acção executiva*, 1.ª ed. (1993), 151, nota 23, 2.ª ed. (1997), 149, nota 23 e (segundo parece) *Código de Processo Civil Anotado*, 1 (1999), 489.

[1146] STJ 2-Jul.-1974 (JOSÉ ANTÓNIO FERNANDES), BMJ 239 (1974), 120-122 (121), tirado com as secções reunidas e traduzindo uma viragem jurisprudencial em relação à jurisprudência então consagrada, designadamente STJ 16-Abr.-1971 e STJ 30-Mar.-1973, citados *supra*, nota 1139; subsequentemente: STJ 8-Fev.-1977 (OLIVEIRA CARVALHO),

470   *A compensação (excurso)*

processo idóneo para tratar compensações em que o crédito activo fosse ilíquido e houvesse que proceder a operações de determinação[1147] ou sempre que o compensante pretendesse um título executivo[1148].

Como variante, surge esta mesma orientação mista, mas com a seguinte especificação: nas hipóteses de o crédito activo invocado ser de montante igual ou inferior ao do crédito do autor, o meio processual a usar não seria, em rigor, uma excepção mas um meio processual *sui generis*, misto, híbrido ou heterogéneo[1149].

VI. A fórmula processual destinada a veicular a compensação constitui, curiosamente, o tema mais debatido quanto a esse complexo instituto. Como ponto de partida, devemos recordar que os princípios reitores são civis: no Direito continental – ao contrário do que vimos suceder no *Common Law* – a compensação é um instituto substantivo. O processo civil só pode visar o aperfeiçoamento do Direito civil[1150]: nunca a sua dificultação ou o seu retrocesso.

O Código Civil, embora abandonando a doutrina *ipso iure*, trata a compensação como um modo de extinguir obrigações, eficaz por declaração do compensante ao seu credor. Logo, a sentença que o reconheça é meramente declarativa. A compensação faz-se valer por (simples) excepção: artigo 487.º/2, 2.ª parte. Trata-se de uma orientação que não é preju-

---

BMJ 264 (1977), 134-137 (135); STJ 4-Abr.-1978 (FERREIRA DA COSTA), BMJ 276 (1978), 236-240 (238); STJ 7-Jun.-1979 (JOÃO MOURA), BMJ 288 (1979), 302-305 (304-305); RLx 9-Out.-1979 (FARINHA RIBEIRAS), BMJ 294 (1980), 392; RCb 5-Fev.-1980 (MARQUES CORDEIRO), BMJ 296 (1980), 337-338; RCb 27-Mai.-1980 (MARQUES CORDEIRO), BMJ 300 (1980), 453; STJ 14-Jan.-1982 (ROSEIRA DE FIGUEIREDO), BMJ 313 (1982), 288-291 (289); STJ 2-Jul.-1985 (CORTE-REAL), BMJ 349 (1985), 440-442 (441-442); STJ 24-Jan.-1991 cit., BMJ 403, 370; RCb 19-Mar.-1992 (VICTOR DEVEZA), BMJ 415 (1992), 732; RPt 1-Mar.-1993 (PIRES ROSA), BMJ 425 (1993), 618-619; RLx 29-Abr.-1993 (SANTOS BERNARDINO), BMJ 426 (1993), 507; RPt 18-Nov.-1997 (MÁRIO CRUZ), BMJ 471 (1997), 461.

[1147] PIRES DE LIMA/ANTUNES VARELA, *Código Civil Anotado* cit., 2, 4.ª ed., 135. Em STJ 19-Abr.-2001 (NEVES RIBEIRO), CJ/Supremo IX (2001) 2, 33-36 (36/II), a reconvenção de uma compensação deu azo a uma condenação em montante a averiguar em liquidação de sentença.

[1148] REv 26-Mar.-1996 cit., BMJ 455, 590.

[1149] PIRES DE LIMA/ANTUNES VARELA, *Código Civil Anotado* cit., 2, 4.ª ed., 135.

[1150] WOLFGANG BREHM, *Rechtsfortbildungszweck des Zivilprozess*, FS Ekkehard Schumann (2002), 57-69.

§ 52.º *A efectivação da compensação* 471

dicada pelo facto de o crédito activo ser impugnável: a decisão final dependerá, naturalmente, do que se apure nesse campo[1151].

Todavia, se o compensante não pretender apenas deter a acção com um facto extintivo do direito invocado, mas antes alcançar uma condenação do autor ou um título executivo que possa actuar contra ele, há que usar da reconvenção. Acompanhamos, assim, a evolução jurisprudencial acima expendida.

VII. Como problemas concretos referimos ainda os seguintes:

– pode o demandado numa acção não admitir, a qualquer outro título, uma dívida que lhe seja imputada e, todavia, invocar a compensação a título subsidiário[1152];
– sendo invocada uma compensação com um crédito dependente de acção já instaurada, há prejudicialidade; há que suspender a acção onde se invoca a compensação, até ao delucidar do contracrédito[1153], salvo, naturalmente, manifesta improcedência.

VIII. Finalmente, a compensação pode surgir processualmente inadmissível[1154]. Tratar-se-á, *in concreto*, de um problema de boa fé: assim sucederá, reunidos os demais requisitos, quando se invoque um crédito em moldes contrários aos que, processualmente, foram inculcados, com danos.

O sistema pode, sempre, deter quaisquer pretensões assentes no Direito estrito. Mas apenas em casos-limite e depois de criteriosa verificação dos pressupostos requeridos.

178. A retroactividade

I. Desencadeada a compensação, os créditos consideram-se extintos desde o momento em que se tornaram compensáveis. O artigo 854.º fala

---

[1151] A própria compensação pode ser apresentada como eventual; cf. STÖLTZEL, *Die reichsgerichtliche Rechtsprechung über Eventualaufrechnung*, AcP 95 (1904), 1-47 e 96 (1905), 234-274.

[1152] Tal o sentido do voto de vencido de MÁRIO DE BRITO, em STJ 10-Fev.-1983 (SANTOS SILVEIRA), BMJ 324 (1983), 513-516, voto esse que nos parece adequado.

[1153] STJ 30-Jul.-1988 (ELISEU FIGUEIRA), BMJ 378 (1988), 703-705 (705).

[1154] WOLFGANG GRUNSKY, *Die unzulässige Prozessaufrechnung*, JZ 1965, 391-399.

em "feita a declaração de compensação"; todavia, deve ler-se "recebida a declaração de compensação" já que, manifestamente, se trata de uma declaração recipienda – artigo 224.°/1.

Estamos perante um aspecto fundamental, sedimentado no § 389 do BGB, no termo da evolução de que acima se deu conta e que permite a aproximação entre este sistema e o *ipso iure*.

II. Em termos práticos, a retroactividade da compensação garante o seu beneficiário contra as áleas patrimoniais do seu devedor. Assim, a cedência de um crédito (passivo) não obsta à compensação, desde que os requisitos desta já operassem antes da cessão[1155]. Outras situações podem ser consideradas[1156]. Mesmo na hipótese de concurso falimentar, o compensante será ressarcido, através da supressão (ou redução) do seu próprio débito. Essa mesma retroactividade – como faz notar Vaz Serra – vai ainda ao encontro das expectativas das partes envolvidas e da sua confiança: o devedor que se saiba credor do seu credor sente-se, de imediato, liberado; e o credor que se sinta devedor do seu devedor age, desde logo, como não-credor.

III. A retroactividade da compensação explica ainda os termos da sua eficácia perante os créditos prescritos: ela opera se a prescrição não podia ser invocada na data em que os créditos se tornaram compensáveis – artigo 850.°.

179. Pluralidade de créditos

I. Pode suceder que, numa situação de compensação, ocorram, de uma ou de outra parte, vários créditos compensáveis. Nessa altura, e desde que a declaração de compensação não possa extingui-los a todos, a escolha dos que ficam extintos pertence ao declarante – artigo 855.°/1[1157].

[1155] JOHANNES DENCK, *Vorausabtretung und Aufrechnung*, DB 1977, 1493-1498 (1498).

[1156] SCHULER, *Anfechtung, Aufrechnung und Vollstreckungsgegenklage*, NJW 1956, 1497-1500.

[1157] Seguiu-se o modelo do artigo 1249.° do Código Civil italiano, mais sintético.

§ 52.º A efectivação da compensação

O artigo 783.º já dispunha que quando o devedor, por diversas dívidas da mesma espécie ao mesmo credor, efectuasse uma prestação insuficiente para as extinguir a todas, ficaria à sua escolha designar as dívidas a que o cumprimento se reporte. Pois bem: na parte em que ao compensante caiba escolher qual a própria dívida a extinguir, temos apenas um afloramento dessa regra. Já no que toca à escolha da dívida do seu credor, aflora a autonomia que dá corpo ao próprio acto de compensar. Se a lei permite a compensação, permitirá igualmente escolher o que se compensa.

II. Pode acontecer que o compensante, perante vários créditos compensáveis, declare compensar, mas não faça qualquer escolha. O artigo 855.º/2 remete, então, para os critérios supletivos da imputação de cumprimento, contidos nos artigos 784.º e 785.º. Esses critérios permitiriam, desde logo, escolher os créditos compensados. E quanto aos compensantes? Pela letra como pelo espírito da lei, teremos de admitir o alargamento das normas de imputação do cumprimento, também a esse caso.

180. Diversidade de lugares de cumprimento

I. O artigo 852.º admite a compensação de obrigações que tenham lugares diferentes de cumprimento. O compensante é, todavia, obrigado a indemnizar a outra parte, por esta não receber a sua prestação ou não efectuar a que lhe compete no lugar determinado.

O problema da compensabilidade de débitos com diferentes lugares de pagamento era já tratado pelos romanos; designadamente Javoleno[1158], em texto de difícil interpretação. Ao longo da História, sucederam-se as subtilezas em torno do problema e, designadamente: admitindo que tal compensação fosse possível, o que computar: a vantagem do compensante ou os prejuízos do compensado[1159]?

Depois de múltiplas flutuações históricas, o sistema francês acabaria por fixar-se na primeira e o alemão nos segundos.

[1158] D. 16.2.15.

[1159] A matéria pode ser seguida, com muitas indicações, em CASTRO MENDES, *Artigo 852.º* cit..

474 A compensação (excurso)

Na sua simplicidade, as regras do artigo 852.º dão lugar a várias dúvidas.

II. A primeira consiste em delimitar a compensabilidade: *quid iuris* quando o local do cumprimento seja essencial para a parte compensada? Vaz Serra pensara no problema: o Código, todavia, nada disse. No entanto, com recurso aos princípios gerais, teremos de entender que, quando o local de pagamento seja essencial, falta a homogeneidade que permite a compensação[1160].

A compensação é ainda afastada por convenção em contrário: expressa ou tácita, nos termos gerais. Torna-se questão de interpretação o verificar se o acordo relativo a um local de cumprimento afasta a hipótese de compensação que frustre tal local.

III. O artigo 852.º contém, depois, um dever de ressarcir danos. Acolheu-se o esquema alemão da reparação de prejuízos e não o francês, do cálculo da vantagem[1161].

Quanto à reparação dos danos: trata-se de uma manifestação de responsabilidade por acto lícito; poderá, ele próprio, ser objecto de compensação, quando concorram os demais requisitos.

181. A invalidade da compensação

I. A invalidade da compensação – nulidade ou anulação – está prevista no artigo 856.º. Segundo esse preceito, declarada nula ou anulada a compensação, subsistem as obrigações respectivas[1162].

No entanto, quando a nulidade ou a anulação sejam imputáveis a alguma das partes, não renascem as garantias prestadas, em seu benefício, por terceiro de boa fé, isto é: por terceiro que desconhecesse, sem culpa, o vício, aquando da declaração de compensação. A lei não refere "boa fé"

[1160] Por exemplo: se devo receber uma casa em Lisboa e entregar outra no Porto, não pode haver compensação quando se trate, para mim, de residir naquela cidade. Cf. a solução paralela de CASTRO MENDES, *Artigo 852.º* cit., 84-85.

[1161] CASTRO MENDES, *Artigo 852.º* cit., 87 ss..

[1162] STJ 6-Jul.-2000 (TORRES PAULO), CJ/Supremo VIII (2000) 2, 155-158 (158/I).

§ 52.° *A efectivação da compensação* 475

mas, apenas, o (não)conhecimento: todavia, a harmonia do sistema exige que seja protegida apenas a pessoa que se contenha dentro dos limites ético-jurídicos[1163].

II. Resta acrescentar que a solução do artigo 856.° é semelhante às dos artigos 766.°, 860.°/2, 866.°/3 e 873.°/2, relativos, respectivamente, ao cumprimento, à dação em cumprimento, à novação, à remissão e à confusão.

[1163] *Tratado* I/1, 3.ª ed., 404 ss..

§ 53.º A EXCLUSÃO DA COMPENSAÇÃO

182. Factos ilícitos dolosos

I. O artigo 853.º enumera diversas situações típicas nas quais a compensação é excluída. Poderíamos, com base nele, aprontar um requisito de "compensabilidade".

Em primeiro lugar, não podem extinguir-se por compensação os créditos provenientes de factos jurídicos dolosos – 853.º/1, *a*). Trata-se de um alargamento proposto por Vaz Serra[1164] e na base do § 393 do BGB e do Direito anterior.

Com efeito, o artigo 767.º do Código de Seabra, na linha da generalidade dos códigos de inspiração napoleónica, excluía a compensação quando a dívida consistisse em coisa de que o proprietário tivesse sido esbulhado. Podia-se, então, discutir se o problema não residiria na falta de homogeneidade das prestações em presença: afinal, o dever de restituir o esbulho tem traços qualitativos inconfundíveis.

II. Uma compreensão mais valorativa dos institutos civis permitiu, todavia, uma diferente leitura. A compensação surge como uma vantagem conferida a determinado credor, de se fazer pagar preferencialmente, sem despesas e pelas suas próprias mãos. Tal vantagem não se justifica quando vise remover consequências do ilícito por ele próprio cometido.

III. A lei foi, mesmo então, generosa. Não exclui a compensação para extinguir quaisquer factos ilícitos mas, apenas, os dolosos. Torna-se indiferente, para efeitos de exclusão legal, que tais factos impliquem responsabilidade contratual ou aquiliana.

[1164] VAZ SERRA, *Da compensação* cit., 84 ss..

478 *A compensação (excurso)*

Com um problema: de acordo com a orientação que temos vindo a defender, a responsabilidade obrigacional portuguesa trabalha com um conceito de "culpa" próximo do da *faute* francesa[1165]. A distinção aí possível entre o dolo e a negligência não é analítica, como sucede no domínio aquiliano. Teremos, assim, de lidar com diversas graduações da culpa-*faute*.

De todo modo, a ideia do legislador é clara: apenas os créditos provenientes de actos mais graves – não, necessariamente, criminosos – serão vedados à compensação.

IV. A lei proíbe a extinção, por compensação, dos créditos provenientes de factos ilícitos dolosos. Não impede que esses créditos sejam usados para extinguir outros créditos, assim beneficiando a vítima de tais factos dolosos[1166]. A redacção (pouco conseguida) do preceito poderia dar lugar a dúvidas, logo removidas pela história[1167] e pela *ratio* do preceito. Resta acrescentar que a constitucionalidade do artigo 853.º/1, *a*), tem sido afirmada e mantida pelo Tribunal Constitucional[1168]. E bem: na verdade, o crédito proveniente de um ilícito doloso é suficientemente diferenciado, em termos materiais, para justificar um tratamento jurídico próprio.

183. Créditos impenhoráveis

I. A tradição do Direito comum implicava que não pudessem extinguir-se por compensação as dívidas de alimentos. Trata-se de uma regra que aflorava no artigo 767.º/3, *d*), do Código de Seabra e que bem se entendia: o crédito de alimentos tem um sentido vital; suprimi-lo pode pôr em causa a sobrevivência do seu credor. A tal propósito falava Guilherme Moreira em "... considerações de carácter humanitário"[1169]. Ainda na base

---

[1165] *Tratado* II/3, 317 ss..

[1166] PIRES DE LIMA/ANTUNES VARELA, *Código Civil Anotado* cit., 2, 4.ª ed., 140-141.

[1167] Recordemos que o § 393 do BGB dispõe, de modo lapidar: "A compensação não é admissível contra um crédito proveniente de um facto ilícito dolosamente perpetrado".

[1168] TC n.º 98/2002, de 27-Fev.-2002 (HELENA BRITO), proc. n.º 224/01, 1.ª Secção, no DR II Série n.º 79, de 4-Abr.-2002, 6210-6214 e TC n.º 535/2001, de 5-Dez.-2001 (GUILHERME DA FONSECA), DR II Série n.º 47, de 25-Fev.-2002, 3639-3640.

[1169] GUILHERME MOREIRA, *Instituições* cit., 2, 266. Entre nós, esta orientação remonta, como vimos, às Ordenações.

§ 53.° A exclusão da compensação

do BGB – § 394 – Vaz Serra propôs que o dispositivo fosse simplesmente reportado a todos os créditos impenhoráveis.

A justificação parece clara: se não podem ser extintos pelo próprio Estado, através dos tribunais, tão-pouco o poderão pela decisão unilateral do compensante.

II. O elenco dos bens impenhoráveis consta dos artigos 822.° a 824.°-A, do Código de Processo Civil. A lei processual distingue:

– bens absoluta ou totalmente impenhoráveis (822.°): não podem ser penhorados, por qualidades intrínsecas, em nenhuma circunstância;
– bens relativamente impenhoráveis (823.°): não podem ser penhorados enquanto se mantiverem em certa situação e, designadamente: enquanto pertencerem ao Estado ou às pessoas públicas mencionadas;
– bens parcialmente impenhoráveis (824.°): apenas podem ser penhorados em parte: trata-se de vencimentos, salários ou pensões.

As impenhorabilidades correspondem a dois vectores: à necessidade de tutela da pessoa humana[1170] e à lógica das *res extra commercium*[1171].

III. A própria lei processual, mais precisamente o artigo 822.° do respectivo Código, ressalva impenhorabilidades ditadas por disposições especiais. Tal o caso do artigo 2008.°, quanto aos créditos de alimentos.

IV. Quando o crédito seja pecuniário, põe-se um problema prático: dada a fungibilidade do dinheiro, o crédito não perderá essa sua característica quando mude de compleixão jurídica? Por exemplo: *quid iuris* quanto ao crédito de salários que, uma vez percebido, seja depositado em conta bancária, convertendo-se em crédito contra o banqueiro?
Responde o artigo 824.°-A, do Código de Processo Civil, aditado pelo Decreto-Lei n.° 180/96, de 25 de Setembro:

> São impenhoráveis a quantia em dinheiro ou o depósito bancário resultantes da satisfação de crédito impenhorável, nas mesmas condições em que o era o crédito originalmente existente.

[1170] *Tratado* I/1, 3.ª ed., 384 ss..
[1171] *Tratado*, I/2, 2.ª ed., 35 ss..

480 *A compensação (excurso)*

Nos termos gerais, caberá ao interessado fazer a prova da conexão entre "a quantia em dinheiro" ou "o depósito bancário" e o crédito impenhorável originalmente existente. Feita a conexão: há sub-rogação real.

184. Créditos do Estado ou outras pessoas colectivas públicas

I. A proibição de extinguir, por compensação, créditos do Estado ou de outras pessoas colectivas públicas consta do artigo 853.°/1, *c*). Ela corresponde a uma tradição de pragmatismo e de facilitação da gestão pública, mais do que a quaisquer considerações de justiça.

> O Direito romano pós-clássico, quando acompanhou a montagem do gigantesco aparelho estadual da decadência, começou a estabelecer limites à compensabilidade de créditos do *fiscus*[1172]. Designadamente e por evidentes razões de ordem prática, a compensação só poderia operar quando crédito e débito ocorressem pela mesma repartição (*statio*).
> As Ordenações Filipinas, mantiveram e alargaram esta limitação[1173]: os créditos "públicos" não-compensáveis eram os da coroa, os da cidade ou os da vila, o que é dizer: do Estado ou de alguma pessoa colectiva de base territorial.
> Todavia, estavam em causa créditos de impostos.

II. No Código de Seabra, a tradição foi elegantemente acolhida no artigo 767.°, 5.°: a compensação não pode dar-se quando as dívidas forem do Estado ou municipais, salvo nos casos em que a lei o permitir. Cunha Gonçalves, na base de uma argumentação histórica e comparativa, limitava o alcance da norma às dívidas fiscais[1174]: no tocante a débitos comuns – por exemplo: os provenientes de um contrato de compra e venda – seguir-se-ia o regime civil geral.

[1172] Sobre toda esta matéria, é fundamental RUY DE ALBUQUERQUE, *Da compensabilidade dos créditos e débitos civis e comerciais dos bancos nacionalizados*, em *Estudos em Memória do Professor Doutor Paulo Cunha* (1989), 151-280 (187 ss.); quanto aos textos romanos a ter em conta cf., aí, 213-215.

[1173] *Ord. Fil.*, Liv. IV, Tít. LXXVIII, § 5.° = ed. Gulbenkian, 893-896.

[1174] LUIZ DA CUNHA GONÇALVES, *Tratado de Direito civil* cit., 5, 27-28.

§ 53.° A exclusão da compensação

Deve dizer-se que a civilística nacional sempre viu com maus olhos a manutenção, em pleno Código Civil, de privilégios para o Estado. Dizia Dias Ferreira, a tal propósito:

> O codigo, desde que acabou com os favores, que ao estado e ás municipalidades dispensava em materia civel a legislação velha, não devia conservar esta excepção, tanto mais odiosa quanto que está sujeito ás maiores difficuldades o embolso do credito particular sobre as municipalidades e principalmente sobre o thesouro.
> Felizmente que este favor se não estende ás dividas de quaesquer outras pessoas moraes (...)[1175].

Guilherme Moreira, embora não tão radical, também intentava uma certa restrição do preceito[1176].

III. Vaz Serra tentou formalizar um esquema coerente e românico: aos créditos de Direito privado do Estado ou das outras "corporações de Direito público" não haveria que aplicar excepções. A não-compensabilidade ocorreria apenas com os créditos de impostos e, ainda aí, com certas excepções[1177]: por exemplo, quando crédito e débito devessem ser pagos na mesma caixa.

A proposta de Vaz Serra limitava o regime especial aos créditos *fiscais* do Estado, numa solução que se manteve nas 1.ª e 2.ª revisões ministeriais[1178]. Todavia, o adjectivo *fiscais* foi pura e simplesmente retirado do projecto, por puras preocupações estadualizantes.

IV. Antes de ponderar o regime vigente, cumpre esclarecer que as razões históricas, ligadas à contabilidade pública ou às dificuldades de comunicações, que levaram a proibir a extinção, por compensação, de créditos fiscais não têm, hoje, qualquer razão de ser. Graças à informática, é

[1175] José Dias Ferreira, *Codigo Civil Portuguez Anotado* cit., 2, 92-93.

[1176] Guilherme Moreira, *Instituições* cit., 2, 268-269; parece-nos claro que este autor ficou, de certa forma, confortado com o § 395 do BGB, que retira da compensação os créditos do *Reich* (hoje da Federação), dos Estados e das comunas.

[1177] Adriano Vaz Serra, *Da compensação* cit., 107-108.

[1178] Cf. *supra*, 439, e, mais precisamente: artigo 473.°/4, do anteprojecto Vaz Serra; artigo 830.°/1, *c*), da 1.ª revisão ministerial; artigo 852.°/1, *c*), da 2.ª revisão ministerial.

482 *A compensação (excurso)*

frequente, nas repartições de finanças e no preciso momento em que se entregam declarações fiscais, obter a exacta informação ... de quanto deve o Estado ao contribuinte e a que título. Seria facílimo organizar um processo de compensação, em que os interesses do Estado fossem acautelados.

Aos juristas cabe remar contra este injustificado estado de coisas.

As valorações subjacentes à lei, e que jogam na interpretação e na aplicação são, seguramente, restritivas.

V. Perante o actual artigo 853.º/1, *c*), pergunta-se, em primeiro lugar, o que entender por "Estado" e por "outras pessoas colectivas públicas". A simples contraposição revela que "Estado" é, aqui, o aparelho central, que tem o Governo como órgão de direcção. As "outras pessoas colectivas públicas" serão os organismos dotados de personalidade na base de normas de Direito público que lhes atribuam poderes de autoridade[1179]. Ficam abrangidas as pessoas colectivas de base territorial – regiões, distritos, municípios e freguesias – e outras, taxativamente resultantes da lei.

Não são abrangidas as empresas públicas e outras entidades que actuem na base do Direito privado[1180], sem poderes de autoridade. Nesse ponto, qualquer privilégio redundaria em inconstitucionalidade, além de contundir com as leis comunitárias da concorrência.

O problema pôs-se por via do acórdão do Supremo, de 5-Dez.-1985, que considerou não sujeitos à compensação os créditos de um banco nacionalizado; segundo esse acórdão, o artigo 2.º do Decreto-Lei n.º 729-F/75, de 22 de Dezembro, considera as instituições de crédito nacionalizadas como "... pessoas colectivas de direito público, dotadas de autonomia administrativa e financeira, com a natureza de empresas públicas". Como tal, cairia na alçada do artigo 853.º/1, *c*), do Código Civil[1181].

Uma "instituição de crédito nacionalizada" é, evidentemente, uma empresa que se dedica ao comércio bancário de acordo com as regras jurídico-privadas do sector. Ao chamar-lhe "pessoa colectiva de direito público", o legislador não teve, seguramente, em vista a atribuição de quaisquer poderes de autoridade que, de resto, deveriam ter sido efectivados por lei – não o tendo sido. Logo não há aproximação conceitual no Código Civil.

[1179] *Tratado*, I/3, 2.ª ed., 589 ss..

[1180] Salvo, evidentemente, quando dotadas, por lei adequada, de *ius imperii* e na precisa medida em que actuem ao abrigo das competentes normas.

[1181] STJ 5-Dez.-1985 (Luís Fanqueiro), BMJ 352 (1985), 306-315 (313).

§ 53.° *A exclusão da compensação* 483

As empresas públicas – depois em decadência – surgiram precisamente para permitir ao Estado uma actuação ao abrigo do Direito privado: quando não, bastaria recorrer a direcções-gerais ou a departamentos administrativos.

A ideia de aplicar a proibição do artigo 853/1, *c*), a empresas públicas, corresponde a um clamoroso erro exegético: apenas veio prolongar, por via jurisdicional, o esquema das expropriações e das nacionalizações. O concreto caso referido teve apenas um mérito: o de ter constituído causa próxima para a publicação do estudo do Prof. Ruy de Albuquerque, *Da compensabilidade dos créditos e débitos civis e comerciais dos bancos nacionalizados*, que temos vindo a citar.

A não aplicação do artigo 853.°/1, *c*), aos bancos nacionalizados foi, depois, acolhida pacificamente, sendo unânimes as críticas a STJ 5-Dez.-1985[1182].

185. Prejuízo de direitos de terceiro

I. O artigo 853.°/2 prevê ainda duas outras causas de exclusão da compensação: o prejuízo de direitos de terceiro e a renúncia do devedor.

O prejuízo de direitos de terceiro implica, naturalmente, que o terceiro em causa tenha um direito sobre a própria prestação de cuja extinção se trate. Um prejuízo indirecto ocorreria sempre que o terceiro fosse credor do titular do crédito a extinguir, mormente nas situações de insolvência: a ser relevante, o instituto da compensação ficaria paralisado, precisamente quando mais importante se iria tornar.

As hipóteses de direitos de terceiros sobre uma prestação conduzem-nos à complexidade subjectiva imperfeita: tais os casos do usufruto de crédito, do penhor de crédito ou da penhora de crédito. Todos esses direitos reportam-se, na realidade, às prestações em jogo, ficando prejudicados quando elas cessassem, como condutas devidas, mercê da compensação.

[1182] Assim, FILINTO ELÍSIO, *Da compensabilidade dos créditos da banca nacionalizada*, ROA 1986, 771-803 (771 ss.); anteriormente, já o Parecer da PGR n.° 53/75, de 12-Fev.-1976 (JOSÉ NARCISO CUNHA RODRIGUES), BMJ 259 (1976), 123-127 (127), propunha uma interpretação restritiva para o artigo 853.°/1, *c*), por o legislador de 1966 não ter podido prever a hipótese de operações comerciais a realizar pelo Estado. Remata: "Seria inexcogitável afeiçoar as operações de banco ao apertado regime das regras orçamentais e das contas públicas".

484 A compensação (excurso)

II. A lei exige, todavia, que os direitos de terceiro se tenham constituído antes de os créditos se tornarem compensáveis – 853.º/2. Trata-se de nova e lógica consequência do princípio da retroactividade da compensação – 854.º.

186. A renúncia à compensação

I. A renúncia à compensação é possível, devendo ser respeitada – 853.º/2, *in fine*. Com efeito, a compensação é uma prerrogativa unilateral, articulando-se em áreas de posições disponíveis. Ela pode cessar unilateralmente, por simples decisão da pessoa a quem ela compita. Nos termos gerais, a renúncia pode ser expressa ou tácita.

II. A renúncia à compensação constava do artigo 767.º, 1.º, do Código de Seabra. O n.º 4 desse preceito referia ainda a hipótese de a dívida proceder de depósito: regra tradicional que não passaria ao Código de 1966. Pensamos que as duas regras devem ser aproximadas, procedendo-se a uma generalização. Nos seguintes termos: há renúncia à compensação sempre que, pelas partes envolvidas, seja concluído algum contrato com ela incompatível, em termos juridicamente relevantes[1183]. No limite: não faria sentido celebrar um contrato e extingui-lo de seguida, compensando a prestação e a contraprestação.

187. Créditos não-compensáveis, por disposição especial

I. Além do disposto no artigo 853.º, cumpre relevar outras normas que bloqueiam a compensabilidade de determinados créditos.

No próprio Código Civil, o artigo 2008.º/2 dispõe:

O crédito de alimentos não é penhorável, e o obrigado não pode livrar-se por meio de compensação, ainda que se trate de prestações já vencidas.

[1183] HILMAR FENGE, *Zulässigkeit und Grenzen des Ausschlusses der Aufrechnung durch Rechtsgeschäft*, JZ 1971, 118-123.

§ 53.º *A exclusão da compensação* 485

Trata-se de uma regra que vem completar o que já resultaria do artigo 853.º/1, *b*): privando-o, agora, da ressalva aí feita, no final.

II. Outra disposição muito significativa é a contida no CT. Segundo o seu artigo 279.º, epigrafado "compensações e descontos",

1. Na pendência de contrato de trabalho, o empregador não pode compensar a retribuição em dívida com crédito que tenha sobre o trabalhador, nem fazer desconto ou dedução no montante daquela.

O n.º 2 contém, depois, diversas excepções, a generalidade das quais é limitada, no seu conjunto, a um sexto da retribuição, pelo n.º 3 do mesmo preceito.

III. A proibição de compensação laboral – portanto: a não-compensabilidade dos créditos laborais do trabalhador – tem sido interpretada de duas formas: ou como uma medida destinada a prevenir que a entidade patronal, usando os seus poderes de autoridade, possa deixar o trabalhador numa particular vulnerabilidade, tolerando compensações indevidas, ou como esquema que vise assegurar o mínimo de sobrevivência, ao trabalhador e sua família.

A primeira orientação admitirá que a compensação opere depois de extinta a relação de trabalho: RLx 16-Nov.-1988[1184], RPt 21-Out.-1991[1185] e RLx 10-Mar.-1999[1186]. A segunda manterá a proibição de compensação, mesmo depois da cessação da situação laboral: RCb 11-Abr.-1991[1187].

IV. Os aspectos humanitários são garantidos pela lei comum e, mais precisamente: pela conjunção do artigo 853.º/1, *b*), com os artigos 822.º e 824.º do Código de Processo Civil, aplicável em processo de trabalho por via do artigo 1.º/2, *a*), do respectivo Código. O mínimo de sobrevivência do trabalhador e de sua família será assegurado pelo facto de não poderem ser penhorados – e, logo, compensados – dois terços do seu vencimento. O Direito do trabalho ocupar-se-á, assim, dos aspectos estritamente labo-

---

[1184] RLx 16-Nov.-1988 (QUEIROGA CHAVES), CJ XIII (1988) 5, 158-160 (160/II).
[1185] RPt 21-Out.-1991 (JOSÉ CORREIA), CJ XVI (1991) 4, 288-292 (291/II).
[1186] RLx 10-Mar.-1999 (GOMES DA SILVA), CJ XXIV (1999) 2, 158-161 (160/II).
[1187] RCb 11-Abr.-1991 (SOUSA LAMAS), CJ XVI (1991) 2, 131-133 (133/I e 133/II).

486   A compensação (excurso)

rais: da protecção devida ao trabalhador, por via da subordinação jurídica em que se encontra. Esse é o papel do CT. A primeira orientação é a mais correcta. Na vigência do contrato, a compensação não é possível[1188]; findo o contrato, aplica-se o Direito civil.

A compensação já é possível quando estejam em causa "adiantamentos" da entidade empregadora que devam ser qualificados como empréstimos[1189].

188. A natureza da compensação; aspectos de eficácia

I. A natureza da compensação já constituiu um tema clássico de discussão: no princípio do século XX[1190]. Todavia, surge mencionada em literatura mais recente[1191].

Frente a frente surgiram duas construções:

– a teoria da liberação;
– a teoria da satisfação.

Segundo a teoria da liberação (Befreiungstheorie), a compensação seria uma forma de cumprimento da obrigação[1192]. Pela da satisfação (Befriedigungstheorie), ela permitiria ao devedor pôr termo à obrigação, satisfazendo, por outra via, o interesse do credor[1193].

Na actualidade, a doutrina vem a admitir uma conjunção de ambas as teorias: seria a Kombinationstheorie ou teoria da combinação[1194].

II. O tema tem um interesse puramente construtivo. Poderá ter algum papel no afinamento conceitual. Deve, no entanto, ser retomado

---

[1188] STJ 26-Jun.-1996 (ALMEIDA DEVEZA), CJ/Supremo IV (1996) 2, 282-285 (285/I).

[1189] STJ 1-Fev.-2001 (ALMEIDA DEVEZA), CJ/Supremo IX (2001) 1, 288-290.

[1190] PAUL OERTMANN, Die rechtliche Natur der Aufrechnung, AcP 113 (1915), 376-428 (377 ss.).

[1191] GERHARD LÜKE/ULF HUPPERT, Durchblick: Die Aufrechnung, JuS 1971, 165-171 (165/II).

[1192] PAUL OERTMANN, Die rechtliche Natur der Aufrechnung cit., 377.

[1193] WEIGELIN, ob. cit., 44 ss..

[1194] LÜKE/HUPERT, Die Aufrechnung cit., 165/II.

em moldes analíticos[1195] e à luz do Direito positivo considerado. Aqui: o nosso.

III. A compensação poderá ser um acto, um efeito e um regime. Perguntar pela natureza da compensação é indagar sobre o "acto": efeito e regime têm a ver com a teoria das normas.

Afastada a doutrina *ipso iure*, a compensação (-acto) surge como um acto jurídico em sentido estrito[1196]: liberdade de celebração, mas falta de liberdade de estipulação. Noutros termos: verificados os requisitos, ou se compensa ou não se compensa.

Posto isto, ao acto de compensação haverá que aplicar as diversas regras quanto aos negócios jurídicos, na medida em que seja possível e por via do artigo 295.º.

IV. No tocante à eficácia, a compensação não é um cumprimento. O cumprimento é um *acto devido*. O devedor não está livre de cumprir: deve fazê-lo. Já a compensação está na disponibilidade de quem, dela, queira lançar mão.

As regras relativas à compensação são diferentes.

Resta concluir que a compensação é um acto jurídico em sentido estrito que visa a extinção de créditos. Tem autonomia histórica, cultural e dogmática, além de preencher valores e interesses próprios. Não se reconduz a nenhuma outra figura.

V. Quanto à eficácia, fala o artigo 847.º/1 em "livrar-se da obrigação". Já tivemos a oportunidade de referir que o problema não é tão simples[1197].

Uma obrigação é hoje tomada como um universo complexo com deveres principais, deveres secundários e deveres acessórios. Tratando-se de uma situação relativa, a cada um desses deveres, corresponderão direitos.

Pois bem: a compensação é um instituto analítico. Ela extingue, selectivamente, os créditos correspondentes aos créditos activos. Eviden-

---

[1195] Cf. as considerações de IRMGARD REITERER, *Die Aufrechnung* (1976), 55 ss..
[1196] Trata-se das categorias de PAULO CUNHA, que temos vindo a adoptar; cf. o nosso *Tratado* I/1, 3.ª ed., 447 ss..
[1197] *Supra*, 446-447.

temente: quando os créditos activos tenham uma feição complexa correspondente aos passivos, tudo se extingue. Fora isso, teremos de ponderar, caso a caso, a extensão da extinção.

Em regra, teremos de entender que a compensação exige a equivalência dos deveres principais e dos secundários, caso os haja: de outro modo, pela interligação entre todos, faltaria a homogeneidade. Já os acessórios – os deveres impostos pela boa fé – tenderam a subsistir para além da compensação[1198].

Teremos, nessa altura, uma manifestação de *culpa post pactum finitum* ou eficácia pós-contratual[1199].

[1198] Tal como podem subsistir para além do cumprimento.
[1199] *Supra*, 61 ss..

§ 54.º A COMPENSAÇÃO CONVENCIONAL

189. Aspectos gerais e relevo

I. A compensação convencional ou voluntária é livremente acordada pelas partes, ao abrigo da sua autonomia privada: artigo 405.º do Código Civil. Trata-se de uma figura pouco referida classicamente[1200] mas cujo interesse doutrinário tem vindo a crescer[1201]. Ela apresenta o maior interesse, designadamente no sector bancário.

Mau grado as propostas de Vaz Serra[1202], o Código Civil não contém regras sobre a compensação convencional ou voluntária. Haverá que deduzi-la, simplesmente, do referido artigo 405.º.

[1200] Cf., todavia, o desenvolvimento de PHILIPP HECK, *Grundriss des Schuldrechts* (1929, reimpr., 1974), § 62 (188-190) e, entre nós, o de VAZ SERRA, *Compensação* cit., 164-174, muito apoiado em HECK, como resulta do seu próprio texto.

[1201] BERGER, *Der Aufrechnungsvertrag* cit., especialmente 23 ss.; JOACHIM GERNHUBER, *Die Erfüllung*, 2.ª ed. cit., 326 ss..

[1202] Do seguinte teor – *Compensação* cit., 172:

1. – A compensação pode dar-se, por vontade das partes, mesmo que não se verifiquem os requisitos dos artigos anteriores.

2. – Se um dos créditos não existe ou não pode extinguir-se, o outro não se extingue.

3. – Na dúvida, é de admitir que as partes querem que os créditos se considerem extintos a partir do momento em que podiam compensar-se mediante declaração unilateral.

4. – Pelo contrato de compensação, podem as partes fixar as condições de que depende a compensação futura, dando-se esta, então, logo que tais condições se verifiquem. Havendo contrato de liquidação pelo qual as partes pretendam saldar entre si os seus activos recíprocos, a extinção por compensação, se coisa diversa não for de concluir da interpretação do contrato, só se dá quando a liquidação acaba pela compensação do total de uma das somas com o total da outra, na medida em que correspondam um ao outro, ficando depois um crédito do saldo de uma das partes contra a outra.

O Código Civil italiano conhece um artigo relativo à compensação voluntária: o 1252.º. Eis o seu teor:

Por vontade das partes pode haver logo compensação ainda que não ocorram as condições previstas nos artigos precedentes.

As partes podem ainda estabelecer preventivamente as condições de tal compensação.

II. Na compensação convencional, as partes ficam livres para dispensar os requisitos da compensação legal ou para acrescentar novos requisitos que a lei não preveja: se pode haver renúncia à compensação – 853.º/2 – também poderá, *a fortiori*, haver dificultação.

Entre os requisitos que poderão ser dispensados, encontramos:

- a reciprocidade: desde que, naturalmente, todas as entidades envolvidas dêem o seu assentimento; temos aqui um esquema que fortalece certos créditos, dotando-os de especiais garantias;
- a exigibilidade: as partes, tratando-se de matéria disponível, podem prescindir de benefícios de prazos ou de outras prerrogativas, dispensando igualmente excepções de Direito material, de modo a permitir a imediata compensação;
- a homogeneidade: as partes podem admitir a extinção recíproca de débitos não-homogéneos: haveria, para efeitos daquela concreta compensação, uma "homogeneidade convencional".

Por seu turno, a compensação convencional pode agravar os requisitos, bloqueando, designadamente, a retroactividade ou vedando certas compensações concretas.

Na compensação convencional ou voluntária, quando as partes nada digam, deixando certos aspectos omissos, cai-se no regime legal, supletivamente aplicável.

III. As partes podem, além de alterar os requisitos, reformular aspectos de actuação da compensação. Assim:

- pode ser precisada a compensação, na hipótese de diversidade de lugares de cumprimento, regulando-se os seus custos;
- pode ser regulada ou mesmo dispensada a declaração de compensação, de tal modo que esta opere automaticamente ou em funções de quaisquer factores a que se apele;

§ 54.º A compensação convencional 491

– pode condicionar-se a compensação, subordinando-a, por exemplo, a certos indícios ou a determinadas normas.

Finalmente podem-se, por contrato, estabelecer esquemas complexos de compensação, com recurso a centros ou casas de compensação. A compensação (voluntária) é, ainda, uma peça fundamental em contratos mais vastos, com relevo para a conta-corrente.

IV. A doutrina já tem colocado o problema da natureza da compensação voluntária e, designadamente: o de saber se ainda será compensação ou se não assistiríamos, antes, a remissões recíprocas e concertadas. Há compensação. Desde o momento em que se extingam créditos recíprocos, de tal modo que a extinção de um seja a contrapartida da do outro, aflora a velha *compensatio*. O que é importante: para além da autonomia privada, fica disponível, a título subsidiário, o regime civil da compensação.

V. A compensação voluntária pode ser usada para prejudicar terceiros. Com efeito, o compensante faz-se pagar de imediato, com prejuízo dos credores seus concorrentes.

O CPEF tomava medidas. No seu artigo 157.º, proclamava impugnáveis em benefício da massa falida todos os actos susceptíveis de impugnação pauliana, nos termos da lei civil. Posto isso, o artigo 158.º enumerava os actos que se presumiam celebrados de má fé, para efeitos de impugnação pauliana. Incluía:

> b) O pagamento ou compensação convencional de dívida não vencida, e também de dívida vencida, quando ocorrer dentro do ano anterior à data da abertura do processo conducente à falência e com valores que usualmente a isso não são destinados;

Dispúnhamos, aqui, de uma referência legal expressa à compensação convencional. A matéria não consta, expressamente, dos artigos 120.º e seguinte do CLRE. Mas aí pode ser conduzida.

190. Cláusulas contratuais gerais

I. A compensação voluntária pode ser acordada através de cláusulas contratuais gerais. De resto, o modelo mais simples consiste em aditar (ou em suprimir), ao regime legal, algum ou alguns aspectos.

Quando isso suceda, há que atentar na Lei das Cláusulas Contratuais Gerais.

II. O artigo 18.º, *h*), da LCCG considera em absoluto proibidas as cláusulas que excluam a faculdade de compensação, quando admitida na lei. Trata-se de uma proibição aplicável nas relações entre empresários e entre estes e consumidores. A renúncia à compensação não será possível por essa via: apenas em contratos especialmente concluídos. Quanto à dificultação da compensação, cumpre ponderar: se esta for de tal ordem que se apresente como "exclusão", a cláusula será nula.

III. Para além disso, a compensação não merece desconfianças. Desde que, naturalmente, não albergue algum negócio diverso, que a lei não permita, a compensação voluntária surge como uma fórmula que o legislador pretende mesmo facilitar.

§ 55.° COMPENSAÇÕES ANÓMALAS E IMPRÓPRIAS

191. Generalidades

I. Conhecido o regime da compensação, podemos considerar outras figuras dela próximas. Por vezes, a proximidade é tanta que chegam a ser consideradas "compensação", ainda que com regras distintas.

Temos duas possibilidades: ou a figura próxima, mau grado a especificidade do regime, ainda apresenta características básicas da compensação ou, de todo, isso não sucede. No primeiro caso temos as compensações anómalas; no segundo, as compensações impróprias.

II. Apesar de, *summo rigore*, estarmos fora do campo da compensação, esta opera como o grande atractor das figuras próximas. Resulta, daí, uma vizinhança sistemática, linguística e cultural que tem consequências, no plano do regime. Justifica-se, deste modo, que as competentes rubricas comunguem, ainda, do termo "compensação", procedendo-se ao seu estudo precisamente a propósito deste instituto.

192. Compensações anómalas: a conta-corrente

I. A conta-corrente constitui uma rubrica própria, no Direito comercial e no Direito bancário. Para os presentes propósitos, recordamos que, segundo o artigo 346.° do Código Comercial, o contrato de conta-corrente tem como efeito e entre outros:

> A compensação recíproca entre os contraentes até à concorrência dos respectivos crédito e débito ao termo do encerramento da conta-corrente.

Será uma verdadeira e própria compensação?

II. O Código Comercial data de 1888. Nessa ocasião, o próprio Guilherme Moreira não tivera ainda a oportunidade de divulgar, entre nós, o sistema alemão, sistema esse que, de resto, apenas com o BGB seria oficializado, em 1896. O legislador, pela pena de Veiga Beirão, só poderia, pois, ter tido em mente a compensação *ipso iure* napoleónica.

E de facto, parece seguro que a "compensação" da conta-corrente não exige a declaração potestativa de querer compensar, hoje prevista no artigo 848.º/1, do Código Civil. Evidentemente: o Direito privado português, na sua passagem para a área jurídico-científica germânica, bem poderia ter conservado institutos próprios do estádio anterior. Teríamos, assim, uma "compensação napoleónica", mais arcaica, no Direito comercial e uma "compensação germânica", mais evoluída, no Direito civil[1203]. A ser esse o caso, nenhuma razão haveria para considerar "anómala" a compensação da conta-corrente.

III. Todavia, a compensação do artigo 346.º do Código Veiga Beirão não é conciliável com a própria compensação napoleónica: ele não se limita a prever uma *compensatio ipso iure*: antes uma figura com regime específico noutros pontos. Adiantamos dois:

– a compensabilidade é definida pelo contrato de conta-corrente, nestes termos: é compensado(ável) quanto, *ex tunc*, possa ser levado à conta;
– a compensação não é, aqui, retroactiva, no sentido comum de produzir efeitos desde o momento em que se verifiquem os requisitos legais: ela opera no momento do saldo.

IV. Estamos, perante uma figura própria. De todo o modo, ela opera com créditos de sinal contrário os quais, em certas condições, se extinguem, até ao limite da concorrência.

Fica-nos, assim, uma margem clara para falar, ainda, de compensação, conquanto que anómala. Dogmaticamente ela é facilmente explicável fazendo-se a aproximação à compensação convencional: integrada no tipo

---

[1203] Encontramos outros paralelos deste tipo; assim o mandato civil, germânico, independente da procuração e o mandato comercial, napoleónico, que envolve representação; a culpa-*faute* da responsabilidade contratual e a culpa germânica, aquiliana. Um terceiro exemplo seria constituído pela compensação.

§ 55.° *Compensações anómalas e impróprias*   495

mais vasto da conta-corrente, a compensação aqui em causa assume uma feição especial mercê da autonomia privada.

193. Compensações impróprias: a dedução de valores

I. Vamos recordar o artigo 795.°/2, a propósito da impossibilidade superveniente da prestação, nos contratos bilaterais:

> Se a prestação se tornar impossível por causa imputável ao credor, não fica este desobrigado da contraprestação; mas, se o devedor tiver algum benefício com a exoneração, será o valor do benefício descontado na contraprestação.

Desta feita, não chega a haver créditos de sinal contrário. Apenas se verifica que, em certas circunstâncias, o cálculo de determinada prestação pressupõe uma operação de desconto ou dedução de valores.

A lei civil dá-nos outros exemplos[1204]:

– 815.°/2: o credor em mora cujo crédito se impossibilite continua obrigado à contraprestação; desta, todavia, será descontado qualquer benefício que o devedor tenha com a extinção da sua obrigação;
– 894.°/2: havendo restituição do preço por nulidade da venda de bens alheios, será abatido, no montante do preço e da indemnização que o vendedor tenha de pagar ao comprador, qualquer proveito que o comprador tiver tirado da perda ou diminuição de valor dos bens;
– 1040.°/1: a renda ou aluguer são reduzidos se, por motivo não atinente à sua pessoa ou à dos seus familiares, o locatário sofrer privação ou diminuição do gozo da coisa locada;
– 1216.°/3: na empreitada, quando haja alterações exigidas pelo dono da obra e destas resulte uma diminuição do custo ou de trabalho, tem o empreiteiro direito ao preço estipulado, com dedução do que, em consequência das alterações, poupar em despesas ou adquirir por outras aplicações da sua actividade.

[1204] João Antunes Varela, *Das obrigações em geral* cit., 2, 7.ª ed., 199.

Além disso, poderíamos chamar à colação institutos como os do cálculo da indemnização e do cálculo da obrigação de restituir o enriquecimento, onde caberá fazer deduções.

II. A figura aqui em causa tem sido identificada pelos obrigacionistas como claramente diversa da compensação[1205-1206]. Em língua alemã, ela denomina-se *Anrechnung* (cálculo ou contabilização). Passando ao vernáculo: desconto daria lugar a confusão com o desconto bancário; propomos "dedução" ou "dedução de valores".

Nuns casos ela resulta expressamente da lei; noutros, há que proceder por construção científica.

III. As diferenciações entre a compensação e a dedução de valores são claras. Assim[1207]:

– a compensação postula créditos autónomos de sinal contrário: a dedução visa apenas delimitar um único crédito; dispensam-se, nesta, factos constitutivos próprios, atinentes a direitos diferentes;
– a compensação é potestativa; a dedução surge automática;
– a compensação é retroactiva; a dedução produz efeitos quando o crédito por ela delimitado se torne eficaz;
– a compensação conhece causas legais de exclusão, o que não sucede com a dedução.

Nestas condições, só caso a caso e com cautelas se poderão aplicar, à dedução de valores, regras próprias da compensação. Trata-se, verdadeiramente, de uma "compensação imprópria".

[1205] Assim, KARL LARENZ, *Lehrbuch des Schuldrechts* cit., 1, 14.ª ed., 255-256 e JOACHIM GERNHUBER, *Die Erfüllung*, 2.ª ed. cit., 226. Sobre toda esta matéria é fundamental a referida monografia de CHRISTIAN VIERRATH, *Anrechnung und Aufrechnung* (2000).

[1206] S. BRAGA, *Der Schadensersatzanspruch nach § 326 BGB und die Aufrechnung und Abtretung (§ 404 und 406 BGB)*, MDR 1959, 437-441.

[1207] VIERRATH, *Anrechnung und Aufrechnung* cit., 3 ss..

PARTE VIII

GARANTIAS

CAPÍTULO XXI
DAS GARANTIAS EM GERAL

§ 56.° AS GARANTIAS DAS OBRIGAÇÕES

194. Generalidades

I. As garantias constituem um capítulo clássico do Direito das obrigações.

O tema da garantia das obrigações esteve, na doutrina nacional, em grande quietude[1208]. Durante o século XX, essa importante disciplina viveu, praticamente, das lições do Prof. Paulo Cunha, de 1938/1939[1209] e dos estudos preparatórios do Prof. Vaz Serra[1210]. O tema das garantias bancárias mereceu algum interesse; faltavam, todavia, análises gerais de enquadramento.

A matéria foi reanimada na periferia por Januário Gomes, autor de uma monografia maciça sobre a fiança, na qual são considerados diversos problemas conexos[1211]. E a Januário Gomes devem-se, ainda, outros estu-

---

[1208] Vejam-se as considerações que expendemos no nosso *Direito das obrigações*, 2, 465, nota 1. Tentámos, aí, reanimar o tema.

[1209] PAULO CUNHA, *Da garantia nas obrigações*, dois tomos, publicada por Eudôro Pamplona Côrte-Real (1938-39), no total de 774 pp., com os índices.

[1210] ADRIANO VAZ SERRA, *Penhor*, BMJ 58 (1956), 17-293 e 59 (1956), 13-268; *Hipoteca*, BMJ 62 (1957), 5-356 e 63 (1957), 193-396; *Privilégios*, BMJ 64 (1957), 41-339; *Fiança e figuras análogas*, BMJ 71 (1957), 19-331; *Cessão de bens aos credores*, BMJ 72 (1958), 307-325; *Responsabilidade patrimonial*, BMJ 75 (1958), 5-410; *Algumas questões em matéria de fiança*, BMJ 96 (1960), 5-99.

[1211] MANUEL JANUÁRIO DA COSTA GOMES, *Assunção fidejussória de dívida / Sobre o sentido e âmbito da vinculação como fiador* (2000), 1433 pp..

dos sobre as garantias[1212], bem como uma importante monografia de garantias marítimas[1213].

Quebrado o gelo, foram surgindo escritos importantes, dos quais salientamos os de Romano Martinez/Fuzeta da Ponte[1214], de Maria Isabel Menéres Campos[1215], de Miguel Lucas Pires[1216], de João Cura Mariano[1217], de Menezes Leitão[1218], de Isabel Andrade de Matos[1219], de Pestana de Vasconcelos[1220], de Jorge Sinde Monteiro (coordenação)[1221], de Cláudia Madaleno[1222] e de Catarina Monteiro Pires[1223], entre outros. Assiste-se, ainda, a uma especial densificação desta matéria, no campo do Direito bancário[1224].

Neste momento, impõe-se uma reconstrução geral, devidamente apoiada, das garantias, depois desenvolvida nas suas várias manifestações em especial. Cabe igualmente ordenar a doutrina estrangeira, que é infindável, tornando-a operacional no espaço lusófono[1225].

O plano do presente *Tratado* prevê um tomo (o quinto) dedicado às garantias. A presente pré edição fica-se pelo desenvolvimento que segue.

[1212] Reunidos em MANUEL JANUÁRIO DA COSTA GOMES, *Estudos de Direito das garantias*, 1 (2004), 303 pp., com oito escritos.

[1213] MANUEL JANUÁRIO DA COSTA GOMES, *Limitação de responsabilidade por créditos marítimos* (2010), 585 pp..

[1214] PEDRO ROMANO MARTINEZ/PEDRO FUZETA DA PONTE, *Garantias de cumprimento*, 5.ª ed. (2006), 306 pp.; a 1.ª ed. remonta aos anos 90 do século XX.

[1215] MARIA ISABEL MENÉRES CAMPOS, *Da hipoteca. Caracterizações, constituição e efeitos* (2003), 261 pp..

[1216] MIGUEL LUCAS PIRES, *Dos privilégios creditórios: regime jurídico e sua influência no concurso de credores* (2004), 463 pp..

[1217] JOÃO CURA MARIANO, *Impugnação pauliana* 2.ª ed. (2008), 371 pp..

[1218] LUÍS MENEZES LEITÃO, *Garantias das obrigações*, 2.ª ed. (2008), 375 pp.; a 1.ª ed. é de 2005, correspondendo a um relatório académico.

[1219] ISABEL ANDRADE DE MATOS, *O pacto comissório / Contributo para o âmbito da sua proibição* (2006), 241 pp..

[1220] LUÍS MIGUEL D. P. PESTANA DE VASCONCELOS, *A cessão de créditos em garantia e a insolvência / Em particular da posição do cessionário na insolvência do cedente* (2007): uma dissertação de doutoramento maciça já citada, defendida na Faculdade de Direito do Porto.

[1221] JORGE FERREIRA SINDE MONTEIRO (coord.), *Garantias das obrigações / Publicação dos trabalhos de mestrado* (2007), 566 pp., reunindo escritos de treze autores.

[1222] CLÁUDIA MADALENO, *A vulnerabilidade das garantias reais / A hipoteca voluntária face ao direito de retenção e ao direito de arrendamento* (2008), 342 pp..

[1223] CATARINA MONTEIRO PIRES, *Alienação em garantia* (2010), 331 pp..

[1224] *Manual de Direito bancário*, 4.ª ed. (2010), 715-781.

[1225] Devemos contar com um influxo anglo-saxónico, recente mas já significativo e com diversos elementos de Direito europeu.

§ 56.º As garantias das obrigações

II. De garantia usa-se falar em vários sentidos: importa precisar as noções.

Em princípio, diz-se que uma coisa está garantida por determinada forma sempre que, por tal via, ela seja assegurada, na sua manutenção ou na prossecução das suas finalidades. Cabe cingir a problemática das garantias às que possam merecer o epíteto de jurídicas.

Segundo Paulo Cunha[1226], a garantia jurídica:

> (...) consiste na protecção coactiva que o direito objectivo concede à realização dos interesses que constituem os direitos subjectivos.

Esta noção, a ser tomada como ponto de partida, é excessivamente restrita em dois aspectos:

– na referência à coacção;
– na referência aos direitos subjectivos.

A coacção traduz-se na possibilidade de aplicação, pela força, de determinadas sanções. Ora as garantias podem não implicar coacção, quer por pressuporem esquemas que, não sendo violáveis, não podem ser aplicados pela força – por exemplo, a sujeição à acção pauliana – quer por, normalmente, existirem e funcionarem sem que, de força, se chegue a falar.

Por outro lado, as garantias podem existir para tutelar direitos subjectivos ainda inexistentes ou até – porque não? – posições favoráveis que não sejam, rigorosamente, qualificáveis como direitos;

III. Fica-nos a ideia de que as garantias hão-de redundar em esquemas de Direito destinados a assegurar determinadas situações jurídicas. Como sabemos ser este o papel da sanção, podemos definir a garantia jurídica como toda a sanção ou grupos de sanções institucionalizados.

Deste modo, a própria responsabilidade civil, globalmente considerada, é uma garantia das situações genericamente cobertas, nos termos do artigo 483.º/1, do Código Civil, assim como a responsabilidade criminal é garantia dos bens que, por serem considerados primordiais, em cada sociedade, sejam providos de tutela jurídico-penal.

[1226] PAULO CUNHA, *Da garantia nas obrigações* cit., 1, 3.

502 *Das garantias em geral*

Apuramos um sentido extremamente amplo, mas inteiramente correcto do ponto de vista técnico-jurídico, para o termo garantia, e que é, aliás, fluentemente utilizado: é a garantia *lato sensu*.

IV. Na garantia *lato sensu*, acima descrita, é possível distinguir vários níveis. Como ponto de partida, tomamos a eventualidade da violação, uma vez que é em torno dela que surgem todas as situações patológicas, nas quais há que incluir as garantias. A partir daí, constatamos que as normas de garantia podem compreender previsões de um de dois tipos:

– ou aferidas à própria situação tutelada, cuja violação é sempre possível;
– ou aferidas à violação, quando se verifique.

Isto é: a garantia *lato sensu* pode resultar de normas que prevejam, simplesmente, a situação a tutelar, funcionando desde o momento em que esta se consubstancie ou, pelo contrário, de normas que prevejam a violação, aplicando-se, apenas, com esta.

À garantia do primeiro tipo chamamos garantia *stricto sensu*.

V. A garantia *stricto sensu*, não obstante se situar, a nível existencial, em momento anterior ao de qualquer violação, mantém-se e intensifica-se, caso a aludida violação sobrevenha.

Por exemplo, a responsabilidade civil, garantia *lato sensu*, funciona apenas com a violação;
a hipoteca, garantia *stricto sensu*, aplica-se independentemente de qualquer violação, embora se intensifique com esta.

195. Garantia obrigacional; modalidades

I. Quando uma garantia *stricto sensu* se reporte a uma situação creditícia, falaremos em garantia obrigacional. Esta redunda em normas ou conjuntos de normas destinados a assegurar as obrigações, independentemente da sua violação.

Importa deixar clara a distinção entre a garantia obrigacional e a responsabilidade patrimonial, que sabemos ser um princípio geral vigente no Direito civil.

§ 56.º As garantias das obrigações   503

A ideia de garantia põe-se no campo sancionatório, isto é, no das realidades destinadas a evitar violações de normas jurídicas. Pelo contrário, a responsabilidade patrimonial coloca-se a nível de coercibilidade. Assim sendo, verifica-se que a garantia obrigacional, quando dê lugar à aplicação coactiva de sanções, fá-lo, hoje em dia, pela via da responsabilidade patrimonial.

Fora disso, verifica-se que a responsabilidade patrimonial pode ocorrer independentemente da existência de quaisquer garantias, tal como não é forçoso que, por via das garantias, se chegue à aplicação das regras da responsabilidade patrimonial.

II. Existem múltiplos esquemas jurídicos que, por visarem assegurar obrigações, podem ser apelidados garantias obrigacionais. Impõem-se várias classificações. A primeira e, porventura, a mais importante, separa a garantia geral das garantias especiais. A ideia de garantia geral pode ser alcançada através do princípio da responsabilidade patrimonial. Uma vez que, quando seja necessário usar de coacção, em Direito das obrigações, se recorre, para o efeito, à agressão dos bens do devedor, é natural que, independentemente da efectivação de qualquer agressão e ainda que não haja, sequer, uma violação, existam normas destinadas a estabelecer e assegurar essa dimensão creditícia. Podemos definir a garantia geral das obrigações como o conjunto de normas destinado a proporcionar, ao credor, a cobertura das obrigações, à custa do património do devedor.

Sendo a responsabilidade patrimonial um princípio verdadeiramente geral, compreende-se que a garantia, agora em análise, compartilhe dessa mesma característica da generalidade: a simples existência de qualquer obrigação implica a imediata aplicação das normas destinadas à sua efectivação patrimonial.

III. Em definição negativa, podemos referenciar as garantias especiais como todas aquelas que não sejam gerais. Como a existência de garantias especiais não afasta a garantia geral, entende-se a definição que nos dá Paulo Cunha, segundo o qual a garantia especial implica[1227]:

> o reforço da massa responsável com providências que respeitam a obrigações determinadas, aumentando quanto a essas obrigações, os bens responsáveis.

[1227] PAULO CUNHA, *Da garantia nas obrigações* cit., 2, 3.

196. Natureza das garantias; a funcionalidade

I. Temos considerado garantias pelo prisma do Direito objectivo. Assim sendo, elas surgem-nos, inevitavelmente, como normas jurídicas. Desde o momento em que, mercê da verificação das previsões respectivas, as garantias se concretizem nas estatuições correspondentes, ocorrem situações jurídicas. Qual é a natureza dessas situações?

> Por exemplo: pelo que foi dito, o património de um devedor e uma hipoteca funcionam como garantias geral e especial, respectivamente, das obrigações, porquanto implicam normas destinadas a assegurá-las. Mas desde o momento em que se verifique uma obrigação, qual a natureza da situação em que se encontra o sujeito cuja posição seja tutelada pelas aludidas garantias, geral e especial?

II. Na verdade, esta questão é insusceptível de resposta generalizada. Dve ficar assente que a ideia geral de garantia é alcançada através da finalidade geral de certas realidades. Garantia é tudo aquilo que se destine a assegurar obrigações, tal como atrás explicitámos. Natural é, pois, que surjam como garantias realidades intrinsecamente muito diferentes, unidas, apenas, através da sua finalidade.

Referiremos, deste modo, as naturezas das garantias à medida que se nos forem deparando as suas diversas manifestações consagradas na nossa Ordem Jurídica.

III. Recordamos, contudo, desde já, que não devem ser aceites, nomeadamente no que toca à garantia geral, construções que pretendam integrá-la no próprio vínculo obrigacional.

SECÇÃO I

DA GARANTIA GERAL

§ 57.º O CONTEÚDO DA GARANTIA GERAL

197. Garantia geral e responsabilidade patrimonial

I. A garantia geral das obrigações traduz-se no conjunto de normas jurídicas que visam tutelar os créditos através dos esquemas próprios da responsabilidade patrimonial.

A partir deste sentido logicamente original, podemos alcançar outras duas acepções da expressão "garantia geral", que derivam da sua utilização corrente:

- a garantia geral como o conjunto de bens penhoráveis do devedor que respondem, efectivamente, por determinadas dívidas;
- a garantia geral como a situação jurídica em que o credor e o devedor se encontram envolvidos, por força das regras da responsabilidade patrimonial.

II. Referimos, oportunamente, o sentido geral da responsabilidade patrimonial, tal como resulta de lenta evolução histórica, bem como as regras principais a que obedece a sua explicitação, nomeadamente através da acção executiva[1228]. Tendo o esquema então delineado sempre presente, vamos partir da garantia geral como situação jurídica.

Por tal prisma, verificamos que a garantia geral, no que toca ao credor, traduz, para ele, o conjunto de elementos que lhe possibilitam a actua-

---

[1228] *Tratado* I/1, 3.ª ed., 384 ss..

ção da responsabilidade patrimonial sobre certos bens, *maxime* com recurso à acção executiva.

Não é possível entrar, discriminadamente, na análise do que sejam, em concreto, tais elementos. O seu elenco é eminentemente variável, não só em função do crédito de cuja efectivação se trate, mas também de acordo com a própria composição do património do devedor. Podemos concluir que o conteúdo da garantia geral das obrigações implica faculdades destinadas a, em cada caso, actuar a responsabilidade patrimonial, sendo, com esse sentido, estatuídas por lei.

III. Essas faculdades podem ser distribuídas em dois grupos que compreendem, respectivamente:

– meios de conservação;
– meios de agressão.

Os meios de conservação destinam-se a providenciar para a manutenção do património do devedor, em termos de evitar a frustração dos esquemas próprios da responsabilidade patrimonial.

Os meios de agressão traduzem o próprio funcionamento da responsabilidade patrimonial e redundam na acção executiva.

Simplesmente, ao passo que os pressupostos concretos da acção executiva surgem, apenas, havendo violação de obrigações e quando haja que passar à fase coactiva da aplicação de sanções, os meios de conservação são constantes, desde o momento em que se constitua qualquer obrigação.

198. Natureza

I. Qual a natureza da garantia geral das obrigações? Uma consideração analítica revela que a garantia geral, emergente de normas jurídicas, coloca, nas mãos do credor, um poder a que o devedor se encontra sujeito: o poder de actuar os esquemas da responsabilidade patrimonial. A utilização dos meios implícitos nesse poder é, indubitavelmente, facultada ao credor: não lhe é imposta. Desta forma, o credor é, pelo prisma da garantia, destinatário de normas que lhe conferem poderes e cujo exercício é permitido. Assim sendo, será de encarar a hipótese de a garantia geral traduzir um direito potestativo que, dado o teor da coercibilidade, aqui em jogo

§ 57.º O conteúdo da garantia geral

– a responsabilidade patrimonial – se traduziria num direito ao património do devedor, por alguns apregoado?

II. A resposta é negativa. A existência de qualquer direito subjectivo pressupõe, para além de adequada permissão normativa, a existência de um bem, afecto, pela norma em causa, ao titular[1229]. A garantia geral das obrigações, como garantia em si, nunca propicia, ao credor, o aproveitamento de bens diferentes das prestações. Assim, quer na execução pecuniária, quer na execução específica, o credor apenas vai realizar, coactivamente, as prestações que lhe eram devidas. A estas, tão-só se reporta o seu direito. O património do devedor surge, apenas, como meio de efectivação das aludidas prestações.

No decurso da acção executiva podem, efectivamente, ocorrer diversos direitos subjectivos, *maxime* a própria penhora, que é um direito real de garantia. Simplesmente, essas situações não são instituídas pelas normas integradoras da garantia geral, mas antes por outras normas jurídicas, cujo nível previsivo não se contenta com a mera existência de uma obrigação. De tal forma que, quando surjam, cabe falar em garantias especiais e não na garantia geral.

III. O património do devedor, no prisma da garantia geral, é apenas o meio de realização de direitos que implicam o aproveitamento de bens que com ele não se identificam – as prestações.

Mas, mesmo instrumentalmente, o património do devedor, pela sua eminente indeterminação e variabilidade – que pode ir até à sua inexistência – é insusceptível de consubstanciar o substrato necessário à existência de um direito subjectivo, tal como o entendemos.

Por tudo isto, resta-nos concluir que a garantia geral das obrigações tem a simples natureza de uma permissão normativa genérica de actuação das regras de responsabilidade patrimonial. A sua natureza de garantia advém, como foi dito, do facto de tal permissão surgir com a existência de qualquer obrigação.

[1229] O direito subjectivo assenta numa permissão específica de aproveitamento de um bem (concreto) e não numa permissão geral de o fazer; *vide* o *Tratado* I/1, 3.ª ed., 331 ss..

§ 58.° OS MEIOS DE CONSERVAÇÃO; A ACÇÃO DE NULIDADE

199. Generalidades

I. Verificámos como o essencial da garantia geral das obrigações resulta, do ponto de vista do credor, na concessão da possibilidade de usar meios jurídicos específicos, destinados à manutenção da integridade do património do devedor. Em primeira linha, inserem-se, aqui, os meios de conservação[1230].

Para uma adequada colocação desses meios específicos, interessa verificar, ainda que sucintamente, as vias pelas quais pode advir uma diminuição do património do devedor[1231].

Em abstracto, essa diminuição é induzida:

– ou de diminuição do activo patrimonial;
– ou do aumento do seu passivo.

II. O património do devedor, como qualquer património, diminui desde o momento em que se verifiquem saídas patrimoniais. Tais saídas podem, em primeira linha, ser provocadas por pura fenomenologia jurídica ou, pelo contrário, derivar de eventos de tipo material. Podemos exemplificar com a alienação de uma coisa ou com a sua destruição, respectivamente.

[1230] Ugo Natoli/Lina Bigliazzi Geri, *I mezzi di conservazione della garantia patrimoniale* (1974), 3. Em rigor, como explica Manuel Januário Costa Gomes, *Direito das obrigações – Garantia geral das obrigações* (1974), 19-20, citando Vaz Serra, não se trata da conservação do património do devedor, mas da conservação da garantia geral dos credores.

[1231] Paulo Cunha, *Da garantia nas obrigações* cit., 1, 314 e ss..

510 · *Das garantias em geral*

A diminuição de um património, provocada a nível jurídico pode, ainda, resultar:

– da alienação de um direito;
– da constituição de um direito, a favor de terceiro, que venha limitar direito preexistente.

Assim, tanto é diminuição de um património a doação de uma coisa em propriedade plena, como a constituição gratuita de um usufruto sobre a mesma coisa.

Da simples alienação ou oneração de um direito não pode, sem mais, concluir-se pela diminuição do património atingido. Efectivamente, quando uma alienação opere mediante uma contrapartida equitativa, não há diminuição mas tão-só alteração dos seus elementos integrantes. Por exemplo, uma venda não provoca alterações patrimoniais quantitativas desde o momento que o alienante receba, como preço, o exacto valor da coisa.

Por outro lado, podem ocorrer alienações com contrapartida idónea que, contudo e para os aspectos agora em análise, traduzam, em face de certos credores, autênticas diminuições patrimoniais. Por exemplo, um devedor com vários credores satisfaz, por inteiro, uma certa dívida. O cumprimento implica, fatalmente, determinada saída patrimonial: tem, no entanto, como contrapartida, a extinção de débito equivalente. Simplesmente, em termos de garantia patrimonial, todos os credores, que não o satisfeito, são prejudicados pela ocorrência, uma vez que já não concorrem, em pé de igualdade, aos valores utilizados para o cumprimento do débito satisfeito.

Podemos concluir que a diminuição do activo patrimonial, para efeitos da garantia geral das obrigações, deve ser aferida caso a caso, perante os interesses concretos dos credores, à luz do princípio da responsabilidade patrimonial.

III. A diminuição de um património, globalmente considerado, pode ainda ser provocada pelo aumento do seu passivo. Se um devedor contrai novas dívidas provoca, com isso, um aumento de obrigações asseguradas pela mesma garantia geral. Daí resulta que, caso o património seja insuficiente para assegurar a cobertura de todas as dívidas, os credores anteriores sejam prejudicados por terem de sofrer o concurso de novos credores.

IV. Paulo Cunha chama a atenção para um terceiro tipo de afectação patrimonial, susceptível de prejudicar a posição dos credores: o não

§ 58.° *Os meios de conservação; a acção de nulidade* 511

aumento do activo patrimonial, a que poderíamos acrescentar a não diminuição do seu passivo.

Assim, se o devedor repudia uma herança não deficitária, evita, com isso, uma melhoria patrimonial que iria beneficiar os credores. Da mesma forma, estes sofrem prejuízo caso o devedor não promova, quando possa fazê-lo, a anulação de débito que onere o seu património.

V. Recapitulemos as formas por que pode advir prejuízo aos credores, por via de eventualidades ocorridas no património do devedor; são elas:

– a diminuição do activo:
  – por alienação;
  – por oneração;
  – por cumprimento selectivo;
– o aumento do passivo:
  – por constituição de novas obrigações;
– o não aumento do activo ou a não diminuição do passivo:
  – pela não prática dos actos adequados, sendo estes possíveis.

Em face de tais eventualidades, o Direito reage cominando, aos credores, faculdades de dois tipos:

– de tipo preventivo, destinadas a evitar a consumação da ocorrência danosa;
– de tipo repressivo, visando destruir a diminuição da garantia patrimonial, uma vez ocorrida.

As faculdades de tipo preventivo, por definição, são possíveis quando estejam em causa coisas, ainda que não corpóreas mas, de alguma forma, consubstanciadas em algo de palpável (p. ex., títulos). É o papel do arresto – artigos 619.° e seguintes.

As faculdades de tipo repressivo são diversificadas consoante a diminuição do património a que haja de fazer face. Podemos, tendencialmente, esclarecer que:

– contra aumentos do passivo ou diminuições do activo, têm os credores o acesso à acção pauliana – artigos 610.° e seguintes;
– contra não diminuições do passivo ou não aumentos do activo cabe, consoante os casos, recurso à acção sub-rogatória ou à acção de nulidade – artigos 606.° a 609.° e artigo 605.°, respectivamente.

512 *Das garantias em geral*

VI. Esclarecemos, a concluir as presentes generalidades que, em princípio, os diversos meios de conservação preservam os patrimónios de actos jurídicos que os possam afectar. No tocante aos actos materiais, apenas o arresto, pela sua natureza, pode, por vezes, prevenir destruições e deteriorações.

Adiantamos, também, que numa tradição milenária, os diversos meios de conservação, não obstante traduzirem o exercício de faculdades substantivas, são designados através das suas manifestações processuais. Donde a designação de acção que, repetidamente, nos aparece.

200. A acção de nulidade

I. Nos termos do artigo 605.º/1, do Código Civil:

> Os credores têm legitimidade para invocar a nulidade dos actos praticados pelo devedor (...).

Essa mesma disposição acrescenta, depois, como requisito para o exercício de tal acção, pelos credores, apenas que os mesmos tenham interesse na declaração da nulidade.

O Código Civil levou a sua precisão ao ponto de esclarecer que:

– os actos de cuja nulidade se trate podem ser anteriores ou posteriores à constituição do crédito;
– não é necessário que os actos em causa provoquem ou agravem a insolvência do devedor.

II. Na verdade, o dispositivo constante do artigo 605.º do Código Civil nada veio acrescentar ao que já resultava do artigo 286.º do mesmo Código[1232]:

> A nulidade é invocável a todo o tempo por qualquer interessado e pode ser declarada oficiosamente pelo tribunal.

Uma vez que o artigo 286.º citado não procedia a qualquer exclusão, os credores podiam, naturalmente, servir-se dele, desde que tivessem, na nulidade, algum interesse.

[1232] Ainda no âmbito do Direito anterior, já PAULO CUNHA defendia este entendimento; desse Autor: *Da garantia nas obrigações* cit., 320 ss..

§ 58.º Os meios de conservação; a acção de nulidade   513

A explicação da presença de tal preceito, em duplicado, no Código Civil é de ordem meramente histórica[1233]: discutia-se, no âmbito do Código de Seabra e dada a aproximação que aí era feita entre a acção de simulação – uma das mais frequentes acções de nulidade neste campo – e a acção pauliana, se o exercício da acção de nulidade, pelos credores, estava, ou não dependente:

– da anterioridade do crédito em relação à nulidade em causa;
– da efectiva repercussão do acto nulo no estado de insolvência do devedor, seja em termos de o provocar, seja em termos de o agravar.

Foi com o mero fito de desfazer tais dúvidas que o Código veio dispor sobre esta matéria, no artigo 605.º/1.

III. O n.º 2 dessa mesma disposição compreende uma norma que já resultava, nitidamente dos princípios gerais, mas que tem, de qualquer forma, o mérito de evitar dúvidas: a declaração de nulidade, requerida por um dos credores, aproveita a todos. Isto é: o exercício da acção de nulidade, por um dos credores, não cria, a favor dele, qualquer preferência.

IV. Põe-se o problema da exacta extensão da faculdade repetida no artigo 605.º/1. Em princípio, ela abrange apenas os actos nulos; quanto aos actos anuláveis, mantém-se a regra do artigo 287.º/1: a anulação só pode ser pedida pelo credor em cujo interesse a anulabilidade tenha sido estabelecida: quando tal suceda, chamamos a atenção para o facto de o credor nem sequer intervir nessa qualidade mas, tão-só, na de beneficiário da inviabilidade aludida. De qualquer forma, quando, nos termos referidos, a acção de anulação proceda, entendemos que todos os credores beneficiam por igual, da ocorrência: o artigo 289.º não estabelece restrições e nenhuma razão encontramos para configurar a "causa legítima de preferência" mencionada no artigo 604.º/1, do Código Civil, a qual, a existir, teria de ser expressamente cominada pela lei.

IV. Fica ainda de pé o problema representado pelas "invalidades mistas" ou "invalidades atípicas", que não podem, mercê do seu regime, ser

---

[1233] ADRIANO VAZ SERRA, Responsabilidade patrimonial, BMJ 75 (1958), 5-410 (148 ss.) e PIRES DE LIMA/ANTUNES VARELA, Código Anotado cit., 1, 4.ª ed., 621.

reconduzidas à nulidade ou à anulabilidade. Essas figuras incómodas surgem, esporadicamente, no Código Civil – por exemplo, a nulidade prevista no artigo 580.º/1, atípica face ao diposto no artigo 580.º/2 – tendo vindo a multiplicar-se em legislação extravagante[1234]. A questão de saber até que ponto os credores podem arguir tais invalidades deve ser cuidadosamente aferida em face da *ratio* que presidiu à instituição de cada uma delas.

[1234] *Tratado* I/1, 3.ª ed., 862.

§ 59.° A ACÇÃO SUB-ROGATÓRIA

201. Generalidades; acção oblíqua e acção directa

I. O devedor pode, pela inacção, enfraquecer o seu património ou evitar melhorias, prejudicando, dessa forma, os credores. A acção sub-rogatória permite, precisamente, aos credores exercerem determinados direitos dos seus devedores, em ordem à conservação da garantia patrimonial[1235].

Segundo alguns autores, a acção sub-rogatória teria ascendência romana, na figura do *mandatum actionis*[1236]. O seu perfil desenhou-se no antigo Direito francês[1237], tendo, por essa via, sido recebido no Código Napoleão, donde, depois, passaria a outros códigos.

Interessa referir sumariamente o sistema francês, até porque ele tem influenciado, pelo menos terminologicamente, certos sectores lusófonos.

II. O Código Napoleão, depois de estabelecer o chamado princípio da relatividade dos contratos – artigo 1165.° – dispõe:

> artigo 1166.° – Contudo os credores podem exercer todos os direitos e acções do seu devedor, com excepção dos que estão exclusivamente ligados à pessoa.

A esta possibilidade de agir, por parte dos credores, chama, a doutrina francesa, acção oblíqua ou indirecta, designação que lhe advém do

---

[1235] VAZ SERRA, *Responsabilidade patrimonial* cit., 153.

[1236] *Vide* EMILIO BETTI, *Teoria generale delle obbligazioni*, III/2-IV cit., § XIII, 182-183.

[1237] GIOVANNI BRUNELLI, *Azione surrogatoria*, NssDI II (1958), 182-183; GIROLAMO ALESSANDRO MONTELEONE, *Profili sostanziali e processuali dell'azione surrogatoria / contributo allo studio della responsabilità patrimoniale dal punto di vista dell'azione* (1975), 91 ss..

facto de os credores actuarem em vez do devedor. A essa acção contrapor-se-ia a acção directa, que se diferencia da oblíqua pelo seguinte[1238]:

- não é, genericamente, concedida a todos os credores, mas apenas, caso a caso, pela lei[1239];
- é uma medida de execução, ao contrário da acção indirecta ou oblíqua;
- não aproveita a todos os credores, ao contrário desta.

O rigor jurídico desse elenco diferenciador é duvidoso; de qualquer forma, a contraposição parece-nos bastante clara.

III. Ao contrário do Código Napoleão, o Código de Seabra não compreendia uma disposição genérica que instituísse a acção oblíqua e que permitisse, por contraposição, a autonomização da acção directa. A doutrina não deixaria, contudo, de alcançar essa dualidade.

Várias disposições dispersas consagravam hipóteses de acção oblíqua: era o que sucedia no tocante à invocação da prescrição (artigo 509.°), à invocação de nulidade pelo fiador (artigo 694.°) e à aceitação da herança pelos credores (artigo 2040.°). Entendia-se[1240] que essas disposições, contrárias a vários princípios gerais – nomeadamente o de que aos titulares compete o exercício dos respectivos direitos –, tinham natureza excepcional, não podendo ser estendidas a hipóteses não expressamente consignadas na lei. Perante tal panorama, as hipóteses de acção directa – raras, nas palavras de Paulo Cunha, que exemplificava, no entanto, com o artigo 1405.° (empreitada) e com o artigo 1343.° (mandato) –, distinguir-se-iam, praticamente, das de acção oblíqua, por beneficiarem, apenas, o credor que actuasse e não todos os credores por igual.

[1238] TERRÉ/SIMLER/LEQUETTE, *Les Obligations*, 10.ª ed. cit., n.° 1141 ss. (1131 ss.) e n.° 1187 ss. (1174 ss.), respectivamente.

[1239] Os citados autores relevam os casos seguintes de *acção directa*: do locador de imóvel contra o sublocatário – artigo 1753.°; dos operários na construção contra o cliente do empreiteiro – artigo 1798.°; do mandante contra terceiro que tenha substituído o mandatário; da vítima de dano contra o segurador do responsável – artigo 2102.°, 8.°. Todos estes artigos pertencem ao Código Napoleão.

[1240] PAULO CUNHA, *Da garantia nas obrigações* cit., 1, 361.

§ 59.° *A acção sub-rogatória* 517

IV. O Código actual, na sequência dos estudos de Vaz Serra[1241], admite a acção oblíqua como figura genérica, apelidando-a de acção sub-rogatória, provavelmente por influência italiana. Consagra-lhe, assim, a sub-secção II da secção dedicada à conservação da garantia patrimonial. Pelo contrário, a acção directa mantém-se como figura específica[1242], surgindo apenas esporadicamente no artigo 1063.°, por exemplo[1243].

Este entendimento é, no entanto, inteiramente aparente. De facto, objectivamente, o Código Vaz Serra, ao consagrar expressamente a possibilidade de a acção sub-rogatória ser utilizada para satisfazer o interesse do credor (606.°/2), aceita, com grande amplidão, o que tradicionalmente se chama acção directa, integrada como modalidade de acção sub-rogatória. O único limite, ainda então aplicável, é o de que, por essa via, não se prejudiquem as posições de outros credores (609.°)[1244]. O mérito das previsões específicas de acção directa seria o de afastar essa limitação[1245]: por exemplo, o locador que exige directamente a renda do sublocatário, prefere, no respectivo montante, aos demais credores do locatário.

Trata-se assim, de uma especificidade própria do Código Vaz Serra.

202. Os pressupostos

I. Nos termos da Lei Civil vigente, a acção sub-rogatória exige, para ser utilizada, os requisitos seguintes – artigo 606.°[1246]:

– uma obrigação efectivamente existente;
– tendo, o devedor, direitos de conteúdo patrimonial que não exerça e cujo exercício não seja reservado por lei ao seu titular;

[1241] ADRIANO VAZ SERRA, *Responsabilidade patrimonial* cit., 191.

[1242] VAZ SERRA, *Responsabilidade patrimonial* cit., 189, que explica ser a acção directa um autêntico privilégio.

[1243] A distinção figura em ALMEIDA COSTA, *Direito das obrigações*, 12.ª ed. cit., 852, o qual, na nota 1, exemplifica a acção directa com os artigos 794.° e 803.°.

[1244] Cf.. *infra*, 521, a interpretação deste preceito.

[1245] Poderíamos ensaiar uma renovação terminológica, exigida pelas peculiaridades da lei portuguesa, introduzindo as expressões "acção sub-rogatória genérica" e "acção sub-rogatória específica" e mantendo a designação "acção directa" para as hipóteses específicas.

[1246] Cf. MONTELEONE, *Profili sostanziali e processuali dell'azione surrogatoria* cit., 224 ss.; GIORGIO GIAMPICCOLO, *Azione surrogatoria*, ED IV (1959), 950-961.

– sendo, esse exercício, essencial à satisfação ou garantia do direito do credor.

A existência efectiva de uma obrigação é requisito natural, uma vez que todos estes esquemas visam a conservação da garantia geral das obrigações. Não é, no entanto, necessário que a obrigação a tutelar já esteja vencida no momento da propositura da acção sub-rogatória: o artigo 607.º permite a sub-rogação do credor ao devedor mesmo em obrigações sujeitas a condição suspensiva ou a prazo, desde que haja interesse em "não aguardar a verificação da condição ou o vencimento do crédito". Aliás, só esta solução dá um efectivo interesse à sub-rogatória pois, no momento do vencimento, é já, muitas vezes, tarde para uma preservação útil da garantia geral.

II. Os direitos do devedor, que vão ser exercidos através da sub-rogatória, pelo credor, levantam a questão fulcral do âmbito da acção que agora nos ocupa. Do articulado legal – artigo (606.º/1) –, ressalta que tais direitos devem ser:

– do devedor;
– patrimoniais e não excluídos por lei;
– exercidos contra terceiro.

O credor só pode actuar, naturalmente, os direitos do próprio devedor e não os de pessoas que, com o débito, nada tenham a ver. São, contudo, necessárias algumas precisões. Assim, nada nos diz que a sub-rogação só opera em relação ao devedor principal. Os credores podem substituir-se, por exemplo, aos fiadores, no exercício dos direitos destes, quando tal actuação tenha efectivo interesse em termos de garantia.

Por outro lado, a expressão "direitos do devedor" é suficientemente ampla para abranger as simples faculdades[1247], que assistam ao devedor e reúnam os demais requisitos. Este raciocínio leva-nos a admitir as chamadas sub-rogatórias do segundo grau[1248], pelas quais o credor, substituindo-se ao devedor, exerce, por nova sub-rogatória, um direito de devedor deste.

[1247] Que são, aliás *minus* em relação a direitos.
[1248] ADRIANO VAZ SERRA, *Responsabilidade patrimonial* cit., 171.

§ 59.° *A acção sub-rogatória* 519

Por exemplo:

A é credor de B a quem C deve € 1000. D, por seu turno, deve € 1000 a C. Perante a inacção de B e de C, A pode, por uma acção sub-rogatória (1.° grau) substituir-se a B e, depois, por nova sub-rogatória (2.° grau), a C, no exercício do direito deste contra D, de modo a, através da garantia do crédito de B, assegurar o seu próprio crédito.

III. Não levanta dificuldades a natureza necessariamente patrimonial dos direitos a exercer pelo credor; basta atentar em que estamos nos domínios da responsabilidade patrimonial. Pode suceder que o exercício de determinados direitos patrimoniais esteja reservado por lei, implícita ou explicitamente, aos próprios titulares, de tal forma que, em relação a eles, não seja viável a sub-rogatória. Assim, por exemplo, é o que sucede quanto às convenções antenupciais ou quanto a testamentos.

A expressão "contra terceiro", devidamente salientada pelo Código, tem, do ponto de vista da interpretação, um relevo muito especial.

Em primeiro lugar, chamamos a atenção para o facto de a acção sub-rogatória não se limitar ao que chamamos "direitos relativos", normalmente de crédito. O credor pode substituir-se ao devedor, por exemplo, para reivindicar uma coisa ou para actuar uma acção possessória. Não é, portanto, esse o sentido da expressão "contra terceiros".

Quando se refere a actuação de um direito "contra terceiro" está-se, simplesmente, a excluir:

– um exercício concordante com terceiro;
– um exercício totalmente independente.

Assim, o credor não pode, pela sub-rogatória, celebrar, pelo devedor, um novo contrato com terceiro, tal como não pode explorar um fundo rústico, fazendo-o produzir[1249]. Entende o Direito que, por essa via, se iria demasiado longe na ingerência na esfera do devedor.

[1249] Normalmente, a doutrina deduz esta limitação à sub-rogatória da expressão "direitos de conteúdo ...": o credor só poderia actuar direitos preexistentes e não constituir novos direitos. Mas tal entendimento é, simultaneamente, insuficiente e exagerado: exagerado por impossibilitar a sub-rogatória de segundo grau, que deriva de mera faculdade do devedor; insuficiente por permitir um exercício de direitos totalmente independente.

IV. A acção sub-rogatória exige ainda que, em cada caso, a substituição do devedor pelo credor seja essencial à satisfação ou garantia do crédito. Trata-se de um requisito destinado a dar, à sub-rogatória, a devida nota de seriedade, evitando que ela seja utilizada como simples meio de vexar o devedor ou de perturbar a vida jurídica de terceiros. A lei não exige, contudo, a insolvência do devedor ou o seu agravamento, por via do não exercício do direito. A essencialidade referida na lei deve ser entendida à luz de critérios de normalidade e de bom senso e não em estritos termos matemáticos[1250]. O credor que, indevidamente, use a sub-rogatória pode ser sempre detido através do abuso do direito.

É ainda importante chamar a atenção para o facto de a lei distinguir:

– a satisfação do crédito;
– a garantia do crédito.

No primeiro caso, independentemente da situação patrimonial do devedor, verifica-se que o direito do credor exige, para se realizar, o exercício prévio de um direito do devedor.

> Por exemplo.
> A promete vender uma coisa a B e este promete vendê-la a C. Pela sub-rogatória, C pode agir directamente contra A, uma vez que isso é essencial à satisfação do seu direito.

No segundo, interessa, de facto, apreciar a situação patrimonial do devedor no seu conjunto: o exercício, pelo credor, do direito do devedor não é essencial para a satisfação do crédito; simplesmente, o seu não exercício, por comprometer o elenco dos direitos patrimoniais do devedor, faz perigar a garantia geral do credor, donde a essencialidade do exercício.

[1250] Contra *vide* PIRES DE LIMA/ANTUNES VARELA, *Código Anotado* cit., 1, 4.ª ed., 623. Tal solução parece-nos contudo anti-económica, não sendo exigida pela lei. Assim, se pela sub-rogatória um credor pode realizar facilmente um crédito de um devedor solvente, porque coarctar-lhe essa via, obrigando a execuções, sempre demoradas e ruinosas? De qualquer forma, o requisito da insolvência nunca seria necessário quando a acção visasse apenas satisfazer especificamente um crédito e não garanti-lo.

203. Processamento

I. Verificados os pressupostos necessários, a acção sub-rogatória pode ser actuada por via judicial ou extrajudicial, como se depreende do artigo 608.° do Código Civil. A actuação extrajudicial pressupõe, naturalmente, que o próprio direito do devedor possa, em si, ser extrajudicialmente exercido contra terceiro. É o que se verifica, por exemplo, na acção directa e na legítima defesa: A, credor, defende a coisa de B, devedor, contra C, como forma de conservar a garantia geral do seu débito[1251].

Quando a sub-rogação seja exercida judicialmente, é necessária a citação do devedor – artigo 608.°. Temos, assim, um litisconsórcio necessário.

II. De qualquer forma, é indubitável que o credor age, directamente, contra o terceiro, pela sub-rogatória.

Segundo o artigo 609.°, a sub-rogação exercida por um dos credores aproveita a todos os demais. Esta disposição deve ser entendida em dois prismas distintos:

– quando a sub-rogatória vise a garantia de um débito, todos os credores beneficiam, por igual, da melhoria patrimonial que ela acarrete;
– quando, pelo contrário, ela vise, directamente, a satisfação de um débito, não é possível, com isso, prejudicar os restantes credores, a menos, naturalmente, que o credor tenha um qualquer título de preferência que, só por si, já seria uma garantia especial.

No fundo, trata-se de uma interpretação restritiva, que visa ter em conta as duas variantes de acção sub-rogatória introduzidas pelo artigo 606.°/2, do Código Civil.

[1251] PIRES DE LIMA/ANTUNES VARELA, *Código Anotado* cit., 1, 4.ª ed., 624, exemplificam a actuação extrajudicial com a interpelação do obrigado perante o devedor pelo credor deste. *Vide*, ainda MONTELEONE, *Profili sostanziali e processuali dell'azione surrogatoria* cit., 432 ss..

§ 60.° A ACÇÃO PAULIANA

204. Generalidades; pressupostos

I. A acção pauliana visa permitir, ao credor, a impugnação de determinados actos que ponham em perigo a garantia geral dos seus débitos.

No Direito romano, vamos encontrar os antecedentes históricos da acção pauliana, que derivaria o seu nome do tribuno Paulo, o qual a teria editalmente criado[1252]. A designação tem sido posta em causa, desde o momento em que se apurou não haver, no Direito romano, uma única figura de acção pauliana, mas antes várias[1253], unificadas no período de Justiniano, sob a designação por que ficaria conhecida.

Por isso, prefere a doutrina italiana a expressão acção revogatória. Tal expressão não é, contudo, inteiramente correcta, uma vez que revogação tem, entre nós, diversos sentidos técnicos que, fundamentalmente, andam em torno da destruição de um acto pelo seu próprio autor, o que aqui não se verifica. Parece-nos preferível, na sequência de Paulo Cunha, a expressão acção pauliana.

II. Segundo Emilio Betti[1254], no Direito romano clássico haveria três meios à disposição dos credores;

– a *actio pauliana poenalis* com prévio *arbitratus de restituendo*, que visava uma reparação pecuniária pelo ilícito da *fraus creditorum*;

[1252] PAULO CUNHA, *Da garantia nas obrigações* cit., l, 323. O tema é controverso; *vide* TERRÉ/SIMLER/LEQUETTE, *Les obligations*, 10.ª ed. cit., n.° 1155 (1144-1145).

[1253] MARIO TALAMANCA, *Azione revogatoria (diritto romano)*, ED IV (1959), 883-888 (883 ss.); GIOVAN BATTISTA IMPALLOMENI, *Azione revocatoria (diritto romano)*, NssDI II (1958), 147-152; HEINRICH DERNBURG/JOHANNES BIERMANN, *Pandekten* cit., II, 2.ª ed., § 144 (388 ss.).

[1254] EMILIO BETTI, *Teoria generale delle obbligazioni*, III/2-IV cit., § XV, 181. Cf. VAZ SERRA, *Responsabilidade patrimonial* cit., 193, nota 261.

– *interdictum fraudatorium*, pelo qual, através de uma decisão do magistrado, se recuperava um bem saído do património do devedor (via administrativa);
– a *in integrum restitutio*, pelo qual, por via judicial, se rescindia determinada saída judicial do património do devedor.

A fusão dar-se-ia na compilação justinianeia, em termos não muito diferentes dos actualmente em vigor, no nosso Direito.

III. A acção pauliana exige, para se poder utilizar, a conjunção de vários requisitos. Alguma doutrina[1255] distingue:

– pressupostos objectivos;
– pressupostos subjectivos,

consoante se reportem ao acto de cuja impugnação se trate ou, antes, às partes.

Pensamos, no entanto, que todos os requisitos se referem ao acto integrador da previsão da pauliana, sendo apenas possível operar uma distinção entre o acto em si e o juízo de valor que, depois, o Direito comine. Antes de justificar esta posição importa, contudo, conhecer os pressupostos da aplicação da acção pauliana; são eles – artigos 610.º e 612.º:

– um acto que não seja de natureza pessoal;
– do qual resulte a impossibilidade, para o credor, de obter a satisfação integral do seu crédito ou agravamento dessa impossibilidade;
– e que seja gratuito ou, oneroso, havendo má fé;
– existindo um crédito anterior ou posterior, quando o acto tenha sido realizado dolosamente com o fim de impedir a satisfação do direito do futuro credor.

IV. A acção pauliana pressupõe, primeiramente, um acto que não seja de natureza pessoal – artigo 610.º. Poder-se-á estranhar a formulação negativa encontrada pelo legislador civil, quando mais fácil seria referir simplesmente um "acto de natureza patrimonial". Pensamos, no entanto, que a expressão legal tem o mérito de não excluir, da pauliana, todos os

---

[1255] UGO NATOLI, *Azione revocatoria (ordinaria)*, ED IV (1959), 888-901 (891 ss.).

§ 60.º A acção pauliana

actos não patrimoniais, antes afastando, também, os actos que, sendo patrimoniais, estejam estreitamente ligados à pessoa do devedor. A pauliana não é, ainda, possível quando a lei, porventura, expressa ou implicitamente a afaste.

Esse acto deve provocar a impossibilidade, para o credor, de obter a satisfação integral do seu crédito ou o agravamento dessa impossibilidade – artigo 610.º, b). Esta expressão parece-nos mais incisiva do que a usada na previsão da acção sub-rogatória: "... essencial à satisfação ou garantia do direito do credor". Entendemos, por isso, que a acção pauliana exige que o acto a impugnar tenha provocado a insolvência do devedor ou tenha agravado essa insolvência; só esta gera, de facto, a imposibilidade de satisfação dos créditos. Aliás, era a solução tradicional conhecida como *eventus damni*[1256], e corroborada, no Código vigente, pelo artigo 611.º.

V. Como pressuposto da acção pauliana dá, o Código, especial relevância à má fé – artigo 612.º/1. Esta só é, no entanto, requerida, quando o acto tenha natureza onerosa; os actos gratuitos são sempre impugnáveis desde que suscitem o *eventus damni*.

O artigo 612.º/2 define a má fé como "... a consciência do prejuízo que o acto causa ao credor". Esta orientação poderia, à primeira vista, introduzir um elemento subjectivo na previsão da pauliana: esta só procederia quando o devedor e o terceiro compartilhassem um certo estado de espírito: o *consilium fraudis*. Sabemos, no entanto, que a boa fé subjectiva nada mais é do que a projecção, na esfera das pessoas, da observância das regras (objectivas) da boa fé. Desta forma, há má fé quando devedor e terceiro tenham procedido em desacordo com a cláusula geral da boa fé, mormente com o fito de prejudicar o credor. Verifica-se, pois, que a má fé acaba por ser uma característica do próprio acto a impugnar, derivando do facto de devedor e terceiro, na sua celebração, terem como fim o prejuízo do credor. Ou, se se quiser, o acto que cai na previsão pauliana é um acto finalisticamente destinado a prejudicar o credor[1257].

[1256] ANGELO DE MARTINI, *Azione revocatoria (diritto privato)*, NssDI II (1958), 152-175 (159); UGO NATOLI, *Azione revocatoria (diritto privato)* cit., 892. Em Itália é, no entanto, pacífico que o *eventus damni* não implica a insolvência do devedor ou do seu agravamento; UGO NATOLI/LINA BIGLIAZZI GERI, *I mezzi di conservazione della garantia patrimoniale* cit., 167. Em França vingou, de princípio, a solução contrária: *vide* TERRÉ/SIMLER/ /LEQUETTE, *Les obligations*, 10.ª ed. cit., n.º 1172 (1160).

[1257] *Da boa fé*, 492 ss..

526 *Das garantias em geral*

A lei, ao exigir actuação de má fé quer do devedor, quer de terceiro, pode levar a pensar que apenas os contratos caem na alçada da pauliana. Pensamos, no entanto, que certos negócios unilaterais não podem deixar de ser impugnáveis, verificados os requisitos necessários. Imagine-se, por exemplo, que um devedor fazia uma promessa pública, com o fito de prejudicar o credor. Não obstante o desconhecimento natural do beneficiário, a pauliana procederia sempre que a aludida promessa pública pudesse ser considerada como acto gratuito, ou na medida em que o fosse. O artigo 615.º/2, admite, aliás, em certas condições, a impugnação do cumprimento, que sabemos ser um acto unilateral.

VI. Finalmente, pela sistematização que temos vindo a adoptar, o crédito a impugnar deve ser "... anterior ao acto ou, sendo posterior, ter sido o acto realizado dolosamente com o fim de impedir a satisfação do direito do futuro credor" – artigo 610.º, *a*). A projecção deste pressuposto, nomeadamente depois de analisado o requisito da má fé, é bem menor do que o que poderia parecer.

Efectivamente, resulta do artigo 612.º que o acto oneroso só está sujeito à impugnação quando devedor e terceiro estejam de má fé. Sendo esta a consciência do prejuízo causado ao credor, verifica-se que há, seguramente, sempre dolo, directo ou, pelo menos, necessário. Concluímos, daqui que, em relação a actos onerosos, a pauliana procederia sempre, verificado o condicionalismo requerido, independentemente da anterioridade ou posterioridade do acto em relação ao crédito prejudicado.

O artigo 612.º, *a*) tem, por isso, a sua utilidade circunscrita aos actos gratuitos. Quando estes sejam posteriores ao crédito prejudicado, a pauliana procede sempre, independentemente da boa ou má fé dos seus intervenientes – e, logo, com dolo ou sem ele. Mas se o acto gratuito for anterior ao crédito, então, pelo artigo 610.º, *a*), ele só procede quando tenha sido dolosamente praticado para prejudicar o credor.

205. Processamento

I. Na interposição da pauliana, ao credor assiste o ónus de provar o montante das dívidas; o devedor ou o terceiro, que queira a manutenção do acto, tem o ónus de demonstrar a não insolvabilidade do obrigado (611.º).

§ 60.º A acção pauliana

O facto de o crédito não estar ainda vencido não obsta à pauliana (614.º/1).

Se se tratar de crédito sujeito a condição suspensiva, a verificação dos requisitos paulianos apenas permite, ao credor, exigir a prestação de caução (614.º/2).

II. O artigo 613.º admite, expressamente, paulianas de segundo grau, isto é, paulianas que atinjam transmissões subsequentes à realizada pelo devedor. Basta, para tanto, nos termos do artigo 613.º/1, que:

- na primeira transmissão se encontrem reunidos os requisitos gerais da pauliana;
- na segunda (ou subsequentes) transmissão haja má fé dos intervenientes, quando seja onerosa ou, simplesmente, que tal transmissão seja gratuita.

Este sistema é aplicável a onerações constituídas sobre os direitos primeiramente transmitidos (613.º/2).

III. Quando uma acção pauliana proceda, verificam-se efeitos:

- em relação ao terceiro;
- em relação ao devedor;
- em relação ao credor.

Em relação ao terceiro, este deve[1258]:

- restituir os bens cuja transmissão tenha sido impugnada, na medida do crédito do autor, sujeitando-se a que eles sejam executados no seu próprio património (616.º/1);
- sujeitar-se a sofrer os actos de conservação patrimonial actuados pelo credor e previstos na lei (616.º/1, *in fine*):
- responder, estando de má fé, pelo valor dos bens adquiridos, a título delitual ou objectivo, salva a hipótese de concurso virtual que aparenta, aqui, relevância negativa (616.º/2);

[1258] A lei não autonomizou claramente estes efeitos, preocupada em manter o formalismo da "relatividade" dos créditos. Eles são, contudo, primordiais.

528 *Das garantias em geral*

– responder, estando de boa fé, nos termos do enriquecimento sem causa (616.º/3): recordamos que em tal eventualidade o acto é necessariamente gratuito.

Note-se que os direitos que o terceiro adquira contra o devedor não prejudicam as faculdades do credor (617.º/2).

IV. Em face do devedor, a pauliana procedente implica (617.º/1):

– que ele responda perante o terceiro nos termos do disposto em matéria de doações (cf. artigo 956.º do Código Civil), quando o acto impugnado seja gratuito;
– que ele responda perante o terceiro pelas regras do enriquecimento, quando o acto seja oneroso.

V. Finalmente, o credor pode efectivar a sua obrigação contra o terceiro, através da pauliana. Esta caduca, no entanto, no prazo de cinco anos contados da data do acto impugnável.

206. Natureza

I. Tem sido bastante discutida, nalgumas doutrinas, o problema da natureza da acção pauliana[1259]. Várias teorias se defrontam, segundo as quais a pauliana seria:

– uma acção de nulidade ou de anulação;
– uma acção constitutiva, restitutória ou recuperatória;
– uma acção declarativa.

Esta última tem, no entanto, merecido adesões generalizadas por parte dos autores mais recentes. E pensamos que bem.

[1259] ANGELO DE MARTINI, *Azione revocatoria* cit., 155 ss.; UGO NATOLI, *Azione revocatoria* cit., 890 ss.; UGO NATOLI/LINA BIGLIAZZI GERI, *I mezzi di conservazione della garantia patrimoniale* cit., 144 ss..

§ 60.º A acção pauliana

II. Efectivamente, a acção pauliana em nada altera a situação jurídica substancial que lhe está subjacente. O acto impugnável tem, mercê das suas próprias características, um teor desvalorizado pelo Direito, em termos de propiciar a sua impugnação.

A acção pauliana nada mais faz do que traduzir a actuação dessa realidade substantiva.

§ 61.º **O ARRESTO**

207. **Aspectos gerais**

I. Nos termos do artigo 619.º/1, do Código Civil:

> O credor que tenha justo receio de perder a garantia patrimonial do seu cré-
> dito pode requerer o arresto de bens do devedor, nos termos da lei de pro-
> cesso.

Trata-se do chamado arresto preventivo, o qual, segundo o artigo
406.º/2 do Código de Processo Civil:

> (...) consiste numa apreensão judicial de bens, à qual são aplicáveis as dis-
> posições relativas à penhora, em tudo quanto não contrariar (...)[1260].

Do ponto de vista substantivo, o arresto tem por efeito o colocar os
bens atingidos em situação de não poderem ser afectados pelo seu titular,
em proveito do credor (622.º). Uma vez decretado dá lugar a uma garantia especial[1261], que se desenvolve de acordo com as leis de processo.

II. O arresto exige, para poder desencadear-se, dois requisitos fundamentais:

– um crédito;
– o justo receio de se perder a garantia patrimonial respectiva.

Provados esses elementos, o arresto pode ser decretado sem audiên-
cia da parte contrária – artigo 408.º/1, do Código de Processo Civil. Trata-

---

[1260] Do arresto preventivo distinguia-se o arresto repressivo, o qual se fundava
"... em contrafacção ou uso ilegal de marcas industriais ou comerciais ..." – artigo 407.º/1,
do Código de Processo Civil, redacção antiga.

[1261] Que será um direito real de garantia, sempre que respeite a coisas corpóreas.

-se, desta forma, de um procedimento cautelar que prescinde da intervenção do réu, em excepção ao importante princípio do contraditório, que domina em processo civil.

Esta peculiaridade, especialmente incisiva, explica que:

- o requerente do arresto possa ser obrigado a prestar caução, se esta for exigida pelo tribunal – artigo 620.°;
- sendo o arresto julgado injustificado ou caducando, o requerente seja responsável pelos danos causados ao arrestado, quando não tenha agido com prudência normal.

III. O arresto é apenas um primeiro passo que, acautelando o património do devedor, permite, depois, a efectivação definitiva dos créditos, em termos de responsabilidade patrimonial. Daí que pressuponha a instauração subsequente de novas acções, condenatórias ou executivas. Por isso, caduca – artigo 389.°/1 do Código de Processo Civil[1262]:

- se o requerente não propuser a acção definitiva no prazo de trinta dias ou se, tendo-a proposto, o processo estiver parado durante mais de trinta dias, por sua negligência;
- se, proposta a acção, esta vier a ser considerada improcedente;
- se o direito tutelado se extinguir.

[1262] Indicamos, apenas, as hipóteses mais claras.

CAPÍTULO XXII

DAS GARANTIAS ESPECIAIS

§ 62.º GENERALIDADES; ESQUEMAS DE GARANTIA

208. Conceito; modalidades

I. As garantias especiais das obrigações integram todos os esquemas que visem reforçar a garantia geral, sempre presente. O critério é meramente funcional, única forma, aliás, de atingir a ideia de garantia. Isto porque, estruturalmente, as garantias especiais são extremamente diversificadas.

O reforço da garantia geral, implicado pelas garantias especiais, não esgota, de forma alguma, o seu próprio âmbito funcional. Além do aludido reforço, sempre encaminhado em termos de responsabilidade patrimonial[1263], as garantias especiais:

– podem promover a afectação de novos bens – coisas, prestações – além da prestação implicada na obrigação garantida;
– podem desempenhar um papel de tipo compulsório, levando o devedor, ou terceiro, a efectuar a prestação devida.

II. Tudo aponta, desta forma, para uma acentuada diferença entre as diversas garantias especiais previstas na nossa ordem jurídica. Impõe-se, por isso, a sua classificação.

O principal termo de distinção a introduzir nesta matéria e que tem passado praticamente desapercebido da doutrina opera consoante as garan-

---

[1263] Embora implique desvios às suas regras gerais; no entanto, quando se trate de actuar o poder coercivo do Direito, é sempre sobre os bens do devedor que se vai agir.

tias especiais redundem ou não em direitos subjectivos. A garantia especial é direito subjectivo quando implique uma permissão normativa de aproveitamente de um bem, para efeitos de garantia: pelo contrário, caso se traduza em mero esquema de beneficiação do credor, em termos de responsabilidade patrimonial, não há que falar em direito subjectivo.

Podemos avançar, desde já, exemplos deste último tipo de garantias: o dos privilégios gerais e o da separação de patrimónios.

III. Dentro das garantias especiais que sejam direitos subjectivos, é primordial a distinção entre as garantias pessoais e as garantias reais.

Nas garantias pessoais, o reforço da garantia geral consegue-se através da afectação de prestações devidas, em caso de necessidade[1264] – p. ex., fiança – ou de prestações reservadas para simples reforço de garantia, em termos de realização pecuniária – p. ex., penhor de créditos.

Nas garantias reais, o mesmo efeito é conseguido através da afectação de coisas corpóreas.

IV. Outras distinções são, ainda, possíveis. De acordo com a inserção sistemática das normas que as instituam, as garantias podem dizer-se civis, comerciais, bancárias, processuais[1265], etc.. Interessam-nos, naturalmente, as garantias civis.

Aproveitando as principais distinções atrás introduzidas, vamos analisar, de seguida, duas figuras de garantias especiais que não podem ser consideradas direitos subjectivos: os privilégios gerais e a separação de patrimónios. No campo das generalidades, vamos também tratar duas figuras híbridas: a caução e a cessão de bens aos credores.

Veremos, depois, as garantias reais e pessoais, sendo as primeiras objecto de simples remissão.

[1264] E não através da responsabilização de novos patrimónios, como por vezes se lê em livros de doutrina, embora, naturalmente, os patrimónios dos novos obrigados, por via da garantia, possam ser agredidos, nos termos gerais.

[1265] Esta expressão pode dar lugar a dúvidas, por inculcar a ideia de que se trata de meras figuras de processo. O caso é outro; não obstante tais garantias constarem da lei processual, a sua existência, a nível substancial, é indubitável. Pense-se na penhora ou no arresto.

209. Privilégios gerais

I. Nos termos do artigo 733.º do Código Civil, privilégio creditório "... é a faculdade que a lei, em atenção à causa do crédito, concede a certos credores, independentemente do registo, de serem pagos com preferência a outros". Esta noção legal, que deveria ter sido evitada[1266], tem o mérito de esclarecer imediatamente o estarmos perante figuras de garantias especiais: desde o momento em que normas confiram a determinados credores uma posição de privilégio, verifica-se, em relação a eles, o reforço da garantia geral que consubstancia as aludidas garantias especiais.

II. A expressão privilégios creditórios traduz uma categoria puramente funcional: agrupa figuras diversas, perfeitamente distintas quer quanto aos seus regimes, quer quanto à sua natureza.

O Código Civil distingue, no seu artigo 735.º, os privilégios mobiliários dos imobiliários: os primeiros respeitam a coisas móveis e, os segundos, a imóveis. Os privilégios mobiliários podem, ainda, ser gerais ou especiais, consoante se reportem à generalidade das coisas móveis existentes em determinado património, à data da penhora ou acto equivalente ou, pelo contrário, recaiam sobre uma coisa móvel certa, desde o momento da constituição do crédito garantido – artigo 735.º/2. Os privilégios imobiliários são sempre especiais, para o Código Civil – artigo 735.º/3.

Em qualquer dos casos, os privilégios creditórios são, exclusivamente, criados por lei, não dependendo, a sua constituição, de quaisquer formalidades, incluindo o registo.

III. Apesar da ordenação que, aparentemente, o Código Civil apresenta, a distinção fundamental a abrir nos privilégios é não a contraposição entre privilégios mobiliários e imobiliários, mas entre gerais e especiais[1267].

Assim, os privilégios (mobiliários) gerais constituem-se, apenas, no momento da penhora ou acto equivalente (artigo 735.º/2), não pressupõem

---

[1266] De acordo com a proposta de Vaz Serra e à semelhança do Código italiano.

[1267] *Vide* o artigo 2746.º do Código italiano, cujo sistema de privilégios é muito semelhante ao nosso. Cf. MESSINEO, *Manuale di diritto civile e commerciale* cit., 3, 78 e 80; PAOLO GAETANO, *Privilegi (diritto civile e tributario)*, NssDI XIII (1966), 962-971 (964).

536 *Das garantias especiais*

uma relação entre o crédito e a coisa garante (basta notar que são gerais), não são oponíveis a direitos reais (artigo 749.°) e não traduzem quaisquer afectações específicas de bens.

Pelo contrário, os privilégios especiais (mobiliários e imobiliários) constituem-se no momento da formação do crédito garantido (o que se deduz dos artigos 750.° e 751.°), baseiam-se numa relação entre o crédito e a coisa garante (vejam-se as figuras consagradas no Código Civil), são oponíveis a direitos reais (artigos 750.° e 751.°) e são, eles próprios, direitos reais de garantia[1268].

Neste momento, interessa-nos reter que os privilégios gerais não atingem as coisas corpóreas objecto da garantia, uma vez que não levam a melhor sobre quaisquer direitos aferidos a essas coisas que, em qualquer momento, se constituam – artigo 749.°. Além disso, por definição, eles não incidem sobre coisas corpóreas certas, antes abrangendo indistintivamente todos os bens móveis de determinado património.

Podemos, assim, concluir que os privilégios gerais apenas traduzem um reforço da garantia geral, sem implicar novos esquemas de afectação que consubstanciem direitos subjectivos[1269].

210. Separação de patrimónios

I. De acordo com a noção estabelecida por Paulo Cunha, património é um complexo de direitos e obrigações, avaliáveis em dinheiro, que o Direito sujeita a um regime comum quanto à responsabilidade por dívidas[1270].

Esta noção permite compreender que, se em princípio cada pessoa tem o seu património, possam ocorrer fenómenos de separação de patrimónios encabeçados pelo mesmo sujeito. Basta, para tanto que, num certo hemisfério patrimonial, determinada massa de bens seja submetida a um regime específico de responsabilidade por dívidas.

[1268] *Direitos Reais*, 2, n.° 350.

[1269] Cf. Paulo Cunha, *Da garantia nas obrigações* cit., 2, 270, que explica não serem os privilégios gerais direitos reais, mas apenas casos de preferência geral anómala.

[1270] A noção de património deve ser mais ampla (*Tratado* I/2, 2.ª ed., 183 ss.); todavia, a indicação de Paulo Cunha é útil, na presente rubrica.

§ 62.º *Generalidades; esquemas de garantia*   537

Várias são as concatenações possíveis; daremos simplesmente conta da mais característica, pelo prisma das garantias especiais[1271].

II. Vamos supor que o sujeito A é titular de um determinado património, que responde pela generalidade das suas dívidas e que, além disso, tem, ainda, uma posição num outro património, que responde, em primeira linha, por dívidas específicas. Do ponto de vista destas últimas surge, límpida, a garantia especial: a sua cobertura, além de ser assegurada pelo património geral do obrigado, é, ainda, prosseguida pelo património especial que lhe está exclusivamente afecto.

211. Caução

I. A caução surge como uma garantia especial, a ser constituída por determinada pessoa que a isso se encontre obrigada. A caução é uma figura híbrida porque resulta de uma qualquer garantia considerada idónea, que pode, inclusive, nem ter natureza civil mas antes, por exemplo, comercial. Assim, o artigo 623.º/1, admite que a caução seja prestada:

> (...) por meio de depósito de dinheiro, títulos de crédito, pedras ou metais preciosos, ou por penhor, hipoteca ou fiança bancária.

O n.º 2 desse mesmo artigo emite ainda que, na impossibilidade de prestar essas garantias, a caução resulte de:

> (...) outra espécie de fiança, desde que o fiador renuncie ao benefício da excussão.

Veja-se, igualmente, o artigo 624.º[1272].

II. A obrigação de prestação de caução pode ter origem:

– legal;
– voluntária;
– judicial,

[1271] Detidamente, PAULO CUNHA, *Da garantia nas obrigações* cit., 2, 171 ss.
[1272] Quanto aos vários meios de prestação de caução, VAZ SERRA, *Responsabilidade patrimonial* cit., 127 ss..

conforme resulte de simples facto jurídico, de estipulação das partes ou de decisão judicial.

A caução imposta ou autorizada por lei serve, normalmente, para tutelar a posição de uma pessoa a quem vão ser exigidos determinados sacrifícios, numa altura em que não seja possível ajuizar da sua justeza e dimensão. O beneficiário deve, pois, garantir a posição do sacrificado, para a eventualidade de o sacrifício se afirmar inútil ou de haver excesso da sua parte[1273].

Dado o condicionalismo que dita a sua instituição, a caução legal é mais exigente do que as outras, como resulta do artigo 623.º/1 e 2, do Código Civil.

III. A caução voluntária e a caução judicial, pelo contrário, revestem a forma técnica de encargos ou, quando muito, de execução de obrigações instrumentais previamente assumidas. A lei contenta-se, por isso, com qualquer garantia, geral ou especial – artigo 624.º/1. Aos interessados cabe, de comum acordo, apreciar da idoneidade das garantias apresentadas como caução; quando não haja acordo, essa competência transfere-se para o tribunal – artigos 623.º/3 e 624.º/2.

IV. Quando uma pessoa deva prestar caução e não o faça, atribui, a lei, hipoteca legal, ao credor, ou outra "cautela idónea", quando não tenha sido especificamente fixada solução diversa – artigo 625.º/1. Por outro lado, caso a caução prestada se torne "insuficiente ou imprópria", por causa não imputável ao credor, este pode exigir o seu reforço ou a sua substituição – artigo 626.º.

212. Cessão de bens aos credores

I. A cessão de bens aos credores é uma figura de perfil bastante discutido, que foi introduzida, no nosso Código Civil actual, por influência manifesta do Código italiano[1274]. A sua ascendência remonta à *cessio*

[1273] Quanto a previsões de caução constantes do Código Civil, cf. MÁRIO JÚLIO DE ALMEIDA COSTA, *Direito das obrigações*, 12.ª ed. cit., 884-885, nota 4.

[1274] O Código italiano de 1865 não previa a figura, tal como o nosso Código de Seabra; era, no entanto, admitida como contrato inominado: SERGIO SOTGIA, *Cessione dei beni*

§ 62.° Generalidades; esquemas de garantia   539

bonorum, introduzida pela *lex iulia de bonis cedendis*[1275], como forma de evitar a prisão dos devedores inadimplentes[1276].

Segundo Vaz Serra, "Este instituto parece dever ser admitido e regulado, entre nós, porque representa um meio de, por acordo entre o devedor e os seus credores, se realizar a satisfação destes, sem necessidade de recurso à acção judicial"[1277].

A doutrina nacional – como aliás a italiana, em face de textos semelhantes[1278] – queixa-se, contudo, de que a forma por que a cessão de bens aos credores vem regulada não tem possibilitado a sua efectiva utilização no comércio jurídico.

II. Nos termos do artigo 831 .° do Código Civil, há cessão de bens aos credores:

(...) quando estes, ou alguns deles, são encarregados pelo devedor de liquidar o património dele, a repartir entre si o respectivo produto, para satisfação dos seus créditos.

Apesar desta formulação apontar para um negócio unilateral, deve ficar claro que a cessão requer o acordo dos credores, operando, nessa medida, por contrato.

A cessão deve ser feita por escrito, sujeitando-se, a forma mais rigorosa, quando esta seja requerida para a transmissão de bens nela compreendidos – artigo 832.°/1. Deve ser registada, quando abranja bens sujeitos a registo – artigo 832.°/1[1279].

---

ai creditori, NssDI III (1959), 141-146 (141). A sua reintrodução explica-se pelo aprofundamento do Direito romano, realizado no século XX.

[1275] BIONDO BIONDI, *"Cessio bonorum"*, NssDI III (1959), 137-138 (137).

[1276] *Tratado* I/1, 3.ª ed., 386.

[1277] In *Cessão de bens aos credores*, BMJ 72 (1958), 307-325; cf. PIRES DE LIMA/ANTUNES VARELA, *Código Anotado* cit., 2, 4.ª ed., 115; MÁRIO JÚLIO DE ALMEIDA COSTA, *Direito das obrigações*, 12.ª ed. cit., 1084 ss..

[1278] RENATO MICCIO, *Cessione dei beni ai creditori*, ED V (1960), 834-846 (835).

[1279] Não obstante a expressão "deve ser", pensamos que a lei apenas institui um comum registo consolidativo e não um registo constitutivo, tipo hipoteca.

III. Celebrada a cessão, esta produz os efeitos seguintes:

– em relação aos credores:

- – investe-os, em exclusivo, no poder de administrar e de alienar os bens cedidos – artigo 834.º/1;
- – impede-os de executar os bens em causa – artigo 833.º;
- – permite-lhes liquidar os referidos bens, e repartir entre si o respectivo produto, para satisfação dos seus créditos – artigo 831.º;

– em relação ao devedor:

- – retira-lhe a administração e disposição dos bens cedidos – artigo 834.º/1;
- – atribui-lhe o direito de fiscalizar a gestão dos credores e de receber contas – artigo 834.º/2;
- – permite-lhe a liberação face aos credores, na medida em que estes recebam a parte do produto da liquidação correspondente aos seus créditos – artigo 835.º;
- – permite-lhe a desistência da cessão, cumprindo as obrigações a que está adstrito face aos cessionários – artigo 836.º/1;

– em relação a terceiros:

- – a cessão deve ser respeitada por todos, uma vez que dá lugar a direitos subjectivos;
- – em especial, paralisa as faculdades de execução dos seus intervenientes, bem como dos credores posteriores à cessão, quanto aos bens nela compreendidos – artigo 833.º;
- – é inoponível a credores anteriores à sua celebração, que nela não tenham participado – artigo 833.º.

IV. Tem sido discutida a natureza da cessão[1280]. As primeiras orientações, que procuraram reconduzi-las à *datio in solutum* ou à *datio pro solvendo*, têm sido afastadas, dadas as manifestas diferenças que existem entre elas e a cessão de bens. Também têm merecido pouca aceitação as teses que procuram explicar a *cessio bonorum* através de figuras proces-

---

[1280] Cf. MICCIO, *Cessione dei beni ai creditori* cit., 835 ss.; SOTGIA, *Cessione dei beni ai creditori* cit., III, 2-IV, 76 ss..

suais: é pacífico que qualquer esquema processual pressupõe as realidades substantivas donde emanam.

Ficam, assim, frente a frente, as teses:

– do mandato;
– da transmissão das faculdades de administrar e de dispor.

Segundo Pires de Lima e Antunes Varela, a tese do mandato teria ficado consagrada no Código Civil. Parece-nos, contudo, que a *cessio bonorum*, tal como resulta da lei portuguesa, tem escassos pontos de contacto com essa figura: basta notar que os credores não agem por conta do devedor, mas por conta própria. Consideramo-la, assim, como uma garantia especial, conseguida através da transmissão, para os credores garantidos das faculdades de administração e de disposição de certos bens, com fins de ressarcimento.

§ 63.º GARANTIAS REAIS

213. Remissão

I. Garantias reais ou direitos reais de garantia são permissões normativas de aproveitamento de coisas corpóreas, em termos de assegurar direitos de crédito. Ou, se se quiser, são direitos reais funcionalmente concebidos para garantir obrigações. Esse efeito de garantia é conseguido:

– por via compulsória;
– por via de realização pecuniária.

Por via compulsória na medida em que a simples existência de garantia real impele o devedor a cumprir. Este aspecto é especialmente importante, por exemplo, no direito de retenção.

Através da realização pecuniária porquanto a coisa objecto da garantia fica adstrita, em termos de execução preferente, à satisfação do interesse do credor.

II. Não obstante funcionalmente adstritos ao papel de assegurar obrigações, estas figuras, de que destacamos, pela ordem em que surgem no Código Civil, a consignação de rendimentos, o penhor, a hipoteca, os privilégios creditórios e o direito de retenção, são autênticos direitos reais, compartilhando as suas características. Procedemos, por isso, ao seu estudo na disciplina de Direitos Reais, para que remetemos[1281].

[1281] *Direitos Reais*, 2, n.º 336 ss.

§ 64.º GARANTIAS PESSOAIS

214. Generalidades; a fiança

I. Nas garantias pessoais, a obrigação tutelada é garantida através de nova prestação. Pressupõe-se, desta maneira, que além da obrigação, exista outra obrigação que visa garantir a primeira. Naturalmente, as duas obrigações têm, como sujeitos passivos, pessoas diferentes, de tal forma que, em última análise, pelo esquema da garantia geral, vamos encontrar, assegurando a obrigação garantida, dois patrimónios: o do devedor e o da pessoa adstrita à garantia. Em primeira linha, as garantias pessoais actuam, no entanto, através de prestações e não de patrimónios.

Como garantias especiais, têm sido apontados, no nosso Direito civil:

– a fiança;
– a subfiança;
– o mandato de crédito.

Outras figuras de garantias pessoais estão consagradas no Direito comercial: o aval, por exemplo.

Cingindo-nos, como nos compete, ao Direito civil, constatamos que quer o mandato de crédito – artigo 629.º – quer a subfiança – artigo 630.º – são recondutíveis à fiança[1282]. Por isso a vamos considerar.

II. A fiança[1283] encontra, no Direito romano arcaico, antecedentes

---

[1282] ADRIANO VAZ SERRA, *Fiança e figuras análogas*, BMJ 71 (1957), 19-331 (273 ss.), distingue, como institutos semelhantes à fiança, o mandato de crédito, a adjunção acessória ou de reforço ou co-assunção e o contrato de garantia.

[1283] Sobre toda esta matéria, a obra de referência é a de JANUÁRIO GOMES, *Assunção fidejussória de dívida / Sobre o sentido e âmbito da vinculação como fiador* (2000), 1433 pp. maciças, já citada.

nas figuras discutidas do *vades* e do *praedes*[1284]. Ao que parece, o *vades* teria uma intervenção de garantia no processo, enquanto o *praedes*, de feição também processual, estenderia os seus efeitos para além do processo. Posteriormente, surgiriam os institutos da *sponsio* e da *fideipromissio*[1285] donde emergeria, no século I a. C., a *fideiussio*, próxima, já, da nossa fiança.

A fiança sempre conheceu viva expansão, que se acentua especialmente nos períodos de incremento do tráfico jurídico. Através dela, o credor pode conseguir uma particular tranquilidade, uma vez que, ao lado do devedor, pessoa que ele pode desconhecer, surge o fiador, normalmente dele conhecido, ou de solvabilidade manifesta, respondendo pelos débitos do primeiro. É, no entanto, uma figura delicada, uma vez que, através da fiança, o fiador pode encontrar-se na situação de dever solver débitos consideráveis, de cuja constituição não colheu, inicialmente, qualquer vantagem e cujo regresso, contra o devedor é, muitas vezes, problemático[1286].

III. O termo fiança é fluentemente utilizado com vários sentidos, todos conexionados. Designa, assim:

– um contrato;
– a obrigação dele emergente;
– a situação jurídica do fiador.

Como contrato, podemos definir a fiança como o acordo pelo qual uma pessoa – o fiador – garante, em face de outra – o credor – a satisfação do seu direito de crédito sobre uma terceira – o devedor principal – artigo 627.º/1. Repare-se que se trata de um contrato estritamente celebrado entre o fiador e o credor, podendo, inclusive, verificar-se sem conhecimento do devedor ou contra a sua vontade –artigo 628.º/2.

Nos termos do artigo 628.º/1, o contrato de fiança segue a forma requerida para a obrigação garantida, devendo resultar claro das competentes declarações de vontade a exacta identificação daquela – montante, sujeitos, etc.. Por outro lado, como o âmbito da fiança pode ser menor do

---

[1284] MARIO TALAMANCA, *Fideiussione (storia)*, ED XVII (1968), 322-345 (323).

[1285] FRANCESCO DE MARTINO, *Fideiussione (diritto romano)*, NssDI VII (1961), 271-274 (271).

[1286] *Vide* a transcrição de Heck em VAZ SERRA, *Fiança e figuras anólogas* cit., 19.

§ 64.° *Garantias pessoais* 547

que o da obrigação garantida – artigo 631.°/1[1287] – deve o mesmo, quando disso seja caso, ficar claramente expresso[1288].

IV. Uma das principais características da obrigação do fiador é a sua acessoriedade – artigo 627.°/2[1289].
Assim se explica:

– que a fiança não seja válida se o não for a obrigação principal – artigo 632.°/1[1290];
– que a fiança deva seguir a forma da obrigação principal – artigo 628.°/1;
– que o âmbito da fiança seja limitado pelo âmbito da obrigação principal – artigo 631.°/1:
– que a natureza comercial ou civil da fiança dependa da natureza da obrigação principal;
– que o devedor não se libere pelo facto de alguém celebrar com o credor, contrato de fiança em relação ao seu débito;
– que a fiança se extinga, com a extinção da obrigação principal – artigo 651.°.

215. **Regime; o benefício da excussão**

I. Nos termos do artigo 634.°, do Código Civil, a fiança (obrigação) tem o conteúdo da obrigação principal: além disso, estende-se a quaisquer obrigações que possam advir por força de ilícitos cometidos pelo devedor[1291].

O fiador pode opor, ao credor, os meios de defesa do devedor com a precisão do artigo 637.°/1, *in fine* – e ainda os meios de defesa que lhe pró-

---

[1287] Mas não pode ser maior, quantitativa ou qualitativamente – artigo 631.°/1; quando seja estipulado em tais condições, manda o n.° 2 desse mesmo artigo que a fiança não seja nula, mas "... apenas redutível aos precisos termos da dívida afiançada".

[1288] Quando nada se diga, deve-se entender que o âmbito da fiança coincide com o da obrigação garantida.

[1289] Cf. PIRES DE LIMA/ANTUNES VARELA, *Código Anotado* cit., 1, 4.ª ed., 643-644; VAZ SERRA, *Fiança e figuras análogas* cit., 14 ss.; MICHELE FRAGALI, *Fideiussione (diritto privato)*, ED XVII (1968), 346-384 (362 ss.); já no Direito romano, DE MARTINO, *Fideiussione* cit., 272.

[1290] Com a excepção prevista no artigo 632.°/2.

[1291] O Código partiu do princípio de que se trataria, ainda, da mesma obrigação.

prios. De entre estes avulta o benefício da excussão[1292]. Pelo benefício da excussão, o fiador pode recusar o cumprimento da obrigação garantida enquanto o credor não tiver excutido todos os bens do devedor, sem obter a satisfação do seu crédito" – artigo 638.º/1. O fiador pode renunciar a esse benefício, quer directamente, quer assumindo a obrigação de principal pagador – artigo 640.º, *a*). Note-se que, no tocante às obrigações comerciais, não há benefício de excussão – artigo 101.º do Código Comercial.

II. O fiador que cumpra, pelo devedor, a obrigação principal, adquire o crédito respectivo, por sub-rogação – artigo 644.º. Deve, então, avisar o devedor – artigo 645.º; idêntica obrigação assiste a este, em relação ao fiador, quando cumpra – artigo 646.º. Alterações de circunstâncias, quer pelo prisma do fiador – artigo 633.º/2 – quer pelo do devedor – artigo 648.º – são contempladas pelo Código. Outro tanto sucede com hipóteses de complexidade subjectiva – artigos 649.º e seguintes.

(Fim do quarto tomo)

[1292] ALBERTO RAVAZZONI, *Fideiussione (diritto civile)*, NssDI VII (1961), 274--293 (284).

ÍNDICE DE JURISPRUDÊNCIA

JURISPRUDÊNCIA PORTUGUESA

Tribunal Constitucional

TC n.º 535/2001, de – 5-Dez.-2001 (GUILHERME DA FONSECA), compensação; factos dolosos – 478

TC n.º 98/2002, de 27-Fev.-2002 (HELENA BRITO), compensação; factos dolosos – 478

Supremo Tribunal de Justiça

STJ 17-Jan.-1950 (CAMPELO DE ANDRADE), compensação; reconvenção – 456, 468

STJ 18-Mar.-1952 (ROBERTO MARTINS), cessão da posição contratual – 247

STJ 25-Mar.-1955 (LENCASTRE DA VEIGA), compensação; reciprocidade – 448

STJ 19-Jul.-1955 (ROBERTO MARTINS; vencido: EDUARDO COIMBRA), compensação; liquidez – 456

STJ 27-Fev.-1962 (BRAVO SERRA), compensação; reconvenção – 456

STJ 26-Jun.-1962 (ALBERTO TOSCANO), compensação judiciária – 456

STJ 1-Jul.-1969 (RUI GUIMARÃES), compensação; liquidez – 456

STJ 16-Abr.-1971 (LUDOVICO DA COSTA), compensação; reconvenção – 469

STJ 30-Mar.-1973 (MANUEL JOSÉ FERNANDES COSTA; vencido: JOÃO MOURA), compensação; reconvenção – 469

STJ 17-Mai.-1974 (JOÃO MOURA), compensação; reciprocidade – 448, 450

STJ 2-Jul.-1974 (JOSÉ ANTÓNIO FERNANDES), compensação; efectivação – 469

STJ 10-Dez.-1974 (ALBUQUERQUE BETTENCOURT), erro sobre a base do negócio – 293

STJ 18-Mar.-1975 (JOSÉ ANTÓNIO FERNANDES), alteração das circunstâncias – 324

STJ 15-Abr.-1975 (JOSÉ GARCIA DA FONSECA), alteração das circunstâncias; indexação ao valor do ouro – 300, 322

STJ 1-Jun.-1976 (RODRIGUES BASTOS), compensação; reciprocidade – 448

STJ 20-Jul.-1976 (RODRIGUES BASTOS), compensação; efectivação – 467

STJ 8-Fev.-1977 (OLIVEIRA CARVALHO), compensação; efectivação – 469

STJ 13-Dez.-1977 (OLIVEIRA CARVALHO), alteração das circunstâncias – 328

STJ 2-Mar.-1978 (OCTÁVIO DIAS GARCIA), protecção da confiança – 307, 309

STJ 4-Abr.-1978 (FERREIRA DA COSTA), compensação; efectivação – 470

STJ 6-Abr.-1978 (COSTA SOARES), alteração das circunstâncias – 324, 332

STJ 6-Jun.-1978 (MANUEL DOS SANTOS VÍTOR), alteração das circunstâncias – 328

550   *Tratado de Direito civil português*

STJ 19-Out.-1978 (ALBERTO ALVES PINTO), benefício do prazo – 39
STJ 25-Jan.-1979 (JOÃO MOURA), compensação; fungibilidade – 455
STJ 8-Fev.-1979 (COSTA SOARES), alteração das circunstâncias – 328
STJ 29-Mar.-1979 (COSTA SOARES), risco nas obrigações – 298, 328
STJ 10-Mai.-1979 (MIGUEL CAEIRO), alteração das circunstâncias – 322, 327
STJ 7-Jun.-1979 (JOÃO MOURA), compensação; efectivação – 470
STJ 12-Jun.-1979 (HERNANI DE LENCASTRE), alteração das circunstâncias – 328
STJ 4-Dez.-1979 (OLIVEIRA CARVALHO), erro sobre os motivos – 293
STJ 17-Jan.-1980 (ABEL DE CAMPOS), alteração das circunstâncias – 324, 333
STJ 17-Jan.-1980 (JACINTO RODRIGUES BASTOS), alteração das circunstâncias – 322
STJ 26-Mar.-1980 (OCTÁVIO DIAS GARCIA), abuso do direito; *surrectio* – 308, 309
STJ 13-Mai.-1980 (OLIVEIRA CARVALHO), alteração das circunstâncias – 322, 327
STJ 26-Jun.-1980 (ALBERTO ALVES PINTO), compensação; reciprocidade – 448, 449
STJ 12-Mar.-1981 (CAMPOS COSTA), alteração das circunstâncias – 332
STJ 31-Mar.-1981 (RUI CORTE REAL), protecção da confiança – 308, 309
STJ 14-Jan.-1982 (ROSEIRA DE FIGUEIREDO), compensação; efectivação – 470
STJ 20-Abr.-1982 (AUGUSTO VICTOR COELHO), alteração das circunstâncias – 322
STJ 25-Mai.-1982 (MANUEL DOS SANTOS CARVALHO), alteração das circunstâncias; risco na
    locação – 295, 322
STJ 7-Out-1982 (JOÃO FERNANDES LOPES NEVES), impossibilidade – 296
STJ 25-Jan.-1983 (ANÍBAL AQUILINO RIBEIRO), alteração das circunstâncias – 328
STJ 10-Fev.-1983 (SANTOS SILVEIRA; vencido: MÁRIO DE BRITO), compensação; invocação
    subsidiária – 471
STJ 22-Fev.-1983 (JOÃO FERNANDO LOPES NEVES), desvalorização monetária – 323
STJ 12-Jun.-1984 (MAGALHÃES BAIÃO), erro sobre os motivos – 293
STJ 10-Out.-1984 (ALVES CORTÊS), alteração das circunstâncias – 332
STJ 16-Mai.-1985 (A. CAMPOS COSTA), *venire contra factum proprium* – 310
STJ 20-Mai.-1985 (s/ind. relator), alteração das circunstâncias; execução diferida – 326
STJ 2-Jul.-1985 (CORTE-REAL), compensação; efectivação – 470
STJ 7-Nov.-1985, Proc. n° 72.916, alteração das circunstâncias – 322
STJ 5-Dez.-1985 (LUÍS FANQUEIRO), compensação; fungibilidade; créditos públicos – 455,
    482
STJ 13-Fev.-1986 (SERRA MALGUEIRO), alteração das circunstâncias – 322, 324, 328
STJ 18-Mar.-1986 (MAGALHÃES BAIÃO), alteração das circunstâncias – 301
STJ 30-Jul.-1988 (ELISEU FIGUEIRA), compensação – 471
STJ 24-Jan.-1991 (CABRAL DE ANDRADE), compensação; liquidez – 457, 470
STJ 26-Fev.-1992 (TAVARES LOBO), compensação; fungibilidade – 455
STJ 22-Nov.-1995 (MARTINS DA COSTA), compensação; requisitos – 446
STJ 26-Jun.-1996 (ALMEIDA DEVEZA), compensação; créditos laborais – 486
STJ 13-Nov.-1997 (COSTA SOARES), impossibilidade da prestação – 181
STJ 27-Nov.-1997 (MIRANDA GUSMÃO), compensação; reciprocidade – 448
STJ 28-Abr.-1998 (RIBEIRO COELHO), mora; manutenção do dever de prestar – 124
STJ 20-Mai.-1998 (SOUSA LAMAS), prestação por terceiro – 50
STJ 29-Fev.-2000 (FRANCISCO LOURENÇO), prazo do cumprimento; fixação pelo tribunal – 36

Índice de jurisprudência

STJ 6-Jul.-2000 (TORRES PAULO), compensação; invalidade – 474
STJ 18-Jan.-2001 (FRANCISCO FERREIRA DE ALMEIDA), cessão de direitos litigiosos – 221
STJ 1-Fev.-2001 (ALMEIDA DEVEZA), compensação; créditos laborais – 486
STJ 13-Fev.-2001 (TOMÉ DE CARVALHO), impossibilidade física – 179
STJ 19-Abr.-2001 (NEVES RIBEIRO), compensação; efectivação – 471
STJ 11-Out.-2001 (MIRANDA GUSMÃO), impossibilidade da prestação – 181
STJ 28-Fev.-2002 (ÓSCAR CATROLA), compensação; fungibilidade – 455
STJ 16-Abr.-2002 (PINTO MONTEIRO), alteração das circunstâncias; confiança – 323
STJ 25-Mar.-2003 (SILVA SALAZAR), obrigação *cum potuerit* – 37
STJ 1-Jul.-2003 (PINTO MONTEIRO), novação – 371
STJ 6-Nov.-2003 (FERREIRA DE ALMEIDA), erro sobre a base do negócio – 293
STJ 20-Out.-2005 (OLIVEIRA BARROS), confusão – 378
STJ 28-Mar.-2006 (AZEVEDO RAMOS), alteração das circunstâncias – 321
STJ 12-Set.-2006 (BORGES SOEIRO), consignação em depósito – 355
STJ 11-Jan.-2007 (CUSTÓDIO MONTES), indemnização; interesse positivo – 162
STJ 29-Mai.-2007 (JOÃO CAMILO), prova do cumprimento; prova testemunhal – 57
STJ 18-Out.-2007 (FARIA ANTUNES), novação – 370
STJ 8-Nov.-2007 (ALBERTO SOBRINHO), novação – 370
STJ 13-Mar.-2008 (PIRES DA ROSA), consignação em depósito – 355
STJ 13-Mar.-2008 (URBANO DIAS), cessão de créditos – 218
STJ 23-Set.-2008 (AZEVEDO RAMOS), assunção de dívidas – 238
STJ 12-Fev.-2009 (JOÃO BERNARDO), indemnização; interesse positivo – 162
STJ 23-Mar.-2009 (OLIVEIRA ROCHA), compensação – 361
STJ 28-Mai.-2009 (OLIVEIRA VASCONCELOS), base do negócio – 321
STJ 2-Jun.-2009 (ALVES VELHO), mora do credor – 128
STJ 9-Jun.-2009 (URBANO DIAS), mora do credor – 128
STJ 3-Nov.-2009 (MOREIRA ALVES), impossibilidade superveniente – 181
STJ 12-Nov.-2009 (GARCIA CALEJO), cumprimento defeituoso; *iter* – 135
STJ 25-Nov.-2009 (SOUSA GRANDÃO), remissão – 373
STJ 20-Jan.-2010 (JOSÉ MANUEL BRAVO SERRA), remissão – 373
STJ 20-Jan.-2010 (PINTO HESPANHOL), erro sobre a base do negócio – 293
STJ 3-Mar.-2010 (JOSÉ MANUEL BRAVO SERRA), lugar da prestação – 41
STJ 9-Mar.-2010 (AZEVEDO RAMOS), sub-rogação legal – 229
STJ 9-Mar.-2010 (HÉLDER ROQUE), alteração das circunstâncias – 322
STJ 17-Mar.-2010 (SOUSA PEIXOTO), alteração das circunstâncias; execução diferida –
293
STJ 21-Abr.-2010 (PEREIRA DA SILVA), assunção cumulativa – 242

Relação de Coimbra

RCb 9-Abr.-1976 (OLIVEIRA LOPES), compensação; liquidez – 457
RCb 28-Nov.-1976 (OLIVEIRA LOPES), compensação; reconvenção – 469
RCb 5-Fev.-1980 (MARQUES CORDEIRO), compensação; efectivação – 470
RCb 27-Mai.-1980 (MARQUES CORDEIRO), compensação; efectivação – 470

552 Tratado de Direito civil português

RCb 10-Abr.-1984 (PEREIRA DA SILVA), *venire contra factum proprium* – 310
RCb 2-Mai.-1984 (MANUEL PEREIRA DA SILVA), *venire contra factum proprium* – 310
RCb 28-Mai.-1985 (ALBERTO BALTAZAR COELHO), erro; alteração das circunstâncias – 293
RCb 11-Abr.-1991 (SOUSA LAMAS), compensação; créditos laborais – 485
RCb 19-Mar.-1992 (VICTOR DEVEZA), compensação; efectivação – 470
RCb 5-Jan.-1993 (COSTA MARQUES), compensação; liquidez – 457
RCb 30-Jan.-2001 (NUNES RIBEIRO), compensação; reciprocidade – 448

Relação de Évora

REv 25-Mai.-1976 (LUÍS BRAGA DE ARAÚJO FRANQUEIRA), protecção da confiança – 307, 308, 309
REv 10-Mar.-1977 (MANUEL BAPTISTA DIAS DA FONSECA), alteração das circunstâncias – 322, 327
REv 14-Abr.-1977 (JOSÉ MANSO PRETO), alteração das circunstâncias – 322
REv 15-Jan.-1981 (AUGUSTO PEREIRA DE GOUVEIA), lugar da prestação – 41
REv 14-Abr.-1983 (AUGUSTO PEREIRA COELHO), alteração das circunstâncias – 333
REv 23-Jan.-1986 (FARIA DE SOUSA), *venire contra factum proprium* – 310
REv 27-Fev.-1986 (CASTRO MENDES), risco nas obrigações – 298
REv 26-Mar.-1996 (PITA DE VASCONCELOS), compensação; liquidez – 457, 471
REv 11-Nov.-1999 (FERNANDO BENTO), indemnização; interesse positivo – 157
REv 22-Jan.-2004 (BERNARDO DOMINGOS), impossibilidade legal – 180

Relação de Lisboa

RLx 26-Mai.-1945 (s/ind. relator), impossibilidade moral – 182
RLx 13-Fev.-1974 (s/ind. relator), compensação; liquidez – 457
RLx 9-Out.-1979 (FARINHA RIBEIRAS), compensação; efectivação – 470
RLx 27-Nov.-1984 (s/ind. relator), alteração das circunstâncias – 333
RLx 25-Fev.-1986 (CURA MARIANO), alteração das circunstâncias; abuso do direito – 300
RLx 12-Mar.-1986 (FERREIRA PINTO), *venire contra factum proprium* – 310
RLx 21-Abr.-1986 (AFONSO ANDRADE), alteração das circunstâncias; dano – 324, 325
RLx 17-Jul.-1986 (RICARDO DA VELHA), *venire contra factum proprium* – 310
RLx 11-Dez.-1986 (RICARDO DA VELHA), desvalorização monetária – 323
RLx 16-Nov.-1988 (QUEIROGA CHAVES), compensação; fungibilidade – 485
RLx 20-Fev.-1990 (CALIXTO PIRES), lugar da prestação; entrega de móvel – 42
RLx 21-Fev.-1991 (MESQUITA E MOTA), obrigação *cum voluerit* – 38
RLx 7-Mar.-1991 (PIRES SALPICO), compensação; fungibilidade – 455
RLx 29-Abr.-1993 (SANTOS BERNARDINO), compensação; efectivação – 470
RLx 29-Out.-1998 (ANA PAULA BOULAROT), indemnização; interesse positivo – 157
RLx 10-Mar.-1999 (GOMES DA SILVA), compensação; créditos laborais – 485
RLx 23-Mar.-2000 (MARCOS DOS SANTOS RITA), prazo do cumprimento; fixação pelo tribunal – 36
RLx 2-Nov.-2000 (URBANO DIAS), impossibilidade jurídica – 179
RLx 17-Mai.-2001 (SILVA PEREIRA), lugar da prestação – 41

Índice de jurisprudência 553

RLx 22-Mai.-2001 (FERREIRA GIRÃO), impossibilidade jurídica – 179
RLx 3-Nov.-2005 (MANUEL CAPELO), cessão de créditos; efeitos – 223

Relação do Porto

RPt 29-Mai.-1980 (OLIVEIRA DOMINGUES), protecção da confiança – 308, 309
RPt 21-Jan.-1982 (JÚLIO SANTOS), alteração das circunstâncias – 322, 327
RPt 17-Mar.-1983 (GAMA PRAZERES), base negocial – 322
RPt 12-Abr.-1983 (MARQUES CORDEIRO), compensação; liquidez – 457
RPt 17-Jul.-1984 (PINTO FURTADO), alteração das circunstâncias – 322-323
RPt 22-Nov.-1984 (SIMÕES VENTURA), *venire contra factum proprium* – 310
RPt 21-Out.-1991 (JOSÉ CORREIA), compensação; créditos laborais – 485
RPt 1-Mar.-1993 (PIRES ROSA), compensação; efectivação – 470
RPt 26-Abr.-1993 (MANUEL FERNANDES), compensação; liquidez – 457, 460
RPt 9-Out.-1995 (GUIMARÃES DIAS), simples mora; requisitos – 124
RPt 1-Jul.-1996 (GUIMARÃES DIAS), compensação; reciprocidade – 448, 455
RPt 18-Nov.-1997 (MÁRIO CRUZ), compensação; efectivação – 470
RPt 27-Fev.-2003 (GONÇALO SILVANO), indemnização; interesse positivo – 157
RPt 1-Jun.-2006 (PINTO DE ALMEIDA), dação em pagamento – 347

Tribunais arbitrais

Tribunal Arbitral 30-Mai.-1944 (PAULO CUNHA), impossibilidade moral – 182

Pareceres da Procuradoria-Geral da República

Parecer da PGR n.º 53/75, de 12-Fev.-1976 (JOSÉ NARCISO CUNHA RODRIGUES), compensação; créditos públicos – 483

JURISPRUDÊNCIA ESTRANGEIRA

Alemanha

Bundesverfassungsgericht

BVerfG 14-Fev.-1973, interpretação criativa; constitucionalidade – 265

Reichsoberhandelsgericht

ROHG 11-Jun.-1873, compensação – 416
ROHG 28-Fev.-1874, compensação – 416
ROHG 10-Abr.-1875, compensação – 416
ROHG 27-Nov.-1875, compensação – 416

554 *Tratado de Direito civil português*

Reichsgericht

RG 28-Mar.-1881, compensação – 416
RG 3-Mai.-1881, declaração de não cumprimento – 144
RG 11-Out.-1881, compensação – 416
RG 19-Mai.-1882, compensação – 416
RG 19-Mai.-1882, declaração de não cumprimento – 144
RG 11-Out.-1883, compensação – 416
RG 26-Nov.-1901, declaração de não cumprimento – 145
RG 27-Mai.-1902, declaração de não cumprimento – 145
RG 9-Dez.-1902, declaração de não cumprimento – 145
RG 23-Fev.-1904, declaração de não cumprimento – 146
RG 14-Jun.-1910, dever de protecção (nega) – 95
RG 7-Dez. 1911, *culpa in contrahendo* – 95
RG 18-Nov. 1912, pós-eficácia; antigo empregado – 63
RG 12-Jun.-1917, declaração de não cumprimento – 146
RG 7-Out.-1919, declaração de não cumprimento – 146
RG 10-Jun.-1921, declaração de não cumprimento – 146
RG 2-Fev.-1922, declaração de não cumprimento – 146
RG 28-Nov.-1923, alteração de circunstâncias – 274, 324
RG 25-Set.-1925, pós-eficácia; boa fé – 77
RG 26-Set.-1925, *culpa post pactum finitum* – 63, 66
RG 26-Jan.-1926, *culpa post pactum finitum* – 64
RG 3-Fev.-1926, *culpa post pactum finitum* – 64
RG 16-Mai.-1931, pós-eficácia – 64, 66
RG 5-Jan.-1933, pós-eficácia – 64
RG 10-Dez.-1935, declaração de não cumprimento – 146
RG 5-Out.-1939, *culpa post pactum finitum* – 61, 63, 67, 78

Bundesgerichthof

BGH 14-Jul.-1953, alteração pós-eficaz – 94
BGH 28-Mai.-1952, pós-eficácia – 78
BGH 14-Dez.-1954, *culpa post pactum finitum* – 62
BGH 13-Jun.-1956, reintegração pós-eficaz – 65, 78, 94
BGH 28-Jun.-1957, declaração de não cumprimento – 148
BGH 14-Out.-1958, *culpa post pactum finitum* – 62
BGH 11-Fev.-1960, *culpa post pactum finitum* – 65
BGH 6-Jul.-1961, alteração de circunstâncias; delimitação – 317
BGH 31-Out.-1963, natureza do cumprimento – 27
BGH 6-Nov.-1963, *culpa post pactum finitum* – 65
BGH 12-Dez.-1963, alteração de circunstâncias; adaptação – 317
BGH 10-Jun.-1964, *culpa in contraendo*; ripresentante – 98
BGH 25-Fev.-1971, declaração de não cumprimento – 148
BGH 8-Nov.-1972, alteração das circunstâncias; indexação – 301

Índice de jurisprudência

BGH 25-Jun.-1973, pós-eficácia – 78
BGH 21-Mar.-1974, declaração de não cumprimento – 148
BGH 27-Fev.-1975, pós-eficácia da relação de serviço – 65
BGH 20-Mai.-1975, advocacia; pós-eficácia – 65, 79
BGH 8-Fev.-1978, alteração das circunstâncias; dano – 324, 328
BGH 1-Jun.-1978, compensação – 419
BGH 26-Mar.-1981, compensação – 419
BGH 16-Jun.-1982, declaração de não cumprimento – 148
BGH 19-Set.-1983, declaração de não cumprimento – 148
BGH 8-Fev.-1984, alteração das circunstâncias – 335
BGH 18-Set.-1985, declaração de não cumprimento – 149
BGH 18-Jan.-1991, declaração de não cumprimento – 149
BGH 24-Jun.-1998, indemnização; interesse positivo – 157
BGH 22-Out.-1999, declaração de não cumprimento – 149

Reichsarbeitsgericht

RAG 13-Jun.-1928, pós-eficácia – 63
RAG 21-Mar.-1936, pós-eficácia – 63, 71
RAG 13-Mai.-1940, *culpa post pactum finitum* – 63

Bundesarbeitsgericht

BAG 24-Nov.-1956, pós-eficácia – 94

Tribunais de apelação

OLG Hamburg 29-Mar.-1940, pós-eficácia; serviços – 78

Primeira instância

Kammergericht 11-Jan.-1910, pós-eficácia – 63
LG Altona 10-Mar.-1933, pós-eficácia – 63
AG München 6-Mai.-1970, *culpa post pactum finitum* – 65, 78, 90
LG Lindburg 17-Jan.-1979, *culpa post pactum finitum* – 65, 79

França

Conselho de Estado, em 30-Mar.-1916, doutrina da imprevisão – 270

Cour de cassation

CssFr 6-Mar.-1876, alteração das circunstâncias – 269
CssFr 11-Mai.-1880, compensação – 409
CssFr 6-Jul.-1926, compensação – 409

CssFr 21-Mar.-1934, compensação – 409
CssFr 15-Jan.-1973, compensação – 408

Primeira instância

Com 21-Mar.-1995, compensação – 409

Itália

Nápoles, 16-Out.-1969, doutrina da pressuposição – 272

ÍNDICE ONOMÁSTICO

ABRANTES, JOSÉ JOÃO – 140
ADLER, KARL – 127
AFRICANUS – 268
ALBUQUERQUE, RUY DE – 480, 483
ALEXANDER, FRITZ – 26
ALMEIDA, CARLOS FERREIRA DE – 152, 157
ALMEIDA, FRANCISCO FERREIRA DE – 221, 293
ALMEIDA, PINTO DE – 347
ALVES, MOREIRA – 181
AMELIO, MARIANO D' – 410
AMIRA, KARL VON – 446
AMORE, DIEGO – 377, 378
ANDRADE, AFONSO – 324, 325
ANDRADE, CABRAL DE – 457
ANDRADE, CAMPELO DE – 456
ANDRADE, MANUEL DE – 179, 180, 189, 197, 278
ANSCHÜTZ – 387
ANTUNES, FARIA – 370
APPLETON – 385, 390, 392, 394, 396, 398, 400, 401
ARNDTS RITTER VON ARNESBERG, KARL LUDWIG – 271, 416, 420
ASTUTI, GUIDO – 210, 391, 392, 394, 401, 403

BAIÃO, MAGALHÃES – 293, 301
BALLERSTEDT, KURT – 96
BAR, CHRISTIAN VON – 68, 71, 72, 83, 84, 99, 318
BARASSI, LUDOVICO – 27, 348, 410, 411
BARROS, OLIVEIRA – 378
BASTOS, JACINTO RODRIGUES – 322, 327, 354, 436, 448, 467

BAUER, HERMANN – 26
BECK, SASCHA – 26, 268
BEHRENDS, OKKO – 398
BEKKER, ERNST EMMANUEL – 273
BENATTI, FRANCESCO – 121, 122
BENTO, FERNANDO – 157
BERG, HANS – 27
BERGER, PETER KLAUS – 386, 489
BERNARDINO, SANTOS – 470
BERNARDO, JOÃO – 162
BESSONE, MARIO – 32, 272
BETTENCOURT, ALBUQUERQUE – 293
BETTERMANN, K. A. – 303
BETTI, EMILIO – 211, 226, 231, 232, 236, 277, 367, 515, 523
BEUTHIEN, VOLKER – 25, 27, 128, 283
BIERMANN, JOHANNES – 211, 367, 523
BIONDI, BIONDO – 210, 360, 392, 394, 398, 401, 402, 539
BITTNER, CLAUDIA – 35
BOEHMER, GUSTAV – 26
BOER, FRIEDERICH – 127
BÖRNER, BODO – 450
BORON, ANGELO – 410
BORRACCIA, GIAMPIERO – 23
BOULAROT, ANA PAULA – 157
BOVE, LUCIO – 393
BRAGA, S. – 496
BRANCA, GIUSEPPE – 21, 22
BRANDÃO, DIOGO DE PAIVA – 277
BRASSLOFF, STEPHAN – 390
BREHM, WOLFGANG – 470
BRINZ, ALOIS VON – 421
BRITO, HELENA – 478

BRITO, MÁRIO DE – 471
BRÜGGEMEIER, GERD – 403, 419
BRUNELLI, GIOVANNI – 515
BRUNO, T. – 410
BUNGE, LISELOTTE – 415, 423
BÜRGE, ALFONS – 393

CAEIRO, MIGUEL – 322, 327
CAETANO, MARCELLO – 277
CALEJO, GARCIA – 135
CAMILO, JOÃO – 57
CAMPOS, ABEL DE – 324, 333
CAMPOS, MARIA ISABEL MENERES – 500
CANARIS, CLAUS-WILHELM – 70, 84, 98, 99, 113, 116, 117, 163, 172, 173, 175, 265, 306
CANNATA, CARLO AUGUSTO – 122
CAPELO, MANUEL – 223
CARAVELLI, CASIMIRO – 385
CARBONNIER, JEAN – 226, 403, 407, 409
CARDOSO, EURICO LOPES – 468
CARNEIRO, JOSÉ GUALBERTO DE SÁ – 159
CARRESI, FRANCO – 235, 248
CARVALHO, MANUEL DOS SANTOS – 295, 322, 327, 328, 469
CARVALHO, OLIVEIRA – 293, 322
CARVALHO, TOMÉ DE – 179
CATROLA, ÓSCAR – 455
CENTELEGHE, F. – 272
CHABAS, FRANÇOIS – 408, 409
CHAVES, QUEIROGA – 485
CHIOTELLIS, ARISTIDE – 263, 283, 285
CHITO, MARIA BRUNA – 23
CHRISTENSEN, KARL-WILHELM – 63, 65, 67, 68
CIAN, GIORGIO – 272
CICALA, RAFFAELE – 251, 253
CICERO – 268, 391
CLIVE, ERIC – 318
COASE, RONALD H. – 385
COELHO, ALBERTO BALTAZAR – 293
COELHO, AUGUSTO PEREIRA – 333
COELHO, AUGUSTO VICTOR – 322, 327
COELHO, J. G. PINTO – 278

COELHO, PEREIRA – 160, 189
COELHO, RIBEIRO – 124
COIMBRA, EDUARDO – 456
COING, HELMUT – 403
CORDEIRO, ANTÓNIO MENEZES – 72, 313, 452
CORDEIRO, MARQUES – 457, 470
CORREIA, ANTÓNIO FERRER – 255
CORREIA, JOSÉ – 485
CORREIA, JOSÉ MANUEL SÉRVULO – 266
CORTE-REAL – 470
CÔRTE-REAL, EUDÔRO PAMPLONA – 499
CORTE-REAL, RUI – 308
CORTÊS, ALVES – 332
COSTA, A. CAMPOS – 310, 332
COSTA, CAMPOS –
COSTA, FERREIRA DA – 470
COSTA, LUDOVICO DA – 469
COSTA, MANUEL JOSÉ FERNANDES – 469
COSTA, MÁRIO JÚLIO DE ALMEIDA – 21, 105, 152, 160, 225, 235, 247, 295, 298, 338, 346, 354, 361, 370, 469, 517, 538, 539
COSTA, MARTINS DA – 446
COURRÉGE, ORLANDO GARCIA-BLANCO – 294
CREZELIUS, GEORG – 98
CRISTAS, MARIA DA ASSUNÇÃO OLIVEIRA – 214
CROME, CARL – 190, 273
CRUZ, MÁRIO – 470
CRUZ, SEBASTIÃO – 22, 391, 395
CUNHA, PAULO – 176, 181, 182, 291, 294, 487, 499, 501, 503, 509, 510, 512, 516, 523, 536, 537
CUTURI, TORQUATO – 404, 410

DALLY, HANS-PETER – 303
DAUNER-LIEB, BARBARA – 113, 115, 116, 171
DAVID, M. – 386, 391
DELBRÜCK, HELMUT – 419
DENCK, JOHANNES – 448, 472
DERHAM, RORY – 423, 424, 425
DERNBURG, HEINRICH – 64, 211, 271, 360, 367, 368, 394, 401, 402, 415, 416, 421, 523
DEVEZA, ALMEIDA – 486

Índice onomástico

Deveza, Victor – 470
Dias, Guimarães – 124, 448, 455
Dias, Urbano – 128, 179, 218
Diesselhorst, Malte – 291
Dietz, Rolf – 74
Domat, Jean – 269, 404
Domingos, Bernardo – 180
Domingues, Oliveira – 308
Dörner, Heinrich – 285
Drakidis, Philippe – 409

Eberhard, Johann Heinrich – 96, 269
Ehmann, Horst – 26, 171, 172, 174, 317
Elefante, Agostino – 367
Elger, Herman – 66, 67
Elísio, Filinto – 483
Emge, C. A. – 297
Emmerich, Volker – 112, 116, 117, 147, 171, 173, 175, 176, 316, 317, 318
Emmermann, Axel – 68, 83, 94
Engisch, Karl – 264, 266, 313
Enneccerus, Ludwig – 26, 27, 30, 66, 146, 147, 210, 236, 240, 243, 283, 345, 348, 357, 369, 377, 420
Ernst, Bernd – 67
Esmein, Paul – 270, 408
Esser, Josef – 275, 283, 327, 334

Fabre, Régis – 270
Fadda, Carlo – 393
Fages, Bertrand – 22
Fahl, Christian – 35
Fanqueiro, Luís – 455, 482
Faria, Jorge Ribeiro de – 51, 105, 152, 160, 161, 162, 235, 247
Faria, Rita Lynce de – 127
Faust, Florian – 112, 171, 316
Favero, Gianantonio – 378
Feldmann, Börries von – 385
Feldmann, Cornelia – 119
Fenge, Hilmar – 484
Fernandes, José António – 324, 469
Fernandes, Luís Carvalho – 276, 277, 278, 292

Fernandes, Manuel – 457
Ferreira, José Carlos Ney – 235, 242
Ferreira, José Dias – 352, 353, 429, 467, 481
Figueira, Eliseu – 471
Figueiredo, Roseira de – 470
Fikentscher, Wolfgang – 112, 147, 247, 283, 284, 285, 303, 304, 419, 457
Finger, Peter – 90
Finzi, Enrico – 410, 411
Flume, Werner – 291, 312, 327
Fonseca, Guilherme da – 478
Fonseca, José Garcia da – 300, 322
Fonseca, Manuel Baptista Dias da – 322, 327
Fontana, Giovanni – 246, 253
Frada, Manuel Carneiro da – 160, 161
Fragali, Michele – 547
Franqueira, Luís Braga de Araújo – 307
Freitas, José Lebre de – 469
Friedrich, Klaus – 147, 148
Fritz, Paul – 144, 146
Fromm, Erich – 26
Fülster – 66
Furtado, Pinto – 323
Futter, Werner – 303

Gabolde, Gabriel – 408
Gadow, Wilhelm – 399
Gaetano, Paolo – 535
Gaius – 386, 389, 391, 392, 394, 397, 398
Garcia, Octávio Dias – 307, 308
Gaudemet, Eugène – 210, 213, 236, 242
Gény, François – 409
Gerhardt, Walter – 99
Geri, Lina Bigliazzi – 509, 525, 528
Gernhuber, Joachim – 27, 351, 368, 374, 377, 419, 454, 489, 496
Giacobbe, Giovanni – 128
Giampiccolo, Giorgio – 517
Giboulot, Antoine – 269
Gierke, Otto von – 64, 73, 446
Giorgianni, Michele – 23, 27, 28, 38, 108, 109, 120, 138, 200

GIRÃO, FERREIRA – 179
GLÜCK, CHRISTIAN FRIEDRICH – 272
GOLDSCHMIDT, LUDWIG – 387, 416, 417
GOMES, JÚLIO MANUEL VIEIRA – 228
GOMES, MANUEL JANUÁRIO COSTA – 228, 465, 499, 500, 509, 545
GONÇALVES, LUIZ DA CUNHA – 277, 353, 432, 433, 465, 468, 480
GOODE, ROY – 423, 425
GOUVEIA, ALFREDO ROCHA DE – 277
GOUVEIA, AUGUSTO PEREIRA DE – 41
GRANDÃO, SOUSA – 373
GRASSETTI, CESARE – 349
GREULICH, H. – 67, 90
GRIFÒ, GIULIANO – 377
GRÖSCHER, PETER – 451, 452
GROTIUS, HUGO – 269
GRUBER, URS PETER – 173
GRÜNEBERG, CHRISTIAN – 27, 158, 218, 446, 448
GRUNSKY, WOLFGANG – 471
GUESTIN, JACQUES – 270, 408
GUIMARÃES, RUI – 456
GURSKY, KARL-HEINZ – 383, 385
GUSMÃO, MIRANDA – 181, 448

HAARMANN, WILHELM – 284
HARTMANN, GUSTAV – 232
HATTENHAUER, CHRISTIAN – 210
HAURIOU, MAURICE – 270
HECK, PHILIPP – 27, 66, 111, 175, 176, 193, 210, 243, 266, 348, 351, 368, 489, 546
HEDEMANN, JUSTUS WILHELM – 66
HEIL, WILLI – 66, 67, 72, 75
HEINEMANN, ANDREAS – 247, 304
HENKEL, HEINRICH – 266, 274
HERBERGER – 266
HERSCHEL, WILHELM – 66, 67, 73, 74, 75
HESPANHOL, PINTO – 293
HILGER, MARIE LUISE – 286
HIMMELSCHEIN, JURY – 145, 192, 194
HOHLOCH, GERHARD – 315
HÖHN – 66
HOLDEN, H. A. – 392

HOLZAPFL, W. – 301
HÖNN, GÜNTHER – 128
HONSELL, HEINRICH – 189
HUBER – 112, 171, 316
HÜFFER, UWE – 128
HUPPERT, ULF – 486

IHRCKE, ERNST – 26
IMBERT, JEAN – 395
IMMENGA, ULRICH – 291
IMPALLOMENI, GIOVAN BATTISTA – 523

JACKISCH, HANS – 21
JAHR, GÜNTHER – 451
JAKOBS, HORST HEINRICH – 169
JORGE, FERNANDO PESSOA – 21, 23, 37, 38, 40, 47, 49, 50, 51, 55, 59, 105, 119, 131, 138, 139, 140, 152, 153, 160, 300, 340, 341, 347, 349, 354, 361, 370
JUSTO, A. SANTOS – 389, 391

KALBERLAH, KURT – 67, 73, 75
KASER, MAX – 22, 389, 390
KÄUFFER, JOSEF – 67, 68, 75, 82
KAUFMANN, ERICH – 273, 282
KEGEL, GERHARD – 283, 284, 326, 327, 335, 407, 415, 420, 423, 447
KEMPF, GILBERT – 75
KIPP, THEODOR – 170, 194, 210, 222, 236, 243, 367, 416, 421
KISCH, WILHELM – 180, 273
KLEES, EDGAR – 128
KLEIN, PETER – 26
KLEINEDAM, TEODOR – 273
KLEINSCHMIDT, JENS – 374
KLEWHEYER, GERD – 402
KNORR, JOHANNES – 67, 68
KNÜTEL, ROLF – 22, 398
KOCH, HANS-JOACHIM – 266
KÖHLER, HELMUT – 285
KOHLER, JOSEF – 127, 394, 398, 417
KOLLER, INGO – 263, 285
KRBEK, FRANZISKA-SOPHIE EVANS VON – 99
KRESS, HUGO – 66

Kretschmar, Paul – 21, 26, 384, 398, 401
Kreyenberg, Joachim Peter – 67, 68
Krückmann, Paul – 65, 282
Kull, Bruno – 67, 68, 74
Kupisch, Berthold – 398

Lamas, Sousa – 50, 485
Lange, Herman – 402
Larenz, Karl – 21, 25, 27, 62, 67, 80, 83, 96, 98, 99, 112, 116, 119, 128, 147, 213, 218, 220, 243, 247, 250, 266, 275, 282, 283, 288, 334, 345, 347, 348, 355, 357. 359, 363, 368, 377, 419, 496
Leetz, Helmut – 273
Lehmann, Heinrich – 26, 27, 30, 66, 145, 146, 147, 191, 192, 196, 210, 211, 236, 240, 243. 283, 345, 348, 357, 369, 377, 420
Leitão, Luís Menezes – 21, 24, 31, 51, 105, 131, 138, 160, 210, 217, 225, 226, 235, 247, 250, 298, 338, 354, 361, 370, 500
Lencastre, Hernâni de – 328
Lenel, Otto – 272
Leonhard – 66
Leonhard, Franz – 96
Lequette, Yves – 151, 368, 407, 408, 516, 523, 525
Leyser, A. – 269
Lima, Pires de – 39, 51, 277, 299, 446, 449, 456, 457, 459, 464, 470, 478, 513, 520, 521, 539, 541, 547
Lippmann – 417
Litten, Fritz – 447
Livi, Maria Alessandra – 246
Livius, Titus – 395
Llompart, J. – 334
Lobo, Tavares – 455
Locher, Eugen – 274, 282
Longo, Giovanni Elio – 23, 345, 395, 396
Lopes, Oliveira – 457, 469
Lopes, Ricardo – 277
Lorenz, Stephan – 157, 176, 317, 318
Lorenzi, Valeria de – 385, 415

Lourenço, Francisco – 36
Löwisch, Manfred – 99, 116, 119, 147, 173, 176, 183
Luhmann, Niklas – 334
Lüke, Gerhard – 486

Machado, João Baptista – 127, 161
Madaleno, Cláudia – 500
Magalhães, José Barbosa de – 277
Magazzu, Andrea – 121, 125
Maia, Reis – 277
Malgueiro, Serra – 322, 324, 328
Malzer, Georg – 301
Mariano, João Cura – 300, 500
Marques, Costa – 457
Marques, José Dias – 180, 277
Martinez, Pedro Romano – 161, 162, 199, 250, 338, 500
Martini, Angelo de – 525, 528
Martino, Francesco de – 546, 547
Martins, Roberto – 247, 456
Matos, Isabel Andrade de – 500
Mattheus, Daniela – 115, 171, 172
Mavridis, Vassili – 67, 68, 94
Mayer-Maly, Theo – 415
Mazeaud, Henri – 408, 409
Mazeaud, Jean – 408, 409
Mazeaud, Léon – 408, 409
McCracken, Sheelag – 424, 425
Medicus, Dieter – 112, 283, 315, 419, 452
Meincke, Jens Peter – 170
Mendegris, Roger – 385
Mendes, Castro – 298
Mendes, João de Castro – 180, 292, 359, 364, 365, 443, 468, 473, 474
Messineo, Francisco – 250, 535
Meyer, Jürgen A. E. – 68
Meyer-Pritzl, Rudolf – 236, 272, 315
Miccio, Renato – 131, 539, 540
Milone, Filippo – 398
Mohnen, Heinz – 65, 67, 68, 92, 93, 94
Molitor, Erich – 66, 68, 94
Mommsen, Friedrich – 170
Moncada, Luís Cabral – 278

562 — Tratado de Direito civil português

MONJAU, H. – 67, 68
MONTEIRO, ANTÓNIO PINTO – 180
MONTEIRO, FERNANDO PINTO – 323, 371
MONTEIRO, JORGE FERREIRA SINDE – 500
MONTELEONE, GIROLAMO ALESSANDRO – 515, 517, 521
MONTES, CUSTÓDIO – 162
MOOS, PETER – 67, 68
MOREIRA, GUILHERME ALVES – 278, 353, 429, 430, 431, 432, 433, 436, 468, 478, 481, 494
MÖSCHEL, WERNHARD – 236
MOTA, MESQUITA E – 38
MOURA, JOÃO – 448, 455, 469, 470
MÜLLER, EBERHARD – 96, 98, 111-112, 145, 189, 190
MÜLLER, ULRICH – 98
MUSSATTI, ALBERTO – 28

NATOLI, UGO – 509, 524, 525, 528
NDOKO, NICOLE-CLAIRE – 386
NERATIUS – 268
NEVES, JOÃO FERNANDO LOPES – 296, 323
NICKLICH, FRITZ – 286
NICOLÒ, ROSARIO – 23, 27, 28, 32, 49, 53, 253
NIKISCH, ARTHUR – 467, 469
NIPPERDEY, HANS CARL – 64, 274

OERTMANN, PAUL – 63, 64, 65, 273, 274, 281, 282, 291, 321, 421, 486
OLIVEIRA, NUNO MANUEL PINTO – 105
OLZEN, DIRK – 22, 26, 68, 346, 352, 369
OTTO, HANSJÖRG – 124, 148, 151

PACHECO, ANTÓNIO FARIA CARNEIRO – 236
PANUCCIO, VINCENZO – 220, 223
PAULO, TORRES – 474
PEIXOTO, SOUSA – 293
PEREIRA, SILVA – 41
PERLINGIERI, PIETRO – 359, 360, 374, 377
PETERS, FRANK – 70
PFAFF, LEOPOLD – 268, 273
PHILIPPUS, CAROLUS – 269

PICKER, EDUARD – 391
PINTO, ALBERTO ALVES – 39, 448
PINTO, CARLOS ALBERTO DA MOTA – 69, 160, 180, 210, 211, 245, 246, 247, 248, 249, 250, 252, 253, 292, 298, 447
PINTO, FERREIRA – 310
PINTO, PAULO MOTA – 156, 180
PIRES, CALIXTO – 42
PIRES, CATARINA MONTEIRO – 500
PIRES, MIGUEL LUCAS – 500
PLANCK – 447
PLANIOL, MARCEL – 270, 406, 408
POHLMANN, ANDRÉ – 116
POLYBIOS – 268
PONTE, PEDRO FUZETA DA – 500
POSNER, RICHARD A. – 385
POTHIER, R.-J. – 22, 269, 404
PRATA, ANA – 161
PRAZERES, GAMA – 322
PRETO, JOSÉ MANSO – 322, 327
PROENÇA, JOSÉ CARLOS BRANDÃO – 138, 160
PROVERA, GIUSEPPE – 392
PUCHTA – 420
PUFENDORF, SAMUEL – 269
PUGLIESE, GIOVANNI – 389
PUNTSCHART, PAUL – 447

RABEL, ERNST – 169, 284
RADOUANT, JEAN – 408
RAMM, PETER – 68, 80, 81, 82, 83, 90, 92, 93, 94
RAMOS, AZEVEDO – 229, 238, 321
RAMOS, RUI MANUEL DE MOURA – 161
RAVAZZONI, ALBERTO – 121, 122, 125, 129, 130, 131, 548
REICHEL, HANS – 386
REITERER, IRMGARD – 487
REPGEN, TILMAN – 346, 352
RESCIGNO, PIETRO – 23, 151, 236, 246, 369, 413
RHODE, HEINZ – 274
RIBEIRAS, FARINHA – 470
RIBEIRO, ANÍBAL AQUILINO – 328
RIBEIRO, NEVES – 470

Índice onomástico

RIBEIRO, NUNES – 448
RIEG, ALFRED – 270
RING, GERHARD – 116, 171
RIPERT, GEORGES – 270, 408
RITA, MARCOS DOS SANTOS – 36
ROCHA, OLIVEIRA – 361
RODIG, HANS-GEORG – 90
RODRIGUES, JOSÉ NARCISO CUNHA – 483
ROHE, MATHIAS – 214
ROLLAND, WALTER – 114
RÖMER – 399
ROPPO, ENZO – 272
ROQUE, HÉLDER – 322
ROSA, PIRES DA – 355, 470
ROSENBERG, LEO – 127
ROTH, GÜNTHER H. – 214, 315
ROTHER, WERNER – 26, 35
ROTHOEFT, DIETRICH – 284
RUDORF – 420

SÁ, FERNANDO CUNHA DE – 59, 130, 131, 337
SAGNA, ALBERTO – 158
SALAZAR, SILVA – 37
SALEILLES, RAYMOND – 210, 409
SALPICO, PIRES – 455
SANTOS, AMÍLCAR FREIRE DOS – 277
SANTOS, JÚLIO – 322, 327
SARAIVA, MARGARIDA PIMENTEL – 294
SAVIGNY, FRIEDRICH CARL VON – 272, 402
SCHENKER, ERNST – 127
SCHLESINGER, PIERO – 360, 385
SCHLOSSER – 451
SCHLÜTER, MARTIN – 374, 383, 385
SCHMIDT, EIKE – 66, 189
SCHMIDT, KARSTEN – 303
SCHMIDT-RÄNTSCH, JÜRGEN – 163
SCHMIDT-RIMPLER, WALTER – 283, 286
SCHMIEDEL, BURKHARD – 291
SCHRÖDER, JAN – 402
SCHROEDER, JOHN ULRICH – 181, 273
SCHULER – 472
SCHÜLTE-NÖLKE, HANS – 318
SCHULZ, MICHAEL – 115, 171

SCHWAB, MARTIN – 113, 171, 173, 175, 176
SCHWARZE, KLAUS – 68, 75
SCHWARZE, ROLAND – 151
SCHWERDTNER, PETER – 189
SCUTO, CARMELO – 27
SEABRA, ALEXANDRE DE – 429
SEIBERT, ULRICH – 27
SEILER, HANS HERMANN – 398
SENECA – 268
SERBESCO, S. – 269
SERRA, ADRIANO PAES DA SILVA VAZ – 24, 27, 30, 35, 40, 41, 46, 53, 103, 112, 140, 151, 159, 161, 197, 215, 218, 222, 225, 226, 232, 235, 237, 240, 247, 251, 255, 277, 278, 279, 300, 307, 321, 332, 340, 345, 346, 348, 351, 353, 354, 355, 357, 361, 367, 369, 373, 377, 432, 435, 440, 448, 449, 456, 459, 460, 461, 469, 472, 474, 477, 479, 481, 489, 499, 509, 513, 515, 517, 518, 523, 535, 537, 539, 545, 546, 547
SERRA, BRAVO – 41
SERRA, JOSÉ MANUEL BRAVO – 41, 373
SETHY, ANDREAS – 266
SIBER, HEINRICH – 66, 398, 417, 447
SIEBERT, WOLFGANG – 74
SIEGWART, ALFRED – 210, 224, 347, 348, 357, 370
SIEMS, MATHIAS – 115
SILVA, GOMES DA – 485
SILVA, JOÃO CALVÃO DA – 21, 131
SILVA, MANUEL PEREIRA DA – 242, 310
SILVA, NUNO ESPINOSA GOMES DA – 443
SILVANO, GONÇALO – 157
SILVEIRA, LUÍS NOVAIS LINGNAU DA – 276, 286, 359, 443
SILVEIRA, SANTOS – 471
SIMLER, PHILIPPE – 151, 368, 407, 408, 516, 523, 525
SINN, HEINRICH – 386
SOARES, COSTA – 181, 298, 328, 332
SOARES, MARIA ÂNGELA BENTO – 161
SOBRINHO, ALBERTO – 370
SOKOLOWSKI – 416, 421

SOLAZZI, SIRO – 377, 392, 394, 396, 398, 401
SÖLLNER, ALFRED – 68
SOTGIA, SERGIO – 222, 223, 538, 540
SOUSA, FARIA DE – 310
SOUSA, MIGUEL TEIXEIRA DE – 469
STAHL, LEO – 273
STAMMLER, RUDOLF – 273
STAMPE, ERNST – 386, 398
STAUB, HERMANN – 64, 96, 97, 111, 145, 189, 190, 191, 192, 194, 196
STEINBERG, WILHELM – 96
STOLL, HEINRICH – 64, 97, 111, 112, 145, 147, 191, 192, 193, 193, 196
STÖLTZEL – 471
STÖTTER, VIKTOR – 283, 291
STRÄTZ, HANS-WOLFGANG – 68, 82, 83, 84, 99
SÜSS, JULIA – 32
SUTSCHET – 171, 172, 174, 317

TALAMANCA, MARIO – 523, 546
TARTAGLIA – 272
TELES, MIGUEL GALVÃO – 454
TELLES, INOCÊNCIO GALVÃO – 152, 159, 180, 246, 250, 253, 275, 283
TELLES, JOSÉ HOMEM CORRÊA – 352, 404
TERRANOVA, CARLO G. – 271
TERRÉ, FRANÇOIS – 151, 368, 408, 516, 523, 525
TESCHEMACHER, EMIL – 387
TEUBNER, GUNTHER – 329
TEVENAR, VON – 269
THIBAUT, ANTON FRIEDRICH JUSTUS – 272
THIELE, WOLFGANG – 46, 98
TILOCA, ERNESTO – 374
TITZE, HEINRICH – 63, 65, 66, 180, 181, 273
TOSCANO, ALBERTO – 456
TRABUCCHI, ALBERTO – 272
TRAUTMANN, PAUL – 127
TREITEL, RICHARD – 181, 273
TUHR, ANDREAS VON – 26, 210, 224, 347, 348, 357, 370, 451

ULMER, PETER – 285

UNBERAH, HANNES – 315
UPMEYER – 398, 401

VANGEROW, KARL ADOLPH VON – 420
VARELA, JOÃO ANTUNES – 21, 32, 39, 51, 105, 122, 124, 125, 131, 150, 160, 161, 210, 215, 217, 218, 219, 220, 221, 223, 225, 227, 229, 230, 231, 232, 235, 238, 242, 247, 248, 250, 251, 253, 254, 277, 278, 279, 295, 296, 298, 299, 308, 326, 338, 340, 349, 354, 360, 361, 369, 370, 446, 448, 449, 456, 457, 459, 464, 470, 478, 495, 513, 520, 521, 539, 541, 547
VASCONCELOS, LUÍS MIGUEL D. P. PESTANA DE – 214, 500
VASCONCELOS, OLIVEIRA – 321
VASCONCELOS, PITA DE – 457
VEIGA, LENCASTRE DA – 448
VELHA, RICARDO DA – 310, 323
VELHO, ALVES – 128
VENTURA, SIMÕES – 310
VERNER, FRITZ – 194
VIERRATH, CHRISTIAN – 397, 496
VÍTOR, MANUEL DOS SANTOS – 328

WÄCHTER, CARL GEORG – 272
WÄLDE, THOMAS – 329
WANK, ROLF – 264, 329
WATERMANN, THOMAS W. – 423
WEBER, ADOLPH DIETERICH – 269
WEIGELIN, ERNST – 419, 420, 486
WEISMANN, JAKOB – 417
WENDT, OTTO – 273, 398, 399
WERTENBRUCH, JOHANNES – 147
WERTHEIMER, LUDWIG – 189
WESTERMANN, HARM PETER – 115, 171
WICHER, REINHARD – 192
WIEACKER, FRANZ – 284, 291
WIELING, HANS – 268, 286
WILBURG, WALTER – 306
WILMOWSKY, PETER VON – 115
WINDSCHEID, BERNHARD – 170, 210, 236, 243, 272, 274, 281, 282, 291, 367, 416, 421

WOLF, ERIK – 266
WOLF, ERNST – 264
WOLF, MANFRED – 275, 282, 288
WOLLSCHÄGER, CHRISTIAN – 170

XAVIER, LOBO – 298

ZEISS, WALTER – 25
ZIMMER, DANIEL – 175
ZIMMERMANN, REINHARD – 383, 409, 425
ZIPPELIUS, R. – 334
ZITELMANN, ERNST – 145, 191
ZÖLLNER, WOLFGANG – 68, 94

ÍNDICE BIBLIOGRÁFICO

ABRANTES, JOSÉ JOÃO – *A excepção de não cumprimento do contrato no Direito civil português: conceito e fundamento*, 1986.

ADLER, KARL – *Der Annahmeverzug des Käufers beim Handelskauf*, ZHR 71(1912), 449-551.

ALBUQUERQUE, RUY DE – *Da compensabilidade dos créditos e débitos civis e comerciais dos bancos nacionalizados*, em *Estudos em Memória do Professor Doutor Paulo Cunha* (1989), 151-280.

ALEXANDER, FRITZ – *Die rechtliche Natur der Erfüllung*, 1902.

ALMEIDA, CARLOS FERREIRA DE – *Recusa de cumprimento declarada antes do vencimento (Estudo de Direito comparado e de Direito português)*, em *Estudos em Memória do Professor Doutor João de Castro Mendes* (s/d, mas 1994), 289-317.

AMELIO, MARIANO D'/FINZI, ENRICO – *Codice Civile/Libro delle obbligazioni / Commentario*, vol. I, 1948.

AMIRA, KARL VON – recensão a OTTO VON GIERKE, *Schuld und Haftung im älteren deutschen Recht*, SZGerm 31 (1910), 484-500.

AMORE, DIEGO – *Confusione nelle obbligazioni (diritto civile)*, NssDI IV (1959), 78-87.

ANDRADE, MANUEL DE – *Teoria geral da relação jurídica*, 2, 1960, 1972, reimp..

ANSCHÜTZ – *Das Institut der Zahlwoche auf den französischen Messen im Anfange des XIII Jahrhunderts*, ZHR 17 (1872), 108-109

APPLETON – *Histoire de la compensation en Droit Romain*, 1895.

ARNDTS RITTER VON ARNESBERG, KARL LUDWIG – *Lehrbuch der Pandekten*, 13.ª ed., 1886.

ASTUTI, GUIDO – *Cessione (storia)*, ED VI (1960), 805-821;
– *Compensazione (storia)*, ED VIII (1961), 1-17

BALLERSTEDT, KURT – *Zur Haftung für culpa in contrahendo bei Geschaftsabschluss durch Stellvertreter*, AcP 151 (1950-51), 501 ss..

BAR, CHRISTIAN VON – *"Nachwirkende" Vertragspflichten*, AcP 179 (1979), 452-474.

BAR, CHRISTIAN VON/CLIVE, ERIC/SCHÜLTE-NÖLKE, HANS (ed.) – *Principles, Definitions and Model Rules of European Private Law*, 2009.

BARASSI, LODOVICO – *La teoria generale delle obbligazioni*, vol. III, *L'attuazione*, 2.ª ed., reimp., 1964.

BASTOS, JACINTO RODRIGUES – *Das obrigações em geral*, VI, 1973.

BAUER, HERMANN – *Die rechtliche Natur der Erfüllung*, 1903.

BECK, SASCHA – *Die Zuordnungsbestimung im Rahmen der Leistung*, 2008.

568 Tratado de Direito civil português

Begründung der Bundesregierung, em CLAUS-WILHELM CANARIS, *Schuldrechtsmodernisierung 2002* (2002).

BEHRENDS, OKKO/KNÜTEL, ROLF/KUPISCH, BERTHOLD/SEILER, HANS HERMANN – *Corpus Iuris Civilis/Die Institutionen*, 1993.

BEKKER, ERNST EMMANUEL – *System des heutigen Pandektenrechts* 2, 1889.

BENATTI, FRANCESCO – *La costituzione in mora del debitore*, 1968.

BERG, HANS – anotação a BGH 31-Out.-1963, NJW 1964, 720-721

BERGER, PETER KLAUS – *Der Aufrechnungsvertrag/Aufrechnung durch Vertrag/Vertrag über Aufrechnung*, 1996.

BESSONE, MARIO – *Presupposizione di eventi e circostanze dell'adempimento*, FP 20 (1971), 804-816;
– anotação a Napoli, 16-Out.-1969, FP 20 (1971), 804-818;
– *Adempimento e rischio contrattuale*, 1975, reimp..

BETTERMANN, K. A. – *Über Inhalt, Grund und Grenzen des Nominalismus*, RdA 1975, 2-9.

BETTI, EMILIO – *Teoria generale delle obbligazioni*, III, 2 – *Vicende dell'obbligazione*, 1955.

BEUTHIEN, VOLKER – *Zuwendender und Leistender*, JZ 1968, 323-327;
– *Zweckerreichung und Zweckstörung im Schuldverhältnis*, 1969.

BIERMANN, JOHANNES – *vide* DERNBURG, HEINRICH.

BIONDI, BIONDO – *La compensazione nel diritto romano*, 1927;
– *"Cessio bonorum"*, NssDI III (1959), 137-138;
– *Cessione di crediti e di altri diritti (diritto romano)*, NssDI III (1959), 152-155;
– *Compensazione (diritto romano)*, NssDI III (1959), 719-722.

BITTNER, CLAUDIA – no Staudinger, §§ 255-304, *Leistungstörungsrecht* 1, 2009.

Black's Law Dictionary, 7.ª ed., 1999.

BOEHMER, GUSTAV – *Der Erfüllungswille*, 1910.

BOER, FRIEDERICH – *Leistungsunmöglichkeit und Annahmeverzug (Zur Frage des Zusammenstreffens beider Tatbestande)*, Gruchot 54 (1910), 493-530,

BÖRNER, BODO – *Die Aufrechnung mit der Forderung eines Dritten*, NJW 1961, 1505-1509

BORON, ANGELO – *Codice civile per gli stati di S. M. il Re di Sardegna*, 1842.

BORRACCIA, GIAMPIERO – em PIETRO RESCIGNO, *Codice civile* I, 7.ª ed. (2008), 1188.° a 1217.°.

BRAGA, S. – *Der Schadensersatzanspruch nach § 326 BGB und die Aufrechnung und Abtretung (§ 404 und 406 BGB)*, MDR 1959, 437-441.

BRANCA, GIUSEPPE – *Adempimento (diritto romano e intermedio)*, ED 1 (1958), 548-553.

BRANDÃO, DIOGO DE PAIVA – *Considerações sobre o problema da imprevisão*, Supl. 17 BFD (1944), 173-262

BRASSLOFF, STEPHAN – *Zur Geschichte des römischen Compensationsrechtes*, SZRom 21 (1900), 362-384.

BREHM, WOLFGANG – *Rechtsfortbildungszweck des Zivilprozesses*, FS Ekkehard Schumann (2002), 57-69.

BRINZ, ALOIS VON – *Lehrbuch der Pandekten*, 2.ª ed., 1876, 1,

BRÜGGEMEIER, GERD – *AK-BGB* §§ 387-389, 1980.

BRUNELLI, GIOVANNI – *Azione surrogatoria*, NssDI II (1958), 182-183.

Índice bibliográfico · 569

BRUNO, T. – *Codice civile del Regno d'Italia*, 6.ª ed., 1901.

BUNGE, LISELOTTE – *Die Aufrechnung im englischen Recht unter besonderer Berücksichtigung der Aufrechnung im Konkurse*, 1933.

BÜRGE, ALFONS – *Fiktion und Wirklichkeit: Soziale und rechtliche Strukturen des römischen Bankwesens*, SZRom 104 (1987), 465-558.

CAETANO, MARCELLO – *Manual de Direito administrativo*, 10.ª ed., 1973, 1,

CAMPOS, MARIA ISABEL MENÉRES – *Da hipoteca*, 2003.

CANARIS, CLAUS-WILHELM – *Haftung Dritter aus positiver Forderungsverletzung*, VersR 1965, 114-118;
 – *Ansprüche wegen "positiver Vertragsverletzung" und "Schutzwirkung für Dritte" bei nichtigen Verträgen*, JZ 1965, 475-482;
 – *Die Vertrauenshaftung im deutschen Privatrecht*, 1971, 2.ª ed., 1981;
 – *Die Feststellung der Lücken im Gesetz*, 2.ª ed., 1983;
 – *Systemdenken und Systembegriff in der Jurisprudenz*, 2.ª ed., 1983;
 – *Bewegliches System und Vertrauenschutz im rechtsgeschäftlichen Verkehr*, em *Das Bewegliche System*, publ. F. BYDLINSKI e outros (1986), 103-116;
 – *Reform des Rechts der Leistungsstörungen*, JZ 2001, 499-524;
 – *Einführung* a *Schuldrechtsmodernisierung 2002*, 2002, IX-LIII;
 – *Schuldrechtsmodernisierung 2002* (org.), 2002;
 – *vide* LARENZ, KARL.

CANNATA, CARLO AUGUSTO – *Mora (storia)*, ED XXVI, 925.

CARAVELLI, CASIMIRO – *Teoria della compensazione e diritto di retenzione*, 1940.

CARBONNIER, JEAN – *Droit civil/4 – Les obligations*, 22.ª ed., 2000.

CARDOSO, EURICO LOPES – *Manual da Acção Executiva*, 3.ª ed., 1964.

CARNEIRO, JOSÉ GUALBERTO DE SÁ – *Competência territorial, obrigação sucedânea e rescisão do contrato*, RT 68 (1950), 98-103

CARRESI, FRANCO – *Cessione del contratto*, NssDI III (1959), 147-152;
 – *Debito (successione nel)*, ED XI (1962), 744.

CENTELEGHE, F. – *Appunti in tema de presupposizione*, RNot 27 (1973), 293-298

CHABAS, FRANÇOIS – *vide* MAZEAUD, HENRI.

CHIOTELLIS, ARISTIDE – *Rechtsfolgenbestimmung bei Geschäftsgrundlagenstörungen in Schuldvertragen*, 1981.

CHITO, MARIA BRUNA – em PIETRO RESCIGNO, *Codice civile* I, 7.ª ed., 2008, 1176.º a 1187.º

CHRISTENSEN, KARL-WILHELM – *Verschulden nach Vertragsende (Culpa post pactum finitum)*, 1958.

CIAN, GIORGIO/TRABUCCHI, ALBERTO – *Commentario breve al Codice Civile*, 1981.

CICALA, RAFFAELE – *Cessione del contratto*, ED VI (1960), 878-901

CÍCERO – *De officiis* = M. Tulli Ciceronis, *De officiis Libri tres*, publ. H. A. HOLDEN, 1899, reimpr., 1966.

CLIVE, ERIC – *vide* BAR, CHRISTIAN VON.

COASE, RONALD H. – *The Problem of Social Cost*, J. Law & Econ. 3 (1960), 1-44

COELHO, J. G. PINTO – *Das cláusulas acessórias dos negócios jurídicos*, 2, 1910.

COELHO, PEREIRA – *Direito das obrigações / Sumários*, 1967.

570   *Tratado de Direito civil português*

COING, HELMUT – *Europäisches Privatrecht 1500 bis 1800* – Band I – *Alteres Gemeines Recht*, 1985;
— *Europäisches Privatrecht 1800 bis 1914*, Band II – *19. Jahrhundert*, 1989.

CORDEIRO, ANTÓNIO MENEZES – *Direitos Reais*, 2, 1979;
— *Direito das obrigações*, 1 e 2, 1980;
— *Da natureza do direito do locatário*, 1980;
— *Da situação jurídica laboral; perspectivas dogmáticas do Direito do trabalho*, ROA 1982, separata;
— *Da boa fé no Direito civil*, 1984, 5.ª reimp., 2009;
— *A pós-eficácia das obrigações*, 1981, publ. 1984 = *Estudos de Direito civil* 1 (1994, 2.ª reimp.), 143-197;
— *Tendências actuais da interpretação da lei: do juiz-autómato aos modelos de decisão jurídica*, TJ 12 (1985), 1 ss.;
— *Evolução juscientífica e direitos reais*, ROA 1985, 71-112;
— *Lei (aplicação da)*, Enc. Pólis 3 (1985), 1046-1062;
— *Violação positiva do contrato* (1981), em *Estudos de Direito civil* I (1987), 115-142;
— *A "impossibilidade moral": do tratamento igualitário no cumprimento das obrigações*, TJ 18 e 19 (1986) = *Estudos de Direito Civil*, 1 (1987, reimp., 1991), 97-114;
— *A "impossibilidade moral": do tratamento igualitário no cumprimento das obrigações*, TJ 18 e 19 (1986) = *Estudos de Direito civil*, 1.º (1991), 98-114;
— *A "impossibilidade moral": do tratamento igualitário no cumprimento das obrigações* (1986), em *Estudos de Direito civil*, 1 (1987, reimp., 1991), 101-114;
— *Teoria geral do Direito civil/Relatório*, 1988;
— *Da alteração das circunstâncias*, Est. Paulo Cunha (1989), 293-371 e em separata com índices autónomos;
— *Manual de Direito do trabalho*, 1991;
— *Convenções colectivas de trabalho e alterações de circunstâncias*, 1995;
— *A modernização do direito das obrigações. I – Aspectos gerais e reforma da prescrição*, ROA 2002, 91-110;
— *Da compensação no Direito civil e no Direito bancário*, 2003;
— *Tratado de Direito civil*, I/1, 3.ª ed., 2005; I/3, 2.ª ed., 2005; I/4, 2007; II/1, 2009; II/2, 2010;
— *Manual de Direito das sociedades*, 2, 2.ª ed., 2007;
— *Manual de Direito comercial*, 2.ª ed., 2007;
— *Manual de Direito bancário*, 4.ª ed., 2010.

CORREIA, ANTÓNIO FERRER – *Lições de Direito comercial*, III – *Letra de câmbio*, 1966.

CORREIA, JOSÉ MANUEL SÉRVULO – *Legalidade e autonomia contratual nos contratos administrativos*, 1987.

COSTA, MÁRIO JÚLIO DE ALMEIDA – *Direito das obrigações*, 1.ª ed., 1968; 4.ª ed., 1984; 6.ª ed., 1994; 7.ª ed., 1996; 8.ª ed., 2000; 9.ª ed., 2005; 10.ª ed., 2006; 12.ª ed., 2009.

CREZELIUS, GEORG – *Culpa in contrahendo des Vertreters ohne Vertretungsmacht*, JuS 1977, 797.

Índice bibliográfico

CRISTAS, MARIA DA ASSUNÇÃO OLIVEIRA – *Transmissão contratual do direito de crédito /*
/ do carácter real do direito de crédito, 2005.

CROME, CARL – *System des deutschen Bürgerlichen Rechts*, 2, 1903.

CRUZ, SEBASTIÃO – *Da "solutio" / terminologia, conceito e características, e análise de*
vários institutos afins, I – *Épocas arcaica e clássica*, 1962, e II – *Época post-clás-*
sica ocidental; "solutio" e "Vulgarrecht", 1974;
– *Direito romano*, 1, 4.ª ed., 1984.

CUNHA, PAULO – *Da garantia nas obrigações*, dois tomos, publicada por Eudôro Pamplona
Côrte-Real, 1938-39;
– *Direito das obrigações*, por MARGARIDA PIMENTEL SARAIVA e ORLANDO GARCIA-
-BLANCO COURRÉGE, 1938-39, 2;
– *Teoria geral de Direito civil*, II – *O objecto*, 1961-62.

CUTURI, TORQUATO – *Trattato delle compensazioni nel diritto privato italiano*, 1909.

DALLY, HANS-PETER – *Rechtsprobleme bei langfristigen Energieversorgungsverträgen im*
Zusammenhang mit Wirtschaftsklauseln, BB 1977, 726-727.

DAUNER-LIEB, BARBARA – *Das Leistungsstörungsrecht im Überblick*, em DAUNER-LIEB/
/HEIDEL/LEPA/RING, *Das neue Schuldrecht* (2002), 64-120.

DELBRÜCK, HELMUT – *Anfechtung und Aufrechnung als Prozessandlungen mit Zivilrechts-*
wirkung, 1915.

DENCK, JOHANNES – *Die Aufrechnung gegen gepfändete Vertragsansprüche mit Forderun-*
gen aus demselben Vertrag, AcP 176 (1976), 518-534;
– *Vorausabtretung und Aufrechnung*, DB 1977, 1493-1498;
– *Der Treuegedanke im modernen Privatrecht*, 1947.

DERHAM, RORY – *Set-Off*, 2.ª ed., 1996.

DERNBURG, HEINRICH – *Geschichte und Theorie der Compensation nach römischem und*
neuerem Rechte mit besonderer Rücksicht auf die preussische und französische
Gesetzgebung, 2.ª ed., 1868;
– *Die Schuldverhältnisse nach dem Rechte des Deutschen Reichs und Preussens* – I
– *Allgemeine Lehren*, 3.ª ed., 1905; 2, 4.ª ed., 1915.

DERNBURG, HEINRICH/BIERMANN, JOHANNES – *Pandekten* – II. *Obligationenrecht*, 7.ª ed.,
1903.

DERNBURG/SOKOLOWSKI – *System des Römischen Rechts / Der Pandekten*, II, 8.ª ed.,
1912.

DIESSELHORST, MALTE – *Die Geschäftsgrundlage in der neueren Rechtsentwicklung*, em
Rechtswissenschaft und Rechtsentwicklung, publ. ULRICH IMMENGA (1980), 157.

DIETZ, ROLF – *Die Pflicht der ehemaligen Beschäftigten zur Verschwiegenheit über*
Betriebsgeheimnisse, FS Hedemann (1938), 330-350.

Diskussionsentwurf eines Schuldrechtsmodernisierungsgesetzes, em CANARIS, *Schul-*
drechtsmodernisierung 2002, 3-347

DOMAT, JEAN – *Les loix civiles dans leur ordre naturel: le droit public et legum delectur*,
1767.

DÖRNER, HEINRICH – *"Mängelhaftung" bei sperre des transferierten Fussballspielers?*,
JuS 1977, 225-228.

572 *Tratado de Direito civil português*

DRAKIDIS, PHILIPPE – *Des effets à l'égard des tiers de la renonciation à la compensation acquise*, RTDCiv 53 (1955), 238-253.

EBERHARD, JOHANN HEINRICH – *Abhandlung von der clausula rebus sic stantibus*, em *Drey Abhandlungen zur Erläuterung der Deutschen Rechte*, I (1775), 1-161.
EHMANN, HORST – *Die Funktion der Zweckvereinbarung bei der Erfüllung / Ein Beitrag zur causa solvendi*, JZ 1968, 540-556;
– *Ist die Erfüllung Realvertrag?*, NJW 1969, 1833-1837.
EHMANN/SUTSCHET – *Modernisiertes Schuldrecht*, 2002.
ELEFANTE, AGOSTINO – *Novazione (diritto romano)*, NssDI XI (1965), 425-431.
ELGER, HERMAN – *Nachwirkungen nach Ende des Rechtsverhältnisses im BGB*, 1936.
ELÍSIO, FILINTO – *Da compensabilidade dos créditos da banca nacionalizada*, ROA 1986, 771-803.
EMGE, C. A. – *Sicherheit und Gerechtigkeit / Ihre gemeinsame metajuristische Wurzel*, 1940.
EMMERICH, VOLKER – no *Münchener Kommentar* 2, 4.ª ed. (2001), prenot. § 275;
– *Das Recht der Leistungsstörungen*, 5.ª ed., 2003.
EMMERMANN, AXEL – *Die Nachwirkungen des Arbeitwerhältnisses*, 1973.
ENGISCH, KARL – *Die Einheit der Rechtsordnung*, 1935;
– *Die Idee der Konkretisierung in Rechtswissenschaft unserer Zeit*, 1953;
– *Einführung in das juristische Denken*, 8.ª ed., 1983.
ENNECCERUS, LUDWIG/LEHMANN, HEINRICH – *Recht der Schuldverhältnisse / Ein Lehrbuch*, 15.ª ed., 1958.
ERNST, BERND – *Der Schutz des Betriebsgeheimnisses nach Vetragsende*, 1961.
ESMEIN, PAUL – *vide* PLANIOL, MARCEL.
ESSER, JOSEF – *Fortschritte und Grenzen der Theorie von der Geschäftsgrundlage bei Larenz*, JZ 1958, 113-116;
– *Vorverständnis und Methodenwahl in der Rechtsfindung / Rationalitätsgrundlagen richterlichen Entscheidungspraxis*, 2.ª ed., 1972.
ESSER/SCHMIDT – *Schuldrecht* I/1, 8.ª ed., 1995.

FABRE, RÉGIS – *Les clauses d'adaptation des contrats*, RTDC 82 (1983), 1-40.
FADDA, CARLO – *Istituti commerciali del diritto romano/Introduzione*, 1903, reimpr., 1987, com notas de LUCIO BOVE.
FAGES, BRETRAND – *Droit des obligations*, 2007.
FAHL, CHRISTIAN – *Zur Zulässigkeit der einseitigen kalendermässigen Bestimmung der Verzugszeitpunktes*, JZ 1995, 341-345.
FARIA, JORGE RIBEIRO DE – *Direito das obrigações*, 2, 1981;
– *A natureza do direito de indemnização cumulável com o direito de resolução dos Arts. 801.º e 802.º do Código Civil*, em Direito e Justiça, VIII/1 (1994), 57-89;
– *A natureza da indemnização no caso de resolução do contrato / Novamente a questão*, em *Estudos comemorativos dos cinco anos (1995-2000) da Faculdade de Direito da Universidade do Porto* (2001), 11-62.
FARIA, RITA LYNCE DE – *A mora do credor*, 2000.

Índice bibliográfico

FAUST, FLORIAN – *Der Ausschluss der Leistungspflicht nach § 275*, em HUBER/FAUST, *Schuldrechtsmodernisierung* (2002), 21-62.

FAVERO, GIANANTONIO – *Confusione (diritto vigente)*, ED VIII (1961), 1049-1057.

FELDMANN, BÖRRIES VON – *Die Aufrechnung – ein Überblick*, JuS 1983, 357-363.

FELDMANN, CORNELIA – *vide* LÖWISCH, MANFRED.

FENGE, HILMAR – *Zulässigkeit und Grenzen des Ausschlusses der Aufrechnung durch Rechtsgeschäft*, JZ 1971, 118-123.

FERNANDES, LUÍS CARVALHO – *A teoria da imprevisão no Direito civil português*, 1963; – *Teoria geral do Direito civil*, 2, 1983.

FERREIRA, JOSÉ CARLOS NEY – *Da assunção de dívidas*, 1973.

FERREIRA, JOSÉ DIAS – *Codigo Civil Portuguez Annotado*, I, 1887; II, 2.ª ed., 1895.

FIKENTSCHER, WOLFGANG – *Die Geschäftsgrundlage als Frage des Vertragsrisikos / dargestellt unter besonderer Berücksichtigung des Bauvertrages*, 1971; – *Schuldrecht*, 7.ª ed., 1985, e 9.ª ed., 1997.

FIKENTSCHER, WOLFGANG/HEINEMANN, ANDREAS – *Schuldrecht*, 10.ª ed., 2006.

FINGER, PETER – *Die Verpflichtung des Herstellers zur Lieferung von Ersatzteilen*, NJW 1970, 2049 ss..

FINZI, ENRICO – *vide* AMELIO, MARIANO D'.

FLUME, WERNER – *Allgemeiner Teil des bürgerlichen Rechts*, II – *Das Rechtsgeschäft*, 3.ª ed..

FONTANA, GIOVANNI – *Cessione di contratto*, RDComm XXXII (1934), 1, 173 ss..

FRADA, MANUEL CARNEIRO DA – *Teoria da confiança e responsabilidade civil*, 2004.

FRAGALI, MICHELE – *Fideiussione (diritto privato)*, ED XVII (1968), 346-384.

FREITAS, JOSÉ LEBRE DE – *Direito processual civil*, 2, 1979, polic.; – *A acção executiva*, 1.ª ed., 1993; 2.ª ed., 1997; – *Código de Processo Civil Anotado*, 1, 1999.

FRIEDRICH, KLAUS – *Der Vertragsbruch*, AcP 178 (1978), 468-493.

FRITZ, PAUL – *Die Erfüllungsweigerung des Schuldners*, AcP 134 (1931), 197-218.

FROMM, ERICH – *Die Frage nach der Vertragsnatur der Erfüllung*, 1912.

FÜLSTER – *Schuldrecht*, 1, 3.ª ed., 1930.

FUTTER, WERNER – *Rechtsprobleme bei langfristigen Energieversorgungsverträgen*, BB 1976, 1295-1298.

GABOLDE, GABRIEL – *vide* PLANIOL, MARCEL.

GADOW, WILHELM – *Die Einrede der Arglist*, JhJb 84 (1934), 174-203.

GAETANO, PAOLO – *Privilegi (diritto civile e tributario)*, NssDI XIII (1966), 962-971.

GAIO – *Institutiones* (150 d.C.) = edição de M. DAVID, *Gai institutiones secundum codicis veronensis aprographum studemundianum et reliquias in Aegypto repertas*, 1964, 4, 64.

GAUDEMET, EUGÈNE – *Étude sur le transport de dettes à titre particulier*, 1898; – *Théorie générale des obligations*, 1937.

GÉNY, FRANÇOIS – anotação a CssFr 21-Mar.-1934, S 1934.1.361-366.

GERHARDT, WALTER – *Der Haftungsmassstab im gesetzlichen Schutzverhältnis (Positive Vertragsverletung, culpa in contrahendo)*, JuS 1970, 597-603.

GERI, LINA BIGLIAZZI – *vide* NATOLI, UGO.

GERNHUBER, JOACHIM – *Die Erfüllung und ihre Surrogate sowie das Erlöschen der Schuldverhältnisse aus anderen Gründen*, 1983; 2.ª ed., 1994.

GIACOBBE, GIOVANNI – *Mora del creditore (diritto civile)*, ED XXVI (1976), 947-976.

GIAMPICCOLO, GIORGIO – *Azione surrogatoria*, ED IV (1959), 950-961.

GIBOULOT, ANTOINE – anotação a Cassação Francesa de 6-Mar.-1876, S 1876, 1, 161-163.

GIERKE, OTTO VON – *Die Wurzeln des Dienstvertrages*, FS Brunner (1914), 37-68;
– *Deutsches Privatrecht, Schuldrecht*, 1917.

GIORGIANNI, MICHELE – *Pagamento (diritto civile)*, NssDI XII (1965), 321-332;
– *L'inadempimento*, 3.ª ed., 1975.

GLÜCK, CHRISTIAN FRIEDRICH – *Pandecten*, 4.ª ed., 1796.

GOLDSCHMIDT, LUDWIG – *Die Rückwirkung des Kompensationsaktes/Ein Gutachten über den § 283 des Entwurfs eines Bürgerlichen Gesetzbuchs für das Deutsche Reich, dem Deutschen Juristentage*, 1890;
– *Die Geschäftsoperationen auf den Messen der Champagne (Les devisions des foires de Champagne)*, ZHR 40 (1892), 1-32.

GOMES, JÚLIO MANUEL VIEIRA – *Do pagamento com sub-rogação, mormente na modalidade da sub-rogação voluntária*, em Estudos Galvão Telles I (2002), 107-169.

GOMES, MANUEL JANUÁRIO COSTA – *Direito das obrigações – Garantia geral das obrigações*, 1974;
– *Assunção fidejussória de dívida / Sobre o sentido e âmbito da vinculação como fiador*, 2000;
– *Estudos de Direito das garantias*, 1, 2004.

GONÇALVES, LUIZ DA CUNHA – *Comentário ao Código Comercial Português*, 2, 1916;
– *Tratado de Direito civil*, 4, 1931; 5, 1932.

GOODE, ROY – *Legal Problems of Credit and Security*, 2.ª ed., 1988;
– *Commercial Law*, 2.ª ed., 1995.

GOUVEIA, ALFREDO ROCHA DE – *Do instituto da superveniência ou teoria da imprevisão nos contratos civis*, 1956-57, dact. = *Da teoria da imprevisão nos contratos civis*, Supl. RFDUL 5 (1958), 170 ss..

GRASSETTI, CESARE – *"Datio in solutum" (Diritto civile)*, NssDI V (1960), 174-175.

GREULICH, H. – *Nachwirkungen bei Lieferverträgen*, BB 1955, 208-211.

GRIFÒ, GIULIANO – *Confusione (diritto romano)*, ED VIII (1961), 1045-1047.

GRÖSCHER, PETER – *Zur Wirkungsweise und zur Frage der Geltendmachung von Einrede und Einwendung im materiellen Zivilrecht*, AcP 201 (2001), 49-90.

GROTIUS, HUGO – *De jure belli ac pacis libri tres*, ed. 1712.

GRUBER, URS PETER – *Schuldrechtsmodernisierung 2001/2002 – Die beiderseits zu vertrende Unmöglichkeit*, JuS 2002, 1066-1071.

GRÜNEBERG, CHRISTIAN – no Palandt, 69.ª ed., 2010.

GRUNSKY, WOLFGANG – *Die unzulässige Prozessaufrechnung*, JZ 1965, 391-399.

GUESTIN, JACQUES – anotação a CssFr 15-Jan.-1973, D. 1973, 475-477;
– *Traité de Droit Civil / Les obligations / Le contrat*, 1980.

GURSKY, KARL-HEINZ – no Staudinger II, §§ 362-396 (2006), prenot. aos §§ 387 ss..

Índice bibliográfico

HAARMANN, WILHELM – *Wegfall der Geschäftgrundlage bei Dauerrehtsverhältnissen*, 1979.

HARTMANN, GUSTAV – *Die Obligation / Untersuchungen über ihren Zweck und Bau*, 1875.

HATTENHAUER, CHRISTIAN – no *Historisch-kristischer Kommentar zum BGB*, II/2, 2007, §§ 398-413.

HAURIOU, MAURICE – anotação a Conselho de Estado, 30-Mar.-1916, S 1916, 3, 18-28.

HECK, PHILIPP – *Grundriss des Schuldrechts*, 1929, reimp., 1974;
– *Gesetzesauslegung und Interessenjurisprudenz*, 1914;
– *Begriffsbildung und Interessenjurisprudenz*, 1932.

HEDEMANN, JUSTUS WILHELM – *Schuldrecht*, 3.ª ed., 1949.

HEIL, WILLI – *Die Nachwirkungen der Treupflicht der Arbeitsverhältnis*, 1937.

HEINEMANN – *vide* FIKENTSCHER.

HENKEL, HEINRICH – *Zumutbarkeit und Unzumutbarkeit als regulatives Rechtsprinzip*, FS E. Mezger (1954), 249-309;
– *Recht und Individualität*, 1958.

HERBERGER – *Die deskriptiven und normativen Tatbestandsmerkmale im Strafrecht*, publ. em KOCH, *Juristische Methodenlehre* cit., 124-154.

HERSCHEL, WILHELM – *Verschulden nach Vertragslösung / Zugleich ein Beitrag zur Frage des für die Kündigungsbeurteilung messgeblichen Zeitpunktes*, ArbeitsR und Volkstum 17 (1935), col. 1-9.

HILGER, MARIE LUISE – *Vertragsauslegung und Wegfall der Geschäftsgrundlage im betrieblich-kollektiven Bereich*, FS Larenz/80. (1983), 241-255.

HIMMELSCHEIN, JURY – *Erfüllungszwang und Lehre von den positiven Vertragsverletzungen*, AcP 135 (1932), 255-317;
– *Zur Frage der Haftung für fehlerhafte Leistung*, AcP 158 (1959/1960), 288.

HOHLOCH, GERHARD – no Erman, 1, 12.ª ed. (2008).

HÖHN – *Schuldrecht*, 1934.

HOLZAPFL, W. – *Neue Preisänderungsklauseln und Wirtschaftsklauseln in Stromlieferungsverträgen mit Sonderabnehmern*, BB 1974, 912-914.

HÖNN, GÜNTHER – *Zur Dogmatik der Risikotragung im Gläubigerverzug bei Gattungsschulden*, AcP 177 (1977), 385-417.

HONSELL, HEINRICH – *Die positive Vertragsverletzung und ihr Verhältnis zur Sachmangelhaftung bei Kauf, Miete und Werkvertrag*, Jura (1979), 184-199.

HUBER – em HUBER/FAUST, *Schuldrechtsmodernisierung* (2003), 7-8.

HÜFFER, UWE – *Leistungsstörungen durch Gläubigershandeln*, 1976.

HUPPERT, ULF – *vide* LÜKE, GERHARD.

IHRCKE, ERNST – *Ist die Erfüllung Rechtsgeschäft? / Nach gemeinem Recht und Bürgerlichem Gesetzbuch*, 1903.

IMBERT, JEAN – *"Fides" et "nexum"*, St. Arangio-Ruiz (1953), 339-363.

IMPALLOMENI, GIOVAN BATTISTA – *Azione revocatoria (diritto romano)*, NssDI II (1958), 147-152.

JACKISCH, HANS – *Der Begriff der "Erfüllung" im heutigen Rechte, insbesondere: die mangelhafte Erfüllung*, JhJb 68 (1918), 287-308.

576 Tratado de Direito civil português

JAHR, GÜNTHER – *Die Einrede des bürgerlichen Rechts*, JuS 1964, 125-132, 218-224 e 293-305.

JAKOBS, HORST HEINRICH – *Unmöglichkeit und Nichterfüllung*, 1967.

JORGE, FERNANDO PESSOA – *Lições de Direito das obrigações*, 1, 1966/67;
  – *Direito das obrigações* 1, 1972.

JUSTO, A. SANTOS – *Direito romano – I / Parte geral (Introdução. Relação Jurídica. Defesa dos direitos)*, 2000, e 2.ª ed., 2003.

KALBERLAH, KURT – *Das Fortwirken der Fürsorgepflicht des Unternehmers über das Ende des Beschäftigungsverhältnisses hinaus*, DAR 1941, 59-61.
  – *Das Fortwirken der Treuepflicht des Gefolgsmannes über das Ende der Beschäftigungsverhältnis hinaus*, DAR 1942, 112-113.

KASER, MAX – *Das römische Zivilprozessrecht*, 1966;
  – *Oportere und ius civile*, SZRom 83 (1966), 1-46.

KASER, MAX/KNÜTEL, ROLF – *Römisches Privatrecht / Ein Studienbuch*, 19.ª ed., 2008.

KÄUFFER, JOSEF – *Die Vor- und Nachwirkungen des Arbeitsverhältnisses*, 1959.

KAUFMANN, ERICH – *Das Wesen des Völkerrechts und die clausula rebus sic stantibus*, 1911.

KEGEL, GERHARD – *Probleme der Aufrechnung: Gegenseitigkeit und Liquidität/rechtsvergleichend dargestellt*, 1938;
  – *Rohstoff- und Rüstungskredite*, JZ 1951, 383-416;
  – *Empfiehlt es sich den Einfluss grundiegender Veränderungen des Wirtschaftslebens auf Verträge gesetzlich zu regem und in welchem Sinn?* em Gutachten für den 40. DJT (1953), 1, 137-236.

KEMPF, GILBERT – *"Treuepflicht" und Kündigungsschutz*, DB 1979, 780 ss..

KIPP, THEODOR – *vide* WINDSCHEID, BERNHARD.

KISCH, WILHELM – *Die Wirkung der nachträglich eintretenden Unmöglichkeit der Erfüllung bei gegenseitigen Verträgen nach dem Bürgerlichen Gesetzbuche für das Deutsche Reich*, 1900.

KLEES, EDGAR – *La demeure / Eine rechtsvergleichende Studie zum Verzugsrecht*, 1968.

KLEIN, PETER – *Die Natur der causa solvendi / ein Beitrag zur Causa- und Kondiktionen-Lehre*, 1903.

KLEINEDAM, TEODOR – *Unmöglichkeit und Unvermögen nach dem Bürgerlichen Gesetzbuch für das Deutsche Reich*, 1900:
  – *Einige Streitfragen aus der Unmöglichkeitslehre des BGB*, JhJb 43 (1901), 105-140.

KLEINSCHMIDT, JENS – no HKK/BGB, II/2 (2007), § 397

KLEWHEYER, GERD/SCHRÖDER, JAN (publ.) – *Deutsche und Europäische Juristen aus neun Jahrhunderten/Eine biographische Einführung in die Geschichte der Rechtswissenschaft*, 4.ª ed., 1996.

KNORR, JOHANNES – *Die Nachwirkungen der Fiirsorgepflicht des Arbeitgebers*, 1953.

KNÜTEL, ROLF – *vide* BEHRENDS, OKKO;
  – *vide* KASER, MAX.

KOCH, HANS-JOACHIM – *Juristische Methodenlehre und analytische Philosophie*, 1976;

Índice bibliográfico 577

– *Unbestimmte Rechtsbegriffe und Ermessensermächtigungen im Verwaltungsrecht*, 1979.

KÖHLER, HELMUT – *Unmöglichkeit und Geschäftsgrundlage bei Zweckstörungen im Schuldverhältnis*, 1971.

KOHLER, JOSEF – *Annahme und Annahmeverzug / Eine civilistische Abhandluug*, JhJb 17 (1879), 261-424;

– *Kompensation und Prozess*, ZZP 20 (1894), 1-74;

– *Zwölf Studien zum Bürgerlichen Gesetzbuch* III, *Der Gläubigerverzug*, AbürgR 13 (1897), 149-225;

– *Die Aufrechnung nach dem Bürgerliche Gesetzbuche*, ZZP 24 (1898), 1-49.

KOLLER, INGO – *Die Risikozurechnung bei Vertragsstörungen in Austauschverträgen*, 1979;

– *Bewegliches System und die Risikozurechnung bei der Abwicklung gegenseitiger Verträge*, em *Das Bewegliche System in geltenden und künftigen Recht*, publ. por FRANZ BYDLINSKI e outros (1986), 75-86.

Konsolidierte Fassung des Diskussionsentwurfs eines Schuldrechtsmodernisierungsgesetzes, em CLAUS-WILHELM CANARIS, *Schuldrechtsmodernisierung 2002* (2002), 349-419

KRBEK, FRANZISKA-SOPHIE EVANS VON – *Nichterfüllungsregeln auch bei weiteren Verhaltens- oder Sorgfaltspflichtverletzungen?*, AcP 179 (1979), 85 ss..

KRESS, HUGO – *Lehrbuch des Allgemeinen Schuldrechts*, 1929.

KRETSCHMAR, PAUL – *Die Erfüllung*, 1906;

– *Über die Entwicklung der Kompensation im römischen Rechte*, 1907;

– *Beiträge zur Erfüllungslehre*, JhJb 85 (1935), 184-261 e 86 (1936/1937), 145-204.

KREYENBERG, JOACHIM PETER – *Nachwirkungen von Verträgen*, 1958.

KRÜCKMANN, PAUL – *Etwas aus der Praxis und für die Praxis*, JW 1917, 576-577.

KULL, BRUNO – *Die Grundlagen, Grenzen und Nachwirkungen der arbeitsrechtlichen Treu- und Fürsorgepflicht*, s/d, mas 1953.

KUPISCH, BERTHOLD – *vide* BEHRENDS, OKKO.

LANGE, HERMAN – *Römisches Recht im Mittelalter*, Band I – *Die Glossatoren*, 1997.

LARENZ, KARL – *Zum Wegfall der Geschäftsgrundlage*, NJW 1952, 361-363;

– *Culpa in contrahendo, Verkehrsicherungspflicht und "sozialer Kontakt"*, MDR 1954, 515 ss.;

– *Entwicklungstendenzen der heutigen Zivilrechtsdogmatik*, JZ 1962, 105-110;

– *Geschäftsgrundlage und Vertragserfüllung*, 3.ª ed., 1963;

– *Methodenlehre der Rechtswissenschaft*, 1983;

– *Lehrbuch des Schuldrechts* I – *Allgemeiner Teil*, 14.ª ed., 1987.

LARENZ, KARL/CANARIS, CLAUS-WILHELM – *Lehrbuch des Schuldrechts*, II, 2, *Besonderer Teil*, 13.ª ed., 1994.

LARENZ, KARL/WOLF, MANFRED – *Allgemeiner Teil des Bürgerlichen Rechts*, 9.ª ed., 2004.

LEETZ, HELMUT – *Die clausula rebus sic stantibus bei Lieferungsverträgen*, 1919.

LEHMANN, HEINRICH – *Die positiven Vertragsverletzungen*, AcP 96 (1905), 60-113;

– *Die Unterlassungspflicht im Bürgerlichen Recht*, 1906;

– *vide* ENNECCERUS, LUDWIG.

578 Tratado de Direito civil português

LEITÃO, LUÍS MENEZES – *Cessão de créditos*, 2005;
– *O enriquecimento sem causa no Direito civil*, 2005;
– *Garantias das obrigações*, 2.ª ed., 2008; a 1.ª ed. é de 2005;
– *Direito das obrigações*, 2, 2.ª ed., 2003; 3.ª ed., 2005; 7.ª ed., 2010.

LENEL, OTTO – *Die Lehre von der Voraussetzung*, AcP 74 (1889), 213-239;
– *Nochmals die Lehre von der Voraussetzung*, AcP 79 (1892), 49-107.

LEONHARD, FRANZ – *Verschulden beim Vertragsschlusse*, 1910;
LEONHARD – *Schuldrecht*, 1929.

LEQUETTE, YVES – *vide* TERRÉ, FRANÇOIS.

Les cinq codes, Napoléon, de Procédure Civile, de Commerce, d'Instruction Criminelle, et Pénal, T.D., 1811.

LEYSER, A. – *Meditationes ad Pandectas*, I, 3.ª ed., 1741, e VII, 1744.

LIMA, PIRES DE/VARELA, ANTUNES – *Noções fundamentais de Direito civil*, 1, 1973;
– *Código anotado*, 1, 4.ª ed., 1987; 2, 3.ª ed., 1986, 4.ª ed., 1997.

LIPPMANN – *Zur Lehre von der Compensation nach dem Entwurfe des bürgerlichen Gesetzbuchs*, Gruchot XXXII (1893), 157-261.

LIVI, MARIA ALESSANDRA – em PIETRO RESCIGNO (org.), *Codice civile*, 7.ª ed., 2008.

LIVIUS, TITUS – *Ab urbe condita* = FOSTER, *Livy in fourteen volumes*, ed. bilingue, 1967, 1, 1967.

LLOMPART, J. – *Gerechtigkeit und geschichtliches Rechsprinzip*, ARSP 67 (1981), 39-60.

LOCHER, EUGEN – *Geschäftsgrundlage und Geschäftszweck*, 1923.

LONGO, GIOVANNI ELIO – *"Datio in solutum" (Diritto romano)*, NssDI V (1960), 173;
– *Esecuzione forzata (diritto romano)*, NssDI VI (1960), 713-722;
– *Pagamento (diritto romano)*, NssDI XII (1965), 316-321.

LOPES, RICARDO – *A imprevisão nas relações contratuais*, SI 1 (1951), 33-41

LORENZ, STEPHAN – *Haftungsausfüllung bei der culpa in contrahendo: Ende des Minderung durch c.i.c.?*, NJW 1999, 1001-1002.

LORENZI, VALERIA DE – *Compensazione*, DDP/SezCiv III (1990), 66-77.

LÖWISCH, MANFRED – no *Staudinger*, 12.ª ed. (1979), prenot. aos §§ 275-288;
– no *Staudinger Kommentar*, 13.ª ed. (1995), §§ 255-292.

LÖWISCH, MANFRED/FELDMANN, CORNELIA – no Staudinger II (2009).

LUHMANN, NIKLAS – *Legitimation durch Verfahren*, 2.ª ed., 1975.

LÜKE, GERHARD/HUPPERT, ULF – *Durchblick: Die Aufrechnung*, JuS 1971, 165-171.

MACHADO, JOÃO BAPTISTA – *Pressupostos da resolução por incumprimento*, nos *Estudos em Homenagem ao Prof. Doutor J. J. Teixeira Ribeiro* (1979), incluídos em *Obra dispersa* (1991), 125-193;
– *A resolução por incumprimento e a indemnização*, em *Obra dispersa* (1991), 195-215;
– *Risco contratual e mora do credor*, 1985, em *Obra dispersa* I (1991), 257-343.

MADALENO, CLÁUDIA – *A vulnerabilidade das garantias reais / A hipoteca voluntária face ao direito de retenção e ao direito de arrendamento*, 2008.

MAGALHÃES, JOSÉ BARBOSA DE – *A teoria da imprevisão e o conteúdo clássico da força maior*, GRLx 37 (1923), 129-131.

MAGAZZU, ANDREA – *Mora del debitore*, ED XXVI (1976), 934-947.

MAIA, REIS – *Direito geral das obrigações*, 1926.

MALZER, GEORG – *Fragen der praktischen Rechtsanwendung bei der Lieferung von Elektrizitat und Gas an Industriebetriebe*, BB 1974, 908-912

MARIANO, JOÃO CURA – *Impugnação pauliana*, 2004.

MARQUES, JOSÉ DIAS – *Teoria geral do Direito civil*, 2, 1959.

MARTINEZ, PEDRO ROMANO – *O subcontrato*, 1989;
– *Cumprimento defeituoso em especial na compra e venda e na empreitada*, 1994, reimp., 2001;
– *Da cessação do contrato*, 2.ª ed., 2006.

MARTINEZ, PEDRO ROMANO/PONTE, PEDRO FUZETA DA – *Garantias de cumprimento*, 5.ª ed., 2006.

MARTINI, ANGELO DE – *Azione revocatoria (diritto privato)*, NssDI II (1958), 152-175.

MARTINO, FRANCESCO DE – *Fideiussione (diritto romano)*, NssDI VII (1961), 271-274.

MATOS, ISABEL ANDRADE DE – *O pacto comissório*, 2006.

MATTHEUS, DANIELA – *Die Neuordnung des allgemeinen Leistungsstörungsrechts*, em MARTIN SCHWAB/CARL-HEINZ WITT, *Einführung in das neue Schuldrecht*, 5.ª ed. (2002), 67-122;
– em CLAUS-WILHELM CANARIS, *Schuldrechtsmodernisierung 2001/2002*, 2002.

MAVRIDIS, VASSILI – *Vor- und Nachwirkungen der Fürsorgepflicht im Arbeitsrecht*, AuR 1957, 225-230.

MAYER-MALY, THEO – *Juristische Reflexionen über ius*, SZRom 117 (2000), 1-29.

MAZEAUD, HENRI e LÉON/MAZEAUD, JEAN/CHABAS, FRANÇOIS – *Leçons de Droit civil*/tomo II, vol. 1.º – *Obligations/théorie générale*, 9.ª ed., 1998.

MAZEAUD, JEAN – *vide* MAZEAUD, HENRI.

MAZEAUD, LÉON – *vide* MAZEAUD, HENRI.

MCCRACKEN, SHEELAG – *The Banker's Remedy of Set-Off*, 2.ª ed., 1998.

MEDICUS, DIETER – *Anspruch und Einrede als Rückgrat einer zivilistischen Lehrmethode*, AcP 174 (1974), 313-331;
– *Schuldrecht I/Allgemeiner Teil*, 13.ª ed., 2002;
– *Leistungsrecht*, em HAAS e outros, *Das neue Schuldrecht* (2003), 79-132;
– no PWW/BGB, 4.ª ed., 2009.

MEINCKE, JENS PETER – *Rechtsfolgen nachträglicher Unmöglichkeit der Leistung bei gegenseitiger Vertrag*, AcP 171 (1971), 19-43.

MENDEGRIS, ROGER – *La nature juridique de la compensation*, 1969.

MENDES, JOÃO DE CASTRO – *Manual de Processo Civil*, 1963;
– *Limites objectivos do caso julgado em processo civil*, 1968;
– *Direito Civil (Teoria Geral)*, 3, 1969;
– *Artigo 852° – Compensação de obrigações com lugares diferentes de pagamento*, 1973 (com a colaboração de Nuno Espinosa e Luís Silveira;
– *Direito processual civil*, 3, 1974, polic.;
– *Teoria geral do Direito civil* 2, 1978.

MESSINEO, FRANCISCO – *Il contratto in genere*, 1, 1973.

MEYER, JÜRGEN A. E. – *vide* MOLITOR, ERICH.

580   *Tratado de Direito civil português*

MEYER-PRITZL, RUDOLF – no HKK/BGB II/2 (2007), §§ 414-418.

MICCIO, RENATO – *Cessione dei beni al creditori*, ED V (1960), 834-846.

MILONE, FILIPPO – *La exceptio doli (generalis)/Studio di diritto romano*, 1882, reimpr., 1970.

MOHNEN – *Nachwirkungen des Arbeitsverhältnisses*, RdA 1957, 367.

MOHNEN, HEINZ – *Nachwirkungen des Arbeitsverhältnisses*, RdA 1957, 361-368 e 405-411.

MOLITOR – anotação a BAG 24-Nov.-1956, ArbRB1, D X, 1.ª decisão, n° 1;
– *Schuldrecht*, 8.ª ed., 1965.

MOLITOR, ERICH/SÖLLNER, ALFRED/MEYER, JÜRGEN A. E. – *Nachwirkung des Arbeitsvertrages*, ArbRB1, D. Arbeitsvertrag-Arbeitsverhältnis X (1969).

MOMMSEN, FRIEDRICH – *Beiträge zum Obligationenrecht*, 1 *Die Unmöglichkeit der Leistung in ihrem Einfluss auf obligatorische Verhältnisse*, 1853.

MONCADA, LUÍS CABRAL – *Lições de Direito civil*, 3.ª ed., 1957.

MONJAU, H. – *Nachwirkende Treuepflichten*, BB 1962, 1439-1442.

MONTEIRO, ANTÓNIO PINTO – *vide* PINTO, CARLOS ALBERTO DA MOTA.

MONTEIRO, JORGE FERREIRA SINDE (coord.) – *Garantias das obrigações / Publicação dos trabalhos de mestrado*, 2007.

MONTELEONE, GIROLAMO ALESSANDRO – *Profili sostanziali e processuali dell'azione surrogatoria / contributo allo studio della responsabilità patrimoniale dal punto di vista dell'azione*, 1975.

MOOS, PETER – *Nachwirkende Vertragspflichten der Arbeitsverhältnissen*, RdA 1962, 301-307.

MOREIRA, GUILHERME ALVES – *Instituições do Direito civil português* 1, 1907 e 2, *Das obrigações*, 1911; há edição prévia de 1903.

MÖSCHEL, WERNHARD – no *Münchener Kommentar* 2, 5.ª ed. (2007), Vor § 414.

MÜLLER, ULRICH – *Die Haftung des Stellvertreters bei culpa in contrahendo und positiver Forderungsverletzung*, NJW 1969, 2169.

MUSSATTI, ALBERTO – *Note sul concetto di adempimento*, RDComm XIII (1915) 1, 677-680.

NATOLI, UGO – *Azione revocatoria (ordinaria)*, ED IV (1959), 888-901.

NATOLI, UGO/GERI, LINA BIGLIAZZI – *I mezzi di conservazione della garantia patrimoniale*, 1974.

NDOKO, NICOLE-CLAIRE – *Les mystères de la compensation*, RTDCiv 90 (1991), 661-694.

NICKLICH, FRITZ – *Ergänzende Vertragsauslegung und Geschäftsgrundlage – ein einheitliches Rechtsinstitut zur Lückenausfüllung?*, BB 1980, 949-953.

NICOLÒ, ROSARIO – *Adempimento (diritto civile)*, ED I (1958), 554-566.

NIKISCH, ARTHUR – *Die Aufrechnung im Prozess*, FS H. Lehmann II (1956), 765-788.

NIPPERDEY, HANS CARL – *Vertragstreue und Nichtzumutbarkeit der Leistung*, 1912.

OERTMANN, PAUL – *Die rechtliche Natur der Aufrechnung*, AcP 113 (1915), 376-428;
– *Die Aufrechnung im Deutschen Zivilprozessrecht*, 1916 ;
– *Die Geschäftsgrundlage / Ein neuer Rechtsbegriff*, 1921;
– anotação a RG 26-Set.-1925, JW 1926, 982;

Índice bibliográfico

– *Geschäftsgrundlage*, HWB/RW 2 (1927), 803-806.

OLIVEIRA, NUNO MANUEL PINTO – *Estudos sobre o não cumprimento das obrigações*, 2.ª ed., 2009.

OLZEN, DIRK – Staudinger II, §§ 362-398, 1995;
– Staudinger II, §§ 362-396, *Erfüllung, Hinterlegung, Aufrechnung*, 2006;
– Staudinger II, *Einleitung zum Schuldrecht*, §§ 241-243, *Treu und Glauben*, 2009.

OTTO, HANSJÖRG – Staudinger II, §§ 315-327 (2000), § 326;
– Staudinger II, §§ 355-304 (2009), § 280.

OTTO, HANSJORG/SCHWARZE, ROLAND – no Staudinger II (2009), § 281 e II (2009), § 323.

PACHECO, ANTÓNIO FARIA CARNEIRO – *Da successão singular nas dívidas*, 1912.

PANUCCIO, VINCENZO – *Cessione di crediti*, ED VI (1960), 847-850.

PERLINGIERI, PIETRO – *Il fenomeno dell'estinzione nelle obbligazioni*, 1972.

PETERS, FRANK – *Zur Geltungsgrundlage der Anscheinsvollmacht*, AcP 179 (1979), 214-244.

PFAFF, LEOPOLD – *Die Clausel: rebus sic stantibus*, FS Unger (1898), 223-354.

PHILIPPUS, CAROLUS – *Dissertatio inauguralis de clausula rebus sic stantibus*, 1750.

PICKER, EDUARD – *Rechtsdogmatik und Rechtsgeschichte*, AcP 201 (2001), 763-859.

PINTO, CARLOS ALBERTO DA MOTA – *Cessão da posição contratual*, 1970;
– *Teoria geral do Direito civil*, 3.ª ed., 1985.

PINTO, CARLOS ALBERTO DA MOTA/MONTEIRO, ANTÓNIO PINTO/PINTO, PAULO MOTA – *Teoria geral do Direito civil*, 4.ª ed., 2005.

PINTO, PAULO MOTA – *Interesse contratual negativo e interesse contratual positivo*, 2 volumes, 2007;
– *vide* PINTO, CARLOS ALBERTO DA MOTA.

PIRES, CATARINA MONTEIRO – *Alienação em garantia*, 2010.

PIRES, MIGUEL LUCAS – *Dos privilégios creditórios: regime jurídico e sua influência no concurso de credores*, 2004.

PLANCK/SIBER – *BGB*, 4.ª ed., 1914.

PLANIOL, MARCEL – *Traité Elémentaire de Droit civil*, 2, 3.ª ed., 1903.

PLANIOL, MARCEL/RIPERT, GEORGES – colab. ESMEIN, PAUL/RADOUANT, JEAN/GABOLDE, GABRIEL – *Traité pratique de Droit civil français*, tomo VII – *Les obligations*, II parte, 1931.

PLANIOL, MARCEL/RIPERT, GEORGES/ESMEIN, PAUL – *Traité pratique de Droit Civil français*, VI – *Les obligations*, 2.ª ed., 1952.

POHLMANN, ANDRÉ – *Die Haftung wegen Verletzung von Aufklärungspflichten*, 2002.

PONTE, PEDRO FUZETA DA – *vide* MARTINEZ, PEDRO ROMANO.

POSNER, RICHARD A. – *Economic Analysis of Law*, 5.ª ed., 1998.

POTHIER, R.-J. – *Traité des Obligations, Oeuvres*, II, 1848; o original é de meados do séc. XVIII.

PRATA, ANA – *Cláusulas de exclusão e limitação da responsabilidade contratual*, 1985.

PROENÇA, JOSÉ CARLOS BRANDÃO – *A resolução do contrato no Direito civil / Do enquadramento e do regime*, 1982 = separata do BFD/Suplemento XXII, 199 ss..

PROVERA, GIUSEPPE – *Iudicium contrarium*, NssDI 9 (1963), 341-343.

PUCHTA/RUDORF – *Cursus der Institutionen*, 3.° vol., 1847.

582   *Tratado de Direito civil português*

PUFENDORF, SAMUEL – *De jure nature et gentium*, ed. 1688.

PUGLIESE, GIOVANNI – *Il processo civile romano* II – *Il processo formulare* I, 1963.

PUNTSCHART, PAUL – *Schuld und Haftung im geltenden deutschen Recht*, ZHR 71 (1912), 297-326.

RABEL, ERNST – *Das Recht des Warenkaufs*, 1, 1936, reimpr. 1964.

RABEL, ERNST – *Die Unmöglichkeit der Leistung. Eine kritische Studie zum Bürgerlichen Gesetzbuch*, FS Bekker (1907), 171-237 = *Gesammelte Aufsätze*, 1965, I vol., 1-55.

RADOUANT, JEAN – *vide* PLANIOL, MARCEL.

RAMM, PETER – *Fortwirkung von Verträgen insbesondere von Lieferverträgen*, 1965.

RAMOS, RUI MANUEL DE MOURA – *vide* SOARES, MARIA ÂNGELA BENTO.

RAVAZZONI, ALBERTO – *Fideiussione (diritto civile)*, NssDI VII (1961), 274-293; – *Mora del debitore*, NssDI X (1964), 904-911.

REICHEL, HANS – *Aufrechnung und Betrug*, AcP 125 (1925), 178-192.

REITERER, IRMGARD – *Die Aufrechnung*, 1976.

REPGEN, TILMAN – HKK/BGB (2007), II/2, §§ 362-371 e §§ 372-386

RESCIGNO, PIETRO – *Accollo*, NssDI I/1 (s/d), 140-144; – *Novazione (diritto civile)*, NssDI XI (1965), 431-438.

RESCIGNO, PIETRO (org.) – *Codice civile*, 3.ª ed., 1997; 5.ª ed., 2003.

RHODE, HEINZ – *Die beiderseitige Voraussetzung als Vertragsinhalt*, AcP 124 (1925), 257-322.

RIEG, ALFRED – *Contrats et obligations / force obligatoire des conventions*, JCl/Civ, art. 1134, Fasc. II (1977), n° 39.

RING, GERHARD – *Der Verbraucherschutz*, em DAUNER-LIEB/HEIDEL/LEPA/RING, *Das neue Schuldrecht* (2002), 346-347.

RIPERT, GEORGES – *vide* PLANIOL, MARCEL.

RODIG, HANS-GEORG – *Verpflicktung des Herstellers zur Bereithaltung von Ersatzteilen für langlebige Wirtschaftsgüter und ausgelaufene Serien*, BB 1971, 854-855.

ROHE, MATHIAS – no Bamberger/Roth, BGB 1, 2.ª ed. (2007).

ROLLAND, WALTER – *Einführung*, em HAAS e outros, *Das neue Schuldrecht*, 2002.

RÖMER – *Die exceptio doli insbesondere im Wechselrecht*, ZHR 20 (1874), 48-83.

ROPPO, ENZO – *Orientamenti tradizionali e tendenze recenti in tema di "presupposizione"*, GI 124 (1972), 211-222.

ROSENBERG, LEO – *Der Verzug des Gläubigers. Voraussetzung und Wirkung nach dem BGB unter Berücksichtigung des gemeinen Rechts*, JhJb 43 (1901), 141-298.

ROTH, GÜNTHER H. – no *Münchener Kommentar* 2, 5.ª ed., 2007.

ROTHER, WERNER – *Die Bedeutung der Rechnung für das Schuldverhältnis*, AcP 164 (1964), 97-121; – *Die Erfüllung durch abstraktes Rechtsgeschaft*, AcP 169 (1969), 1-33.

ROTHOEFT, DIETRICH – *Risikoverteilung bei privatautonomen Handeln* AcP 170 (1970), 230-244.

RUDORF – *vide* PUCHTA.

SÁ, FERNANDO CUNHA DE – *Direito ao cumprimento e direito a cumprir*, separata da RDS, 1973;

Índice bibliográfico 583

– *Modos de extinção das obrigações*, Estudos Inocêncio Galvão Telles 1 (2002), 195-208.

SAGNA, ALBERTO – *Il rissarcimento del danno nella responsabilità precontrattuale*, 2004.

SALEILLES, RAYMOND – *Étude sur la théorie générale de l'obligation / d'après le premier projet de Code Civil pour l'Empire Allemand*, 3.ª ed., 1914.

SANTOS, AMÍLCAR FREIRE DOS – *A teoria da imprevisão no Direito privado*, ROA 10 (1950), 244-276.

SAVIGNY, FRIEDRICH CARL VON – *Geschichte des römischen Rechts im Mittelalter*, IV, *Das 12. Jahrhundert*, 2.ª ed., 1850, reimpr. 1986.

SCHENKER, ERNST – *Erfüllungsbereitschaft und Erfüllungsangebot / Zur Lehre vom Gläubigerverzug*, JhJb 79 (1928-29), 141-196.

SCHLESINGER, PIERO – *Compensazione (diritto civile)*, NssDI III (1959), 722-731.

SCHLOSSER – *Selbständige peremptorische Einrede und Gestaltungsrecht im deutschen Zivilrecht*, JuS 1966, 257-268.

SCHLÜTER, MARTIN – no *Münchener Kommentar*, 2, 5.ª ed. (2007), § 397.

SCHMIDT – *Schuldrecht-Grundzüge*, 2.ª ed., 1953

SCHMIDT – *vide* ESSER.

SCHMIDT, EIKE – *Jhering, Culpa in contrahendo / Staub, Positive Vertragsverletzung*, posfácio, 1969.

SCHMIDT, KARSTEN – *Geld und Geldschuld im Privatrecht / Eine Einführung in ihre Grundlagen*, JuS 1984, 737-747.

SCHMIDT-RÄNTSCH, JÜRGEN – *Das neue Schuldrecht*, 2002.

SCHMIDT-RIMPLER, WALTER – *Zum Problem der Geschäftsgrundlage*, FS Nipperdey (1955), 1-30.

SCHMIEDEL, BURKHARD – *Der allseitige Irrtum über die Rechtslage bei der Neuregelung eines Rechtsverhältnisses*, FS Caemmerer (1978), 231-240.

SCHRÖDER, JAN – *vide* KLEWHEYER, GERD.

SCHROEDER, JOHN ULRICH – *Unmöglichkeit und Ungewissheit*, 1905.

SCHULER – *Anfechtung, Aufrechnung und Vollstreckungsgegenklage*, NJW 1956, 1497-1500.

SCHÜLTE-NÖLKE, HANS – *vide* BAR, CHRISTIAN VON.

SCHULZ, MICHAEL – *Leistungsstörungsrecht*, em WESTERMANN, *Das Schuldrecht 2002*, 17-104

SCHWAB, MARTIN – *Das neue Schuldrecht im Überblick*, em MARTIN SCHWAB/CARL-HEINZ WITT, *Einführung in das neue Schuldrecht*, 5.ª ed. (2002), 1-21;
– *Das neue Schuldrecht im Überblick*, JuS 2002, 1-8.

SCHWARZE, KLAUS – *Inwieweit sind Nachwirkungen eines privaten Arbeitsverhältnisses anzuerkennen?*, 1966.

SCHWARZE, ROLAND – *vide* OTTO, HANSJORG.

SCHWERDTNER, PETER – *Positive Forderungsverletzung*, Jura (1980), 213-222.

SCUTO, CARMELO – *Sulla natura giuridica del pagamento*, RDComm XIII (1915) 1, 353-373.

SEABRA, ALEXANDRE DE – *O codigo civil na pratica do foro. A compensação*, O Direito 1 (1869), 338-340.

584 Tratado de Direito civil português

SEIBERT, ULRICH – *Erfüllung und Konvaleszenz der Erfüllung und ihrer Surrogate*, JuS 1991, 529-536.
SEILER, HANS HERMANN – *vide* BEHRENDS, OKKO.
SENECA – *De beneficiis*.
SERBESCO, S. – *Effets de la guerre sur l'exécution des contrats*, RTDC 16 (1917), 350-362.
SERRA, ADRIANO PAES DA SILVA VAZ – *Caso fortuito ou de força maior e teoria da imprevisão*, BFD 10 (1929), 197-215;

– *Compensação*, BMJ 31 (1952), 13-210; há separata, já citada, sob o título *Compensação (Estudo de política legislativa)* (1952);
– *Do cumprimento como modo de extinção das obrigações*, BMJ 34 (1953), 5-212;
– *Sub-rogação nos direitos do credor*, BMJ 37 (1953), 5-661;
– *Dação em função do cumprimento e dação em cumprimento*, BMJ 39 (1953), 25-57;
– *Consignação em depósito, venda de coisa devida e exoneração do devedor por impossibilidade da prestação resultante de circunstância atinente ao credor*, BMJ 40 (1954), 5-192, citado pela separata aos BMJ 39, 40 e 41 intitulada *Dação em cumprimento, consignação em depósito, confusão e figuras afins / Estudo de política legislativa* (1954), 37-224;
– *Confusão*, BMJ 41 (1954), 17-55;
– *Remissão, reconhecimento negativo de dívida e contrato extintivo da relação obrigacional bilateral*, BMJ 43 (1954), 5-98;
– *Cessão de créditos ou de outros direitos*, BMJ número especial (1955), 9 ss.;
– *Impossibilidade superveniente por causa não imputável ao devedor e desaparecimento do interesse do credor*, BMJ 46 (1955), 5-152;
– *Impossibilidade superveniente e cumprimento imperfeito imputáveis ao devedor*, BMJ 47 (1955), 5-97;
– *Encargo da prova em matéria de impossibilidade ou de cumprimento imperfeito e da sua imputabilidade a uma das partes*, BMJ 47 (1955), 98-126;
– *Mora do devedor*, BMJ 48 (1955), 5-317;
– *Cessão da posição contratual*, BMJ 49 (1955), 5-30;
– *Lugar da prestação*, BMJ 50 (1955), 5-48;
– *Tempo da prestação – Denúncia*, BMJ 50 (1955), 49-211;
– *Penhor*, BMJ 58 (1956), 17-293 e 59 (1956), 13-268;
– *Títulos de crédito*, separata dos BMJ 60 e 61 (1956);
– *Hipoteca*, BMJ 62 (1957), 5-356 e 63 (1957), 193-396;
– *Privilégios*, BMJ 64 (1957), 41-339;
– *Excepção de contrato não cumprido*, BMJ 67 (1957), 17-183;
– *Pena convencional*, BMJ 67 (1957), 185-243;
– *Culpa do devedor ou do agente*, BMJ 68 (1957), 13-151;
– *Resolução do contrato*, BMJ 68 (1957), 153-291;
– *Resolução ou modificação dos contratos por alteração das circunstâncias*, sep. BMJ 68 (1957);
– *Fiança e figuras análogas*, BMJ 71 (1957), 19-331;
– *Novação*, BMJ 72 (1958), 5-75;

Índice bibliográfico 585

– *Expromissão*, BMJ 72 (1958), 77-81;
– *Delegação*, BMJ 72 (1958), 97-186;
– *Assunção de dívida (cessão de dívida – sucessão singular na dívida)*, BMJ 72 (1958), 189-255;
– *Responsabilidade do devedor pelos factos dos auxiliares, dos representantes legais ou dos substitutos*, BMJ 72 (1958), 259-305;
– *Cessão de bens aos credores*, BMJ 72 (1958), 307-325;
– *Realização coactiva da prestação (Execução) (Regime civil)*, BMJ 73 (1958), 31-394;
– *Responsabilidade patrimonial*, BMJ 75 (1958), 5-410;
– *Responsabilidade contratual e responsabilidade extracontratual*, BMJ 85 (1959), 115-241;
– *Algumas questões em matéria de fiança*, BMJ 96 (1960), 5-99;
– anotação a STJ 30-Jun.-1970, RLJ 104 (1971), 204-208;
– anotação a STJ 15-Abr.-1975 (JOSÉ GARCIA DA FONSECA), RLJ 109 (1976), 179-182;
– anotação a STJ 2-Mar.-1978 (OCTÁVIO DIAS GARCIA), RLJ 111 (1979), 295-297;
– anotação a STJ 6-Abr.-1978 (COSTA SOARES), RLJ 111, 345-352 e 354-356.

SETHY, ANDREAS – *Ermessen und unbestimmte Gesetzesbegriffe / Einer theoretische Untersuchung der Abgrenzung im Verwaltungsrecht*, 1973.

SIBER, HEINRICH – *Compensation und Aufrechnung*, 1899;
– *Rechtszwang im Schuldverhältnis nach deutschem Reichsrecht*, 1903;
– recensão a FRITZ LITTEN, *Die Wahlschuld im deutschen bürgerlichen Rechte*, KrVSchr 46 (1905), 526-555;
– *Schuldrecht*, 1931.
– *vide* PLANCK.

SIEBERT, WOLFGANG – *Das Arbeitsverhältnis in der Ordnung der nationalen Arbeit*, 1935.

SIEGWART, ALFRED – *vide* TUHR, ANDREAS VON.

SIEMS, MATHIAS – *Der Neoliberalismus als Modell für die Gesetzgebung?*, ZRP 2002, 170-174.

SILVA, JOÃO CALVÃO DA – *Cumprimento e sanção pecuniária compulsória*, 1987.

SILVA, NUNO ESPINOSA GOMES DA/SILVEIRA, LUÍS NOVAIS LINGNAU DA – *Art. 852.º/Compensação de obrigações com lugares diferentes de pagamento*, 1973.

SILVEIRA, LUÍS NOVAIS LINGNAU DA – *A teoria da imprevisão*, 1962;
– *vide* SILVA, NUNO ESPINOSA GOMES DA.

SIMLER, PHILIPPE – *vide* TERRÉ, FRANÇOIS.

SINN, HEINRICH – *Die Aufrechnung/eine rechtsvergleichende Darstellung unter Berücksichtigung ds deutschen, österreichischen und schweizerischen Rechts*, 1933.

SOARES, MARIA ÂNGELA BENTO/RAMOS, RUI MANUEL DE MOURA – *Contratos internacionais*, 1986.

SOKOLOWSKI – *vide* DERNBURG.

SOLAZZI, SIRO – *La compensazione nel diritto romano*, 2.ª ed., 1950;
– *Confusione nelle obbligazioni (diritto romano)*, NssDI IV (1959), 77-78.

SÖLLNER, ALFRED – *vide* MOLITOR, ERICH.

586 Tratado de Direito civil português

SOTGIA, SERGIO – *Cessione di beni al creditori*, NssDI III (1959), 141-146;
– *Cessione di crediti e di altrui diritti (diritto civile)*, NssDI III (1959), 155-161.
SOUSA, MIGUEL TEIXEIRA DE – *As partes, o objecto e a prova na acção declarativa*, 1995.
STAHL, LEO – *Die Sog. clausula rebus sic stantibus*, 1909.
STAMMLER, RUDOLF – *Das Recht der Schuldverhältnisse*, 1897;
– *Die Lehre von dem richtigen Rechte*, 2.ª ed., 1964, reimp..
STAMPE, ERNST – *Das Compensationsverfahren im Vorjustinianischen stricti juris judicium*, 1886.
STAUB, HERMANN – *Die positiven Vertragsverletzungen*, 26. DJT (1902), 31-56, publicado de novo em 1904, com alterações e em segunda edição compl. por EBERHARD MÜLLER, 1913.
STEINBERG, WILHELM – *Die Haftung für culpa in contrahendo*, 1930.
STOLL, HEINRICH – *Abschied von der Lehre von der positiven Vertragsverletzungen (Betrachtungen zum dreissigjährigen Bestand der Lehre)*, AcP 136 (1932), 257-320;
– *Die Lehre von den Leistungsstörungen*, 1936.
STÖLTZEL – *Die reichsgerichtliche Rechtsprechung über Eventualaufrechnung*, AcP 95 (1904), 1-47 e 96 (1905), 234-274.
STÖTTER, VIKTOR – *Versuch zur Präzisierung des Begriffs der mangelhaften Geschäftsgrundlage*, AcP 166 (1966), 149-187.
STRÄTZ, HANS-WOLFGANG – *Über sog. Nachwirkungen des Schuldverhältnisses*, FS Friedrich Bosch (1976), 999-1013.
SÜSS, JULIA – *Die Spannung der Schuld / welches Mass an geistiger, körperliche und wirtschaftlicher Kraft hat der Schuldner zur Erfüllung der Schuld nach geltendem Recht einzusetzen?*, 2002.
SUTSCHET – *vide* EHMANN.

TALAMANCA, MARIO – *Azione revogatoria (diritto romano)*, ED IV (1959), 883-888;
– *Fideiussione (storia)*, ED XVII (1968), 322-345.
TARTAGLIA – *Onerosità eccesiva*, ED XXX (1980), 155-175.
TELES, MIGUEL GALVÃO – *Fungibilidade de valores mobiliários e situações jurídicas meramente categoriais*, em *Estudos em Homenagem ao Prof. Doutor Inocêncio Galvão Telles*, I volume, *Direito privado e vária* (2002), 579-628.
TELLES, INOCÊNCIO GALVÃO – *Não cumprimento de contratos bilaterais (Interpretação dos artigos 676.º e 709.º, do Código Civil)*, ROA 1945, 1-2, 83-103;
– *Cessão do contrato*, RFDUL VI (1949), 148-169;
– *Manual de Direito das obrigações*, 1, 2.ª ed., 1965;
– *Manual dos contratos em geral*, 3.ª ed., 1966.
TELLES, JOSÉ HOMEM CORRÊA – *Tratado das obrigações pessoaes e reciprocas nos pactos, contractos, convenções, & c. que se fazem a respeito de fazendas ou dinheiro, segundo as regras do foro da consciencia, e do foro externo, por Mr. POTHIER*, tomo II, 1835;
– *Digesto Portuguez*, vol. 1.º, 9.ª ed., 1909, equivalente à reimp. da 3.ª ed., 1845.
TERRANOVA, CARLO G. – *L'eccessiva onerosità nei contratti / Artt. 1467-1469*, 1995.
TERRÉ, FRANÇOIS/SIMLER, PHILIPPE/LEQUETTE, YVES – *Droit civil / Les obligations*, 8.ª ed., 2002, 10.ª ed., 2009.

TESCHEMACHER, EMIL – *Ein Beitrag zur rechtlichen Betrachtung des Anrechnungsverkehrs bei den Abrechnungsstellen der Reichbank*, ZHR 67 (1910), 401-432.

TEUBNER, GUNTHER – *Folgenkontrolle und responsive Dogmatik*, RTh 6 (1975), 179-204.

TEVENAR, VON – *Versuch über die Rechtsgelahrtheit*, 1777.

THIBAUT, ANTON FRIEDRICH JUSTUS – *System des Pandektens-Rechts* 1, 1805.

THIELE, WOLFGANG – *Die Zustimmung in der Lehre vom Rechtsgeschäft*, 1966;
– *Leistungsstörung und Schützpflichwerletzung – Zur Einordnung der Schutzpflichtverletzungen*, JZ 1967, 649-657.

TILOCA, ERNESTO – *Remissione del debito*, NssDI XV (1968), 389-421.

TITZE, HEINRICH – *Die Unmöglichkeit der Leistung nach deutschem bürgerlichem Recht*, 1900;
– recensão a WILHELM KISCH, *Die Wirkung der nachträglich eintretenden Unmöglichkeit der Erfüllung bei gegenseitigen Verträgen nach dem Bürgerlichen Gesetzbuche für das Deutsche Reich* (1900), KrVJ 45 (1904), 338-385;
– *Schuldrecht*, 4.ª ed., 1932.

TRABUCCHI, ALBERTO – *vide* CIAN, GIORGIO.

TRAUTMANN, PAUL – *Unmöglichkeit der Leistung und Annahmverzug beim Arbeitsvertrage*, Gruchot 59 (1915), 434-464.

TREITEL, RICHARD – *Die Unmöglichkeit der Leistung und der Verzug bei Unterlassungsverbindlichkeiten*, 1902.

TUHR, ANDREAS VON – *Der Allgemeine Teil des Deutschen Bürgerlichen Rechts*, I, 1910, e II/2, 1918.

TUHR, ANDREAS VON/SIEGWART, ALFRED – *Allgemeiner Teil des Schweizerischen Obligationenrechts*, II, 2.ª ed., 1944.

ULMER, PETER – *Wirtschaftslenkung und Vertragserfüllung*, AcP 174 (1974), 167-201.

UNBERAH, HANNES – no Bamberger/Roth, BGB 1, 2.ª ed. (2008), § 313.

UPMEYER – *Ipso iure compensari / Ein Beitrag zur Lehre von der erfüllungssichernden Rechtsverhältnissen*, 1914.

VANGEROW, KARL ADOLPH VON – *Leitfaden für Pandekten-Vorlesungen*, 3.° vol., 1847.

VARELA, JOÃO ANTUNES – *Ineficácia do testamento e vontade conjectural do testador*, 1950;
– anotação a STJ 26-Mar.-1980 (OCTÁVIO DIAS GARCIA), RLJ 114 (1981), 40-41 e 72-79;
– *Resolução ou modificação do contrato por alteração das circunstâncias*, CJ VII (1982) 2, 7-17, com a colaboração de Henrique Mesquita;
– anotação a STJ 25-Mai.-1982 (MANUEL DOS SANTOS CARVALHO), RLJ 119 (1986), 141-146;
– anotação a STJ 7-Out-1982 (JOÃO FERNANDES LOPES NEVES), RLJ 119 (1986), 172-174;
– *Das obrigações em geral*, 1.ª ed., 1970; 2.° vol., 2.ª ed., 1978; 2.° vol., 3.ª ed., 1980; 2.° vol., 4.ª ed., 1990; 2.° vol., 7.ª ed., 1997, reimp., 2004;
– *vide* LIMA, PIRES DE.

VASCONCELOS, LUÍS MIGUEL D. P. PESTANA DE – *A cessão de créditos em garantia e a insolvência / Em particular da posição do cessionário na insolvência do cedente*, 2007.

588   *Tratado de Direito civil português*

VERNER, FRITZ – *Die Schadensersatzpflicht wegen Verschuldens bei Erfüllung einer Verbindlichkeit*, Recht 1903, 308-309.

VIERRATH, CHRISTIAN – *Anrechnung und Aufrechnung*, 2000.

WÄCHTER, CARL GEORG – *Pandekten 1*, 1880.

WÄLDE, THOMAS – *Juristische Folgenorientierung*, 1979.

WANK, ROLF – *Grenzen richterlicher Rechtsfortbildung*, 1978;
– *Die juristische Begriffsbildung*, 1985.

WATERMANN, THOMAS W. – *A Treatise on the Law of Set-Off, Recoupment, and Counter Claim*, 1869, reimp., 1998.

WEBER, ADOLPH DIETERICH – *Systematische Entwicklung der Lehre von der natürlichen-Verbindlichkeit*, 4.ª ed., 1811, § 90, III, 396 ss.); a 1.ª ed. é de 1784.

WEIGELIN, ERNST – *Das Recht zur Aufrechnung als Pfandrecht an der Eigenen Schuld/Ein Beitrag zur Lehre von der Aufrechnung nach deutschem Reichsrechte*, 1904.

WEISMANN, JAKOB – *Die Aufrechnung nach dem Bürgerlichen Gesetzbuche*, ZZP 26 (1899), 1-42.

WENDT, OTTO – *Die exceptio doli generalis im heutigen Recht oder Treu und Glauben im Recht der Schuldverhältnisse*, AcP 100 (1906), 1-417.

WERTENBRUCH, JOHANNES – *Das Wahlrecht des Gläubigers zwischen Erfüllungsanpruch und den Recht aus § 326 BGB nach einer Erfüllungsverweigerung des Schuldners*, AcP 193 (1993), 191-203.

WERTHEIMER, LUDWIG – *Entwicklungstendenzen in deutschen Privatrecht*, 1928.

WESTERMANN, HARM PETER – no Erman, BGB 1, 12.ª ed. (2008).

WICHER, REINHARD – *Zur Frage der Haftung für fehlerhafte Leistung*, AcP 158 (1959-60), 297-301.

WIEACKER, FRANZ – *Gemeinschaftlicher Irrtum der Vertragspartner und clausula rebus sic stantibus / Bemerkungen zur Theorie der Geschaftsgrundlage*, FS Wilburg (1965), 229-255.

WIELING, HANS – *Entwicklung und Dogmatik der Lehre von der Geschäftsgrundlage*, Jura 1985, 505-511;
– *Wegfall der Geschäftsgrundlage bei Revolutionen?*, JuS 1986, 272-274.

WILBURG, WALTER – *Entwicklung eines beweglichen Systems im bürgerlichen Recht*, 1950.

WILMOWSKY, PETER VON – *Pflichtverletzungen im Schuldverhältnis – Die Anspruchs- und Rechtsgrundlagen des neuen Schuldrechts*, JuS BH 1/2002, 3 ss..

WINDSCHEID, BERNHARD – *Zur Lehre des Code Napoleon von der Ungültigkeit der Rechtsgeschäfte*, 1847, reimp., 1969;
– *Die Lehre des römischen Rechts von der Voraussetzung*, 1850;
– *Die Voraussssetzung*, AcP 78 (1892), 161-202.

WINDSCHEID, BERNHARD/KIPP, THEODOR – *Lehrbuch des Pandektenrechts*, 9.ª ed., 1906, reimp., 1984.

WOLF, ERIK – *Die Typen der Tatbestandsmerkmässigkeit*, 1931.

WOLF, ERNST – *Allgemeiner Teil des bürgerlichen Rechts*, 3.ª ed., 1982.

WOLF, MANFRED – *vide* LARENZ, KARL.

WOLLSCHÄGER, CHRISTIAN – *Die Entstehung der Unmöglichkeitslehre*, 1970.

XAVIER, LOBO – *Alteração das circunstâncias e risco (arts. 437° e 796° do Código Civil)*, CJ VIII (1983), 5, 17-23.

ZEISS, WALTER – *Leistung, Zuwendungszweck und Erfüllung*, JZ 1963, 7-10.

ZIMMER, DANIEL – *Das neue Recht der Leistungsstörungen*, NJW 2002, 1-12.

ZIMMERMANN, REINHARD – *Die Aufrechnung/Eine rechtsvergleichende Skizze zum Europäischen Vertragsrecht*, FS Medicus (1999), 707-739.

ZIPPELIUS, R. – *Legitimation durch Verfahren?*, FS Larenz 70. (1973), 293-304.

ZITELMANN, ERNST – *Nichterfüllung und Schlechterfüllung*, FS P. Krüger (1911), 265-281.

ZÖLLNER, WOLFGANG – *Die vorvertragliche und die nachwirkende Treue- und Fürsorgepflicht im Arbeitsverhältnis*, em THEODOR TOMANDL (pub.), *Treue- und Fürsorgepflicht im Arbeitsrecht* (1975), 91-106.

ÍNDICE IDEOGRÁFICO

acção de cumprimento, 165
acção de nulidade, 509
acção pauliana, 523
  – natureza, 528
  – processamento, 526
acção sub-rogatória, 515
  – pressupostos, 517
  – processamento, 521
alteração de circunstâncias, 259
  – aspectos gerais, 263
  – base do negócio, 281
  – delimitação, 291
  – Direito europeu, 318
  – grandes alterações, 326
  – modelos de decisão, 331
  – novas orientações, 284
  – radical, 333
  – reforma alemã, 315
  – soluções globais, 287
argentarius, 392
arresto, 531
assunção de dívidas, 235
  – abstracção, 239
  – cumulativa, 240
  – evolução, 235
  – modalidades, 237
  – natureza, 242

benefício de excussão, 547

caducidade, 342
caução, 537
cessão da posição contratual, 245
  – âmbito, 247
  – efeitos, 250

– natureza, 253
– noção, 245
cessão de bens aos credores, 538
cessão de créditos, 217
  – âmbito, 217
  – efeitos, 220
  – intransmissibilidades, 220
  – regime, 219
commodum repraesentationis, 184
compensação, 359, 383
  – âmbito, 459
  – anómala, 493
  – Código de Seabra, 427
  – Código Vaz Serra, 435, 443
  – convencional, 489
  – créditos do Estado, 480
  – diversidade de lugares, 473
  – efectivação, 467
  – eficácia retroactiva, 420, 471
  – evolução histórica, 389
  – exclusão, 477
  – exigibilidade, 450
  – homogeneidade, 454
  – imprópria, 495
  – invalidade, 474
  – natureza, 486
  – noção, 359
  – reciprocidade, 447
  – regime, 364
  – renúncia, 484
  – requisitos, 364, 443
  – sistema alemão, 415
  – sistema do *common law*, 423
  – sistema napoleónico, 405
  – vantagens, 385

592   *Tratado de Direito civil português*

confusão, 377
consignação em depósito, 351
  – efeitos, 356
  – experiência portuguesa, 352
  – noção, 351
  – regime, 354
culpa in contrahendo, 155
culpa post pactum finitum, 61
  – evolução, 62
  – fundamentação, 69
  – negativismo, 80
  – síntese, 100
  – *vide* pós-eficácia
cumprimento, 21
  – concretização, 21
  – dimensões funcionais, 24
  – efeitos, 59
  – enquadramento, 21
  – imperfeito, 199
  – imputação, 53
  – legitimidade, 45
  – natureza, 25
  – obrigações duradouras, 60
  – prazo, 35
  – princípios, 31
  – prova, 57
  – *vide* impossibilidade

dação em cumprimento, 345
  – natureza, 348
  – *pro solvendo*, 347
declaração de não cumprimento, 143
  – Direito português, 151
  – doutrinas, 146
  – evolução, 144
  – reforma alemã, 149
  – requisitos, 148, 153

erro, 291
excepção de contrato não cumprido, 140
exigibilidade, 37
extinção das obrigações, 337
  – coactiva, 381

fiança, 545

garantia, 499
  – especial, 533
  – geral, 505
  – pessoal, 545
  – real, 543

impossibilidade, 169, 293
  – alargamento, 174
  – efeitos, 182, 184
  – evolução, 169
  – modalidades, 179
  – nova concepção, 170
  – regime, 179
incumprimento
  – *vide* não cumprimento
integralidade, 32
interesse negativo e positivo, 155
interpelação, 37
interpretação contratual, 299
interusurium, 40
ipso iure compensari, 399

lugar da prestação, 41
  – alterações, 42

modificação de obrigações, 259
mora do credor, 127
mora do devedor, 119
moratórias, 38

não cumprimento, 103
  – definitivo, 135
  – enquadramento, 103
  – modalidades, 107
  – *vide* impossibilidade
novação, 367
  – regime, 370

perpetuatio obligationis, 125
perturbação das prestações, 111
pós-eficácia, 84
  – aparente, 86-87

Índice ideográfico

– continuada, 87-88
– estrita, 90
– modalidades, 91
– virtual, 90
prazo da prestação, 35
purgatio morae, 126

realização coactiva, 166
remissão, 373
– regime, 374
resolução, 137, 158, 340
revogação, 338
risco nas obrigações, 186, 293

separação de patrimónios, 536
set off, 423
sub-rogação, 225
– efeitos, 229

– modalidades, 227
– natureza, 231
– noção, 225
supressão da fonte, 343

transmissão das obrigações, 207
– evolução, 208
– fonte, 214
– forma, 214
– fundamentação, 212
transmissão de títulos de crédito, 255
tutela da confiança, 303

violação positiva do contrato, 116, 189
– balanço, 144
– críticas, 141
– descoberta de Staub, 189